普通高中新教材实施的大概念核心问题教学研究（二）

体育、信息、艺术、心理

总主编 ◎ 米云林

主　编 ◎ 张红琼　宋德洪　易新颖　黄立刚

西南交通大学出版社

·成　都·

图书在版编目（CIP）数据

普通高中新教材实施的大概念核心问题教学研究. 二
. 2，体育、信息、艺术、心理 / 米云林总主编 ；张红
琼等主编. -- 成都：西南交通大学出版社，2025.2.
 ISBN 978-7-5774-0320-5

 Ⅰ. G633

中国国家版本馆 CIP 数据核字第 2024L7B710 号

Putong Gaozhong Xinjiaocai Shishi de Dagainian Hexin Wenti Jiaoxue Yanjiu（er）
普通高中新教材实施的大概念核心问题教学研究（二）

	总主编 / 米云林	**策划编辑 / 罗小红　余崇波**	
物理、历史	**主编 / 胡隽　王娜**	**责任编辑 / 赵永铭　宋浩田**	
体育、信息	**主编 / 张红琼　宋德洪　易新颖　黄立刚**	**责任校对 / 左凌涛**	
艺术、心理		**封面设计 / 墨创文化**	

西南交通大学出版社出版发行
（四川省成都市金牛区二环路北一段 111 号西南交通大学创新大厦 21 楼　610031）
营销部电话：028-87600564　　028-87600533
网址：https://www.xnjdcbs.com
印刷：成都勤德印务有限公司

成品尺寸　185 mm×260 mm
总印张　34.75　总字数　870 千
版　次　2025 年 2 月第 1 版　印次　2025 年 2 月第 1 次

书　号　ISBN 978-7-5774-0320-5
套价（全 2 册）　178.00 元

目　录

体育篇

信息篇

艺术篇

心理篇

体育篇

"科学发展体能"单元教学

"科学发展体能"
大概念的核心·问题教学单元规划纲要

学科 **体育** 教师 **张红琼 冯刚 郭彪 廖阳**

年级	高一	单元名称		科学发展体能	单元课时	18课时

<table>
<tr><td rowspan="3">单元内容</td><td rowspan="2">教材内容</td><td colspan="5" style="text-align:center">体能模块</td></tr>
<tr><td colspan="5">

　　体育与健康课程是全体高中学生的必修课程，体育与健康课程的内容包括必修必学和必修选学两个部分。必修必学内容是对全体学生学习体育与健康课程的共同要求，包括体能和健康教育2个模块；必修选学内容是学生根据自身实际进行选择性学习的内容，包括球类运动、田径类运动、体操类运动、水上或冰雪类运动、武术与民族民间传统体育类运动和新兴体育类运动6个运动技能系列。

　　体能是指人体各器官系统的机能在身体活动中表现出来的能力，是体质的重要组成部分。习近平总书记在全国教育大会（2018年9月10日）上指出："要树立健康第一的教育理念，开齐开足体育课，帮助学生在体育锻炼中享受乐趣、增强体质、健全人格、锤炼意志。"在当前学生体质健康水平长期下降的背景下，发展体能作为增强体质的关键因素，应当被高度重视、认真落实。体能的发展受多种因素的制约，科学地进行体育锻炼是提高和发展体能的关键因素。通过体育与健康课的教学，使高中学生在科学锻炼的基础上获得良好的体能，对于其保持健康，提高学习效率，掌握和发展运动技能，参与体育竞赛和休闲娱乐活动，过积极有活力的生活等都具有重要意义。

　　《课程标准》规定高中学生应必修"体能"这1个模块。体能模块包括体能发展的基本原理与方法、测量与评价体能水平的方法、体能锻炼计划制订的程序与方法、有效控制体重与改善体形的方法等内容。体能具有综合性和多维度的特点，是先天遗传性和后天获得性的综合，兼有促进健康和提高运动能力的作用。具体可分为身体成分、心肺耐力、柔韧性、肌肉力量、肌肉耐力、灵敏性、平衡、协调性、爆发力、速度和反应时等单元内容。

　　围绕《课程标准》规定的内容其中第一节的"认识体能"主要涉及体能对健康和运动技能的促进作用、国家学生体质健康标准、体能锻炼的原则、体能锻炼计划的制订与实施等内容，从第二节到第五节是各项体能发展的基本原理与锻炼方法，此外还介绍了超等长练习和形体练习等发展体能的锻炼手段和方法

</td></tr>
<tr><td>课标内容</td><td colspan="5">

一、课标要求

　　参照普通高中《体育与健康课程标准（2017年版2020年修订）》，参考义务教育《体育与健康课程标准（2022年版）》中对本单元及各课时教学的要求：

1. 体能

　　体能模块包括体能发展的基本原理与方法、测量与评价体能水平的方法、体能锻炼计划制订的程序与方法、有效控制体重与改善体形的方法等内容

</td></tr>
</table>

单元内容	课标内容	（1）了解体能发展的基本原理与主要方法；掌握体能锻炼计划制订的程序与方法，学会根据自身情况确定锻炼方式、频率、强度和持续时间等；掌握并运用测试与评价体能水平的科学方法，如用心率来测试和评价运动强度，用《国家学生体质健康标准》评价体能水平；运用科学方法评价体能锻炼效果，并及时改进体能锻炼计划等。 （2）掌握并运用改善身体成分的基本原理和多种练习方法，如合理饮食、控制体重、改善体形，合理安排锻炼的时间、频率和强度等。 （3）掌握并运用发展心肺耐力的基本原理和多种练习方法，如耐力跑、游泳、跳绳、有氧健身操、自行车长距离骑行和登山等。 （4）掌握并运用发展上肢、下肢、肩部、腰腹和躯干柔韧性的基本原理和多种练习方法，如坐位体前屈、压腿、静态拉伸和动态拉伸等。 （5）掌握并运用发展肌肉力量和肌肉耐力的基本原理和多种练习方法，如仰卧起坐、俯卧撑、双杠臂屈伸、单杠引体向上、举重物和拉力器弯举等。 （6）掌握并运用发展灵敏性的基本原理和多种练习方法，如十字象限跳、六边形跳、"Z"字形跑、折返跑、变向跑、"8"字绕环跑和移动躲闪等。 （7）掌握并运用发展平衡能力的基本原理和多种练习方法，如单腿站立、燕式平衡和平衡站立等静态平衡练习，悬吊练习、双腿提踵下蹲、原地跳单脚落地、双足脚跟或双足脚尖走、单腿或双腿下蹲、弓步侧转体或弓步向后旋转等动态平衡练习。 （8）掌握并运用发展协调性的基本原理和多种练习方法，如跳绳、踢毽、跨步跳、单足跳、交叉步跑、后退跑、钻栏架和跳栏架等。 （9）掌握并运用发展爆发力的基本原理和多种练习方法，如蛙跳、推铅球、足球踢长传球、举重等。 （10）掌握并运用发展速度的基本原理和多种练习方法，如小步跑、后蹬跑、加速跑、牵引跑、上坡跑接下坡跑等。 （11）掌握并运用发展反应时的基本原理和多种练习方法，如固定信号源单一信号或选择信号练习、移动信号源单一信号或选择信号练习等各类信号刺激练习法，根据口令快速变换动作练习，两人一组相互模仿对方动作的练习，足球、篮球、排球两人一组的对抗练习等
	资源基础	（1）场地：提供开展体能教学的必需场地，进行深度的体验练习。 （2）教材及学案：提供核心问题教学各环节中自主探究与生成的环节与思维空间。 （3）音响：营造氛围，提升参与兴趣。 （4）信息技术融合：摄像设备，便于记录教学过程，观察、评价学习情况
基础条件	学生基础	从概念结论来看：健康的身体需要以一定的体能为基础，保持良好的体能，对于人们保持健康、提高学习效率，参与娱乐和休闲活动，过积极有活力的生活有着重要意义。 从思想方法来看：高中学生具备一定的研究素养，通过分析实践某一练习方法能够获得相关的学习方法进行练习，获取知识技能。学生有较好的感知、观察力，思维具有独立性、批判性，可以对相关练习效果进行分析、评价。 从价值观念来看：学生思考、合作能力较好，能够进行探究性的学习。兴趣更加广泛并逐步稳定，能够在练习中享受乐趣，愿意参与体育项目，在结交朋友、分享运动中获得快乐。 综上，学生在以前的学习和生活中对相关的小概念有一些比较正确的认识，在学习中初步形成了正确的体能练习观念，初步掌握了一些体能练习的原则和方法等，而通过本单元的学习，学生运动能力还会进一步得到加强

	单元核心大概念：体能。

<table>
<tr><td rowspan="20">单元大概念及下层结构</td><td>

单元核心大概念：体能。

特征化表达：回顾体质健康测试的体验，知晓《国家体质健康标准》测试的意义，懂得体能对发展运动能力和健康行为的促进作用；反思自身体能锻炼经历，辩证思考体能锻炼原则，结合自身特点制订体能锻炼计划；归纳发展各项体能的基本锻炼方法，并通过实践提高体能水平，养成坚持锻炼的健康行为。

概念结论：与健康相关的体能要素，有心肺耐力、肌肉力量、肌肉耐力、柔韧性、身体成分，以及与运动技能相关的体能要素，如灵敏性、速度、反应时、协调、平衡、爆发力。

特征化表达：发展体能对身体健康有促进作用，增强体能是发展运动技能的基础。健康的身体需要以一定的体能为基础，而保持良好的体能，对于人们保持健康，提高学习效率，参与娱乐和休闲活动，过积极的生活有着重要意义。增强体能是发展运动技能的基础。体能是人体运动能力的构成因素之一，与运动技能的学习和表现关系密切，良好的体能有助于满足人类对更快、更高、更强的追求。不同的体能对增进健康和发展运动技能的作用各有侧重，但有一些体能是互为基础、互相促进的，与运动技能相关的体能有灵敏、速度、协调、平衡、爆发力等5种。

思想方法：系统思维、多角度思维、联想思维，循序渐进。

特征化表达：根据不同的目的，不同的年龄段、身体状况，科学选择锻炼手段，循序渐进地进行练习。

价值观念：局部服从整体、合作意识、角色胜任、意志品质、规则意识、团队精神，主动克服困难、挑战自我、坚韧不拔。

特征化表达：体能锻炼必须遵循人体生理活动和适应力的基本及规律，从不同的主观实际出发，合理安排运动负荷，锻炼持之以恒地进行。体育锻炼必须追求身心全面和谐发展。使身体形态机能、身体素质及心理素质等方面得到全面协调的发展，人体是由各局部构成的一个整体，体育锻炼能促进新陈代谢更旺盛，使身体各系统组织器官和谐发展，达到身体相对的完善和完美；体育锻炼必须遵循人体生理活动和适应的基本规律，从不同的主客观实际出发，合理安排运动负荷，在循序渐进的基础上提高锻炼水平，在体育锻炼过程中，运动负荷的大小直接影响人体机能的变化，负荷是否适宜对锻炼的效果起到很大作用，运动负荷的大小因人而异、因时而异，即便是同一个人，在不同的机能状态下，不同的时间段里对负荷的承受能力也不尽相同，因此进行体育锻炼时，应该循序渐进、随时调整。在进行体育锻炼时，身体或特定的肌肉所受到的刺激，应强于不锻炼或强于已适应的刺激强度，一般来说，在给机体施加运动负荷的初期，身体的反应较为强烈，锻炼的效果也比较明显，但随着机体对负荷逐渐适应，锻炼效果就不断减弱，在此情况下若要继续提高运动水平，则必须适度增加运动负荷，不断打破原有平衡，形成新的平衡；体育锻炼应持之以恒地进行，生命在于运动，运动贵有恒，人的体能只有在经常性的体育锻炼中才能得到增强，如果长期中断体育锻炼，体能会逐渐下降，因此参加体育锻炼必须持之以恒，不能一曝十寒
</td></tr>
</table>

课时	课时大概念		课时大概念梳理		
	简约化表达	特征化表达	概念结论（小概念）	思想方法	价值观念
1	认识体能	了解体能的概念及分类	发展体能对身体健康的促进作用	系统地、多角度地认识体能	科学锻炼，持之以恒
			增强体能是发展运动技能的基础		
			国家体质健康标准介绍		
			体能锻炼的原则		
			体能锻炼计划的制订与实施		

课时	课时大概念		课时大概念梳理		
	简约化表达	特征化表达	概念结论（小概念）	思想方法	价值观念
2	发展肌肉力量，肌肉耐力和爆发力	力量是进行体育活动和体力劳动的基础	发展肌肉力量肌肉耐力和爆发力的原理 力量练习的方法 认识核心区 核心区力量及稳定性的练习方法	系统思维、多角度思维、联想思维，循序渐进	局部服从整体、合作意识、意志品质、规则意识、主动克服困难，挑战自我，坚韧不拔，
3	发展心肺耐力与改善身体成分	人体在氧供应充足的条件下，由大肌肉群参与的持续时间较长的运动	发展心肺耐力的原理和锻炼方法 改善身体成分的原理与方法	系统思维、多角度思维、联想思维，循序渐进	合作意识、意志品质、主动克服困难，挑战自我，坚韧不拔。
4	发展柔韧性	柔韧性，关节在整个关节活动范围内的运动能力	柔韧性与拉伸练习 拉伸练习方法	系统思维、多角度思维、联想思维，循序渐进	局部服从整体、合作意识、意志品质、规则意识、主动克服困难，挑战自我，坚韧不拔
5	发展反应、平衡、协调、灵敏和速度	与运动技能相关体能的相互影响和相互制约	发展反应时的原理与练习方法 发展平衡能力的原理与练习方法 发展协调能力的原理与练习方法 发展灵敏性的原理与方法 发展速度能力的原理与练习方法 超等长练习	系统思维、多角度思维、联想思维，循序渐进	局部服从整体、合作意识、意志品质、规则意识、主动克服困难，挑战自我，坚韧不拔
6	形体练习与健身	形体可以理解为是身体的"形态"与"体态"的合称，是指人的体形状态和身体姿态	认识形体练习 形体练习的方法	系统思维、多角度思维、联想思维，循序渐进	局部服从整体、合作意识、意志品质、规则意识、主动克服困难，挑战自我，坚韧不拔

单元大概念及下层结构（左侧纵向标题）

单元教学目标	理解体能对个人生活、学习和健康的重要性，表现出对体能重要性的正确认知（达到健康行为水平2，运动能力水平3）；学会运用体重指数（BMI）评价体能锻炼和体重控制效果，理解体能练习中的专门性原则和恢复性原则（达到健康行为水平3）；基本掌握体能练习的多种方法，积极参与多种体能锻炼（达到健康行为水平3，运动能力水平3）；达到《国家学生体质健康标准》中高一年级的良好水平（达到运动能力水平3）；表现出学练体能的兴趣和热情，情绪稳定，意志顽强，具有合作精神和竞争意识（达到健康行为水平3，体育品德水平4）；根据个人特点设计和实施个人体能发展计划，每周进行2~3次课外体能练习（达到运动能力水平3，健康行为水平4，体育品德水平3）

单元核心问题及问题分解	单元核心问题：通过体能练习，学会正确评估自己的体能状态，掌握基本科学的锻炼方法，科学制订适合自己的体能锻炼计划并加以实施，最终完善练习计划。 核心问题分解：体能是指人体各器官系统的机能在身体活动中表现出来的能力。发展体能，不仅是提高体育活动能力的重要因素，而且与个人的健康密切相关。良好的体能是体育与健康学科核心素养的重要表现之一，是个人过健康文明生活的物质基础。根据本单元的教学内容、教学目标将单元问题分解为：（1）体能发展的原理和方法。（2）测量和评价体能水平的方法。（3）体能锻炼计划制订的程序、原则及方法。（4）遵循个体差异和性别差异，达成体能全面发展的目标，践行个体锻炼计划

课时划分	课时	课时名称	课时核心问题
	第一课时	认识体能	探究体能对促进健康和提高运动能力的作用，归纳体能锻炼的原则，制订体能锻炼的方法
	第二课时	发展肌肉力量，肌肉耐力和爆发力	在力量练习中探究力量练习使肌肉增加体积，增大原因，归纳发展肌肉力量肌肉耐力和爆发力的方法
	第三课时	发展心肺耐力与改善身体成分	在耐力练习中探究发展心肺耐力的原理，归纳心肺耐力锻炼方法
	第四课时	发展柔韧性	在柔韧练习中探究柔韧性与健康和动作技能的关系，归纳拉伸练习的方法和应用
	第五课时	发展反应、平衡、协调、灵敏和速度	在反应、平衡、协调、灵敏和速度练习中，探究发展反应、平衡、协调、灵敏和速度的原理，归纳发展反应、平衡、协调、灵敏、速度和超等长练习的方法
	第六课时	形体练习与健身	在形体练习中，探究形体练习的运动特点和健身价值，归纳形体练习的基本方法

教学评价	从单元大概念的三个方面进行评价：概念结论、思想方法和价值观念。 概念结论：聚焦单元核心素养目标，以本单元需掌握的技能要点进行评价分析，评价方式主要通过学生练习计划制定和实施中的具体表现，对科学发展体能掌握情况进行评价，促进学生对相关知识的理解和运用。 思想方法：根据目的不同、年龄段不同、身体状况不同选择合理的练习方式，促进学生通过深度的体验，引导思维深度介入运动当中，提高运动思维。 价值观念：通过体能练习提高学生积极进取，遵守规则和社会责任感。增强自尊，主动克服内外困难，具有勇敢顽强、积极进取、挑战自我、追求卓越的精神。遵守练习规律，文明礼貌，尊重他人

单元作业	作业类型	作业目标	作业内容	作业情境	概念结论	思想方法	价值观念
	基础性作业	了解体能发展规律和方法	在老师的指导下，参与多种体能练习	体能练习中	科学发展体能	持之以恒	不怕困难，坚持到底
	综合性作业	制订体能练习方法并加以练习，开展高强度间歇性锻炼	运用科学锻炼原理，设计和实施个人体能发展计划	用HIIT（大强度间歇练习）进行体能训练	科学发展体能。根据自身情况合理安排练习频次并逐步提高，最终达到每天锻炼的程度	合理选择健身方式。尝试不同HIIT练习内容和手段，根据自身锻炼目标和兴趣确定练习方案，并合理安排练习与间歇恢复时间	具有主动克服困难、挑战自我、坚韧不拔、责任感强的体育精神和品格

	作业类型	作业目标	作业内容	作业情境	概念结论	思想方法	价值观念
单元作业	实践性作业	为家庭成员、同学制订锻炼计划和体重控制计划	为家庭成员同学制订体能锻炼计划,并能够评价实施效果,理解不同体能练习的作用	指导他人进行体能练习	科学发展体能	根据目标人群的不同推荐不同的练习方法	浓厚的学习兴趣和热情,具有团结进取,顽强拼搏,奋发向上的体育精神
	单元作业总体评估	通过制订体能锻炼计划并加以实施,巩固体能学习知识					
反馈调整							

"体能——认识体能"学教案

张红琼

一、教学分析设计

【教材分析】☞

本节课教材选自 2019 人教版普通高中教科书《体育与健康》必修全一册第二章第一节——认识体能。《普通高中体育与健康课程标准（2017 年版 2020 年修订）》将体能设置为 1 个模块，1 个学分，是高中体育学科学习中的必修必学内容。体能模块包括体能发展的基本原理与方法、测量与评价体能水平的方法、体能锻炼计划制订的程序与方法、有效控制体重与改善体形的方法等内容。体能具有综合性和多维度的特点，是先天遗传性和后天获得性的综合，兼有促进健康和提高运动能力的作用。基于教材，我们可以把体能具体分为身体成分、心肺耐力、柔韧性、肌肉力量、肌肉耐力、灵敏性、平衡、协调性、爆发力、速度和反应时。就教材本身而言，大多对于体能的认识会仅停留在身体素质层面。本节课依据教材对"体能"这 概念进行 个全面的解析，其中既有对体能本意的了解，也有对体能与个体、与社会关联的共同探讨，同时也聚焦于提升体能的尝试性探究。

【课标分析】☞

依据《普通高中体育与健康课程标准（2017 年版 2020 年修订）》，本节课体现的课标达成要求：了解体能发展的基本原理与主要方法；掌握体能锻炼计划制订的程序与方法，学会根据自身情况确定锻炼方式、频率、强度和持续时间等；掌握并运用测试与评价体能水平的科学方法，如用心率来测试和评价运动强度，用《国家学生体质健康标准》评价体能基本情况；运用科学方法评价体能锻炼效果，并及时改进体能锻炼计划等。同时，以《普通高中体育与健康课程标准（2017 年版 2020 年修订）》为依据，坚持"健康第一"的教育理念，以发展核心素养为引领，重视育体与育心、体育与健康教育相融合。课堂上面向全体学生，重视对体能发展的基本原理与方法的掌握，引导学生组成锻炼小组，指导学生合作制订提升体能的练习计划，促进学生提高协作能力，逐步形成锻炼习惯和健康生活方式。基于以上课程标准的内容以及指导思想，本节课中重要的是让学生能深刻理解个体体能与健康乃至社会发展的关系，能基于锻炼原则初步拟定有针对性的方案。因此，在课堂实施过程中，通过对体能影响因素及国家体质健康这一国家行为的介绍，能将个体与社会关联起来，通过对学校近 5 年以及个体这 2 年的体质数据的分析，能结合自身归纳出体能锻炼的原则，并能基于原则初步拟定锻炼计划，为后期进一步制订科学的、适配的锻炼计划，实现提升体能奠定理论基础。

【课时大概念】 ☞

为将《普通高中课程方案（2017年版2020年修订）》中的"以大概念为核心，使课程内容结构化"落到实处，更好发挥学科育人功能，在认真钻研课标和教材的基础上，从概念结论、思想方法、价值观念三个视角挖掘出的课时大概念如下。

课时核心大概念	简约化表达：认识体能				
	特征化表达：体能是体质的主要组成部分，既包括与健康相关的心肺耐力、肌肉力量、柔韧性，也包括与运动技能相关的速度、协调等。个体体能状况与个体健康、社会发展之间有着必然的关联，同时坚持科学的合理的体育锻炼，对于改善个体体能状况是至关重要的				
	概念结论		思想方法		价值观念
	简约化表达	特征化表达	简约化表达	特征化表达	简约化表达	特征化表达

	概念结论 简约化表达	概念结论 特征化表达	思想方法 简约化表达	思想方法 特征化表达	价值观念 简约化表达	价值观念 特征化表达
	体能及锻炼原则	体能是人体各器官系统的机能在身体活动中表现出来的能力，同时也是体质的主要组成部分。体能可分为两类：与健康相关的体能和与动作技能相关的体能。 发展体能的原则有针对性原则、全面性原则、超负荷原则、循序渐进原则和经常性原则	局部与整体归纳与演绎	健康的概念不仅仅停留在身体好的层面，它还包括了心理的以及社会适应等方面。同时，个体的健康与社会发展紧密相连。 通过对自身体质健康数据的横向、纵向对比，在基于体能状况影响因素的分析基础上，遵循锻炼原则，提出较为适配的锻炼计划	健康第一持之以恒	"健康第一"既是体育锻炼的指导思想，同样也应该是个体的人生追求。健康的身体和心理是一切愿景的前提。 体育锻炼除遵循适配原则以外，还应是一个长期坚持、持之以恒的过程。人的体能只有在经常性的体育锻炼中方能得到增强，如果长时间中断体育锻炼，体能就会逐渐下降

【资源分析】 ☞

（1）传统教学媒体：黑板（展示课堂的推进过程）。

（2）现代教学媒体：PPT课件（幻灯片主要用于展示情境素材等）。

（3）数字资源的利用：利用国家体质健康数据平台，获取所需数据并开展对比研究，加深对体质变化的理解。归纳分析学校近5年体质健康状况，做横向和纵向的对比。

【学生基础】 ☞

从概念结论来看：学生经过近10年的体育学习，尤其是每一年的体质检测，对身体素质如耐力、速度等都有清晰的认识，对一些常见的训练方法也都有较好的体验。但对体能的认识不够全面，较为片面。

从思想方法来看：学生经过长期的理论学习，认知水平以及思维水平都有较好的积淀。从本课的推进需要来看，学生的认知能从个体到社会，能从数据变化到生成结论。但从以往的教学经历而言，学生对自身的体能认识不足，对"健康"的认识更不全面。

从价值观念来看："健康第一"和"持之以恒"对于高中生来说清晰明了，但往往因为体会不深刻，停留在意识层面比较多。这节课的目标就是希望加深学生的体会，鼓励他们更多地付诸实践。

【教学目标】☞

回顾近10年的体质检测项目，归纳基础体能的评价方法；能通过对影响体能状况因素的分析，了解发展体能对促进健康和提高运动能力的作用，建立个体健康与社会长足发展息息相关的正确认知；依据初三到高一的体质监测数据，反思体能锻炼的原则，梳理制订体能锻炼计划的方法，并能依据原则初拟锻炼计划。

【核心问题】☞

回顾体质检测内容，厘清体能。借助自身体质数据分析基本体能状况，并初拟锻炼计划。

【评价预设】☞

（1）提出问题环节：教师纵向浅层地分析学生个体的体质健康状况并给予激励性评价，以带动全班学生在积极的探究准备状态中明晰核心问题，激发学生的学习兴趣，产生强烈的探究愿望和热情。

（2）解决问题环节：根据学生在分析解决问题的活动过程中的表现给予引导性、提示性、鼓励性等评价，如学生能通过回顾历年体质检测，较为全面地分析出体质健康对应的身体机能维度，给予激励性评价；如学生分析体能维度时只关注身体机能而忽略身体成分维度，应进行引导性评价，达成深入认识；探究锻炼原则时进行提示性评价，通过任务环节设置不断将学生的体验引向深入，充分发挥该环节的激励与引导功能。

（3）反思提升环节：与学生一起对解决问题的过程进行反思，在激励性的学科化评价基础之上进行结构化的提升，加深对本课中体能的涵义、提升体能的原则以及锻炼计划制订的步骤等的认识，力求发挥此环节评价的体验积淀功能。

（4）评价反馈环节：设计任务"给自己制订锻炼计划"，可以从学生对这一任务的完成情况进行点检测分析，形成体验性目标达成情况的评价并反馈给学生，凸显该环节评价的体验强化功能。

二、教学实施设计

【教学环节】☞

教学环节	学生活动	教师活动	设计意图	技术融合
提出问题（3分钟）	思考从小学、初中到高中，"体质健康检测"测试提出的背景和项目，明确本节课的核心问题	导入、回顾体质监测，引出"体能"，提出本节课的核心问题	引导学生融入问题情境，让思维和心理进入课堂	PPT

教学环节	学生活动	教师活动	设计意图	技术融合
解决问题（24分钟）	活动一：认识国家学生体质健康标准、体质检测项目，归纳分析项目对应的体能维度	介绍国家体质健康检测这一国家行为的背景，引导学生通过分析检测项目归纳体能维度	从体能的涵义到影响的因素，从个体体能状况到"大健康"和社会的发展，从锻炼原则到锻炼计划的初拟，步步深入，达成本课教学目标	PPT
	活动二：讨论分析影响体能的因素	引导学生全面分析影响因素		
	活动三：4人为小组，依据数据对比自身基础体能的变化，分析原因，总结提升体能的锻炼原则	引导学生回顾从小学到现在每一年（尤其是从初三到高一的）自己的体质数据变化情况并做出原因分析；基于原因，归纳锻炼原则		
	活动四：4人一组，选定1名同学，依据本学期体质检测数据，梳理锻炼方法，思考制订计划的步骤并初步拟定锻炼计划	学生反思计划制订过程，归纳制订步骤和计划要素；引导、鼓励学生拟定训练计划		
反思提升（6分钟）	交流个体体能与社会发展的关系，体能现状以及变化的原因，分享锻炼计划，并说出拟定步骤和关联要素	对学生的反思和总结给予积极评价。从三个维度，即概念结论、思想方法和价值观念对本次课的知识点进行梳理总结	理清概念，固化"健康"观念	PPT
评价反馈（7分钟）	1. 分析自身体能现状，初拟自己的锻炼计划。2. 小组内交流讨论锻炼计划	小组巡视，提出建议。布置课后作业	制订针对性的自我锻炼计划	

【教学流程图】☞

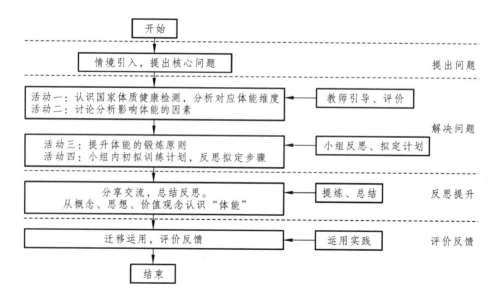

【作业布置】☞

课时作业的结构化设计

作业序号	作业目标	作业情境		概念结论		思想方法		价值观念		整体评估	
		内容	水平	内容	水平	内容	水平	内容	水平	类型	水平
1	了解体能发展原理、原则和方法	回顾历年体质检测，归纳、提炼影响体能的因素	简单	体能的涵义	健康行为2	分析归纳	健康行为水平1	坚持锻炼	体育品德水平2	基础性作业	学科核心素养水平2
2	拟定锻炼计划	运用科学锻炼原理，设计和实施个人体能发展计划	较复杂	体能的分类及练习方法	运动能力水平3	练习方法选择	健康行为水平3	运动角色胜任	体育品德水平2	综合性作业	学科核心素养水平3

（具体作业内容略）

三、教学评价反馈

【教学评价】☞

大概念的核心问题教学文化评价表

课时名称：认识体能。

所属单元：体能。

单元大概念：体能。

单元核心问题：通过体能练习，学会正确评估自己的体能状态，掌握基本科学的锻炼方法，科学制订适合自己的体能锻炼计划并加以实施，最终完善练习计划。

课时大概念：认识体能。

课时核心问题：回顾体质检测内容，厘清体能，借助自身体质数据分析体能状况，并初拟锻炼计划。

评价目标	评价指标				评价方法结果
	一级指标	二级指标	三级指标		
实现活动体验中的学习与素养发展	具有大概念核心问题教学形态	核心问题利于活动体验	内含学科问题和学生活动方式	8	每项指标最高评8分（满分为96分）
			问题情境与真实生活密切相关	8	
			能引发大概念、新知新法生成	7	
		教学目标价值引导恰当	两类目标正确全面	7	
			关联体验目标恰当	7	
			目标价值引导显现	7	合计89分

评价目标	评价指标			评价 方法结果	
	一级指标	二级指标	三级指标		
实现活动体验中的学习与素养发展	具有大概念核心问题教学形态	教学环节完整合理落实	教学环节清晰完整	8	
			环节内容合理充实	7	
			学生活动时间充分	8	
		教学要素相互匹配促进	问题目标环节两两匹配	8	
			技术促进活动形式内容	7	
			素养导向突出氛围浓郁	7	
	具有大概念核心问题教学特质	拓展学习视野	课堂与现实世界有恰当关联		选择一个表现突出的二级指标,在相应三级指标引导下,以现场学生表现为主要依据,以其余指标为背景,于本表的第二页写出 150 字以上的简要评价
			有基于缄默知识的问题解决		
			有缄默知识运用的追踪剖析		
			知识运用剖析导向素养发展		
		投入实践活动	有真实而且完整的实践活动		
			实践活动深度融入两类情境		
			能够全身心地浸渍于活动中		
			活动的内容结果均丰富深入		
		感受意义关联	有核心问题的深层意义感受		
			有以知识为中心的关联感受		
			有以个人为中心的关联感受		
			有对三类大概念的关联感受		
		自觉反思体验	有实质性反思活动的开展		
			有课堂新因素的追踪利用		
			有体验的交流与改善重构		
			有概念生成中的素养发展		
		乐于对话分享	乐于自我的表达与认真地倾听		
			乐于合作中成果与思路的分享		
			乐于成果交流中深层意义地分享		
			有宽容的对话氛围和双向交流		
		认同素养评价	认可素养评价		
			参与素养评价		
			利用素养评价		

大概念核心问题教学特质的简要评价（包括发展性建议）：

该课程按照"核心大概念"模式进行设计，采用"核心问题"的教学方法，以"问题"为引领，驱动学生深度认识体能，并体验体能和健康之间的关系。同时，以此为契机，分析自身体能状况，初拟个性化的锻炼计划。就本次课而言，凸显最好的应该是"乐于分享对话"。在活动一的过程中，因学生从小学开始就进入了体质健康检测的范围，处于真实的情境中，所以，他们对于体质健康有深刻体会。很多同学都能归纳并积极发表自己对体能维度的看法。在活动二和活动三中，同样也是基于自己的真实经历，在分析变化的基础上，除了更为深刻地体验了体能与诸多因素的关联，更重要的是通过发言和倾听，全面地认识体能以及影响因素，起到了反思自己的作用。在活动四中，采用小组合作的形式，基于某位同学的体能状况，用小组的力量进行深层次的分析，既有了好的对话氛围，同时也能在对话的过程中理清思路并深化认识

【反馈调整】☞

大概念的核心问题教学素养目标点检测表

课时名称	认识体能		
所属单元	体能		
单元大概念	体能		
单元核心问题	通过体能练习，学会正确评估自己的体能状态，掌握基本科学的锻炼方法，科学制订适合自己的体能锻炼计划并加以实施，最终完善练习计划		
课时大概念	认识体能		
课时核心问题	回顾体质检测内容，厘清体能，借助自身体质数据分析体能状况，并初拟锻炼计划		
课时素养目标	结果性目标：知晓体能概念以及影响体能的因素；明确提升体能的原则；制订锻炼计划的因素和步骤；初拟提升发展心肺耐力的锻炼计划。 体验性目标：（1）个体体能与健康、社会发展的关联；（2）体能提升与锻炼原则的关联；（3）锻炼计划与个体现状、运动时长、频率、强度之间的关联		
检测点	个体锻炼计划运动强度、持续时间、频率、正确的练习方式之间的关联的体验		
检测工具	发展心肺耐力的有氧锻炼计划		
分类标准	A. 锻炼计划强度、持续时间、频率、运动方式中 4 项都有要求，并且合理		
	B. 锻炼计划强度、持续时间、频率、运动方式中 3 项有要求，并且比较合理		
	C. 锻炼计划强度、持续时间、频率、运动方式中 2 项有要求		
	D. 未能完成锻炼计划的制订		
检测统计	分类等级	学生人数	百分比（总人数 42 人）
	A	28	66.7%
	B	12	28.6%
	C	2	4.7%
	D	0	0%

检测分析 结果运用	根据点检测表可以分析出，大部分同学能够制订合理的有氧锻炼计划。但是还有部分同学由于制订的方案还不是特别合理，由于自身基础的原因，并没有很好地进行实践
素养目标达成 典型实例	以某同学为例，他的锻炼计划如下：
检测反馈	在课后，教师根据学科核心素养发放了 42 份问卷调查，围绕运动能力、健康行为、体育品德等方面调查本节课同学们教学目标和内容完成的情况，从收集的资料来看，整体完成度较好，同学们在运动能力、健康行为、体育品德三个方面都有一定的提升，而且理解了科学的、适配的练习计划制订的意义，体验到了科学适配和持之以恒对于改善自身的体能状况以及生活、学习的重要意义

"探究发展肌肉力量的有效锻炼方法"学教案

冯刚

一、教学分析设计

【教材课标】

本节课教材选自 2019 人教版普通高中教科书《体育与健康》必修全一册，第二章体能，第二节发展肌肉力量、肌肉耐力和爆发力。2019 版普通高中教科书《体育与健康》必修全一册将体能归纳为 1 个模块的教学内容，体能模块包括体能发展的基本原理与方法、测量与评价体能水平的方法、体能锻炼计划制订的程序与方法、有效控制体重与改善体形的方法等内容。体能具有综合性和多维度的特点，是先天遗传性和后天获得性的综合，兼有促进健康和提高运动能力的作用，具体可分为身体成分、肌肉力量、柔韧性、肌肉耐力、灵敏性、平衡、协调性、爆发力、速度和反应时等单元内容。体能在《体育与健康课程标准（2017 年版 2020 年修订）》中的水平一到水平五均有涉及，并且细化了体能发展的基本方向和练习的具体内容。体能与每节专项运动技能课的体能练习是同时进行的，是不可代替的课程内容。

参照普通高中《体育与健康课程标准（2017 年版 2020 年修订）》，参考义务教育《体育与健康课程标准（2022 年版）》中对本单元及各课时教学的要求，本节课一共体现了 2 条课标：（1）了解体能发展的基本原理与主要方法；掌握体能锻炼计划制订的程序与方法，学会根据自身情况确定锻炼方式、频率、强度和持续时间等；掌握并运用测试与评价体能水平的科学方法，如用心率来测试和评价运动强度，用《国家学生体质健康标准》来评价体能水平；运用科学方法评价体能锻炼效果，并及时改进体能锻炼计划等。（2）掌握并运用发展肌肉力量和肌肉耐力的基本原理和多种练习方法，如仰卧起坐、俯卧撑、双杠臂屈伸、单杠引体向上、举重物和使用拉力器等。同时，以《体育与健康课程标准（2017 年版 2020 年修订）》为依据，坚持"健康第一"的教育理念，落实"立德树人"的根本任务，以发展核心素养为引领，重视育体与育心、体育与健康教育相融合，遵循教育教学规律，课堂上面向全体学生，注重"学、练、赛"一体化教学，重视对学生合作制订体能素质练习计划的指导，引导学生组成锻炼小组，掌握体能发展的基本原理与方法，促进学生提高协作能力，逐步形成体育锻炼习惯和健康生活方式。基于以上课标的内容以及课程标准的指导思想，本节课中重要的是让学生掌握并运用发展肌肉力量的基本原理和方法，并且发展肌肉力量的方法可以拓展到不同的项目。如果学生能亲身体验并进行自我反思和总结，将更加利于学生掌握发展肌肉力量的方法，所以本节课将如此设计：学生先根据教师所给项目自拟锻炼计划并在课中予以实施，在实施的过程中，在教师的指导下发现问题、探究问题，总结一般的发展肌肉力量的基本方法，同时学生自拟锻炼计划的项目不完全相同，在小组合作进行有氧心肺锻炼以及进行反思的环节，学生都可以在不同的项目中借鉴经验，达到在不同项目之间迁移的目的。

【课时大概念】☞

课时名称：发展肌肉力量。

为将《普通高中课程方案（2017 年版 2020 年修订）》中"以大概念为核心，使课程内容结构化"落到实处，在更好发挥学科育人功能，认真钻研课标和教材基础上，从概念结论、思想方法、价值观念三个视角出发，挖掘出如下的课时大概念。

简约化表达：发展肌肉力量

特征化表达：力量是进行体育活动和体力劳动的基础，学生基于课前自拟肌肉力量练习方法，在课中进行小组合作练习，根据训练的实际情况交流、探究发展肌肉力量训练的有效方法，树立科学锻炼和持之以恒的观念。

概念类别	简略化表达	特征化表达
概念结论类	探究发展肌肉力量锻炼的有效方法	探究肌肉力量、肌肉耐力和爆发力锻炼的有效方法，认识肌肉力量的锻炼受到强度、持续时间、频率和运动方式四方面的影响，个体要根据自身情况对锻炼时间、强度、频率和运动方式进行调整，制定适合自己锻炼的方式方法
思想方法类	系统思维 多角度思维 循序渐进思维	锻炼肌肉力量的过程中，需要通过实际练习情况，调整运动的强度，使其在科学合理范围内，进而使学生学会调适运动强度，掌握系统思维、多角度思维、循序渐进的思想方法
价值观念类	科学锻炼 坚韧不拔 持之以恒	局部服从整体、合作意识、意志品质、规则意识、主动克服困难，挑战自我，坚韧不拔，发展肌肉力量，既需制订科学合理的训练计划，更需持之以恒实施，进而树立科学锻炼和持之以恒的观念

【资源分析】☞

文本类资源：

学生需要在课程实施前，查阅相关资料，制订相关肌肉力量的训练计划，同时需要将自己的运动过程进行记录、分析，探索出最适合自己的训练方式。

实践探究类资源：

学生依自拟的训练计划，小组合作进行肌肉力量的练习，根据实际练习情况监测确认自己训练计划是否科学合理。

【学生基础】☞

从概念结论来看：学生通过对前一节课时"认识体能"的学习，并通过预习发展肌肉力量、肌肉耐力和爆发力的相关知识，初步探索制订了自身肌肉力量的训练方法。

从思想方法来看：高一这一时期的学生思维能力和智力水平接近成年人，能够根据自己的身体情况和练习情况作出调整，选择适合自己肌肉力量发展的练习方法。

从价值观念来看：高一学生具有较好的合作意识和意志品质，在练习中能够克服身体和心理上的困难，顽强拼搏。

综上，高一学生在概念结论、思想方法、价值观念等方面具备了进行发展肌肉力量学习的条件，但是在自己制订训练计划和实施练习计划的过程中存在困难，为使学生能在深度体验中突破难点，将参与体能练习、评估体能状态、科学制订适合自己的体能锻炼计划并实施反思的活动拟定为本节课核心问题中的学生活动。

【教学目标】☞

参与仰卧起坐、俯卧撑、双杠臂屈伸、单杠引体向上、举重物等训练，锻炼学生胸背部肌肉力量、上下肢肌肉力量等，以此来培养学生的协调能力、柔韧性、爆发力等基本身体素养，提升学生的运动能力；通过反复练习来增强学生的心肺功能和耐力素质，促使学生身体的健康发展；通过练习过程中的相互鼓励与帮助，来培养学生们团结协作、克服困难、顽强拼搏的意志品质，以此促进学生体育品德的形成。

【核心问题】☞

基于课前自拟计划，小组合作进行肌肉力量练习，反思实际练习情况，交流、探究发展肌肉力量的有效计划与方法。

本节课设计如下：学生先根据教师所给项目自拟锻炼计划并在课中予以实施，在实施的过程中，借助实际情况监测和同学、老师一起发现问题，探究问题，总结发展肌肉力量的基本方法。同时由于不同学生自拟的锻炼计划项目不完全相同，因此学生可在小组合作进行反思提升，并可以在不同的项目中借鉴经验。在整个活动中，加强学生对运动强度适配的认知与理解，树立科学锻炼和持之以恒的观念。

【评价预设】☞

1. 提出问题环节

提出核心问题，引起学生的练习兴趣，引导学生积极思考。

2. 解决问题环节

（1）对学生自拟的训练项目情况进行积极点评，引导小组其他队员模仿学习。

（2）对制订和实施练习计划执行较好的小组进行积极评价，点评做得好的地方和不足之处；鼓励深度思考，努力克服困难。

3. 反思提升环节

（1）对很好地执行了练习计划的同学，以其为案例进行班级交流，引导其他小组学习、效仿。

（2）对不能及时调整练习方法的同学，通过提问方式，引导其深度思考、体验，进一步归纳练习要领，对同学们积极回答给予积极回应。

（3）对练习效果较好的小组进行表扬并邀请交流，从而引导同学们思考进一步提升练习计划有效性的方法，对同学们认真思考后的结论给予肯定。

4. 评价反馈环节

在下课前，进行综合性评价，对练习中同学们表现出的健康行为和体育品德进行鼓励、表扬。

二、教学实施设计

【教学环节】☞

教学环节	学生活动	教师活动	设计意图	技术融合
提出问题（2分钟）	回顾上次课的内容。明确本节课的核心问题：依自拟计划，小组合作进行肌肉力量练习，根据实际练习情况交流、探究发展肌肉力量的有效方法	导入，回顾上堂课制订的训练计划，提出本堂课核心问题	引导学生融入问题情境，思维和心理介入课堂	
解决问题（22分钟）	学生进行热身活动。活动一：学生根据自己的训练计划分小组进行肌肉力量练习：学生进行胸部肌肉力量、肩背部肌肉力量、上肢肌肉力量、下肢肌肉力量的自主练习（仰卧起坐、俯卧撑、双杠臂屈伸、单杠引体向上、举重物和拉力器弯举等）。活动二：学生在小组内交流、反思自己在训练中出现的问题并结合教师指导及时地进行锻炼的调整	热身：安排学生体能热身活动。活动一：教师组织、安排学生根据自己的练习计划分组练习。活动二：教师巡视各组练习情况，发现学生问题，引导学生对训练计划进行及时调整，全过程中提醒学生注意安全	引导学生积极完成训练计划。小组交流、合作练习、反思计划的合理性	
反思提升（8分钟）	1. 通过小组讲解，根据自身记录的训练方法谈优缺点。2. 积极配合老师讨论、总结、提炼肌肉力量练习的有效途径	根据学生在练习中普遍暴露出的问题，引导学生总结，提炼肌肉力量训练方法（强度、持续时间、频率、运动方式等）	通过对解决问题过程的反思与结构化提升，归纳本课概念结论、思想方法、价值观	
评价反馈（8分钟）	1. 完善自己的有效练习计划。2. 放松整理。3. 点评总结	1. 完善、实施有效训练计划并引导学生做放松练习。2. 强调健康第一、终生体育的价值观，根据自己喜欢的运动项目，进行终身练习	科学制订有效的肌肉力量锻炼计划。强调放松的重要性。培养学生终身锻炼的习惯	

【教学流程图】☞

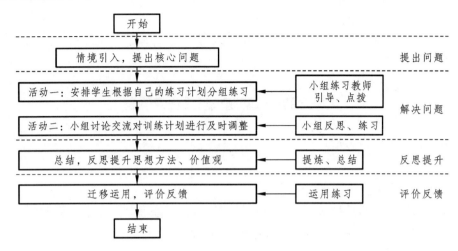

【作业布置】☞

课时作业的结构化设计

作业序号	作业目标	作业情境		概念结论		思想方法		价值观念		整体评估	
		内容	水平	内容	水平	内容	水平	内容	水平	类型	水平
1	了解肌肉力量发展规律和方法	在老师的指导下，复习上课所用的多种肌肉的力量练习方法	简单	理解肌肉力量练习实施方法	运动能力水平2	知识选择与运用	健康行为水平1	坚持锻炼	体育品德水平1	基础性作业	学科核心素养水平2
2	制订肌肉力量方法并加以练习。开展高强度间歇性锻炼	运用科学锻炼原理，设计和实施个人肌肉力量发展计划	一般	掌握肌肉力量练习实施方法	运动能力水平3	练习方法选择	健康行为水平3	运动角色胜任	体育品德水平2	综合性作业	学科核心素养水平3
3	为家庭成员、同学制订提升肌肉力量的锻炼计划	为家庭成员、同学制订肌肉力量锻炼计划，并能够评价实施效果，理解不同肌肉力量练习的作用	复杂	指导他人进行肌肉力量练习	运动能力水平4	肌肉力量练习方式选择与运用	健康行为水平3	团结合作	体育品德水平4	实践性作业	学科核心素养水平4

（具体的作业内容略）

三、教学评价反馈

【教学评价】☞

大概念的核心问题教学文化评价表

课时名称：发展肌肉力量。

所属单元：体能。

单元大概念：体能。

单元核心问题：通过体能练习，学会正确评估自己的体能状态，掌握基本科学的锻炼方法，科学制订适合自己的体能锻炼计划并加以实施，最终完善练习计划。

课时大概念：发展肌肉力量。

课时核心问题：基于课前自拟计划，小组合作进行肌肉力量练习，反思实际练习情况，交流、探究发展肌肉力量的有效计划与方法。

评价目标	评价指标				评价方法结果
	一级指标	二级指标	三级指标		
实现活动体验中的学习与素养发展	具有大概念核心问题教学形态	核心问题利于活动体验	内含学科问题和学生活动方式	8	每项指标最高评8分（满分为96分）
			问题情境与真实生活密切相关	8	
			能引发大概念、新知新法生成	7	
		教学目标价值引导恰当	两类目标正确全面	7	
			关联体验目标恰当	7	
			目标价值引导显现	7	
		教学环节完整合理落实	教学环节清晰完整	8	
			环节内容合理充实	7	
			学生活动时间充分	8	
		教学要素相互匹配促进	问题目标环节两两匹配	8	
			技术促进活动形式内容	7	
			素养导向突出氛围浓郁	8	合计90分

评价目标	评价指标			评价 方法结果
	一级指标	二级指标	三级指标	
实现活动体验中的学习与素养发展	具有大概念核心问题教学特质	拓展学习视野	课堂与现实世界有恰当关联	选择一个表现突出的二级指标，在相应三级指标引导下，以现场学生表现为主要依据，以其余指标为背景，于本表的第二页写出150字以上的简要评价
			有基于缄默知识的问题解决	
			有缄默知识运用的追踪剖析	
			知识运用剖析导向素养发展	
		投入实践活动	有真实而且完整的实践活动	
			实践活动深度融入两类情境	
			能够全身心地浸渍于活动中	
			活动的内容结果均丰富深入	
		感受意义关联	有核心问题的深层意义感受	
			有以知识为中心的关联感受	
			有以个人为中心的关联感受	
			有对三类大概念的关联感受	
		自觉反思体验	有实质性反思活动的开展	
			有课堂新因素的追踪利用	
			有体验的交流与改善重构	
			有概念生成中的素养发展	
		乐于对话分享	乐于自我的表达与认真地倾听	
			乐于合作中成果与思路的分享	
			乐于成果交流中深层意义分享	
			有宽容的对话氛围和双向交流	
		认同素养评价	认可素养评价	
			参与素养评价	
			利用素养评价	

大概念核心问题教学特质的简要评价（包括发展性建议）：

该课程按照"核心大概念"模式进行设计，采用"核心问题"的教学方法，以"问题"为引领，驱动学生深度探究提升肌肉力量的方法，通过提出问题、解决问题、反思提升、运用反馈这四个环节，在实际情况的监测下，引导同学们主动思考，制订练习方案并进行练习，最后完善练习计划。教师认真讲解，学生的练习在教师的示范和引导下，大多数的同学都能设计出较为合理制订训练计划并完成练习计划，让学生在体育运动中能有更多的思维、心理介入，学生在探究学习的过程中，主动、积极、认真。在解决问题和反思提升环节，学生乐于自我表现，基于教师的讲解和要求，结合自身的训练计划，进行训练的综合展示，在课堂上大胆地与老师和学生们分享自己的思想和训练方法。在反思提升环节，学生提炼出了体育学科的学习思想和学习方法。教师通过靶心率的现场呈现，使同学们随时监控自己的训练强度，随时调整训练计划并向同学们进行分享，让同学们在以后的体能练习、比赛中具有制订练习计划的意识，感悟严谨、守则、坚持、进取、协作对体能发展的影响和意义

【反馈调整】☞

大概念的核心问题教学素养目标点检测表

课时名称	发展肌肉力量		
所属单元	体能		
单元大概念	体能		
课时大概念	发展肌肉力量		
课时核心问题	基于课前自拟计划，小组合作进行肌肉力量练习，反思实际练习情况，交流、探究发展肌肉力量的有效计划与方法。		
课时素养目标	参与仰卧起坐、俯卧撑、双杠臂屈伸、单杠引体向上、举重物等训练，锻炼学生胸背部肌肉力量、上下肢肌肉力量等，以此培养学生的协调能力、柔韧性、爆发力等基本身体素质，提升学生的运动能力；通过反复练习来增强学生的心肺功能和耐力素质，促使学生身体的健康发展；通过练习过程中的相互鼓励与帮助，来提升学生们团结协作、克服困难、顽强拼搏的意志品质，以此促进学生体育品德的形成		
检测点	制订和实施发展肌肉力量有氧锻炼计划，并实施		
检测工具	发展肌肉力量的有氧锻炼计划		
分类标准	A. 锻炼计划强度、持续时间、频率、运动方式中4项都有要求，并且合理能实施		
	B. 锻炼计划强度、持续时间、频率、运动方式中3项有要求，并且比较合理能实施		
	C. 锻炼计划强度、持续时间、频率、运动方式中2项有要求，勉强能实施		
	D. 未能完成锻炼计划的科学制订，不能完成计划实施		
检测统计	分类等级	学生人数	百分比（总人数38人）
	A	10	50%
	B	6	30%
	C	4	20%
	D	0	0%
检测分析结果运用	根据点检测表可以分析出，大部分同学能够制订合理的锻炼计划，在平时练习进行运用。但是还有部分同学由于制订的方案还不是特别合理，加之自身基础的原因，并没有很好地运用出来，还需要在课后继续进行练习		
素养目标达成典型实例	以某组为例，该组练习内容为：上肢肩背力量练习，俯卧撑3组，20个每组快速完成；背推杠铃4组，10次每组，30 kg；对该组的男同学而言，较为轻松，达不到锻炼的效果；故将俯卧撑调整为4组，30个每组快速完成；背推杠铃4组，20次每组，40 kg；两组之间的休息时间从2分钟调整为1分30秒；调整练习强度和间歇时间后，练习强度和密度就比较适中了，学会了以后的练习，可以根据自身的身体状况进行调整		
检测反馈	在课后，教师根据学科核心素养发放了20份问卷调查，从运动能力、健康行为、体育品德等方面调查本节课同学们教学目标和内容完成的情况，从收集的资料来看，整体完成度较好，同学们在运动能力、健康行为、体育品德三个方面都有一定的提升，而且理解了科学的练习计划制订的意义，体验到了情绪、人际关系、团队合作对于科学锻炼的重要意义		

"发展肌肉力量、肌肉耐力和爆发力" 学教案

郭彪

一、教学分析设计

【教材分析】☞

本节课教材选自 2019 人教版普通高中教科书《体育与健康》必修全一册第二章第二节——发展肌肉力量、肌肉耐力和爆发力。2019 版普通高中教科书《体育与健康》必修全一册将体能分为一个模块的教学内容，体能模块包括体能发展的基本原理与方法、测量与评价体能水平的方法、体能锻炼计划制订的程序与方法、有效控制体重与改善体形的方法等内容。体能具有综合性和多维度的特点，是先天遗传性和后天获得性的综合，兼有促进健康和提高运动能力的作用，具体可分为身体成分、心肺耐力、柔韧性、肌肉力量、肌肉耐力、灵敏性、平衡、协调性、爆发力、速度和反应时等单元内容。体能在《体育与健康课程标准（2017 年版 2020 年修订）》中的水平一到水平五均有涉及，并且细化了体能发展的基本方向和练习的具体内容。体能与每节专项运动技能课的体能练习是同时进行的，是不可替代的课程内容。

【课标分析】☞

参照普通高中《体育与健康课程标准（2017 年版 2020 年修订）》，参考义务教育《体育与健康课程标准（2022 年版）》中对本单元及各课时教学的要求，本节课一共体现了 2 条课标：（1）了解体能发展的基本原理与主要方法；掌握体能锻炼计划制订的程序与方法，学会根据自身情况确定锻炼方式、频率、强度和持续时间等；掌握并运用测试与评价体能水平的科学方法，用《国家学生体质健康标准》评价体能水平；运用科学方法评价体能锻炼效果，并及时改进体能锻炼计划等。（2）掌握并运用发展肌肉力量、肌肉耐力和爆发力的基本原理和多种练习方法，如发展胸部肌肉力量的俯卧撑、发展下肢肌肉力量的负重半蹲、发展核心区力量及稳定性训练的平板支撑、发展爆发力的弓步分腿跳等。同时，以《体育与健康课程标准（2017 年版 2020 年修订）》为依据，坚持"健康第一"的教育理念，落实"立德树人"的根本任务，以发展核心素养为引领，重视育体与育心、体育与健康教育相融合，遵循教育教学规律，课堂上面向全体学生，注重"学、练、赛"一体化教学，重视指导学生合作制订体能素质练习计划，引导学生组成锻炼小组，掌握体能发展的基本原理与方法，促进学生提高协

作能力，逐步形成体育锻炼习惯和健康生活方式。基于以上课标的内容以及课程标准的指导思想，本节课中重要的是让学生掌握并运用发展肌肉力量、肌肉耐力和爆发力的原理和练习方法，并且可以将发展肌肉力量、耐力和爆发力的方法拓展到不同的项目。学生如果能进行亲身体验并进行自我的反思和总结，更加利于其掌握发展肌肉力量、耐力和爆发力的方法，所以本节课将设计为学生先根据教师所给项目自拟锻炼计划并在课中予以实施，在实施的过程中，在教师的指导下发现问题、探究问题，总结一般的发展肌肉力量、耐力和爆发力的基本方法，同时学生自拟锻炼计划的项目不完全相同，在小组合作进行肌肉力量锻炼的时候以及在反思的环节，学生都可以在不同的项目中借鉴经验，达到不同项目之间迁移的目的。

【课时大概念】☞

为将《普通高中课程方案（2017年版 2020年修订）》中"以大概念为核心，使课程内容结构化"落到实处，更好发挥学科育人功能，在认真钻研课标和教材基础上，从概念结论、思想方法、价值观念三个视角挖掘出如下的课时大概念。

简约化表达：发展肌肉力量、耐力和爆发力

特征化表达：学生基于课前自拟肌肉力量、耐力和爆发力的练习计划并在课中进行小组合作练习，探究交流发展肌肉力量、耐力和爆发力的方法，强化运动强度适配的思想方法，形成科学锻炼和持之以恒的观念。

概念类别	简略化表达	特征化表达
概念结论	发展肌肉力量的锻炼原理及方法	力量是进行体育活动和体力劳动的基础；力量影响并促进其他体能的发展；外部阻力往往是发展力量的手段，人体在克服这些阻力中提高、发展自身力量
思想方法	找到适合自己的锻炼锻炼方法	运用多种方法提高不同身体部位的绝对力量、力量耐力以及爆发力
价值观念	科学锻炼，持之以恒	发展肌肉力量、耐力和爆发力，既需要制订科学合理的训练计划，更需要持之以恒地实施，进而形成科学锻炼和持之以恒的观念

【资源分析】☞

文本类资源：

学生需要实施课前制订的训练计划，同时需要将自己在运动过程中的完成动作的重量、数量以及时间记录在图中，分析重量变化是否在适合自己的合理范围内。

信息技术类资源：

（1）学生的力量练习强度一般采用最大重复次数（Repetition Maximum，RM）来进行表述，力量练习中负重与重复次数之间是反比关系，也就是说负荷越小，重复次数就越多。

（2）练习频率受到学生练习总量、体能水平等多种因素的影响。

（3）练习的顺序要遵循力量练习的规律。

实践探究类资源：

学生依自拟的训练计划，小组合作进行力量练习，通过记录自己的实时训练状况来验证训练计划的科学合理性。

【学生基础】 ☞

从概念结论来看：学生通过对第二章之前体能的学习，对肌肉力量、耐力和爆发力有了初步认识，知道肌肉力量练习的目的、作用和意义，了解到一些肌肉力量的练习方法。

从思想方法来看：这一时期的学生思维能力和智力水平接近成年人，能够根据自己的身体情况和练习情况作出调整，选择适合发展自己肌肉力量的练习手段。

从价值观念来看：学生具有较好的合作意识和意志品质，在练习中能够克服身体和心理上的困难，顽强拼搏。

综上，学生在概念结论、思想方法、价值观念等方面具备了进行发展肌肉力量、耐力和爆发力学习的条件，但是在自己制订训练计划和实施练习计划的过程中存在困难，为使学生能在深度体验中突破难点，将"参与体能练习，评估体能状态，科学制订适合自己的体能锻炼计划，并实施反思"的活动拟定为本节课核心问题中的学生活动。

【教学目标】 ☞

学生参与自拟肌肉力量、耐力和爆发力练习计划并在课中进行小组合作练习，通过实时记录监测探究交流发展肌肉力量的方法的活动，掌握发展肌肉力量的原理和锻炼方法（达到运动能力水平3），能制订科学的锻炼计划，并持续实施，强化学生对于运动强度适配的思想方法，形成科学锻炼和持之以恒的观念（达到运动能力水平3健康行为、体育品德）。

【核心问题】 ☞

采用多种练习方式，探究提升肌肉力量的方法。

内容主旨：学生先根据教师所给项目自拟锻炼计划并在课中予以实施，在实施的过程中进行记录分析并和同学、老师一起发现问题，探究问题，总结一般的发展肌肉力量的基本方法。同时学生自拟的锻炼计划项目不完全相同，在小组合作进行肌肉力量锻炼时以及反思的环节，学生可以在不同的项目中借鉴经验。在整个活动中，强化学生对于运动强度适配的思想方法，形成科学锻炼和持之以恒的观念。

【评价预设】 ☞

（1）提出问题环节：提出核心问题，引起学生的练习兴趣，引导学生积极思考。

（2）解决问题环节：

① 对实时记录理解较好的同学进行积极点评，引导小组其他队员模仿学习。

② 对制订和实施练习计划执行较好的小组进行积极评价，点评做得好的地方和不足之处；对未能很好达成目标的小组进行诊断性评价，鼓励深度思考，努力克服困难。

（3）反思提升环节：

① 针对很好得执行练习计划的同学，进行班级交流，引导其他小组学习、效仿。

② 对不能很好执行练习计划和无法达标的同学，通过提问方式，引导学生深度思考、体验，进一步归纳练习要领，对同学们的回答给予积极回应与点评。

③ 对练习效果较好的小组进行表扬并邀请交流，从而引导同学们思考进一步提升练习计划有效性的方法，对同学们认真思考后的结论给予肯定。

（4）评价反馈环节：

在下课前，进行综合性评价，对练习中同学们表现出的健康行为和体育品德进行鼓励、表扬。

二、教学实施设计

【教学环节】☞

教学环节	学生活动	教师活动	设计意图	技术融合
提出问题（3分钟）	回顾上次课的内容。 明确本节课的核心问题：采用多种练习方式，探究提升肌肉力量的方法	导入，回顾上堂课进行的训练计划制订，提出本堂课核心问题	引导学生融入问题情境，将思维和心理介入课堂	
解决问题（22分钟）	学生进行热身活动。 活动一：学生根据自己的训练计划分小组进行肌肉力量练习：学生进行俯卧撑、负重半蹲、平板支撑以及弓步分腿跳等练习，并记录练习时间、重量和个数。 活动二：学生在小组内交流、反思自己在训练中出现的问题并结合教师指导及时地进行锻炼的调整	热身：安排学生体能热身活动 活动一：教师组织、安排学生根据自己的练习计划分组练习。 活动二：教师巡视各组练习情况，发现学生问题时，引导学生对训练计划进行及时调整，全过程中提醒学生注意安全	引导学生积极完成训练计划，并关注记录心率。 小组交流、合作练习、反思计划的合理性	实时记录
反思提升（5分钟）	（1）小组讲解、展示制订的肌肉力量练习方案。 （2）积极配合老师讨论、总结、提炼肌肉力量练习实施的方法	根据学生在练习中普遍暴露出的问题，引导学生总结提炼肌肉力量、耐力和爆发力的练习实施方法（强度、持续时间、频率、运动方式）	通过对解决问题过程的反思与结构化提升，归纳本课概念结论、思想方法、价值观	实时记录
评价反馈（10分钟）	1. 完善自己的练习计划 2. 放松整理 3. 点评总结	1. 完善，并实施训练计划。 2. 引导学生做放松练习。 3. 强调健康第一、终生体育的价值观，根据自己喜欢的运动项目，进行终身练习	科学地制订锻炼计划。 强调放松的重要性。 培养学生终身锻炼的习惯	

【教学流程图】☞

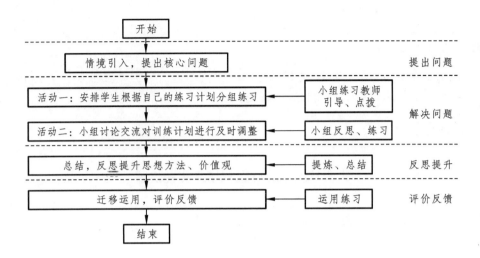

【作业布置】☞

课时作业的结构化设计

作业序号	作业目标	作业情境		概念结论		思想方法		价值观念		整体评估	
		内容	水平	内容	水平	内容	水平	内容	水平	类型	水平
1	了解肌肉力量发展规律和方法	在老师的指导下，复习上课所用的多种肌肉力量练习	简单	理解肌肉力量练习实施方法	运动能力水平2	知识选择与运用	健康行为水平1	坚持锻炼	体育品德水平1	基础性作业	学科核心素养水平2
2	制订肌肉力量练习方法并开展高强度间歇性锻炼	运用科学锻炼原理，设计和实施个人肌肉力量发展计划	一般	掌握肌肉力量练习实施方法	运动能力水平3	练习方法选择	健康行为水平3	运动角色胜任	体育品德水平2	综合性作业	学科核心素养水平3
3	为家庭成员、同学制订提升肌肉力量锻炼计划	为家庭成员同学制订肌肉力量锻炼计划，并能够评价实施效果，理解不同肌肉力量练习的作用	复杂	指导他人进行肌肉力量练习	运动能力水平4	肌肉力量练习方式选择与运用	健康行为水平3	团结合作	体育品德水平4	实践性作业	学科核心素养水平4

（具体的作业内容略）

三、教学评价反馈

【信息搜集】☞

课后搜集了全班学生的评价反馈 52 份，对搜集的 52 份学生反馈训练进行分析，基于学生的心智标准达成情境进行了批阅和分类研究。

【自我评价】☞

大概念的核心问题教学文化评价表

课时名称：<u>发展肌肉力量、肌肉耐力和爆发力。</u>

所属单元：<u>体能。</u>

单元大概念：<u>体能。</u>

单元核心问题：<u>通过体能练习，学会正确评估自己的体能状态，掌握基本科学的锻炼方法，科学制订适合自己的体能锻炼计划并加以实施，最终完善练习计划。</u>

课时大概念：<u>发展肌肉力量、肌肉耐力和爆发力。</u>

课时核心问题：<u>采用多种练习方式，探究提升肌肉力量的方法。</u>

评价目标	评价指标				评价方法结果
	一级指标	二级指标	三级指标		
实现活动体验中的学习与素养发展	具有大概念核心问题教学形态	核心问题利于活动体验	内含学科问题和学生活动方式	8	每项指标最高评 8 分（满分为96分）
			问题情境与真实生活密切相关	8	
			能引发大概念、新知新法生成	7	
		教学目标价值引导恰当	两类目标正确全面	7	
			关联体验目标恰当	7	
			目标价值引导显现	7	
		教学环节完整合理落实	教学环节清晰完整	8	
			环节内容合理充实	7	
			学生活动时间充分	8	
		教学要素相互匹配促进	问题目标环节两两匹配	8	
			技术促进活动形式内容	7	
			素养导向突出氛围浓郁	7	合计<u>89分</u>

评价目标	评价指标			评价
	一级指标	二级指标	三级指标	方法结果
实现活动体验中的学习与素养发展	具有大概念核心问题教学特质	拓展学习视野	课堂与现实世界有恰当关联	选择一个表现突出的二级指标，在相应三级指标引导下，以现场学生表现为主要依据，以其余指标为背景，于本表的第二页写出 150 字以上的简要评价
			有基于缄默知识的问题解决	
			有缄默知识运用的追踪剖析	
			知识运用剖析导向素养发展	
		投入实践活动	有真实而且完整的实践活动	
			实践活动深度融入两类情境	
			能够全身心地浸渍于活动中	
			活动的内容结果均丰富深入	
		感受意义关联	有核心问题的深层意义感受	
			有以知识为中心的关联感受	
			有以个人为中心的关联感受	
			有对三类大概念的关联感受	
		自觉反思体验	有实质性反思活动的开展	
			有课堂新因素的追踪利用	
			有体验的交流与改善重构	
			有概念生成中的素养发展	
		乐于对话分享	乐于自我表达与认真倾听	
			乐于合作中成果与思路的分享	
			乐于成果交流中深层意义分享	
			有宽容的对话氛围和双向交流	
		认同素养评价	认可素养评价	
			参与素养评价	
			利用素养评价	

大概念核心问题教学特质的简要评价（包括发展性建议）：

该课程采用"核心问题"的教学方法，以"核心问题"为引领，驱动学生深度探究提升肌肉力量的方法，认为在"投入实践活动"这一评价指标方面呈现得比较凸显。本课时的核心问题"采用多种练习方式，探究提升肌肉力量的方法"明确要求学生有真实而且完整的实践活动，学生参与自拟肌肉力量、耐力和爆发力练习计划并在课中进行小组合作练习，借助"实时记录监测，探究交流发展肌肉力量的方法"的活动，掌握发展肌肉力量的原理和锻炼方法，对"计划强度、持续时间、频率、运动方式"四个因素进行了关联分析，制订科学的锻炼计划并持续实施，强化学生对于运动强度适配的思想方法，形成科学锻炼和持之以恒的观念，因此学生的活动内容和结果均丰富深入，同时让同学们感悟严谨、守则、坚持、进取、协作对体能发展的影响和意义。进一步发展学生的体育学科核心素养

大概念的核心问题教学素养目标点检测表

课时名称	发展肌肉力量、肌肉耐力和爆发力
所属单元	体能
单元大概念	体能
单元核心问题	通过体能练习，学会正确评估自己的体能状态，掌握基本科学的锻炼方法，科学制订适合自己的体能锻炼计划并加以实施，最终完善练习计划
课时大概念	发展肌肉力量、肌肉耐力和爆发力
课时核心问题	采用多种练习方式，探究提升肌肉力量的方法
课时素养目标	学生在参与自拟肌肉力量、耐力和爆发力练习计划并在课中进行小组合作练习，借助"实时记录监测、探究交流发展肌肉力量的方法"的活动，掌握发展肌肉力量的原理和锻炼方法（达到运动能力水平3），能制订科学的锻炼计划并持续实施，强化学生对于运动强度适配的思想方法，形成科学锻炼和持之以恒的观念（达到运动能力水平3健康行为、体育品德）
检测点	影响肌肉力量锻炼"强度、持续时间、频率、运动方式"因素之间的关联
检测工具	根据自我，制订和实施发展肌肉力量锻炼计划并实施
分类标准	A. 锻炼计划强度、持续时间、频率、运动方式中4项都有要求，并且合理，能实施，发展了肌肉力量 B. 锻炼计划强度、持续时间、频率、运动方式中3项有要求，并且比较合理，能实施，发展了肌肉力量 C. 锻炼计划强度、持续时间、频率、运动方式中2项有要求，勉强能实施，在一定程度上发展了肌肉力量 D. 未能完成锻炼计划的科学制订，不能完成计划实施

检测统计	分类等级	学生人数	百分比（总人数52人）
	A	25	48%
	B	18	34.6%
	C	7	13.4%
	D	2	4%

检测分析结果运用	根据检测表可以分析出，大部分同学能够制订合理的肌肉力量锻炼计划，在平时练习进行运用。但是还有部分同学由于制订的方案还不是特别合理，加上自身基础的原因，并没有很好地运用出来，还需要在课后继续进行练习

素养目标达成典型实例	第 1 步：做 5 分钟动态热身活动。第 2 步：用预估最大肌力重量的 50%，做 5 次相应动作。第 3 步：休息 1 分钟，用预估最大肌力重量的 70%，做 3 次相应动作。第 4 步：休息 2 分钟，用预估最大肌力重量，做 1 次相应动作。第 5 步：如果能够完成第 4 步，休息 2 分钟后增加预估最大肌力值，再进行第 2 步、第 3 步、第 4 步。应根据完成动作的费力程度决定增加多少重量，以及是否逐渐减小增加的重量。反复进行第 5 步，直至无法完成一个标准动作时便可确定最大肌力。一般来说，需要重复 3~5 次第 5 步，才能得到较为准确的最大肌力值
检测反馈	在课后，教师根据学科核心素养发放了 52 份问卷调查，从运动能力、健康行为、体育品德等方面调查本节课同学们教学目标和内容完成的情况，从收集的资料来看，整体完成度较好，同学们在运动能力、健康行为、体育品德三个方面都有一定的提升，而且理解了科学的练习计划制订的意义，体验到了情绪、人际关系、团队合作对于科学锻炼的重要意义

"发展心·肺耐力的原理和锻炼方法" 学教案

廖阳

一、教学分析设计

【教材分析】☞

本节课教材选自 2019 人教版普通高中教科书《体育与健康》必修全一册第二章第三节——发展心肺耐力与改善身体成分。2019 版普通高中教科书《体育与健康》必修全一册将体能分为 1 个模块的教学内容，体能模块包括体能发展的基本原理与方法、测量与评价体能水平的方法、体能锻炼计划制订的程序与方法、有效控制体重与改善体形的方法等内容。体能具有综合性和多维度的特点，是先天遗传性和后天获得性的综合，兼有促进健康和提高运动能力的作用，具体可分为身体成分、心肺耐力、柔韧性、肌肉力量、肌肉耐力、灵敏性、平衡、协调性、爆发力、速度和反应时等单元内容。体能在《体育与健康课程标准（2017 年版 2020 年修订）》中的水平一到水平五均有涉及，并且书中细化了体能发展的基本方向和练习的具体内容。体能与每节专项运动技能课的体能练习是同时进行的，是不可替代的课程内容。

【课标分析】☞

参照普通高中《体育与健康课程标准（2017 年版 2020 年修订）》，参考义务教育《体育与健康课程标准（2022 年版）》中对本单元及各课时教学的要求，本节课一共体现了 2 条课标：

（1）了解体能发展的基本原理与主要方法；掌握体能锻炼计划制订的程序与方法，学会根据自身情况确定锻炼方式、频率、强度和持续时间等；掌握并运用测试与评价体能水平的科学方法，如用心率来测试和评价运动强度，用《国家学生体质健康标准》评价体能水平；运用科学方法评价体能锻炼效果，并及时改进体能锻炼计划等。

（2）掌握并运用发展心肺耐力的基本原理和多种练习方法，如耐力跑、游冰、跳绳、有氧健身操、自行车长距离骑行和登山等。同时，以《体育与健康课程标准（2017 年版 2020 年修订）》为依据，坚持"健康第一"的教育理念，落实"立德树人"根本任务，以发展核心素养为引领，重视育体与育心、体育与健康教育相融合，遵循教育教学规律，课堂上面向全体学生，注重"学、练、赛"一体化教学，重视指导学生合作制订体能素质练习计划，引导学生组成锻炼小组，掌握体能发展的基本原理与方法，促进学生提高协作能力，逐步形成体育锻炼习惯和健康生活方式。基于以上课标的内容以及课程标准的指导思想，本节课中希望能让学生掌握并运用发展心肺耐力的基本原理和方法，并且可以拓展到不同的项目中。学生如果能通过亲身的体验并进行自我的反思和总结，更加利于其掌握并发展心肺耐力的方法，所以本节课将被设计为：学生先根据教师所给项目自拟锻炼计划并在课中予以实施，在实施的过程中在教师的指导下发现问题、探究问题，总结一般的发展心肺耐力的基本方法，同时学生自拟锻炼计划的项目内容不完全相同，在小组合作进行有氧心肺锻炼的时候以及在反思的环节，学生都可以在不同的项目中借鉴经验，达到在不同项目之间迁移的目的。

【课时大概念】☞

为将《普通高中课程方案（2017 年版 2020 年修订）》中"以大概念为核心，使课程内容结构化"落到实处，更好地发挥学科育人功能，在认真钻研课标和教材的基础上，从概念结论、思想方法、价值观念三个视角出发，挖掘出如下的课时大概念。

简约化表达：发展心肺耐力。

特征化表达：学生基于课前自拟心肺耐力有氧练习计划并在课中进行小组合作练习，借助靶心率监测探究交流发展心肺耐力的方法，强化学生对于靶心率监测、运动强度适配的思想，使其形成科学锻炼和持之以恒的观念。

概念类别	简略化表达	特征化表达
概念结论	发展心肺耐力的锻炼原理及方法	人体在氧供应充足的条件下，由大肌肉群参与的持续时间较长的运动。发展心肺耐力的锻炼会受到强度、持续时间、频率和运动方式四方面的影响，个体要根据自身情况对锻炼时间、强度、频率和运动方式进行调整
思想方法	靶心率监测运动强度适配	发展心肺耐力的过程中，需要通过靶心率监测和调整运动的强度，使靶心率曲线在科学合理的范围内，进而强化学生对于靶心率监测、运动强度适配的思想方法
价值观念	科学锻炼持之以恒	发展心肺耐力，需要制订科学合理的训练计划，更需要持之以恒地实施，因此要形成科学锻炼和持之以恒的观念

【资源分析】☞

文本类资源：

学生需要实施课前制订的训练计划，同时需要将自己在运动过程中的心率描绘在靶心率图中，分析心率变化是否在靶心率图的合理范围内。

信息技术类资源：

（1）学生运用运动手环监测自己心率，通过分析心率变化是否在靶心率图的合理范围内进而评价自己锻炼心肺耐力训练计划的合理性。

（2）通过多媒体将学生的心率变化趋势图呈现在大屏幕上，从而有助于学生直观查看自己心率的变化并对训练计划做出调整。

实践探究类资源：

学生依自拟的训练计划，小组合作进行心肺耐力的有氧练习，借助靶心率监测实践自己训练计划的科学合理性。

【学生基础】 ☞

从概念结论来看：学生通过对第二章前两节中认识体能、发展肌肉力量、肌肉耐力和爆发力等相关内容的学习，应对心肺耐力有了初步认识，知道了心肺耐力练习的目的、作用和意义，并了解了一些心肺耐力的练习方法。

从思想方法来看：这一时期的学生思维能力和智力水平接近成年人，能够根据自己的身体情况和练习情况作出调整，选择适合发展自己心肺耐力的练习手段。

从价值观念来看：学生具有较好的合作意识和意志品质，在练习中能够克服身体和心理上的困难，顽强拼搏。

综上，学生在概念结论、思想方法、价值观念等方面具备了进行发展心肺耐力学习的条件，但是在自己制订训练计划和实施练习计划的过程中存在困难，为使学生能在深度体验中突破难点，将参与体能练习、评估体能状态、科学制订适合自己的体能锻炼计划并实施反思的活动拟定为本节课核心问题中的学生活动。

【教学目标】 ☞

学生在参与自拟心肺耐力有氧练习计划并在课中进行小组合作练习，借助靶心率监测探究交流发展心肺耐力的方法的活动中，掌握发展心肺耐力的原理和锻炼方法，能制订科学的锻炼计划并持续实施，强化学生对于靶心率监测、运动强度适配的思想方法，形成科学锻炼和持之以恒的观念。达到体育与健康学科核心素养四级水平：运用科学锻炼原理设计和实施个人体能发展计划，体质健康测试成绩优秀。

【核心问题】 ☞

依自拟计划，小组合作进行心肺耐力有氧练习，借助靶心率监测探究交流发展心肺耐力的方法。

内容主旨：学生先根据教师所给项目自拟锻炼计划并在课中予以实施，在实施的过程中借助靶心率监测和同学、老师一起发现问题，探究问题，总结一般的发展心肺耐力的基本方法。同时学生自拟的锻炼计划项目不完全相同，在小组合作进行有氧心肺锻炼的时候以及反思的环节，学生可以在不同的项目中借鉴经验。在整个活动中，强化学生对于靶心率监测、运动强度适配的思想方法，形成科学锻炼和持之以恒的观念。

【评价预设】 ☞

（1）提出问题环节：提出核心问题，引起学生的练习兴趣，引导学生积极思考。

（2）解决问题环节：

① 对靶心率理解掌握较好的同学进行积极点评，引导小组其他队员模仿学习。

② 对制订和实施练习计划执行较好的小组进行积极评价，点评做得好的地方和不足之处；对未能很好达到靶心率的小组进行诊断性评价，鼓励其深度思考、努力克服困难。

（3）反思提升环节：

① 对很好地执行练习计划的同学，进行班级交流，引导其他小组学习、效仿。

② 对不能很好执行练习计划，靶心率无法达标的同学，通过提问方式，引导其深度思考、

体验，进一步归纳练习要领，对同学们积极回答给予积极回应。

③ 对练习效果较好的小组进行表扬并邀请交流，从而引导同学们思考如何进一步提升练习计划的有效性，对同学们认真思考后的结论给予肯定。

（4）评价反馈环节：

在下课前，进行综合性评价，对练习中同学们表现出的健康行为和体育品德进行鼓励、表扬。

二、教学实施设计

【教学环节】 ☞

教学环节	学生活动	教师活动	设计意图	技术融合
提出问题（2分钟）	回顾上节课的内容。 明确本节课的核心问题：依自拟计划，小组合作进行心肺耐力有氧练习，借助靶心率监测探究交流发展心肺耐力的方法	导入，回顾上节课进行的训练计划制订，提出本节课核心问题	引导学生融入问题情境，思维和心理介入课堂	
解决问题（23分钟）	学生进行热身活动。 活动一：学生根据自己的训练计划分小组进行心肺耐力练习： 学生进行长绳、短绳、篮球运球上篮、长跑、间歇跑、Tabata、跳小栏架及绳梯活动，并描绘出锻炼时的心率测试点。 活动二：学生在小组内交流、反思自己在训练中出现的问题并结合教师指导及时地进行锻炼的调整。	热身：安排学生体能热身活动。 活动一：教师组织、安排学生根据自己的练习计划分组练习。 活动二：教师巡视各组练习情况，发现学生问题，引导学生对训练计划进行及时调整，全过程中提醒学生注意安全	引导学生积极完成训练计划，并关注记录心率。 小组交流、合作练习、反思计划的合理性	心率监测仪、平板
反思提升（5分钟）	1. 小组讲解、展示制订的心肺练习方案。 2. 积极配合老师讨论、总结、提炼心肺练习实施的方法	2. 根据学生在练习中普遍暴露出的问题，引导学生总结提炼心肺练习实施方法（强度、持续时间、频率、运动方式）	通过对解决问题过程的反思与结构化提升，归纳本课概念结论、思想方法、价值观	心率监测仪、平板
评价反馈（10分钟）	1. 完善自己的练习计划。 2. 放松整理。 3. 点评总结	1. 完善并实施训练计划。 2. 引导学生做放松练习。 3. 强调健康第一、终生体育的价值观，围绕自己喜欢的运动项目进行终身练习。	科学地制订锻炼计划。 强调放松的重要性。 培养学生终身锻炼的习惯	

【教学流程图】 ☞

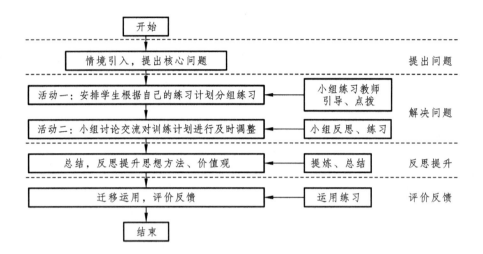

【作业布置】 ☞

课时作业的结构化设计

作业序号	作业目标	作业情境		概念结论		思想方法		价值观念		整体评估	
		内容	水平	内容	水平	内容	水平	内容	水平	类型	水平
1	了解心肺耐力发展规律和方法	根据老师的指导，复习上课所用的多种心肺耐力练习	简单	理解心肺耐力练习实施方法	运动能力水平2	知识选择与运用	健康行为水平1	坚持锻炼	体育品德水平1	基础性作业	学科核心素养水平2
2	制订心肺耐力方法并加以练习。开展高强度间歇性锻炼	运用科学锻炼原理，设计和实施个人心肺耐力发展计划	一般	掌握心肺耐力练习实施方法	运动能力水平3	练习方法选择	健康行为水平3	运动角色胜任	体育品德水平2	综合性作业	学科核心素养水平3
3	为家庭成员、同学制订提升心肺耐力锻炼计划	为家庭成员、同学制订心肺耐力锻炼计划，并能够评价实施效果，理解不同心肺耐力练习的作用	复杂	指导他人进行心肺耐力练习	运动能力水平4	心肺耐力练习方式选择与运用	健康行为水平3	团结合作	体育品德水平4	实践性作业	学科核心素养水平4

（具体的作业内容略）

三、教学评价反馈

【教学评价】☞

大概念的核心问题教学文化评价表

课时名称：发展心肺耐力。

所属单元：体能。

单元大概念：体能。

单元核心问题：通过体能练习，学会正确评估自己的体能状态，掌握基本科学的锻炼方法，科学制订适合自己的体能锻炼计划并加以实施，最终完善练习计划。

课时大概念：发展心肺耐力。

课时核心问题：采用多种练习方式，在靶心率监测下，探究提升心肺耐力的方法。

评价目标	评价指标				评价方法结果
	一级指标	二级指标	三级指标		
实现活动体验中的学习与素养发展	具有大概念核心问题教学形态	核心问题利于活动体验	内含学科问题和学生活动方式	8	每项指标最高评 8 分（满分为 96 分）
			问题情境与真实生活密切相关	8	
			能引发大概念、新知新法生成	7	
		教学目标价值引导恰当	两类目标正确全面	7	
			关联体验目标恰当	7	
			目标价值引导显现	7	
		教学环节完整合理落实	教学环节清晰完整	8	
			环节内容合理充实	7	
			学生活动时间充分	8	
		教学要素相互匹配促进	问题目标环节两两匹配	8	
			技术促进活动形式内容	7	
			素养导向突出氛围浓郁	7	合计89分
	具有大概念核心问题教学特质	拓展学习视野	课堂与现实世界有恰当关联		选择一个表现突出的二级指标，在相应三级指标引导下，以现场学生表现为主要依据，以其余指标为背景，于本表的第二页写出 150 字以上的简要评价
			有基于缄默知识的问题解决		
			有缄默知识运用的追踪剖析		
			知识运用剖析导向素养发展		
		投入实践活动	有真实而且完整的实践活动		
			实践活动深度融入两类情境		
			能够全身心地浸渍于活动中		
			活动的内容结果均丰富深入		

评价目标	评价指标			评价方法结果
	一级指标	二级指标	三级指标	
实现活动体验中的学习与素养发展	具有大概念核心问题教学特质	感受意义关联	有核心问题的深层意义感受	
			有以知识为中心的关联感受	
			有以个人为中心的关联感受	
			有对三类大概念的关联感受	
		自觉反思体验	有实质性反思活动的开展	
			有课堂新因素的追踪利用	
			有体验的交流与改善重构	
			有概念生成中的素养发展	
		乐于对话分享	乐于自我表达与认真倾听	
			乐于合作中成果与思路的分享	
			乐于成果交流中深层意义分享	
			有宽容的对话氛围和双向交流	
		认同素养评价	认可素养评价	
			参与素养评价	
			利用素养评价	

大概念核心问题教学特质的简要评价（包括发展性建议）：

该课程按照"核心大概念"模式进行设计，采用"核心问题"的教学方法，以"问题"为引领，驱动学生深度探究提升心肺耐力的方法，通过提出问题、解决问题、反思提升、运用反馈这四个环节，在靶心率的监测下，引导同学们主动思考、制定练习方案并进行练习，最后完善练习计划。根据课堂反馈，整体效果良好，大多数的同学都能较为合理地制定和完成练习计划，而本节课的设计意图和目的并非简单地完成教学内容和目标，而是通过靶心率的监测引导学生根据自身实际情况科学制定练习计划，让学生在体育运动中能有更多思维、心理方面的介入，让同学们在以后的体能练习、娱乐、比赛中具备一定的练习计划制定意识，感悟严谨、守则、坚持、进取、协作对体能发展的影响和意义。

以下对话展现了学生们乐于分享的特质和对课程体验的热情和收获：

学生 A："你们不会相信的，这堂体育课真的太酷了！我们不仅仅是去跑步或者做俯卧撑。老师更用了一种超有趣的方式教我们怎么提高心肺耐力。"

学生 B："对啊，老师提出了一个问题，让我们自己去找出答案。就像是侦探一样，我们要找出最有效的训练方法。"

学生 C："我们还得在运动时监控自己的心率，这样就能知道自己是不是在正确的强度下练习。我之前都不知道获取心跳数据还能这么科技化！"

学生 A："没错，而且每个人都得设计自己的训练计划。我得考虑自己的体能水平，然后设定目标和练习内容。这个过程让我感觉到自己更像是个人体工程师。"

学生 B："最神奇的是，通过这种方法，我发现自己能在训练中更快地进步。我开始注意到我的恢复时间变短了，我能做更多的俯卧撑和跑更远的距离。"

学生 C："我也是！而且老师说的反馈环节真的很重要。我们通过讨论和比较结果来改进我们的计划。感觉自己不仅是在健身，更是在学习。"

学生 A："确实，这不仅仅是关于身体的锻炼，更多的是心理层面的挑战。我们需要保持严谨、遵守规则、坚持不懈，还要学会合作。这些品质对我们的日常生活也很重要。"

学生 B："我现在甚至开始在课外活动中运用这些原则了，不管是打篮球还是跟朋友们出去徒步旅行，我都会提前制订个计划，确保我能持续进步。"

学生 C："是的，我觉得这种教育方式真的很实用。不仅仅是为了完成体育考试，它更教会了我们如何自我管理，怎样在生活中更加主动和有目的。"

学生 A："没错，我觉得我们都很感激这门课。它不仅改变了我们对体育的看法，还帮助我们为将来的挑战做好准备。"

这样的对话显示了学生们对"核心大概念"模式的课程设计和"核心问题"的教学方法感到兴奋和满意。他们乐于分享自己的学习经历，并且意识到了这种教学方式对他们未来生活会产生积极影响

【反馈调整】☞

大概念的核心问题教学素养目标点检测表

课时名称	发展心肺耐力		
所属单元	体能		
单元大概念	体能		
单元核心问题	通过体能练习，学会正确评估自己的体能状态，掌握基本科学的锻炼方法，科学制订适合自己的体能锻炼计划并加以实施，最终完善练习计划		
课时大概念	发展心肺耐力		
课时核心问题	采用多种练习方式，在靶心率监测下，探究提升心肺耐力的方法		
课时素养目标	结果性目标：学生在参与自拟心肺耐力有氧练习计划并在课中进行小组合作练习，借助靶心率监测探究交流发展心肺耐力的方法的活动中，掌握发展心肺耐力的原理和锻炼方法，能制订科学的锻炼计划，并持续实施，强化学生对了靶心率监测、运动强度适配的思想方法，形成科学锻炼和持之以恒的观念。 体验性目标：（1）运动强度与心率的关联；（2）体验合理的运动计划和心肺耐力提高的关联		
检测点	制订和实施发展心肺耐力有氧锻炼计划，并实施		
检测工具	发展心肺耐力的有氧锻炼计划		
分类标准	A. 锻炼计划强度、持续时间、频率、运动方式中 4 项都有要求，并且合理能实施		
	B. 锻炼计划强度、持续时间、频率、运动方式中 3 项有要求，并且比较合理能实施		
	C. 锻炼计划强度、持续时间、频率、运动方式中 2 项有要求，勉强能实施		
	D. 未能完成锻炼计划的科学制订，不能完成计划实施		
检测统计	分类等级	学生人数	百分比（总人数 38 人）
	A	25	65.7%
	B	10	26.3%
	C	3	7.8%
	D	0	0%

检测分析结果运用	根据点检测表可以分析出，大部分同学能够制订合理的有氧锻炼计划，并在平时练习进行运用。但是还有部分同学由于其制订的方案还不是特别合理，加上自身基础的原因，并没有很好地运用出来，还需要在课后继续地进行练习
素养目标达成典型实例	以某同学的方案为例，该同学将有一场 1 000 米跑的比赛，计划在比赛的前两周进行间歇练习。不在比赛前一周练习，是因为间歇练习体力消耗较大，身体经过间歇练习后需要一段时间恢复。练习内容为 8 个 300 米跑。每个 300 米跑预期的时间是 70 秒（他全力跑 1 个 300 米，最快要 45 秒；用 80 秒跑 8 个 300 对她而言较为轻松，达不到锻炼的效果；故将 8 个 300 米跑的速度定在每个 300 米跑用时 70 秒是较为合理的），每个 300 米跑之间间隔的时间也为 70 秒，即用 70 秒跑完 1 个 300 米后，休息 70 秒，再跑第 2 个，依次进行，直到跑完 8 个 300 米跑。如果在练习过程中无法按预定时间完成 300 米跑或间歇后心率超过 125 次/分，调整练习强度和间歇时间。练习过程中学生发现制订的计划实施起来难度较大，后改为 80 秒间歇
检测反馈	在课后，教师根据学科核心素养发放了 38 份问卷调查，从运动能力、健康行为、体育品德等方面入手调查本节课同学们教学目标和内容的完成情况，从收集的资料来看，整体完成度较好，同学们在运动能力、健康行为、体育品德三个方面都有一定的提升，而且理解了科学制订练习计划的意义，体验到了情绪、人际关系、团队合作对于科学锻炼的重要意义

"搏击健美操成套创编"单元教学

"搏击健美操成套创编"
大概念的核心·问题教学单元规划纲要

学科 __体育__ 教师 __谢芳__

年级	高一	单元名称	搏击健美操的成套创编	单元课时	10 课时
单元内容	教材内容	体操模块 　　体育与健康课程是全体高中学生的必修课程，其内容分为必修必学和必修选学两个部分。必修必学内容是对所有学生学习体育与健康课程的共同要求，包括体能和健康教育两个模块。必修选学内容则允许学生根据个人实际情况进行选择性学习，包括球类运动、田径类运动、体操类运动、水上或冰雪类运动、武术与民间传统体育类运动以及新兴体育类运动这六个运动技能系列。体操类运动包括技巧、双杠、单杠、支撑跳跃、健身健美操五个学习内容。 　　健身健美操教材内容的设计，要围绕"立德树人、全面育人"的指导思想，使学生通过健身健美操运动技能的学习动作创编实践、健身锻炼以及参加展演、竞赛等体育实践活动，综合发展学生的运动能力、健康行为、体育品德，促进学生德智体美全面发展。因此，依据《普通高中体育与健康课程标准》的精神，按照健身健美操技术内容体系、动作特点以及现阶段高中学生身心发展特征，合理设计各个模块的教学内容，促进学生全面发展。 　　基本步伐、上肢基本动作及其变化形式既是健身健美操的基础，也是学习和创编健身健美操组合和成套动作的前提条件。因此，高中健身健美操教材内容的设计，是在进一步提高学生健身健美操基本动作能力的基础上，教会学生如何应用健身健美操基础知识、基本动作及其变化形式，进行健美操组合动作的创编，使学生初步具有健身健美操组合动作的创编能力，培养协同创新精神，掌握自我锻炼技能，进一步发展运动能力，提高身体的协调性、节奏感和表现力，培养正确形态，养成终身锻炼的习惯。 　　此外，健身健美操教学内容的设计注重系统性、科学合理性；同时注意利用音乐、视频、小组互动等辅助形式，通过健身健美操的集体练习、合作创编实践、表演展示、教学竞赛等教学组织形式，培养学生坚定、自信，尊重他人、崇尚健美，敢于挑战、勇于创新的进取精神和集体荣誉感。 　　体操类运动在《课程标准》中为必修选学模块。体操类运动系列包括基本体操、体操（单杠、双杠、支撑跳跃等）、技巧、韵律操（健身健美、竞技健美操、啦啦操等）、操舞（街舞、校园集体舞等）等运动项目。学生可以根据自己的兴趣和爱好从中选择 1 项进行较为系统的学习				

单元内容	课程标准	一、课标要求 参照普通高中《体育与健康课程标准（2017 年版 2020 年修订）》，参考义务教育《体育与健康课程标准（2022 年版）》中对本单元及各课时教学的要求： 健身健美操模块的内容主要包括健身健美操运动的基本知识与技能、技战术运用、专项体能与一般体能、展示与比赛、规则与裁判方法、观赏与评价等。 1～2 课时：了解一些有关搏击运动的知识以及搏击操的结构、动作特点等内容，以便领会搏击健美操的动作风格。搏击健美操主要用于发展下肢力量、弹跳力及身体灵活性，在学习时，首先要了解和掌握下肢的步伐动作，这是学好搏击健美操的关键。 3～4 课时：学练搏击健美操成套动作组合第一部分。完成步伐组合与手位组合的学习，发现组合中的规律和动作结合的特点，在引导下完成两组步伐组合与手位组合的创编，并进行相互教学，在教学过程中对组合动作进行修改完善，最后完成第一部分的步伐与手臂动作。 5～6 课时：学练搏击健美操成套动作组合第二部分。复习第一部分的步伐组合与手位组合。在引导下完成两组步伐组合与手位组合的创编，并进行相互教学，在教学过程中对组合动作进行修改完善，最后完成第二部分的步伐与手臂动作。 7～8 课时：复习巩固搏击健美操成套动作。复习巩固成套动作。了解成套动作的结构（开场、中间、结束），建立对开场动作和结尾动作的认识，在引导下完成开场动作和结尾动作的创编。使学生认识到一套完整的搏击健美操动作是需要有队形、层次和表现力的。引导学生完成成套队形的创编设计，并进行相互教学，在教学过程中对设计的队形进行修改完善，最后呈现出完成的成套动作。 9～10 课时：复习巩固搏击健美操成套动作。各小组展示完整成套动作，并互相点评。在点评中学习、点评中思考、点评中提升，小组交流展示后，自行进行修改完善
基础条件	资源基础	资源名称 功 能 网络资源 — 提供示范组合动作等影像资料 教材、学案 — 提供核心问题教学四个环节中学生需要的图文资料
	学生基础	高中学生已具备了保持有意义的学习动机，他们明显地表现出试图自我认识和自我表现，并能完全自觉地接近这一目标的特质。因此，他们的注意稳定性有了很好地发展，注意的范围达到了一般成人的水平，能够在比较复杂的活动中很好地分配自己的注意，同样在高中的体育教学中，关注学生的兴趣也是必要的。 对于搏击健美操这个项目，其实在高一时学生便有接触过，从小在学校完成的课间操就是在锻炼其身体协调性，为创编成套动作提供动作素材。不过学生还存在个体差异，部分学生的节奏感和身体协调性不够好；部分学生善于思考发现问题；部分学生有较强的创造性和身体协调能力。在高一年龄段中，普遍女生的节奏感、协调性、灵敏性比男生好，但是男生的想法和组织不逊于女生，因此在完成教学的时候，提倡通过男女混合分组来完成学习任务，这样对学习效果有促进作用
单元大概念及下层结构		单元核心大概念：搏击健美操的成套创编 特征化表达：研究成套搏击健美操的特点和创编原则，进行创编、展示和交流。 概念结论类：搏击健美操的特点、创编原则、创编步骤。 思想方法类：归纳概括、示范教学、分组练习、从个体到集体、从单个到组合、从组合到成套、从创编到评价。 价值观念类：在练习中提升节奏感和表现力，培养创新和展示能力；在分组中培养团结协作、互帮互助的精神；在交流中培养组织语言、提升逻辑的能力；在点评中培养换位思考、发现问题的习惯

	课时	课时大概念		课时概念梳理		
		简略化表达	特征化表达	概念结论（小概念）	思想方法	价值观念
单元大概念及下层结构	1～2	基本理论和基本动作	搏击健美操的特点、基本步伐和手位	搏击健美操	归纳概括；分析从部分到整体	搏击健美操审美观
	3～4	成套动作学练和创编	搏击健美操成套动作组合创编	低冲击步伐组合、对称手位组合	示范教学、分组教学、从单个到组合	组合动作的审美观、组合动作的创造性、小组团结协作精神
	5～6	成套动作学练和创编	搏击健美操成套动作组合创编	高冲击步伐组合、非对称手位组合	示范教学、分组教学、从单个到组合	组合动作的审美观、组合动作的创造性、小组团结协作精神
	7～8	成套动作开场动作、结束动作以及成套队形创编	丰富开场造型动作、完善成套结束动作、添加成套队形和层次	开场造型；结束造型；队形层次变化	示范教学、分组教学、从组合到成套；从个体到集体	小组合作的团结协助精神、组与组之间的互相帮助精神
	9～10	展示成套动作	展示成套动作，交流、点评	表现力点评分析	分组展示交流点评（从创作者到点评者、从学生到裁判）	发现问题的意识、解决问题的能力、点评成套的语言组织能力

单元教学目标	基于前述教材课标、课时大概念及学生基础分析，为更好发展学生的搏击健美操套路创编能力，培育学生的运动能力与团队合作能力，以"搏击健美操的成套创编"为学习探索情境，为本课时确立了如下核心素养目标： 　　了解搏击健美操的项目特点、创编搏击健美操的原则、步骤，知道搏击健美操对人身体、心理的锻炼价值和对人意志品质的影响（达到学业质量水平2）。 　　掌握搏击健美操的基本步伐和基本手位，掌握创编搏击健美操的基本要求和方法，为后续成套创编任务做好小组分工（达到学业质量水平2）。 　　在小组合作过程中，培养发现问题解决问题的能力，互帮互助团结协作的精神（达到学业质量水平3），大胆创新小心实践的习惯，表现自我、相信自我的品质（达到学业质量水平4）
单元核心问题及问题分解	核心问题：探析搏击健美操特点、创编原则和创编步骤，进行搏击健美操的成套创编，展示和交流所创编成套动作。 　　问题解析：创编的组合动作是否流畅、是否合理、是否美观；展示成套动作是否完整、是否多样、是否流畅、是否清晰；队形层次是否丰富

课时划分	课时	课时大概念	课时核心问题
	1～2	基础学习	观看搏击健美操视频，归纳搏击健美操的特点，探析基本步伐和基本手位的要求
	3～4	动作组合创编一	学练低冲击组合动作，归纳低冲击组合动作与搏击的特点和规律，探析创编低冲击搏击组合步伐和手位的要求和方法
	5～6	动作组合创编二	学练高冲击组合动作，归纳高冲击组合动作的特点和规律，探析创编高冲击搏击组合步伐和手位的要求和方法

课时划分	课时	课时大概念	课时核心问题
	7～8	成套动作完善	学练成套动作，归纳成套动作开场和结束的特点，探析成套动作的队形变换和层次变化
	9～10	成套动作展示与交流	分组展示交流点评（从创作者到点评者、从学生到裁判）

教学评价	一、对大概念的生成理解评价维度评价
	概念结论类：对学生能理解和掌握搏击健美操的概念、基本步伐、基本手位、基本手型、创编原则、创编步骤、创编建议等学科专业知识进行评价。
	思想方法类：对组合动作的特点和规律的归纳概括进行评价；对小组创编中发现问题的深度和广度进行评价；对小组点评内容的深度和广度进行评价；对小组及时修改问题、处理问题的能力进行评价。
	价值观念：在观看示范组合动作时学会对事物进行总结概括，快速抓住事物重点；创编组合动作时学会虚心学习、互相帮助、发散思维、大胆创新、勇于尝试；展示动作时学会沉着稳定、勇于表现、充满自信、大胆展示，学会使用动作说话；点评动作时学会发现问题、提炼问题、善于思考。
	二、对素养目标达成的评价
	1. 在创编组合动作的过程中对创新性、多样性素养进行评价。
	2. 在展示和点评成套动作时，对成套展示、团队协作等学科素养进行评价

单元作业	作业类型	作业目标	作业内容	作业情境	概念结论	思想方法	价值观念
	基础性作业	掌握搏击健美操的创编原理和创编步骤	学练搏击健美操	理论学习	搏击健美操基本理论	归纳概括、分析从部分到整体	搏击健美操审美观
	综合性作业	成套动作学练和创编	创编搏击健美操	实操练习	低冲击步伐组合、对称手位组合、高冲击步伐组合、非对称手位组合、开场造型、结束造型、队形层次变化	示范教学、分组教学、从单个到组合、从组合到成套、从个体到集体	组合动作的审美观、组合动作的创造性、小组团结协作精神、组与组之间的互相帮助精神
	实践性作业	分组展示交流点评	展示与交流搏击健美操	展示交流	表现力点评分析	分组展示交流点评（从创作者到点评者、从学生到裁判）	发现问题的意识、解决问题的能力、点评成套的语言组织能力

反馈调整	单元教学中，从核心问题教学的四个环节关注课堂学生的表现，尤其是新因素的发掘；单元教学后，从学生整体和个体的学科核心素养积淀、具体针对核心问题教学文化评价表、大概念的核心问题教学素养目标点检测表的相关要素进行搜集并反馈调整

"健身健美操——搏击健美操基础学习"学教案

王鑫

一、教学分析设计

【教材课标分析】☞

1. 教材分析

健身健美操教材内容的设计，围绕"立德树人、全面育人"的指导思想，使学生通过健身健美操运动技能的学习动作创编实践、健身锻炼以及参加展演、竞赛等体育实践活动，综合发展学生的运动能力、健康行为、体育品德，促进学生德智体美全面发展。因此，依据《普通高中体育与健康课程标准》的精神，按照健身健美操技术内容体系、动作特点以及现阶段高中学生身心发展特征，合理设计各个模块的教学内容，促进学生全面发展。

基本步伐、上肢基本动作及其变化形式既是健身健美操的基础，也是学习和创编健身健美操组合和成套动作的前提条件。因此，高中健身健美操教材内容的设计，是在进一步提高学生健身健美操基本动作能力的基础上，教会学生如何应用健身健美操基础知识、基本动作及其变化形式，进行健美操组合动作的创编，使学生初步具有健身健美操组合动作的创编能力，培养协同创新精神，提高自我锻炼技能，进一步发展运动能力，提高身体的协调性、节奏感和表现力，培养正确形态，养成终身锻炼的习惯。

此外，健身健美操教学内容的设计注重系统性、科学合理性；同时注意利用音乐、视频、小组互动等辅助形式，通过健身健美操的集体练习、合作创编实践、表演展示、教学竞赛等教学组织形式，培养学生坚定、自信、公正、尊重他人、崇尚健美，敢于挑战、勇于创新的进取精神和集体荣誉感。

2. 课标分析

体操类运动在《课程标准》中为必修选学模块。体操类运动系列包括基本体操、体操（单杠、双杠、支撑跳跃等）、技巧、韵律操（健身健美操、竞技健美操、啦啦操等）、操舞（街舞、校园集体舞等）等运动项目，学生可以根据自己的兴趣和爱好从中选择 1 项进行较为系统的学习。

【大概念】☞

为将《普通高中课程方案（2017 年版 2020 年修订）》中"以大概念为核心，使课程内容结构化"落到实处，更好发挥学科育人功能，在认真钻研课标和教材的基础上，从概念结论、思想方法、价值观念三个视角挖掘出如下的课时大概念。

课时核心大概念	简约化表达：搏击健美操成套动作学练和创编			
	特征化表达：在搏击健美操学练过程中通过示范引导，完成两组步伐组合与非对称手位组合的创编，在小组合作中探究搏击健美操不同步伐的技术要点			
概念结论		思想方法		价值观念

简约化表达	特征化表达	简约化表达	特征化表达	简约化表达	特征化表达
步伐组合、非对称手位组合	在学练过程中通过引导，完成两组步伐组合与非对称手位组合的创编，并进行相互教学，在教学过程中对组合动作进行修改完善，最后完成第二部分的步伐与手臂动作	示范教学、分组教学、从单个到组合	先通过教师的示范，建立初步的动作概念，再分小组进行学练，选出动作节奏较好的学生进行展示，激发学习信心和动力，最后完成小组集体展示	组合动作的审美观、组合动作的创造性、小组团结协作精神	在练习中提升节奏感和表现力，培养创新和展示能力；在分组中培养团结协作、互帮互助的精神；在交流中提升组织语言、提升逻辑的能力；在点评中培养换位思考、发现问题的习惯

【资源条件】☞

（1）网络资源：提供示范组合动作等影像资料。

（2）教材、学案：提供核心问题教学四个环节中学生需要的图文资料。

【学生分析】☞

从概念结论来看：对于搏击健美操这个项目，虽然大部分学生很少接触到，但其实每个学生曾经在学校完成的课间操中，就锻炼了与其相关的身体协调性，为创编成套动作提供动作素材。

从思想方法来看：在高一年龄段中，普遍女生的节奏感、协调性、灵敏性比男生好，但是男生的思维和组织能力不逊于女生。

从价值观念来看：学生具有较好的学习意识和组合能力，在搏击健美操的学练中能够增强学生合作、乐群、自信与表演能力。

【教学目标】☞

通过对搏击健美操的基本动作和步法学练，能区分不同动作并说出 8~10 个动作名称及运动特点；分小组开展练习，通过合作将单个动作合理连结成组合动作，并尝试总结搏击健美操的特点。在展示成套动作中，体验搏击健美操基本步伐和身体协调的关联。发展灵敏、协调等身体素质，能自信大方地展示并体验成功完成动作及组合的喜悦。

【核心问题】☞

在搏击健美操基本动作和步伐的学练中，探究不同动作和步伐的技术要点。

【评价预设】☞

提出问题环节：回顾该课程的核心问题"在搏击健美操基本动作和步伐的学练中，探究不同动作和步伐的技术要点。"学生巩固前 2 次课中学习的内容，并对各组的认真专注的分析研究精神和认真刻苦练习的状态给予肯定。从而引出本次课的学习任务——"搏击健美操学练与运用"。

学生活动环节：首先对学生展示的基本动作和步伐予以肯定，特别是对技术动作准确、完美的学生以及肢体、面部表现力丰富，充满自信的学生给予赞扬。其次，对每个小组的基本动作和步伐运用给予赞扬。同时给学生正确指出在步伐运用方面动作、队形的合理性，特别是一些高难度动作，要根据学生自身的能力去选择和运用。

课堂小结环节：再次对学生的积极认真的研究精神和团队合作的精神给予高度认可。鼓励学生在高中阶段真正掌握 1~2 项运动技能，坚持每天 1 h 的体育锻炼，树立终身体育意识。

二、教学实施设计

【教学环节】☞

教学环节	学生活动	教师活动	设计意图	技术融合
提出问题	观看视频，认真听讲。思考本次课的核心问题	创设情境，引导学生产生学习兴趣，提出核心问题	引导学生融入问题情境	多媒体、音响
解决问题	学习动作与步伐的基本原则、方法和技巧，分小组进行创编实践	巡视各组练习情况，分别进行指导、纠错	引导学生在练习中将思维介入	多媒体、音响
反思提升	1. 小组展示、并讲解探究的技术要点 2. 讨论、总结、提炼创编组合套路的要点	和同学一起提炼和总结动作组合套路的要点	引导同学进行反思提升	多媒体、音响
评价反馈	1. 积极理解创编组合套路的要点，并运用不同步伐的技术组合进行练习 2. 分组进行表演比赛 3. 体能训练：立卧撑 4. 放松、评价	1. 请小组展示 2. 比赛场外指导和裁判 3. 引导学生做放松练习 4. 教师点评	理论指导实践，加深学生对知识的理解与运用，产生继续探究的兴趣，促进课后的练习	多媒体、音响

【板书设计】☞

第 4 课　搏击操学练与运用

1. 学习任务：通过高冲击基本步法学练，能区分不同动作并说出 8~10 个动作名称及运动特点。

2. 学生活动　　　（展示成套）　　　　　　　（交流分析）

小组 1：　　　　　……　　　　　　　　　　……

小组 2：　　　　　……　　　　　　　　　　……

小组 3：　　　　　……　　　　　　　　　　……

3. 归纳技术要点方法：（1）……

　　　　　　　　　　（2）……

　　　　　　　　　　（3）……

【作业设计】☞

课时作业的结构化设计：

作业序号	作业目标	作业情境		概念结论		思想方法		价值观念		整体评估	
		内容	水平	内容	水平	内容	水平	内容	水平	内容	水平
1	了解动作创编的基本原则、方法和技巧，能够将基本步伐和基本动作进行组合	自学搏击操的原则及方法	简单	理解搏击操组合套路的创编	运动能力水平2	理论知识选择与运用	健康行为水平1	按照搏击操规则开展学习	体育品德水平1	基础性作业	学科核心素养水平2
2	思考基本步伐与基本动作之间的关联	观看自编操视频，思考动作组合规律	一般	掌握搏击操组合动作的规律	运动能力水平3	基本步伐与动作的联系	健康行为水平3	运动角色胜任	体育品德水平2	综合性作业	学科核心素养水平3
3	能够遵循动作组合规律进行运用	进行一定的动作组合实践	复杂	能够合理、规范地进行创编	运动能力水平4	基本步伐已经动作的组合运用	健康行为水平3	自信、合作及表演能力	体育品德水平4	实践性作业	学科核心素养水平4

【教学流程】☞

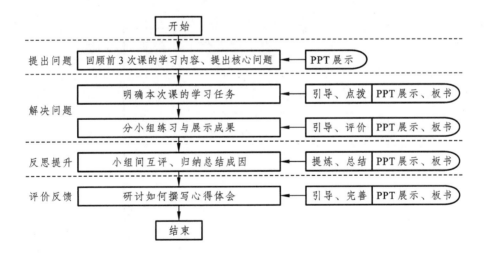

三、教学评价设计

【评价实施】☞

依据单元纲要规划与课时安排，本人结合课堂教学实际展开自我评价，如《大概念的核心问题教学文化评价表》所示。

大概念的核心问题教学文化评价表

课时名称：<u>搏击操基本步伐学习与运用。</u>
所属单元：<u>基本动作单元。</u>
单元大概念：<u>健身健美操。</u>
单元核心问题：<u>学练搏击健美操基本动作和步伐，能够对动作合理运用。</u>
课时大概念：<u>基本动作和步伐的掌握与运用。</u>
课时核心问题：<u>在搏击操基本动作和步伐的学练中，探究不同动作和步伐的技术要点。</u>

评价目标	评价指标					评价方法结果
	一级指标	二级指标	三级指标			
实现活动体验中的学习与素养发展	具有大概念核心问题教学形态	核心问题利于活动体验	内含学科问题和学生活动方式	7		每项指标最高评8分（满分为96分）
			问题情境与真实生活密切相关	7		
			能引发大概念、新知新法生成	7		
		教学目标价值引导恰当	两类目标正确全面	7		
			关联体验目标恰当	8		
			目标价值引导显现	8		
		教学环节完整合理落实	教学环节清晰完整	8		
			环节内容合理充实	8		
			学生活动时间充分	8		
		教学要素相互匹配促进	问题目标环节两两匹配	7		
			技术促进活动形式内容	7		
			素养导向突出氛围浓郁	8		合计<u>90</u>分
	具有大概念核心问题教学特质	拓展学习视野	课堂与现实世界有恰当关联			选择一个表现突出的二级指标，在相应三级指标引导下，以现场学生表现为主要依据，以其余指标为背景，于本表的第二页写出150字以上的简要评价
			有基于缄默知识的问题解决			
			有缄默知识运用的追踪剖析			
			知识运用剖析导向素养发展			
		投入实践活动	有真实而且完整的实践活动			
			实践活动深度融入两类情境			
			能够全身心地浸渍于活动中			
			活动的内容结果均丰富深入			
		感受意义关联	有核心问题的深层意义感受			
			有以知识为中心的关联感受			
			有以个人为中心的关联感受			
			有对三类大概念的关联感受			

评价目标	评价指标			评价
	一级指标	二级指标	三级指标	方法结果
实现活动体验中的学习与素养发展	具有大概念核心问题教学特质	自觉反思体验	有实质性反思活动的开展	
			有课堂新因素的追踪利用	
			有体验的交流与改善重构	
			有概念生成中的素养发展	
		乐于对话分享	乐于自我表达与认真倾听	
			乐于合作中成果与思路的分享	
			乐于成果交流中深层意义分享	
			有宽容的对话氛围和双向交流	
		认同素养评价	认可素养评价	
			参与素养评价	
			利用素养评价	

大概念核心问题教学特质的简要评价（包括发展性建议）：

本课程按照"核心大概念"模式进行设计，采用"核心问题"的教学方法，以"问题"为引领，驱动学生深度探究搏击操基础步伐，通过提出问题、解决问题、反思提升、运用反馈这四个环节。从投入实践活动指标来看，在展示比赛情境中，引导同学们主动思考、积极制定展示方案并进行演练，最后再分组进行比赛。通过课堂反馈，整体效果良好，大多数的同学都能较为合理地运用搏击操基础动作和步伐，并通过练习进行展示，而本节课的设计意图和目的并非简单地完成教学内容和目标，而是通过引导学生自主地结合基础部分设计简单的健美操动作并进行展示，让学生在体育运动中能有更多思维、心理的介入，让同学们在课堂上体验健美操的艺术性和娱乐性，以及感悟情绪、人际关系、团队合作、规则意识等对个人成长的深远影响和重要意义

【信息搜集】☞

为了检测学生们本节课的素养目标达成情况，我收集了高一（3）班的学生运用反馈练习，共 37 份，基于课时素养目标达成情况评判标准，进行了批阅和分类。

【反馈调整】☞

大概念的核心问题教学素养目标点检测表

课时名称	搏击健美操基本步伐学习与运用
所属单元	基本动作单元
单元大概念	健身健美操
单元核心问题	学练搏击操基本动作和步伐，能够对动作合理运用
课时大概念	基本动作和步伐的掌握与运用
课时核心问题	在搏击操基本动作和步伐的学练中，探究不同动作和步伐的技术要点

课时素养目标	通过对搏击操的基本动作和步伐学练，能区分不同动作并说出 8~10 个动作名称及运动特点；通过小组练习，将单个动作合理连结成组合动作，并尝试总结搏击操的特点；在展示成套动作中，体验搏击操基本步伐和身体协调的关联性。 发展灵敏、协调等身体素质，能自信大方展示并体会成功完成动作及组合的喜悦
检测点	搏击操基本动作及步伐的要点掌握程度及运用情况
检测工具（检测题）	对搏击操基本动作及步伐的展示和掌握程度，对技术动作的运用情况
分类标准	A. 能够正确熟练地展示搏击操基本动作及步伐，能够掌握搏击操基本动作及步伐要点并能够熟练运用
	B. 能够基本掌握并运用搏击操基本动作及步伐要点
	C. 只能够掌握个别搏击操的基本动作及步伐要点
	D. 完全未掌握搏击操的动作及基本步伐要点

检测统计	分类等级	学生人数	百分比（总人数 41 人）
	A	7	18%
	B	20	48%
	C	9	22%
	D	5	12%

检测分析结果运用	根据点检测表可以分析出，大部分同学能够掌握搏击操基本步伐要点并进行运用。但是还有部分同学由于自身基础和协调性等方面的原因，并没有很好地掌握和运用，还需要在课后继续地进行进一步的练习和巩固提升
检测反馈	在课后，教师根据学科核心素养发放了问卷调查，从运动能力、健康行为、体育品德等方面调查本节课同学们教学目标和内容完成的情况，从收集的资料来看，整体完成得较好，同学们在运动能力、健康行为、体育品德三个方面都有一定的提升，而且多数同学体验到了搏击操基本步伐和身体协调的关联，明白了搏击操基本步伐和身体协调配合的重要意义

"探究搏击与健美操的动作规律"学教案

严文珂

一、教学分析设计

【教材分析】☞

健身健美操是人教版《体育与健康》（普通高中教科书）中第十章体操类运动中第五节的内容。从教材编排来看，体操类运动被放在球类运动和田径类运动的内容之后，体操类运动是主要用于发展学生灵敏性、柔韧性、创造性等身体素质的运动项目，能够使学生在有一定的协调、力量、速度等基本身体素质的基础上，再提高协调性、平衡能力和空间感知能力，增强体质和提升健康水平，健美体形。健身健美操是以"锻炼身体、保持健康"为主要练习目的，以艺术创新和表现为手段，融肢体、舞蹈和音乐为一体的运动项目。就教材《体育与健康》而言，仅仅将健美操停留在有氧健身操的层面，并没有融入太多其他元素。本课根据健身健美操还包括拉丁健美操、爵士健美操、搏击健美操、街舞等种类，选择男女适宜的搏击健美操进行学习，让学生既能学习搏击动作，又能发展身体协调性、节奏感，同时还能发展其创新编排的研究能力。

【课标分析】☞

依据普通高中《体育与健康课程标准（2017 年版 2020 年修订）》，健身健美操属于必修选学内容，属于体操类运动，本模块的学习内容主要包括健身健美操运动的基本知识与技能、专项体能与一般体能、展示与比赛、规则与裁判方法、观赏与评价等。搏击健美操也是属于有氧运动，可以使学生的各个循环系统得到锻炼，使其身体健康并增强抵御疾病的能力，同时也起到消耗能量，减少体内多余脂肪的作用；强度适中，运动量可以控制；搏击健美操分为手臂、躯干、步伐、脚法，完成一个动作会牵涉身体多部位参与，使锻炼更具有针对性、时效性、全面性，更适合长期在教室中学习的学生，一方面动作不复杂、安全，另一方面也能在有效的时间中让学生得到锻炼。课堂上指导学生学习搏击健美操中包含的健美操基本步伐，引导学生查阅了解搏击的拳法、腿法、膝法，统一进行技术动作讲解，最后学生以小组为单位归纳健美操和搏击的动作特点，探究如何能够将搏击动作和健美操动作相融合，通过理论归纳与实践验证结合，对搏击健美操进行系统化、结构化学习。通过概念认识、动作学习，帮助学生建立理论结合实践的学习习惯，达到巩固知识、提升实践能力的目的，培养学生大胆想小心做、互帮互助、勇敢自信、坚毅果断的优良品质。

【课时大概念】☞

课时核心大概念	简约化表达：学习搏击健美操基本动作				
	核心问题：通过学练搏击中的拳法、腿法动作，探究健美操与搏击动作的共性、个性规律，尝试通过小组合作的方式进行搏击健美操组合动作创编				
概念结论		思想方法		价值观念	
简约化表达	特征化表达	简约化表达	特征化表达	简约化表达	特征化表达
基本步伐 基本手位 搏击拳法 搏击腿法	健美操的基本步伐分为高冲击步伐和低冲击步伐。高冲击步伐包括：开合跳、弓步跳、吸腿跳、后踢腿跑、弹踢腿、踢腿跳；低冲击步伐包括：踏步、"一"字步、"V"字步、迈步等。 搏击拳法包括：直拳、摆拳、勾拳等。腿法包括：蹬腿、横踢、侧踹、后蹬、旋踢	理论实践 概括归纳	健美操动作的技术特点是腿部有弹动，手臂有力度和控制；搏击的动作技术特点是全身多关节参与，腿法拳法有速度，拳法需要由腰部发力，全身协调发力。 通过对两个项目的动作学习，概括归纳两个项目的共性和特性；探究如何将共性重合，将特性展现	谦虚好学 合作意识	体育精神就是"健康向上"的精神，健身健美操运动就是培养学生使其能与同伴进行交流与合作，表现出谦虚好学、不怕困难、坚韧不拔的良好品质，具有合作意识是小组和团队精神

【资源分析】☞

（1）数字资源的利用：通过平板电脑观看健美操、搏击的相关视频。
（2）教材、学案：提供核心问题，教学各环节及自主探究。
（3）黑板：各小组进行归纳总结，将最后的结论写在黑板上。

【学生基础】☞

从概念结论来看：高一学生，大多数没有真正意义上的学习和研究过搏击健美操，只是通过一些途径（比如大课间活动、课外培训等）对健美操有了初步的了解，但是对搏击这项运动来说，很多学生认识得不全面。

从思想方法来看：高一的学生已具有一定的分析、理解与思考能力，同时具有较强的研究、策划和执行能力。并且有能力综合知识点进行特点归纳，但是在实践方面经验不足，不能全面地概括两个项目的特点，不一定能够打开思维去融合两个体育项目。

从价值观念来看："谦虚好学"与"合作意识"都是高一学生能够明白的概念，但是很少有学生能够真正落实，本课的目的就是希望学生能够在引导实践下，拥有良好品质。

【教学目标】☞

为创编我校课间操，学生在学练健美操基本动作及搏击拳法、腿法动作的过程中，能够主动积极思考动作特点，通过小组合作探究的方式，归纳概括出搏击与健美操的共性、个性规律，并能运用规律进行搏击健美操的组合动作创编，从而强化对健美操动作和搏击动作的掌握，形成合作共赢的意识和谦虚好学的品质。

【核心问题】☞

首先回顾健美操基本手位、步伐以及学练搏击中的拳法、腿法动作，其次归纳概括健美操和搏击动作的共性和个性，最后思考如何通过小组合作的方式将搏击和健美操进行动作组合，为创编出搏击健美操组合动作打下基础。

【评价预设】☞

（1）提出问题环节：提出核心问题，引起学生的练习兴趣，引导学生积极思考。对能够正确回答出健美操基本步伐、手位的学生给予激励性评价，以带动全班学生积极地探究，激发学生的学习兴趣，产生强烈的探究愿望和热情。

（2）解决问题环节：在学生分析解决问题的活动过程中给予引导性、提示性、鼓励性评价，如学生在复习巩固健美操基本步伐、手位时，给予肯定性和引导性评价；如学生在模仿搏击拳法、腿法动作时，给予引导性评价，使其深入认识；如探究搏击和健美操动作共性规律时，给予提示性评价，不断将学生的体验引向深入，充分发挥该环节的激励与引导功能。

（3）反思提升环节：与学生一起对解决问题的过程进行反思，对设计出搏击健美操组合动作的小组进行积极点评；对还未设计出组合动作的小组，通过提问方式，引导学生深度思考、体验动作，进一步归纳共性，对学生的积极回答作出积极反应。在激励性的评价基础之上进行结构化的提升，加深学生对本课的知识内容、思想方法、价值观念等的认识，力求发挥此环节评价的体验积淀功能。

（4）评价反馈环节：对创编出组合动作的小组进行全面的点评，通过点评引导学生深入思考，并引出下一节教学内容；综合性评价学生表现出的健康行为和体育品德。设计题目"搏击健美操的基础学习"，可以针对学生对这一任务的完成情况进行检测分析，形成体验性目标达成情况的评价并反馈给学生，凸显该环节评价的体验强化功能。

二、教学实施设计

【教学环节】☞

教学环节	学生活动	教师活动	设计意图	技术融合
提出问题 （3 min）	1. 思考网上的搏击操的动作组成。 2. 明确本课学习任务，搏击拳法、腿法的发力方式和动作要领。 3. 理解本课核心问题：通过学练搏击中的拳法、腿法动作，探究健美操与搏击动作的共性、个性规律，尝试通过小组合作的方式进行搏击健美操组合动作创编	1. 观看网络视频资源——搏击操，导入本节课的学习内容——搏击健美操。 2. 提出本节课学习任务，找到共性，创编出搏击健美操组合动作。 3. 引出核心问题：通过学练搏击中的拳法、腿法动作，探究健美操与搏击动作的共性、个性规律，尝试通过小组合作的方式进行搏击健美操组合动作创编	引导学生融入问题情境，将思维和心理介入课堂	PPT 视频资源

教学环节	学生活动	教师活动	设计意图	技术融合
解决问题（25 min）	进行热身活动：慢跑2圈、健美操基本手位组合练习、健美操基本步伐组合练习	组织学生有序地绕篮球场慢跑，慢跑结束后直接变为体操散点队形，结合音乐，通过口令提醒和动作示范完成手位、步伐组合练习，抛出问题，思考两个项目动作有哪些相似之处和不同之处	用身体感受健美操基本步伐、手位和感受搏击的拳法、腿法，从理论到实践，带着问题完成动作，加深对动作的体会	板书 音响
	活动一：小组内分享课前组内查阅的搏击拳法、腿法，并模仿感受搏击动作，进行小组间的展示	活动一：组织学生有序分享和补充课前查阅的资料，组织安排小组自主进行动作练习，然后进行小组间的巡回指导，发现共同问题后集合讲解		
	活动二：指导正确的动作要领和发力方式，集体练习搏击的拳法、腿法	活动二：组织学生分组归纳概括，搏击和健美操动作有哪些共性和特性		
反思提升（5 min）	分享概括搏击和健美操动作的共性、特性，各小组将结论写在黑板上；思考如何将搏击和健美操进行巧妙、流畅的融合	有序组织学生将概括结论写在黑板上并对学生的反思和提升进行积极性点评；引导学生通过实践，如何将两者进行融合进行深入思考	归纳本课概念结论、思想方法	板书
评价反馈（7 min）	通过实践，尝试将搏击和健美操进行融合，创造出24个八拍组合动作，让完成较好的小组进行展示；小组自评、互评组合动作	有序组织学生将24个八拍组合动作进行展示并拍摄，教师和其他小组提出建议；布置课后作业（根据通过实践发现的搏击与健美操的共性规律），创编一段64拍的搏击健美操组合动作	引导学生尝试进行组合动作创造	音响 平板

【板书设计】☞

搏击健美操的基础学习	
学生活动1：搏击与健美操动作的共性规律 小组1： …… …… 小组2： …… …… 小组3： …… ……	归纳概括
学生活动2：如何巧妙、流畅地融合搏击与健美操 小组1： …… …… 小组2： …… …… 小组3： …… ……	

【教学流程】☞

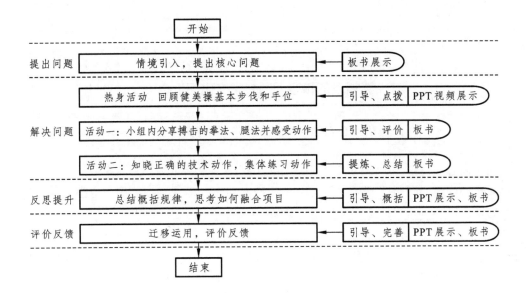

【作业布置】☞

课时作业的结构化设计

作业序号	作业目标	作业情境		概念结论		思想方法		价值观念		整体评估	
		内容	水平	内容	水平	内容	水平	内容	水平	类型	水平
1	完善搏击与健美操动作的共性规律	完善概括两者不同项目的共性规律	简单	搏击、健美操的正确技术动作	健康行为2	动作归纳总结	健康行为水平3	谦虚好学	体育品德水平2	基础性作业	学科核心素养水平3
2	创编1~2个搏击健美操组合动作	创编搏击健美操组合动作	一般	创编的原则	运动能力水平3	理论运用于实践	健康行为水平3	团结合作	体育品德水平3	实践性作业	学科核心素养水平3
3	创编一组64拍的搏击健美操组合动作	创编搏击健美操,为创编课间操作铺垫	复杂	创编的原则	运动能力水平4	理论运用于实践	健康行为水平3	团结合作	体育品德水平4	综合性作业	学科核心素养水平4

（具体的作业内容略）

三、教学评价设计

【教学评价】☞

大概念的核心问题教学文化评价表

课时名称：学练搏击动作，探究搏击与健美操的动作规律。

所属单元：健身健美操。

单元大概念：搏击健美操的成套创编。

单元核心问题：通过学练健美操与搏击的基本动作，运用创编原则与方法，结合搏击、健美操的动作规律，完成搏击健美操的成套动作创编。

课时大概念：学练搏击健美操基本动作。

课时核心问题：通过学练搏击中的拳法、腿法动作，探究健美操与搏击动作的共性、个性规律，尝试通过小组合作的方式进行搏击健美操组合动作创编。

评价目标	评价指标				评价方法结果
	一级指标	二级指标	三级指标		
实现活动体验中的学习与素养发展	具有大概念核心问题教学形态	核心问题利于活动体验	内含学科问题和学生活动方式	8	每项指标最高评8分（满分为96分）
			问题情境与真实生活密切相关	8	
			能引发大概念、新知新法生成	7	
		教学目标价值引导恰当	两类目标正确全面	7	
			关联体验目标恰当	8	
			目标价值引导显现	8	
		教学环节完整合理落实	教学环节清晰完整	8	
			环节内容合理充实	8	
			学生活动时间充分	8	
		教学要素相互匹配促进	问题目标环节两两匹配	7	
			技术促进活动形式内容	7	
			素养导向突出氛围浓郁	8	合计92分
	具有大概念核心问题教学特质	拓展学习视野	课堂与现实世界有恰当关联		选择一个表现突出的二级指标，在相应三级指标引导下，以现场学生表现为主要依据，以其余指标为背景，于本表的第二页写出150字以上的简要评价
			有基于缄默知识的问题解决		
			有缄默知识运用的追踪剖析		
			知识运用剖析导向素养发展		

评价目标	评价指标			评价方法结果
	一级指标	二级指标	三级指标	
实现活动体验中的学习与素养发展	具有大概念核心问题教学特质	投入实践活动	有真实而且完整的实践活动	
			实践活动深度融入两类情境	
			能够全身心地浸渍于活动中	
			活动的内容结果均丰富深入	
		感受意义关联	有核心问题的深层意义感受	
			有以知识为中心的关联感受	
			有以个人为中心的关联感受	
			有对三类大概念的关联感受	
		自觉反思体验	有实质性反思活动的开展	
			有课堂新因素的追踪利用	
			有体验的交流与改善重构	
			有概念生成中的素养发展	
		乐于对话分享	乐于自我表达与认真倾听	
			乐于合作中成果与思路的分享	
			乐于成果交流中深层意义分享	
			有宽容的对话氛围和双向交流	
		认同素养评价	认可素养评价	
			参与素养评价	
			利用素养评价	

大概念核心问题教学特质的简要评价（包括发展性建议）：

该课程按照"核心大概念"模式进行设计，采用"核心问题"的教学方法，以"问题"为引领，驱动学生深度探究搏击健美操基本动作，通过提出问题、解决问题、反思提升、运用反馈这四个环节，在深切体会动作中，引导同学们主动思考搏击动作与健美操动作的共性、个性规律，最后找到融合搏击与健美操的切入点，创编出搏击健美操组合动作。

根据课堂反馈，整体效果良好，从拓宽学习视野来说，大多数的同学都能找到搏击和健美操的规律，并运用知识完成搏击健美操动作组合；从投入实践活动来说，概括规律到寻找切入点，再到尝试创编融合搏击与健美操动作的切入点，学生能够通过小组合作的方式先从全身心地浸入活动中；从乐于对话分享的角度来说，学生是通过小组合作的方式，解决问题，在团队合作中去表达自我的想法并能认真倾听，小组之间将合作中的成果与思路进行分享，提供宽松的对话氛围和双向交流。让学生在体育运动中能有更多的思维、心理方面的介入，让同学们在以后的体能练习、娱乐、比赛中能具有一定的创新精神，感悟严谨、科学、坚持、进取、协作对健美操项目的影响和意义

大概念的核心问题教学素养目标点检测表

课时名称	搏击健美操基础学习
所属单元	健身健美操
单元大概念	搏击健美操的成套创编
单元核心问题	通过学练搏击中的拳法、腿法动作，探究健美操与搏击动作的共性、个性规律，尝试通过小组合作的方式进行搏击健美操组合动作创编
课时大概念	基本理论和基本动作
课时核心问题	通过学练搏击中的拳法、腿法动作，探究健美操与搏击动作的共性、个性规律，尝试通过小组合作的方式进行搏击健美操组合动作创编
课时素养目标	结果性目标 1. 掌握搏击、健美操的基本动作。 2. 归纳总结出搏击和健美操的规律特点。 体验性目标 运用规律特点，尝试性地进行搏击健美操组合动作创编
检测点	搏击与健美操动作的共性规律，搏击与健美操融合的切入点
检测工具（检测题）	归纳的结论与创编动作
分类标准	A：能够正确展现搏击动作的发力方式和动作要领；能够精准、全面地提炼出搏击与健美操动作的共性规律；能够多方位、有创新性地找到搏击与健美操融合的切入点；创编的搏击健美操组合动作具有科学性、创新性、多样性；学生能完美展示创编的组合动作，运动过程中情绪积极、热情、能用肢体语言和面部表情感染他人 B：能够正确展现搏击动作的发力方式和动作要领；归纳总结中能够提炼出大部分搏击与健美操动作的共性规律；能够合适地找到搏击与健美操融合的切入点；创编的搏击健美操组合动作具有科学性；学生能基本展示创编的组合动作 C：能够正确展现搏击动作的发力方式和动作要领；归纳总结中只能提炼出小部分搏击与健美操动作的共性规律；无法找到搏击与健美操融合的切入点；没有创编出搏击健美操组合动作 D：不能够正确展现搏击动作的发力方式和动作要领；无法归纳总结出搏击与健美操动作的共性规律；无法找到搏击与健美操融合的切入点；没有创编出搏击健美操组合动作

检测统计	分类等级	学生人数	百分比（总人数56人）
	A	12	21.43%
	B	26	46.43%
	C	12	21.43%
	D	6	10.71%

检测分析结果运用	在课后作业检测中发现，全班 21.43% 的学生能够正确展现搏击动作的发力方式和动作要领；能够精准、全面地提炼出搏击与健美操动作的共性规律；能够多方位、有创新性地找到搏击与健美操融合的切入点；创编的搏击健美操组合动作具有科学性、创新性；能完美展示创编的组合动作，运动过程中情绪积极、热情、能用肢体语言和面部表情感染他人。 全班 46.43% 的学生能够正确展现搏击动作的发力方式和动作要领；能够在归纳总结中提炼出大部分搏击与健美操动作的共性规律；能够合适地找到搏击与健美操融合的切入点；创编的搏击健美操组合动作具有科学性；学生能基本展示创编的组合动作。 全班 21.43% 的学生能够正确展现搏击动作的发力方式和动作要领；归纳总结中只能提炼出小部分搏击与健美操动作的共性规律，但是无法找到搏击与健美操融合的切入点，最后没有创编出搏击健美操组合动作。 全班 10.71% 的学生不能够正确展现搏击动作的发力方式和动作要领；无法归纳总结出搏击与健美操动作的共性规律；无法找到搏击与健美操融合的切入点；最后没有创编出搏击健美操组合动作
检测反馈	通过对学生进行检测，让学生认识体会到了搏击中拳法、腿法的正确动作要领和发力方式，同时学生也更深刻地理解了搏击动作和健美操动作的共性规律，掌握了将搏击与健美操巧妙、流畅融合的切入点，为之后创编搏击健美操组合动作奠定了较好的基础

"搏击健美操低冲击与搏击步伐组合套路的创编"学教案

陈超

一、教学分析设计

【教材课标】 ☞

本节课选自 2019 年人教版普通高中《体育与健康》必修全一册第十章第五节——健身健美操组合套路的创编，在前面课时的学习中，学生基本掌握了三类不同难度的基本步伐（无冲击步、低冲击步和高冲击步）以及不同方位的举、屈伸、摆动、环绕和击掌等上肢基本动作，加上搏击拳法中的直拳、摆拳、勾拳和腿法中的蹬腿、横踢、侧踢、后踢等技术动作，在本课时的学习中则需要将它们规范有效地糅合。课标的内容要求为：2.2 在音乐伴奏下，正确做出低冲击步伐，并配合上肢做出前举、上举、侧举、上下屈伸和绕环等动作。2.3 配合音乐规范地完成 2 组 4 个 8 拍的初级动作组合。在比较熟练掌握模块 1 和模块 2 的 4 组动作后，将 4 组动作串联起来进行初级成套动作练习。具体而言，就是学生通过范例学习，能掌握搏击健美操低冲击步伐组合套路的创编方法，初步具有创编能力。

在本课时的学习中，学生学练低冲击组合动作，归纳低冲击组合动作的特点和规律，探析创编低冲击组合步伐和手位的要求和方法。

从学习内容上看，学生在掌握搏击健美操基本知识、基本技术的基础上，通过掌握动作创编的基本原则、方法和技巧，将所掌握的基本步伐和上肢基本动作结合起来进行集体创编实践，初步具有创编搏击健美操低冲击步伐组合套路的能力。

从学科育人上看，通过有目的、有组织地创编实践活动，可激发学生的兴趣，培养创新思维，进一步理解健身健美操中的音乐、时空、方位、协作以及表现等创编要素，提高学生专项运动能力，增强合作、乐群、自信与表演能力。

基于前述课标要求、内容基础、育人地位等的认识，本节课教学中须努力为学生掌握搏击健美操低冲击步伐组合套路的创编要领营造情境，获得深度体验。为此，将"搏击健美操低冲击步伐组合套路创编的要领（原则、方法和技巧等）"拟定为本节课核心问题中的学科问题。

【课时大概念】 ☞

为将《普通高中课程方案（2017 年版 2020 年修订）》中"以大概念为核心，使课程内容结构化"落到实处，更好发挥学科育人功能，在认真钻研课标和教材的基础上，从概念结论、思想方法、价值观念三个视角挖掘出如下的课时大概念。

课时核心 大概念	简约化表达：搏击健美操低冲击步伐组合套路的创编
	特征化表达：巩固健美操中的基本步伐、拳法等动作，进一步完成搏击健美操组合动作的创编，提高身体的协调、节奏感和表现力，在创编实践中发展归纳概括能力、体验体育运动中团队合作的重要性

（1）概念结论类大概念。

大概念	特征化表达
低冲击步伐	低冲击步伐主要包括：走步、漫步、迈步点地、迈步吸腿、迈步后屈腿、侧交叉步、屈膝抬腿，首先应用于培养学生的"弹动"技术，以减少运动对关节和头部的冲击力和振动，其次应用于组合和成套动作的创编中
基本手位	基本手位指上肢基本动作，包含举、屈伸、摆动、绕环、两臂平屈绕环、击掌等，主要应用于身体姿态的培养以及上肢方位感、节奏韵律和灵活性的练习，以及组合成套动作的编排
搏击拳法和腿法	搏击拳法主要包括直拳、摆拳、勾拳等；搏击腿法主要包括蹬腿、横踢、侧踢、后踢等

（2）思想方法类大概念。

大概念	特征化表达
基本技术的创新性组合	在创编一个八拍的搏击健美操套路时，应依据音乐特点，合理选择基本动作及其上下肢不同形式的配合，清晰动作与动作之间的衔接要领，有效应用空间元素，并按一定的顺序和规律在基本动作的基础上进行拓展和联合
归纳概括	在分组体验搏击健美操套路的创编活动中，根据对展示成果的评价，总结出搏击健美操组合套路动作的创编要领

（3）价值观念类大概念。

大概念	特征化表达
运动能力	体会到搏击健美操的运动能力是体能、技术能力和心理能力等在身体活动中的综合表现
团队合作	在小组合作下的体育运动（搏击健美操套路的创编），团队合作能力是一项至关重要的体育品格
实践是认识的基础	学生在深度参与搏击健美操组合套路创编的实践活动过程中，认识到其创编原理和要领

【资源条件】☞

信息技术资源：利用平板电脑或电视观看搏击健美操比赛；利用音响播放及创编适合节奏的搏击健美操。

教材资源：利用教材合理地开展教学内容，同时可以很好地提炼课程的核心问题。

【学生基础】☞

从概念结论来看：对于高一年级的学生来讲，很多学生是在学校大课间活动中第一次接触搏击健美操，体育组在本学期编排了新的大课间操，其中就有搏击健美操，这使得大部分学生已经开始接触搏击健美操，也初步了解到了搏击健美操。另外，在前面课时的教学中，学生也学习了健美操及搏击的基本知识和基本技术，这为学生开展本节课的学习做了知识技能方面的良好铺垫。

从思想方法来看：归纳概括是学生在体育学科以及其他学科中常用到的思想方法，在本节课中应该能够较好地应用；学生经过前面的学习，对基本技术的掌握不断加强，但缺乏将基本技术进行创新性的合理组合的理论且实践较少，所以学生在没有模仿/借鉴的情况下，自主创编会存在较大的困难。

从价值观念来看：学生初步具有将力学中的力做功与能量相联系的意识，以及能量转化与守恒的思想。高一学生善于模仿，好动、好奇、好胜心强，敢于表现自我，身体素质处于生长发育阶段，力量、动作、协调等各方面都有所欠缺，运动能力有待进一步加强；高一学生基本具有自觉性和独立完成动作的能力，团队合作的观念与能力还需要不断强化。

综上，学生已经知道掌握了搏击健美操的基本技术，能够使用归纳概括方法，具有一定的运动能力和团队合作能力，但是在低冲击步伐搏击健美操组合套路的创新性创编方面存在较大困难。

为使学生能在体验、深度体验中突破难点，掌握搏击健美操创编的要领，将"小组合作探讨并创编出一个八拍的搏击健美操组合套路"并"展示""分享"创编思路，拟定为本节课核心问题中的学生活动。

【教学目标】☞

基于前述教材课标、课时大概念及学生基础分析，为更好发展学生的组合套路创编能力，培育学生的运动能力与团队合作能力，以"小组合作探讨并创编出一个八拍的搏击健美操组合套路"作为学习探索情境，为本课时确立了如下核心素养目标：

在小组合作探讨并创编出一个八拍的搏击健美操组合套路并展示，分享创编思路的学习活动中，能在音乐节奏下正确地做出低冲击步伐，并将低冲击步伐、手位、腿法和拳法连接在一起，初步做出由多个动作组成的1个8拍的组合套路，表现出良好的节奏感和身体协调能力，以比较优美的姿态和动作进行团队展示；一般体能和专项体能的水平明显提高（达到学业质量水平2）；能预防和简单处理健身健美操运动中常见的运动损伤，安全地参与健身健美操运动；展现出朝气蓬勃、充满活力、文明礼貌的精神风貌，能够克服困难、持之以恒，有一定的情绪调控能力，具有合作能力和团队精神，遵守规则（达到学业质量水平2）。

至此，使学生体验步伐变化、躯干动作、手臂变化与组合动作的创造性、创新性、多样性以及针对性之间的关联，知道搏击健美操组合套路创编的基本理论与要领（达到学业质量水平3），懂得实践是认识的基础（达到学业质量水平4）。

【核心问题】☞

基于前述教材课标、课时大概念、学生基础及目标分析，为了使学生能在学习中融入情境，进而能在新的问题情境中运用所学知识、方法与形成的价值观念来解决新问题，积淀运动能力、体育品德等体育学科核心素养，本节课的核心问题确立为：

小组合作探讨并创编出一个八拍的低冲击步伐搏击健美操组合套路并展示，分享创编思路。

【评价预设】☞

1. 针对课堂教学中的评价预设

提出问题环节：针对学生对情境引入中对基本步伐、手位、腿法和拳法的回顾，给予激励性的肯定评价。

解决问题环节：以激励性与肯定性相结合的评价基调，引导学生小组合作创编出 1 个八拍的流畅的搏击健美操组合套路，并在展示后对创编思路要领进行良好的表达，发挥好本环节评价的体验引导功能。

反思提升环节：与学生共同对解决问题过程进行的反思交流中，对概念结论、思想方法、价值观念进行结构化提升。重点针对问题解决过程中生成的知识和方法，通过引导性评价加以提升，努力促进学生在深度体验基础上获得对低冲击步伐、基本手位、搏击拳法和腿法的进一步理解，建构基本技术的创新性组合、归纳概括的思想方法，以及运动能力、团队合作、实践是认识的基础等观念的理解与内化，发挥好此环节评价的体验积淀功能。

评价反馈环节：进行拉伸与放松练习，巩固健康体育运动的观念，请学生完成评价反馈的任务，促进学生进一步掌握搏击健美操组合套路创编的基本原理与要领，深刻体会到实践是认识的基础，凸显该环节评价的体验强化功能。

2. 针对课堂教学后的评价设计

课后反思整个教学过程，从教学形态与教学特质两个维度作出自我评价，完成"大概念核心问题教学文化评价表"；搜集学生在课后的评价反馈环节完成的评价反馈的作业，确立"搏击健美操的创编要领"检测点（评价反馈问题 1）并进行统计、分析，完成"大概念的核心问题教学素养目标点检测表"，并反馈给学生。

二、教学实施设计

【教学环节】 ☞

教学环节	学生活动	教师活动	设计意图	技术融合
提出问题 （3 min）	回顾上次课中搏击健美操低冲击步伐、手位、腿法和拳法。明确本次课的核心问题：小组合作探讨并创编出一个八拍的搏击健美操组合套路并展示，分享创编思路	引导学生回顾上次课的学练内容，提出本次课的核心问题	引导学生融入问题情境，将思维和心理介入课堂	平板电脑
解决问题 （20 min）	1. 热身运动：随着音乐慢跑 2 min；行进间踢腿、手臂绕环各两组。 2. 活动一：结合上两次课学练的搏击拳法、腿法和健美操基本步伐、上肢基本动作，分小组探讨组合套路的创编并完成一个八拍的动作创编。 3. 活动二：各小组展示本小组的创编动作，并分享交流本小组创编的动作要领	1. 带领学生做热身活动。 2. 引导学生结合所学基本动作，完成初步成套动作的创编。 3. 组织各组学生完成创编动作的展示，并分析各组学生动作完成的情况和动作衔接情况，根据展示做相应的指导	引导学生合理地衔接基本动作，初步串联成学生自己想法中的一系列联合动作	音响

教学环节	学生活动	教师活动	设计意图	技术融合
反思提升 （10 min）	1. 活动一：通过各小组的交流分享，基本掌握动作创编的要领，通过节奏、方向、路线和空间的变化，进一步拓展完成两个八拍的动作创编。 2. 活动二：展示各小组组合动作创编的成果，并用平板电脑拍摄记录	1. 组织学生进一步完成拓展动作的创编，巡查各小组创编过程中基本步伐和上肢动作应用的情况。 2. 组织同学们完成各小组的展示，安排拍摄同学完成录像拍摄	进一步加强创编实践活动，加深学生对动作的理解，激发学生的兴趣，同时培养创新精神	平板电脑
评价反馈 （7 min）	1. 抽取播放部分拍摄视频，根据视频对组合成套创编动作的完成情况进行简单分析总结。 2. 力量练习：俯卧撑 15×2、半蹲起 15×2。 3. 放松拉伸。 4. 安排课后作业	1. 教师根据视频录像分析总结同学们创编完成的情况，并做表扬和指导。 2. 组织学生完成力量练习和放松拉伸练习。 3. 安排课后作业	小组之间相互传送创编成果，分析总结，互相借鉴学习，由教师提出相应建议，进一步提升技能水平；加强身体素质提升，增强动作质量	平板电脑

【板书设计】☞

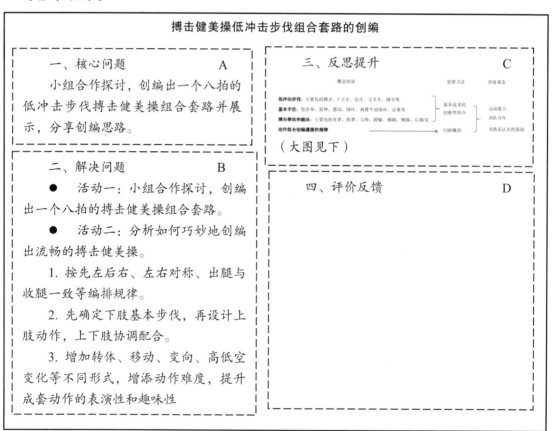

搏击健美操低冲击步伐组合套路的创编

一、核心问题　　　　　　A

小组合作探讨，创编出一个八拍的低冲击步伐搏击健美操组合套路并展示，分享创编思路。

二、解决问题　　　　　　B

● 活动一：小组合作探讨，创编出一个八拍的搏击健美操组合套路。

● 活动二：分析如何巧妙地创编出流畅的搏击健美操。

1. 按先左后右、左右对称、出腿与收腿一致等编排规律。

2. 先确定下肢基本步伐，再设计上肢动作，上下肢协调配合。

3. 增加转体、移动、变向、高低空变化等不同形式，增添动作难度，提升成套动作的表演性和趣味性

三、反思提升　　　　　　C

（大图见下）

四、评价反馈　　　　　　D

概念结论　　　　　　　　思想方法　　价值观念

低冲击步伐：主要包括踏步、V字步、迈步、交叉步、漫步等
基本手位：包含举、屈伸、摆动、绕环、两臂平屈绕环、击掌等　}基本技术的创新性组合　}运动能力
搏击拳法和腿法：主要包括直拳、摆拳、勾拳；蹬腿、横踢、侧踢、后踢等　　　　　　　　　　　　　团队合作
动作组合创编遵循的规律　────────────→　归纳概括　实践是认识的基础

说明：板书依"A→D"的逻辑顺序生成，其中的具体内容依课堂教学推进情况现场生成。

【教学流程】☞

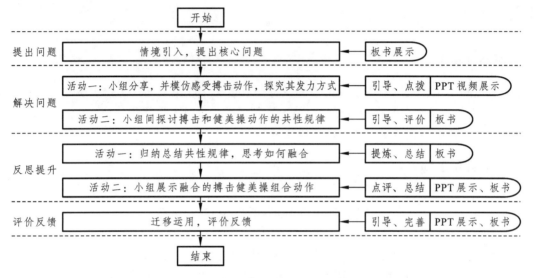

【作业设计】☞

《搏击健美操低冲击步伐组合套路的创编》课后作业设计表

作业序号	作业目标	作业情境 内容	类型	概念结论 内容	水平	思想方法 内容	水平	价值观念 内容	水平	整体评估 内容	水平
1	了解自由搏击的内容、发展	创编搏击健美操，了解搏击中的拳法、腿法	简单	理解自由搏击中的拳法、腿法	运动能力水平2	知识选择与运用	健康行为水平1	坚持锻炼	体育品德水平1	简单	学科核心素养水平2
2	归纳总结搏击与健美操动作的共性规律	通过体会搏击拳法、腿法动作和健美操基本步伐、手位组合，提炼两者不同项目的共性规律	一般	掌握搏击中拳法、腿法的正确动作要领和发力方式	运动能力水平3	动作归纳总结	健康行为水平3	运动角色胜任	体育品德水平2	一般	学科核心素养水平3
3	创编两组搏击健美操组合动作	运用提炼出的规律，创编搏击健美操，为创编课间操作铺垫	复杂	运用正确的搏击出拳踢腿动作，结合健美操基本动作，完成搏击健美操组合动作	运动能力水平4	理论运用于实践	健康行为水平3	团结合作	体育品德水平4	复杂	学科核心素养水平4

课时作业总体评估	以学业要求的达成为目标，以大概念核心知识为基础，体现单元教学的整体性，具体以问题情境为载体，以思想方法为依托，以关键能力为特征，突出单元大概念生成、理解、运用，综合体现体育学科核心素养的落实。 学习了健身健美操的概念和作用，引导学生思考搏击健美操的作用和价值，为后面课程深入的探究做好准备（概念结论类、思想方法类的理解与运用、学科素养的运用）。 参考创编步骤和方法，在引导下独立完成搏击健美操的组合动作创编，加深巩固创编要求（概念结论类、思想方法类的理解与运用，学科素养的运用）

（具体的作业内容略）

三、教学评价设计

【信息搜集】☞

为了检测学生课堂上对本节课的素养目标达成情况，收集了高一（15）班学生运用反馈练习，共53份，基于课时素养目标达成情况评判标准，进行了批阅和分类，在此基础上完成了《大概念的核心问题教学素养目标点检测表》。

【自我评价】☞

大概念的核心问题教学文化评价表

课时名称：搏击健美操低冲击步伐组合套路的创编。

所属单元：成套动作学练和创编。

单元大概念：搏击健美操的成套创编。

单元核心问题：掌握搏击健美操创编原理和创编步骤，展示所创编的成套动作，交流创编思路。

课时大概念：搏击健美操低冲击步伐组合套路的创编。

课时核心问题：小组合作探讨并创编出一个八拍的搏击健美操组合套路并展示，分享创编思路。

评价目标	评价指标				评价方法结果
	一级指标	二级指标	三级指标		
实现活动体验中的学习与素养发展	具有大概念核心问题教学形态	核心问题利于活动体验	内含学科问题和学生活动方式	7	每项指标最高评8分（满分为96分）
			问题情境与真实生活密切相关	8	
			能引发大概念、新知新法生成	7	
		教学目标价值引导恰当	两类目标正确全面	8	
			关联体验目标恰当	7	
			目标价值引导显现	8	
		教学环节完整合理落实	教学环节清晰完整	8	
			环节内容合理充实	8	
			学生活动时间充分	7	合计90分

评价目标	评价指标				评价方法结果
	一级指标	二级指标	三级指标		
实现活动体验中的学习与素养发展	具有大概念核心问题教学形态	教学要素相互匹配促进	问题目标环节两两匹配	7	
			技术促进活动形式内容	7	
			素养导向突出氛围浓郁	8	
	具有大概念核心问题教学特质	拓展学习视野	课堂与现实世界有恰当关联		选择一个表现突出的二级指标，在相应三级指标引导下，以现场学生表现为主要依据，以其余指标为背景，于本表的第二页写出150字以上的简要评价
			有基于缄默知识的问题解决		
			有缄默知识运用的追踪剖析		
			知识运用剖析导向素养发展		
		投入实践活动	有真实而且完整的实践活动		
			实践活动深度融入两类情境		
			能够全身心地浸渍于活动中		
			活动的内容结果均丰富深入		
		感受意义关联	有核心问题的深层意义感受		
			有以知识为中心的关联感受		
			有以个人为中心的关联感受		
			有对三类大概念的关联感受		
		自觉反思体验	有实质性反思活动的开展		
			有课堂新因素的追踪利用		
			有体验的交流与改善重构		
			有概念生成中的素养发展		
		乐于对话分享	乐于自我表达与认真倾听		
			乐于合作中成果与思路的分享		
			乐于成果交流中深层意义分享		
			有宽容的对话氛围和双向交流		
		认同素养评价	认可素养评价		
			参与素养评价		
			利用素养评价		

大概念核心问题教学特质的简要评价（包括发展性建议）：

本课程在"投入实践活动"下"能够全身心地浸渍于活动中"的表现最为突出。在本节课中，同学们先回顾了上次课中搏击健美操低冲击步伐、手位、腿法和拳法；再结合上两次课学练的搏击拳法、腿法和健美操基本步伐、上肢基本动作，分小组探讨组合套路的创编并完成一个八拍的动作创编，然后各小组展示本小组的创编动作，并分享交流本小组创编的动作要领；在各小组交流分享后，同学们已经基本掌握动作创编的要领，再通过节奏、方向、路线和空间的变化，进一步拓展完成两个八拍的动作创编并展示；最后再总结分析创编出流畅的搏击健美操的方法。在整个体育学习活动中，有充分的身体、思维、心理的介入，突出了学生"全身心地浸渍于活动中"这一指标

大概念的核心问题教学素养目标点检测表

课时名称	搏击健美操低冲击步伐组合套路的创编
所属单元	成套动作学练与创编
单元大概念	搏击健美操的成套创编
单元核心问题	掌握搏击健美操创编原理和创编步骤，展示与交流所创编成套
课时大概念	搏击健美操低冲击步伐组合套路的创编
课时核心问题	小组合作探讨并创编出一个八拍的搏击健美操组合套路并展示，分享创编思路
课时素养目标	在小组合作探讨并创编出一个八拍的搏击健美操组合套路并展示，分享创编思路的学习活动中，能在音乐节奏下正确地做出低冲击步伐，并将低冲击步伐、手位、腿法和拳法连接在一起，初步做出由多个动作组成的 1 个 8 拍的组合套路，表现出良好的节奏感和身体协调能力，以比较优美的姿态和动作进行团队展示；一般体能和专项体能的水平明显提高（达到学业质量水平 2）；能预防和简单处理健身健美操运动中常见的运动损伤，安全地参与健身健美操运动；表现出朝气蓬勃、充满活力、文明礼貌的精神风貌，能够克服困难、持之以恒，有一定的情绪调控能力，具有合作能力和团队精神，遵守规则（达到学业质量水平 2）。 由此，体验步伐变化、躯干动作、手臂变化与组合动作的创造性、创新性、多样性以及针对性之间的关联，知道搏击健美操组合套路创编的基本理论与要领（达到学业质量水平 3），懂得实践是认识的基础（达到学业质量水平 4）
检测点	搏击与健美操动作的共性规律，搏击与健美操融合的切入点
检测工具 （检测题）	搏击健美操低冲击步伐组合套路的创编要领
分类标准	A：能够正确展现搏击动作的发力方式和动作要领；能够精准、全面地提炼出搏击与健美操动作的共性规律；能够多方位、有创新性地找到搏击与健美操融合的切入点；创编的搏击健美操组合动作具有科学性、创新性、多样性；学生能完美展示创编的组合动作，运动过程中情绪积极、热情，能用肢体语言和面部表情感染他人
	B：能够正确展现搏击动作的发力方式和动作要领；归纳总结中能够提炼出大部分搏击与健美操动作的共性规律；能够合适地找到搏击与健美操融合的切入点；创编的搏击健美操组合动作具有科学性；学生能基本展示创编的组合动作
	C：能够正确展现搏击动作的发力方式和动作要领；归纳总结中只能提炼出小部分搏击与健美操动作的共性规律；无法找到搏击与健美操融合的切入点；没有创编出搏击健美操组合动作
	D：不能够正确展现搏击动作的发力方式和动作要领；无法归纳总结出搏击与健美操动作的共性规律；无法找到搏击与健美操融合的切入点；没有创编出搏击健美操组合动作

检测统计	分类等级	学生人数	百分比（总人数 53 人）
	A	11	20.75%
	B	23	43.39%
	C	13	24.52%
	D	6	11.32%

检测分析结果运用	在课后作业检测中发现，全班 20.75% 的学生能够正确展现搏击动作的发力方式和动作要领；能够精准、全面地提炼出搏击与健美操动作的共性规律；能够多方位、有创新性地找到搏击与健美操融合的切入点；创编的搏击健美操组合动作具有科学性、创新性；能完美展示创编的组合动作，运动过程中情绪积极、热情、能用肢体语言和面部表情感染他人。 全班 43.39% 的学生能够正确展现搏击动作的发力方式和动作要领；归纳总结中能够提炼出大部分搏击与健美操动作的共性规律；能够合适地找到搏击与健美操融合的切入点；创编的搏击健美操组合动作具有科学性；学生能基本展示创编的组合动作
检测分析结果运用	全班 24.52% 的学生能够正确展现搏击动作的发力方式和动作要领；归纳总结中只能提炼出小部分搏击与健美操动作的共性规律，但是无法找到搏击与健美操融合的切入点，最后没有创编出搏击健美操组合动作。 全班 11.32% 的学生不能够正确展现搏击动作的发力方式和动作要领；无法归纳总结出搏击与健美操动作的共性规律；无法找到搏击与健美操融合的切入点；最后没有创编出搏击健美操组合动作
检测反馈	通过对学生进行检测，让学生认识体会到了搏击中拳法、腿法的正确动作要领和发力方式，同时学生也更深刻地理解了搏击动作和健美操动作的共性规律，掌握了将搏击与健美操巧妙、流畅融合的切入点，为之后创编搏击健美操组合动作奠定了较好的基础
典型案例分析	以刘×杰同学为例，其热爱运动、学过街舞、身体协调，带领小组初步创编出了一套理想的搏击健美操低冲击步伐组合套路（协调、对称、元素多样且配合恰当）
检测反馈	通过对学生进行检测，让学生认识体会到了搏击中拳法、腿法的正确动作要领和发力方式，同时学生也更深刻地理解了搏击动作和健美操动作的共性规律，掌握了将搏击与健美操巧妙、流畅融合的切入点，为之后创编搏击健美操组合动作奠定了较好的基础

"搏击健美操的成套创编"学教案

谢芳

一、教学分析设计

【教材课标】☞

体育与健康课程是全体高中学生的必修课程，其内容分为必修必学和必修选学两个部分。必修必学内容是对所有学生学习体育与健康课程的共同要求，包括体能和健康教育两个模块。必修选学内容则允许学生根据个人实际情况进行选择性学习，包括球类运动、田径类运动、体操类运动、水上或冰雪类运动、武术与民间传统体育类运动以及新兴体育类运动这六个运动技能系列。体操类运动包括技巧、双杠、单杠、支撑跳跃、健身健美操五个学习内容。

健身健美操教材内容的设计，应围绕"立德树人、全面育人"的指导思想，使学生通过健身健美操运动技能的学习动作创编实践、健身锻炼以及参加展演、竞赛等体育有实践活动，综合发展学生的运动能力、健康行为、体育品德，促进学生德智体美全面发展。因此，依据《普通高中体育与健康课程标准》的精神，按照健身健美操技术内容体系、动作特点以及现阶段高中学生身心发展特征，合理设计各个模块的教学内容，促进学生全面发展。

基本步伐、上肢基本动作及其变化形式既是健身健美操的基础，也是学习和创编健身健美操组合和成套动作的前提条件。因此，高中健身健美操教材内容的设计，是在进一步提高学生健身健美操基本动作能力的基础上，教会学生如何应用健身健美操基础知识、基本动作及其变化形式，进行健美操组合动作的创编，使学生初步具有健身健美操组合动作的创编能力，培养其协同创新精神，提高锻炼技能，发展运动能力，进一步提高身体的协调性、节奏感和表现力，培养正确形态，养成终身锻炼习惯。

此外，健身健美操教学内容的设计注重系统性、科学性、合理性；同时注意利用音乐、视频、小组互动等辅助形式，通过健身健美操的集体练习、合作创编实践、表演展示、教学竞赛等教学组织形式，培养学生坚定、自信，尊重他人、崇尚健美，敢于挑战、勇于创新的进取精神和集体荣誉感。

体操类运动在《普通高中体育与健康课程标准》中为必修选学模块。体操类运动系列包括基本体操、体操（单杠、双杠、支撑跳跃等）、技巧、韵律操（健身健美操、竞技健美操、啦啦操等）、操舞（街舞、校园集体舞等）等运动项目。学生可以根据自己的兴趣和爱好从中选择1项进行较为系统的学习。

参照普通高中《体育与健康课程标准（2017年版 2020年修订）》，参考义务教育《体育与健康课程标准（2022年版）》后对本单元及各课时教学的要求如下：

健身健美操模块的内容主要包括健身健美操运动的基本知识与技能、技战术运用、专项体能与一般体能、展示与比赛、规则与裁判方法、观赏与评价等。

1~2课时：了解一些有关搏击运动的知识以及搏击操的结构、动作特点等，以便领会搏击健美操的动作风格。搏击健美操主要用以发展下肢力量、弹跳力及身体灵活性，在学习时，学生首先要了解和掌握下肢的步伐动作，这是学好搏击健美操的关键。

3~4课时：学练搏击健美操成套动作组合第一部分。完成步伐组合与手位组合的学习，发现组合中的规律和动作结合的特点，在引导下完成两组步伐组合与手位组合的创编，并进行相互教学，在教学过程中对组合动作进行修改完善，最后完成出第一部分的步伐与手臂动作。

5~6课时：学练搏击健美操成套动作组合第二部分。复习第一部分的步伐组合与手位组合。在引导下完成两组步伐组合与手位组合的创编，并进行相互教学，在教学过程中对组合动作进行修改完善，最后完成第二部分的步伐与手臂动作。

7~8课时：复习巩固搏击健美操成套动作。复习巩固成套动作。了解成套动作的结构（开场、中间、结束），建立对开场动作和结尾动作的认识，在引导下完成开场动作和结尾动作的创编。使学生认识到一套完整的搏击健美操动作需要有队形、层次和表现力，引导学生完成成套队形的创编设计，并进行相互教学，在教学过程中对设计的队形进行修改完善，最后呈现出完成的成套动作。

9~10课时：复习巩固搏击健美操成套动作。各小组展示完整成套动作，并互相点评。在点评中学习、点评中思考、点评中提升，小组交流展示后，自行进行修改完善。

【课时大概念】 ☞

为将《普通高中课程方案（2017年版 2020年修订）》中"以大概念为核心，使课程内容结构化"落到实处，更好发挥学科育人功能，在认真钻研课标和教材的基础上，从概念结论、思想方法、价值观念三个视角挖掘出课时大概念。

课时核心大概念	简约化表达：搏击健美操的成套创编				
	特征化表达：复习搏击健美操成套动作，进行队形、层次、造型的创编、展示和交流所创编成套				
	概念结论		思想方法		价值观念
	简约化表达	特征化表达	简约化表达	特征化表达	简约化表达	特征化表达

概念结论		思想方法		价值观念	
简约化表达	特征化表达	简约化表达	特征化表达	简约化表达	特征化表达
搏击健美操的特点、创编原则、创编步骤	在教师引导和学生共同讨论中，分析搏击健美操的特点（格斗技巧与健美操的结合，动作多样、节奏明快、注重攻防转换），创编原则（安全性、科学性、趣味性），创编步骤（确定目标定位、设计组合动作、选择音乐、编排动作顺序、队形变换、演练和调整、展示交流）	归纳概括、示范教学、分组练习、从个体到集体、从单个到组合、从组合到成套、从创编到评价	在分组体验搏击健美操套路的创编活动中，根据对展示成果的评价，总结出搏击健美操组合套路动作的创编要领	团结协作、换位思考、解决问题	在练习中提升节奏感和表现力，培养创新和展示能力；在分组中培养团结协作、互帮互助的精神；在交流中培养组织语言、提升逻辑的能力；在点评中培养换位思考、发现问题的习惯

【资源条件】☞

（1）传统教学媒体：黑板（展示课堂的推进过程）。

（2）现代教学媒体：PPT 课件（幻灯片主要用于展示情境素材、学生所画地图路线、示意图等）；希沃白板 App（实现实时投屏，将学生在学习过程中的表现以照片等形式记录下来后传输到电脑端）。

（3）数字资源的利用：师生围绕本单元特定的主题，通过互联网利用数字资源（如网页、多媒体资料、电子期刊）方便地获取所需资料开展历史研究，拓展学生视野与加深其对知识的理解。

（4）通过班级 QQ 群，针对学习过程中遇到的问题并及时进行交流和讨论。

【学生基础】☞

高中学生已具备了保持有意义的学习动机，他们明显地表现为试图自我认识和自我表现，并能完全自觉地接近这一目标的特质。因此，他们的注意稳定性有了很好的发展，注意的范围达到了一般成年人的水平，能够在比较复杂的活动中很好地分配自己的注意，同样在高中的体育教学中，关注学生的兴趣也是必要的。

对于搏击健美操这个项目，其实在高一时学生便接触过，从小在学校完成的课间操就是在锻炼其身体协调性，为创编成套动作提供动作素材。不过学生还存在个体差异，部分学生的节奏感和身体协调性不够好；部分学生善于思考发现问题；部分学生有较强的创造性和身体协调能力。在高一年龄段中，普遍女生的节奏感、协调性、灵敏性比男生好，但是男生的想法和组织不逊于女生，因此在完成教学的时候，提倡通过男女混合分组完成学习任务，这样对学习效果有促进作用。

【教学目标】☞

基于前述教材课标、课时大概念及学生基础分析，为更好发展学生的搏击健美操套路创编能力，培育学生的运动能力与团队合作能力，以"研究成套搏击健美操的特点、创编原则和创编步骤，为后续成套创编任务分组分工"为学习探索情境，为本课时确立了如下核心素养目标：

了解搏击健美操的项目特点、创编搏击健美操的原则、步骤，知道搏击健美操对人身体、心理的锻炼价值和对人意志品质的影响（达到学业质量水平 2）。

掌握创编搏击健美操的基本要求和方法，为后续成套创编任务做好小组分工（达到学业质量水平 2）。

在小组合作过程中，培养发现问题和解决问题的能力、互帮互助团结协作的精神（达到学业质量水平 3）、大胆创新精心实践的习惯、表现自我相信自我的品质（达到学业质量水平 4）。

【核心问题】☞

复习搏击健美操成套动作，进行队形、层次、造型的创编、展示和交流所创编成套。

【评价预设】 ☞

　　作为学习指导者，老师应该在课程的生成过程中，担负着更重要的职责，即对从学生活动中收集到的信息予以高质量的评价反馈，用适当、明确、有针对性的语言，让学生明确思考方向。

　　（1）提出问题环节：对学生表现出的学习兴趣给予激励性评价，以带动全班学生积极地探究准备状态中明晰核心问题，激发学生的学习兴趣，产生强烈的探究愿望和热情。

　　（2）解决问题环节：在学生分析解决问题的活动过程给予引导性、提示性、鼓励性等评价，如在学生学习搏击健美操理论知识时，进行肯定性和引导性评价；如学生学练搏击健美操动作时，进行引导性评价，深入认识；如创编搏击健美操成套时进行提示性评价，通过情境设置不断将学生的体验引向深入，充分发挥该环节的激励与引导功能。

　　（3）反思提升环节：与学生一起对解决问题的过程进行反思，在激励性的学科化评价基础之上进行结构化的提升，加深对本课的知识内容、思想方法、价值观念等认识，力求发挥此环节评价的体验积淀功能。

　　（4）评价反馈环节：设计题目"创编搏击健美操"，可以针对学生对这一任务的完成情况进行检测分析，形成体验性目标达成情况的评价并反馈给学生，凸显该环节评价的体验强化功能。

二、教学实施设计

【教学环节】 ☞

教学环节	学生活动	教师活动	设计意图	技术融合
提出问题	观看搏击健美操视频，归纳概括搏击健美操的特点、创编原理	创设情境，引导学生产生学习兴趣，提出核心问题	引导学生融入问题情境，思维和心理介入课堂	多媒体
解决问题	复习搏击健美操成套动作，添加成套队形和层次	1. 巡视各组练习情况，分别进行指导、纠错。 2. 提醒学生注意安全	引导学生思考如何制定、实施搏击健美操创编及体验成功实施的方法	多媒体
反思提升	丰富开场造型动作、完善成套结束动作	1. 巡视各组练习情况，分别进行指导、纠错。 2. 提醒学生注意安全	检验制订搏击健美操创编成套的合理性，及时调整改进	多媒体
评价反馈	搏击健美操小组展示、总结和评价	1. 场外指导。 2. 点评	理论指导实践，加深学生对知识的理解和运用，产生继续探究兴趣，促进课后的练习	多媒体

【板书设计】 ☞

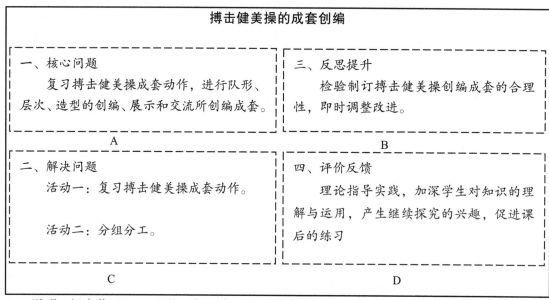

说明：板书依"A—D"的逻辑顺序生成，其中的具体内容依课堂教学推进情况现场生成。

【教学流程】 ☞

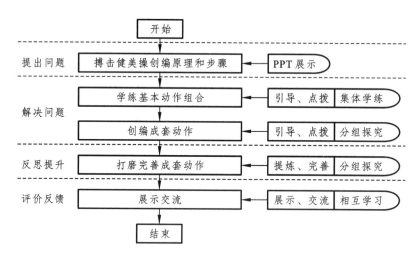

【作业布置】 ☞

课时作业的结构化设计：

作业序号	作业目标	作业情境		概念结论		思想方法		价值观念		整体评估	
		内容	类型	内容	水平	内容	水平	内容	水平	内容	水平
1	掌握搏击健美操的创编原理和创编步骤	学练搏击健美操	简单	搏击健美操创编原理、创编步骤	中	归纳概括、分析（从部分到整体）	中	搏击健美操审美观	中	基础性作业	中

作业序号	作业目标	作业情境		概念结论		思想方法		价值观念		整体评估	
		内容	类型	内容	水平	内容	水平	内容	水平	内容	水平
2	搏击健美操成套动作学练和创编	创编搏击健美操	一般	提升开场造型、结束造型、队形层次变化	高	示范教学、分组教学（从单个到组合、从组合到成套、从个体到集体）	中	组合动作的审美观、组合动作的创造性、小组团结协作精神、组与组之间的互相帮助精神	中	综合性作业	中
3	分组展示交流点评	展示与交流搏击健美操	复杂	表现力点评分析	高	分组展示、交流点评（从创作者到点评者、从学生到裁判）	高	发现问题的意识、解决问题的能力、点评成套的语言组织能力	高	实践性作业	高
课时作业总体评估	课时作业包含了基础性作业、综合性作业和实践性作业，在难度不断提高，循序渐进中，让学生了解、体验，并探究如何一步步运用已获得的知识和创新能力来解决核心问题，培养其学科素养										

（具体的作业内容略）

三、教学评价设计

【教学评价】☞

大概念的核心问题教学文化评价表

课时名称：搏击健美操的成套创编。

所属单元：健身健美操—搏击健美操。

单元大概念：搏击健美操。

单元核心问题：创编搏击健美操成套动作，展示和评价成套动作。

课时大概念：搏击健美操的成套创编。

课时核心问题：研究成套搏击健美操的特点、创编原则、创编步骤，进行分组分工。

评价目标	评价指标				评价 方法结果
	一级指标	二级指标	三级指标		
实现活动体验中的学习与素养发展	具有大概念核心问题教学形态	核心问题利于活动体验	内含学科问题和学生活动方式	8	每项指标最高评8分（满分为96分）
			问题情境与真实生活密切相关	8	
			能引发大概念、新知新法生成	7	
		教学目标价值引导恰当	两类目标正确全面	7	
			关联体验目标恰当	7	
			目标价值引导显现	7	
		教学环节完整合理落实	教学环节清晰完整	8	
			环节内容合理充实	7	
			学生活动时间充分	8	
		教学要素相互匹配促进	问题目标环节两两匹配	8	
			技术促进活动形式内容	7	
			素养导向突出氛围浓郁	7	合计 <u>89</u> 分
	具有大概念核心问题教学特质	拓展学习视野	课堂与现实世界有恰当关联		选择一个表现突出的二级指标，在相应三级指标引导下，以现场学生表现为主要依据，以其余指标为背景，于本表的第二页写出 150 字以上的简要评价
			有基于缄默知识的问题解决		
			有缄默知识运用的追踪剖析		
			知识运用剖析导向素养发展		
		投入实践活动	有真实而且完整的实践活动		
			实践活动深度融入两类情境		
			能够全身心地浸渍于活动中		
			活动的内容结果均丰富深入		
		感受意义关联	有核心问题的深层意义感受		
			有以知识为中心的关联感受		
			有以个人为中心的关联感受		
			有对三类大概念的关联感受		
		自觉反思体验	有实质性反思活动的开展		
			有课堂新因素的追踪利用		
			有体验的交流与改善重构		
			有概念生成中的素养发展		
		乐于对话分享	乐于自我表达与认真倾听		
			乐于合作中成果与思路的分享		
			乐于成果交流中深层意义分享		
			有宽容的对话氛围和双向交流		
		认同素养评价	认可素养评价		
			参与素养评价		
			利用素养评价		

大概念核心问题教学特质的简要评价（包括发展性建议）：

该课程按照"核心大概念"模式进行设计，采用"核心问题"的教学方法，以"问题"为引领，驱动学生深度探究搏击健美操的成套创编，通过讨论探究、集体练习、合作创编实践、表演展示四个环节，引导同学们主动思考、积极制定搏击健美操创编的方案，最后在实战中进行检验。根据课堂反馈，整体效果良好，大多数的同学都能创编出较为合理的搏击健美操成套动作，并进行小组展示和交流评价，而本节课的设计意图和目的并非让学生简单地完成教学内容和目标，而是通过引导学生创编搏击健美操成套动作，让学生在体育运动中能有更多的思维、心理的介入，让同学们在以后的健身、娱乐、比赛中能具有一定的设计意识，感悟情绪、人际关系、团队合作、规则意识的影响和意义

【反馈调整】☞

大概念的核心问题教学素养目标点检测表

课时名称	搏击健美操的成套创编		
所属单元	健身健美操—搏击健美操		
单元大概念	搏击健美操的成套创编		
单元核心问题	研究成套搏击健美操的特点和创编原则，进行创编、展示和交流所创编成套		
课时大概念	成套创编		
课时核心问题	创编搏击健美操组合动作		
课时素养目标	结果性目标：通过创编搏击健美操组合动作，使85%的同学能够理解搏击健美操的创编原理和创编步骤，75%的同学能够掌握搏击健美操的创编原理和创编步骤，40%的同学能在成套创编实践中运用。 体验性目标：（1）体验团队协作和搏击健美操创编的关联；（2）体验合理应用资源和搏击健美操创编的关联		
检测点	制订搏击健美操创编的合理性；在实践中运用		
检测工具	判定搏击健美操的成套创编是否具有审美性，队形层次变化是否丰富		
分类标准	A. 搏击健美操的成套创编方案科学合理，队形层次变化丰富，具有审美性，并且在实施过程中善于团队协作 B. 搏击健美操的成套创编方案较为合理，队形层次变化一般，具有一定的审美性，并且在实施过程中善于团队协作 C. 搏击健美操的成套创编方案较为合理，缺少队形层次变化，具有一定的审美性 D. 搏击健美操的成套创编方案不合理，基本没有队形层次变化		
检测统计	分类等级	学生人数	百分比（总人数43人）
	A	26	60.47%
	B	12	27.91%
	C	5	11.62%
	D	0	0%

检测分析结果运用	根据目标点检测表可以分析出，大部分同学能够创编出具有审美性的搏击健美操组合动作。但是还有部分同学由于搏击健美操的成套创编方案设计得还不是特别合理，由于自身基础的原因，并没有很好得运用出来，还需要在课后继续地进行练习
素养目标达成典型实例	A 组的同学由于之前接触搏击健美操较少，在合理创编搏击健美操成套的时候存在困难，于是老师对该组同学进行辅导。引导同学们继续分析搏击健美操的视频，理解掌握创编原理和创编步骤，让同学进行研究思考并进行演练，最终该组同学顺利创编出搏击健美操成套，并进行了展示和点评
检测反馈	在课后，教师根据学科核心素养发放了 43 份调查问卷，从运动能力、健康行为、体育品德等方面入手调查本节课同学们教学目标和内容完成的情况，从收集的资料来看，整体完成度较好，同学们在运动能力、健康行为、体育品德三个方面都有一定的提升，而且体验到了搏击健美操创编的趣味性，理解了情绪、人际关系、团队合作的重要意义

"篮球进攻战术基础配合"单元教学

"篮球掩护配合"
大概念的核心·问题教学单元规划纲要

学科　__体育__　教师　__周智__

年级	高二		单元名称		篮球掩护配合	单元课时	5课时
单元内容	教材内容	一、篮球模块2 　　体育与健康课程是全体高中学生的必修课程，体育与健康课程的内容包括必修必学和必修选学两个部分。必修必学内容是对全体学生学习体育与健康课程的共同要求，包括体能和健康教育2个模块；必修选学内容是学生根据自身实际进行选择性学习的内容，包括球类运动、田径类运动、体操类运动、水上或冰雪类运动、武术与民族民间传统体育类运动和新兴体育类运动6个运动技能系列。其中球类运动包括：足球、篮球、排球、乒乓球、羽毛球5个学习内容。 　　2019版普通高中教科书《体育与健康》必修全一册将篮球分为6个模块的教学内容，包括移动、反弹传球、单手肩上传球、体前变向换手运球、原地单手肩上投篮、传切配合、掩护配合、穿过配合、关门配合、半场三对三对抗赛，结合所学技战术介绍有关竞赛规则2个模块；同侧步持球突破、交叉步持球突破、行进间单手低手投篮、快攻与防守快攻、半场人盯人防守与进攻半场人盯人防守、半场五对五对抗赛，结合所学技战术介绍有关竞赛规则2个模块；跳起单手肩上投篮、配合及对抗中的投篮练习、区域联防与进攻区域联防、全场五对五对抗赛，结合所学技战术介绍有关竞赛规则2个模块。 　　篮球掩护配合是篮球模块2基础战术配合中的内容，为了让学生在实战中有深度的体验，通过在3vs3(三对三)的比赛中探究掩护配合的运用和破解方法，落实"教会、勤学、常赛"的要求，让学生真正地掌握某项运动技能，提升学科核心素养。 　　二、单元内容 　　掩护配合是篮球基础攻防战术中的一个小单元，该单元的学习内容分别是：掩护配合的健康知识和运动安全、掩护配合相关的技能练习，掩护配合战术的学练及运用、探究破解掩护配合的方法，掩护配合相关的篮球裁判法学习、掩护配合在实战中的运用。由于本单元是关于战术的学习，且多数情况是在实战的境遇中开展练习，因此对学生的运动、思维、心理品质的要求较高。身体运动方面，主要是篮球基本技能，包括运球、传球、投篮及正确的防守动作和防守意识；思维灵动方面，体现在学生需要观察场上瞬息万变的情况，除了要分析、判断并做出反应，还需要选择合适的技战术开展进攻和防守。心理活动方面，由于篮球是团体项目，需要每个球员在比赛时能够胜任自己的运动角色，团结合作，能够在球场上处理好人际关系，共同地克服不利局面，取得比赛的胜利。即使最终比赛失利，也能正视胜负，调整情绪，积极面对，提升抗挫折能力

单元内容	课标内容	一、课标要求
		参照普通高中《体育与健康课程标准（2017年版 2020年修订）》，参考义务教育《体育与健康课程标准（2022年版）》中对本单元及各课时教学的要求。 1. 基础知识与基本技能 学练变向/变速运球、接球、发球、跳投、防守、抢篮板球等基本动作技术，突破上篮、行进间运球上篮、接球上篮等组合动作技术和多种战术配合；理解篮球动作技术的基本原理和篮球运动的文化，制订并实施篮球学练计划。 2. 技战术运用 在篮球对抗练习中灵活运用传球、运球、投篮等基本动作技术和组合动作技术，以及学习传切配合、掩护等攻防战术。 3. 体能 在篮球运动中提高体能水平，如通过折返跑、摸篮板练习提高下肢爆发力等。 4. 展示或比赛 积极参加班级篮球3vs3、5vs5比赛，在比赛中正确并熟练运用所学篮球技术，与同伴完成战术配合。 5. 规则与裁判方法 理解篮球运动的比赛规则和裁判方法，并在比赛中运用，能承担班级内比赛的裁判工作。 6. 观赏与评价 关注篮球重要比赛的相关信息，提高对篮球运动项目的认知，能对某场高水平的篮球比赛进行分析与评价。 二、课标解读 1. 基础知识与基本技能 在单元的学习中需要学练篮球的基本动作技术、组合动作技术以及多种战术配合，在篮球实战比赛中个人技术和团队的战术是同时出现的，在学习的过程不能把单独的个人技术和团队的战术过多地割裂开来。通过篮球理论知识的学习，理解篮球动作技术的基本原理和篮球运动的文化，制订并实施篮球学练计划，有助于学生对篮球基础知识和基本技能的理解和掌握。 2. 技战术运用 在篮球对抗和实战中，发展综合的个人基本动作技术和组合动作技术，以及团队攻防基础配合战术。 3. 体能 通过加强篮球专项的体能练习，保障篮球练习和实战中个人技能、团队配合的稳定发挥。 4. 展示或比赛 通过积极参与篮球比赛，在比赛中提升个人和团队的实战能力。 5. 规则与裁判方法 学习篮球运动的比赛规则和裁判方法，在比赛中合理运用规则，为团队获利、避免违反规则情况出现，造成失利。同时，可以承担班级内的裁判工作。 6. 观赏与评价 在观赏篮球比赛的同时，提升对篮球的认知，在观看的过程中感受篮球的魅力，并能对队员技术发挥、球队战术配合及胜负因素提出个人见解，在与他人的交流讨论中得出客观的评价。 三、课时教学要求 1. 建立战术概念，掌握战术方法 建立完整的战术概念，明确战术的特点、运用的目的、攻守之间的关系。掌握局部战术配合的方法

单元内容	课标内容	2. 提高攻守转化和运用战术的能力 提高战术分析能力，能够合理选择并运用战术，团结合作、胜任运动角色，快速进行攻防转换。 3. 体能 不断提升篮球专项体能，保障个人技术和团队战术的稳定发挥。 4. 规则运用 熟悉篮球规则，合理运用规则，可以胜任裁判工作
基础条件	资源基础	场地：提供开展篮球教学的必需场地，进行深度的体验练习。 教材及学案：提供核心问题教学各环节中自主探究与生成的环节与思维空间。 音响：营造氛围，提升参与兴趣。 信息技术融合：使用摄像设备，便于记录教学过程，观察、评价学习情况
	学生基础	从概念结论来看：学生对篮球的掩护配合有一定的了解，部分学生能够较为熟练地运用个人技术或团队配合在篮球比赛中得分并基本了解篮球规则，如走步、挡拆犯规等。通过基础技能和战术的学习，可以在篮球实战比赛中深度领会相关知识的重要涵义。 从思想方法来看：高中学生具备一定的研究素养，通过分析和推理某一技战术，能够获得相关的学习方法并进行练习，获取知识技能。学生有较好的感知、观察力，思维具有独立性、批判性，可以对相关技能和战术进行分析、评价。 从价值观念来看：学生意志品质、团队合作能力较好，能够进行探究性的学习。兴趣更加广泛并逐步稳定，能够在练习中享受乐趣，愿意参与集体项目，愿意结交朋友、分享运动的快乐。 综上，学生在以前的学习和生活中，对相关的小概念有一些比较正确的认识，在学习中初步形成了正确的技术、战术观念，初步掌握了一些战术思想方法，如传切、掩护配合等，经过本单元的学习，相关技术和战术概念还会进一步得到加强

单元大概念及下层结构	单元大概念：篮球掩护配合。 特征化表达：通过观察、分析双方球队、球员特征，选择制定合理的掩护配合方案并进行实施，在实施的过程中能够胜任角色，团结合作，有效地实施战术要求。 概念结论：掩护配合技战术要领。 特征化表达：在掩护配合运用过程中，掩护配合的个人技术和团队战术的实施需要掌握的要领。 思想方法：赛场观察和分析、实战境遇中基础技术选择运用、实战境遇中战术选择运用等。 特征化表达：制定掩护配合方案，观察赛场状况，选择运用技战术进攻在实施过程中遇到问题时，及时停下来复盘，探究合理的掩护配合实施方案。 价值观念：团队精神、合作意识、角色胜任、意志品质、规则意识等。 特征化表达：在学练的过程中培养团队合作精神和意识，能胜任运动角色，通过坚强的意志品质在遵守规则的情况下完成比赛

课时	课时大概念		概念结论 （小概念）	思想方法	价值观念
	简约化表达	特征化表达			
1	裁判规则和运动安全	在实战中运用掩护配合时相关的裁判知识，掌握掩护配合时保护自己安全的方法	裁判规则与运动安全	掌握掩护配合裁判知识和分析、判定犯规行为	学习裁判和运动安全知识，提升健康的行为和体育品德

单元	课时	课时大概念		概念结论（小概念）	思想方法	价值观念
		简约化表达	特征化表达			
单元大概念及下层结构	2	掩护配合专项技能	执行掩护配合时需要的基础技能，如突、传、投以及防守掩护配合时的基本要领	掩护配合实施时的个人运动技术和防守技术	赛场观察和分析能力以及基础技术选择运用	执行战术要求，胜任运动角色，默契配合，团结合作
	3	掩护配合的实战演练	掩护配合是队员利用身体合理挡住防守同伴的对手的移动路线，使同伴得以摆脱对手，获得进攻机会的配合方法	掩护配合实施方法	赛场观察和分析能力以及攻防战术选择运用	在比赛中，遵守裁判规则、团结合作，胜任运动角色，执行战术要求
	4	探究防守掩护配合的方法	当对方在威胁较大的区域通过掩护配合进攻时，防守队员可采用穿过配合、挤过、换防等破坏对方进攻	防守掩护配合的方法	根据比赛状况，选择防守战术进行防守	遵守裁判规则、团结合作，执行战术要求
	5	掩护配合在实战中的运用	在 3vs3、5vs5 比赛中运用掩护配合进攻	掩护配合实战运用	根据比赛状况，选择战术进行进攻和防守	在比赛中，遵守裁判规则、团结合作，顽强拼搏，努力赢取比赛
单元教学目标		在模拟实战的境遇中参与掩护配合的学练，学会制定和实施掩护战术，基本掌握篮球掩护技战术，能够运用掩护战术参加篮球比赛，了解篮球比赛中的"掩护"规则并能在比赛中合理运用。 积极参加篮球掩护战术的学习，有参与热情，能够在运动前进行有效热身，运动后积极放松，懂得在运动中预防伤害、保护自己和队员，能正确对待篮球比赛的胜负，有效调控情绪，能正确处理篮球比赛中的各种人际关系，能够较快适应比赛环境。 在练习和比赛中能表现出积极进取、顽强拼搏的良好品质，在比赛中能遵守比赛规则，尊重裁判，尊重对手，比赛中诚实守信，具有公平竞争的意识和行为，能胜任自己在篮球比赛中的运动角色，比赛中能够团结队友，相互鼓励，积极补位，能够表现出负责任、敢担当、善担当的特质。 提升战术选择、制定、实施以及灵活变通、合理使用的能力				
单元核心问题及问题分解		在模拟实战中，学练掩护配合，探究在比赛中成功运用的方法。 通过模拟实战情境，进行掩护配合的探究性学习，学生在 3vs3、5vs5 的实战境遇中深度体验，体验制定的进攻和防守战术和实际中运用的关联，体验掩护配合和其他战术融合运用的关联，通过这些深度的体验，探究掩护配合在比赛中成功运用的方法，建立起技能、思维、心理之间的关联，构建身体运动、思维灵动、心理活动的循环往复、螺旋上升体系，促进学生知识、技能在实际场景中的运用				
课时划分	课时	课时名称		课时核心问题		
	第一课时	掩护配合相关裁判知识及运动安全		模拟实战，探讨掩护配合相关的裁判知识及需要注意的运动安全		
	第二课时	探究掩护配合的专项技能及其练习方法		模拟实战，探究掩护配合专项技能的练习方法		

	课时	课时名称	课时核心问题
课时 划分	第三课时	实战境遇中掩护配合探究性学习	在 3vs3 实战境遇中，探究掩护配合运用的条件和方法
	第四课时	实战境遇中掩护配合防守探究性学习	在 3vs3 实战境遇中，探究破解掩护配合的方法。
	第五课时	实战比赛中掩护配合的深度体验	在实战比赛中深度体验掩护配合

教学 评价	从单元大概念的概念结论、思想方法和价值观念三方面进行评价。 　　概念结论：聚焦单元核心素养目标，以本单元需掌握的技战术要点进行评价分析。主要通过学生在实战比赛中的具体表现，展现出的对技战术掌握情况进行评价，以及通过学生对比赛规则运动安全的掌握情况进行评价，促进学生对相关知识的理解和运用。 　　思想方法：对学生实战情境中技战术的选择运用，研究分析球队球员个人能力和战术特点的制定战术思想，对不同情境下的战术调整进行评价，促进学生通过深度的体验，引导思维深度介入运动当中，提高运动球商。 　　价值观念：实战中的篮球规则理解、技能发挥水平，团队配合，运动角色胜任情况、比赛中人际关系处理、是否有顽强拼搏的良好品质，是否诚实守信、是否有公平竞争的意识和行为等进行综合分析、评价，促进学生通过实战比赛，体验运动中的健康行为和体育品德，促进学科核心素养发展

	作业类型	作业目标	作业内容	作业情境	概念结论	思想方法	价值观念
单元 作业	基础性作业	战术学习与演练	制订篮球战术	在 3vs3 篮球实战情境中进行演练	篮球战术	技战术选择	合作
	综合性作业	尝试运用制定的战术	制订篮球战术并进行演练	在 3vs3 篮球实战情境中尝试运用	篮球战术	技战术选择与运用	合作，角色胜任
	实践性作用	战术运用	运用制定的战术进行比赛	在 5vs5 篮球实战中运用战术	篮球战术、裁判规则	技战术选择与运用	合作，角色胜任，意志品质
	单元作业总体评估	通过分别制定简单到复杂的战术，选择与运用从单一到多元的战术，建立在篮球比赛或日常运动中的篮球战术意识，提升练习兴趣，促进学生篮球水平从表层走向深层，从粗浅体验到深度体验，从而发展学生学科核心素养					

反馈 调整	评价反馈的目的：促进学生相关技战术能力改善、促进相关素养的发展。 　　1. 针对学生 　　对学生在学习中表现出的运动技能、健康行为、体育品德进行评价反馈，实时作出调整改进，以促进学生更好地在体验中学习与发展。 　　2. 针对教师 　　课堂上的教学多以行为观察与对话交流的方式进行，通过讲解、示范、纠错对学生技能进行改善；课后学习以素养发展为目标，布置有针对性的体育作业。 　　评价反馈的时机：对于概念结论类大概念的生成、理解与运用，主要采用及时性评价，以促进学生对运动技能的理解和掌握；对于思想方法类大概念的生成、理解与运用，针对不同情况综合采用及时性评价与延迟性评价，以促进学生对技战术能力的掌握，在具体情境中获得深度体验的基础上生成、理解、运用与发展；对于价值观念类大概念的生成、理解与运用，主要采用延迟性评价为主、辅以及时性评价，以促进学生的人生观、价值观等在深度的缄默体验基础上，获得显性反馈，进入更深层的缄默状态，进而使运动观念在缄默与显性的相互转化中得以激活、生长、理解、运用，在不同情境的反复强化中不断发展

"篮球掩护配合"学教案

周智

一、教学分析设计

【教材课标分析】☞

本节课教材选自 2019 人教版普通高中教科书《体育与健康》必修全一册第八章第二节——篮球。2019 版普通高中教科书《体育与健康》必修全一册将篮球分为 6 个模块的教学内容，包括移动、反弹传球、单手肩上传球、体前变向换手运球、原地单手肩上投篮、传切配合、掩护配合、穿过配合、关门配合、半场三对三对抗赛，结合所学技战术介绍有关竞赛规则 2 个模块；同侧步持球突破、交叉步持球突破、行进间单手低手投篮、快攻与防守快攻、半场人盯人防守与进攻半场人盯人防守、半场五对五对抗赛，结合所学技战术介绍有关竞赛规则 2 个模块；跳起单手肩上投篮、配合及对抗中的投篮练习、区域联防与进攻区域联防、全场五对五对抗赛，结合所学技战术介绍有关竞赛规则 2 个模块。

篮球掩护配合是篮球模板 2 基础战术配合中的内容。根据学生具体学习情况，我们将掩护配合作为篮球基础攻防战术中的一个小单元，该单元的学习内容设置为：裁判规则和运动安全，掩护配合相关的专项技能练习，掩护配合战术的学练及运用、掩护配合的防守方法，掩护配合的实战运用。由于本单元是战术的学习，且多数情况是在实战中开展练习，因此对学生的运动、思维、心理品质的要求较高。身体运动方面，主要是篮球基本技能，包括运球、传球、投篮及正确的防守动作和防守意识；思维灵动方面，体现在学生需要观察赛场上瞬息万变的情况，分析、判断并做出反应，还需要选择合适的技战术开展进攻和防守；心理活动方面，由于篮球是团体项目，就需要在比赛时能够胜任自己的运动角色，团结合作，在球场能够处理好人际关系，共同地克服不利局面，取得比赛的胜利。即使最终比赛失利，也能正视胜负，调整情绪，积极面对，提升抗挫折能力。为了让学生在实战的境遇中有深度的体验，本节课通过在 3vs3、5vs5 的比赛中探究掩护配合的运用和破解方法，落实"教会、勤学、常赛"的要求，让学生真正地掌握某项运动技能，提升学科核心素养。

【课时大概念】☞

为将《普通高中课程方案（2017 年版 2020 年修订）》中"以大概念为核心，使课程内容结构化"落到实处，更好发挥学科育人功能，在认真钻研课标和教材的基础上，从概念结论、思想方法、价值观念三个视角挖掘出如下的课时大概念。

课时核心大概念	简约化表达：掩护配合的实战演练				
	特征化表达：在实战境遇中，选择并制定合理的掩护配合战术，在实施中探究其成功的方法				
概念结论		思想方法		价值观念	
简约化表达	特征化表达	简约化表达	特征化表达	简约化表达	特征化表达
掩护配合	掩护配合是队员利用身体合理挡住防守同伴的对手的移动路线，使同伴得以摆脱对手，获得进攻机会的配合方法	掩护配合的选择与运用	制订掩护配合实施方案，观察和分析赛场局势，在合适的时机选择掩护配合进攻，当在实施过程中遇到困难时，及时叫停复盘，调整、探究战术的合理性	团队合作、角色、情绪调控	在比赛中，遵守裁判规则、团结合作，胜任运动角色，执行战术要求，顽强拼搏，调控情绪，提升抗挫折能力

【资源条件】☞

（1）传统教学媒体：战术板（制定掩护配合战术）。

（2）现代教学媒体：平板（搜集查看掩护配合视频，模仿练习）。

（3）多媒体：音响、摄像机（录播课堂情况并课后进行反思）。

【学生基础】☞

从概念结论来看：学生对篮球战术有初步认识，知道篮球战术中的掩护配合的目的、作用和意义，清楚利用掩护配合可以帮助队友和球队获利。

从思想方法来看：这一时期的学生思维能力和智力水平接近成年人，能够观察赛场形势、进行分析、做出反应，选择适合的运动技术和适合的篮球战术在比赛中运用。

从价值观念来看：学生具有较好的合作意识和意志品质，在比赛中能够克服身体和心理上的困难，顽强拼搏。

综上，学生在概念结论、思想方法、价值观念等方面具备了进行篮球掩护配合学习的条件，但是在实战中运用掩护进攻时还存在困难，为使学生能在体验、深度体验中突破难点，将"研制并演练掩护配合，探究成功实施的方法"拟定为本节课核心问题中的学生活动。

【教学目标】☞

学生研制掩护配合实施方案，在实战中进行演练并选择合适的时机运用掩护配合进攻，从而深度体验掩护配合实施成功的方法，建立在未来篮球比赛中需要的战术意识；在比赛中能遵守比赛规则，尊重裁判，尊重对手，表现出积极进取、顽强拼搏的良好品质，能胜任自己在篮球比赛中的运动角色，团结队友，积极调控情绪，提升自己正确对待比赛输赢的认知能力。

【核心问题】☞

研制并演练掩护配合，探究成功实施的方法。

内容主旨：模拟 3vs3、5vs5 实战中，在解决问题环节，学生通过思维活动制定掩护配合实施战术，进行演练并尝试运用，探究成功的方法；在反思提升环节，通过加强对掩护配合的防守，引导学生进行深度的体验和思考，探究提升掩护配合成功率的方法；在评价反馈环节，通过实战比赛巩固技战术要领，建立合作意识和战术思维。

【评价预设】 ☞

1. 提出问题环节

提出核心问题，引起学生的练习兴趣，引导学生积极思考。

2. 解决问题环节

（1）对掩护配合理解掌握较好的同学进行积极评价，引导小组其他队员模仿学习。

（2）对制定和实施掩护配合较好的小组进行积极评价，点评做得好的地方和不足之处；对未能很好实施掩护配合的小组进行诊断性评价，鼓励其深度思考，努力克服困难。

3. 反思提升环节

（1）对很好地执行战术要求的小组，进行班级展示，引导其他小组学习、效仿。

（2）对不能很好执行掩护配合，通过提问方式，引导学生深度思考、体验，进一步归纳技术动作要领，对同学们积极回答给予积极回应。

（3）对掩护配合和其他进攻战术融合较好的小组进行表扬并邀请展示，从而引导同学们思考如何进一步提升掩护配合成功率，对同学们认真思考后的结论给予肯定。

4. 评价反馈环节

在篮球 5vs5 比赛后，进行综合性评价，对比赛中同学们表现出的健康行为和体育品德进行鼓励、表扬。

二、教学实施设计

【教学环节】 ☞

教学环节	学生活动	教师活动	设计意图	技术融合
提出问题 （2分钟）	1. 提出本次课的核心问题。 2. 篮球热身活动	创设情境，引导学生产生学习兴趣，提出核心问题	引导学生融入问题情境，将思维和心理介入课堂	多媒体
解决问题 （15分钟）	在 3vs3 实战情境中，研制并演练掩护，探究成功的方法	1. 巡视各组练习情况，了解掩护配合实施方案，分别进行指导、纠错。 2. 提醒学生注意安全	引导学生思考：如何制定、实施掩护配合	多媒体
反思提升 （10分钟）	1. 小组讲解、展示制订的掩护配合方案。 2. 讨论、总结、提炼掩护配合成功实施的方法。 3. 加强防守，在3vs3篮球比赛中运用掩护配合，探究提升成功率的方法。 4. 小组展示、讲解提升掩护配合成功率的方法	1. 请小组进行展示，引导其总结成功实施的方法。 2. 小组指导，引导其思考提升掩护配合成功率的方法。 3. 请小组展示，引导、提炼提升掩护配合成功率的方法	检验制订掩护配合方案的合理性，及时调整改进	多媒体

教学环节	学生活动	教师活动	设计意图	技术融合
评价反馈 （13分钟）	1. 在5vs5篮球比赛中运用篮球战术。 2. 体能训练：折返跑。 3. 总结、放松、评价	1. 比赛场外指导。 2. 引导学生做放松练习。 3. 点评	理论指导实践，加深学生对知识的理解与运用，产生继续探究的兴趣，推进课后的练习	多媒体

【作业设计】 ☞

课时作业的结构化设计：

作业序号	作业目标	作业情境		概念结论		思想方法		价值观念		整体评估	
		内容	水平	内容	水平	内容	水平	内容	水平	内容	水平
1	了解掩护配合相关的裁判知识，能够制定掩护配合战术	模拟实战、学练掩护配合	简单	理解掩护配合实施方法	运动能力水平2	知识选择与运用	健康行为水平1	按照篮球规则开展学习	体育品德水平1	基础性作业	学科核心素养水平2
2	掌握掩护配合基本要领	3vs3实战情境	一般	掌握掩护配合技战术	运动能力水平3	技战术选择与运用	健康行为水平3	运动角色胜任	体育品德水平2	综合性作业	学科核心素养水平3
3	在5vs5比赛中能够运用掩护配合进攻	5vs5实战情境	复杂	掩护配合实战运用	运动能力水平4	技战术选择与运用	健康行为水平3	团结合作	体育品德水平4	实践性作业	学科核心素养水平4
课时作业总体评估	课时作业的布置分为三个层次，按照学生对知识技能掌握的程度，从基本了解、基本掌握和基础运用三个方面进行有针对性的设置，从最简单的制定掩护配合战术到掌握掩护配合基本要领再到能够运用掩护配合进攻，逐步地提升难度，学生可以根据实际情况，选择适合自己的作业进行练习，通过作业的合理设置，促使学生在课余时间强化课堂知识，同时也将课堂中的知识灵活运用到实践中去										

（具体的作业内容略）

【教学流程】 ☞

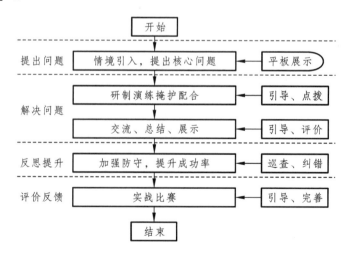

三、教学评价设计

【评价实施】☞

课堂教学从运动技能、健康行为、体育品德三个方面综合考虑采用"核心问题"教学的形式，从提出问题、解决问题、反思提升、评价反馈四个方面入手，将单一的技术动作的学练，融入 3vs3 或 5vs5 的实战中，通过学生自主地进行合作、探究活动，将技术动作和战术思想进行关联，让学生在解决"核心问题"的过程中，身体、思维、心理等层面在实战中都能获得深度的体验，从而获取技能，落实"勤练""常赛"的要求。

【信息搜集】☞

课后收集了学生学科核心素养自评表，积极和听课教师沟通交流，总结经验并认真观看教学录像，深入研究课堂教学成效。

【自我评价】☞

大概念的核心问题教学文化评价表

课时名称：掩护配合在实战中的灵活运用。

所属单元：篮球进攻战术。

单元大概念：篮球战术。

单元核心问题：制订方案，探究篮球进攻战术的灵活运用。

课时大概念：掩护配合。

课时核心问题：在篮球实战情境中，研制并演练掩护配合，探究成功实施的方法。

评价目标	评价指标				评价方法结果
	一级指标	二级指标	三级指标		
实现活动体验中的学习与素养发展	具有大概念核心问题教学形态	核心问题利于活动体验	内含学科问题和学生活动方式	8	每项指标最高评 8 分（满分为 96 分）
			问题情境与真实生活密切相关	8	
			能引发大概念、新知新法生成	7	
		教学目标价值引导恰当	两类目标正确全面	7	
			关联体验目标恰当	7	
			目标价值引导显现	7	
		教学环节完整合理落实	教学环节清晰完整	8	
			环节内容合理充实	7	
			学生活动时间充分	8	合计 89 分

评价目标	评价指标			评价方法结果	
	一级指标	二级指标	三级指标		
实现活动体验中的学习与素养发展	具有大概念核心问题教学形态	教学要素相互匹配促进	问题目标环节两两匹配	8	
			技术促进活动形式内容	7	
			素养导向突出氛围浓郁	7	
	具有大概念核心问题教学特质	拓展学习视野	课堂与现实世界有恰当关联		选择一个表现突出的二级指标,在相应三级指标的引导下,以现场学生表现为主要依据,以其余指标为背景,于本表的第二页写出150字以上的简要评价
			有基于缄默知识的问题解决		
			有缄默知识运用的追踪剖析		
			知识运用剖析导向素养发展		
		投入实践活动	有真实而且完整的实践活动		
			实践活动深度融入两类情境		
			能够全身心地浸渍于活动中		
			活动的内容结果均丰富深入		
		感受意义关联	有核心问题的深层意义感受		
			有以知识为中心的关联感受		
			有以个人为中心的关联感受		
			有对三类大概念的关联感受		
		自觉反思体验	有实质性反思活动的开展		
			有课堂新因素的追踪利用		
			有体验的交流与改善重构		
			有概念生成中的素养发展		
		乐于对话分享	乐于自我表达与认真倾听		
			乐于合作中成果与思路的分享		
			乐于成果交流中深层意义分享		
			有宽容的对话氛围和双向交流		
		认同素养评价	认可素养评价		
			参与素养评价		
			利用素养评价		

大概念核心问题教学特质的简要评价（包括发展性建议）：

该课程按照"核心大概念"模式进行设计，采用"核心问题"的教学方法，以"问题"为引领，创设情境，驱动学生乐于分享交流，深度探究篮球掩护配合如何在实战中灵活运用，通过提出问题、解决问题、反思提升、运用反馈这四个环节，在篮球实战的情境中，引导同学们主动思考、积极制订掩护配合方案并进行演练、运用，最后在实战中进行检验。根据课堂反馈，整体效果良好，大多数的同学都能设计出较为合理的篮球掩护配合方案，并在篮球实战中尝试运用，而本节课的设计意图和目的并非让学生简单地完成教学内容和目标，而是通过引导学生设计掩护配合的方案，让学生在体育运动中能有更多的思维、心理的介入，让同学们在以后的篮球健身、娱乐、比赛中能具有一定的战术设计意识，感悟情绪、人际关系、团队合作、规则意识对篮球运动的影响和意义

【反馈调整】☞

大概念的核心问题教学素养目标点检测表

课时名称	篮球掩护配合在实战中的运用		
所属单元	篮球进攻战术		
单元大概念	篮球战术		
单元核心问题	制订方案，探究篮球进攻战术的灵活运用		
课时大概念	掩护配合		
课时核心问题	在篮球实战情境中，研制并演练掩护配合，探究成功实施的方法		
课时素养目标	结果性目标：通过篮球比赛练习，85%的同学会制定和实施篮球掩护配合战术，75%的同学在比赛中能够遵守篮球规则、尊重对手、调控情绪，40%的同学能在实战比赛中运用掩护配合。 体验性目标：（1）体验情绪调控与篮球比赛的关联；（2）体验合理应用规则与篮球比赛的关联		
检测点	制订掩护配合方案的合理性；掩护配合在实战中的运用情况		
检测工具	在实战比赛中判定是否成功实施了掩护配合		
分类标准	A. 制订的掩护配合方案科学合理，可以在实战中熟练运用，并且能够遵守篮球规则，善于调控情绪 B. 制订的掩护配合方案较为合理，可以在实战中进行运用，能够遵守篮球规则，善于调控情绪 C. 制订的掩护配合方案较为合理，在实战中偶尔可以运用，能够遵守篮球规则 D. 制订的掩护配合方案不合理，在实战中运用不出来		
检测统计	分类等级	学生人数	百分比（总人数40人）
	A	5	12.5%
	B	12	30%
	C	15	37.5%
	D	8	20%

检测分析 结果运用	根据目标点检测表可以分析出，大部分同学能够制订合理的掩护配合方案，在实战中进行运用。但是还有部分同学由于制订的方案还不是特别合理，加上自身基础的原因，并没有很好地运用出来，还需要在课后继续进行练习
素养目标达成 典型实例	D组的同学由于之前接触篮球较少，在合理制订篮球掩护配合方面存在困难，于是老师对该组同学进行辅导。引导同学们继续观看分析篮球掩护配合的视频、理解掩护配合的意义，以及清楚场上队员的运动角色，让同学进行研究思考，通过扮演篮球场上不同的运动角色来进行演练，最终该组同学顺利制订掩护配合方案，并进行了演练和运用
检测反馈	在课后，教师根据学科核心素养发放了40份问卷调查，从运动能力、健康行为、体育品德三方面调查本节课同学们教学目标和内容完成的情况，从收集的资料来看，整体完成度较高，同学们在运动能力、健康行为、体育品德三个方面都有一定的提升，而且理解了战术制订的意义，体验到了情绪、人际关系、团队合作、篮球规则对比赛胜利的重要意义

"传切配合的实战演练"学教案

陆宇祺

一、教学分析设计

【教材分析】☞

本次教学内容选自 2019 人教版普通高中教科书《体育与健康》必修全一册第八章第二节——篮球战术。《普通高中体育与健康课程标准（2017 年版 2020 修订）》将篮球传切设为两个模块，共计 1 个学分，是高中体育学科学习中的必修必学部分。篮球战术模块涵盖阵地战术的基本原理与方法、战术关键点、战术运用及战术重难点的解析。学习篮球战术有助于学生构建战术观念，就学生而言，大多数关于篮球战术的认识仅限于个体及全队的战术策略方面，提升学生的攻守转换能力。本次课程传切配合教学，始终注重对学生战术意识、应变能力、竞争意识、拼搏精神、团队协作精神的培养。

【课标分析】☞

根据《普通高中体育与健康课程标准（2017 年版 2020 修订）》，本课程的标准达成要求如下：深入理解篮球传切配合的基本原理与主要方法；熟练掌握并在实际比赛中运用战术策略，学会根据比赛态势选择适当时机与方式运用战术；构建完整的战术观念，提升攻守转换及综合运用战术的能力，增强战术运用及应变能力。同时，以《普通高中体育与健康课程标准（2017 年版 2020 修订）》为依据，秉持"健康第一"的教育理念，以发展核心素养为导向，强调体育与心理健康教育的融合。在课堂上，关注所有学生，引导学生组建锻炼团队，指导学生协同制定战术及应对策略，促进学生协作能力的提升，逐步培养学生锻炼的习惯及养成健康的生活方式。

基于上述课标内容及指导思想，本课程的关键在于让学生深刻领悟局部战术配合与全队战术配合的关联，并能根据对手所采用的战术制定出有针对性的应对方案。因此，在教学过程中，需注重战术教学与技术教学的融合。在各个战术环节中，对技术应用提出具体要求，以确保战术运用的质量。

【课时大概念】☞

为将《普通高中课程方案（2017 年版 2020 年修订）》中"以大概念为核心，使课程内容结构化"落到实处，更好发挥学科育人功能，在认真钻研课标和教材的基础上，从概念结论、思想方法、价值观念三个视角挖掘出课时大概念如下：

课时核心大概念	简约化表达：传切配合的实战演练
	特征化表达：传切配合是无球队员利用身体合理挡住防守同伴的对手的移动路线使自己或同伴获得进攻机会的配合方法。在运用时需要对场上的实际情况进行分析，提出较为适合的运用时机。在实际比赛中要遵守裁判规则、团结合作，胜任运动角色，执行战术要求

概念结论		思想方法		价值观念	
简约化表达	特征化表达	简约化表达	特征化表达	简约化表达	特征化表达
实施方法	特征化表达：传切配合是无球队员利用身体合理挡住防守同伴的对手的移动路线，再顺势切入，使同伴得以摆脱对手，或自己获得进攻机会的配合方法	比赛中观察、分析传切配合如何运用	通过对场上实际情况的分析，在基于体能状况影响因素的分析基础上，遵循传切配合的实施原则，提出较为适合的运用时机。当在实施过程中遇到困难时，及时叫停复盘，调整、探究战术运用的合理性	体育道德精神	在比赛中，遵守裁判规则，团结合作，胜任运动角色，执行战术要求

【资源分析】☞

（1）传统教学媒体：黑板（展示课堂的推进过程）。

（2）现代教学媒体：PPT 课件（幻灯片主要用于展示情境素材等）。

（3）数字资源的利用：利用国家体质健康数据平台，获取所需数据后开展对比研究，加深学生对体质变化的理解。归纳分析我校近 5 年体质健康状况，做横向和纵向对比。

【学生基础】☞

学生制定传切的配合实施方案，并在实战中进行演练。以恰当的时机来运用传切配合进攻，以深度体验传切配合成功的方法。这样的训练有助于他们建立在未来篮球比赛中的战术意识。此外，在比赛中，学生们必须遵守比赛规则，尊重裁判和对手。他们应该表现出积极进取和顽强拼搏的良好品质，并能够胜任自己在篮球比赛中的运动角色。团结队友，积极调控情绪，并正确处理篮球比赛中的各种人际关系。还能够适应比赛环境，以体验赢取比赛胜利与各种因素之间的关联。

【教学目标】☞

学生研制掩护配合实施方案，在实战中进行演练并选择合适的时机运用掩护配合进攻，从而深度体验掩护配合实施成功的方法，建立在未来篮球比赛中会用到的战术意识；在比赛中能遵守比赛规则，尊重裁判，尊重对手，表现出积极进取、顽强拼搏的良好品质，能胜任自己在篮球比赛中的运动角色，团结队友，积极调控情绪，正确处理篮球比赛中的各种人际关系，适应比赛环境，体验赢取比赛胜利与各因素之间的关联。

【核心问题】☞

研制并演练掩护配合，探究成功实施的方法。

内容主旨：模拟 3vs3、5vs5 实战域中，在解决问题环节，学生通过思维活动制定掩护配合实施战术，进行演练并尝试运用，探究成功的方法；在反思提升环节，通过加强对掩护配合的防守，引导学生进行深度的体验和思考，探究提升掩护配合成功率的方法；在评价反馈环节，通过实战比赛巩固技战术要领，建立合作意识和战术思维。

【评价预设】☞

1. 提出问题环节

提出核心问题，引起学生的练习兴趣，引导学生积极思考。

2. 解决问题环节

（1）对掩护配合理解掌握较好的同学进行积极评价，引导小组其他队员模仿学习。

（2）对制定和实施掩护配合较好的小组进行积极评价，点评做得好的地方和不足之处；对未能很好实施掩护配合的小组进行诊断性评价，鼓励深度思考，努力克服困难。

3. 反思提升环节

（1）对很好地执行战术要求的小组，进行班级展示，引导其他小组学习、效仿。

（2）对不能很好执行掩护配合的小组，通过提问方式，引导学生深度思考、体验，进一步归纳技术动作要领，对同学们积极回答给予积极回应。

（3）对掩护配合和其他进攻战术融合较好的小组进行表扬并邀请展示，从而引导同学们思考进一步提升掩护配合成功率的方法，对同学们认真思考后的结论给予肯定。

4. 评价反馈环节

在篮球 5vs5 比赛后，进行综合性评价，对比赛中同学们表现出的健康行为和体育品德进行鼓励、表扬。

二、教学实施设计

【教学环节】☞

教学环节	学生活动	教师活动	设计意图	技术融合
提出问题	1. 提出本次课的核心问题。 2. 篮球热身活动	创设情境，引导学生产生学习兴趣，提出核心问题	创设情境，引导学生产生学习兴趣，提出核心问题	引导学生融入问题情境，思维和心理介入课堂
解决问题	在 3vs3 实战情境中，研制并演练掩护，探究成功的方法	1. 巡视各组练习情况，了解掩护配合实施方案，分别进行指导、纠错。 2. 提醒学生注意安全	1. 巡视各组练习情况，了解掩护配合实施方案，分别进行指导、纠错。 2. 提醒学生注意安全	引导学生思考，如何制定、实施掩护配合及体验成功实施的方法

教学环节	学生活动	教师活动	设计意图	技术融合
反思提升	1. 小组讲解、展示制定的掩护配合方案。 2. 讨论、总结、提炼掩护配合成功实施的方法。 3. 加强防守，在3vs3篮球比赛中运用掩护配合，探究提升成功率的方法。 4. 小组展示讲解提升掩护配合成功率的方法	1. 请小组进行展示，引导总结成功实施方法。 2. 小组指导，引导思考提升掩护配合成功率的方法。 3. 请小组展示，引导、归纳、总结掩护配合成功率的方法	1. 请小组进行展示，引导总结成功实施方法。 2. 小组指导，引导思考提升掩护配合成功率的方法。 3. 请小组展示，引导、归纳、总结提升掩护配合成功率的方法	检验制订掩护配合方案的合理性，及时调整改进
评价反馈	1. 在5vs5篮球比赛中运用篮球战术。 2. 体能训练：折返跑。 3. 总结、放松、评价	1. 比赛场外指导。 2. 引导学生做放松练习。 3. 点评	1. 比赛场外指导。 2. 引导学生做放松练习。 3. 点评	理论指导实践，加深学生对知识的理解与运用，产生继续探究的兴趣，推进课后练习

【教学流程】☞

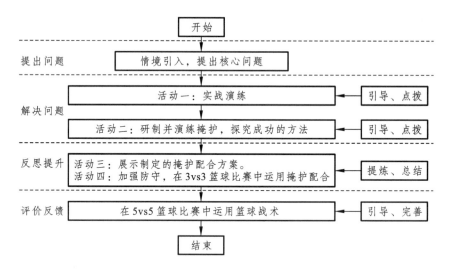

【作业布置】☞

课时作业的结构化设计

作业序号	作业目标	作业情境		概念结论		思想方法		价值观念		整体评估	
		内容	类型	内容	水平	内容	水平	内容	水平	内容	水平
1	了解掩护配合相关裁判知识，能够制定掩护配合战术。	模拟实战学练掩护配合	简单	理解掩护配合实施方法	运动能力水平2	知识选择与运用	健康行为水平1	按照篮球规则开展学习	体育品德水平1	基础性作业	学科核心素养水平2

作业序号	作业目标	作业情境		概念结论		思想方法		价值观念		整体评估	
		内容	类型	内容	水平	内容	水平	内容	水平	内容	水平
2	掌握掩护配合基本要领	3vs3实战情境	一般	掌握掩护配合实战技术	运动能力水平3	技战术选择与运用	健康行为水平3	运动角色胜任	体育品德水平2	综合性作业	学科核心素养水平3
3	在 5vs5 比赛中运用能够运用掩护配合进攻	5vs5实战情境	复杂	掩护配合实战运用	运动能力水平4	技战术选择与运用	健康行为水平3	团结合作	体育品德水平4	实践性作业	学科核心素养水平4

（具体的作业内容略）

三、教学评价反馈

【教学评价】☞

大概念的核心问题教学文化评价表

课时名称：传切配合。
所属单元：篮球进攻战术。
单元大概念：篮球战术。
单元核心问题：在模拟实战中，学练传切配合，探究在比赛中成功运用的方法。
课时大概念：传切配合。
课时核心问题：在篮球实战情境中，制订传切配合方案，演练并尝试传切与其他篮球进攻战术的融合运用。

评价目标	评价指标				评价方法结果
	一级指标	二级指标	三级指标		
实现活动体验中的学习与素养发展	具有大概念核心问题教学形态	核心问题利于活动体验	内含学科问题和学生活动方式	7	每项指标最高评8分(满分为96分)
			问题情境与真实生活密切相关	7	
			能引发大概念、新知新法生成	7	
		教学目标价值引导恰当	两类目标正确全面	7	
			关联体验目标恰当	7	
			目标价值引导显现	7	合计86分

评价目标	评价指标			评价方法结果
	一级指标	二级指标	三级指标	
实现活动体验中的学习与素养发展	具有大概念核心问题教学形态	教学环节完整合理落实	教学环节清晰完整 8	
			环节内容合理充实 8	
			学生活动时间充分 8	
		教学要素相互匹配促进	问题目标环节两两匹配 8	
			技术促进活动形式内容 7	
			素养导向突出氛围浓郁 7	
	具有大概念核心问题教学特质	拓展学习视野	课堂与现实世界有恰当关联	选择一个表现突出的二级指标，在相应三级指标引导下，以现场学生表现为主要依据，以其余指标为背景，于本表的第二页写出150字以上的简要评价
			有基于缄默知识的问题解决	
			有缄默知识运用的追踪剖析	
			知识运用剖析导向素养发展	
		投入实践活动	有真实而且完整的实践活动	
			实践活动深度融入两类情境	
			能够全身心地浸渍于活动中	
			活动的内容结果均丰富深入	
		感受意义关联	有核心问题的深层意义感受	
			有以知识为中心的关联感受	
			有以个人为中心的关联感受	
			有对三类大概念的关联感受	
		自觉反思体验	有实质性反思活动的开展	
			有课堂新因素的追踪利用	
			有体验的交流与改善重构	
			有概念生成中的素养发展	
		乐于对话分享	乐于自我表达与认真倾听	
			乐于合作中成果与思路的分享	
			乐于成果交流中深层意义分享	
			有宽容的对话氛围和双向交流	
		认同素养评价	认可素养评价	
			参与素养评价	
			利用素养评价	

大概念的核心问题教学素养目标点检测表

课时名称	篮球传切配合
所属单元	篮球
单元大概念	篮球战术运用
单元核心问题	通过篮球练习，学会正确评估自己的体能状态，初步掌握篮球运动的技术和战术，学会科学的锻炼方法，促进学生形成运动专长
课时大概念	传切配合的实战演练
课时核心问题	研制并演练掩护配合，探究成功实施的方法
课时素养目标	结果性目标：在实战的境遇中进行演练并选择合适的时机运用掩护配合进攻，从而深度体验掩护配合实施成功的方法。 体验性目标：（1）在比赛中能遵守比赛规则，尊重裁判，尊重对手，表现出积极进取、顽强拼搏的良好品质；（2）能胜任自己在篮球比赛中的运动角色，团结队友，积极调控情绪，（3）正确处理篮球比赛中的各种人际关系，适应比赛环境，体验赢取比赛胜利与各因素之间的关联
检测点	制订传切配合方案的合理性；传切配合在实战中的运用情况
检测工具	在实战比赛中判定是否成功实施传切配合
分类标准	A 制订的传切配合方案科学合理，可以在实战中熟练运用，并且能够遵守篮球规则，善于调控情绪 B 制订的传切配合方案较为合理，可以在实战进行运用，能够遵守篮球规则，善于调控情绪 C 制订的传切配合方案较为合理，在实战中偶尔可以运用，能够遵守篮球规则 D 制订的传切配合方案不合理，在实战运用不出来

检测统计	分类等级	学生人数	百分比（总人数42人）
	A	6	12.5%
	B	16	30%
	C	20	37.5%
	D	11	20%

检测分析结果运用	根据点检测表可以分析出，大部分同学能够制订合理的传切配合方案，在实战中进行运用。但是还有部分同学由于制订的方案还不是特别合理，加上自身基础的原因，并没有很好地运用出来，还需要在课后继续进行练习
素养目标达成典型实例	A组的同学由于之前接触篮球较少，在合理制订篮球传切配合的时候存在困难，于是老师对该组同学进行辅导。引导同学们继续地分析篮球传切配合的视频、理解传切配合的意义，以及场上队员的运动角色，让同学进行研究思考、扮演篮球场上不同的运动角色进行演练，最终该组同学顺利制订传切配合方案，并进行了演练和运用

检测反馈	在课后，教师根据学科核心素养发放了 53 份问卷调查，从运动能力、健康行为、体育品德等方面调查本节课同学们教学目标和内容的完成情况，从收集的资料来看，整体完成度较高，同学们在运动能力、健康行为、体育品德三个方面都有一定的提升，而且理解了战术制定的意义，体验到了情绪、人际关系、团队合作、篮球规则对比赛胜利的重要意义

大概念核心问题教学特质的简要评价（包括发展性建议）：

采用核心大概念的模式，通过核心问题的教学方法进行讲授。本课程以问题为引导，引发学生对篮球传切配合在实战中的灵活运用进行深入探究。课程通过四个环节的设计，即问题提出、问题解决、反思提升和运用反馈，以实战情境为背景，引导学生积极思考并制订传切配合方案，进行实际演练和运用，并在设计过程中乐于沟通并提出自己的意见。经过课堂反馈显示整体效果良好，大多数学生能够设计出合理的篮球传切配合方案，并能在练习中与同学分享。而本节课的设计意图和目的并非仅仅完成教学内容和目标，而是通过引导学生设计运用传切配合的方案以达到让学生在比赛中学会沟通分享的目的

"篮球传切配合"学教案

宋燕妮

一、教学分析设计

【教材课标】☞

本节课教材选自 2019 人教版普通高中教科书《体育与健康》必修全一册第八章第二节——篮球。2019 版普通高中教科书《体育与健康》必修全一册将篮球分为 6 个模块的教学内容，包括移动、反弹传球、单手肩上传球、体前变向换手运球、原地单手肩上投篮、传切配合、掩护配合、穿过配合、关门配合、半场三对三对抗赛，结合所学技战术介绍有关竞赛规则 2 个模块；同侧步持球突破、交叉步持球突破、行进间单手低手投篮、快攻与防守快攻、半场人盯人防守与进攻半场人盯人防守、半场五对五对抗赛，结合所学技战术介绍有关竞赛规则 2 个模块；跳起单手肩上投篮、配合及对抗中的投篮练习、区域联防与进攻区域联防、全场五对五对抗赛，结合所学技战术介绍有关竞赛规则 2 个模块。

篮球传切配合作为篮球模块 2 基础战术配合的重要内容，旨在让学生在实战中深切体验战术运用，通过参与 3vs3 比赛来探究传切配合的运用和破解方法。这一教学安排与"教会、勤学、常赛"的要求相一致，旨在让学生真正掌握某项运动技能，提升学科核心素养。单元内容同样是篮球基础攻防战术中的一个小单元，传切配合涉及了多个方面的学习内容：首先，学生需要掌握传切配合相关的健康知识和运动安全常识。其次，学生需要进行传切配合技能的实践练习，同时学习传切配合战术并能够在实际比赛中灵活运用。最后，还需要思考如何破解对手的传切配合，了解与之相关的篮球裁判规则，并在实战中灵活应用传切配合技巧。由于传切配合属于战术学习的范畴，练习时主要在实战环境中进行，因此对学生的运动能力、思维能力和心理品质提出了较高的要求。在身体运动方面，学生需要掌握篮球的基本技能，包括运球、传球、投篮以及正确的防守动作和防守意识。思维方面的要求则体现在学生需要观察赛场上瞬息万变的情况，进行分析、判断并做出相应的反应。此外，他们还需要选择合适的技战术来进行进攻和防守。心理活动方面，由于篮球是一项团体项目，学生需要在比赛中胜任自己的运动角色，团结合作，处理好与队友之间的关系，在面对不利局面时共同努力，克服困难，争取取得比赛的胜利。即使最终比赛失利，他们也应该正视胜负，调整自己的情绪，积极面对挫折，提升自己的抗挫折能力。

这样一个综合的篮球学习单元要求学生在多个方面进行全面发展，既注重技术的掌握，也强调思维能力和心理素质的培养。通过这样的学习，学生能够在篮球比赛中熟练运用传切配合的战术技巧，为比赛取得好成绩打下坚实的基础。

【大概念】☞

为将《普通高中课程方案（2017年版 2020年修订）》中"以大概念为核心，使课程内容结构化"落到实处，更好发挥学科育人功能，在认真钻研课标和教材的基础上，从概念结论、思想方法、价值观念三个视角挖掘出如下的课时大概念。

课时核心大概念：以实战情境为驱动，通过精准的传球时机与无球切入路线的协同，实现进攻突破。

简约化表达：传切配合的实战演练。

特征化表达：学生学练传切配合战术，掌握传切配合的实施方法，思考在比赛中如何观察、分析传切配合，分小组进行实战比赛，在合适的时机选择运用传切配合进攻，强化学生观察、分析、沟通能力，提升团队合作意识，锻炼学生情绪调控。

概念类别	简略化表达	特征化表达
概念结论	传切配合实施方法	传切配合是指队员之间利用传球和切入技术所组成的简单配合。包括一传一切和空切两种。比赛中一般在对方采用扩大盯人或区域联防时运用
思想方法	比赛中观察、分析传切配合是如何运用的	观察和分析赛场局势，在合适的时机选择传切配合进攻(如纵切、横切、连续传切、纵切与横叉的综合配合等)，当在实施过程中遇到困难时，及时叫停复盘，调整、探究战术运用的合理性
价值概念	团队合作、角色胜任、情绪调控	在比赛中，遵守裁判规则、团结合作，胜任运动角色，执行战术要求，顽强拼搏，调控情绪，提升抗挫折能力

【学生基础】☞

从概念结论来看：学生对篮球战术有初步认识，明确篮球战术中的传切配合的概念、方法、作用和意义，清楚如何运用传切配合进攻并得分。

从思想方法来看：高中学生在学术素养方面展现出相当水平。他们能够通过分析和推理某项技战术，获取相关的学习方法，并运用这些方法进行实践，以获取知识和技能。学生们具备较强的感知和观察力，思维独立且具有批判性，能够对相关技能和战术进行深入的分析和评价。

从价值观念来看：学生的意志品质和团队合作能力表现出色，而且在学习过程中展现出一定的探究性。他们对各个领域的兴趣十分广泛，并且越来越稳定，能够从练习中找到乐趣。更重要的是，他们愿意积极参与集体项目，并通过此过程结交朋友和分享运动的快乐。

学生在过去的学习和日常经历中，已经具备一些对上述概念的正确认知。在学习过程中，学生逐渐确立了合理的技术和战术观念，初步掌握了一些战术思想方法，例如传切、掩护配合等。在本单元的学习中，相关技术和战术的概念将会被进一步深化。

【教学目标】☞

学生前期在比赛中无法很好地运用传切配合战术，通过比赛和研讨传切配合实施方案，能够在实战中进行演练并选择合适的时机运用传切配合进攻，深度体验传切配合实施成功的成就感，养成在比赛中遵守规则，尊重裁判，尊重对手的良好习惯，培养积极进取、顽强拼搏的良好品质。

【核心问题】☞

在模拟实战中学练传切配合，探究在比赛中成功运用传切配合的方法。

经过模拟实战情境，进行传切配合的探究性学习，学生在 3vs3、5vs5 的实战中进行深度体验。通过这样的实践，使学生能够深入了解制定进攻和防守战术以及实际运用中的关联性。同时，他们也能够体验到传切配合和其他战术融合运用的关联性。通过这些广泛而深入的体验，学生们可以探究在比赛中成功运用传切配合的方法。这样的学习方式不仅使学生们建立起技能、思维和心理之间的紧密联系，而且构建了一个身体运动、思维灵活、心理活动相互循环、相互促进的上升模式。最终，这些学习和体验将帮助学生们更好地将所学知识和技能应用于实际场景中。

【评价预设】☞

1. 提出问题环节

提出核心问题，引起学生的练习兴趣，引导学生积极思考。

2. 解决问题环节

（1）对传切配合理解掌握较好的同学进行积极评价，引导小组其他队员模仿学习。

（2）对运用传切配合较好的小组进行积极评价，点评运用较好的地方和不足之处；对未能很好运用传切配合的小组进行诊断性评价，鼓励深度思考，努力克服困难。

3. 反思提升环节

（1）请很好地运用了传切配合战术进行有效进攻的小组进行班级展示，引导其他小组学习。

（2）对不能很好运用传切配合的小组，通过提问方式，引导学生深度思考、体验，进一步归纳技术动作要领，对同学们积极回答给予积极回应。

（3）对传切配合和其他进攻战术融合较好的小组进行表扬并邀请展示，从而引导同学们思考如何进一步提升有效运用传切配合，对同学们认真思考后的结论要给予肯定。

4. 评价反馈环节

（1）在篮球 5vs5 比赛后，进行综合性评价，特别对比赛中同学们表现出的健康行为和体育品德进行鼓励、表扬。

二、教学实施设计

【教学环节】☞

教学环节	学生活动	教师活动	设计意图	技术融合
提出问题（2分钟）	1. 提出本次课的核心问题。 2. 篮球热身活动	创设情境，引导学生产生学习兴趣，提出核心问题	引导学生融入问题情境将思维和心理介入课堂	多媒体
解决问题（15分钟）	在 3vs3 实战情境中，探究并演练传切配合,探究成功的方法	1. 巡视各组练习情况，了解传切配合实施方案，分别进行指导、纠错。 2. 提醒学生注意安全	引导学生思考，如何制定、实施传切配合及体验成功实施的方法	多媒体

教学环节	学生活动	教师活动	设计意图	技术融合
反思提升（10分钟）	1. 小组展示、讲解传切配合的方案 2. 讨论、总结、提炼传切配合成功实施的方法。 3. 加强防守，在3vs3篮球比赛中运用传切配合，探究提升成功率的方法 4. 小组展示和讲解提升传切配合成功率的方法	1. 请小组进行展示，引导小组总结成功实施的方法。 2. 小组指导，引导思考提升传切配合成功率的方法。 3. 请小组展示，引导、提炼提升传切配合成功率的方法	检验制订的传切配合方案的合理性，及时调整改进	多媒体
评价反馈（13分钟）	1. 在5vs5篮球比赛中运用篮球战术。 2. 体能训练：tabata。 3. 总结、放松、评价	1. 比赛场外指导。 2. 引导学生做放松练习。 3. 点评	理论指导实践，加深学生对知识的理解与运用，产生继续探究的兴趣，推进课后的练习	多媒体

【作业布置】☞

课时作业的结构化设计

作业序号	作业目标	作业情境		概念结论		思想方法		价值观念		整体评估	
		内容	水平	内容	水平	内容	水平	内容	水平	内容	水平
1	了解传切配合相关的裁判知识，能够制定传切配合战术	模拟实战学练传切配合	简单	理解传切配合的实施方法	运动能力水平2	知识选择与运用	健康行为水平2	按照篮球规则开展学习	体育品德水平2	基础性作业	学科核心素养水平2
2	掌握传切配合基本要领。	3vs3实战情境	一般	掌握传切配合实技战术	运动能力水平3	技战术选择与运用	健康行为水平3	运动角色胜任	体育品德水平2	综合性作业	学科核心素养水平3
3	在5vs5比赛中能够运用传切配合进攻。	5vs5实战情境	复杂	传切配合实战运用	运动能力水平4	技战术选择与运用	健康行为水平3	团结合作	体育品德水平4	实践性作业	学科核心素养水平4

（具体的作业内容略）

三、教学评价反馈

【教学评价】☞

大概念的核心问题教学文化评价表

课时名称：<u>篮球传切配合的实战演练。</u>
所属单元：<u>篮球进攻战术——篮球传切配合。</u>
单元大概念：<u>篮球传切配合。</u>
单元核心问题：<u>制订方案，探究篮球传切配合的灵活运用。</u>
课时大概念：<u>传切配合。</u>
课时核心问题：<u>学生学练传切配合战术，掌握传切配合的实施方法，思考在比赛中如何观察、分析传切配合，通过分小组进行实战比赛，在合适的时机选择运用传切配合进攻，强化学生观察、分析、沟通能力，提升团队合作意识，锻炼学生情绪调控能力。</u>

评价目标	评价指标				评价方法结果
	一级指标	二级指标	三级指标		
实现活动体验中的学习与素养发展	具有大概念核心问题教学形态	核心问题利于活动体验	内含学科问题和学生活动方式	8	每项指标最高评8分（满分为96分）
			问题情境与真实生活密切相关	8	
			能引发大概念、新知新法生成	7	
		教学目标价值引导恰当	两类目标正确全面	7	
			关联体验目标恰当	8	
			目标价值引导显现	7	
		教学环节完整合理落实	教学环节清晰完整	8	
			环节内容合理充实	8	
			学生活动时间充分	8	
		教学要素相互匹配促进	问题目标环节两两匹配	8	
			技术促进活动形式内容	7	
			素养导向突出氛围浓郁	8	合计92分
	具有大概念核心问题教学特质	拓展学习视野	课堂与现实世界有恰当关联		选择一个表现突出的二级指标，在相应三级指标引导下，以现场学生表现为主要依据，以其余指标为背景，于本表的第二页写出150字以上的简要评价
			有基于缄默知识的问题解决		
			有缄默知识运用的追踪剖析		
			知识运用剖析导向素养发展		
		投入实践活动	有真实而且完整的实践活动		
			实践活动深度融入两类情境		
			能够全身心地浸渍于活动中		
			活动的内容结果均丰富深入		

评价目标	评价指标			评价方法结果
	一级指标	二级指标	三级指标	
实现活动体验中的学习与素养发展	具有大概念核心问题教学特质	感受意义关联	有核心问题的深层意义感受	
			有以知识为中心的关联感受	
			有以个人为中心的关联感受	
			有对三类大概念的关联感受	
		自觉反思体验	有实质性反思活动的开展	
			有课堂新因素的追踪利用	
			有体验的交流与改善重构	
			有概念生成中的素养发展	
		乐于对话分享	乐于自我表达与认真倾听	
			乐于合作中成果与思路的分享	
			乐于成果交流中深层意义分享	
			有宽容的对话氛围和双向交流	
		认同素养评价	认可素养评价	
			参与素养评价	
			利用素养评价	

大概念核心问题教学特质的简要评价（包括发展性建议）：

　　该课程按照"核心大概念"模式进行设计，采用"核心问题"的教学方法，以"问题"为引领，驱动学生深度探究篮球传切配合在实战中的灵活运用，通过提出问题、解决问题、反思提升、运用反馈这四个环节，在篮球实战的情境中，引导同学们主动思考、积极探究传切配合的方法并进行演练、运用，最后在实战中进行检验。通过课堂反馈，整体效果良好，大多数的同学都能探究出各种情况下运用篮球传切配合的方法，并在篮球实战中进行尝试运用，而本节课的设计意图和目的并非让学生简单地完成教学内容和目标，而是通过引导学生设计掩护配合的方案，让学生在体育运动中能有更多的思维、心理的介入，让同学们在以后的篮球健身、娱乐、比赛中能具有一定的战术设计意识，感悟情绪、人际关系、团队合作、规则意识对篮球运动的影响和意义

【反馈调整】☞

大概念的核心问题教学素养目标点检测表

课时名称	篮球传切配合的实战演练
所属单元	篮球进攻战术——篮球传切配合
单元大概念	篮球传切配合
单元核心问题	制订方案，探究篮球传切配合的灵活运用

课时大概念	传切配合		
课时核心问题	学生学练传切配合战术，掌握传切配合的实施方法，思考在比赛中如何观察、分析传切配合，通过分小组进行实战比赛，在合适的时机选择运用传切配合进攻，强化学生观察、分析、沟通能力，提升团队合作意识，锻炼学生情绪调控能力		
课时素养目标	结果性目标：通过篮球比赛练习，85%的同学会制定和实施篮球传切配合战术，75%的同学能够掌握篮球传切配合技战术的要求，40%的同学能在实战比赛中运用。 体验性目标：（1）传切配合与时机选择的关联；（2）体验合理应用规则与篮球比赛的关联		
检测点	传切配合在实战中运用		
检测工具	在实战比赛中判定是否成功实施传切配合		
分类标准	A. 选择运用传切配合技战术科学合理，可以在实战中熟练运用，并且能够遵守篮球规则，善于调控情绪 B. 选择运用传切配合技战术较为合理，可以在实战进行运用，能够遵守篮球规则，善于调控情绪 C. 选择运用传切配合技战术较为合理，在实战偶尔可以运用，能够遵守篮球规则 D. 选择运用传切配合技战术不合理，在实战运用不出来		
检测统计	分类等级	学生人数	百分比（总人数50人）
	A	8	16%
	B	20	40%
	C	17	34%
	D	5	20%
检测分析 结果运用	根据点检测表可以分析得出，大部分同学能够合理地选择运用传切配合，但是还有比较少的同学在运用上面还是存在问题，由于自身篮球基础技术（如运球、传球等技术）不扎实的原因或者比赛中观察、分析判断能力不足，并没有很好地将传切配合运用出来，还需要在课后继续进行练习		
素养目标达成 典型实例	A组的同学由于之前接触篮球较少，在学练篮球传切配合的时候存在困难，于是老师对该组同学进行辅导。引导同学们继续观看分析篮球传切配合的视频、理解传切配合的意义以及场上队员的运动角色，让同学进行研究思考、扮演篮球场上不同的运动角色进行演练，最终该组同学顺利研讨出传切配合方法，并进行了演练和运用		
检测反馈	在课后，教师根据学科核心素养发放了50份问卷调查，从运动能力、健康行为、体育品德等方面调查本节课同学们教学目标和内容完成的情况，从收集的资料来看，整体完成度较高，同学们在运动能力、健康行为、体育品德三个方面都有一定的提升，而且理解了战术制定的意义，体验到了情绪、人际关系、团队合作、篮球规则对比赛胜利的重要意义		

信息篇

"程序设计基础"单元教学

"程序设计基础"大概念的核心·问题
教学单元规划纲要

学科 __信息技术__ 教师 __苏 梅 刘体斌 周大立 宋德洪 杨 洋__

年级	高二	单元名称	程序设计基础	单元课时	10

单元内容	教材内容	本单元属于广东教育出版社出版的《信息技术必修1——数据与计算》的第四章。 在运用计算机解决问题的过程中，为了把求解的问题算法告知计算机，需要有一种能够实现人机交互的语言，这种语言就是计算机程序设计语言。 本章以培养信息素养为目标，以知识技能为载体，以项目学习活动为途径，开展自主、协作、探究学习，让学生掌握 Python 程序设计语言的基本知识，程序的顺序结构、选择结构、循环结构以及在解决实际问题中的应用。从知识的建构、技能的培养、思维发展的角度，促进信息技术学科核心素养的达成。 本章的知识结构图：

程序设计基础

- 程序设计语言的基础知识
  - Python 的常量和变量
  - Python 的数据类型
  - Python 的运算符与表达式
  - Python 的函数
- 运用顺序结构描述问题求解过程
  - 数据的输入与输出
  - 顺序结构的应用
- 运用选择结构描述问题求解过程
  - if 语句的应用
  - if…elif…else 语句的应用
- 运用循环结构描述问题求解过程
  - for 循环的应用
  - while 循环的应用
  - 循环嵌套的应用
  - 循环控制的应用

从教材的编写来看：

教科书结构框架由"数据与信息""数据处理与应用""算法与程序实现"三个部分构成，每个部分由相应的内容要求构建，分为六章，如下图所示。

单元内容	教材内容	本章是教科书的第四章，将带领学生学习"程序基础"的教学内容，也是学习第五章、第六章、选择性必修模块《人工智能初步》的基础知识与技能准备，起承上启下的作用。 从内容的呈现来看： 《普通高中信息技术课程标准（2017年版 2020年修订）》要求学生在学习《数据与计算》时，掌握一种程序设计语言的基本知识，利用程序设计语言实现简单算法，解决实际问题。本单元的内容就是让学生达成这样的目标。本单元共分四个部分：程序设计语言的基础知识、运用顺序结构描述问题求解过程、运用选择结构描述问题求解过程、运用循环结构描述问题求解过程。 本单元的重点在三种程序结构，难点在双分支、多分支、双重循环、while 循环。学生在学习过程中，能够根据问题解决的需要选择相应的结构设计算法，再利用程序设计语言实现算法，解决实际问题
	课程标准	本单元依据《普通高中信息技术课程标准（2017年版 2020年修订）》设计： 【课标要求】 1. 从生活实例出发，运用恰当的描述方法和控制结构表示简单算法； 2. 学会运用计算思维识别与分析问题，抽象、建模与设计系统性解决方案。 【核心素养】 根据不同数据的特征，能选择恰当的方式进行有效的交流（信息意识）。 针对给定的任务进行需求分析，明确需要解决的关键问题（计算思维）。 运用基本算法设计解决问题的方案，运用计算机程序语言或者其他数字化工具实现这一方案（计算思维）。 针对学习任务，选用恰当的数字化学习策略和资源，完成学习任务（数字化学习与创新）。 在信息交流和评价中，尊重不同的信息文化，积极主动地融入信息社会中（信息社会责任）
基础条件	资源基础	1. 多媒体：PPT 主要用于展示学生活动内容，可支持小组学习、交流、展示、评价等活动 2. 网络机房：可支持学生资料查询、在线学习、作品制作、交流、展示 3. 黑板：板书核心问题，板书学生解决问题时交流、分析要点，反思提升要点
	学生基础	高一新生经过小学初中的学习，已经具备一定的信息技术操作能力，对信息技术的理论内容也有一定的基础。对数据、信息等概念有了一定了解，经过第三章的学习，对算法和程序有了理性认识

	单元名称：程序设计基础

单元核心大概念：程序设计，利用"分析问题—算法描述——编写程序——评价优化"这一基本程序设计的流程和方法，来探究学习顺序结构、分支结构、循环结构等程序设计基本知识，进一步学会利用程序设计语言实现简单算法，解决问题。培养形成利用数字化工具解决问题时正确的态度和社会责任。

概念结论类：需求分析、算法描述、顺序结构、选择结构、循环结构、程序设计。

大概念特征化表达：程序设计是用程序语言来正确实现算法，从而达成自动化。程序设计是目前培养计算思维的主要方法。

思想方法类：调查、案例分析、实验、对比分析、归纳反思。

价值观念类：理论联系实际；激发学生的想象力和创造力，培养创新精神，促进学生全面而个性的发展；培养形成利用数字化工具时正确的态度和社会责任。

单元大概念及下层结构	课时名称	课时	课时大概念		课时概念梳理		
			简约化表达	特征化表达	概念结论（小概念）	思想方法	价值观念
	分析问题	1	需求分析	开发人员经过深入细致的调研和分析，准确理解用户和项目的功能、性能、可靠性等具体要求	软件功能	案例分析、调查	理论联系实际
	设计算法	1	算法描述	算法描述是指对设计出的算法，用一种方式进行详细的描述，以便与人交流	模型、算法流程图	实验、归纳反思	激发学生的想象力和创造力，培养创新精神，理论联系实际
	学习并编写程序	7	编写程序	用编程语言设计和实现算法	程序设计语言、顺序结构、选择结构、循环结构	实验建模自动化	理论联系实际
	交流与评价	1	基本流程	计算机解决问题的基本流程是：分析问题、设计算法、编写程序、调试程序	分析问题、设计算法、编写程序、调试程序	对比分析	理论联系实际

单元教学目标	参与设计"成都中考志愿指导"程序的活动，体验程序设计的基本流程（信息意识1、计算思维1，数字化学习与创新1），了解python程序设计语言的基础知识，能够使用程序设计语言实现简单算法，进而促进信息技术学科核心素养的达成（信息意识2、计算思维2，数字化学习与创新2）
单元核心问题及问题分解	核心问题：设计"成都中考志愿指导"程序 问题分解：学生在经历中考志愿填报，以及以后高考志愿填报需求，体验"志愿指导"并设计程序显得尤为必要。同学们经过分析问题→设计算法→学习并编写程序→交流评价等环节，以解决生活实际问题为载体，完整地体验了计算机解决问题的过程。 以设计"成都中考志愿指导"程序这个项目为载体，在"程序设计语言的基础知识"中，首先提出项目学习的方法和具体流程，再引导学生确定项目主题，利用思维导图工具，制订相应的项目方案，开展探究活动：让学生能够了解Python的常量和变量、数据类型、运算符与表达式、函数的基础知识。在"运用顺序结构描述问题求解过程"中，让学生能够利用Python

单元核心问题及问题分解	输入与输出数据，编写与应用程序的顺序结构解决问题。在"运用选择结构描述问题求解过程"中，让学生能够应用 if 语句、if...elif...else 语句解决问题。在"运用循环结构描述问题求解过程"中，让学生能够应用 for 循环、while 循环、循环嵌套、循环控制解决问题。同时，让学生参照项目范例的样式，撰写相应的项目成果报告，并进行成果交流、活动评价			
课时划分	课时	课时名称	课时大概念	课时核心问题
	第一课时	项目导入提出问题	制作问卷及回收	分析中考择校参考因素，制作问卷并回收，提出项目问题
	第二课时	设计算法	算法流程图	根据相关数据，设计"志愿指导"的算法流程图
	第三课时	学习顺序、分支、循环三种程序结构，编写程序	Python 输入输出	分析算法中涉及知识点，学习编程相关知识并应用
	第四课时		两值互换	
	第五课时		整数取位	
	第六课时		if 分支结构	
	第七课时		for 循环结构	
	第八课时		累加求和	
	第九课时		While 循环结构 循环嵌套	
	第十课时	评价交流	程序测试	测试程序，相互评价

教学评价

一、对概念的生成理解评价维度：

1. 概念结论类：算法是指在有限步骤内求解某一问题所使用的一组定义明确的规则。通俗地说，算法就是用计算机求解某一问题的方法，是能被机械地执行的动作或指令的有穷集合。

算法描述是指对设计出的算法，用一种方式进行详细的描述，以便与人交流。

需求分析是开发人员经过深入细致的调研和分析，准确理解用户和项目的功能、性能、可靠性等具体要求，将用户非形式的需求表述转化为完整的需求定义，从而确定系统必须做什么的过程。

顺序结构是按照解决问题的顺序写出相应的语句，它是自上而下，依次执行的。

选择结构用于判断给定的条件，根据判断的结果来选择程序的流程。

循环结构是指在程序中需要反复执行某个功能而设置的一种程序结构。它由循环条件，判断是继续执行某个功能还是退出循环。

程序设计是给出解决特定问题程序的过程，是软件构造活动中的重要组成部分。

对能否运用信息技术学科专业术语准确理解和表达相关概念进行评价。

2. 思想方法类：对学生在收集项目所需资料及探究程序设计活动过程中能否用数字化学习工具进行数据收集、处理等进行评价。

3. 价值观念类：通过对"成都中考志愿指导系统"方案的数据与信息处理，体会利用计算机编程对收集的数据进行处理所带来的工作效率的提高，感受信息技术对人们生活、学习、工作方式带来的变革，形成利用数字化工具时正确的态度和社会责任。

二、对素养目标达成的评价：

1. 对能否依据特定任务需求，甄别不同信息获取方法的优劣，并能利用适当途径甄别信息进行评价。

2. 针对给定的任务进行需求分析，明确需要解决的关键问题；能否提取问题的基本特征，进行抽象处理，并用形式化的算法表述问题；能否运用基本程序设计解决问题的方案进行评价。

3. 针对特定的学习任务，运用一定的数字化学习策略管理学习过程与资源，完成任务，创作作品并进行评价

	作业类型	作业目标	作业内容	作业情境	概念结论	思想方法	价值观念
单元作业	基础作业	评价检测学生对单元大概念——需求分析、算法描述、顺序结构、选择结构、循环结构、程序设计等的理解，用程序的顺序、选择、循环三种结构，编程设计并解决问题的实践（达成信息意识1，达成计算思维1）	通过15个选择题和5个填空题，分别从需求分析、算法描述、顺序结构、选择结构、循环结构、程序设计等程序设计基础概念来进行考查	学习探索情境：设计"成都中考志愿指导"程序，强化对程序设计基础中基本知识的理解	需求分析、算法描述、顺序结构、选择结构、循环结构、程序设计等	对比分析、文献阅读	理论联系实际
	综合作业	考查学生能否从生活实例出发，能使用程序设计基础中的三种结构表示简单算法并编程实现（达成信息意识2，达成计算思维2）	"猜数游戏"要求如下：系统自动生成一个100以内随机的正整数，用户有5次猜数机会，如果猜中则提示"恭喜你，猜对了！"；提示"偏大"或"偏小"，然后继续猜数。如果5次都未猜中，计算机公布答案，并提示"5次都没有猜中，游戏结束！"	生活实践情境：以生活中常见的猜数字游戏为情境，针对给定的任务进行需求分析，明确需要解决的关键问题。	选择结构、循环结构、计算机程序	分析归纳反思计算思维	理论联系实际
	实践作业	基于学生的学习、生活实际，深化对本单元素养目标的检测，提升学生实践探究能力，增强学生信息意识，提升学生计算思维能力（达成信息意识3，达成计算思维3）	花店里，百合5元1支，玫瑰3元1支，康乃馨1元3支，刚才来了一位客人，给店主100元，要买不多不少正好100支，请问该如何搭配呢？	生活实践情境：到花店以一定的价格搭配买一定数量的鲜花的生活情境，考查学生综合探究能力，深化对本单元核心问题的解决	算法及描述、计算机程序	案例分析计算思维	理论联系实际

反馈调整	评价反馈的目的：促进学生对程序设计基础知识的理解和应用提升。评价反馈的内容：针对承载前述信息学科核心素养发展的概念结论、思想方法、价值观念等大概念的理解、掌握情况，适时作出评价反馈、调整改进，以促进学生更好地在体验中学习与发展。 　　评价反馈的方式：课堂上多以行为观察与对话交流的方式进行；课后以素养目标点检测分析，书面或实践作业布置与书面批改、统计分析、针对性反馈讲评，访谈交流、批改等方式进行。 　　评价反馈的时机：对于概念结论类大概念的生成、理解与运用，主要采用及时性评价以促进学生对程序设计基本概念生成的体验，以及在理解、运用中的把握；对于思想方法类大概念的生成、理解与运用，针对不同情况综合采用及时性评价，以促进学生在具体情境中获得深度体验的基础上生成、理解、运用与发展：对于价值观念类大概念的生成理解与运用，以延迟性评价为主、辅以及时性评价，以促进对程序设计基础知识的理解，在缄默体验基础上，获得显性反馈，进入深层的缄默状态，进而使信息学科核心素养在缄默与显性的相互转化中得以激活、生长、运用，在不同情境的反复强化中不断发展

"for 循环的应用" 学教案

苏梅

一、教学分析设计

【教材课标】☞

内容要求：

"for 循环的应用"是新教材粤教版信息技术必修一《数据与计算》第四章"程序设计基础"的第四节"运用循环结构描述问题求解过程"第一小节的内容，与老教材相比，虽然选用的程序语言不同，但计算机解决问题的方法和环节是一致的。循环结构是本教学内容的重难点之一，是算法的程序实现及设计程序解决较为复杂问题过程中的关键环节。

信息技术必修一《数据与计算》教材内容围绕着"问题分析—算法设计—程序实现"计算机解决问题的一般过程展开。在前一章，同学们学习了算法设计，而用计算机解决问题，在算法设计好后，还需要将算法编写为程序，才能最终实现问题的计算机解决。算法有三种基本结构：顺序结构、选择结构、循环结构，对应着程序的三种结构，循环结构是解决复杂、重复性问题的程序结构。本单元的大概念核心问题——设计"成都中考志愿指导"程序中，就包含了较为复杂的循环结构。为解决好单元核心问题，本节课教学内容就需要着力于 for 循环语句解决问题的抽象建模和 for 循环的灵活应用。

教材中关于 for 循环结构的应用是以现实生活中"网购物品累计费用计算"程序设计为引入，逐一罗列出教学知识点，完成程序设计。教材里的探究活动问题情境虽然来源于现实生活，但其问题解决的抽象建模特征不够明显，探究过程不能充分地呈现运用计算机科学领域的思想方法形成解决问题方案的一系列思维活动。因此教师结合教材内容，重新选取了紧扣抽象建模探究活动的主题——不同规律数列的生成。激发学生主动产生学习需求，进行自主、协作、探究学习，体验计算机解决问题的过程。

课标要求：

《普通高中信息技术课程标准（2017 年版 2020 年修订）》指出，普通高中信息技术课程是一门旨在全面提升学生信息素养，帮助学生掌握信息技术基础知识与技能，增强信息意识，发展计算思维，提高数字化学习与创新能力，树立正确的信息社会价值观和责任感的基础课程。本节课对应的课程标准具体要求如下：

（1）从学习生活实例出发，运用恰当的程序设计方法和控制结构编写简单程序。

（2）学会运用计算思维识别与分析问题，抽象、建模与设计系统性解决方案。

学业要求：

A-3：掌握数字化学习的方法（信息意识、数字化学习与创新）。

A-4：能根据需要选用合适的数字化工具开展学习（信息意识、数字化学习与创新）。

A-6：能够利用软件工具或平台对数据进行整理、组织、计算与呈现（信息社会责任、计算思维）。

A-8：在数据分析的基础上，完成分析报告（信息社会责任、计算思维）。

A-9：依据解决问题的需要，设计程序解决问题（计算思维）。

【大概念】☞

概念类别	简约化表达	特征化表达
核心大概念	for 循环	运用抽象建模、系统化、自动化等学科思想方法解决重复性问题，建立人机协同观
概念结论类	for 循环功能 for 循环结构	for 语句实现计算机自动完成重复性工作
思想方法类	抽象建模思想 系统化思想 自动化思想	体验运用计算机学科思想方法解决实际问题的思维活动和程序设计过程，让学生能够深层次地理解程序设计的循环结构，了解计算机解决问题的独特方式，积淀"抽象问题特征，建立结构模型，合理组织与分析数据，形成解决问题方案"的计算思维，建立抽象建模、系统化、自动化思想
价值观念类	人机协同观	理解人和计算机之间进行合作和协同工作的方式，充分利用机器的智能和人的智慧，共同实现更高效、更准确、更创新的学习和生活方式

【资源条件】☞

1. 传统教学资源

黑板：用于板书核心问题，整理学生发言，展示学生活动及思维的路径，反思归纳知识要点和学科思想方法。

2. 现代教学资源

PPT 课件：展示教学内容及素材（信息技术微能力点 A3 演示文稿的制作）。

网络展示控制平台：用于学生机房中广播演示教学课件、分发学习资料，分组合作（信息技术微能力点 B5 学习小组组织与管理）。

网络资源：在线微课学习、网站资源查找，用于学习活动体验和探究（信息技术微能力点 A2 数字教学资源获取与评价）。

文件上传及评价平台：收集学生学案，便于课后检测评价及教学反思。

【学生基础】☞

在前面两个小节的学习中，同学们学习了程序的顺序结构和选择结构，具备了一定的编程学习经验，能编制计算机程序解决简单问题。而围绕着单元核心问题的解决，必须逐渐深入，学习用计算机程序解决更为复杂的、重复性问题。通过学生动手实践，体验运用计算机学科思想方法解决实际问题的思维活动和程序设计过程，让学生能够深层次地理解程序设计的循环结构，从而让学生了解利用计算机解决问题的独特方式，有利于培养学生"抽象问题特征，建立结构模型，合理组织与分析数据，形成解决问题方案"的信息技术学科核心素养——计算思维。

【教学目标】☞

参与"斐波那契数列生成"的探究学习活动，经历计算机程序设计解决问题的全过程，能够描述 for 循环的概念，能够掌握循环变量的取值规律，能够准确地设定循环变量的初值、终值和步长值，实现自动控制循环及循环次数；能够运用循环变量，为数列的表达抽象建模，从而生成相应的数列，体验计算机解决问题的基本流程。在分析问题、抽象特征、建立模型、算法表达的过程中，理解计算机科学领域解决问题的思想方法，将知识建构、技能培养与计算思维发展融入学习之中（学科核心素养：计算思维、信息社会责任）。根据需要，自觉、主动地寻求恰当的方式获取和甄别信息，利用数字化资源与工具，创造性地解决问题（学科核心素养：信息意识、数字化学习与创新）。

【核心问题】☞

为了顺利解决较为复杂的单元核心问题，需要通过本课的学习，让学生掌握运用循环变量，为数列的表达抽象建模，生成相应的数列，从而体验循环变量与数列通项式构建之间的关联、体验循环结构与数列生成之间的关联。结合同学们的具体情况和已经学习的 for 循环基本知识，拟定本节课的核心问题为：完成"斐波那契数列生成"程序设计任务，归纳循环结构生成不同规律数列的方法。

学生在 for 循环第一次课的基础上，运用 for 循环生成数列。首先尝试生成输出自然数列、奇数列、等差数列，再完成斐波那契数列的生成，在此基础上探究循环变量取值与等差数列的关联，师生共同对运用循环生成等差数列的方法进行归纳，再进一步探究运用循环变量取值生成非等差数列的方法，体验循环变量与数列通项式之间的关联，掌握抽象与建模的方法和计算机自动求解的方法。通过核心问题的解决，让学生更接近于算法与程序设计的实质：对于复杂问题，建模；对于重复问题，自动求解，促进计算思维的发展。

【评价预设】☞

学生活动的预设：

在解决问题环节，独立完成前三个数列输出的程序设计对于多数学生来说都是能做到的，难度不大。师生对等差数列输出的程序设计方法进行总结，学生对循环变量的取值规律有了体验，接下来非等差数列的生成就有一定的难度了。先要运用数学知识找到数列的规律，再结合循环变量的取值规律，构建数列关于循环变量的通项式，实现较为复杂数列的输出。数学模型转换到算法模型的过程，相对要难一些，需要教师做适当的引导。在此基础上再完成斐波那契数列的生成，由于要应用到递推算法，就需要将教师引导和学生分组探究相结合，有一部分学生能顺利完成程序，对另一部分数学基础较差的同学则难度相对较大。在应用反馈环节，数列涉及正负号的变化较前面的数列更复杂，问题解决的关键还在于学生对于循环变量与数列通项式之间的关联的体验程度，通过应用反馈，可以检测学生关联体验目标的达成情况。

教师课堂评价的预设：

在学生设计的程序展示过程中，记录、归纳、评价所设计程序的共同之处；

对于学生设计的程序，从问题基本特征的提取、从问题特征的抽象处理、从关键要素的抓取、从数学模型构建到计算机解决问题的特点等几个方面进行评价；

评价着重于问题与问题特征之间的关联、问题特征与数学模型之间的关联、数学算法模型与计算机算法模型之间的关联、计算机算法与计算机程序之间的关联。

二、教学实施设计

【教学环节】☞

教学环节	学生活动	教师活动	设计意图	技术与教育教学融合
提出问题	1. 查看高中数学必修5关于斐波那契数列的内容。 2. 观察斐波那契数列与自然界的和谐之美。 3. 观察循环变量的初值、终值、步长值与循环次数的关系。 4. 观察循环变量的取值。 5. 理解核心问题	1. 出示高中数学必修5关于斐波那契数列的内容。 2. 展示斐波那契数列与自然界的和谐之美。 3. 复习for循环语句结构、功能与运行流程。 4. 提醒学生注意观察循环变量的取值规律及循环的控制。 5. 提出核心问题	在了解斐波那契数列与复习的过程中，引起学生关注循环变量取值所产生的数列规律，引起探究的兴趣，激发学习的欲望，明确学习任务	A3演示文稿的制作
解决问题	1. 设计程序输出 1～100 的自然数列。 2. 设计程序输出 100 以内的奇数列。 3. 设计程序输出数列 12、15、18、21、……333。 4. 讨论、交流输出等差数列的方法。 5. 设计程序输出数列 1、4、9、16、25……、2 401、2 500。 6. 设计程序输出斐波那契数列	1. 巡视指导学生独立完成三个数列输出的程序设计。 2. 指导讨论、交流输出等差数列的方法。 3. 巡视指导学生完成非等差数列通项表达式的建模。 4. 巡视指导学生独立完成非等差数列输出的程序设计	独立完成前三个数列输出程序设计后，对等差数列的输出方法进行归纳，再过渡到较为复杂的非等差数列输出程序设计。由规律易见的数列到规律较为隐性的数列的问题解决，由浅入深，利于学生计算思维层次的逐渐拉升	A2数字教学资源获取与评价 B5学习小组组织与管理
反思提升	师生共同对核心问题解决的过程进行反思，归纳总结得出： 1. 循环变量取值的规律： （1）是一个等差数列。 （2）初值为首项、终值为末项、步长为公差	学生在与老师共同反思核心问题解决的活动中，进一步理解for循环运行流程，理解循环变量取值的规律；通过归纳总结，准确找到循环变量与等差数列的关系、循环变量与非等差数列通项式构建之间的关联	拓展讲解、提升认识、深度体验	

教学环节	学生活动	教师活动	设计意图	技术与教育教学融合
反思提升	2. 运用循环生成数列的方法 （1）输出首项为 a，末项为 b，公差为 c 的等差数列，循环语句的通用表达代码为： for i in range（a，c，b）： print（i） （2）输出非等差数列，寻找数列的规律，建立数列与循环变量取值的关联，构建数学模型。 for i in range（,,）： an=关于循环变量的算数表达式 print（an） （3）递推算法实现数列的表达 for i in range（,,）： an=关于 an1 与 an2 的算数表达式 print（an） an1=an2 an2=an			
评价反馈	出示运用反馈练习，并给予指导评价。 设计程序输出数列： 1. 输出数列：1、4、7、10……94、97、100。 2. 输出数列 1、8、27、64、125、216、343、512、729、1 000。 3. 输出数列：−1、2、−3、4、……、−99、100	学生运用归纳的数列自动产生的方法，解决数列输出的问题，加深循环变量与非等差数列通项式构建之间的关联，掌握抽象、建模的方法和循环自动化控制的方法	应用反馈、检测评价	A2 数字教学资源获取与评价

【板书设计】☞

4.4.1　for 循环的应用

一、提出问题

核心问题：完成"斐波那契数列生成"程序设计任务，归纳循环结构生成不同规律数列的方法。

二、解决问题：

1. 设计程序输出 1~100 的自然数列。

2. 设计程序输出 100 以内的奇数列。

3. 设计程序输出数列 12、15、18、21、……333。

输出等差数列的方法：运用循环变量的取值，确定好其初值、末值和步长值。

4. 设计程序输出数列 1、4、9、16、25……、2 401、2 500。

建模：发现数列规律，构建数列的通项式

*an*1=1*1 *an*2=2*2 *an*3=3*3 *an*4=4*4……*a*49=49*49 *a*50=50*50

数列的通项式 *an* =*n**n

5. 设计程序输出斐波那契数列

建模：

递推公式：设 a_n 为该数列的第 *n* 项，当 *n*≥3 时 $a_n = a_{n-1} + a_{n-2}$

比内公式：

$$a_n = \frac{1}{\sqrt{5}}\left[\left(\frac{1+\sqrt{5}}{2}\right)^n - \left(\frac{1-\sqrt{5}}{2}\right)^n\right].$$

（如上，又称为"比内公式"是用无理数表示有理数的一个范例。）

注：此时 $a_1 = 1$，$a_2 = 1$，$a_n = a_{n-1} + a_{n-2}$，（$n \geq 3$，$n \in N^*$）

三、反思提升：

1. 循环变量取值的规律：

（1）是一个等差数列；

（2）初值为首项、终值为末项、步长为公差。

2. 运用循环生成数列的方法

（1）输出首项为 a，末项为 b，公差为 c 的等差数列，循环语句的通用表达代码为：

for i in range（a，c，b）:

　　　print（i）

（2）输出非等差数列，寻找数列的规律，建立数列与循环变量取值的关联，构建数学模型。

for i in range（，，）:

　　　an=关于循环变量的算数表达式

print（an）

（3）递推算法实现数列的表达

for i in range（，，）:

　an=关于 an1 与 an2 的算数表达式

print（an）

an1=an2

an2=an

四、应用反馈：

设计程序输出以下数列：

1. 输出数列：1、4、7、10……94、97、100

2. 输出数列 1、8、27、64、125、216、343、512、729、1 000

3. 输出数列：−1、2、−3、4、……、−99、100

讲评：

分析：发现数列规律，构建数列的通项式；

规律：奇数项为负，偶数项为正（−1）*1、（+1）*2、（−1）*3、（+1）*4……

−1 的奇数次方为−1，−1 的偶数次方为+1

数列的通项式：*an*=（−1）**（*n*）*n

【教学流程】☞

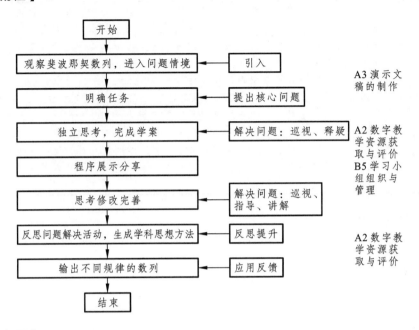

开始

观察斐波那契数列，进入问题情境 ← 引入 　　A3 演示文稿的制作

明确任务 ← 提出核心问题

独立思考，完成学案 ← 解决问题：巡视、释疑 　　A2 数字教学资源获取与评价

程序展示分享 　　B5 学习小组组织与管理

思考修改完善 ← 解决问题：巡视、指导、讲解

反思问题解决活动，生成学科思想方法 ← 反思提升 　　A2 数字教学资源获取与评价

输出不同规律的数列 ← 应用反馈

结束

【作业布置】☞

作业序号	作业目标	作业情境		概念结论		思想方法		价值观念		整体评估	
		内容	水平	内容	水平	内容	水平	内容	水平	类型	水平
评价反馈1	运用循环结构程序设计基础知识输出等差数列	规律明显的数列输出程序设计及流程图	简单	循环结构数列自动产生及输出	计算思维水平1	抽象建模及自动化	思维发展与提升1	实践观	信息社会责任水平1	基础性作业	学业质量水平1
评价反馈2	运用循环结构程序设计基础知识输出规律隐含性数列	规律有一定隐含性数列输出的学习探索情境	较复杂	循环结构数列自动产生及输出	计算思维水平2	抽象建模及自动化	思维发展与提升2	实践观	信息社会责任水平2	综合性作业	学业质量水平2
评价反馈3	运用循环结构程序设计基础知识输出规律隐含性数列	规律隐含性较强数列输出的学习探索情境	较复杂	循环结构数列自动产生及输出	计算思维水平3	抽象建模及自动化	思维发展与提升3	实践观	信息社会责任水平3	综合性作业	学业质量水平3
课后作业	运用循环结构程序设计基础知识输出规律明显、规律性隐含的数列	规律隐含性较强数列输出的学习探索情境	较复杂	循环结构数列自动产生及输出	计算思维水平2、3	抽象建模及自动化	思维发展与提升2、3	实践观	信息社会责任水平2、3	实践性作业	学业质量水平2、3

课时作业总体评估	从作业目标及概念结论、思想方法、价值观念水平综合看，课时作业与本课时确立的素养目标一致、检测全面，可有效促进学生对本课时循环结构中的累加求和的概念结论、抽象建模及自动化等信息学科思想方法，理论联系实际等价值观进一步深入理解、提升其迁移运用这些课时大概念解决新问题的能力和水平。 从作业类别看，本课时覆盖了基础性、综合性与实践性三大类别的作业。 从学业质量水平要求看，课堂上由于有师生及时的交流互动，作业设计了学业质量水平1、2、3等级，有助于学生在问题解决情境中发展较高的思维能力与水平，发展了学生计算思维及信息社会责任等核心素养；课后作业主要由学生自主独立完成，设计水平覆盖1、2、3等级的作业题，有助于学生自主学习与探究，提升发展学生计算思维及信息社会责任等核心素养。 综上，本课时作业设计具有单元视角、结构化程度较高，有助于学生对课时大概念的理解与内化，有效达成课时育人目标

（具体的作业内容略）

三、教学评价设计

【评价实施】☞

大概念的核心问题教学文化评价表

课时名称：运用循环结构描述问题求解过程——for 循环的应用。

所属单元：程序设计基础。

单元大概念：程序设计。

单元核心问题：设计"成都中考志愿指导"程序。

课时大概念：循环结构。

课时核心问题：完成"斐波那契数列生成"程序设计任务，归纳循环结构生成不同规律数列的方法。

评价目标	评价指标				评价方法结果
	一级指标	二级指标	三级指标		
实现活动体验中的学习与素养发展	具有大概念核心问题教学形态	核心问题利于活动体验	内含学科问题和学生活动方式	8	每项指标最高评8分（满分为96分）
			问题情境与真实生活密切相关	8	
			能引发大概念、新知新法生成	7	
		教学目标价值引导恰当	两类目标正确全面	7	
			关联体验目标恰当	7	
			目标价值引导显现	7	
		教学环节完整合理落实	教学环节清晰完整	8	
			环节内容合理充实	8	
			学生活动时间充分	8	合计91分

评价目标	评价指标			评价
	一级指标	二级指标	三级指标	方法结果
实现活动体验中的学习与素养发展	具有大概念核心问题教学形态	教学要素相互匹配促进	问题目标环节两两匹配	8
			技术促进活动形式内容	8
			素养导向突出氛围浓郁	7
	具有大概念核心问题教学特质	拓展学习视野	课堂与现实世界有恰当关联	选择一个表现突出的二级指标，在相应三级指标引导下，以现场学生表现为主要依据，以其余指标为背景，于本表的第二页写出150字以上的简要评价
			有基于缄默知识的问题解决	
			有缄默知识运用的追踪剖析	
			知识运用剖析导向素养发展	
		投入实践活动	有真实而且完整的实践活动	
			实践活动深度融入两类情境	
			能够全身心地浸渍于活动中	
			活动的内容结果均丰富深入	
		感受意义关联	有核心问题的深层意义感受	
			有以知识为中心的关联感受	
			有以个人为中心的关联感受	
			有对三类大概念的关联感受	
		自觉反思体验	有实质性反思活动的开展	
			有课堂新因素的追踪利用	
			有体验的交流与改善重构	
			有概念生成中的素养发展	
		乐于对话分享	乐于自我表达与认真倾听	
			乐于合作中成果与思路的分享	
			乐于成果交流中深层意义分享	
			有宽容的对话氛围和双向交流	
		认同素养评价	认可素养评价	
			参与素养评价	
			利用素养评价	

大概念核心问题教学特质的简要评价（包括发展性建议）：

信息技术学科是实践性很强的学科，通过各种实践活动获得知识，提升技能，掌握学科思想方法，发展学科核心素养。本堂课核心问题教学文化实质比较突出的是"投入实践活动"。本节课问题解决部分的"斐波那契数列生成"程序设计，起始于一个经典的数学问题，而落脚于实践的计算机问题解决。应用反馈部分是典型的数学问题用计算机程序解决的实践活动。两个实践活动都是真实的与学生学习相关的经典数学问题，学生体验从数学解决到计算机解决的全过程，因此问题解决的实践活动真实而完整。学生体验用计算机算法解决较为复杂的数学问题时，所感受到的计算机算法的独特魅力，能够使学生全身心地浸渍于活动之中，欲罢不能。在实践活动过程中，知识和活动的内容层层深入，结果丰富递进，使学生能够获得丰富而深入的体验。从发展的角度看，本次课在感受意义关联方面还可以改进，让学生在三类概念的关联感受方面继续深入

【信息收集】 ☞

（1）在学生提交的"斐波那契数列生成"程序设计的 40 份学生学案中，第一次提交的学案完全正确的程序有 8 份，经过学生的交流展示和教师的总结分析，重新修改完善后再提交正确的程序达 36 份。有 4 份因程序语句错误无法得到正确结果。

（2）在学生提交的三个不规律数列生成的 40 份学案中，都能顺利完成第一个程序，有 31 份能完成第二个程序，有 21 份能完成第二和第三个程序。

【反馈调整】 ☞

大概念的核心问题教学素养目标点检测表

课时名称	for 循环的应用		
所属单元	程序设计基础		
单元大概念	程序		
单元核心问题	设计"成都中考志愿指导"程序		
课时大概念	循环结构		
课时核心问题	完成"斐波那契数列生成"程序设计任务，归纳循环结构生成不同规律数列的方法		
课时素养目标	在对数据进行问题界定、抽象特征、编码建模的基本过程中，理解计算机科学领域解决问题的思想方法，将知识建构、技能培养与计算思维发展融入学习之中（计算思维、信息社会责任）。 在解决实际问题的过程中，根据需要，自觉、主动地寻求恰当的方式获取和甄别信息，利用数字化资源与工具，创造性地解决问题（信息意识、数字化学习与创新）		
检测点	建立循环结构程序模型、抓取循环问题的循环要素		
检测工具（检测题）	设计程序输出数列： （1）输出数列：1、4、7、10……94、97、100 （2）输出数列 1、8、27、64、125、216、343、512、729、1 000 （3）输出数列：−1、2、−3、4、……、−99、100		
分类标准	A. 能构建出循环结构程序模型；能准确抓取出循环要素；能正确完成三个数列的生成		
	B. 能构建出循环结构程序模型；能准确抓取出循环要素；能正确完成两个数列的生成		
	C. 能构建循环结构程序模型，能正确完成一个数列的生成		
	D. 不能构建循环结构程序模型		
检测统计	分类等级	学生人数	百分比（总人数 40 人）
	A	21	52.5%
	B	10	25%
	C	9	22.5%
	D	0	0%

检测分析 结果运用	通过对学案"设计程序输出三个不同规律数列"完成情况的信息收集，可检测出大概念的核心问题教学素养目标的达成情况。 1. 从概念结论类目标完成的情况来看，40位同学都能基本达成教学所需的目标，能建立循环结构模型；有21位学生能完全正确地完成任务，教学目标的达成度较高。 2. 从素养目标完成的情况来看，40位同学建立起了问题与问题特征之间的关联、问题特征与数学模型之间的关联，其中有31位学生建立起了数学算法模型与计算机程序模型之间的关联。 3. 有9位学生两类目标达成度不够高，课后跟踪了解，他们的数学学科基础较差，在问题解决环节的思维又没有跟上教师教学和同学学习的进度，导致反思提升环节不能理解和掌握知识和学科思想方法，应用反馈环节的目标点检测成绩较低。
素养目标达成 典型实例	
检测反馈	由于学生接触的计算机程序设计还不多，因此学生在日常学习的过程中，对于解决问题时问题与问题特征之间的关注不够，对于问题特征与抽象模型之间的关联了解不深，对于计算机解决问题的特点也体验不多，因此还需要通过大量的实践和练习培养计算思维。针对本节课学生学案的情况汇总和分析，教学设计拟作如下的改进： 1. 针对概念结论类目标达成度不高的同学，教学中重点关注他们在问题决过程中思维的深度问题；对素养类目标达成度不高的同学，教学中重点关注他们在反思提升环节和应用反馈环节的活动。在反思提升环节中，帮助学生了解关联，体验关联，重视关联。在应用反馈环节中，帮助学生有意识地发掘关联，应用关联，强化关联体验。 2. 在问题解决环节和应用反馈环节，教师要特别注重通过课堂评价营造核心问题教学文化氛围，让学生能全身心地浸渍于真实而且完整的实践活动中，并通过知识的层层递进，活动内容的充实丰富，使得学生获得丰富而深入的关联体验

"for 循环嵌套" 学教案

刘体斌

一、教学分析设计

【教材课标】☞

1. 课程标准分析

《普通高中信息技术课程标准（2017 年版 2020 年修订）》中提出，普通高中信息技术课程是一门旨在全面提升学生信息素养，帮助学生掌握信息技术基础知识与技能、增强信息意识、发展计算思维、提高数字化学习与创新能力、树立正确的信息社会价值观和责任感的基础课程。对于本节课的内容要求，课程标准是：分析问题，设计双重循环解决问题的算法，并能用 python 语言程序实现，归纳双重循环特征，掌握插入排序算法实质。

2. 教材内容分析

"for 循环"是粤教版高中信息技术新教材必修一《数据与计算》第四章第四节的内容。本节内容介绍了运用循环结构描述问题并求解的过程，对于复杂问题，可运用多重循环解决的办法。本节主要内容学习起来有一定难度，即使在充分理解循环语法的基础上，多重循环的理解对于学生来说依然有较高的难度。教材对于此知识点，没有用过多篇幅进行介绍和练习。教师创设情景，通过对比查找无序和有序数据的操作次数，直观展现有序数据的高效性，由此引出排序的重要性，进而指导学生掌握排序算法的原理与编程实现。排序算法有多种，考虑到中学生的基础，教师直接抛出了选择排序和插入排序，然后这两种算法都是按照传统的问题分析、设计算法、编写程序、调试程序的过程进行的设计和教学。多重循环的设计一直是教材中的难点，其中的排序算法更是应用多重循环的重难点之一。

【大概念】☞

课时核心大概念：

简约化表达：双重 for 循环结构实现插入排序算法

特征化表达：在自动化观念引导下，梳理插入排序过程，关联循环结构，抽象设计插入排序算法，关注内外层循环变量的关系，利用计算机高速运算能力快速解决排序问题，体会计算思维中的抽象建模、自动化思想。

概念类别	简略化表达	特征化表达
概念结论类	双重 for 循环结构实现插入排序算法	for 循环执行流程图；内外层循环关联；插入排序流程梳理

概念类别	简略化表达	特征化表达
思想方法类	抽象建模 自动化	让学生了解计算机重复自动化解决插入排序问题的方式，积淀"分析问题、抽象问题特征，建立模型，合理组织与分析数据，形成解决问题方案"的计算思维，建立抽象建模、自动化思想
价值观念类	理论联系实际的实践观	学生分析问题，抽象设计出相应的算法，用流程图的形式进行详细的描述，再编程利用计算机解决问题

【资源条件】☞

（1）多媒体：PPT 情景创设图示、排序算法探究、练习题展示。

（2）网络机房：提供 Python 编程平台软件，学生编写、运行、调试程序，提交电子作业。

（3）黑板：板书核心问题、排序算法描述、排序基本框架、反思提升要点。

【学生分析】☞

本节课的教学对象是高二年级学生，由于学科特点，学生关注度不如其他学科，根据经验，学生对于程序理论性比较强的知识遗忘度高。因此仅仅让学生记住知识点是不够的，还应更多关注学生形成这个知识点的思维过程，从而让学生记得更牢，更持久。学生通过对教材前期知识的学习，能够编写基本的、简单的顺序结构、选择结构、循环结构的程序。但对于复杂的问题，需要选择、循环（特别是多重循环）结合使用时，编程有一定的难度，同时学生刚学列表相关知识，对于列表的操作比较生疏，在程序的调试纠错环节，学生学习起来也有相当的难度。但学生也清楚地认识到，计算机之所以有这么强大的数据处理能力，能有序、高效、快速地解决问题，是与程序员精心编写的程序代码紧密相关的，许多学生有兴趣、有信心，也想一试身手，用自己编写出来的程序解决问题，以期获得成功的愉悦感。

【教学目标】☞

（1）在观图活动情景中，能准确描述插入排序过程并将之抽象为流程图形式描述（信息意识 2、信息社会与责任 2）；并正确编写、运行、调试插入排序程序解决问题（计算思维 2、数字化学习与创新 2）。

（2）在分析和编写插入排序的活动中，体验外层循环变量和内层循环变量及数组（列表模拟数组类型）之间的关联；体验综合运用顺序、选择、循环的关联。关联生活中的数据，体验数据处理（排序）在数据分析中的重要性（计算思维 2）。

【核心问题分析】☞

（1）核心问题：观图悟排序算法，探究程序实现。

（2）设计思想。基于教材分析和学生分析，确定本节课的重难点是通过观图领悟插入排序的基本方法，在此基础上探究插入排序算法的具体程序实现，并让学生认识到排序是数据处理中非常重要的一种形式，对于后续的数据分析、发现事物的本质、解决问题来说都是非常重要的。

学生观察动画图形后，即使学生能用文字准确描述出插入排序算法，但想要真正完成其程序代码，依旧有很大的难度，所以在程序的具体实现过程中，必须要完成学生之间、师生之间共同探究的过程，要深度挖掘插入排序的具体实现过程，要让学生掌握一种由繁变简，由简变易地解决问题的思想方法。让学生弄清楚外层循环解决了什么问题，内层循环又解决了什么问题，从而真正理解插入排序解决问题的过程。真正理解外层循环变量与内层循环变量以及与数组之间的关联关系。

学生在完成了课堂的核心问题后，师生进一步挖掘插入排序的程序实现中的关键要点：插入多少个新元素？在已排序列表的什么范围内寻找插入的新位置？排序元素如何依次移动？从而对内外层循环变量以及与列表之间的关联关系有一个真正的理解。排序是数据处理的一种方法，而插入排序也只是多种排序方法中的一种。生活中，我们之所以要进行数据的处理，是因为我们关注的是将生活中一些看似无规律的数据，经过一定的数据处理后，能观察到数据之间的联系和数据变化的规律，便于我们能比较准确地认识事物的本质。也为我们为事物未来的发展做出比较科学的预测和建议提供了可靠的事实依据。因此我们希望通过探究插入排序，提升学生的认识，即体会到数据处理在信息应用、数据分析中的重要意义。

为了让学生更深层次地了解插入排序算法的具体程序实现，检测学生掌握插入排序算法的情况，课堂上安排了几道练习检测题，主要检测学生对插入排序算法的理解、内外层循环变量及与数组关联的关系。

【评价预设】 ☞

提出问题环节：用学生非常熟悉的"百度搜索"介绍百度搜索技术，利用数据说明之所以有这么快的搜索速度，与搜索关键词的预处理——排序紧密相关。从而引导学生的思维聚焦于排序。以生活中常见的一些排序现象引出排序的多种方法，选择了一个有直观感受，观图的形式领悟这种排序的方法，激发学生利用所学的 Python 语言实现之，使学生获得成就感。

解决问题环节：学生观图悟法后，即使学生能用文字准确描述出插入排序算法，但想要真正完成其程序代码，依旧有很大的难度，所以在程序的具体实现过程中，必须要完成学生之间，师生之间共同探究的过程，深度挖掘插入排序具体实现过程，在掌握一种由繁变简，由简变易地解决问题的探究过程中，对学生现场生成的问题进行引导性评价。对学生利用以前所学知识实现分解任务的程序进行鼓励性评价。

反思提升环节：首先对学生刚体验的排序程序做一个总结性的评价，评价插入排序中的关键要点。进一步体验内、外层循环变量及与列表的关联。生活中有许多无太多关联的数据，我们不在意，就可能遗漏发现事物本质的机会。每次考试过后，如果老师仅凭分数的高低就认定一个学生真正的成绩，显然是不够的。让学生通过考试成绩数据进行分析处理，生成更多有用的数据，从而对自己的成绩有一个更全面，更本质认识。让学生深刻领悟数据处理的重要意义。同时也能认清排序是数据处理的重要方法。使得学生在更高的情感层面上得到一个感知。经过一定的数据处理，更能观察到数据之间的联系、数据变化的规律，便于我们更加准确地认识事物的本质。也为我们为事物未来的发展做出比较科学的预测和建议提供了可靠的事实依据。

运用反馈环节：为了让学生更深层次地了解插入排序算法的具体程序实现，检测学生掌握插入排序算法的情况，课堂上安排了几道练习检测题，主要检测学生对插入排序算法的理解、内外层循环变量的关联体验。

课后搜集学生练习进行检测统计、检测分析，完成"体验性目标检测表"。

二、教学实施设计

【教学环节】☞

教学环节	学生活动	教学过程及教师活动	设计意图
提出问题	进入情景，学生思考；学生观察，回答问题；观察思考，明确任务	创设情境：利用百度搜索引擎搜索原理，用数据说明数据处理的重要性，引出排序。 展示：生活中的排序现象 排成一行的人：引出排序依据：… 种类：顺序、逆序 展示：插扑克牌： 提出核心问题：观图悟排序算法，探究程序实现	激发学生兴趣，调动学生思维，明确学习任务
解决问题	观察思考，小组探究 学生思考，回答问题 学生完成编程	悟"法"：（以一句或两句描述该排序方法） 算法：依次放置新元素到"已排好序的"适当位置。 （或）依次插新数，使之有序 （或）一边插数，一边排序 探究程序的实现： 初步探究：繁→简 插入第 2 个数据 插入第 3 个数据 … 插入第 n 个数据 进一步探究：简→易 插入第？个数据包含哪三个基本的操作？ ① 找到插入的位置　② 插入点及此后数据的后移　③ 插入 便于理解，将数据放于 d 列表中的 1 到 10 序号的数组元素中。 探究①　找到插入的位置 k 探究② 插入点及此后数据的后移，即依次执行 $d[j]=d[j-1]$ 探究③ 插入，即 $d[k]$=新数据 $d[i]$ 教师巡视、指导	观图、调动学生思维，领悟插入排序算法，并运用由繁至简的思维分解任务，由简至繁的解决问题的方法最终达到插入排序算法的程序实现
反思提升	学生反思排序要点	插入排序算法要点： ① 外层循环意义及循环次数确立； ② 内层循环意义及内层循环变量值与外层循环变量值的关联； ③ 列表元素对应序号与内外层循环变量的关联。 演示学生半期考试成绩分析过程。 数据处理在数据应用中的重要意义	引导学生提高认识，理解排序在数据分析中的重要意义
评价反馈	学生运用所学完成插入排序的相关程序题	程序习题练习，教师评析	检测学生排序知识应用和分析数据的能力

【板书设计】☞

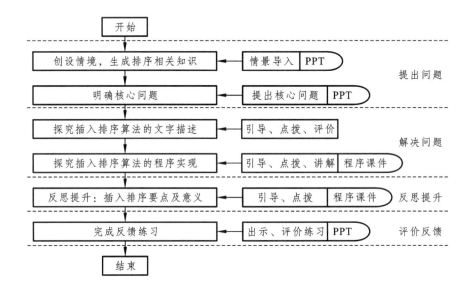

插入排序

核心问题：观图悟排序算法，探究程序实现

算法描述（据学生回答情况）：　　　插入排序：（n个数据）

…　　　　　　　　　　　放置n-1个新元素到适当位置→外层循环变量 i（2→n）

　　　　　　　　　　　在已排序的列表内找适当位置 k→内层循环变量 j（1→i-1）

依次放置新元素到　　　将 k 位置及此后已排序元素依次后移→内层循环变量 j（k→i-1）

"已排好序的"适当位置　　将新元素放置在 k 位置处

…　　　　　　　数据处理（排序）在数据应用中的重要意义

【教学流程图】☞

```
                        开始
                         │
          ┌──────────────────────────┐      ┌──────────────┐
          │ 创设情境，生成排序相关知识 │◄─────│ 情景导入 │PPT│      提出问题
          └──────────────────────────┘      └──────────────┘
                         │
          ┌──────────────────────────┐      ┌──────────────┐
          │        明确核心问题        │◄─────│ 提出核心问题 │PPT│
          └──────────────────────────┘      └──────────────┘
                         │
          ┌──────────────────────────┐      ┌──────────────┐
          │ 探究插入排序算法的文字描述 │◄─────│ 引导、点拨、评价 │      解决问题
          └──────────────────────────┘      └──────────────┘
                         │
          ┌──────────────────────────┐      ┌──────────────────┐
          │ 探究插入排序算法的程序实现 │◄─────│ 引导、点拨、讲解 │程序课件│
          └──────────────────────────┘      └──────────────────┘
                         │
          ┌──────────────────────────┐      ┌──────────────────┐
          │ 反思提升：插入排序要点及意义 │◄───│ 引导、点拨 │程序课件│     反思提升
          └──────────────────────────┘      └──────────────────┘
                         │
          ┌──────────────────────────┐      ┌──────────────┐
          │        完成反馈练习        │◄─────│ 出示、评价练习 │PPT│    评价反馈
          └──────────────────────────┘      └──────────────┘
                         │
                        结束
```

【作业设计】☞

作业序号	作业目标	作业情境		概念结论		思想方法		价值观念		整体评估	
		内容	水平	内容	水平	内容	水平	内容	水平	类型	水平
评价反馈1	for循环对列表元素遍历	for循环列表元素值变化的学习探索情境	简单	for循环结构遍历列表元素	计算思维水平1	抽象建模及自动化	思维发展与提升1	实践观	信息社会责任水平1	基础性作业	学业质量水平1
评价反馈2	插入排序基本思想的理解	插入排序基本原理的学习探索情境	简单	插入排序原理及排序次数理解	计算思维水平1	抽象建模及自动化	思维发展与提升1	实践观	信息社会责任水平1	综合性作业	学业质量水平1

作业序号	作业目标	作业情境		概念结论		思想方法		价值观念		整体评估	
		内容	水平	内容	水平	内容	水平	内容	水平	类型	水平
课后作业	插入排序具体程序实现过程中易错点的考查	插入排序具体程序实现的学习探索情境	较复杂	双重循环在插入排序中的应用以及具体编程实现	计算思维水平2	抽象建模及自动化	思维发展与提升2	实践观	信息社会责任水平1 2 逻辑推理水平2	综合实践性作业	学业质量水平2
课时作业总体评估	从作业目标及概念结论、思想方法、价值观念水平综合看,课时作业与本课时确立的素养目标一致、检测全面,可有效促进学生对本课时循环结构、插入排序、双重循环结构等概念结论、抽象建模及自动化等信息学科思想方法,理论联系实际等价值观深入理解、提升其迁移运用这些课时大概念解决插入排序以及双重循环结构应用等新问题的能力和水平。 从作业类别看,本课时覆盖了基础性、综合性与实践性三大类别的作业。 从学业质量水平要求看,课堂上由于有师生及时的交流互动,作业设计了学业质量水平2等级,有助于学生在问题解决情境中发展较高的思维能力与水平,发展了学生计算思维及信息社会责任等核心素养。同时要求学生上机编写程序、调试和运行程序等,锻炼了学生的实践能力,提升了学生在调试程序过程中发现并解决代码问题的计算思维能力等学科核心素养。 综上,本课时作业设计具有单元视角、结构化程度较高,有助于学生对课时大概念的理解与内化,有效达成课时育人目标										

(具体的作业内容略)

三、教学评价反馈

【信息搜集】☞

课后搜集了全班 54 名同学的运用反馈练习,按照体验性目标的达成情况及正确率进行了批阅和分类。

【教学评价】☞

在搜集到的教师反馈意见的基础上认真自我反思,针对大概念核心问题教学的课堂教学加以评价,完成了"大概念核心问题教学文化评价表"。基于本节课的核心问题设置较为恰当,体验到了恰当设置核心问题的重要性和必要性。因此较好地达成了体验性目标和结果性目标,整节课堂的完成是比较成功的。当然也有一些不足,如由于时间关系,学生在活动过程中普遍感觉时间不够用,特别是反馈应用环节,很多同学没机会展示自己的创设意图。组内其他教师也给出了某些环节的建议,如直接以学生的半期考试成绩数据,由于这些是学生自身真实有效的数据,学生感悟体验会更深刻。课堂中的活动内容稍显多,某些内容的数据处理的成因可在下一节课中重点分析,从而深刻理解数据处理(排序)的重要性。

大概念的核心问题教学文化评价表

课时名称：for 循环嵌套。

所属单元：第四单元。

单元大概念：需求分析、算法描述、顺序结构、选择结构、循环结构、程序设计。

单元核心问题：设计"成都中考志愿指导"程序。

课时大概念：循环结构、插入排序。

课时核心问题：观图悟排序算法，探究程序实现。

评价目标	评价指标				评价方法结果
	一级指标	二级指标	三级指标		
实现活动体验中的学习与素养发展	具有大概念核心问题教学形态	核心问题利于活动体验	内含学科问题和学生活动方式	8	每项指标最高评 8 分（满分为 96 分）
			问题情境与真实生活密切相关	7	
			能引发大概念、新知新法生成	7	
		教学目标价值引导恰当	两类目标正确全面	8	
			关联体验目标恰当	7	
			目标价值引导显现	7	
		教学环节完整合理落实	教学环节清晰完整	8	
			环节内容合理充实	8	
			学生活动时间充分	7	
		教学要素相互匹配促进	问题目标环节两两匹配	7	
			技术促进活动形式内容	8	
			素养导向突出氛围浓郁	8	合计90分
	具有大概念核心问题教学特质	拓展学习视野	课堂与现实世界有恰当关联		选择一个表现突出的二级指标，在相应三级指标引导下，以现场学生表现为主要依据，以其余指标为背景，于本表的第二页写出 150 字以上的简要评价
			有基于缄默知识的问题解决		
			有缄默知识运用的追踪剖析		
			知识运用剖析导向素养发展		
		投入实践活动	有真实而且完整的实践活动		
			实践活动深度融入两类情境		
			能够全身心地浸渍于活动中		
			活动的内容结果均丰富深入		

评价目标	评价指标			评价 方法结果
	一级指标	二级指标	三级指标	
实现活动体验中的学习与素养发展	具有大概念核心问题教学特质	感受意义关联	有核心问题的深层意义感受	
			有以知识为中心的关联感受	
			有以个人为中心的关联感受	
			有对三类大概念的关联感受	
		自觉反思体验	有实质性反思活动的开展	
			有课堂新因素的追踪利用	
			有体验的交流与改善重构	
			有概念生成中的素养发展	
		乐于对话分享	乐于自我表达与认真倾听	
			乐于合作中成果与思路的分享	
			乐于成果交流中深层意义分享	
			有宽容的对话氛围和双向交流	
		认同素养评价	认可素养评价	
			参与素养评价	
			利用素养评价	

大概念核心问题教学特质的简要评价（包括发展性建议）：

在本节课中，具有大概念核心问题教学实质的六个方面都有所表现，其中"投入实践活动"指标这个方面体现充分。

第一，本节课有真实而完整的实践活动，本节课以"观图悟排序算法，探究程序实现"为核心问题，学生通过观赏图片，首先进行了视觉上的实践活动，进行头脑风暴，引导学生思维，领悟排序的算法，然后利用 Python 编程平台亲自动手编写程序的实践活动，最终完成课堂上的核心问题。显然实践活动真实且完整。

第二，本节课能够让学生全身心地浸渍于活动中。

本节课内容几乎应用了前面的各个知识点，是顺序、选择、循环的综合运用，也是双重循环的应用。对于学生有很大的难度。因此特选择了 16 班的学生，该班大多数学生有兴趣、有信心，也想一试身手，用自己编写出来的程序解决问题，以期获得成功的愉悦感。教师从开篇就引入提高学生兴趣的两个数据——1500 次与 50 万次，引导学生去探究是什么数据处理使得这两个数据的效果是一致的，调动学生全身心地投入到后面的活动中。此后，无论是观图悟排序算法的头脑风暴，学生亲自动手编程，还是此后的完成学案，学生都是全身心投入的。特别是在学生亲自动手活动环节，学生更是在各个方面都进行了投入，首先是算法需要程序的具体实现，学生要懂得如何转化为被计算机识别的代码且亲自逐字录入；其次还需进行程序的调试，如何发现错误、改正错误，且要研判内外层循环变量之间的关系以及与数组元素序号的关联，进行头脑风暴；最后在关注其他学生编程的思维以及教师点评的同时，还要思考与自己的编程有什么不同，思考为什么编程代码的不同仍可以达到相同的效果或判断哪种效果更高效。综合看，学生能够全身心地浸渍于教学活动中。

第三，学生的活动内容结果丰富深入。学生的活动不仅仅局限于完成核心问题，即最终排序算法的程序实现。而是在大多数学生基本完成排序算法的程序实现上，进一步探究插入排序算法程序的基本特点，真正了解内外层循环变量和数组元素序号之间的关联，以及排序这种数据处理在信息处理、数据分析中的重要意义。使得学生的活动内容和结果都朝一个更高的层次丰富。在教学中设计了学生的半期考试的成绩统计处理程序演示过程，生成更多有用的数据，从而让学生对自己的成绩有一个更全面、更本质的认识过程，更深刻地领悟数据处理的重要意义。当然也更加认清了排序是数据处理的重要方法。使得学生从更高的情感层面上得到一个感知。经过一定的数据处理，更能观察数据之间的联系、数据变化的规律，便于我们能比较准确地认识事物的本质。也为我们为事物未来的发展做出比较科学的预测和建议提供了可靠的事实依据。

综上所述，本节课中，具有核心问题教学实质的"投入实践活动"指标表现得比较突出

【反馈调整】☞

大概念的核心问题教学素养目标点检测表

课时名称	for 循环嵌套
所属单元	第四单元
单元大概念	需求分析、算法描述、顺序结构、选择结构、循环结构、程序设计
单元核心问题	设计"成都中考志愿指导"程序
课时大概念	循环嵌套，插入排序
课时核心问题	观图悟排序算法，探究程序实现
课时素养目标	在观图活动情景中，能准确描述插入排序算法（信息意识）；正确分析、编写、运行、调试插入排序程序（计算思维）。 在分析和编写插入排序的活动中，体验外层循环变量和内层循环变量及数组（列表模拟数组类型）之间的关联（计算思维）；体验综合运用顺序、选择、循环的关联（计算思维）；关联生活中的数据，体验数据处理（排序）在数据分析中的重要性（信息意识）

检测工具（检测题）	1. 阅读下面这段代码，输出信息正确的是（　　　　）。
	data=[59, 20, 16, 8, 36, 44]
	for i range（4）：
	data[i]=data[i+1]
	print（data）
	A. 59, 20, 16, 8, 36, 44　　　B. 59, 20, 16, 8, 36, 44
	C. 20, 16, 8, 36, 44, 0　　　D. 20, 16, 8, 36, 44, 44
	2. 利用插入排序，算法对6、9、2、4、7数据进行插入排序，需要经过（　　　　）趟排序才能完成。
	A. 3　　B. 4　　C. 5　　D. 6
	3. 观察下面插入排序程序，在方框处将程序补充完整并写出你的简单分析。
	#以10个整数数据为例实现插入排序（降序）
	data=[8, 20, 19, 15, 30, 5, 2, 7, 87, 55]
	print（"初始数据："，data）
	sortdata=[data[0]]

<table>
<tr><td rowspan="1">检测工具
（检测题）</td><td>

```
for i in range （        , 10 ）:
sortdata.append （ -1 ）
for j in range （      ,          ）:     #在排好序的数据中找到新插入位置 new
if （ data[i]>sortdata[j] ）:
break
new=j
#依次后移
for j in range （ i, new-1,          ）:
sortdata[j]=sortdata[j-1]
sortdata[new]=data[i]   #将新数据插入到指定位置中
print （ "插入排序处理......" ）
print （ "排序数据: ", sortdata ）
```

4. 在理解了这个插入排序的算法后，请写出完成 3 次排序后 sortdata 数组对应元素的值

</td></tr>
</table>

分类标准	A. 能够完全正确回答问题 1、2、3、4
	B. 能够完全正确回答问题 1，2，能够部分正确回答问题 3、4
	C. 能够完全正确回答问题 1，能够部分回答问题 2，不能正确回答问题 3、4
	D. 不能够完全正确回答问题 1、2、3、4

检测统计	分类等级	学生人数	百分比（总人数 54 人）
	A	15	27.8%
	B	28	51.8%
	C	10	18.5%
	D	1	1.9%

检测分析 结果运用	从检测统计情况看，大多数的学生都能正确完成 1、2 问题和基本正确完成 3、4 作业检测题。很好地达到了教学设计的目标。比较熟练 for 循环和列表以及 range（ ）函数，也基本了解插入排序思想。 有 27.8%的同学能够完全正确回答问题 1、2、3、4，说明这部分学生对本节内容是真正"吃透"了，完全达成了老师预期的目标。并且能熟练运用编写程序解决问题，对 Python 计算机编程语言运用得非常熟练。 有 51.8%的同学能够完全正确回答问题 1、2，说明对循环涉及的基础知识掌握得比较好，对插入算法也有比较深的认知，可能对于插入排序算法具体实现涉及的程序代码还有一定的理解困难，只能部分解答问题 3、4 涉及的具体程序实现。 有 18.5%的同学能够完全正确回答问题 1，能够部分回答问题 2，说明这些学生只掌握了 for 循环的基本应用，且是单层的循环应用问题不大，但是对于插入排序算法还不熟悉，对排序的流程缺乏正确认知。说明这些学生上课专心度不够，可能在课堂上开小差。 只有 1 人回答都是错误的，应该是学习态度的问题

素养目标达成 典型实例	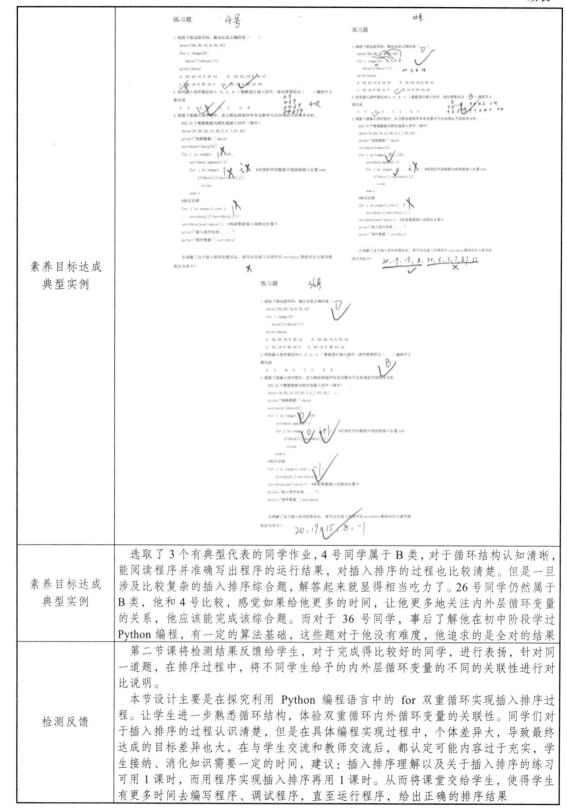
素养目标达成 典型实例	选取了 3 个有典型代表的同学作业，4 号同学属于 B 类，对于循环结构认知清晰，能阅读程序并准确写出程序的运行结果，对插入排序的过程也比较清楚。但是一旦涉及比较复杂的插入排序综合题，解答起来就显得相当吃力了。26 号同学仍然属于 B 类，他和 4 号比较，感觉如果给他更多的时间，让他更多地关注内外层循环变量的关系，他应该能完成该综合题。而对于 36 号同学，事后了解他在初中阶段学过 Python 编程，有一定的算法基础，这些题对于他没有难度，他追求的是全对的结果
检测反馈	第二节课将检测结果反馈给学生，对于完成得比较好的同学，进行表扬，针对同一道题，在排序过程中，将不同学生给予的内外层循环变量的不同的关联性进行对比说明。 　　本节设计主要是在探究利用 Python 编程语言中的 for 双重循环实现插入排序过程。让学生进一步熟悉循环结构，体验双重循环内外循环变量的关联性。同学们对于插入排序的过程认识清楚，但是在具体编程实现过程中，个体差异大，导致最终达成的目标差异也大，在与学生交流和教师交流后，都认定可能内容过于充实，学生接纳、消化知识需要一定的时间，建议：插入排序理解以及关于插入排序的练习可用 1 课时，而用程序实现插入排序再用 1 课时。从而将课堂交给学生，使得学生有更多时间去编写程序、调试程序，直至运行程序，给出正确的排序结果

"运用选择结构描述问题求解过程"学教案

周大立

一、教学分析设计

【教材课标】☞

"运用选择结构描述问题求解过程"是粤教版高中信息技术必修第一册第四单元《程序设计基础》第四节的内容，属于信息技术学科学习及编程的内容。从教材的编排上分析，这一部分的知识内容依托《分析问题》《设计算法》以及《运用顺序结构解决问题》等多个内容章节，但更多的内容是一个不同于前三个课时的知识版块，是一个新的算法结构、新的知识和操作运用。由于该节所涉及的理论与操作的联系较强，如果只是由教师来讲，学生可能会觉得枯燥且收获较少，所以知识内容在教师的引导下，通过案例分析、对比，让学生进行探讨，然后归纳获得知识。有不足之处由教师或学生来补充。利用一系列境遇创设和活动实施，让学生积极参与，活跃课堂气氛，既让学生学到知识，又培养了学生将学习与生活联系的习惯和自主学习的习惯。

【大概念】☞

课时大概念：

简约化表达：程序解决选择问题。

特征化表达：理论联系实践引导下，将选择结构程序书写与现实生活问题联系起来，利用超市收银过程中不断出现的选择情况，运用选择结构中单选择结构、双选择结构以及多选择结构的语句格式结合分支算法的具体意义来解决问题，进一步体会选择结构解决生活实践问题的核心思想。

概念类别	简略化表达	特征化表达
概念结论类	程序解决选择问题	用 Python 语言以及相关的语句规则解决选择结构中的单、双选择问题，厘清不同问题中算法实现的具体意义和区别
思想方法类	实验 归纳与反思	针对超市收银中的选择问题，依据算法中单分支、双分支的结构模型，借助 Python 语言中选择结构语句相关语法知识，需要对购物过程中的选择问题进行逻辑分析，即判断、选择、执行，进而转化为超市收银中选择性问题的解决。充分展现实践操作与不断归纳反思，从而让程序实现在问题解决中得到应用

概念类别	简略化表达	特征化表达
价值观念类	理论联系实践	在问题解决的具体情境中，关联单元知识结构，建立问题与策略的关联；通过实际问题逻辑化，建立算法与程序之间的关联，体验程序解决生活问题的过程

【资源条件】☞

资源名称	功能
PPT	营造情境，展示课堂教学环节
黑板	板书"核心问题"，学生解决核心问题的主要内容、反思提升要点
网络教室极域教室管理软件	展示学生"解决问题""评价反馈"活动，以方便全班学生共同交流、分享与分析，统计及时，形成个性化反馈

【学情分析】☞

方法层面：知识的获取者是刚接受了算法学习的学生，同时也掌握了顺序结构程序算法解决问题的过程，也按照人的成长认知规律，学生对知识的获取已经适应了算法知识学习的过程和基础方法。对于"选择结构算法"以及"利用选择结构程序解决问题"这些事物的认识，可以让他们从大量存在的实际问题中，从实际问题——算法设计——具体程序解决问题的过程中来发现并归纳出他们应该获得的知识。教师在此过程中起到引导的作用。所以本章节对学生认知方法上引导主要体现分析——归纳——对比——归纳，这个阶段的学生是能够达到教师的要求的。

具体知识层面：

（1）随着程序算法知识的深入学习，利用计算机程序和算法高效分析和解决问题成了对人类社会发展极其重要方法和手段，从知识层面来看，认识选择结构计算机程序以及算法解决实际问题是本节内容的关键。

（2）从思想方法上来看，从具体案例入手对具体问题的分析，从而掌握该类问题设计算法的机制，再由具体的机制转化到具体格式的书写，同时归纳总结问题至程序解决的过程。

（3）从价值观念上看，激发学生对于算法和程序设计的好奇心，让他们体验计算思维。

【教学目标】☞

参与用程序解决超市收银中选择性问题的探究活动，能关联算法与程序语法之间的联系，利用超市收银案例中选择性问题的分析实现问题解决与程序实现之间的转化（信息意识1、计算思维1），运用Pyhton中选择结构语句针对不同复杂程度的选择问题，实现算法选择的合理性以及程序书写的通用性（信息意识1、计算思维1、计算思维2），进一步思考算法程序设计中问题解决思路，即案例分析——算法设计——程序编写的过程，体验到问题与方法的关联，由此懂得了选择性问题的程序解决方法，实现对该类问题解决的迁移性认识（信息意识1、计算思维2、计算思维3）。

【核心问题分析】☞

在新教材课标分析中可以看出，教材倡导基于实际问题情境的探究、分析和归纳。"运用选择结构程序解决问题"也是一个典型的章节，可以帮助学生不仅从认知方面，也从具体的程序编写上建立贯彻算法执行的思路。本课时实施前，已经具备了两个方面的境遇搭建，一是铺垫了生活中各类具备选择性的问题的复杂性和多样性，让学生对泛指的选择结构算法有了认知的雏形，非常有利于后面课程的开展和运用。二是学生在课程中通过对"超市购物案例"进行了分析，该课时则依据该案例为分析素材进行新知识的归纳与应用。这样的教学流程，比较完整地构建了以单元课程为单位的大概念课程规划与设计，也更好地融入了学生发现、体验、归纳以及二次探究新知识、新方法的境遇设计。

基于以上分析，拟定本堂课的核心问题为：将"超市购物"为学案素材进行分析，初步探究选择结构算法和程序执行的过程，归纳选择结构程序解决较复杂问题的方法与意义。具体的教学思路如下：

本课时以描述"超市购物"在现实生活中的展现场景为开始，超市购物的情景是每一位学生都经历过的场景，面对简单而又熟悉的情景，梳理购物中的选择、计算就是一个现实有效的、逻辑有效的算法分析案例。教师以"超市购物"为引，提出核心问题，学生根据核心问题的要求，对案例材料进行分析交流。学生从具体的素材中分析归纳，得出购物中的选择逻辑关系和计算价格的方法，在此过程中，教师需在学生的回答分析中进行归纳，同时在学生表达阐述中进行一定的辅助和纠正，完成对选择结构算法执行过程的归纳。

完成了算法分析及归纳后，学生的思维被调动，随后由教师对具体的选择结构程序书写规则进行指导，重点对选择结构算法的要点与程序实现进行关联分析，由此让学生通过操作编写程序解决问题。

在初步完成单条件选择结构的程序编写后，给出修改后的"超市购物"案例，学生再次分析根据案例分析算法，由于有了之前分析问题、设计算法以及程序编写的过程，学生会对新问题分析以及算法的变化有更高效的理解和掌握。在此基础上，完成新案例问题的程序编写和解决并进行程序文档提交，同时也掌握了双条件选择结构算法，最后教师组织对学生的练习成果进行点评，从而实现对算法结构程序和复杂问题的过程分析。

【评价预设】☞

作为学习的指导者，教师需从学生的课程活动中收集到信息并予以高质量的评价反馈，用适当及有针对性的语言使学生明确思考方向。

（1）问题提出环节：明确核心问题后，学生根据指定材料对案例问题中已知、未知之间的逻辑关系以及相应的计算方法的准确性进行评价，对问题解决过程的表述用语进行评价。

（2）解决问题环节：学生根据案例问题中所涉及的算法分析和选择结构的程序语法规则，通过初步完成程序编写，解决案例问题后，对学生针对问题解决过程的分析进行总结评价，对程序的执行过程进行评价，对程序中反映出来的算法步骤的逻辑性、准确性进行评价。

（3）反思提升环节：学生通过对更新后案例问题的理解和对案例问题中所涉及的算法进行评价，来针对算法结构、数据之间的逻辑关系进行总结性评价。

（4）评价反馈环节：在对双选择结构的程序实现过程中，对案例中涉及的算法与程序中的关联进行评价，同时也对选择结构程序解决更复杂问题的过程进行总结评价。

二、教学实施设计

【教学环节】☞

教学环节	学生活动	教师活动	设计意图
提出问题	1. 明确核心问题。 2. 阅读指定材料并分析	1. 明确本课的具体题目,看案例,了解案例的具体描述。 2. 提出核心问题:分析"超市购物"的学案素材,初步探究选择结构算法和程序执行的过程,归纳选择结构程序解决较复杂问题的方法与意义	明确问题,创造问题情景,激发兴趣,明白学习任务
解决问题	1. 学生根据指定材料分析归纳案例中的逻辑关系和算法推断并描述。 2. 学生根据各自信息材料进行程序规则学习。 3. 学生完成导学单第一部分	1. 布置任务要求,学生任务中进行个别辅导。 2. 分析、讲解程序书写规则和评价算法、逻辑关系评价	学生通过讨论和观看材料,进行材料分析
	4. 展示活动: 全班交流、展示	3. 展示学生程序,同时展示学生程序的问题解决过程的分析所得,归纳算法的异同	分析学生程序,点评学生程序中问题解决的准确性
反思提升	1. 分析更新案例后问题中逻辑关系和选择结构算法设计并描述。 2. 理解双选择结构的算法特点并与程序实现进行关联并实施	1. 评价学生对新案例的逻辑分析和算法设计,归纳双选择结构中算法设计的要点。 2. 辅导学生完成双选择结构的程序实现和问题解决	拓展讲解、提升认识、深度体验
评价反馈	运用选择结构程序解决问题的算法要点,理解选择结构程序执行的过程	1. 学生在任务中进行个别辅导。 2. 展示、点评	运用提升
总结	掌握选择结构程序解决复杂选择问题的易错点和意义	对学生活动的情况进行一个综述,并对选择结构解决复杂问题进行归纳	

【板书设计】☞

核心问题:分析"超市购物"为学案素材,初步探究选择结构算法和程序执行的过程,归纳选择结构程序解决较复杂问题的方法与意义。

	运用选择结构描述问题求解过程
算法的认识	单选择结构　　　　　　　　　　　　双选择结构
	逻辑关系:　　　　　　　　　　　　逻辑关系:
	算法设计:　　　　　　　　　　　　算法设计:
程序的认识	程序要点:　　　　　　　　　　　　程序要点:

（根据学生的发言和制作情况进行板书）

【教学流程图】☞

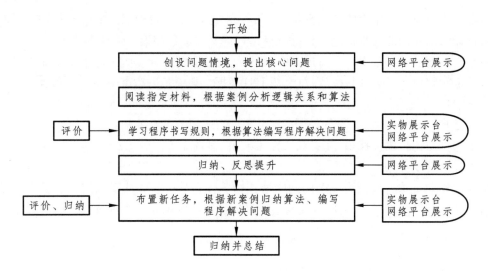

【学案与作业设计】☞

序号	作业目标	作业情境		概念结论		思想方法		价值观念		整体评估	
		内容	水平	内容	水平	内容	水平	内容	水平	内容	水平
问题解决	"超市购物"案例中的算法分析和数据之间的逻辑关系	根据案例分析单选择结构并程序实现	简单	单选择结构中的算法特点	计算思维1	提炼概括	计算思维1	方法观念	信息意识1	基础性作业	学业水平质量1
评价反馈	"超市购物"案例中的算法分析和数据之间的逻辑关系	根据案例分析双选择结构并程序实现	较复杂	双选择结构中的算法特点	计算思维2	过程提炼与分析	计算思维2	方法观念	信息意识1	实践性作业	学业水平质量2
运用迁移（课后）	"超市购物"案例中涉及"折中送"的算法分析和数据之间的逻辑关系	根据案例分析实现选择问题解决的迁移和程序实现	复杂	双选择结构和选择嵌套中的算法理解与运用	计算思维3	过程提炼与分析	计算思维2	方法观念	信息意识1	综合性作业	学业水平质量2
课时作业总体评估	从作业目标、概念结论、思想方法、计算水平综合看，课时作业与本课时确立的素养目标一致、检测全面，可有效促进学生对本课时选择结构程序解决问题的概念结论、思维与操作结合、逻辑计算思维的信息学科思想方法，将选择结构算法与现实生活问题联系起来对计算思维进行进一步的深入理解和运用，提升其迁移运用这些课时大概念解决新问题的能力和水平。 　从作业类别看，本课时的作业覆盖了基础性、实践性与综合性三大类别。 　从学业质量水平要求看，由于课堂上有师生及时地交流互动，作业设计了学业质量水平较高的2等级，有助于学生在问题解决情境中发展计算思维能力与水平，通过"超市购物"综合性与实践性相结合的案例发展学生的信息意识和计算思维核心素养，求出结果，因此设计了水平由浅入深、不同等级的作业题，有助于学生自主、自信地学习与探究。 　综上，本课时作业设计具有单元视角、结构化程度较高，有助于学生对课时大概念的理解与内化，有效达成课时育人目标										

基础性作业要求：学生能够从案例文字信息中提炼选择问题的逻辑组成（信息意识 1），实现对选择结构算法的初步拟定，根据选择结构语义完成程序编写（计算思维 1）。

1. 超市销售水果，其中苹果每斤 3.99 元，西瓜每斤 2.99 元。由于超市水果促销，如果购买水果总金额超过 50 元，则直接在总金额上打九折。某顾客进超市购买苹果和西瓜，求共消费多少金额？

（1）已知：　　　　　　未知：　　　　　　它们之间的逻辑关系：

（2）选择结构：单选择（　　）；双选择（　　）；多选择（　　　）

（3）程序实现：

延伸性作业要求：以较为复杂的问题情景为载体，学生能够从案例信息中提炼选择问题的逻辑组成（信息意识 1），实现对较复杂选择问题算法的确立，根据选择结构语义完成程序编写（计算思维 2）。

2. 超市销售水果，其中苹果每斤 3.99 元，西瓜每斤 2.99 元。由于超市水果促销，进行现金优惠活动，如果购买水果总金额超过 50 元，则直接在总金额上打九折进行支付，并免去 0.5 元的购物袋。某顾客进超市购买苹果和西瓜，求共消费多少金额？

（1）已知：　　　　　　未知：　　　　　　它们之间的逻辑关系：

（2）选择结构：单选择（　）；双选择（　）；多选择（　）

（3）程序实现：

综合性作业要求（课后作业）：以复杂的问题情景为载体，学生能够从案例信息中提炼选择问题的逻辑组成（信息意识 1），实现选择问题解决方法的迁移从而对复杂选择问题算法的拟定，根据选择结构语义完成程序编写（计算思维 3）。

3. 超市销售水果，其中苹果每斤 3.99 元，西瓜每斤 2.99 元。由于超市水果促销，如果购买水果总金额超过 50 元，则直接在总金额上打九折的并免去 0.5 元的购物袋费用。由于苹果商家欲进一步提高产品销量，将在超市活动优惠基础上，凡购买苹果超过 50 元的客户，每购买 50 元立减 10 元。某顾客进超市购买苹果和西瓜，求共消费多少金额？

三、评价反馈

1. 信息收集

本次公开课收集了以下资料：

（1）学案，分析了问题解决环节与运用反馈环节所设计问题的问答情况（以 1 人完成 1 份学案，全班 52 人，课后收集学案共计 52 份）。

（2）观看上课与评课视频，整理了课后的评课实录。

2. 反思判断

对收集到的 52 份学生学案分别基于结果性目标和关联体验目标达成评判标准进行了批阅和分类，在此基础上完成了后面的"教研公开课目标达成点检测表"。

3. 反馈调整

针对收集信息的检测分析情况，准备作如下反馈调整。

（1）针对本节课中未能完成正确体验到关联的学生。

在问题解决过程中，关联体验有一个部分，内容为程序书写与算法设计之间的关联。绝大多数学生都能根据案例信息进行分析，能正确归纳问题所设计的逻辑关系，能用算法正确表达计算中的逻辑关系，但程序实现中一旦关联到算法，就无法准确地实现。调整方法是请学生明确程序是算法的另一种体现，其程序与算法一定存在必然的联系，需要把算法中的关键节点与程序具体规则关联起来深入思考讨论，给予一定时间的分析以及在学生讨论交流中加以监控和帮助，促进这部分学生在这一过程中加深对程序与算法之间联系的理解，期待这部分学生在今后的学习中能以关联为出发点去思考和解决问题。

（2）关于以后教学中难点知识教学的反馈调整。

在这次运用核心问题教学解决问题的活动中，逻辑关系的分析与算法分析认识的思考对现阶段学生而言，既能够充分调动学生的学习兴趣和活动积极性，也能够让学生利用现有知识完成个人任务。但根据学生程序实现能力，要完成两种问题的程序解决，学生需要有一个从陌生到熟练的过程，需要学生加深对程序规则与算法之间联系的认识，同时也需要学生对程序编写有一个较为全面的认识。但这些分析和认识，均需要学生通过在课堂中充分练习和对程序编程课程的不断深入巩固，才能得以实现。

大概念的核心问题教学文化评价表

课题名称：运用选择结构描述问题求解过程。

核心问题：分析"超市购物"为学案素材，初步探究选择结构算法和程序执行的过程，归纳选择结构程序解决较复杂问题的方法与意义。

单元大概念：程序设计，利用"分析问题—算法描述——编写程序——评价优化"这一基本程序设计的流程和方法用于探究学习顺序结构、分支结构、循环结构等程序设计基本知识，进一步体会利用程序设计语言实现简单算法，解决问题。

单元核心问题：设计"成都中考志愿指导"程序。

课时大概念：在理论联系实践引导下，将选择结构程序书写与现实生活问题联系起来，利用"超市购物"案例中不断出现的选择情况，运用选择结构中单选择结构、双选择结构以及多选择结构的语句格式结合分支算法的具体意义来解决问题，进一步体会选择结构解决生活实践问题的核心思想。

课时核心问题：分析"超市购物"为学案素材，初步探究选择结构算法和程序执行的过程，归纳选择结构程序解决较复杂问题的方法与意义。

评价目标	评价指标			评价
	一级指标	二级指标	三级指标	方法结果
实现活动体验中的学习与素养发展	具有大概念核心问题教学形态	核心问题利于活动体验	内含学科问题和学生活动方式 8	每项指标最高评 8 分（满分为 96 分）
			问题情境与真实生活密切相关 7	
			促进课时大概念生成理解运用 7	
		教学目标价值引导恰当	目标构成全面正确 7	
			体验目标关联具体 8	
			目标价值引导显现 7	
		教学环节完整合理落实	课程教学环节完整 7	
			环节内容合理充实 7	
			学生活动时间充分 7	
		教学要素相互匹配促进	问题目标环节两两匹配 8	
			技术促进概念生成理解 8	
			课程特色突出氛围浓郁 7	合计 88 分
	具有大概念核心问题教学特质	拓展学习视野	课堂与现实世界有恰当关联	选择一个表现突出的二级指标，在相应三级指标引导下，以现场学生表现为主要依据，以其余指标为背景，于本表的第二页写出 150 字以上的简要评价
			有缄默知识运用及追踪剖析	
			概念生成理解导向素养发展	
		投入实践活动	有真实而且完整的实践活动	
			实践活动深度融入两类情境	
			活动的内容结果均丰富深入	
		感受意义关联	有核心问题的深层价值意义感受	
			有以知识个人为中心的关联感受	
			有对三类大概念的深层关联感受	
		自觉反思体验	有实质性反思活动的开展	
			有体验的交流与改善重构	
			有概念生成中的素养积淀	
		乐于对话分享	乐于自我表达与认真倾听	
			乐于合作中成果与思路的分享	
			有宽容的对话氛围和双向交流	
		认同素养评价	认可素养评价	
			参与素养评价	
			利用素养评价	

大概念核心问题教学特质的简要评价（包括发展性建议）：

教学中难点知识的教学反馈需要调整，这次在运用核心问题教学解决问题的活动中，问题分析和知识关联对现阶段学生而言，能够充分调动学生的学习兴趣和活动积极性，也能够让学生通过探究完成个人任务。根据学生问题解决阶段的探究分析和知识总结，联系新材料内容的分析归纳，总体来说学生完成情况达到教师预期，个别学生对算法的认识不够深入，学生需要重新对程序和算法知识进行再学习，这对其后的程序设计学习造成了影响。大部分学生在体验中，根据各组材料，能够确立问题中数据之间的逻辑关系；能够根据逻辑关系设计求解问题的算法并用合理的程序书写规则进行关联；最终实现用程序来解决问题，说明这部分学生既能对新知识进行快速有效地掌握，也具备运用程序解决较复杂实践问题的能力

大概念的核心问题教学素养目标点检测表

课时名称	运用选择结构描述问题求解过程
所属单元	程序设计基础
单元大概念	程序设计，利用"分析问题—算法描述——编写程序——评价优化"这一基本程序设计的流程和方法，来探究学习顺序结构、分支结构、循环结构等程序设计基本知识，进一步体会利用程序设计语言实现简单算法，解决问题
单元核心问题	设计"成都中考志愿指导"程序
课时大概念	在理论联系实践引导下，将选择结构程序书写与现实生活问题联系起来，利用"超市购物"案例中不断出现的选择情况，运用选择结构中单选择结构、双选择结构以及多选择结构的语句格式结合分支算法的具体意义来解决问题，进一步体会选择结构解决生活实践问题的核心思想
课时核心问题	分析"超市购物"为学案素材，初步探究选择结构算法和程序执行的过程，归纳选择结构程序解决较复杂问题的方法与意义
课时素养目标	参与用程序解决"超市购物"中选择性问题的探究活动，能关联算法与程序语法之间的联系，利用"超市购物"案例中选择性问题的分析，实现问题解决与程序实现之间的转化（信息意识1、计算思维1），运用pyhton中选择结构语句针对不同复杂程度的选择问题，实现算法选择的合理性以及程序书写的通用性（信息意识1、计算思维1、计算思维2)，进一步思考算法程序设计中问题解决思路，即案例分析——算法设计——程序编写的过程，了解到问题与方法的关联，由此懂得了选择性问题的程序解决方法，实现对该类问题解决的迁移性认识（信息意识1、计算思维2、计算思维3）
检测点	案例分析与算法逻辑之间的关联，算法与程序书写的联系，程序语法的具体实现
检测工具（检测题）	超市销售水果，其中苹果每斤3.99元，西瓜每斤2.99元。由于超市水果促销，如果购买水果总金额超过50元，则直接在总金额上打九折。某顾客进超市购买苹果和西瓜，求共消费多少金额？ （1）已知：（信息分析）　　未知：（信息分析）　　它们之间的逻辑关系：（逻辑结构分析） （2）选择结构：单选择（　　）；双选择（　　）；多选择（　　）（算法提炼） （3）程序实现：（算法与程序语义表达）
分类标准	A. 根据案例，能够对数据之间的逻辑关系和问题求解的算法进行初步分析；能够对单选择结构算法与程序书写规则进行关联并程序实现；能够对新案例分析具体的算法和数据之间的逻辑关系；能够运用选择结构程序书写规则完成对双选择问题的程序实现
	B. 根据案例，能够对数据之间的逻辑关系和问题求解的算法进行初步分析；能够对单选择结构算法与程序书写规则进行关联并程序实现；能够对新案例分析具体的算法和数据之间的逻辑关系。但未能实现用程序来解决双选择问题
分类标准	C. 根据案例，能够对数据之间的逻辑关系和问题求解的算法进行初步分析；能够对单选择结构算法与程序书写规则进行关联并程序实现。但未能对更新案例后算法和程序加以分析和编写
	D. 根据案例，未对数据之间的逻辑关系和问题求解的算法进行初步分析

	分类等级	学生人数（总人数 52 人）	百分比
检测统计	A	44	84.6%
	B	4	7.6%
	C	4	7.6%
	D	0	0%
检测分析 结果运用	根据案例能够对数据之间的逻辑关系和问题求解的算法进行初步分析；能够对单选择结构算法与程序书写规则进行关联并程序实现；能够完成学案中的一大题的（1）（2）题。再根据更新案例进行分析，能够对新案例（双选择）分析具体算法和数据之间的逻辑关系；能够运用选择结构程序书写规则完成对双选择问题的程序实现，完成二大题（1）（2）。 从学生对关联性目标的体验深度看，有 84.6%的学生通过本节课的核心问题解决和反思提升，能够根据案例分析归纳出数据之间的逻辑关系和单、双选择结构的算法解决步骤；同时实现程序书写规则与算法相对应，实现程序解决问题，完成第一、二大题。 有 7.6%的学生能根据各组案例对数据之间的逻辑关系和问题求解的算法进行初步分析；能够对单选择结构算法与程序书写规则进行关联并程序实现；能够对新案例分析具体的算法和数据之间的逻辑关系。但未能实现用程序来解决双选择问题，使其反思提升过程的任务没有无法完成，只完成了一大题和二大题（1）。 另一方面，只有 7.6%的学生根据案例对数据之间的逻辑关系和问题求解的算法进行初步分析；能够对单选择结构算法与程序书写规则进行关联并程序实现。但未能对双选择案例的算法和程序加以分析和编写，没有完成二大题
检测反馈	基于搜集信息的检测分析情况，现准备做如下的反馈调整： 学生在案例问题解决后回过头来想一想：单选择算法结构是解决"超市购物"问题的一般方法吗？如果"选择"问题增加，算法与程序的实现该如何进行？出现案例中"九折"的变化，算法的选择该如何进行？如果是两个分支的选择，程序语句该如何表达？如果对这些问题反复琢磨，最后得到的就不仅仅是程序的书写，而是总结出解决"选择"这一类实际问题的一般方法。此外，还需要改进以下几点： （1）若案例分析中，学生的反思提升环节的评价能更具体、充分一些。学生在运用环节的检测题完成情况应该会更好些，课后需学生提供个性化帮助，促进算法与程序运用的熟练度和思维度。 （2）对学生算法与程序的关联评价不到位。在课堂上教师针对性地对学生讲解算法、程序之间的联系是非常重要和有意义的，尤其是两者之间的体验评价是学生提炼问题解决方法的重要环节。 （3）关注学生的计算思维的运用，少量学生关于"0.5 元购物袋"的语句表达出现差错

"累加求和"学教案

宋德洪

一、教学分析设计

【教材课标】☞

1. 课程标准分析

《普通高中信息技术课程标准（2017 年版 2020 年修订）》中提出，普通高中信息技术课程是一门旨在全面提升学生信息素养，帮助学生掌握信息技术基础知识与技能、增强信息意识、发展计算思维、提高数字化学习与创新能力、树立正确的信息社会价值观和责任感的基础课程。本节课的内容，课程标准要求是：

（1）从生活实例出发，运用恰当的描述方法和控制结构表示简单算法。

（2）学会运用计算思维识别与分析问题，抽象、建模与设计系统性解决方案。

课程标准中的学业要求：

A-1：能够描述数据与信息的基本特征（信息意识、数字化学习与创新）。

A-4：能够根据需要选用合适的数字化工具开展学习（信息意识、数字化学习与创新）。

A-6：能够利用软件工具或平台对数据进行整理、组织、计算与呈现（信息社会责任、计算思维）。

A-7：能通过技术方法对数据进行保护（信息社会责任、计算思维）。

A-8：在数据分析的基础上，完成分析报告（信息社会责任、计算思维）。

A-10：掌握一种程序设计语言的基本知识（计算思维）。

A-11：利用程序设计语言实现简单算法，解决实际问题（计算思维）。

2. 教材内容分析

广东教育出社版、高中信息技术必修教材模块《数据与计算》在第四章"程序设计基础""4.4 运用循环结构"中描述了问题求解过程，学习了"for 循环"结构后，在解决"求购买十种笔记本，编程计算一共要花多少钱这一问题"中简单地介绍了累加算法，但并没有针对此算法进行展开。累加算法是学生在学习了"顺序结构""输入、输出和赋值语句"之后的后续内容，是"循环语句"中学生学习的重点内容。在 Python 中，累加求和（又称重复性加法求和）是一种很常用的方法，在许多编程任务中都会使用到。它可以对数字序列中的值进行累加求和，其中每个元素都会被添加到当前累加结果中。它非常"优雅"地解决了一些复杂的数学问题，而且也被广泛应用于数学计算、科学计算和计算机科学等多个领域中。

【大概念】☞

课时核心大概念：

简约化表达：循环结构中的累加求和。

特征化表达：在自动化观念引导下，关联循环结构、赋值语句，将数字序列中的每个元素都添加到当前累加结果中，抽象设计出相应的算法，再编程利用计算机的高速运算能力快速求和并解决问题，体会计算思维中的抽象建模、自动化思想。

概念类别	简略化表达	特征化表达
概念结论类	循环结构中的累加求和	累加求和是对数字序列中的值进行累加求和，其中每个元素都会被添加到当前累加结果中
思想方法类	抽象建模 自动化	让学生了解计算机利用计算速度快，重复自动化解决累加求和和累乘求积问题的方式，积淀"分析问题、抽象问题特征，建立模型，合理组织与分析数据，形成解决问题方案"的计算思维，建立抽象建模、自动化思想
价值观念类	理论联系实际的实践观	学生分析问题，抽象设计出相应的算法，用流程图的形式进行详细的描述，再编程利用计算机解决问题

【资源条件】☞

（1）多媒体：PPT 主要用于展示学生活动内容，可支持小组学习、交流、展示、评价等活动。

（2）网络机房：可支持学生资料查询，在线学习，作品制作、交流、展示。

（3）黑板：板书核心问题，板书学生解决问题时交流、分析要点；反思提升要点。

【学生分析】☞

教学对象为高一学生，通过前面的学习，掌握了流程图绘制的基本方法，并已经掌握了顺序结构和分支结构。在循环结构的第一堂课中已经做到能理解循环结构流程图和循环结构三要素，会用"for"语句编写最简单的循环语句。但学生往往只是在逻辑上理解了相关知识，在具体的程序代码的编写过程中，往往还会犯语法和逻辑错误，使程序不能完全正确运行。

【教学目标】☞

在探究数列数据元素求和的活动过程中，关联循环结构、赋值语句，将数字序列中的每个元素都添加到当前累加结果中，抽象设计出相应的算法（信息意识 2、计算思维 2），再编程利用计算机高速运算能力快速求和并解决问题（计算思维 2、数字化学习与创新 2），体验数列特征与递增变量之间的关联，体验计算思维中的抽象建模、自动化思想（计算思维 2、信息社会与责任 2）。

【核心问题分析】☞

1. 核心问题

列表中数据求和，探究编程累加求和。

2. 设计思想

循环结构是计算机程序设计三大结构之一，它利用计算机高速的运算能力，重复执行某些语句的方法，来解决较复杂的计算问题。累加算法是循环结构中简单但却应用很广的算法，其循环体的表达式为：$s=s+x$，其中 s 为累加变量，x 为递增变量，学生理解起来有一定的困难。如何帮助学生理解累加的概念呢？其实在生活中有相当多类似的累加情景：公交车每个站点上人和下人，第一站上了多少人？第二站上了多少人，下了多少人？……；打完乒乓球，把地上的乒乓球捡到球筐，第一次捡些乒乓球到球筐，第二次捡些乒乓球到球筐……；等等，这些都是生活中累加的例子。如何用一个累加的例子快速吸引学生的注意力呢？可将"学生购买笔记本，求所需要花费多少钱"的问题转换成求列表中多个数据的和的问题，对比连加计算求和的过程，阅读教材相应内容，阐述如何利用循环累加求和，从而编程实现数列求和。数学中的数列求和，用计算机累加求和，都可以实现多个数的求和，但在数学中的数列求和多是运用求和公式，如果照搬到计算机上编程，不便于提高计算机运行的效率，同时对于不是等比和等差数列，暂时是不能应用求和公式进行求和运算的；运用累加算法，是把连加问题归纳为简单而又规则的在前一个和的基础上加一数的重复运算，在编程求和的过程中，需要关注数列特征与累加变量之间的关系，这样有利于发挥计算机运算速度快和运算精度高的特点。学生在探讨实现游戏积分的程序过程中，体验到数列求和与累加算法之间的关联。同时在编程实现数列求和的过程中，需要观察数列特征，体验数列特征与递增变量之间的关联。

【评价预设】☞

1. 对学生活动的预设

（1）可能存在写不出累加循环体基本表达式的情况。

（2）对于循环中循环步长可能理解不到位。

（3）在编写累加程序实现时，有些逻辑关系有可能理得不是很清楚。

（4）程序编写时有基础的语法错误。

2. 本堂课中教师课堂评价的预设

（1）解决问题环节中学生每次积分表达式写得不准确，不能探讨归纳出循环体表达式，用循环变量每次的变化进行引导评价。

（2）运用反馈中对学生的数列求和的逻辑关系，程序代码实现，从程序的循环三要素是否齐全、正确等方面进行评价。对有加、减运算的数列求和，从分别把相加和相减的项组合在一起来处理、把加项和减项分别看作一个整体来处理，最后再利用数学中的通项公式进行求解，通过奇偶数项符号不同进而联想到可以使用分支结构，从这四个不同解法进行评价。

二、教学实施设计

【教学环节】☞

教学环节	学生活动	教师活动	设计意图	技术融合
提出问题	观察列表中的数据元素，进入问题情境	引导学生回忆前面所学知识，提出核心问题：列表中数据求和，探究编程累加求和	激发学生兴趣，引导学生进入学习状态	PPT 出示核心问题

教学环节	学生活动	教师活动	设计意图	技术融合
解决问题	活动一，人工计算列表中的数据元素的和	教师引导学生思考人工求和的过程	学生完成对列表中数据元素的人求和，并总结计算过程	学生利用 PPT 学习
	活动二，探究编程计算列表中数据元素的和	引导学生思考人工求和的过程如何用到编程中求列表中的数据元素的和	学生通过人工计算数列元素的和的过程迁移到计算机解决问题的过程中，再利用计算机的循环结构自动求和	学生利用计算机编程
反思提升	学生小结	补充、总结	对活动所探究的知识进行总结归纳	PPT 展示，板书形成
评价反馈	运用反思提升环节归纳出的知识内容及方法完成相关实践	指导学生将课堂中习得的知识进行应用，对学生予以鼓励、评价	对学生的知识迁移应用	PPT 展示

【**板书设计**】☞

核心问题：列表中数据求和，探究编程累加求和。

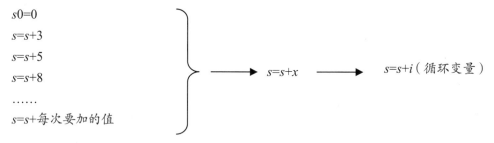

$s0=0$

$s=s+3$

$s=s+5$

$s=s+8$

……

$s=s+$每次要加的值

$s=s+x$ ⟶ $s=s+i$（循环变量）

【**教学流程**】☞

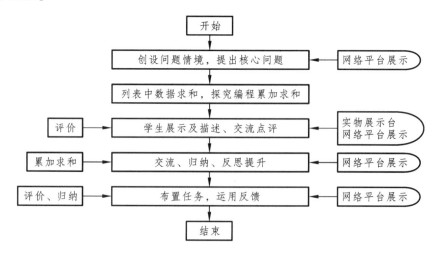

【作业设计】☞

作业序号	作业目标	作业情境		概念结论		思想方法		价值观念		整体评估	
		内容	水平	内容	水平	内容	水平	内容	水平	类型	水平
评价反馈1	利用循环结构等程序设计基础知识解决简单数列累乘	简单的累乘程序设计及流程图	简单	循环结构中累乘求积	计算思维水平1	抽象建模及自动化	思维发展与提升1	实践观	信息社会责任水平1	基础性作业	学业质量水平1
评价反馈2	利用循环结构等程序设计基础知识解决等差和非等差数列的求和及某数的阶乘	等差和非等差数列的求和及某数的阶乘的学习探索情境	较复杂	循环结构中累加求和、累乘求积	计算思维水平2	抽象建模及自动化	思维发展与提升2	实践观	信息社会责任水平2	综合性作业	学业质量水平2
课后作业	利用循环结构等程序设计基础知识，求非等差数列和，利用梅钦公式求π值	求非等差数列和、利用梅钦公式求π值的学习探索情境	较复杂	循环结构中累加求和	计算思维水平3	抽象建模及自动化	思维发展与提升3	实践观	信息社会责任水平3	实践性作业	学业质量水平3
课时作业总体评估	从作业目标及概念结论、思想方法、价值观念水平综合看，课时作业与本课时确立的素养目标一致、检测全面，可有效促进学生对本课时循环结构中的累加求和的概念结论、抽象建模及自动化等信息学科思想方法，理论联系实际等价值观进一步深入理解，提升其迁移运用这些课时大概念解决新问题的能力和水平。 　　从作业类别看，木课时的作业覆盖了基础性、综合性与实践性三大类别的作业。 　　从学业质量水平要求看，由于课堂上有师生及时的交流互动，作业设计了学业质量水平1、2等级，有助于学生在问题解决情境中发展较高思维能力与水平，发展了学生计算思维及信息社会责任等核心素养；课后作业主要由学生自主独立完成，因此设计水平3的作业题，有助于学生自主学习与探究，提升发展学生计算思维及信息社会责任等核心素养。 　　综上，本课时作业设计具有单元视角、结构化程度较高，有助于学生对课时大概念的理解与内化，有效达成课时育人目标										

（具体的作业内容略）

三、教学评价反馈

【信息搜集】☞

　　课后搜集了全班55名同学的运用反馈练习，按照体验性目标的达成情况及正确率进行了批阅和分类。

【自我评价】☞

　　在搜集到的教师反馈意见基础上认真自我反思，针对大概念核心问题教学的课堂教学加以评价，完成了"大概念核心问题教学文化评价表"。

基于本节课的核心问题设置较为恰当，体验到了恰当设置核心问题的重要性和必要性。因此较好地达成了体验性目标和结果性目标，整节课的完成是比较成功的。

（1）学生活动充分，体验层层深入。作为一节高一探究课，更关注学生的"学"。放手把时间交还给学生，学生先后经历了独立探究、小组合作、全班展示交流三个活动环节。由于学生活动充分，所以在全班展示环节，学生的展示有内容、有层次、有高潮。

（2）教师的评价实施较好和学生投入实践活动较好。

根据大概念核心问题教学要求，按照核心问题教学形态评价和实质评价的一级、二级、三级指标，结合结果性目标，体验性目标尤其关联体验目标，根据学生课堂中的具体表现和收集整理的资料，反思判断自己的教学，对核心问题教学文化的自评情况如下表。

大概念的核心问题教学文化评价表

课时名称：累加求和。

所属单元：第四单元。

单元大概念：需求分析、算法描述、顺序结构、选择结构、循环结构、程序设计。

单元核心问题：设计"成都中考志愿指导"程序。

课时大概念：累加求和。

课时核心问题：列表中数据求和，探究编程累加求和。

评价目标	评价指标				评价方法结果
	一级指标	二级指标	三级指标		
实现活动体验中的学习与素养发展	具有大概念核心问题教学形态	核心问题利于活动体验	内含学科问题和学生活动方式	8	每项指标最高评8分（满分为96分）合计90分
			问题情境与真实生活密切相关	7	
			能引发大概念、新知新法生成	7	
		教学目标价值引导恰当	两类目标正确全面	8	
			关联体验目标恰当	7	
			目标价值引导显现	7	
		教学环节完整合理落实	教学环节清晰完整	8	
			环节内容合理充实	8	
			学生活动时间充分	8	
		教学要素相互匹配促进	问题目标环节两两匹配	7	
			技术促进活动形式内容	8	
			素养导向突出氛围浓郁	7	

评价目标	评价指标			评价
	一级指标	二级指标	三级指标	方法结果
实现活动体验中的学习与素养发展	具有大概念核心问题教学特质	拓展学习视野	课堂与现实世界有恰当关联	选择一个表现突出的二级指标,在相应三级指标引导下,以现场学生表现为主要依据,以其余指标为背景,于本表的第二页写出150字以上的简要评价
			有基于缄默知识的问题解决	
			有缄默知识运用的追踪剖析	
			知识运用剖析导向素养发展	
		投入实践活动	有真实而且完整的实践活动	
			实践活动深度融入两类情境	
			能够全身心地浸渍于活动中	
			活动的内容结果均丰富深入	
		感受意义关联	有核心问题的深层意义感受	
			有以知识为中心的关联感受	
			有以个人为中心的关联感受	
			有对三类大概念的关联感受	
		自觉反思体验	有实质性反思活动的开展	
			有课堂新因素的追踪利用	
			有体验的交流与改善重构	
			有概念生成中的素养发展	
		乐于对话分享	乐于自我表达与认真倾听	
			乐于合作中成果与思路的分享	
			乐于成果交流中深层意义分享	
			有宽容的对话氛围和双向交流	
		认同素养评价	认可素养评价	
			参与素养评价	
			利用素养评价	

大概念核心问题教学特质的简要评价(包括发展性建议):

在本节课中,具有核心问题教学实质的六个方面都有所表现,其中投入实践活动这个方面体现得比较充分。

第一,本节课有真实而完整的实践活动。本节课以"列表中数据求和,探究编程累加求和"为核心问题,学生通过总结人工计算列表中数据元素和的过程,提炼算式,设计算法运用循环结构将这个过程让计算机自动执行并编程实现。在活动过程中,总结算式,描述算法,形成计算思维,培养创新精神,促进学生全面而个性地发展。最后通过运用反馈,深度体验所学知识。实践活动真实且完整。

第二,本节课学生能够全身心地浸渍于活动中。首先,学生人工计算列表中数据元素的和,再提炼算式,设计算法运用循环结构将这个过程让计算机自动执行并编程实现。再接着完成运用反馈,学生在活动过程和应用过程中,都能全身心地浸渍于活动中。

第三,学生的活动内容结果丰富且深入。学生人工计算列表中数据元素的和,总结算式,设计算法,编程实现。在这个过程中,学生的学习真正发生,学生的计算思维也得到体现,在完成编程累加求和的过程中,学生的创造性思维也得到外显。显然这些活动内容结果丰富且深入。

综上所述,本节课中,具有核心问题教学实质的投入实践活动这个方面表现得比较突出

大概念的核心问题教学素养目标点检测表

课时名称	算法及其描述
所属单元	第四单元
单元大概念	需求分析、算法描述、顺序结构、选择结构、循环结构、程序设计
单元核心问题	设计"成都中考志愿指导"程序
课时大概念	累加求和
课时核心问题	列表中数据求和，探究编程累加求和
课时素养目标	在日常生活中，根据实际解决问题的需要，恰当选择数字化工具，具备信息安全意识（信息意识）。 依据问题解决的需要设计算法，运用算法描述方法和三种控制结构合理表示算法，利用 Python 程序设计语言实现简单算法，解决问题（计算思维）。 在利用数字化工具解决实际问题的过程中，树立正确的信息社会价值观（信息社会责任）。
检测点	用累加编程解决数列求和，体验数列特征与递增变量之间的关联，树立正确的信息社会价值观
检测工具（检测题）	1. 综合应用题： （1）求 1+1/2+1/3+1/4+1/5+……+1/200 的和 （2）求 3+6+9+12+……+999 的和 （3）求 1*2*3*……*15 的积 2. 实践应用题： （1）求：1/2+2/3+3/4+4/5+……99/100 的和 （2）梅钦公式求 π： $\tan(\pi/4)=1$ $\pi=4*\arctan 1$ $\text{Arctan}x=x-x^3/3+x^5/5-x^7/7\cdots(-1)^{n-1}x^{2n-1}/(2n-1)$ 代入 $x=1$ $\pi/4=1-1/3+1/5-1/7+(-1)^{n-1}/(2n-1)$ $\pi/4=1-1/3+1/5-1/7+1/(4n-3)-1/(4n-1)$ 根据公式求圆周率
分类标准	A. 能够完全理解累加求和的内在逻辑，用累加编程正确完成基础题和综合应用题中的所有数列的求和，体验数列特征与递增变量之间的关联，树立正确的信息社会价值观
	B. 能够理解累加求和的内在逻辑，用累加编程正确完成全部的基础题和综合应用题第一题中的数列求和，体验数列特征与递增变量之间的关联，树立正确的信息社会价值观
	C. 能够理解累加求和的内在逻辑，用累加编程完成全部的基础题
	D. 能够理解累加求和的内在逻辑，用累加编程完成部分的基础题

	分类等级	学生人数	百分比（总人数 55 人）
检测统计	A	42	76.4%
	B	11	20%
	C	2	3.6%
	D	0	0
检测分析 结果运用	从检测结果统计情况看，绝大多数的学生都能完全正确或基本正确地完成综合性作业。可以比较好地应用所学的累加求和知识，依据问题解决的需要设计算法，利用 Python 程序设计语言实现算法，解决问题。 有 76.4%的同学能够完全理解累加求和的内存逻辑，用累加编程正确完成基础题和综合应用题中的所有数列求和，体验数列特征与递增变量之间的关联。 有 20%的同学能够理解累加求和的内存逻辑，用累加编程正确完成全部的基础题和综合应用题第一题中的数列求和，体验数列特征与递增变量之间的关联。 有 3.6%的同学能够理解累加求和的内存逻辑，用累加编程正确完成全部的基础题		
素养目标达成 典型实例			

```
s=0
for i in range(1,201,1):
    s=s+1/i
print(s)

s=0
for i in range(3,1000,3):
    s=s+i
print(s)

s=1
for i in range(1,16,1):
    s=s*i
print(s)

s=0
for i in range(2,101,1):
    s=s+(1-1/i)
print(s)

s=0
for i in range(1,10001,4):
    s=s+1/i-1/(i+2)
print(4*s)
```

3 号同学的作业

```
s=0
for i in range(1, 201, 1):
    s=s+1/i
print(s)
s=0
for i in range(3, 1000, 3):
    s=s+i
print(s)
s=0
for i in range(1, 16, 1):
    s=s*i
print(s)
s=0
for i in range(2, 101, 1):
    s=s+1-1/i
print(s)
s=0
t=0
for i in range(1, 1000000, 2):
    s=s+1/(i*(-1)**(t))
    t=t+1
print(4*s)
```

34 号同学的作业

素养目标达成
典型实例
	``
	s=0
	for i in range(1,201,1):
	    s=s+1/i
	print (s)
	s=0
	for i in range(3,100,3):
	    s=s+i
	print (s)
	s=1
	for i in range(1,16,1):
	    s=s*i
	print (s)
	s=1
	for i in range(1,101,1):
	    s=s+i/(i+1)
	print (s)
	s=0
	for i in range(1,10001,2):
	    s=s+1/i-1/(i+2)
	print (4*s)
	``
	
	 49号同学的作业
	
	``
	s=0
	for i in range(1,201,1):
	    s=s+1/i
	print(s)
	s=0
	for i in range(3,1000,3):
	    s=s+i
	print(s)
	s=1
	for i in range(1,16,1):
	    s=s*i
	print(s)
	s=0
	for i in range(1,100,1):
	    s=s+1-1/i
	print(s)
	s=0
	for i in range(1,100000,2):
	    s=s+i*(-1)
	print(s)
	``
	
	 55号同学的作业
	
	其中，3号、34号、49号同学的作业是A等作业的代表，他们能够完全理解累加求和的内在逻辑，用累加编程正确完成基础题和综合应用题中的所有数列求和。这三个同学在综合应用题的完成中分别用了不一样的递增变量，这表明同学们体验到了数列特征与递增变量之间的关联。
	
	55号同学的作业是B等作业的代表，他们能够理解累加求和的内在逻辑，用累加编程正确完成全部的基础题和综合应用题第一题中的数列求和，但综合应用题的第二题编程不正确

检测反馈	本节课设计主要是在探究数列数据元素求和的过程中，用累加编程解决数列求和，体验数列特征与递增变量之间的关联。同学们对于用累加编程解决问题掌握得比较不错，全部分同学都能完成基础题，绝大部分同学更能完成综合应用题的一道或二道题。只有少数同学综合应用题的完成情况不是很理想，对于这几个同学，应该在之后有针对性地再讲解，让其理解累加过程中递增变量应如何灵活使用。在第二节课围绕检测结果向同学们进行反馈，对于完成得比较好的同学进行表扬，对同一道题，在累加过程中，就递增变量的不同和同学们进行了对比说明

"设计'成都中考志愿指导'算法"学教案

杨洋

一、教学分析设计

【教材分析】☞

1. 本节对应分析课标（2017 年版 2020 年修订）

（1）从生活实例出发，运用恰当的描述方法和控制结构表示实际问题中的算法。

（2）学会运用计算思维识别与分析问题，抽象、建模与设计系统性解决方案。

2. 本节在教材中的地位和作用

本课是广东教育出版社 2019 版必修一《数据与计算》第四章"程序设计基础"的第二课时内容，是用计算机解决问题过程（分析问题→设计算法→编写程序→调试程序）中的设计算法，是学生学习程序设计语言的项目先行课，是后续编写桂序解决问题的核心基础，起到了承上启下的作用。我们将通过子项目"设计成都中考志愿指导算法"，为学生找到学习和编写计算机程序的现实意义。

3. 本节对应的学业要求

（1）A-6：能够利用软件工具或平台对数据进行整理、组织、计算与呈现（计算思维、信息社会责任）。

（2）A-9：依据解决问题的需要，设计和表示简单算法（计算思维）。

4. 本节对应的信息技术核心素养分析

信息意识：针对特定的信息问题，自觉、主动地比较不同的数据，能敏锐地发现数据里承载的信息。

计算思维：针对给定的任务进行问题分析，明确需要解决的关键问题；能够提取问题的基本特征，进行抽象处理，并用形式化的方法表述问题；运用基本算法设计解决问题的方案。

【大概念】☞

课时核心大概念：

简约化表达：设计具体问题的算法。

特征化表达：在解决具体问题的过程中，用算法流程图描述问题解决的流程；反思此过程运用的信息技术思想方法：数字化学习创新，计算思维，建模思想；最终能够综合运用已有的知识方法，创新地解决生活实际问题。

概念类别	简略化表达	特征化表达
概念结论类	算法流程图	用一些图框来表示各种类型的操作，在框内写出各个步骤，然后用带箭头的线把它们连接起来，以表示执行的先后顺序。用图形表示算法，直观形象、易于理解
思想方法类	归纳反思	通过观察和总结具体事例的共同特征，从而得出普遍规律或者结论的推理方法
价值观念类	创新精神	具有能够综合运用已有的知识、信息、技能和方法，提出新方法、新观点的思维能力和进行发明创造、改革、革新的意志、信心、勇气和智慧

【资源条件】☞

资源名称	功能
黑板、实物投影台	板书核心问题；板书学生解决问题时交流、分析、建构概念过程的要点；板书反思提升要点等
教材、学习任务单、课外助读资料	提供核心问题教学各环节中自主探究与生成的环节与思维空间
PPT	展示视频、图片等情境；出示核心问题；提供全班交流时所需的资料；出示前置任务完成情况、评价反馈练习等内容
机房极域系统	共享教师和同学的桌面
应用软件：画程	在计算机上画算法流程图的软件

【学生基础】☞

高一的学生，思维活跃，乐于通过思考解决问题，有强烈的参与感。学生经过第三章"算法基础"的学习，已经具备用自然语言、流程图等方式描述简单算法的能力。但他们对生活中的实际问题的算法缺少整体认知，无法及时分析出一个混合算法中的关键数据。

本节使用的"中考志愿指导"项目，是同学们都经历过，而且将来高考仍然会经历的重要事件，学生均表现出强烈兴趣，在主观能动性的驱动下，本节课将带领同学深度体验使用算法解决生活中实际问题的过程。

【教学目标】☞

在体验根据分数填写志愿的经历后，分析并设计"中考志愿指导"算法流程图；感受设计算法的过程；能够立足实际，运用计算思维，应用数字化工具，解决日常生活中出现的问题。

【核心问题】☞

本节课核心问题：根据相关数据（个人成绩，学校分数线、招生计划等），设计"中考择校预测"算法流程图。

本节课内容以项目学习的方式开展，以项目实施为主要抓手，通过项目实施学习知识、建构知识。同时通过相互讨论、相互评价的方式开展小组合作学习，促进项目目标的实现和学生核心素养的培养。

本节课由核心任务——完成"算法流程图"贯穿整个课堂，具体内容如下。

（1）提出问题阶段：根据上节课对影响志愿的各个因素进行分析，提出本节课的任务要求。

（2）解决问题阶段：学生两人一组，讨论并分析所给数据，画出算法流程图。

（3）反思提升阶段：反思整个过程，优化算法流程图（从添加影响因素的角度），从建构的角度思考"学校排位"数据的生成，最后从核心素养角度进行反思提升。

（4）评价反馈阶段：根据本节课算法流程图，找到对应的程序设计语言知识单元，为后续学习做准备。

【评价预设】☞

（1）提出问题环节：通过回顾项目第一节课，强化"志愿"各因素对结果的影响，继续项目实施，自然引出本节课的核心问题，营造出研究的学习氛围，激发学生的研究热情。

（2）解决问题环节：学生在完成算法流程图的过程中，教师主要从如下两个方面入手：

① 梳理学生从分数到学校选择的思考过程，并根据此过程，用自然语言进行描述。

② 根据梳理的自然语言算法，改写流程图后，从流程图规范和完整性两个方面进行评价。

（3）反思提升环节：一切以学生问答为依据，对学生设计算法解决问题的过程进行反思，梳理得出算法的过程，然后需要用专业的语言，引导学生反思模型与算法之间的关联，并评价过程中学生体现出的学科核心素养。

（4）评价反馈环节：主要根据项目的实施进度，提示学生接下来的项目安排，加深学生对算法与程序设计语言之间关联的思考。

二、教学实施设计

【教学环节】

项目环节	教师活动	学生活动	设计意图	技术融合
提出问题	（1）根据项目回顾第一课时的内容； （2）提出任务：根据展示数据，设计"中考择校预测"算法流程图	回顾项目内容，理解课堂任务	制造气氛，激发兴趣，明白学习任务	PPT，出示学习、生活情境和课时核心问题

项目环节	教师活动	学生活动	设计意图	技术融合
解决问题	1. 算法实现阶段 （1）提出任务一：根据展示数据，找出 2023 年中考 611 分的学校选择，并说出分析过程； （2）根据学生回答的过程，板书其过程，并详细探讨"比较过程"； （3）根据学生回答的过程，提出任务二：完成问卷调查； （4）根据学生问卷结果，提出任务三：设计算法流程图。 2. 算法优化阶段 （1）此算法流程图能不能优化改进，引导提出另一个影响因素：招生计划人数；并提出 2023 年招生计划人数会影响流程图的"学校位次"数据； （2）提出问题：根据 2023 年招生计划人数，重新计算学校位次数据； （3）根据学生分享，评价"学校位次"数据的计算过程； （4）思考如果要加入其他影响数据如高考成绩，学校文化等，应该如何操作（量化数据，便于计算），最后引出计算模型	1. 算法实现阶段 （1）根据老师要求，两人一组进行讨论，并完成学案第一题（找出 2023 年中考 611 分的学校选择）； （2）根据同学分享，思考并分析解答过程； （3）完成相应算法流程图； （4）分享评价算法流程图。 2. 算法优化阶段 （1）根据老师要求，两人一组进行讨论，根据 2023 年招生计划人数，重新计算统招 611 分时应该怎么填写志愿； （2）分享重新计算的过程； （3）反思加入其他数据，如何操作	增强主观能动性，感受数据与数据之间的关系，深入体验，强化认识	PPT 出示活动要求，展示学生的前置学习成果； 应用画程、Excel 等软件
反思提升	（1）总结本次课的过程； （2）梳理本节课的信息技术核心素养	反思本节课学习过程，并感受本节课所涉及的核心素养	反思过程，提升方法素养的认识	PPT 演示
评价反馈	根据算法流程图，分析提出对应的 Python 学习知识单元，为项目的下一节课做好铺垫	思考对应的 Python 学习的知识单元，并做好学习准备	为项目的下一阶段做好铺垫，提高学生的主观能动性	PPT 出示评价反馈工具

【板书设计】☞

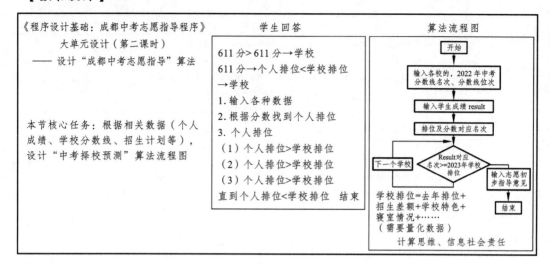

《程序设计基础：成都中考志愿指导程序》
大单元设计（第二课时）
—— 设计"成都中考志愿指导"算法

本节核心任务：根据相关数据（个人成绩、学校分数线、招生计划等），设计"中考择校预测"算法流程图

学生回答

611分＞611分→学校
611分→个人排位＜学校排位
→学校
1. 输入各种数据
2. 根据分数找到个人排位
3. 个人排位
（1）个人排位＞学校排位
（2）个人排位＞学校排位
（3）个人排位＞学校排位
直到个人排位＜学校排位 结束

算法流程图

开始
↓
输入各校的，2022年中考分数线名次、分数线位次
↓
输入学生成绩result
↓
排位及分数对应名次
↓
Result对应名次＞=2023年学校排位
下一个学校 ← → 输入志愿初步指导意见
↓
结束

学校排位=去年排位+招生差额+学校特色+寝室情况+……
（需要量化数据）

计算思维、信息社会责任

【教学流程图】☞

开始
↓
| 课件展示 | 上节内容 |→ 回顾项目情景，引出项目任务
↓
提出项目任务
↓
| 学案、手电 | 提供资源 |→ 学生活动1：判断统招611分的志愿填写，完成学案第一题
↓
| 板书 | 学生学案 |→ 抽选学生回答，并总结展示
↓
活动2、3：设计并优化流程图
↓
反思提升：反思过程，提炼方法，内化思想
↓
铺垫：根据算法流程图，梳理程序设计语言知识点
↓
结束

【作业布置】☞

课时作业的结构化设计：

作业序号	作业目标	作业情境		概念结论		思想方法		价值观念		整体评估	
		内容	水平	内容	水平	内容	水平	内容	水平	内容	水平
课后作业1	检测学生对当年中考具体分数与上一年学校录取分数之间的关系理解	根据展示数据，两人一组讨论交流，判断统招611分和调招611分的志愿分别怎么填写，并说出理由	基础	学校录取分数（对应排名）vs学生分数（对应排名）	信息意识水平2	由现象到本质	思维发展与提升1	信息技术的两面性	信息社会责任水平2	基础性作业	学业质量水平1-3

作业序号	作业目标	作业情境		概念结论		思想方法		价值观念		整体评估	
		内容	水平	内容	水平	内容	水平	内容	水平	内容	水平
课后作业2	检测学生运用画程将自然语言描述转化成算法流程图的能力	根据展示数据，两人一组讨论交流，画出"成都中考志愿指导"算法流程图（使用画程）	较复杂	具体的算法流程图	计算思维水平2	由现象到本质，思辨分析	思维发展与提升3	积极主动融入信息社会	信息社会责任水平2	信息社会责任水平2	学业质量水平3-2
课后作业3	引导学生建立模型，对学校位次这个关键数据进行计算，提升学生计算思维	考虑招生计划的增加，设计学校位次计算公式：学校位次=？	复杂	具体的模型计算公式	计算思维水平3	理论指导实践	思维发展与提升4	积极主动融入信息社会	信息社会责任水平2	信息社会责任水平2	学业质量水平4-2
课时作业总体评估	情景线：成都中考是学生亲身经历的情景，而题目所设置的分数，也差不多是同学们中考的分数，在这样的分数下，什么样的录取流程，最终选择了对应的学校，学生想必是有话可说的，但透过现象看本质，很多同学并没有深度思考。 金线：在信息活动中认识到信息技术具有两面性，在带来积极作用的同时，也会带来一些负面影响。 银线：在较为复杂的信息情景中，确定信息的关键要素，发现内在关联，挖掘核心价值，针对复杂的信息问题进行需求分析，综合判断信息，确定解决问题的路径。 从作业设置的由浅而深的梯度性和由课内而课外的情境变化，及与该变化匹配的内容和水平以及涉及的思想方法可以看出，这份课时作业形式多样，内容由单一到综合，情境由基础到高阶，应该可以较好地检测课时目标的达成情况，利于促进学生真实学习行为的发生										

（具体的作业内容略）

三、教学评价设计

【信息搜集】☞

课后搜集了全班51名同学的运用课堂练习，按照素养目标的达成情况及正确率进行了批阅和分类。

1. 同行评价

本节课后，听取了同组老师、四川省教研员的听课意见和建议，认为本课有以下设计亮点：

（1）真实问题的提出。生活中的真实问题情景：学生经历过中考填报志愿的艰辛，为了今后更好地指导高考志愿的填报，来设计一个志愿填报系统。围绕主题项目情景展开教学活动，通过逐层深入地探究与师生互动，让学生在充分参与问题解决的过程中达成本课学习目标。情景的设置，让学生更有参与感。并且让学生在解决问题的过程中完成知识的构建。

（2）学习活动的设计。把学生的主体地位还给学生，注重生活化，让学生善于发现生活中的问题。注重综合性，培养综合解决实际问题的能力。注重思维和方法的培养，引导学生去发现问题，并用学科思维来解决问题。

（3）核心素养的有效达成。通过分析中考招生热点问题，让学生发现数据里承载的信息以及数据之间的关联。通过解决设计"中考志愿指导"算法流程图这个核心任务，学生明确需要解决的关键问题；学会提取问题的基本特征，用算法来描述并设计解决问题的方案。

2. 自我评价

（1）项目的选择。

我们用项目式的大单元来设计本章内容，因为学生仍然是初学者，因此对项目提出的要求是：不能太难或者项目不能太大，项目还必须串联本章所有的 Python 知识点，最后选择了"成都中考志愿指导项目"。这个项目不仅能满足刚刚提到的两点需求，最重要的是，每个同学都经历过，个别同学甚至在填写志愿上，因为不是很了解还吃过亏。所以他们对这个项目都非常感兴趣（有两位同学在老师刚提出项目的那个周末，就在家里自学，把一个志愿指导系统的初步程序编写出来了，这就是对这个项目有着极大兴趣的证明）。

所以，本项目不仅要负载第四章的所有知识内容，还要承载解决问题所需的思想方法，最后提升信息技术核心素养，最重要的是，整个过程，同学们用极大的兴趣，驱动着项目的进行。

（2）项目的实施。

本单元是第四章：程序设计基础。本章的设计思路是，按照计算机解决问题的一般过程：分析问题→设计算法→编写程序→调试程序，来进行。从教材的内容上看，本章的重点是让学生掌握 Python 中的三种结构表示以及相关的 Python 基础知识，并最后能够使用 Python 编写程序实现简单的算法。

所以本单元设置了如下的单元目标：在运用编程解决问题的过程中，体验程序设计的基本流程，了解 Python 程序设计语言的基础知识，能够使用程序设计语言实现简单算法，进而促进信息技术学科核心素养的达成。

（3）课时设计思路。

刚刚展示的课例是第四章"程序设计基础"的第二课时，是用计算机解决问题过程（分析问题→设计算法→编写程序→调试程序）中的设计算法环节，虽然在第四章的学习知识点没有算法设计，算法设计是第三章的内容。但只要涉及编写程序，就必须对生活中实际的项目进行分析问题，设计算法，是学生学习程序设计语言的项目先行课，是后续编写程序解决问题的核心基础，起到了承上启下的作用。我们将通过子项目"设计成都中考志愿指导算法"，让学生找到学习和编写计算机程序的现实意义。

所以我们设置如下的课时目标：研究 2022 年成都高中相关数据，寻找它们之间的关联，感受表格解决数据问题的过程，并画出算法流程图，进而培养同学们的信息意识、数字化学习与创新、计算思维。

大概念的核心问题教学文化评价表

课时名称：设计"成都中考志愿指导"算法。

所属单元：第 4 单元　程序设计基础。

单元大概念：程序设计。

单元核心问题设计:"成都中考志愿指导"程序。

课时大概念:算法设计。

课时核心问题:根据相关数据(个人成绩,学校分数线、招生计划等),设计"中考择校预测"算法流程图。

评价目标	评价指标				评价方法结果
	一级指标	二级指标	三级指标		
实现活动体验中的学习与素养发展	具有大概念核心问题教学形态	核心问题利于活动体验	内含学科问题和学生活动方式	7	每项指标最高评8分(满分为96分)
			问题情境与真实生活密切相关	8	
			能引发大概念、新知新法生成	8	
		教学目标价值引导恰当	两类目标正确全面	8	
			关联体验目标恰当	8	
			目标价值引导显现	7	
		教学环节完整合理落实	教学环节清晰完整	8	
			环节内容合理充实	8	
			学生活动时间充分	7	
		教学要素相互匹配促进	问题目标环节两两匹配	7	
			技术促进活动形式内容	8	
			素养导向突出氛围浓郁	7	合计91分
	具有大概念核心问题教学特质	拓展学习视野	课堂与现实世界有恰当关联		选择一个表现突出的二级指标,在相应三级指标引导下,以现场学生表现为主要依据,以其余指标为背景,于本表的第二页写出150字以上的简要评价
			有基于缄默知识的问题解决		
			有缄默知识运用的追踪剖析		
			知识运用剖析导向素养发展		
		投入实践活动	有真实而且完整的实践活动		
			实践活动深度融入两类情境		
			能够全身心地浸渍于活动中		
			活动的内容结果均丰富深入		
		感受意义关联	有核心问题的深层意义感受		
			有以知识为中心的关联感受		
			有以个人为中心的关联感受		
			有对三类大概念的关联感受		
		自觉反思体验	有实质性反思活动的开展		
			有课堂新因素的追踪利用		
			有体验的交流与改善重构		
			有概念生成中的素养发展		

评价目标	评价指标			评价 方法结果
	一级指标	二级指标	三级指标	
实现活动 体验中的 学习与素 养发展	具有大概念 核心问题 教学特质	乐于对话分享	乐于自我表达与认真倾听	
			乐于合作中成果与思路的分享	
			乐于成果交流中深层意义分享	
			有宽容的对话氛围和双向交流	
		认同素养评价	认可素养评价	
			参与素养评价	
			利用素养评价	

大概念核心问题教学特质的简要评价（包括发展性建议）：

本节课的核心问题选题来自灯语动画视频，案例和操作的实验非常有趣，因此，能很好地激发了学生的学习兴趣，并让他们投入真实的课堂实践体验活动。

在解决问题实践活动过程中，学生根据核心问题"根据相关数据（个人成绩，学校分数线、招生计划等），设计'中考择校预测'算法流程图"，两人一组，分析讨论老师所给的中考数据，研究学校名次和个人分数之间的关联，很好地完成课堂的体验活动，直接运用同学们已经参与过的中考的数据，有了更为直观的感受，让学生很积极地去思考中考志愿指导方案。

在反思提升过程中，根据学生分享进行反思，而本节课需要对学生分享内容进行板书，故在反思过程中有了强大的依据，把学生投入真实的课堂实践活动完全反映到板书上，让学生的体验更加深刻透彻。

实践出真知，真理也需要用实践来检验，在应用反馈环节，学生通过前面的实践体验总结了计算思维、建立了模型，并在反馈环节中得以应用，用实践去检验

【反馈调整】☞

大概念的核心问题教学素养目标点检测表

课时名称	设计"成都中考志愿指导"算法
所属单元	第四单元 程序设计基础
单元大概念	程序设计
单元核心问题	设计"成都中考志愿指导"程序
课时大概念	算法设计
课时核心问题	根据相关数据（个人成绩，学校分数线、招生计划等），设计"中考择校预测"算法流程图
课时素养目标	讨论具体中考分数的志愿建议，分析并设计"中考志愿指导"算法流程图；感受设计算法的过程；能够立足实际，运用计算思维，应用数字化工具，解决日常生活中出现的问题
检测点	在数据分析过程中，体验自然语言描述与算法流程图之间的关联
检测工具 （检测题）	根据展示数据，两人一组讨论交流，画出"成都中考志愿指导"算法流程图（使用画程）

分类标准	A. 能够准确、有效、完整地进行数据分析，并准确而全面地运用画程画出相应的算法流程图
	B. 能够准确、有效、完整地进行数据分析，并比较全面地运用画程画出相应的算法流程图
	C. 能够对给出的数据进行有效分析，并画出大概的算法流程图
	D. 针对数据，不能画出算法流程图

	分类等级	学生人数	百分比（总人数42人）
检测统计	A	8	19%
	B	18	42.9%
	C	10	23.8%
	D	6	14.3%

检测分析结果运用	根据以上检测结果，19%的学生能够准确、有效、完整地进行数据分析，并准确而全面地运用画程画出相应的算法流程图。42.9%的学生能够准确、有效、完整地进行数据分析，并准确而全面地运用画程画出相应的算法流程图。23.8%的学生能够对给出的数据进行有效分析，并画出大概的算法流程图。14.3%的学生针对数据，不能画出算法流程图

素养目标达成典型实例	以上这个学生作答能够准确、有效、完整地进行数据分析，并能准确而全面地运用画程画出相应的算法流程图
检测反馈	对学校排位的计算过程中，学生总是将排位和成绩的作用混淆，导致直接用录取成绩代替学校排位。大部分同学对画程软件不够熟悉，需要在课前对画程的操作进行提前说明。 通过以上信息整理和分析，我对本课作了以下调整： （1）未能列举出成都市所有学校（如果需要程序的完整性，这一步是必须的）。 （2）缺少一个验证环节，"志愿指导"算法输出的结果，是否接近真实的数据，这需要等到中考结束才能验证（其实可以用2022年的结果去验证2021年的数据）

"设计的一般过程"单元教学

"设计的一般过程"
大概念的核心·问题教学单元规划纲要

学科　__通用技术__　教师　__唐凌　雷媛婷__

年级	高二	单元名称		设计的一般过程	单元课时	10课时
单元内容	教材内容	通用技术地质版新教材《技术与设计1》第五章到第七章的内容是带领学生撰写完整设计方案、体验设计实践，并进行测试优化与评价。本模块旨在为学生深化对技术的基本认识，经历一般的技术设计过程，形成基本的学科核心素养打好基础。 　　这三章虽然在内容上各自独立，但又有着极为密切的关联：第五章的制订设计方案意在让学生了解项目投入生产前需要关注哪些角度，从界面、功能、布局的角度出发去关注产品和人的深层关系，提前规划项目全程涉及的工艺与工具，依托不同的表达形式适当呈现；第六章的制作模型或原型，则是在第五章完成的基础上，对材料、工具及工艺的进一步了解，体验真实制作出实物原型或模型的过程；第七章的设计的评价与交流，是在第六章完成原型或模型的基础上，对原型或模型进行多角度测试，客观地评价原设计方案的优缺点，再通过创新设计找到对原方案设计的优化设计，最后撰写出产品使用说明书				
	课程标准	（1）熟悉技术设计的一般过程，经历发现与明确问题、制订设计方案、制作模型或原型、优化设计方案、编写技术作品说明书等技术设计环节的实践。 　　（2）根据设计的一般原则，运用一定的设计分析方法，制订符合设计要求的完整设计方案。并通过技术试验等方法，对多个方案进行比较、权衡和优化，形成最佳方案。 　　（3）比较常见材料的特性、应用环境和基本加工工艺，掌握一些常用材料的连接方法，并能根据设计方案和产品用途选择和规划材料。 　　（4）掌握简易木工、金工、电子电工常用工具的一些使用方法，了解一至两种数字化加工设备的使用方法。根据设计方案恰当选择加工工艺，制作一个简单产品的模型或原型。 　　（5）说明技术语言的种类及其应用，识读简单的机械加工图、电子线路图、效果图、装配图等常见的技术图样。运用手工绘图工具和简易绘图软件绘制草图、简单的三视图，用恰当的技术语言与他人交流设计思想和成果。 　　（6）阐述技术试验的意义、特点，结合技术作品的设计与评价进行简单的技术试验，写出技术试验报告，并体验技术探究、技术革新活动的乐趣。 　　（7）从技术的功用性、可靠性、创新性和文化性以及专利保护等角度对作品（产品）设计过程和最终产品进行整体评价，写出评价报告，并形成初步的知识产权保护意识				

		资源名称	功能
基础条件	资源基础	黑板	板书核心问题;板书学生解决问题时交流、分析、建构要点、体验感悟;板书反思提升要点等
		教材、学案	提供核心问题教学各环节中自主探究与实践操作的理论依据与基本框架
		PPT	出示核心问题与具体的教学内容;展示视频、图片等情境;实践任务提示等等
		投影仪	展示教师范例、学生作品等
		信息技术融合	手机录制、视频剪辑软件制作微课等
		3D打印物体/实体模型	实物模型/3D打印模型便于直观感受不同表达方式的意义以及实体的作用
		实验室操作台	通用技术实验室所提供的各类材料、工具及操作台
	学生基础		高二的学生对于设计全过程不熟悉,常常有设计、操作上的不规范,思考往往较片面化和理想化,动手操作中也处处体现了随意性。学生无论是对于绘图工具还是加工工具的认识,均具有陌生的好奇,但少有真切体验与感受其使用情景的过程。因而丰富的工具类型、工艺类别以及表达方式具有激发学生好奇心和学习兴趣的作用。但在实践操作的过程中,学生往往又不能正确地使用这些工具来实现自己的设计方案,需要对他们的行为进行必要的引导与规范

单元大概念及下层结构	单元名称:设计的一般过程。 单元核心大概念:在工程思维和创新设计的引领下,通过"魔方体"设计项目,体验设计的一般过程,利用图样表达规范设计方案,通过实践操作培养技术意识和物化能力。 概念结论类:材料的分类和性能,常用材料加工工艺,工程制图,模型的制作,技术试验,设计的评价与优化,产品的使用与维护保养。 大概念特征化表达:基于"魔方体"项目的设计定位,考虑材料的性能和加工工艺,通过绘制草图和三视图,精确地表达设计方案,利用合适的加工工具完成"魔方体"原型制作,并对作品进行技术试验以客观真实地了解作品状况,做出正确的设计评价,对不足的,进行方案设计优化,对成熟的产品设计,完成产品使用说明书和维护保养内容的撰写,以此体验设计的一般过程。 思想方法类:工程思维。 大概念特征化表达:经历技术设计的一般过程,初步进行设计方案的多因素分析,通过比较、权衡各方面条件,选择较为合理且可行的设计方案并实施,通过对实施结果的测试和评价,进而完成原设计方案的优化,形成技术升级的闭环。 价值观念类:技术意识。 大概念特征化表达:在"魔方体"项目中,结合简单的技术体验活动,了解与感知技术与人、自然、社会的关系,形成对人工世界的认识,结合技术情境,分析技术选择的原因,在技术活动中恰当处理人机关系,形成规范、安全的技术习惯和对技术的理性态度与评价,体会并理解技术的文化特性和美学特征

课时	课时大概念		课时概念梳理		
	简约化表达	特征化表达	概念结论	思想方法	价值观念
1	项目定位与组内分工	观察实物,分析需求,对"魔方体"项目拟定设计定位,并根据组员自身条件等进行组内任务分工	设计定位分工协作	工程思维	实事求是地全面了解项目情况,客观分析自身条件,勇于承担责任

单元大概念及下层结构	课时	课时大概念		课时概念梳理		
		简约化表达	特征化表达	概念结论	思想方法	价值观念
	4	方案的制订	构思设计方案，用草图表达设计构思，通过比较、权衡确定设计方案并用规范的三视图完成设计表达并交流	图样表达	工程思维、创新设计	体验草图展现构思、三视图规范表达设计的过程，培养设计的规范意识和严谨态度
	3	项目制作	了解"魔方体"项目所用材料的基本特性和相关加工工艺，利用锯子、锉刀、角尺等工具完成木魔方的加工制作	材料的分类和性能，加工工具的规范使用	工程思维、物化能力、技术意识	在项目的制作过程中体验工具与作品的关联，树立规范、安全的操作意识和提高作品品质的质量意识
	1	作品测试与优化	了解技术测试的方法和功能，选择合适的测试方式完成对作品的技术测试，针对测试结果和评价尝试进行作品方案优化	技术测试方案优化	工程思维、创新设计、物化能力	在作品的技术试验过程中，培养严谨的测试态度，在方案的优化过程中，培养学生精益求精的工匠精神，树立质量意识
	1	产品使用与维护保养	了解产品使用说明书的基本构成和维护保养的相关知识，严谨分析自己的作品后写出合适的产品使用说明书及相关维护保养指导意见	产品使用说明书维护保养	工程思维、技术意识	在产品使用说明书和维护保养内容的撰写过程中，感知技术与人的关系，形成对人工世界的认识，体会技术的文化特性
单元教学目标		参与"'魔方体'的设计与制作"项目活动，完整经历设计的一般过程，根据自身条件合理分工并规划"魔方体"的制作工作进程（达成工程思维的水平1），掌握用草图和三视图展现、交流设计方案的方法（达成图样表达的水平2，创新设计的水平1），规范使用加工工具完成构件加工（达成物化能力的水平1，技术意识的水平2），设计合理可行的技术试验方案对木魔方进行技术测试（达成创新设计的水平2，物化能力的水平2），根据测试结果合理评价设计并提出优化设计方案（达成技术意识的水平2，创新设计的水平2，工程思维的水平2），写出恰当的产品使用说明书及相关维护保养指导意见（达成技术意识的水平2，创新设计的水平2）				
单元核心问题及问题分解		核心问题：在"'魔方体'的设计与制作"项目中，利用工程思维和创新设计并结合小组成员的自身能力特点，合理分工，设计木魔方设计方案，制作出符合要求的木魔方构件，再针对作品设计合理可行的技术试验方案并进行技术测试，通过对测试结果的评价，探究优化方案，写出恰当的产品使用说明书及相关维护保养指导意见。 根据上述对课标、教材、重难点等的分析，教师基于教材对"制订设计方案""制作模型或原型""设计的评价与交流"相关内容进行适当的重组，融入"'魔方体'的设计与制作"项目中，学生在完成项目的过程中学习教材的相关知识技能，并将学到的知识与技能应用到项目实施中，真实地体会到"做中学，学中做"。项目的实施过程复现了设计的一般过程，将书本知识变成学生的真实体验				

单元核心问题及问题分解	单元教学中，教师应充分利用工程思维和创新设计的思想方法，鼓励学生主动设计小组活动，主动探索设计方案，鼓励学生不断审视自己的操作行为，规范图样表达和工具使用，提升自己的物化能力和技术意识。学生在自觉的操作环境中，充分发挥自己的主观能动性，大胆创新，严谨实施，不再是为了学习而学习。在项目任务的驱动下，学习只是达成任务、提升物化能力的阶梯，是学生自觉自愿的行为		
课时划分	课时	课时名称	课时大概念	课时核心问题
	第1课时	项目了解与分工	项目定位与组内分工	根据木魔方的制作要求拟定合适的设计定位，结合组员特点合理分工负责
	第2课时	方案的制订	构思设计方案，草图表达	讨论构思设计方案，用草图表达方案构思，组内交流
	第3课时	项目方案的确定	比较、权衡确定设计方案	小组评价筛选个人方案，确定最优小组方案
	第4课时	设计的规范表达	三视图表达	比较不同的创意表达，探究三视图的绘制方法
	第5课时	规范制图	工程制图	用三视图准确表达"魔方体"各构件外观
	第6课时	材料与工具	材料的性能及其加工工艺	比较不同材料的特性，选择使用恰当的加工工具
	第7课时	项目制作（一）	木工工艺	对木料进行划线切割打磨，制作出符合要求的构件
	第8课时	项目制作（二）	产品的装配	对木料进行精细加工，完成构件的装配，在装配中感悟构件的调试和修正
	第9课时	作品测试与优化	从技术试验看产品评价与优化	设计技术试验测试"魔方体"性能，针对测试结果优化产品设计方案
	第10课时	作品交流与产品使用说明书	产品使用与维护保养	根据"魔方体"特征撰写合理的产品使用说明书和维护保养指导意见

教学评价	1. 对大概念的生成理解评价维度： （1）概念结论类：学生在概念的应用上要准确、合适；对于实际的操作要求规范安全，鼓励学生创新，运用非常规方式展示个性化设计。 （2）思想方法类：鼓励学生多用批判的思维全面地评价方案设计，用一分为二的眼光去思考方案的选择，从不同的设计方案中找到各自的优缺点，进一步权衡利弊得失，做出客观合理的抉择。鼓励学生敢于挑战困难，细致地观察实际问题，从不同角度尝试发现问题、解决问题。 （3）价值观念：鼓励学生发扬集体主义精神与团结协作精神，把小组变成一个积极完成项目任务的战斗小组。 2. 对素养目标达成的评价： （1）鼓励学生积极实践，在设计与制作的过程中养成技术意识。 （2）鼓励学生在组内交流设计思想，在讨论决策中培养工程思维。 （3）在个人方案设计的过程中，充分鼓励学生有不同见解，保护学生的创新设计。 （4）在设计方案的确定和展示交流中，强化规范的图样表达，强调创新与规范的统一。 （5）帮助指导学生完成项目作品的制作，培养学生的物化能力，激发他们的创造热情和自豪感

	作业类型	作业目标	作业内容	作业情境	概念结论	思想方法	价值观念
单元作业	基础性作业	熟练应用三视图的绘制方法进行规范的工程表达（达成图样表达的水平2，工程思维的水平1，技术意识的水平1）	用三视图准确表达"魔方体"各构件外观	需要准确规范地表达设计方案	三视图表达	工程思维、图样表达	技术意识
	综合性作业	掌握产品使用说明书与维护保养相关内容的撰写方法（达成技术意识的水平2，创新设计的水平2）	针对小组作品，写出恰当的产品使用说明书及相关维护保养指导意见	从设计者的角度换位到使用者的角度，充分考虑使用者的需求	产品使用与维护保养	人因工程学原理创新设计	技术意识
	实践性作业	掌握技术试验的方法步骤，设计合理可行的技术试验方案，根据测试结果提出合理的优化方案（达成创新设计的水平2，物化能力的水平2，技术意识的水平2，工程思维的水平2）	设计技术试验测试"魔方体"性能，针对测试结果优化产品设计方案	满足对作品真实情况的了解需求，寻求优化方案的设计方向	技术试验评价、优化设计	工程思维、创新设计、物化能力	严谨的测试态度和精益求精的工匠精神，树立质量意识
单元作业总体评估	单元作业融合在"魔方体的设计与制作"项目中，主要是课堂完成辅以课外补充，考察了学生技术意识、工程思维、创新设计、图样表达和物化能力5个核心素养水平的发展情况，同时通过作业的完成、交流、评价，促进了这5个核心素养水平的提升。作业的完成度还影响着项目任务的进程，促使学生更加积极主动地高质量完成作业，组内成员分工合作，互帮互助，形成学习的合力						
反馈调整	通过用"魔方体的设计与制作"项目来串联起第五～七章的教学内容，使相关教学内容形成一个较为紧密的知识体系，可以更好地帮助学生把书本知识和实践有机地结合起来，通过做中学，学中做，达到知行统一，可以让学生更深刻地理解设计的相关知识和技能。通过教学反馈，可以看到学生对这样的"项目+课本"的形式非常喜欢，他们乐于在行动中寻找问题，再反过来从书本中找到解决问题的答案。在后续的教学和新的年级的教学中，我们将继续这种"项目+课本"的教学方式，同时探索更有利于学生学习掌握技术与设计的相关知识技能的项目，用项目来引领学生深入学习和体验						

附：《魔方体的设计与制作》学案

研究项目：魔方体的设计与制作

高20_____级_____班 第_____小组　姓名：_____　　组长：□是　□否

【学习要求】

1. 能积极主动地参与魔方体的设计制作活动，在活动中承担并完成一定的活动任务。

2. 能积极主动地对魔方体的设计制作提出自己的意见和建议，会从设计的角度对自己和别人的作品进行恰当的评价，能够撰写产品使用说明书。

【核心任务】设计制作具有满足规定要求的魔方体。

【活动程序】

第一阶段：小组讨论、设计魔方体，绘制草图（每位同学都要画）。

第二阶段：讨论、改进，绘制魔方体构件的三视图（每位同学都要画）。

第三阶段：根据提供的材料，制作魔方体构件。

第四阶段：组装魔方体，评价展示魔方体作品，完成优化设计，撰写产品使用说明书。

【材料与工具】

材料：木条一根（不得添加），白乳胶。

工具：锯子、锉刀、美工刀、铅笔、角尺、三角板。

其他：方形置物篮（存置半成品），标签。

【评价与测试要求】

1. 魔方体规格为 3×3×3 个单位长度。

2. 魔方体的组成由 5 个独立构件拼接而成，每个构件至少包含 3 个单位长度的小方块，且这 5 个构件结构至少有 4 个不同形状；

3. 根据其他组同学对本组作品的拼接速度和难易感受给出设计的额外奖励分。

【注意事项】

（1）进入通用技术功能教室严禁追逐打闹、高声喧哗，禁带饮料、零食及其他与学科作业与通用技术课内容无关的物品进入功能教室。

（2）操作前核查工具、材料是否完备，如有损坏请立即告知教师。

（3）操作时应小心仔细，时刻注意安全，加工木料时应戴手套，以防毛刺伤人。

（4）加工前应检查部件是否夹固稳妥，加工过程中随时注意身旁操作范围内是否有同学，动作幅度要小而稳，如发现存在安全隐患或不慎发生安全事故，应立即停止操作并及时报告老师。

（5）操作电动工具必须由老师在旁监护，严禁擅自使用。

（6）爱护工具设施设备，如有人为损坏，照价赔偿。

【小组分工】

职责名	主要职责	负责人名单
记录员	在小组成员交流（含讨论）时记录主要观点，以备小组各成员参考	
绘图师	最好具有一定美术功底，能绘制草图和规范地加工三视图	
制作员	完成各构件的划线、割锯	
装配师	完成各构件的打磨、装配	

实践操作考核评价量表

序号	考核项目	评分依据	分值	实得
1	前期设计	设计合理，草图能说明设计方案，加工三视图规范	25	
2	操作规范	遵循木料加工流程，工具使用规范	25	
3	拼接	构件内部连接牢固，拼接为魔方体后形状满足 3×3×3 个单位长度	20	

美化师	对魔方体进行美化，彰显小组个性		4	考勤	每次迟到扣 2 分，无故缺席扣 5 分；全勤则满分	30
安全监查员	对所有操作流程中可能的安全隐患进行随时监督，并及时上报老师		5	其他	有不安全行为每次扣 10 分，无上限；出安全事故 1 次，即全组总评分为零，且本学期不得再进入实践室操作；下期如欲再次参加实践操作，必须安全知识与技能考核过关	
质检师	能根据设计的基本原则完成魔方体的各项测试，写出评语					
注：根据实际操作，一人可担多项职责，但每项职责都需有人负责，且每一成员至少担任一项职责。负责人承担组织本组相关活动并对该项活动内容进行质量监督的责任，其他组员听从负责人的安排和指导，并可以提出合理化建议和意见。全组所有活动由组长全程监督和全权负责			6	额外奖励	设计有新意，拼接有难度	5~10
			项目总评分：			

第一阶段　设计方案

设计要求

魔方设计整体尺寸	长：　　cm	使用功能：
	宽：　　cm	
	高：　　cm	其他：

设计草图：

第二阶段　设计表达

构件三视图（含尺寸标注）	比例尺：1∶1.5

注：相同结构的小构件可以只绘制一个

1.

2.

3.

4.

5.

第三阶段　　设计实现

加工中出现的问题：_____

_____

解决方法：_____

_____

第四阶段　　设计反思与提升

1. 技术测试

（1）外形尺寸检测（拼接好的魔方整体）

检测部位	魔方长	魔方宽	魔方高
实测数据			
设计数据			
偏差			

产生偏差的原因：

（2）魔方体拼接特性检测

检测小组	小组	小组	小组
拼完时间			
难易度评价			

2. 小组评价

优点：_____

不足：_____

问题引发的原因：_____

3. 改进、优化设计

改进思路：_____

_____

4. 撰写产品使用说明书

设计说明：_____

_____

使用说明：_____

_____

_____

注意事项：_____

_____

联系方式：_____

"三视图的绘制"学教案

雷媛婷

一、教学分析设计

【教材课标】☞

课标分析：本节内容属于《普通高中通用技术课程标准（2017 年版 2020 年修订）》《技术与设计 1》模块。本模块侧重于基础性技术设计，旨在使学生经历一般的技术设计过程，掌握技术设计的基础知识和技能，形成基本的技术思想与经验以及情感态度和价值观。本模块共有七个章节，第一至二章节是走进技术世界与开启设计之旅，第三至七章节则是按设计的一般过程组织的，分别是发现与明确问题、放飞设计创意、制订设计方案、制作模型或原型、设计的评价与交流。"三视图"是地质版高中通用技术必修一《技术与设计 1》第五章"制订设计方案"的第四节"设计的工程表达"的第二课时的内容。相关课标要求为从技术语言的角度理解图样表达的意义，能理解三视图的形成原理并手绘简单的三视图。

教材分析："制订设计方案"，该章节是创新设计的核心，既是第三章节提出问题的解决方案，也是第四章创意构思的细化，更是后面章节产品物化实施的依据和蓝本。本节是本章节的重点和难点，三视图是要求学生必须掌握的技术图样，教材比较全面地介绍了三视图的作用、形成原理和绘制技巧，使学生能够识读和绘制简单的三视图。"技术实践"安排了两组三视图识读或绘制的题目，让学生进行三视图识读、绘制的专项训练，以提高学生的识图、绘图能力。"自学技术"介绍了三视图的尺寸标注，学生经过自主学习，可以掌握图纸中尺寸标注的方法，进一步加深对图样中尺寸标注部分的理解。

【课时大概念】☞

课时核心大概念：三视图的绘制。

特征化表达：体验三视图这一技术语言的形成原理，在从识读到绘制的过程中，统筹安排三视图的位置关系、三等关系与虚实线条的过程中拓展工程思维，提升图样表达能力。体验抽象与具象的思维转化过程以及物体图样表达过程中的思维可视化意义，深化在合适的场景中选择合适的技术语言意识。

概念类别	简略化表达	特征化表达
概念结论类	技术语言与三视图	技术语言是在技术活动中进行信息交流的特有语言形式，如图样、图标、模型、符号等。三视图是在三个相互垂直相交的面构成的投影面体系中，从三个角度对物体正投影关系进行清晰呈现
思想方法类	工程思维、图样表达	通过分析三视图的绘制技巧，在不断实践改进中分析出三视图的"道与术"，即不仅关注三个图在形成过程中的位置关系、三等关系、线条虚实，还关注依据规范要求合理统筹安排绘制步骤的能力。 以一个底板两个四棱柱和一个三棱柱组成的模型的图样绘制为引入，以三视图为主、轴测图为辅、口头叙述为补充，以及三视图的绘制步骤绘制要求、识读要领中进行的有形与无形，抽象与具象的思维转化过程
价值观念类	技术意识、可视化观念	通过三视图以精确表达物品各个角度的细节，以此认识到技术语言在技术活动中的必要性及其重要性的工具价值(让设计与表达更加清晰准确)，且具有选择合适技术语言的意识。 在将实物转化为可视化图样的过程中，逐步认识图样与事物之间的关系并基本掌握以具体的二维技术图样表达思想中抽象的三维创意设计。 通过三视图这一技术语言逐步认识到思维可视化的意义

【资源条件】☞

资源名称	功能
黑板	板书核心问题；板书学生解决问题时交流、分析、建构要点、体验感悟；板书反思提升要点等
PPT	显示核心问题与具体的教学内容
教材、学案	提供核心问题教学各个环节中自主探究与实践操作的理论依据与基本框架
希沃白板	投屏学生"提出问题""评价反馈"环节的活动体验情况。
CAD	制作以一个底板两个四棱柱和一个三棱柱组成的三维模型，用于引入三视图的绘制

【学生基础】☞

（1）从已有的知识来看：同学们在经历了前期的学习后，已经具备相当的技术设计能力，能够用设计草图展示创意构思和设计方案。由于国家制图标准属于比较专业的内容，他们既缺乏相应的直接经验，也不具备运用规范的技术语言工程化表达产品方案的能力。工程化表达的设计方案是产品制作的依据，使产品的设计方案具备可复制性。有关三视图的相关知识，在数学学科的相关学习中已经有所涉及，但多见于比较纯粹的数学问题的求解，未涉及规范作图，与通用技术学科的学习要求存在较大的区别。

（2）从思想方法上看，学生的工程思维表现较弱，不能从统筹规划的视角分析梳理、安排协调遇到的问题情境，对三视图绘制过程的认识还比较混沌，需要通过具体的活动让学生体验从问题到方法再到执行的条理脉络。另外针对三视图，学生以往大多只初步认识原理，并未分析成像原理与绘制规范之间的关系。

（3）从价值观念来看，因为三视图的相关知识，在数学学科的学习中已经有所涉及，但多见于比较纯粹的数学问题的求解，未涉及规范作图，学生存在轻视规范化表达，重表达正确的倾向，强调三视图的位置关系、三等关系以及规范作图是很有必要的。

【教学目标】☞

参与零件图样绘制活动，体验三视图形成原理和三个视图间的投影关系；能结合三视图绘制案例的分析，总结归纳出三视图绘制的方法，并能运用此方法以手工绘图的方式绘制简单的三视图；在绘制简单三视图的过程中，能识读三视图这一种常见的技术图样，能整体把握零件形体特征，运用三等关系便捷作图；有先把握整体再补充局部和遵循工程制图要求规范作图的技术意识，建立真实世界与二维图样的联系（达到图样表达水平2、工程思维水平2、技术意识水平2）。

【核心问题分析】☞

本节课时设计主要有三个特点：（1）现实生活中进行三视图图样绘制的时候可能有以下几种情况：① 有样品在手中，可以一边参考一边画图；② 没有样品在手中，可以参考一些图像资料一边推敲分析一边画图；③ 没有样品没有资料，根据需求方要求绘制图样。在本次教学中选择第二种常见的情境进行三视图教学的引入，但考虑到同学们的学习进度，在样品的选择上降低了难度，仅为常见几何体的叠加摆放，且在参考图像中标注了样品尺寸，鼓励同学们在进行图样绘制的时候加入上一节所学的工程制图中尺寸标注的相关内容。（2）培养学生学习案例、分析案例，并从案例中总结归纳绘制方法的能力。主要体现在复现教材109页"5.三视图的绘制"讲解上（从最开始的形体分析，到选择主视图以及绘制时先整体后局部的思想方法）。

核心问题：在绘制零件图样的活动中，归纳三视图的绘制方法并应用。

二、教学实施设计

【教学环节】☞

教学环节	教学过程	学生活动	教师活动	设计意图
提出问题	回顾前期学习历程，点明本节课在设计的一般过程中的地位及重要性，且为后续第六章的模型制作章节打下图样表达基础	活动一（5 min）：用已有的知识表达零件、绘制零件，明确本节课的核心问题，进入解决问题的积极状态	和同学们一起回顾上一节课的学习内容，巡视、查看并收集同学们的绘制结果	以现实生活中的三视图图样绘制为情境引入，调动学生进行零件描述的自我表达，明确学习任务
	提出核心问题：在绘制零件图样的活动中，了解与体验用三视图进行技术图样表达的原理与好处、结合案例总结归纳三视图绘制的方法，并进行简单的三视图绘制	活动二（3 min）：观看展示的典型自我表达方式，并对这种方式的优缺点进行评价	展示同学们比较典型的几种自我表达方式。分析优缺点，引入工程制图的规范表达方式——三视图	"一千个哈姆雷特有一千种不一样的自我表达方式"，分析每一种表达的优缺点，进而引出工程制图的规范表达方式——三视图

教学环节	教学过程	学生活动	教师活动	设计意图
解决问题	学习三视图时首先要明白，三视图是基于投影来的。投影有三种形式分别为中心投影、斜投影和正投影。但是单一平面上的同一个的正投影图形可能对应很多种图形	活动三（3 min）：思考中心投影、斜投影、正投影能否反映物体的真实形状与大小以及单一平面上的正投影能否反映物体的真实形状与大小	问答的方式引导学生思考单一平面上的正投影所对应的物体可能是什么形状	让学生明白第五章设计的工程表达，要规范翔实，不是第四章设计草图绘制那样只用表达出形状式样就足够，它需要在形状、大小上均能反映物体的真实样子
	展示投影体系的建立、立体图形在投影体系中的投影、三个投影面上的图形分别对应立体图形的哪一个维度与投影展开后的三视图，明确工程制图中三视图的位置与大小关系。分析比较如此绘图相比之前的方式好在哪里	活动四（3 min）：明确三视图分别是来自立体图形的哪一个维度，工程制图中的三视图绘制的位置与大小关系	引导、提醒学生们三投影面的位置关系特征与三等关系特征的重要性	通过用 PPT 展示投影体系的建立、立体图形在投影体系中的投影、三个投影面上的图形分别对应立体图形的哪一个维度与投影展开后的三视图，了解三视图形成的原理与过程，以及工程制图中三视图的三个图的位置关系与大小关系。明确三视图制图的好处
	根据教材上的案例，分析零件形体，分析教材上提供的三视图绘制流程，并在这个过程中思考为什么要这么做，这么做的好处在哪里	活动五（10 min）：分析示例零件；思考分析零件的形体是怎样构造的；思考分析我们选择哪一个方向作为主视方向会更便于我们了解零件的真实形状与大小；分享绘制示例零件的步骤；总结归纳绘制零件三视图的主要步骤与注意事项	板书总结同学们分享的回答；板书分享主视图方向不同，主视图的样式不同，而不同的样式对我们识读主视图、认识零件的形状有无影响；三视图绘制步骤不同，比较哪一种效率更高	能结合三视图绘制案例的分析，总结归纳出三视图的绘制方法，并铺垫运用此方法以手工绘图的方式绘制简单的三视图
反思提升	回顾解决问题的过程，梳理出三视图的形成原理与绘制过程，并总结这个过程中我们应该需要注意哪些作图规范	活动六（6 min）：再次按照工程制图规范在空白处绘制零件三视图；有余力的同学可以在三视图上进行零件的尺寸标注	展示同学们的作品，分析零件形体，选择主视方向，进行绘制顺序展示	回过头来再次绘制零件的三视图，检测同学们在解决问题环节的学习成果，巩固学习成果
评价反馈	核对连线题答案；分析轴测图中零件的组成和零件的特征；动画展示左视图画法	活动七（10 min）：完成学案第二项：连线，连接轴测图对应的三视图；第三项：依据轴测图、主视图和俯视图完成左视图	巡视、检查同学们的目标达成情况，对同学们做得好的地方给予肯定，同时适当提醒可以有进步的地方，收集这个过程中他们遇到的绘制难处，考虑是否统一解答	检测目标达成情况

【评价预设】☞

（1）提出问题环节：对学生运用以往所学三视图和轴测图的画法给予鼓励性评价，三视图画法不够规范更多的原因还是学科不同侧重不同，轴测图仅作为辅助图样表达是因为本身观测面较少，不能完整反映物体整体形状。激发学生将三视图用工程制图中更加规范的形式表达出来，同时肯定轴测图学习的价值和重要性。

（2）解决问题环节：以激励和肯定倾向的评价，引导学生对活动一中同学的作品进行点评。通过引导性的提问、提示性的视角和鼓励性的语言和同学们一起分析三种投影方式的不同、总结三视图的三等关系由来。鼓励学生参照绘制案例分析绘制步骤中形体分析、视角选取和绘制顺序的理由和好处。

（3）反思提升环节：同学们运用解决问题环节学到的知识重新绘制零件三视图，以肯定性评价为主，提示性评价为辅，鼓励同学们在已有的基础上绘制得更完整更规范。

（4）运用反馈环节：主要从三视图的识读和绘制两方面进行反馈，根据以往的情况来看，同学们会在前面的环节中完成三视图的识读连线，并在此环节中把握物体的主要特征，提示主要特征分别是在三视图哪一个途中体现出来的；在根据轴测图、主视图和俯视图绘制左视图环节，需要先引导同学们一起进行形体分析，回顾三视图的绘制步骤，进行前置铺垫。再对学生作业进行肯定性评价、提示性点拨、鼓励性修改。

【板书设计】☞

第五章第四节设计的工程表达 第二课时 三视图的绘制 一、提出问题 核心问题：在绘制零件图样的活动中，了解与体验三视图进行技术图样表达的原理与好处、结合案例总结归纳三视图绘制的方法，并进行简单的三视图绘制。 二、解决问题	三、反思提升	【绘制】
	【原理】 正投影、 三面投影体系	（1）形体分析。 （2）选主视方向： ① 尽可能多的面⊥或∥， ② 反映物体主要特征， ③ 俯左简单易画虚线少。 （3）布置图面、绘制： 先整体构成， 后局部特征
	【作图规范】 位置关系： 主 左 俯 三等关系：长对正， 宽相等， 高平齐。 线条： 可见轮廓→粗实线， 不可见轮廓→细虚线， 尺寸线→细实线， 轴线、中心对称线→细点画线	四、评价反馈

【教学流程】☞

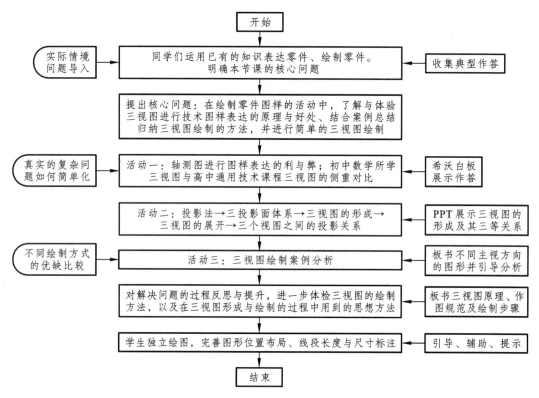

【作业设计】☞

为使学生加深三类大概念在新情境运用中的理解，本课课内外作业进行了如下表所示的结构化设计，其中评价反馈练习是课堂上完成的作业，其余1道题是请学生课后思考的作业。

作业序号	作业目标	作业情境		概念结论		思想方法		价值观念		整体评估	
		内容	水平	内容	水平	内容	水平	内容	水平	类型	水平
评价反馈1	识读三视图，分析零件的形状特征，对应三视图与零件轴测图	三视图与轴测图对应连线	简单	三视图的位置关系、线条虚实关系与三等关系	图样表达1	技术语言与思维转化	图样表达5	可视化	图样表达1	基础性作业	学业水平质量1
评价反馈2	分析零件几何特征，识读主视图与俯视图的特征并完成左视图的绘制	作为设计师助理帮助设计师完成零件的左视图绘制	较复杂	三视图的位置关系、线条虚实关系与三等关系；轴测图的识读	图样表达2	技术语言与思维转化	图样表达5	可视化	图样表达2 工程思维3	综合性作业	学业水平质量2

作业序号	作业目标	作业情境		概念结论		思想方法		价值观念		整体评估	
		内容	水平	内容	水平	内容	水平	内容	水平	类型	水平
课后作业1	设计零件，并完成零件的草图与三视图绘制	设计一款益智玩具，玩具零件形体满足设计要求并完成对零件的草图与三视图绘制	复杂	轴测图绘制思想与方法；三视图绘制原理、特点与方法步骤；创新设计的一般原则与方法；技术与工程的技道合一与权衡决策	图样表达3 创新设计2 工程思维2	技术语言与思维转化；创新设计发散性思维与创造性思维；工程技术权衡决策思维	图样表达3 创新设计2 工程思维2	可视化、实物化	图样表达3 创新设计2 工程思维2	综合性作业、实践性作业	学业水平质量4
课时作业总体评估	从作业目标及概念结论、思想方法、价值观念水平综合来看，评价反馈作业与本课确立的素养目标一致，课后作业有综合前期所学的《产品概念设计》与《创意的表达》，超出本课确立的素养目标，但与大单元素养目标一致。检测全面，可以有效检验学生在识读三视图与实物、三视图与轴测图时的图样识读水平，实物构件的整体与特征的综合把握水平与图样识读时整体与局部、全局把握水平。 从作业类别来看，本科的作业覆盖基础性、综合性与实践性三大类别。 从学业质量水平要求看，在课堂上的"评价反馈"环节，学生可以完成基础性与综合性作业。基础性作业设计了学生们较为常见的连线题用于给同学们积极的学习反馈，鼓励同学们继续进步，学业质量水平定位在等级1；综合性作业学业质量水平为2，有助于学生将技术图样识读，不同图样之间的转换与三视图的识读与绘制产生关联与综合运用。虽然比较复杂，但课堂上能及时地看到学生分析的状态与绘制的状态，能及时对学生们的情况有比较清晰的了解，也能及时给予学生相应的鼓励与指导。同时课后作业综合性与实践性进一步提升，后续的综合实验课程做好铺垫										

（具体的作业内容略）

三、教学评价反馈

【信息收集】☞

为全面而真实地了解本节课教学目标，尤其是关联能力目标（能手工绘制简单的三视图）的达成情况，在"评价反馈"环节布置了"依据轴测图、主视图和俯视图完成左视图"的随堂任务。随后收集了全班44份答卷并进行了批阅和分类。

【自我评价】☞

大概念的核心问题教学文化评价表

课题名称：三视图及其绘制。

单元大概念：在工程思维和创新设计的引领下，通过"魔方体"设计项目，体验设计的一般过程，利用图样表达规范设计方案，通过实践操作培养技术意识和物化能力。

单元核心问题：在"'魔方体'的设计与制作"项目中，利用工程思维和创新设计结合小组成员的自身能力特点，合理分工，设计木魔方设计方案，制作出符合要求的木魔方构件，再针对作品设计合理可行的技术试验方案并进行技术测试，通过对测试结果的评价，探究优化方案，写出恰当的产品使用说明书及相关维护保养指导意见。

课时大概念：体验三视图这一技术语言的形成原理，在从识读到绘制的过程中将三视图的位置关系、三等关系与叙事线条的统筹安排中丰富工程思维与图样表达能力，体验抽象与具象的思维转化过程以及物体图样表达过程中的思维可视化意义，深化在合适的场景中选择合适的技术语言意识。

核心问题：在绘制零件图样的活动中，归纳三视图的绘制方法并应用。

评价目标	评价指标				评价结果
	一级指标	二级指标	三级指标		
实现活动体验中的学习与发展	具有核心问题教学形态	核心问题利于活动体验	内含学科问题和学生活动方式	8	每项指标最高评 8 分
			问题情景与真实生活密切联系	8	
			能引发新知识、新方法的生成	8	
		教学目标价值引导恰当	两类目标正确全面	7	
			关联体验目标恰当	7	
			目标价值引导显现	7	
		教学环节完整合理落实	教学环节清晰完整	8	
			教学内容合理充分	8	
			学生活动时间充分	8	
		教学要素相互匹配促进	问题目标环节两两匹配	7	
			技术促进活动形式内容	8	
			学科特点突出氛围浓郁	7	合计 91 分
	具有核心问题教学实质	拓展学习视野	课堂与现实世界有恰当关联		选择一个表现突出的二级指标，在相应三级指标引导下，以现场学生表现为依据，于本表的第二页写出 150 字以上的简要评价
			有基于缄默知识的问题解决		
			有缄默知识运用的追踪剖析		
		投入实践活动	有真实而且完整的实践活动		
			能够全身心地沉浸于活动中		
			活动的内容结果均丰富深入		
		感受意义关联	有核心问题的深层意义感受		
			有以知识为中心的关联感受		
			有以个人为中心的关联感受		
		自觉反思体验	有实质性反思活动的开展		
			有课堂新因素的追踪利用		
			有体验的交流与改善重构		

评价目标	评价指标			评价结果
	一级指标	二级指标	三级指标	
实现活动体验中的学习与发展	具有核心问题教学实质	乐于对话分享	乐于自我表达与认真倾听	
			乐于合作中成果与思路的分享	
			有宽容的对话氛围和双向交流	
		认同体验评价	认可体验评价	
			参与体验评价	
			利用体验评价	

核心问题教学实质的简要评价：

本节课核心问题教学中的"投入实践活动"这个二级指标较为凸显。

本节课确立的核心问题是"在绘制零件图样的活动中，了解与体验三视图进行技术图样表达的原理与好处、结合案例总结归纳三视图绘制的方法，并进行简单的三视图绘制"。该核心问题必然是建立在对零件的形态分析与实践绘制的深度体验之上的，在提出问题环节——尝试用以往的方法去表达以及在解决问题环节——结合案例分析并总结归纳三视图绘制方法的活动中均有完整的实践活动。在描述零件活动的过程中对轴测图为什么不能作为规范的技术图样，仅作为辅助图样有深度体会；对三视图技术图样表达的科学性与优点有深度体验；在结合案例分析并总结归纳三视图绘制方法的活动中，对主视图应尽量体现零件形体构造的好处；对于三视图绘制方法，遵循先整体位置摆放，再完成轮廓细节，最后补充零件形体特征这一先整体后局部的思想进行深度体验与体会；并在后续评价反馈环节——再次按照工程制图规范在空白处绘制零件三视图这一活动中对三视图绘制有了更清晰的思路和体验。

从本节课运用反馈环节的检测情况看，由于所选择的检测题形体较为复杂，而学生将新生成的知识运用于较为复杂的实际情境中整体把握形体特征的能力较好但进行细节分析及把握的能力稍显不足，因而在绘制的过程中会出现想当然地绘制的情形；并且可能在体验三视图形成原理时对三视图位置关系与三等关系的重要性没有体验到位，所以信手作图的情况还是较为常见的，这在后续的教学中应加以改进

【反馈调整】

大概念的核心问题教学素养目标达成点检测表

课题名称	三视图的绘制
所属单元	"'魔方体'的设计与制作"项目
单元大概念	在工程思维和创新设计的引领下，让学生通过"魔方体"设计项目体验设计的一般过程，利用图样表达规范设计方案，通过实践操作培养技术意识和物化能力
单元核心问题	在"'魔方体'的设计与制作"项目中，利用工程思维和创新设计结合小组成员的自身能力特点，合理分工，设计木魔方设计方案，制作出符合要求的木魔方构件，再针对作品设计合理可行的技术试验方案并进行技术测试，通过对测试结果的评价，探究优化方案，写出恰当的产品使用说明书及相关维护保养指导意见。
课时大概念	体验三视图这一技术语言的形成原理，在从识读到绘制的过程中将三视图的位置关系、三等关系与叙事线条的统筹安排中丰富工程思维与图样表达能力，体验抽象与具象的思维转化过程，以及物体图样表达过程中的思维可视化意义，深化在合适的场景中选择合适的技术语言意识

课时核心问题	在绘制零件图样的活动中，归纳三视图绘制方法并应用
课时素养目标	参与零件图样绘制活动，体验三视图形成原理和三个视图间的投影关系；能结合三视图绘制案例的分析，总结归纳出三视图绘制的方法，并能运用此方法以手工绘图的方式绘制简单的三视图；在绘制简单三视图的过程中能识读三视图这一常见的技术图样，能整体把握零件形体特征，运用三等关系便捷作图；有先把握整体再补充局部和遵循工程制图要求规范作图的技术意识，建立真实世界与二维图样的联系（达到图样表达水平2、工程思维水平2、技术意识水平2）
检测点	绘制三视图时，三视图的位置关系、大小关系及三视图的识读
检测题目	根据立体图和主、俯视图，补画左视图
分类标准	A. 左视图位置摆放正确并能根据三等关系确定左视图的大小且能识读主、俯视图中零件的形体特点并在左视图上准确表达和体现。三点均达成要求 B. 左视图位置摆放正确并能根据三等关系确定左视图的大小且能识读主、俯视图中零件的形体特点并在左视图上准确表达和体现。三点要求达成任意两点 C. 左视图位置摆放正确并能根据三等关系确定左视图的大小且能识读主、俯视图中零件的形体特点并在左视图上准确表达和体现。三点要求达成任意一点 D. 左视图位置摆放正确并能根据三等关系确定左视图的大小且能识读主、俯视图中零件的形体特点并在左视图上准确表达和体现。三点要求均未达成

	分类等级	学生人数	所占百分比（总人数44人）
检测统计	A	6	13.6%
	B	14	31.8%
	C	13	29.5%
	D	11	25%

| 检测分析及结果运用 | 从检测结果看，虽然检测题目中的零件形体特征较为复杂，依然有6位同学能在把握整体形态的情况下无遗漏地将形体的细节分析到位、体现到位，并且遵循三视图绘制的规范要求，说明他们能将三视图绘制的方法与技巧主动运用于新的实际问题中，对三视图绘制的要求与方法有深刻的理解；有27位同学能在把握整体形态的情况下无遗漏地将形体的细节分析到位、体现到位，但却在遵循三视图绘制的规范要求上略显随意或者遵循三视图绘制的规范要求，且能够把握住零件的整体形状，但在把握零件形体细节方面稍显不足，说明他们有将学到的三视图绘制的要求与方法应用于实际问题的意识，但对三视图绘制规范要求的重要性或对绘制方法顺序性有体验但深度不够；有11位同学难以理解三视图绘制的规范性在实际应用过程中的好处，且对三视图绘制方法的体验不够，没有理解到三视图绘制方法中将缄默知识转化为有条理、有逻辑的步骤的过程。

反思以上检测结果不太理想的原因，我认为一方面是由于学生体验深度还不够，以及检测题目中的零件细节较多，学生在短时间内将知识运用到实际问题中的意识有了，对零件整体形状把握得很好，但对零件的细节把握却不够（也可能是在课堂上留给大家细致分析把握细节的时间不够，也可能是在分析与把握细节的体验还不够）。这个问题会在后续设计制作魔方体玩具的时候再次涉及和出现 |

学生深度体验典型实例	绘制上图的学生在作图时找准左视图应在的位置；左视图每一条线段都做到了与主视图等高与俯视图等宽；把握住了零件拆开后每一块板子的特征且在左视图上正确示意，归为 A 类	绘制上图的学生在作图时找准左视图应在的位置；左视图每一条线段都做到了与主视图等高与俯视图等宽；但对零件关键特征把握与体现得不够到位，归为 B 类	上图的学生在作图时将左视图画在了主、俯视图的中间位置，也因此左视图零件的尺寸大小出入较大；但他握住了零件的关键特征且在左视图上有正确示意，归为 C 类	上图的学生在作图时将左视图画在了俯视图的右边；也因此左视图零件的尺寸大小出入较大；零件关键特征的把握与体现也不够到位，归为 D 类
检测反馈	后续我在课堂上带领同学们一起拆分了零件并对拆分下来的零件进行了编序号，再对每一块零件上的特征以及该特征在主、俯视图上面的体现做了介绍，用 PPT 动画展示了如何根据主、俯视图的位置及三视图之间的三等关系绘制左视图，并且在这一过程中遵循三视图绘制的方法，先完成整体位置的摆放，再完成整体的结构造型，再按照零件序号在左视图中绘制零件细节。带领同学们深入体验三视图的位置关系与三等关系在绘图过程中的便利性，并且进行三视图绘制时应先整体后局部，在把握局部细节的时候应遵照一定的顺序才能在整个过程中减少错误与遗漏			

"魔方体项目——作品测试与优化"学教案

唐凌

一、教学分析设计

【教材课标】 ☞

课标分析：

《普通高中通用技术课程标准（2017 年版 2020 年修订）》明确要求，阐述技术试验的意义、特点，结合技术作品的设计与评价进行简单的技术试验，写出技术试验报告，并体验技术探究、技术革新活动的乐趣。

教材分析：

（1）技术试验是课程内容的重要技术方法与手段，蕴含了工程思维、创新设计、物化能力等核心素养培养的教育内容，也是技术设计过程中的必要环节，对设计目标的实现起到了至关重要的决定作用，在教材中具有突出的地位，其教学重点是了解技术试验的特点与类型，掌握简单的技术试验方法，难点是要根据设计要求设计并进行技术试验，撰写技术试验报告要规范。

（2）技术设计过程一般包括设计、评价、优化三个环节，一个好的设计要经过不断优化和改善，也就是需要往复循环进行以上三个环节。技术试验的目的就是为评价和优化设计提供参考和方向。其教学重点是设计的过程性评价及终结性评价方案，以及优化设计的方法；教学难点是合理确定过程性及终结性评价指标，并进行客观、科学的评价，还要注意人机适用性优化的具体实施。

【课时大概念】 ☞

课时核心大概念：从技术试验看产品评价与优化。

特征化表达：在对作品进行测试与优化的过程中，关联设计的基本原则，明确设计的目的达成情况，通过运用工程思维和创新思维，设计技术试验对作品进行测试，在活动中了解技术试验的方法和功能，选择合适的技术试验方法并完成对作品的技术测试，针对测试结果和评价尝试优化作品方案，从而树立质量意识和负责任的技术态度。

概念类别	简略化表达	特征化表达
概念结论类	技术试验、方案优化	在对作品进行测试与优化的过程中，学习技术试验的相关知识，掌握简单的方案优化方法
思想方法类	工程思维、创新设计、物化能力	运用工程思维，根据作品的特点和用途，创造性地设计合适的技术试验，完成对作品的技术测试；分析测试结果，归纳总结经验教训后，运用工程思维和创新思维设计优化产品的方案
价值观念类	质量意识、责任意识	在作品的技术试验过程中，严谨的测试态度是对产品质量负责任的表现，对方案进行精益求精的优化设计，展现了学生对产品的责任意识

【资源条件】☞

资源名称	功能
黑板	板书核心问题；板书学生解决问题时的交流、分析、建构要点、体验感悟；板书反思提升要点等
PPT	出示核心问题与具体的教学内容；展示视频、图片等情境；实践任务提示等
投影仪	展示教师范例、学生作品等
信息技术融合	手机录制技术试验现场并播放

【学生基础】☞

学生在理化生学科实验中知道并掌握一些科学实验的方法和技能，初步具备探究性学习的经验，而对于技术试验，学生虽不甚了解，但他们的已有经验正是进行学习经验迁移的最好基础。课堂上需要明确"科学实验"与"技术试验"的区别，以免学生认识混乱。

技术试验蕴含了工程思维、创新设计、物化能力等核心素养培养的教育内容，而目前学生的这些学科素养水平处在 个较低的水平，往往表现为：对技术试验不了解；不知道用怎样的试验方法和步骤完成对产品的测试；不能准确地设计出针对产品不同特性的技术试验、不能通过对技术试验结果的分析，正确合理地评价产品设计，进而提出合理化且具备可行性的优化设计方案。

【教学目标】☞

（1）观摩技术试验相关的图片和视频，学习技术试验的含义和重要作用，了解技术实验的特点与类型，技术意识达到水平 2（形成对技术的理性态度和评价）。

（2）学习并掌握简单技术试验的方法，尝试设计测试"魔方体"的技术试验，收集试验结果，反馈对"魔方体"设计的评价，工程思维达到水平 1（初步进行设计方案的多因素分析，了解比较、权衡、优化等系统分析的方法），创新设计达到水平 2（能针对某个技术问题解决实例，设计一般的试验方案，撰写试验报告），物化能力达到水平 2（能根据设计要求进行简单的技术试验）。

（3）相互交流各组的评价，完善"魔方体"设计方案优化，体验技术的升级迭代，理解技术试验在产品设计中的重要作用，初步形成质量管理意识，工程思维达到水平 2（分析影响因素，尝试优化设计），创新设计达到水平 2（明确需要解决的技术问题，制订解决问题的一个或多个单一方案）。

【核心问题分析】☞

核心问题：设计技术试验测试"魔方体"性能，针对测试结果优化产品设计方案。

学生在前期的设计制作过程中得到了"魔方体"作品，但作品的性能如何，是否达到了原来的设计目标，学生心里并没有底。本课通过引入技术试验来测试学生作品的性能，让学生客观真切地了解自己作品的实际情况，产生优化原来的设计方案的需求，更进一步地体会技术的迭代发展。

教学过程中，在回顾作品制作之后，教师先介绍什么是技术试验，然后引导学生按照学案上的第一大题中的第 1 小题的要求完成对"魔方体"的外观检测。在这一题中，教师给出了技术试验的各个环节和对"魔方体"的外观检测所需工具、检测内容，学生只需要完成相关测试活动即可。第 2 小题是对"魔方体"的功能检测，这一题教师给出了技术试验的各个环节，其他的内容则需要学生根据功能检测的目的进行创新设计，从而深度体会技术试验方案诞生的过程，最后通过技术试验结果的反馈，验证技术试验设计的合理性。课后学生将根据所有的技术试验结果对"魔方体"进行方案优化设计。

【评价预设】☞

本堂课教师评价及学生评价围绕技术试验中出现的各种问题展开，主要需体现技术试验方案设计的规范性、合理性，以及对技术试验过程中可能出现的状况的预见性。

（1）提出问题环节：针对学生已有的相关知识给予鼓励性评价，激发学生重新整合已有知识。

（2）解决问题环节：针对学生对于技术试验陌生的情况，侧重于提示性与示范性评价。

（3）反思提升环节：对于学生总结技术试验中的经验教训，以肯定性评价为主，提示性评价为辅，同时鼓励学生勇于总结提炼经验所得。

（4）运用反馈环节：评价侧重于鼓励学生把技术试验得到的结果应用到产品方案的优化中。

二、教学实施设计

【教学环节】☞

教学环节	教师活动	学生活动	设计意图
提出问题	创设情景：展示学生作品（从图到实物）。 提出核心问题：设计技术试验测试"魔方体"性能，针对测试结果优化产品设计方案	观察思考， 思维与情绪定向	通过展示学生作品，营造学习新知的氛围。 明确任务，学生完成思维与情绪上的定向
解决问题	知识学习： 一、什么是技术试验 展示生活中技术试验的图片和视频	思考，联系生活实例内化知识点	掌握基本理论知识，整体了解技术试验， 学习新知

教学环节	教师活动	学生活动	设计意图
解决问题	在技术活动中,为了检验产品是否达到了预期目标而进行的探索性实践活动。 二、技术试验体验 回答以下问题并完成学案上的技术试验报告。 活动一:针对"魔方体"设计简单的技术试验方案。 1."魔方体"的设计目标是什么? 2. 如何验测这些目标达成? 测试内容、测试工具、记录表格。 3. 展示小组技术试验方案,讨论其合理性。 活动二:各小组按照自己设计的技术试验方案,完成本组作品的技术试验,并得出结论: 1. 本组"魔方体"是否满足基本要求? 2. 拼接难度是否合适? 3. 原"魔方体"设计方案还能在哪些方面进行进一步优化?	思考并讨论。 思考讨论,设计技术试验方案。 倾听并讨论,完善本组试验方案。 实践并得出结论	学生应用已有的知识尝试解决问题。 尝试应用已有知识完成新的技术方案设计。 从同学中获得新知。 在实践中获取新知
反思提升	三、技术试验的特点与类型 1. 特点:试探性, 实践性。 2. 类型:优选试验, 摸拟试验, 强化试验, 破坏试验, 整体运行试验, 虚拟试验等。 设计的过程是设计、评价、优化三个环节循环往复的过程,技术在迭代中不断升级	学习新知。 学习,了解技术试验的特点与类型,结合本小组的技术试验实践,感悟技术试验	了解技术的进步在于不断地实践和创新
评价反馈	从功能性、美观性、人机适用性三个方面完成"魔方体"的优化设计,用文字辅以草图的方式进行优化说明	针对本小组作品的技术试验结果,合理规划,进行产品优化设计	技术试验的目的在于方案的创新优化,完成技术的进一步迭代发展

【板书设计】☞

作品测试与优化	（副板书）
核心问题：设计技术试验测试"魔方体"性能，针对测试结果优化产品设计方案	1."魔方体"的设计目标是什么？
一、什么是技术试验 二、技术试验体验 三、技术试验的特点与类型	2. 如何验测这些目标是达成的？ 3. 小组技术试验方案

【教学流程】☞

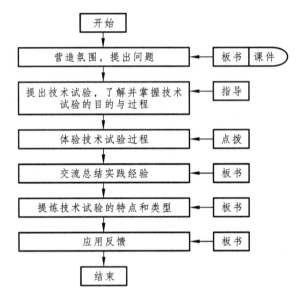

【作业设计】☞

为了帮助学生能在各种新情境下灵活运用本课时生成的三类大概念，通过课堂与课外作业加深其理解，提高他们的应用能力，本课课内外作业进行了如下表所示的结构化设计，其中技术试验报告是课堂上完成的作业，方案的优化设计是请学生课后完成的作业。

作业序号	作业目标	作业情境 内容	水平	概念结论 内容	水平	思想方法 内容	水平	价值观念 内容	水平	整体评估 类型	水平
一、技术试验报告1	在实际操作中体验技术试验的设计、测试和分析评价的全过程	1."魔方体"整体外形尺寸检测	较简单	技术试验的基本组成	物化能力1 工程思维1	分析比较设计数据和实测数据，评价作品	物化能力2 工程思维2	质量意识、责任意识	技术意识2	基础作业	学业质量水平1
一、技术试验报告2	在实际操作中根据需求设计技术试验，并通过实施检验技术试验的合理性	2."魔方体"功能检测	简单	技术试验的设计和实施	物化能力2 工程思维2	根据测评需求设计技术试验	物化能力2 工程思维2 创新设计2	质量意识、责任意识	技术意识2	基础作业	学业质量水平2

作业序号	作业目标	作业情境		概念结论		思想方法		价值观念		整体评估	
		内容	水平	内容	水平	内容	水平	内容	水平	类型	水平
二、方案优化	体验从技术试验结果出发对方案完成优化设计的全过程	根据试验结果，完成"魔方体"的优化设计	简单	方案优化	物化能力2 工程思维2	归纳演绎、创新设计优化方案	物化能力2 工程思维2	质量意识、责任意识	技术意识2	基础作业	学业质量水平2

（具体的作业内容略）

三、教学评价设计

【信息搜集】☞

课后搜集了全班 48 名同学的运用反馈练习，按照体验性目标的达成情况及正确率进行了批阅和分类。

【自我评价】☞

在搜集到的教师反馈意见基础上认真自我反思，针对大概念核心问题教学的课堂教学加以评价，完成了"大概念核心问题教学文化评价表"。

基于本节课的核心问题设置较为恰当，体验到了恰当设置核心问题的重要性和必要性。因此较好地达成了体验性目标和结果性目标，整节课的完成是比较成功的。

（1）学生活动充分，体验层层深入。作为一节作品测试与优化体验课，更关注学生的学习体验。放手把时间交还给学生，学生先后经历了小组合作试验测试、全班交流 PK、小组讨论反思三个活动环节。由于学生活动充分，所以从全班学生活动现场来看，学生表现积极，高潮频出，课后对方案的优化总结，既有内容，又有深度。

（2）教师的评价实施较好和学生投入实践活动较好。

根据"大概念的核心问题教学文化评价表"，按照核心问题教学形态评价和实质评价的一级、二级、三级指标，结合结果性目标，体验性目标尤其关联体验目标，根据学生课堂中的具体表现和收集整理的资料，反思判断自己的教学，对核心问题教学文化的自评情况见下表。

大概念的核心问题教学文化评价表

课时名称："魔方体项目"——作品测试与优化。

所属单元：《技术与设计 1》第五章～第七章 制订设计方案、制作模型或原型、设计的评价与交流。

单元大概念：在工程思维和创新设计的引领下，通过"魔方体"设计项目，体验设计的一般过程，利用图样表达规范设计方案，通过实践操作培养技术意识和物化能力。

单元核心问题：在"'魔方体'的设计与制作"项目中，利用工程思维和创新设计结合小组成员的自身能力特点，合理分工，设计木魔方设计方案，制作出符合要求的木魔方构件，再针对作品设计合理可行的技术试验方案并进行技术测试，通过对测试结果的评价，探究优化方案，写出恰当的产品使用说明书及相关维护保养指导意见。

课时大概念：从技术试验看产品评价与优化。

课时核心问题：设计技术试验测试"魔方体"性能，针对测试结果优化产品设计方案。

评价目标	评价指标				评价方法结果
	一级指标	二级指标	三级指标		
实现活动体验中的学习与素养发展	具有大概念核心问题教学形态	核心问题利于活动体验	内含学科问题和学生活动方式	8	每项指标最高评 8 分（满分为 96 分）
			问题情境与真实生活密切相关	8	
			能引发大概念、新知新法生成	8	
		教学目标价值引导恰当	两类目标正确全面	8	
			关联体验目标恰当	8	
			目标价值引导显现	8	
		教学环节完整合理落实	教学环节清晰完整	8	
			环节内容合理充实	8	
			学生活动时间充分	8	
		教学要素相互匹配促进	问题目标环节两两匹配	8	
			技术促进活动形式内容	8	
			素养导向突出氛围浓郁	8	合计 96 分
	具有大概念核心问题教学特质	拓展学习视野	课堂与现实世界有恰当关联		选择一个表现突出的二级指标，在相应三级指标引导下，以现场学生表现为主要依据，以其余指标为背景，于本表的第二页写出 150 字以上的简要评价
			有基于缄默知识的问题解决		
			有缄默知识运用的追踪剖析		
			知识运用剖析导向素养发展		
		投入实践活动	有真实而且完整的实践活动		
			实践活动深度融入两类情境		
			能够全身心地浸渍于活动中		
			活动的内容结果均丰富深入		
		感受意义关联	有核心问题的深层意义感受		
			有以知识为中心的关联感受		
			有以个人为中心的关联感受		
			有对三类大概念的关联感受		

评价目标	评价指标			评价
	一级指标	二级指标	三级指标	方法结果
实现活动体验中的学习与素养发展	具有大概念核心问题教学特质	自觉反思体验	有实质性反思活动的开展	
			有课堂新因素的追踪利用	
			有体验的交流与改善重构	
			有概念生成中的素养发展	
		乐于对话分享	乐于自我表达与认真倾听	
			乐于合作中成果与思路的分享	
			乐于成果交流中深层意义分享	
			有宽容的对话氛围和双向交流	
		认同素养评价	认可素养评价	
			参与素养评价	
			利用素养评价	

大概念核心问题教学特质的简要评价（包括发展性建议）：

课堂与现实世界有恰当关联。技术试验是技术更新迭代不可或缺的一步，是技术创新的关键节点。本课联系学生实践和现实呈现，让学生在课堂上理解并体会技术进步的关键过程，培养学生质量意识和负责任的态度。在教学中，通过学生的亲身体验设计全过程，让学生理解设计不是一开始的绘出设计图，而是做出实体后的检测与反思

【反馈调整】☞

大概念的核心问题教学素养目标点检测表

课时名称	"魔方体项目"——作品测试与优化
所属单元	《技术与设计1》第五章～第七章 制订设计方案、制作模型或原型、设计的评价与交流
单元大概念	在工程思维和创新设计的引领下，通过"魔方体"设计项目，体验设计的一般过程，利用图样表达规范设计方案，通过实践操作培养技术意识和物化能力
单元核心问题	在"'魔方体'的设计与制作"项目中，利用工程思维和创新设计结合小组成员的自身能力特点，合理分工，设计木魔方设计方案，制作出符合要求的木魔方构件，再针对作品设计合理可行的技术试验方案进行技术测试，通过对测试结果的评价，探究优化方案，写出恰当的产品使用说明书及相关维护保养指导意见
课时大概念	从技术试验看产品评价与优化
课时核心问题	设计技术试验测试"魔方体"性能，针对测试结果优化产品设计方案

课时素养目标	1. 观摩技术试验相关图片和视频，学习技术试验的含义和重要作用，了解技术实验的特点与类型，技术意识达到水平 2（形成对技术的理性态度和评价）。 2. 学习并掌握简单技术试验的方法，尝试设计测试"魔方体"的技术试验，收集试验结果，反馈对"魔方体"设计的评价，工程思维达到水平 1（初步进行设计方案的多因素分析，了解比较、权衡、优化等系统分析的方法），创新设计达到水平 2（能针对某个技术问题解决实例，设计一般的试验方案，撰写试验报告），物化能力达到水平 2（能根据设计要求进行简单的技术试验）
课时素养目标	3. 相互交流各组的评价，完善"魔方体"设计方案优化，体验技术的升级迭代，理解技术试验在产品设计中的重要作用，初步形成质量管理意识，工程思维达到水平 2（分析影响因素，尝试优化设计），创新设计达到水平 2（明确需要解决的技术问题，制订解决问题的一个或多个单一方案）
检测点	产品方案优化
检测工具（检测题）	从功能性、美观性、人机适用性三个方面完成"魔方体"的优化设计，用文字辅以草图的方式进行优化说明
分类标准	A. 能从三个方面完成"魔方体"的优化设计，并能用文字和草图两种方式较科学合理地表达优化方案 B. 能至少从两个方面完成"魔方体"的优化设计，并能用文字和草图中的至少一种方式较科学合理地表达优化方案 C. 能至少从一个方面完成"魔方体"的优化设计，并能用文字和草图中的至少一种方式较科学合理地表达优化方案 D. 完全不能完成"魔方体"的优化设计方案

检测统计	分类等级	学生人数	百分比（总人数 48 人）
	A	22	45.83%
	B	23	47.92%
	C	2	4.16%
	D	1	2.08%

检测分析结果运用	检测工具（检测题）所列的三个优化方面可以在学生进行的技术试验中获得，学生在实践制作的过程中也会有所体会，只要学生能够仔细分析试验结果，合理进行设计预测，优化方案是可以较容易地得到的。 通过对检测题答题结果的统计分析，绝大多数学生可以达成预期目标，从不同的优化方面去探索方案的优化途径，同时从学生的优化方案中可以看到，学生能从自身出发，从用户的角度去思考优化设计方案。根据学生的学习反馈，在后续的教学中将进一步深化优化设计的思想，在优化设计中更多地进行深层次的思考
素养目标达成典型实例	

素养目标达成 典型实例	二、方案优化 根据试验结果，从功能性、美观性、人机适用性三个方面完成木魔方的优化设计，用文字辅以草图的方式进行优化说明。
检测反馈	通过对检测题答题结果进行分析，绝大多数学生可以达成预期目标，他们能从不同的优化方面去探索方案的优化途径，同时从学生的优化方案中可以看到，学生能从自身出发，从用户的角度去思考优化设计方案。但是学生的优化方案多以文字表述，表述较浅显，思考的深度还不够。检测题能够达成检测学生学习实际水平的目的，检测指向性明确

艺术篇

"腔调情韵"单元教学

"腔调情韵"
大概念的核心·问题教学单元规划纲要

学科　音乐　　教师　易新颖　杨　歌

年级	高一		单元名称	腔调情韵	单元课时	3
单元内容	教材内容		高中音乐教材必修课第二单元"腔调情韵——多彩的民歌"是对"汉族民歌"和"少数民族民歌"的学习，对应的学习任务是以"汉族民歌"和"少数民族民歌"为学习内容。 "腔调情韵——多彩的民歌"学习任务是引导学生感受、体验民歌的不同地域风格及不同民族风格，认识民歌中常见的一些体裁形式，进而理解民歌是我国传统文化中重要的精神财富，是世界优秀音乐文化中的绚丽瑰宝，也是人类精神文明的智慧结晶			
	课程标准		《普通高中音乐课程标准（2017年版 2020年修订）》列出了音乐学科核心素养的三个方面：审美感知、艺术表现和文化理解，从音乐学科审美育人特征的学科育人价值角度，引领了高中音乐课堂教学设计改革。在以往传统的音乐教育教学领域，以单一课时教学活动为组织方式，容易导致教学内容的碎片化，难以适应并实现核心素养新形势下以美育人的目标			
基础条件	资源基础	资源名称	功　能			
		黑　板	板书核心问题： 　欣赏汉族民歌和少数民族民歌，探究旋律、节奏、速度、力度、音色等音乐要素在表达音乐情感、日常生活方面的作用，学唱民歌，探究中国民歌体裁分类，对比分析汉族民歌，谈谈自己的感受。齐唱民歌，理解汉族民歌和少数民族传统民歌传承的重要意义。 汉族与少数民族歌曲的欣赏： （1）欣赏歌曲。 （2）学唱歌曲。 （3）了解民歌的分类及特征。 （4）对比欣赏分析。 （5）传承的意义			
		教材、学案	提供核心问题教学各环节中自主探究与生成的环节与思维空间			
		PPT	展示视频、图片等情境；出示核心问题；提供全班交流时所需的资料；出示评价反馈练习等内容			
		技术融合	利用投屏技术展示学生成果；利用视频剪辑软件制作课件和视频帮助学生更好地欣赏作品			

基础条件	学生基础	高二年级的同学们，在初中三年对音乐基础知识有了初步认知和学习，在高中阶段可以通过音乐欣赏进一步提升审美感知，但我国不同区域的民歌是差异非常大的，学生并未系统了解过地区民歌的差异。因为各地区有巨大的地理人文生活差异，所以借助本课时，引导学生更加全面地了解汉族民歌区域性的风格特点，让学生体会不同地区不同的音乐风格				
单元大概念及下层结构		单元名称：腔调情韵——多彩的民歌 概念结论类：探究号子、山歌、小调三种不同体裁的汉族民歌风格特征。 特征化表达：对比欣赏音乐作品并谈谈自己的感受，学唱民歌，探究中国民歌体裁分类及风格特征。 思想方法类：对比欣赏、分析与归纳、关联与整合。 价值观念类：理解民歌魅力所在，懂得民歌传承的责任感				
		课时	课时大概念		课时概念梳理	
			简略化表达	特征化表达	概念结论（小概念）	思想方法	价值观念
		1	汉族民歌	指汉族的传统歌曲，是人民群众表达自己感情的口头创作，反映的是广大人民的心声，在内容上有鲜明的人民性。于2006年列入我国第一批"国家级非物质文化遗产名录"	汉族民歌《澧水船夫号子》	对比欣赏、归纳	民歌《澧水船夫号子》体现的是我国劳动人民不屈不挠的奋斗精神。通过聆听和感受音乐来探究作品的艺术价值和社会价值
		2	少数民族民歌	以蒙古族、藏族、维吾尔族、侗族四种少数民族传统民歌为例，加深对少数民族的民歌与人们的生活地域、生活方式、经济形态、文化传统、语言等因素的了解学习	少数民族民歌《辽阔的草原》《牡丹汗》《宗巴朗松》《蝉之歌》	归纳与概括梳理与整合	通过欣赏并哼唱民歌，理解形成民族风格的重要原因
单元教学目标		参与欣赏汉族民歌以及少数民族民歌，探究汉族民歌以及少数民族民歌的基本概念、体裁形式、风格特点等（审美感知1、2）；学唱汉族民歌和少数民族民歌，能够了解曲目的音调、节奏等（艺术表现水平1、2）。理解汉族民族和少数民族民歌的魅力与价值所在，懂得汉族民歌和少数民族民歌传承的责任感和意义（文化理解水平2）				
单元核心问题及问题分解		核心问题： 欣赏汉族民歌和少数民族民歌，探究旋律、节奏、速度、力度、音色等音乐要素在表达音乐情感、日常生活方面的作用，学唱民歌，探究中国民歌体裁分类，对比分析汉族民歌，谈谈自己的感受，齐唱民歌，理解汉族民歌和少数民族传统民歌传承的重要意义				
课时划分		课时	课时大概念	课时核心问题		
		第一课时	汉族民歌	欣赏汉族民歌《澧水船夫号子》，认识船夫号子的特点，学唱民歌《澧水船夫号子》，探究音乐的基本要素在汉族民歌中的作用，学习汉族民歌的体裁形式，对比欣赏信天游《脚夫调》与《澧水船夫号子》，谈谈自己的感受，齐唱以及分组演唱民歌《澧水船夫号子》，理解汉族民歌传承的重要意义		

	课时	课时大概念	课时核心问题
课时划分	第二课时	少数民族民歌	欣赏少数民族民歌，探究旋律、节奏、速度、力度、音色等音乐要素在表达音乐情感、日常生活方面的作用，学唱少数民族民歌，探究少数民族民歌体裁分类，对比分析少数民族民歌，谈谈自己的感受，齐唱少数民族民歌，理解少数民族民歌传承的重要意义
	第三课时	音乐创作	模仿汉族民歌与少数民族传统民歌的旋律特点，尝试编写一段8小节的旋律片段

	内容
教学评价	一、关于大概念生成理解的评价预设 1. 概念结论类大概念 　　在进行高中音乐单元主题教学设计的过程中，由于"内容多、课时少"，有的时候一节课就要完成一个章节内容的教学，因此将本单元整合成了审美感知课和艺术表现课，将文化理解贯穿于这两节课之中。一部音乐作品就像在讲述一个故事，甚至它具有比故事更加丰富的情感表达。要想让学生真正感受到音乐作品的美，就要先把故事讲好，把抽象思维转化成便于学生理解的形象思维，让学生身临其境，产生情感共鸣。一般来说，情境的创设可以通过语言、演示、联系生活等方式来实现。 2. 思想方法类大概念 　　知识梳理的主要目的有两个方面：一方面是前文提到的"把故事讲好"，也就是帮助学生梳理知识脉络，让学生对某种风格或体裁的音乐作品以及某一时期的音乐作品或作曲家，产生基本的认识和理解。这样学生在聆听音乐的过程中，就能根据"故事情节"，体会作品中情感的表达和流露。另一方面是培养学生的音乐思维，让学生能够通过音乐作品的表象看到其背后的创作规则，逐步掌握鉴赏音乐的方法。 3. 价值观念类大概念 　　在单元少数民族民歌和汉族民歌的鉴赏评价和单元三类作业的完成过程中，就学生对坚守良知正义，激发悲悯情怀等大概念的体悟情况进行评价。 二、关于单元素养目标达成的评价预设 　　学生自主进行实践探究的过程，就是利用已经学过的理论知识来解决未知音乐问题的过程，是知识的迁移过程。在这个过程中，教师通过抛出问题的方式驱动学习任务，把学习的主动权完全交给学生，让学生在思考的过程中内化知识，在自己的亲身实践之中掌握学习方法，从而获得直接经验和情感体验，实现从知识到能力、从听到做的转变。而教师则充当一个"支架"的角色，帮助学生解决自主学习中遇到的问题和困难。在这种教学设计之下，学生已然从一个被动听讲者转变成了自主学习者。 三、关于三类单元作业完成的评价预设 　　将单元基础性作业、综合性作业和实践性作业在各课时中进行量化设计，就学生对每一类题目的参与、完成情况进行量化评价

	作业类型	作业目标	作业内容	作业情境	概念结论	思想方法	价值观念
单元作业	基础性作业	能熟练运用本单元汉族民歌和少数民族民歌学习所获的知识来进行鉴赏活动	运用学习到的音乐鉴赏方法，来体验、感受音乐作品，欣赏所学曲目3遍，并哼唱旋律	音乐作品综合鉴赏结合音乐要素去学习探索音乐作品	对比欣赏	鉴赏与评价、比较与抽象	作品的艺术价值和社会价值
	综合性作业	能运用本单元所学，尝试进行作品创作	模仿民歌的旋律进行8小节的乐句创编	可以借用某一段民歌的节奏进行旋律的仿写，也可以根据旋律改变节奏	音乐创编法	模仿写作	由审美感知到文化理解创作实践

"汉族民歌" 学教案

杨歌

一、教学分析设计

【教材课标分析】☞

《普通高中音乐课程标准（2017 年版 2020 年修订）》列出了音乐学科核心素养的三个方面：审美感知、艺术表现和文化理解，从音乐学科审美育人特征的学科育人价值角度，引领了高中音乐课堂教学设计改革。在以往传统的音乐教育教学领域，以单一课时教学活动为组织方式，容易导致教学内容的碎片化，难以适应并实现核心素养新形势下以美育人的目标。

【大概念】☞

课时核心大概念	简约化表达：汉族民歌				
	特征化表达：欣赏民歌《澧水船夫号子》，谈一谈汉族民歌风格特征（思想方法），学习音乐要素在汉族民歌中起到的作用（概念结论），探索我国劳动人民不屈不挠的奋斗精神以及汉族民歌的艺术价值和社会价值（价值观念）。				
	概念结论		思想方法		价值观念
简约化表达	简约化表达	特征化表达	简约化表达	特征化表达	简约化表达	特征化表达

简约化表达	特征化表达	简约化表达	特征化表达	简约化表达	特征化表达
汉族民歌《澧水船夫号子》	汉族的传统歌曲，是人民群众表达自己感情的口头创作，反映的是最底层、最普通的人民的心声，在内容上有鲜明的人民性。于 2006 年列入我国第一批"国家级非物质文化遗产名录"	界定概念、对比欣赏	音乐作品综合鉴赏结合音乐要素去学习探索音乐作品	探究价值	民歌《澧水船夫号子》体现的是我国劳动人民不屈不挠的奋斗精神。学生通过聆听和感受音乐来探究作品的艺术价值和社会价值

【资源条件】☞

（1）传统教学媒体：黑板（展示课堂的推进过程）。

（2）现代教学媒体：PPT 课件（幻灯片主要用于展示情境素材，学生画地图路线、示意图等）；希沃白板 App 实现实时投屏，将学生的学习过程中的表现以照片等形式传输到电脑端。

（3）数字资源的利用：师生围绕本单元特定的历史主题，通过互联网利用数字资源（如网页、多媒体资料、电子期刊）方便地获取所需史料并开展历史研究，拓展学生视野与加深对知识的理解。

（4）班级 QQ 群：学习过程中围绕问题及时进行交流和讨论。

【学生分析】☞

高二年级的同学们，经历了初中三年以及高一阶段的学习，对音乐基础知识有了初步认知和了解，在高中阶段可以通过音乐欣赏进一步提升审美感知，但在我国不同的区域民歌非常不同，学生并未系统了解过不同地区民歌的差异，所以借助本课时，引导学生更加全面地了解汉族民歌区域性的风格特点，让学生体会不同地区音乐风格也有明显的不同。

【教材分析】☞

本节内容选自普通高中教科书《音乐鉴赏》的第二单元"腔调情韵——多彩的民歌"中的第三节"汉族民歌"，民歌是人们在日常生活中无意识的行为，但却是人们在日常生活中有意识积累的成果，它朴实无华、真实自然、生动感人。我国民歌自《诗经》中《风》的记载算起，距今已有两千多年历史，它伴随着整个中华民族的文明发展历程。本节课通过让学生聆听几首汉族民歌，感受民歌在方言、旋律、节奏、节拍、歌词、调式、结构等方面的特点，了解号子、山歌、小调三种不同题材的汉族民歌风格特征，进而达到获取审美体验的目标。通过学习和了解民歌与地方语言、地域环境、历史文化之间的关系，理解民歌地域风格的形成原因，知道民歌背后所承载的人文内涵，进而认识到民歌的价值和魅力，对我国民歌产生喜爱之情。

【教学目标】☞

参与欣赏民歌《澧水船夫号子》，探究汉族民歌的基本要素、体裁形式、风格特点等（审美感知 1）。对比欣赏信天游《脚夫调》与《澧水船夫号子》（审美感知 2）。学唱汉族民歌《澧水船夫号子》，能够了解曲目的音调、节奏等（艺术表现水平 1、2）。理解汉族民族音乐的魅力，懂得汉族民歌传承的责任感和意义（文化理解水平 2）。

【核心问题】☞

欣赏汉族民歌《澧水船夫号子》，认识船夫号子的特点，学唱民歌《澧水船夫号子》，探究音乐的基本要素在汉族民歌中的作用，学习汉族民歌的体裁形式，对比欣赏信天游《脚夫调》与《澧水船夫号子》，谈谈自己的感受，齐唱以及分组演唱民歌《澧水船夫号子》，理解汉族民歌传承的重要意义。

【评价预设】☞

作为学习指导者，老师应该在课程的生成过程中，担负着更重要的职责，即对从学生活动中收集到的信息予以高质量的评价反馈，用适当、明确、有针对性的语言，让学生明确思考方向。

（1）提出问题环节：对学生表现出的对民歌的学习兴趣给予学生激励性评价，以带动全班学生在积极地探究准备状态中明晰核心问题，激发学生的学习兴趣，产生强烈的探究愿望和热情。

（2）解决问题环节：根据学生在分析解决问题的活动过程中给予引导性、提示性、鼓励性等评价，如学生以不同形式来梳理史实时，进行肯定性和引导性评价；如学生在划分阶段分析阶段特征时，进行引导性评价，深入认识；如探究影响时进行提示性评价，通过情境设置不断将学生的体验引向深入，充分发挥该环节的激励与引导功能。

（3）反思提升环节：与学生一起对解决问题的过程进行反思，在激励性的学科化评价基础之上进行结构化的提升，加深对本课的知识内容、思想方法、价值观念等的认识，力求发挥此环节评价的体验积淀功能。

（4）评价反馈环节：设计题目"汉族民歌的音乐文化特点"，可以从学生对这一任务的完成情况进行点检测分析，形成体验性目标达成情况的评价并反馈给学生，凸显该环节评价的体验强化功能。

二、教学实施设计

【教学环节】☞

教学环节	学生活动	教师活动	设计意图	技术融合
提出问题	1. 圆场入座，师生问好，欣赏视频《澧水船夫号子》并回答问题。 2. 认识船夫号子的特点	1. 组织学生上课，播放视频并提出问题，引导学生进行回答。 2. 介绍现实中船夫号子的特点。 3. 老师播放《澧水船夫号子》表演视频。 4. 老师简单介绍澧水船夫号子	营造情境，激发学生的学习兴趣，提出核心问题	课件【PPT】视频音频文件，音响
解决问题	1. 学生模仿老师学习劳动号子，跟着钢琴伴奏以及鼓声进行哼唱，学习中国民歌的体裁分类，探究音乐要素在汉族民歌中的作用。 2. 欣赏视频，针对山歌的不同特点，谈一谈自己的感受，对比分析两首山歌	1. 老师展示谱例并进行钢琴伴奏，结合歌词带领同学进行"一领众和"，引导学生进行分组练习。 2. 总结劳动号子特点并介绍民歌的体裁，引导学生探究音乐要素在汉族民歌中的作用，播放视频，提出问题，引导学生谈一谈不同种类山歌的不同特点	指导学生运用音乐要素分析作品，体会音乐作品的情绪变化	课件【PPT】视频音频文件，音响
反思提升	学生齐唱，表现出劳动号子高亢激昂、气势磅礴的情景	老师带领学生分组演唱	认识歌曲所反映的社会背景和歌曲的历史意义	课件【PPT】视频音频文件，音响
评价反馈	理解民族音乐的魅力所在，懂得汉族民歌传承的责任感	1. 引导学生理解民族音乐的魅力，让同学们能够发现民族音乐的魅力所在，让文化瑰宝永远地流传下去。 2 布置课堂作业	从文化理解层面深层次的感悟汉族民歌的传承意义	课件【PPT】视频音频文件，音响

【板书设计】☞

汉族民歌

1. 欣赏《澧水船夫号子》

2. 学唱歌曲《澧水船夫号子》

3. 民歌的体裁分类：山歌、小调、劳动号子

4. 民歌的特征：篇幅短小、即兴性强。

5. 对比分析：信天游《脚夫调》和汉族民歌《澧水船夫号子》

6. 汉族民歌传承的意义

【作业设计】☞

课时作业的结构化设计：

作业序号	作业目标	作业情境		概念结论		思想方法		价值观念		整体评估	
		内容	类型	内容	水平	内容	水平	内容	水平	内容	水平
1	能熟练运用本单元汉族民歌学习所获得的知识来进行鉴赏活动	运用学习到的音乐鉴赏方法，来体验、感受音乐作品，欣赏所学曲目3遍，并哼唱旋律	一般	运用学习到的音乐鉴赏方法，来体验、感受音乐作品，欣赏所学曲目3遍，并哼唱旋律	艺术表现水平1、2	对比鉴赏、形象与抽象	审美感知水平2	探索我国劳动人民不屈不挠的奋斗精神以及汉族民歌的艺术价值和社会价值	文化理解水平2、3	考察学生是否多次聆听曲目，熟悉曲目感受曲目的风格特点	审美感知2、3
2	能运用本单元所学，尝试进行作品创作	模仿民歌的旋律进行8小节的乐句创编	一般	艺术表现法	艺术表现水平3	模仿写作	艺术表现水平2、3	由审美感知到文化理解创作实践	审美感知、文化理解水平2	通过模仿旋律的写作，更深层次地感受民歌的特点	艺术表现、文化理解水平3
课时作业总体评估	1. 对于第一题，同学们完成下来比较容易，没有任何技术含量，只是去听去感受，同学们基本上把握得还算不错。 2. 对于第二题创编旋律来说，同学们做起来很棘手，由于乐理知识的匮乏，完成这个作业时学生有些无从下手，基于这一点，老师引导学生模仿山歌的旋律进行创作，慢慢地让一些学生有了头绪，能够创编出几个小节的乐句，但完成质量不高，需要多加练习										

（具体的作业内容略）

【教学流程】 ☞

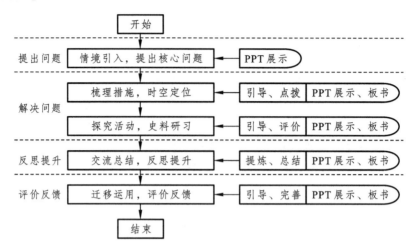

三、教学评价设计

（1）评价实施。

（2）信息搜集。

（3）自我评价。

大概念的核心问题教学文化评价表

课时名称：<u>汉族民歌之《澧水船夫号子》</u>。

所属单元：<u>腔调情韵——多彩的民歌</u>。

单元大概念：<u>汉族民歌、少数民族民歌</u>。

单元核心问题：<u>对比欣赏音乐作品并谈谈自己的感受，理解民歌魅力和价值所在，懂得</u>民歌传承的责任感。

课时大概念：<u>汉族民歌</u>。

课时核心问题：<u>欣赏《澧水船夫号子》等作品，感受和体验其音乐特点</u>。

评价目标	评价指标				评价 方法结果
	一级指标	二级指标	三级指标		
实现活动体验中的学习与素养发展	具有大概念核心问题教学形态	核心问题利于活动体验	内含学科问题和学生活动方式	8	每项指标最高评 8 分（满分为 96 分）
			问题情境与真实生活密切相关	8	
			能引发大概念、新知新法生成	8	
		教学目标价值引导恰当	两类目标正确全面	8	
			关联体验目标恰当	8	
			目标价值引导显现	8	合计 89 分

评价目标	评价指标			评价方法结果
	一级指标	二级指标	三级指标	
实现活动体验中的学习与素养发展	具有大概念核心问题教学形态	教学环节完整合理落实	教学环节清晰完整 7	
			环节内容合理充实 6	
			学生活动时间充分 6	
		教学要素相互匹配促进	问题目标环节两两匹配 6	
			技术促进活动形式内容 8	
			素养导向突出氛围浓郁 8	
	具有大概念核心问题教学特质	拓展学习视野	课堂与现实世界有恰当关联	选择一个表现突出的二级指标,在相应三级指标引导下,以现场学生表现为主要依据,以其余指标为背景,于本表的第二页写出150字以上的简要评价
			有基于缄默知识的问题解决	
			有缄默知识运用的追踪剖析	
			知识运用剖析导向素养发展	
		投入实践活动	有真实而且完整的实践活动	
			实践活动深度融入两类情境	
			能够全身心地浸渍于活动中	
			活动的内容结果均丰富深入	
		感受意义关联	有核心问题的深层意义感受	
			有以知识为中心的关联感受	
			有以个人为中心的关联感受	
			有对三类大概念的关联感受	
		自觉反思体验	有实质性反思活动的开展	
			有课堂新因素的追踪利用	
			有体验的交流与改善重构	
			有概念生成中的素养发展	
		乐于对话分享	乐于自我表达与认真倾听	
			乐于合作中成果与思路的分享	
			乐于成果交流中深层意义分享	
			有宽容的对话氛围和双向交流	
		认同素养评价	认可素养评价	
			参与素养评价	
			利用素养评价	

大概念核心问题教学特质的简要评价（包括发展性建议）：

（乐于对话分享）学生们积极参与音乐课上的对话和分享活动，营造了开放和包容的氛围，鼓励学生自由表达其真实观点和感受。在课堂上学生愿意分享关于音乐的知识、经验和见解，在音乐的欣赏和对作品的理解上，学生通过对话更好地理解音乐作品和音乐文化，在团队合作上，通过节奏的击打促进学生之间的合作和互动，共同探讨音乐，提高学生对音乐的兴趣和热爱，激发他们更深入地学习音乐，课堂上有宽容的对话氛围和师生的双向交流，通过哼唱旋律，学生能自信地表达自己的情感，其他同学也能更好地倾听其音乐旋律，相互促进，相互进步。

发展性建议：老师需要创造更为轻松的氛围，让学生感到舒适和自由，这样才能表达自己的想法，通过多种方式引发学生对音乐的兴趣，在课堂上提出让学生感兴趣的问题，引导学生进行讨论，培养自主性和主动性。老师还需要鼓励学生积极参与，不论回答正确与否，都要给予肯定和鼓励。在教学上多提供机会、尊重观点、示范分享等，创造各种机会让学生展示和分享，让他们知道自己的表现，增强信任，与学生建立良好的师生关系等等

大概念的核心问题教学素养目标点检测表

课时名称	汉族民歌之《澧水船夫号子》		
所属单元	腔调情韵——多彩的民歌		
单元大概念	汉族民歌、少数民族民歌		
单元核心问题	对比欣赏音乐作品并谈谈自己的感受，理解民歌魅力和价值所在，懂得民歌传承的责任感		
课时大概念	汉族民歌		
课时核心问题	欣赏汉族民歌《澧水船夫号子》，认识船夫号子的特点，学唱民歌《澧水船夫号子》，探究音乐的基本要素在汉族民歌中的作用，学习汉族民歌的体裁形式，对比欣赏信天游《脚夫调》与《澧水船夫号子》。谈谈自己的感受，齐唱以及分组演唱民歌《澧水船夫号子》，理解汉族民歌传承的重要意义。		
课时素养目标	审美感知（水平1、2）、艺术表现（水平1、2）、文化理解（水平2）		
检测点	能运用本课所学，尝试进行作品创作		
检测工具（检测题）	每个人都能演唱《澧水船夫号子》		
分类标准	A. 能很好地运用汉族民歌所学的民歌音乐作品，阐述船夫号子的节奏特点		
	B. 能运用汉族民歌所学的民歌音乐作品，阐述船夫号子的演唱形式		
	C. 体会民歌情绪，演唱《澧水船夫号子》		
	D. 不能体会民歌情绪，不能进行简单创编		
检测统计	分类等级	学生人数	百分比（总人数40人）
	A	16	40%
	B	20	50%
	C	3	7.5%
	D	1	2.5%

检测分析结果运用	在课后作业检测中发现，全班有27名同学能以较高的质量完成作业，同学们在体验音乐方面都能有所提升。本次课有 16 名同学能很好地进行演唱，有 15 名同学能较好地进行演唱，有 5 位同学基本能演唱，有 2 位同学不能进行演唱。从以上结果可以看出，少数同学还需继续努力提高音乐的基础知识的学习，老师也要多关注这部分同学，并给予一些建议和辅导
素养目标达成典型实例	学生能准确把握歌曲的节奏和音准，在歌唱时体会到汉族民歌的特点，展示情感的表达和沟通能力，体现学生自主学习能力的发展，同时也反映出良好的心理素质，体现了文化素养的提升
检测反馈	从本节课的教学情况来看，绝大部分学生很好地完成了教学目标，大多数同学能很好地进行演唱，同时，核心问题的体验也很到位，教学目标价值引导恰当，学生通过创编活动体验到了本节课需要解决的核心问题，完成了教学目标的要求和任务

"欣赏·少数民族民歌"学教案

易新颖

一、教学分析设计

【教材课标分析】☞

高中音乐教材必修课第二单元"腔调情韵——多彩的民歌"是"汉族民歌"和"少数民族民歌"的学习内容，对应的学习任务是以"汉族民歌"和"少数民族民歌"为学习内容。

"腔调情韵——多彩的民歌"学习任务是引导学生感受、体验民歌的不同地域风格及不同的民族风格，认识民歌中常见的一些体裁形式，进而认识我国民歌是我国传统文化中重要的精神财富，是世界优秀音乐文化中的绚丽瑰宝，也是人类精神文明的智慧结晶。《普通高中音乐课程标准（2017 年版 2020 年修订）》列出了音乐学科核心素养的三个方面：审美感知、艺术表现和文化理解，从音乐学科审美育人价值角度出发，引领了高中音乐课堂教学设计改革。在以往传统的音乐教育教学领域，以单一课时教学活动为组织方式，容易导致教学内容的碎片化，难以适应并实现核心素养新形势下以美育人的目标。

"少数民族民歌"的学习任务是通过 4 首少数民族民歌的聆听，感受其在旋律、节拍、歌词、调式、结构等方面的特点，了解不同民族、不同体裁的民歌及民歌风格特征，进而达到审美体验的目标。通过对作品音乐情绪的感受体验、对不同歌曲进行学习演唱，在参与时间表现的过程中，学会中国少数民族传统民歌的部分作品。

本单元通过带领学生欣赏《辽阔的草原》《牡丹汗》《宗巴朗松》《蝉之歌》等作品，让他们去感受和体验歌曲表达的情感，认识、了解这些歌曲的内容及所反映的时代思想；通过让学生学习和了解民歌与地方语言、地域环境、历史文化之间的关系，让他们理解民歌地域风格的形成原因。

【大概念】☞

课时核心大概念	简约化表达：欣赏少数民族民歌
	特征化表达：通过聆听《辽阔的草原》《牡丹汗》《宗巴朗松》和《蝉之歌》四首少数民族传统民歌，感受少数民族的民歌与人们的生活地域、生活方式、经济形态、文化传统的关系以及旋律、节拍、歌词、调式、结构等方面的特点，通过对少数民族民歌与人们的生活地域、生活方式、经济形态、文化传统等的学习，理解形成民族风格的重要原因

概念结论		思想方法		价值观念	
简约化表达	特征化表达	简约化表达	特征化表达	简约化表达	特征化表达
蒙古族民歌《辽阔的草原》	是一首流传在内蒙古自治区的蒙古族"长调"歌曲，这首歌表现了蒙古族年轻牧民对爱情生活的珍视和追求。这首歌采用了上下句单乐段的结构形式	界定概念对比欣赏	音乐作品鉴赏结合音乐要素去探索音乐作品	探究价值	少数民族民歌《辽阔的草原》《牡丹汗》《宗巴朗松》和《蝉之歌》，体现的是我国不同民族和不同地域的民族精神。通过聆听和感受音乐，来探究作品的艺术价值和社会价值

【资源条件】☞

（1）传统教学媒体：黑板（展示课堂的推进过程）；

（2）现代教学媒体：PPT 课件（幻灯片主要用于展示情境素材、学生画地域路线、示意图等）；希沃白板 APP 实现实时投屏，将学生的学习过程中的表现以照片等形式传输到电脑端。

（3）数字资源的利用：师生围绕本单元特定的历史主题，通过互联网利用数字资源（如网页、多媒体资料、电子期刊）方便地获取所需史料并开展历史研究，拓展学生视野与加深其对知识的理解。

（4）班级课堂：对于学习过程中出现的问题及时进行交流和讨论。

【学生分析】☞

高一年级的同学们，经过初中三年的学习，对音乐基础知识有了初步认知和学习，并已经初步建立了一定的审美感知，在高中阶段便可以通过音乐欣赏进一步提升审美感知，通过前段时间的学习，了解了学生的学习基础，在学生现有的知识和能力基础上，注意学生之间的差异，有的放矢地开展个性化教育。在审美感知方面，经过前面的学习后，在学生能够较为系统地掌握鉴赏音乐的要素和分析乐曲的基本方法。在具备一定的鉴赏能力和知识的基础上，可以组织小组开展合作学习。在艺术表现方面，高一学生已具备一定的识谱的能力，因此可以选择性地为他们安排一些歌曲进行学唱，尤其是学唱一些少数民族歌曲。在文化理解方面，高一学生已经对历史大事件和年代划分有了一定程度的认识，同时也具备了资料查阅能力，但是逻辑思维能力仍参差不齐。我国不同区域的民歌差异较大，学生并没有系统地了解过不同地区民歌的差异。因为各地区有巨大的地理人文生活差异，所以借助本课时，引导学生更加全面地了解不同少数民族地区民歌的风格特点，让学生体会到不同地区音乐风格的巨大差异。

【教学目标】☞

（1）审美体验：通过学唱《辽阔的草原》《牡丹汗》《宗巴朗松》和《蝉之歌》，了解不同少数民族地区民歌的音乐文化特征。

（2）艺术表现：认识长调、囊玛等民歌体裁，探究与体会音乐要素与情感的联系。学会少数民族传统民歌中的典型音调、节奏和独特的歌舞形式。

（3）文化理解：初步懂得民歌与人们的生活地域、生活方式、经济形态、文化传统、语言语音等因素是有紧密关系的，它们也是形成民族风格的重要原因。懂得少数民族民歌的艺术价值和魅力。

【核心问题】☞

欣赏《辽阔的草原》《牡丹汗》《宗巴朗松》和《蝉之歌》，体验并探究少数民族民歌的特点。

内容主旨：体验少数民族民歌的特点，并感受音乐要素在作品中的重要作用，并通过音乐元素与音乐情感的联系，以及不同民歌种类的对比，增强学生对中国民歌的认识和了解。

【评价预设】☞

作为学习指导者，老师应该在课程的生成过程中，担负着重要的职责，即针对从学生活动中收集到的信息，予以高质量的评价反馈，用适当、明确、有针对性的语言，让学生明确思考方向。

（1）提出问题环节：对学生表现出的学习兴趣，给予学生激励性评价，以带动全班学生在积极地探究准备状态中明晰核心问题，激发学生的学习兴趣，产生强烈的探究愿望和热情。

（2）解决问题环节：在学生分析解决问题的活动过程中给予引导性、提示性、鼓励性等评价，如在学生以不同形式来梳理史实时，进行肯定性和引导性评价；如学生在划分阶段分析阶段特征时，进行引导性评价，深入认识；如学习探究影响时，进行提示性评价，通过情境设置不断将学生的体验引向深入，充分发挥该环节的激励与引导功能。

（3）反思提升环节：与学生一起对解决问题的过程进行反思，在激励性的学科化评价基础之上进行结构化的提升，加深学生对本课的知识内容、思想方法、价值观念等的认识，力求发挥此环节评价的体验积淀功能。

（4）评价反馈环节：设计题目——"少数民族民歌的特点"，可以从学生对这一任务的完成情况入手，进行目标点检测分析，形成体验性目标达成情况的评价并反馈给学生，凸显该环节评价的体验强化功能。

二、教学实施设计

【教学环节】☞

教学环节	学生活动	教师活动	设计意图	技术融合
提出问题	1. 聆听音乐，引入民歌。 2. 学生根据表演视频回答问题。 3. 学生初步了解蒙古族民歌的特点	1. 提问： 刚才听的是什么地方的民歌？有哪些显著特点？ 2. 老师播放《辽阔的草原》表演视频。 3. 简单介绍蒙古族民歌	营造情境，激发学生的学习兴趣，提出核心问题	课件【PPT】 视频音频文件 音响

教学环节	学生活动	教师活动	设计意图	技术融合
解决问题	1. 学生识谱唱《辽阔的草原》。 2. 听老师的示范演唱。 3. 学生跟着视频一起进行演唱。 4. 学生了解后总结蒙古民歌的特点，能区分长调和短调。 从节奏上看有自由、舒缓、漫长的特点，从旋律上看，开阔悠长、绵延起伏、富于装饰，给人以气息宽广、颇具草原特色的印象，富有鲜明的蒙古族色彩	1. 弹琴学生跟着一起哼唱旋律及歌词。 2. 进行示范演唱，并结合歌词进行教唱。 3. 学生进行分组练习。 4. 总结蒙古族民歌的特点	指导学生运用音乐要素分析作品，体会音乐作品的情绪变化	课件【PPT】 视频音频文件 音响
反思提升	1. 学生聆听《牡丹汗》《宗巴朗松》和《蝉之歌》并回答问题。 2. 学生跟随老师的引导，了解和认识不同民族和地区民歌的特点，并说出自己的感受，找不同民族民歌的特点	1. 欣赏维吾尔族民歌、藏族民歌、侗族民歌。 提问：歌曲有哪些特点？ 2. 了解少数民族民歌的不同特点，比如《宗巴朗松》属于藏族民歌，是流传在西藏的一种传统歌舞——囊玛中的一首歌曲	理解歌曲所反映的社会背景、地域及社会地位	课件【PPT】 视频音频文件 音响
评价反馈	1. 分组讨论每首歌曲的特点，同学之间互相分享。 2. 结合同学们分享的特点，4 个组各负责总结一个民族民歌的特点	1. 学生分为 4 个组，对同学们没说到的歌曲特点进行补充。 2. 布置课堂作业	让学生亲身参与表演和总结歌曲的特点，更深层次地体悟歌曲的情感内涵	课件【PPT】 视频音频文件 音响

【板书设计】☞

欣赏少数民族民歌

1. 蒙古族：《辽阔的草原》长调

2. 维吾尔族：《牡丹汗》

3. 藏族：《宗巴朗松》囊玛

4. 侗族：《蝉之歌》侗族大歌

【作业设计】☞

课时作业的结构化设计：

作业序号	作业目标	作业情境		概念结论		思想方法		价值观念		整体评估	
		内容	类型	内容	水平	内容	水平	内容	水平	内容	水平
1	能熟练运用本单元少数民族民歌学习所获得的知识来进行鉴赏活动	运用学习到的音乐鉴赏方法，来体验、感受音乐作品，欣赏所学曲目，并哼唱旋律及歌词	基础性作业	运用学习到的音乐鉴赏方法，来体验、感受音乐作品，欣赏所学曲目，并哼唱旋律及歌词	简单	鉴赏与评价、形象与抽象	一般	作品的艺术价值和社会地位	复杂	考察学生是否熟悉曲目，并感受曲目的风格特点	一般
2	能运用本单元所学，尝试进行作品创作	模仿民歌的旋律进行4小节的乐句创编	综合性作业	音乐创编法	复杂	模仿写作	一般	由审美感知到文化理解到创作实践	较难	通过模仿旋律的写作，更深层次地感受民歌的特点	复杂
课时作业总体评估	1. 以第一题同学们完成的情况来看，所有同学都能完成，这个题更多的是需要同学们去听去感受去体验，同学们基本上把握得还算不错。 2. 对于第二题创编旋律来说，同学们做起来很难，由于匮乏乐理知识，完成这个作业时学生有些无从下手，基于这一点，老师通过引导学生模仿民歌的旋律进行创作，慢慢的学生有了一些头绪，能够创编出几个小节的乐句，但完成质量不高，需要多加练习										

（具体的作业内容略）

【教学流程】☞

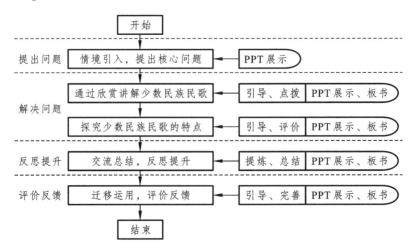

三、教学评价设计

1. 评价实施
2. 信息搜集
3. 自我评价

大概念的核心问题教学文化评价表

课时名称：《欣赏少数民族民歌》。

所属单元：腔调情韵——多彩的民歌。

单元大概念：了解和认识中国的民歌音乐作品。

单元核心问题：本单元核心问题的设置，从三个方面入手：1. 了解和认识音乐元素；2. 通过聆听和音乐要素入手去感受音乐作品的情感；3. 感受和认识声乐作品和器乐作品的不同。

课时大概念：体验和感受不同民族和不同民歌体裁的音乐作品。

课时核心问题：欣赏《辽阔的草原》等作品，感受和体验其音乐特点。

评价目标	评价指标				评价 方法结果
	一级指标	二级指标	三级指标		
实现活动体验中的学习与素养发展	具有大概念核心问题教学形态	核心问题利于活动体验	内含学科问题和学生活动方式	8	每项指标最高评8分（满分为96分）
			问题情境与真实生活密切相关	8	
			能引发大概念、新知新法生成	8	
		教学目标价值引导恰当	两类目标正确全面	8	
			关联体验目标恰当	8	
			目标价值引导显现	8	
		教学环节完整合理落实	教学环节清晰完整	7	
			环节内容合理充实	6	
			学生活动时间充分	5	
		教学要素相互匹配促进	问题目标环节两两匹配	7	
			技术促进活动形式内容	8	
			素养导向突出氛围浓郁	8	合计89分

评价目标	评价指标			评价 方法结果
	一级指标	二级指标	三级指标	
实现活动体验中的学习与素养发展	具有大概念核心问题教学特质	拓展学习视野	课堂与现实世界有恰当关联	选择一个表现突出的二级指标，在相应三级指标引导下，以现场学生表现为主要依据，以其余指标为背景，于本表的第二页写出150字以上的简要评价
			有基于缄默知识的问题解决	
			有缄默知识运用的追踪剖析	
			知识运用剖析导向素养发展	
		投入实践活动	有真实而且完整的实践活动	
			实践活动深度融入两类情境	
			能够全身心地浸渍于活动中	
			活动的内容结果均丰富深入	
		感受意义关联	有核心问题的深层意义感受	
			有以知识为中心的关联感受	
			有以个人为中心的关联感受	
			有对三类大概念的关联感受	
		自觉反思体验	有实质性反思活动的开展	
			有课堂新因素的追踪利用	
			有体验的交流与改善重构	
			有概念生成中的素养发展	
		乐于对话分享	乐于自我表达与认真倾听	
			乐于合作中成果与思路的分享	
			乐于成果交流中深层意义分享	
			有宽容的对话氛围和双向交流	
		认同素养评价	认可素养评价	
			参与素养评价	
			利用素养评价	

大概念核心问题教学特质的简要评价（包括发展性建议）：

这节课以核心问题贯穿始终，学生学习了少数民族民歌，欣赏了不同民族的音乐作品，整节课按照核心问题教学的四环节进行展开。有的同学能够非常深入地进行讨论与学习，但少数同学可能因为对于音乐的专业知识了解有限，不能深度参与其中，大部分同学都能把所学的音乐知识灵活地运用到课堂中。本节课通过引导学生欣赏不同民族地域的歌曲，培养学生对音乐的审美能力，同时识别音乐作品所体现的文化内涵，提高文化理解能力

大概念的核心问题教学素养目标点检测表

课时名称	欣赏少数民族民歌
所属单元	腔调情韵——多彩的民歌
单元大概念	了解和认识中国的民歌音乐作品
单元核心问题	欣赏本单元汉族民歌和少数民族民歌音乐作品，感受和体验民歌作品的特点

课时大概念	体验和感受不同民族和不同民歌体裁的音乐作品		
课时核心问题	欣赏《辽阔的草原》等作品，感受和体验其音乐特点		
课时素养目标	审美感知、艺术表现、文化理解		
检测点	能运用本课所学，尝试进行作品创作		
检测工具（检测题）	每个人都能演唱《辽阔的草原》		
分类标准	A. 能很好地运用所学说出少数民族民歌音乐作品的特点，并熟练地演唱歌曲		
	B. 能较好地运用所学说出少数民族民歌音乐作品的特点，并较好地唱歌曲		
	C. 能运用所学说出少数民族民歌音乐作品的特点，并能基本演唱歌曲		
	D. 能运用所学说出少数民族民歌音乐作品的特点，不能唱歌曲		
检测统计	分类等级	学生人数	百分比（总人数50人）
	A	16	32%
	B	20	40%
	C	10	20%
	D	4	8%
检测分析结果运用	在课后作业检测中发现，全班有36名同学能较高质量地完成作业，同学们在体验音乐方面都有所提升。本次课有16名同学能很好地进行演唱，有20名同学能较好地进行演唱，有3位同学基本能演唱，有4位同学不能进行演唱。从以上结果可以看出，少数同学还需继续努力去提高音乐的基础知识的学习，老师也要多关注这部分同学，并给予一些建议和辅导		
素养目标达成典型实例	 学生对创编的作品进行表演。		
检测反馈	从本节课的教学情况来看，绝大部分学生很好地完成了教学目标，大多数同学能很好地进行演唱，同时，核心问题的体验也很到位，教学目标价值引导恰当，通过创编活动体验到了本节课需要解决的核心问题，完成了教学目标的要求和任务		

"建筑艺术"单元教学

"建筑艺术"
大概念的核心·问题教学单元规划纲要

学科　　美术　　　教师　　何依芹

年级	高一		单元名称	建筑艺术	单元课时	3 课时

<table>
<tr><td rowspan="2">单元
内容</td><td rowspan="2">教材
内容</td><td colspan="5">无声之韵——建筑艺术是高中美术必修课程，美术鉴赏的第 4 单元，包括了建筑、园林与城镇建设三大内容。

　　从教材编排来看，建筑单元的学习主题和其他单元相比，具有鲜明的实用性、地域性、时代性等特征，与生活的联系很密切，时常被误认为与艺术无关。但建筑凝聚着人们对自然世界的认识，蕴含着人们的价值观念与文化想象，它通过不同形式来呈现一个国家、一个民族、一个区域乃至一个家族的精神观念和文化思想，因而建筑往往成为精神文化的表征。

　　目前很多国家都将建筑学分为建筑、园林、城市规划三类学科，从教材看，本单元的编写正是按照这一模式分为了三个主题，同时又根据中国当代城镇建设的现实性需求，将城市规划部分落脚到人居环境建设方面，整个单元以建筑为明线，将建筑的建造技术、空间布局、材质选用、雕饰艺术，园林的造园理念、构成要素、造园手法、传统建筑的保存价值、保护措施分别灵活安插在这三个主题之中。暗线则是突出中华传统文化的作用，帮助学生通过建筑，园林城镇建设这些主题，感受其中所蕴含的中国文化，增进文化自信。

　　从教材逻辑来看：</td></tr>
<tr><td>单元</td><td>主题</td><td>议题</td><td>美学知识点</td><td>内涵</td></tr>
<tr><td rowspan="4">建筑
艺术</td><td rowspan="4">主题一：
实体与
虚空
——凝固
的音乐</td><td>第 1 部分：中外建筑的用材有何不同</td><td>木、石等材质质感形成不同的质感美（厚重，体积美，轻盈，线性美）不同材质也形成不同的柱体结构</td><td>气候、地域、文化、技术</td></tr>
<tr><td>第 2 部分：中西方古建筑如何经营空间</td><td>中国：虚实相生；
西方：造型艺术</td><td>中国传统空间意识</td></tr>
<tr><td>第 3 部分：传统建筑的序列与群组有何特征</td><td>对称与和谐
中国：平面延伸
西方：向上发展</td><td>中国受儒家风水和技术影响；
西方受宗教影响</td></tr>
<tr><td>第 4 部分：为什么说雕梁与画栋也是中国建筑之美的精髓所在</td><td>（1）题材：
中国：寓意性；
西方：宗教、神话题材
（2）颜色：
中国：五色；</td><td>与雕塑、绘画之间的关系</td></tr>
</table>

单元内容	教材内容	建筑艺术	主题二：人作与天开——中国古典园林艺术	第1部分：中国园林里的建筑有什么妙趣。	与自然融为一体，是道家学说的高度承载	天人合一的自然观
				第2部分：园林的意境是如何形成的	立体的山水画，一步一景，散点透视	园林与绘画之间的关系
				第3部分：中国园林叠山理水的技巧表现在哪些方面	石："瘦、皱、漏、透"，仿国画皴法。水：曲径通幽，仿国画线条。廊檐，门窗、亭台的借景手法，文学的搭配等	造园技法与国画的关联
				第4部分：中外园林是如何相互影响的	西方：园林为建筑附属，造型多为几何形，后有借鉴中国园林手法	文化交流
			主题三：人居与环境——诗意的栖居	第1部分：传统建筑在城镇化进程中还有保存的价值吗？	当地建筑川西民居特征（横向平铺庭院式对称布局；穿斗木结构轻盈，富有节奏感；斜坡顶、宽屋檐、天井等高低错落，具有韵律感。颜色青瓦白墙，门窗棕色，淡雅清新）。这样的房屋建设邻里关系亲睦，大家族团结，本土文化浓郁。而如今城乡失调、生态失衡。资源浪费，传统文化断层	生活方式和传统建筑的矛盾
				第2部分：美学视角看城市当前存在的问题	人居环境规范体系被打破；传统文脉被割裂；物质空间挤压精神空间；同质化严重；城市比乡镇受重视	保护与传承问题
				第3部分：和谐的现代人居环境应该是什么样子	人居环境应兼具舒适性、艺术性、科学性、文化性	诗意的栖居
				第4部分：为什么要构建人、城市和自然的和谐关系	人、城市和自然应该和谐共生	绿色发展理念
单元内容	课程标准	1. 欣赏经典建筑艺术作品，通过中西方古典建筑的比较加强知识性的认知，引导学生认识中国传统建筑的风格特征与发展，培养其欣赏建筑艺术的方法与能力，探讨建筑风格的形成和演变原因。 2. 了解中国古典园林艺术的主要特征及其价值和意义，建立对园林艺术概貌的认识，掌握园林鉴赏的基本方法，并在案例中加以运用，了解中国古典园林如何处理人与自然环境，传统文化和审美意识等因素的关系，培养初步的鉴赏能力与基本的艺术修养，逐步建立自己的审美观。通过建筑和园林的学习，激发学生对建筑艺术的研究热情，培养民族自豪感和爱国情怀。 3. 了解并知晓文物建筑的历史环境，以及为什么需要保护传统建筑，关注当今城市建设中的古建筑保护问题,发现和认识蕴藏在这些传统建筑中宝贵的审美历史和文化价值，建立积极的环境态度和环保意识				

	资源基础	资源名称	功能	来源
基础条件		黑板	板书核心问题;板书学生解决问题时交流、分析的要点;板书反思提升要点等	教室
		资源包、教材、导学单	提供核心问题教学各环节中自主探究与生成的环节与思维空间	网络、自制
		PPT	出示核心问题;提供全班交流时所需部分结果;出示评价反馈练习等内容	自制
	学生基础	建筑学科是一门实用性和艺术性兼具的学科,由于中国传统社会里普遍存在"重道轻器"的观念,同学们可能在生活中并没有把建筑当作艺术去欣赏。同时建筑作为文化的载体,欣赏建筑其实就是感受传统文化。这在高一必修课美术鉴赏课程中对同学们来说是有难度的。而在"欣赏建筑艺术"这个主题的学习中,同学们还面临一个问题,那就是组织学生对于经典建筑和园林参观的机会有限,感受不深。 但所幸高一的同学是有一定的文学底蕴的,通过前面章节关于国画山水赏析的内容,且因为文化内涵是一脉相承的,同学们具备了基础的分析美学的能力。我们从身边的家乡建筑入手,可以唤起同学们的缄默感受,尽量利用媒体、网络和书籍带给同学更多优秀的案例赏析,激发学生对建筑的研究热情。但因为高中课时不多,更多的还是需要同学们课后的不断感受和积累		

单元大概念及下层结构

单元大概念:建筑艺术。

特征化表达:从建筑的建造技术、空间布局、材质选用、雕饰装修,造园的造园理念、构成要素、造园手法,传统建筑的保存价值、保护措施等方面走进建筑艺术,分析归纳建筑赏析的鉴赏方法,体会其中所蕴含的中华文化,增进文化自信

概念类别	简略化表达	特征化表达
概念结论类	建筑的艺术鉴赏	建筑的艺术鉴赏应从建筑的建造技术、空间布局、材质选用、雕饰装修,造园的造园理念、构成要素、造园手法设计理念等维度展开
思想方法类	从感性到理性、分析归纳与反思、审美判断	体会建筑的实用性和艺术性,比较中西方不同的建筑形式美感,分析归纳建筑独特的形式美法则,思考古建筑保护与城镇建设的协调关系
价值观念类	正确的建筑审美观,坚定文化自信	关注身边的建筑,培养正确的建筑审美观;感受其中所蕴含的中华文化,坚定文化自信,激发学生想象力和创造力,培养创新精神,促进学生全面而个性地发展

课时大概念:

课时名称	课时	课时大概念		课时概念梳理		
		简约化表达	特征化表达	概念结论（小概念）	思想方法	价值观念
实体与虚空——凝固的音乐	1	单体的建筑艺术鉴赏	单体建筑艺术兼具实用性和艺术性	单体建筑的艺术鉴赏应从设计理念、材质结构、空间经营、形态布局、雕饰艺术五个维度展开	从感性到理性、分析归纳、审美判断	单体建筑审美观

	课时名称	课时	课时大概念		课时概念梳理		
			简约化表达	特征化表达	概念结论（小概念）	思想方法	价值观念
单元大概念及下层结构	人作与天开——中国古典园林	1	园林艺术的鉴赏	园林艺术尊重自然，天人合一	园林艺术的鉴赏应从造园理念、园林的造园手法（如叠山理水、门窗檐廊、亭台等）以及中国古典园林对世界的影响展开	从感性到理性、分析归纳、审美判断	园林艺术审美观
	人居与环境——诗意的栖居	1	打造绿色发展理念的人居环境	建设和谐的人居环境必须同时考虑环境、美感和社会发展	古建筑的保存价值，如何协调中国当前城市发展与古建筑的关系，如何构建现代人与城市、自然和谐发展的居住环境	分析归纳、创新	传承与创新的统一
单元教学目标	参与"走进"经典中外古建筑，进行美的赏析与交流，提炼鉴赏法则，用于成都古建筑艺术探析、改进与设计的活动；能运用建筑艺术的鉴赏法则对建筑的形式特征、历史与文化、美的多样性与独特性进行鉴赏、交流、改进（图像识读3、审美判断3）；由此获得对建筑艺术的审美经验，感受到建筑的实用性、地域性、时代性、科学性特征，体验继承与创新的辩证统一（文化理解水平3）						
单元核心问题及问题分解	走进经典中外古建筑，运用"欣赏四步法"赏析经典中外建筑、提炼建筑鉴赏方法，用于古典园林的鉴赏和古建筑的传承和创新						

	课时	课时名称	课时核心问题
课时划分	第一课时	实体与虚空——凝固的音乐	运用鉴赏四步法赏析故宫和巴黎圣母院，归纳建筑的鉴赏要素、思路和方法，探析其承载的文化及价值观念
	第二课时	人作与天开——中国古典园林艺术	"走进"苏州园林，谈论中国古典园林造园的主要手法，探讨园林意境与绘画、文学之间的联系
	第三课时	人居与环境——诗意的栖居	走进成都古建筑，运用形式美原理探讨交流古建筑现存的问题，对其保护的意义、价值和方法

教学评价	一、对大概念的生成理解评价维度 （概念结论类）对学生能理解和掌握建筑的设计理念、空间经营、材质结构、形态布局、雕饰艺术、装修园林的造园理念、构成要素、造园手法、传统建筑的保存价值和保护措施等学科专业知识进行评价。 （思想方法类）对深层的文化理解进行评价：如中国古建筑使用土木所具有的文化内涵；中国传统建筑中序列与群组、雕梁与画栋、对于其风格和封建等级区分的重要性；理解中国园林意境与儒道学说、五行阴阳八卦的文化联系；理解中国园林与绘画文学的联系

教学评价	（价值观念）通过对建筑园林城镇建设这些主题的学习，感受其中所蕴含的中华文化和中国传统审美，增进文化认同感和文化自信。在当今古建筑和城市现代建筑存在矛盾的背景下，认识到保护古建筑的必要性，独立思考如何协调处理好城市建设与传统建筑保护之间的关系，并关注人、城市和自然和谐共生的关系。形成良好的审美观、价值观。 二、对素养目标达成的评价 （1）在大量建筑园林图片的鉴赏分析中对图像识图学科素养进行评价。 （2）在对古建筑和园林进行赏析后，学生会独立思考古建筑保护的相关内容，在感性认识的基础上，理性而综合地去认识问题，锻炼他们分析问题和解决问题的能力，围绕创意实践、审美判断、文化理解等学科素养进行评价

单元作业

作业设计目的：

以学业质量要求的达成为目标，以大概念核心知识为基础，体现单元教学的整体性，具体以问题情境为载体，以思想方法为依托，以关键能力为特征，突出单元大概念的生成、理解、运用，综合体现美术学科核心素养的落实。

实践性作业

设计意图：

（1）学习了建筑的欣赏法则，引导学生思考现代建筑和古建筑各自的优缺点（概念结论类、思想方法类的理解与运用、学科素养的运用）。

（2）园林是可行、可望、可游、可居的集文学、绘画、雕刻、园艺为一体的空间。身临其境地调研，更能感受其中意趣（概念结论类、思想方法类的理解与运用、学科素养的运用）。

（3）通过关注身边的建筑，引导学生感受当地的文化属性。在今后的生活中关注城市开发问题，思考城市建设与古建筑保护关系的协调方法，为城市建设和国际保护献计献策（思想方法类的理解与运用、学科素养的运用）。

作业设计案例：

作业序号	作业目标	作业情境		概念结论		思想方法		价值观念		整体评估	
		内容	水平	内容	水平	内容	水平	内容	水平	类型	水平
1	分析现代建筑和古建筑的各自的优缺点	现代建筑和古建筑的鉴赏分析探究情境	较复杂	建筑优缺点的内涵与外延	审美判断水平2	分析与概括	审美判断水平2	建筑的形式美感和审美价值观	审美判断水平2	基础性作业	学业质量水平2
2	园林是可行、可望、可游、可居的文学、绘画、雕刻、园艺为一体的空间。身临其境地调研，更能感受其中意趣。	杜甫草堂的鉴赏情境	较复杂	园林是可行、可望、可游、可居的文学、绘画、雕刻、园艺为一体的空间	审美判断水平2，文化理解水平2	感受与评价	审美判断水平2	园林的形式美感和审美价值观	审美判断水平2	综合性作业	学业质量水平2

	作业序号	作业目标	作业情境		概念结论		思想方法		价值观念		整体评估	
			内容	水平	内容	水平	内容	水平	内容	水平	类型	水平
单元作业	3	考察一个拆迁改造中的古建筑，了解拆迁改造的原因及面对的困难，尝试提出自己的解决办法	参观城厢古镇的鉴赏情景（生活实践情景和学习探索情境）	较复杂	审美判断拆迁改造的原因及面对的困难，尝试提出自己的解决办法	审美判断水平2，文化理解水平2	感受与评价，创意与实践	审美判断水平2	古建筑的保护价值观	审美判断水平2	综合性作业	学业质量水平2
	1. 请同学们走近我们身边的古建筑——温江陈家大院，利用我们今天学习的鉴赏方法鉴赏川西民居，完成鉴赏小论文。 2. 对杜甫草堂的园林进行调查，完成一篇研究小报告。 3. 考察一个拆迁改造中的古建筑，了解拆迁改造的原因及面对的困难，尝试提出自己的解决办法											
反馈调整	单元教学中，从核心问题教学的四个环节关注课堂学生的表现，尤其是在新因素的发掘方面；单元教学后，从学生整体和个体的学科核心素养积淀、具体针对核心问题教学文化评价表、大概念的核心问题教学素养目标点检测表等相关要素入手进行搜集并反馈调整											

"实体与虚空 凝固的音乐
——中西方古建筑鉴赏"学教案

何依芹

一、教学分析设计

【内容分析】☞

本单元是高中美术必修课程的第四单元，包括建筑、园林与城镇建设三大内容。从教材编排来看，建筑单元具有鲜明的实用性、地域性和时代性特征。建筑艺术是一种立体的，经过建筑群体组织、建筑物的形体、内外空间组织、结构造型以及建筑的装饰、绘画、雕刻、花纹、庭院、家具陈设等多方面的考虑和处理所形成的一种综合性艺术，是审美与实用相结合的产物。建筑以静态之躯向人们传达着节奏韵律之美、结构造型之美、材质色彩之美和地域文化之美。建筑一方面具有物质性使用功能，另一方面又要满足人们对美的渴望，呈现人们对生活的期望。因此，建筑艺术是我们身边的艺术，与每个人的生活密切相关。

本课是建筑艺术欣赏的开篇：实体与虚空——凝固的音乐。本课理论知识较多，为了帮助学生初步掌握建筑欣赏的要领，引领学生发现、欣赏建筑之美，学习评价建筑的方法。本课教材跟整个单元一样，以建筑的设计理念、建造技术、材料选用、空间布局、雕饰手法五个方面为明线，系统地介绍了中外传统建筑的基本特征。主要由四个问题串联起来：第一个议题是从探究中外建筑用材开始的，"中外建筑的用材有何不同？"第二个议题"中西建筑如何经营空间"，空间的虚实关系对艺术效果的呈现有哪些作用？第三个议题"传统建筑的序列与群组有何特征？"这部分内容涉及对中外传统文化的解读，着力于传统建筑的序列与群组，强调中国建筑的和谐美。第四个议题"为什么说雕梁画栋也是中国建筑之美的精髓所在"，涉及中国建筑的装饰，重点在于探究中国建筑中特有的雕梁画栋之美。本课暗线为文化内涵，通过中外文化的对比，了解中华文化根源，增强民族自信。

分析了整个大单元的教学内容后，通过明线知识概念和暗线文化底蕴的穿插，我结合对学生知识技能方面的要求以及各板块之间的关联，将整堂课的教学内容进行了整合，设计了两个脉络——文化在建筑中的承载和为什么建筑是"凝固的音乐"，并按照这两个方面去归纳建筑的艺术鉴赏思路和方法及鉴赏要素思路和方法。

【大概念】☞

概念类别	简略化表达	特征化表达
核心大概念	单体的建筑艺术鉴赏	单体建筑艺术兼具实用性、艺术性和文化性
概念结论类	单体建筑艺术的实用性和艺术性	单体建筑的艺术鉴赏应从设计理念、材质结构、空间经营、形态布局、雕饰艺术五个维度展开
思想方法类	从感性到理性 分析归纳 审美判断	（1）能从对中西方古建筑美的第一感受中，分析其美的特征和根源。 （2）分析案例里中外古建筑在各维度的不同特征，归纳建筑鉴赏的思路和方法 （3）对中外古建筑进行感知后有自己的评价、判断与表达
价值观念类	单体建筑审美观 中国传统文化价值观	（1）建筑的鉴赏应关注以设计理念、材质结构、空间经营、形态布局、雕饰艺术五个维度高度统一承载的文化及价值观念。如：中国古建筑材料选用受"以人为本""关注当下"价值观影响，空间经营的虚实手法和形态布局追求平面上的延展，院与房的结合是中国人对于儒家学说和道家学说的最高体现，而房屋上的装饰更是等级差别与寓意性的承载。西方古建筑史就是神庙与教堂的建筑史，材料、结构、空间经营、装饰各方面通常是为神学服务的。 （2）坚定文化自信：通过中西方建筑价值观的认知对比，了解中国文化，认同中华文化

【学生基础】☞

建筑学科是一门实用性和艺术性兼并的学科，由于中国传统社会里普遍存在"重道轻器"的观念，同学们可能在生活中并没有把建筑当作艺术去欣赏。同时建筑作为文化的载体，欣赏建筑其实就是感受传统文化。在高一必修课美术鉴赏课程中，这部分对同学们来说是有难度的。而"欣赏建筑艺术"这个主题的学习中，同学们还面临一个问题，学生对于经典建筑和园林参观的机会有限，感受不深。

但高一的同学是有一定的文学底蕴的，通过前面章节关于国画山水的赏析，文化的内涵一脉相承，同学们具备了基础分析美学的能力。我们从经典的建筑入手，可以唤起同学们的缄默感受，尽量利用媒体、网络和书籍带给同学们更多优秀的案例赏析，激发学生对建筑的研究热情。但因为高中课时不多，更重要的还是同学们课后的不断感受和积累。另外，本课知识含量较多，同学们要在40分钟内充分感受也是一个不小的挑战。

【教学目标分析】☞

参与运用鉴赏四步法，赏析中外代表性古建筑及鉴赏思路和方法的归纳活动，能运用基本的建筑用材和结构、空间布局、序列群组、雕饰等概念和建筑艺术语汇对建筑的形式特征、历史与文化、美的多样性与独特性进行理性的鉴赏与交流（图像识读水平3，审美判断水平3）；由此获得对建筑艺术的审美经验，初步感受建筑是"凝固的音乐"，体会建筑的实用性、地域性、时代性特征并承载了深厚的文化价值观念，进而提升民族自豪感（文化理解水平3）。

【媒体分析】☞

平板电脑：学生分组欣赏建筑图片，完成导学单作业。

多媒体课件：PPT 反思提升环节老师引导

黑板：板书核心问题和记录学生解决问题时的各种想法，反思提升环节时对学生答案的总结及补充。

【核心问题分析】☞

1. 核心问题

运用鉴赏四步法赏析故宫和巴黎圣母院，归纳建筑的鉴赏要素、思路和方法，探析其承载的文化及价值观念。

2. 设计分析

要在短时间内让学生被建筑的艺术魅力所吸引，让其乐于进行更深层次的了解和学习，通过中西方传统建筑的对比让学生去了解建筑艺术的美学特征，感受祖国传统文化的博大精深。而建筑的学习本是多学科融合的实用艺术，概念复杂，离学生生活较远。

为了系统地去欣赏，我对教材内容进行了整合取舍。从激发学生兴趣的角度入手，围绕故宫和巴黎圣母院两个经典中外古建筑进行赏析和对比，努力营造一种美的氛围，让学生对必修课美术鉴赏第一单元美术的鉴赏基础知识的回顾，通过鉴赏四步法（描述—分析—解释—评述）去学习建筑的语言和形式美法则，以兴趣为主激发学生的求知欲望及潜能。再在老师的引导下，归纳中西方建筑美的不同点和共同点（运用形式美法则），并去探讨背后不同的文化成因，增进文化自信。探究建筑为什么是"凝固的音乐"这一概念。最后走进身边的民居，关注家乡古建筑的美，加深鉴赏认知，完成鉴赏小论文，为本单元第三课——人居与环境做好准备。于是，我设立本课的核心问题是"运用鉴赏四步法赏析故宫和巴黎圣母院，归纳建筑的鉴赏要素、思路和方法，探析其承载的文化及价值观念。"

整节课按照核心问题教学的四环节展开：

（1）提出问题环节：运用鉴赏四步法赏析故宫和巴黎圣母院，归纳建筑的鉴赏要素、思路和方法，探析其承载的文化及价值观念。

（2）解决问题环节：同学们根据四步法围绕资料包中的中外古建筑进行分析交流，并做展示，教师引导，小组互相评价。

（3）反思提升环节：引导学生归纳建筑鉴赏的要素和方法，感受文化对建筑的影响，思考为什么建筑是"凝固的音乐"。

（4）运用反馈环节：根据课堂上梳理的欣赏方法，完成课后作业：走进身边的建筑——温江陈家大院，根据今天学习的鉴赏方法，完成鉴赏小论文。

【评价预设】☞

本节课教学教师评价及学生评价始终围绕核心问题展开。

（1）在核心问题引入时，通过播放建筑相关视频，引起学生对于课题的兴趣和对知识的回忆。

（2）在解决问题时，针对学生是否按照鉴赏四步法分析中西方建筑进行评价。

（3）反思提升中，对归纳构成的建筑鉴赏法则及背后文化成因进行评价。

（4）运用反馈时，对学生鉴赏川西民居——陈家大院时是否理解建筑文化内涵和抓住建筑鉴赏的知识点进行评价。

二、教学实施设计

【教学环节】☞

教学环节	教师活动	学生活动	设计意图
提出问题 （5分钟）	课前导入阶段听到北京、苏州等城市你会想到什么呢？ 预设回答：故宫？苏州园林？（建筑是文化的载体，也是一个城市的标志） 既提出核心问题：运用鉴赏四步法赏析故宫和巴黎圣母院，归纳建筑的鉴赏要素、思路和方法，探析其承载的文化及价值观念	创造情境 引起兴趣 领会问题 进入思考	1. 营造情境。 2. 引导学生关注建筑与文化的关联。 3. 引导学生初步感受音乐和建筑的关联
解决问题 （15分钟）	教师记录、评价	活动一：学生通过鉴赏四步法欣赏建筑资源包(时间8分钟)。 活动二：归纳建筑鉴赏的思路和方法。学生分组讨论发言。谈谈本组是如何鉴赏中外不同时期标志性建筑的（时间6分钟）	启发学生自主欣赏，并对于学生开展互评式教学
反思提升 （18分钟）	1. 老师在学生的评述中归纳欣赏建筑的思路和方法。我们可以从材质结构、空间经营、形态布局、雕饰艺术四方面来欣赏。 2. 建筑是文化的载体，中西方不同文化使其建筑样态有很大差别。 3. 老师在学生的评述基础上归纳提升建筑是"凝固的音乐"。 音符：元素、木、石 乐节：各种斗拱、彩画、雕饰和瓦片等组合方式产生的节奏韵律感 乐章：大空间序列的组合形成的对称与均衡	学生随教师的讲解提升理解，梳理建筑鉴赏的欣赏要素和中西方建筑不同的文化成因，初步探索建筑是"凝固的音乐"	通过将学生在解决问题活动中传达的信息进行概括提炼，形成美学知识点，并探讨深层文化成因，升华学生体验
运用反馈 （2分钟）	老师总结，根据我们欣赏建筑的方法，走进我们身边的民居——温江陈家大院，发现川西建筑的美，完成鉴赏思维导图	走进生活中的建筑，运用法则再欣赏	深化学生感悟，学生的实践活动体验和思维活动体验，由理论到实践，由缄默到显性，层层递进，有利于学生体验向深度发展

【流程图】☞

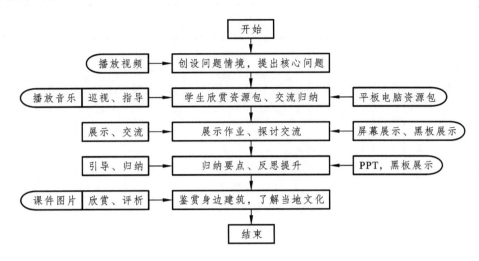

【板书设计】☞

实体与虚空　凝固的音乐
　——中西方古建筑鉴赏

核心问题：运用鉴赏四步法赏析故宫和巴黎圣母院，归纳建筑的鉴赏要素、思路和方法，探析其承载的文化及价值观念。

预设：

根据学生汇报记录生成如下表格：

	材质结构	空间经营	形态布局	雕饰艺术	文化
中国	以木为主榫卯结构斗拱	1. 通用式。 2. 虚实关系：中国传统建筑内外空间没有明确的物理界限（廊、亭、门、窗、楼榭）。 内外虚实互换，空间虚实相映	1. 群体布局平面延伸 2. 院落式、围合式	1. 以彩画、雕塑为主。 2. 题材：抽象、寓意性。 3. 颜色、等级制度	儒家、道家
西方	以石为主拱柱	强调高大，向空中发展。强调单体建筑整体结构美，外部空间为布景	单体建筑向空中发展，外部空间为布景	1. 以彩画、雕塑、玻璃彩砖为主 2. 写实，题材取自宗教和神话	宗教
形式美法则	线性美与体积感 节奏与韵律	虚实互换 节奏与韵律	对称与均衡 节奏与韵律	变化与统一 对称与均衡 节奏与韵律	

【作业设计】 ☞

作业序号	作业目标	作业情境		概念结论		思想方法		价值观念		整体评估	
		内容	水平	内容	水平	内容	水平	内容	水平	类型	水平
1	分析建筑装饰中的"三雕"与彩绘的特点	古建筑的装饰鉴赏,分析探究情境	较复杂	古建筑雕饰手法的内涵与外延	审美判断水平2	分析与概括	审美判断水平2	建筑的形式美感和审美价值观	审美判断水平2	基础性作业	学业质量水平2
2	传统农耕文化和社区建筑组合的关系	农村民居建设的鉴赏情境	较复杂	传统街区空间形态受传统文化影响,重家族,形成院落式布局	审美判断水平2,文化理解水平2	感受与评价	审美判断水平2	园林的形式美感和审美价值观	审美判断水平2	综合性作业	学业质量水平2
3	考察一个拆迁改造中的古建筑,了解拆迁改造的原因及面对的困难,尝试提出自己的解决办法	参观城厢古镇的鉴赏情景(生活实践情景和学习探索情境)	较复杂	审美判断拆迁改造的原因及面对的困难,尝试提出自己的解决办法	审美判断水平2,文化理解水平2	感受与评价,创意与实践	审美判断水平2	古建筑的保护价值观	审美判断水平2	综合性作业	学业质量水平2
课时作业整体评估	针对本堂课核心问题及教学目标,按照核心素养和学业水平的要求,从"创设情境,设置问题,诊断学生思维结构层次"和"依据结果,跟进指导"两方面,设计了具有梯度的课时练习,题量适中,既有选择题也有主观性试题,其中基础性作业主要立足学业水平1、2,综合性作业和实践性作业则立足学业水平3、4,根据新教材、新高考的特点,试题融入生活情景,通过学习探究,迁移课堂所学的知识和方法,进一步强化学生区域认知和综合思维能力										

(具体的作业内容略)

【课后反思】 ☞

这节课以核心问题贯穿始终,环节清晰、知识紧凑,大概念设计恰当。基于同学们的缄默知识而提出学习任务导学单。在课程的前八分钟,学生通过已经学过的鉴赏四步法对"故宫"和"巴黎圣母院"进行了真实而有效的实践活动,基本达到了高中美术鉴赏核心素养要求。但是后面因为时间紧,知识点多,全是老师总结讲授,学生又回到了感性的欣赏程度。这堂课由感性欣赏入手,学生有了很好的理性思考,但是很遗憾,在课程的后半段没有由理性更加深入。总结后,应该作出以下的调整:

(1)在核心问题的设计中,学生通过导学单和运用鉴赏四步法其实可以提炼出文化与建筑的关联,核心问题可以改为运用鉴赏四步法赏析故宫和巴黎圣母院,归纳建筑的鉴赏要素、思路和方法。

2. 在反思提升中，基于学生对于建筑的鉴赏思路和方法不是特别的明晰，应该反思提炼出形（整体到局部再到整体）到质（文化）的建筑鉴赏方法。

大概念的核心问题教学文化评价表

课时名称：实体与虚空　凝固的音乐——中西方古建筑鉴赏。

所属单元：无声之韵——建筑艺术。

单元大概念：建筑的艺术欣赏。

单元核心问题：走进经典中外古建筑，运用"鉴赏四步法"赏析经典中外建筑，提炼建筑鉴赏方法并用于古典园林的鉴赏和各建筑的传承和创新。

课时大概念：单体建筑艺术兼具实用性和艺术性。

课时核心问题：运用鉴赏四步法赏析故宫和巴黎圣母院，归纳建筑的鉴赏要素、思路和方法，探析其承载的文化及价值观念。

评价目标	评价指标				评价方法结果
	一级指标	二级指标	三级指标		
实现活动体验中的学习与素养发展	具有大概念核心问题教学形态	核心问题利于活动体验	内含学科问题和学生活动方式	8	每项指标最高评8分（满分为96分）
			问题情境与真实生活密切相关	8	
			能引发大概念、新知新法生成	8	
		教学目标价值引导恰当	两类目标正确全面	8	
			关联体验目标恰当	8	
			目标价值引导显现	8	
		教学环节完整合理落实	教学环节清晰完整	7	
			环节内容合理充实	6	
			学生活动时间充分	6	
		教学要素相互匹配促进	问题目标环节两两匹配	7	
			技术促进活动形式内容	8	
			素养导向突出氛围浓郁	8	合计90分
	具有大概念核心问题教学特质	拓展学习视野	课堂与现实世界有恰当关联		选择一个表现突出的二级指标，在相应三级指标引导下，以现场学生表现为主要依据，以其余指标为背景，于本表的第二页写出150字以上的简要评价
			有基于缄默知识的问题解决		
			有缄默知识运用的追踪剖析		
			知识运用剖析导向素养发展		
		投入实践活动	有真实而且完整的实践活动		
			实践活动深度融入两类情境		
			能够全身心地浸渍于活动中		
			活动的内容结果均丰富深入		

评价目标	评价指标			评价方法结果
	一级指标	二级指标	三级指标	
实现活动体验中的学习与素养发展	具有大概念核心问题教学特质	感受意义关联	有核心问题的深层意义感受	
			有以知识为中心的关联感受	
			有以个人为中心的关联感受	
			有对三类大概念的关联感受	
		自觉反思体验	有实质性反思活动的开展	
			有课堂新因素的追踪利用	
			有体验的交流与改善重构	
			有概念生成中的素养发展	
		乐于对话分享	乐于自我表达与认真倾听	
			乐于合作中成果与思路的分享	
			乐于成果交流中深层意义分享	
			有宽容的对话氛围和双向交流	
		认同素养评价	认可素养评价	
			参与素养评价	
			利用素养评价	

大概念核心问题教学特质的简要评价（包括发展性建议）：

我认为这节课在"拓展学生学习视野"这一评价指标方面呈现得比较突出。这节课以核心问题贯穿始终，基于同学们的缄默知识而提出学习任务导学单。在课程前八分钟，学生利用课前资源包进行大量赏析，迅速融入以单元大概念"建筑"为核心的审美情境中，对故宫和巴黎圣母院进行鉴赏，积极投入对本课时核心问题的深层意义感受和思考，是真实且完整的实践活动。学生能够全身心地浸渍于鉴赏的情景中，并在鉴赏过程中合理使用了本教材第一课学过的知识——鉴赏四步法，指导自己去鉴赏故宫和巴黎圣母院各自美的区别，以及相同点为美的法则，并对于背后所承载的文化原因也有一定的思考。使活动的内容结果均丰富且深入，拓宽了学生的学习视野

大概念的核心问题教学素养目标点检测表

课时名称	实体与虚空　凝固的音乐——中西方古建筑鉴赏
所属单元	建筑艺术
单元大概念	建筑的艺术欣赏
单元核心问题	走进经典中外古建筑，运用"鉴赏四步法"赏析经典中外建筑，提炼建筑鉴赏方法并用于古典园林的鉴赏和古建筑的传承和创新
课时大概念	单体建筑艺术兼具实用性和艺术性
课时核心问题	运用鉴赏四步法赏析故宫和巴黎圣母院，归纳建筑的鉴赏要素、思路和方法，探析其承载的文化及价值观念
课时素养目标	图像识读、审美判断、文化理解

检测点	学生是否体验到建筑鉴赏要素，建筑与文化的关联
检测工具（检测题）	走进我们身边的民居——温江陈家大院，发现川西建筑的美，完成鉴赏小论文
分类标准	A. 能很好地运用建筑鉴赏要素去鉴赏陈家大院；能用形式美法则详细分析出陈家大院的美感；能从文化角度分析和研究川西民居的文化艺术特点，尊重认可本土的文化内涵
	B. 能很好地运用建筑鉴赏要素去鉴赏陈家大院；能用形式美法则详细分析出陈家大院的美感
	C. 能简单鉴赏陈家大院的建筑要素、艺术美感
	D. 不能鉴赏陈家大院的建筑要素、艺术美感

检测统计	分类等级	学生人数	百分比（总人数17人）
	A	3	18%
	B	11	65%
	C	3	17%
	D	0	0%

检测分析结果运用	在课后作业检测中发现，83%的同学能通过建筑的鉴赏要素去鉴赏陈家大院，自己会有强烈的主观感受并产生鲜明的欣赏观点。更有甚者，其中有18%的同学还能联想到四川民俗文化、地理环境，分析建筑构造样式与文化的关联。有17%的同学的评析虽然不够深入，但也能简单鉴赏陈家大院的建筑要素、艺术美感。经过这次作业检测，我惊喜地发现所有的同学都有自己的感受和观点，不盲从。D等级的人是零，展现了同学们很好的艺术修养和品质。从这节课的学生的课堂表现和课后作业都能看出，学生通过深度体验，对建筑产生了浓厚的兴趣，感悟能力也得到了提升。只是每个同学平时积累的程度不一，从专业的角度分析的把握力度也不一样，在本单元后面的课程中还需要多多积累

素养目标达成典型实例	

素养目标达成 典型实例	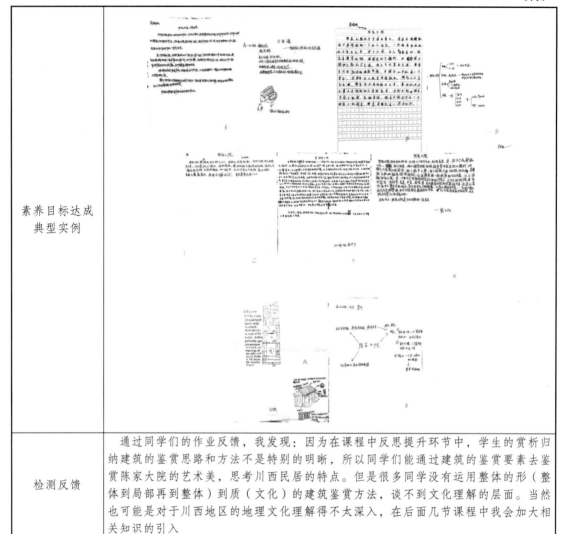
检测反馈	通过同学们的作业反馈，我发现：因为在课程中反思提升环节中，学生的赏析归纳建筑的鉴赏思路和方法不是特别的明晰，所以同学们能通过建筑的鉴赏要素去鉴赏陈家大院的艺术美，思考川西民居的特点。但是很多同学没有运用整体的形（整体到局部再到整体）到质（文化）的建筑鉴赏方法，谈不到文化理解的层面。当然也可能是对于川西地区的地理文化理解得不太深入，在后面几节课程中我会加大相关知识的引入

心理篇

"自我意识"单元教学

"自我意识"
大概念的核心·问题教学单元规划纲要

学科　**心理**　教师　**黄立刚　林代春　吴林桦**

年级	高一		单元名称	自我意识	单元课时	3课时
单元内容	教材内容	教育部 2012 年印发的《中小学心理健康教育指导纲要》指出："使学生学会学习和生活，正确认识自我，提高自主自助和自我教育能力。"对于高中阶段的学生，要"帮助学生确立正确的自我意识，树立人生理想和信念，形成正确的世界观、人生观和价值观"。"认识自我"是中学生成长阶段的必修课之一，全面正确的自我认识在中学生的健康成长中发挥着至关重要的作用。一个人唯有认清自己、接纳自己，发展出健康的自我概念，他才有能力去认识别人、肯定别人，与他人建立良好的人际关系。 自我意识在个性结构中处于核心地位，它对人们的心理活动和行为方式都起着制约作用，一个人自我意识的发展过程其实就是认识自我、管理自我和完善自我的过程。 自我意识是作为主体的我对自己本身，以及自己与客观世界、周围环境和周围人际关系的一种意识。自我意识包括主体对自己机体及其状态的认识，主体对自己肢体活动状态的认识，主体对自己的思维、情感、意志等心理活动的认识。对学生自我意识的辅导就是根据自我意识的结构及其相关理论，引导学生正确地进行自我意识活动，帮助学生形成积极的自我意识品质，主要包括自我概念、自尊、自信和自我监控能力等方面。 从内容上看，自我意识又可分为生理自我、社会自我和心理自我。生理自我，是指主体对自己身体的意识。社会自我，是指个体对自己在社会关系、人际关系中的角色的意识；心理自我，是指个体对自己的性格、智力、态度、信念、理想和行为等的意识。 从构成成分上看，自我意识可分为认知成分、情感成分和意志成分。这三种成分分别对应自我认识、自我体验和自我调节。自我认识，是个体对自己的生理特点、心理特点、人格特征、能力、社会地位、价值的自我定位。自我体验，是个体在自我评价的基础上对评价结果是否达到自己理想状态和期许所产生的"是否接受并喜欢自己""能否悦纳自己"的感受和体验。自我体验可以表现为自尊、自信、自爱、自大、自卑、自怜等状态。自我调节，是个体结合自我体验，对自己的心理活动和行为进行自觉而有目的的调整。它主要集中在"我能否积极、有效地控制自己""我能否有效地进行自我激励和自我教育"等问题中。 从观念上看，自我意识又可分为现实的自我、投射的自我、理想的自我。现实的自我也称现实我，是指个体从自己的立场出发对自己当下实际状况的评价。投射的自我也称镜中我，是指个体想象中的他人对自己的看法、想象在他人心目中自我的形象和他人对自己的评价。理想的自我也称理想我，是指个体想要达到的完善的形象，即个体自我发展的目标。它并非现实，但会在很大程度上影响个体的情绪、行为和心理，是个体行为的动力和参照系

单元内容	课程标准	培养学生积极的自我意识品质。包括：（1）自我认识全面且客观。既能用愉悦的心态看待自己的优点，也敢于正视和面对自己的缺点并付出努力积极改变和提升。（2）悦纳自我，即能欣赏和接纳自己。不仅接纳自己的优点和长处，也能接纳自己的缺点和不足，并且在整体上喜欢自己，对自己充满信心。（3）开放的自我结构。当经验改变时，自我意识结构在保持相对稳定的同时，能够吸纳新经验，调整自我意识的内容，使自我意识始终能够与经验保持一致和协调。（4）理想自我与现实自我有机统一并协调一致

基础条件	资源基础		
		资源名称	功能
		黑板	板书核心问题，呈现学生发言要点
		学案	提供学生在解决问题环节自主探索的空间
		PPT	呈现教学内容；展示视频、图片等情境

	学生基础	我国高中生自我认识的特点：高中阶段已接近青春期的尾声，学生的生理和心理都接近成熟，这是自我同一性整合和个性形成的关键阶段。在这个由不成熟到成熟的转变时期，就像黎明前的黑暗，心理矛盾和冲突暗潮汹涌，碰撞激烈。在经历了混乱而又复杂的青春期，个体终于从一个儿童向成人蜕变。近年来我国的孩子普遍存在身体发育提前，心理成熟延后的情况，所以高中生自我认识的不稳定性较之从前也在增加。他们更多地开始向自己的内部探索。探索的深度也不再停留于兴趣爱好，而是转向性格、气质等较为本质的心理特质。对于自我探索的愿望虽然强烈，但因为追求考试成绩带来的压力，导致他们有时会无暇顾及前者。 高中阶段，正是一个人必须明确自己个性的主要特征，开始考虑自己的人生道路的时候，所以，一切问题既是以"自我"为核心而展开的，又是以解决好"自我"这个问题为目的的。这些主客观上的需求使得高中生的自我意识获得了高度发展。高中生自我意识的发展对于其形成稳定的人格特征以及价值观确立等方面均具有决定性的作用。 自我意识是一个人对自己的身心状况以及与周围事物关系的认识和体验。青春期是自我意识的第二个飞跃期，他们的自我意识增加，对探索自我有急切的需求。并且，根据"埃里克森"的心理社会发展期理论，中学生处于"自我同一性"的矛盾时期。在这个时期，他们被"我是谁""我在社会上应占什么样的地位""我将成为什么样的人"等这样的问题困扰着。 另一方面，高中阶段的青少年往往在潜意识中觉得自己是独一无二的、非常特别的，认为自己应该是优秀的、美丽的、受人关注的。这种"自恋"存在于每个人身上，但过于强烈的自恋往往会阻碍个体真正认识自己。每个青少年都曾幻想自己拥有明星般的脸庞和身材、极高的智商和远大的前程。当有一天他们发现自己只不过是芸芸众生里的一员，自己的外形和能力和其他人并无太大差别，再加上前途未卜，他们将立刻面临两个选择：一是接受幻想的破灭即自恋受损；二是否认现实，逃回自己的想象之中

单元大概念及下层结构	单元名称：自我意识。 概念结论类：自我意识、心理自我、社会自我、认识自我的优势与不足、不同性格的客观特征。 思想方法类：自我觉察与反思；抽象感受具象化；辩证思维；认识与行为的统一 价值观念类：辩证看待自我，认识自我，积极理解与接纳自己的优点与不足，形成积极的自我品质

课时名称	课时	课时大概念		课时概念梳理		
		简约化表达	特征化表达	概念结论（小概念）	思想方法	价值观念
认识你自己	1	自我概念	一个人关于自己的观念体系，即个人对于自己是个什么样的人从"心理自我"与"社会自我"视角的回答，觉察与反思自身存在的体验，对自身的了解，辩证看待自我	自我意识心理自我社会自我	自我觉察自我反思	辩证看待自我，其与社会的关系的哲学观念
"缺失"的价值	2	自我调节	接纳自己的优势，也正视自己的不足，将自己的感受具象化，积极理解与悦纳自我	认识自我的优势与不足	将感受具象化，认知与行为的统一	积极理解与接纳缺点与不足，积极面对挫折
性格解忧杂货店	3	自我接纳	正确认识内向和外向的科学含义，理解内向外向并无好坏之分，辩证地看待不同性格的烦恼和优势，并接纳自己的性格与特征，形成积极乐观的个性品质	外向内向的科学含义	辩证思维	自我接纳与完善，形成积极的个性品质

单元大概念及下层结构 （左侧合并单元格标题）

单元教学目标

自我意识辅导的目标可以从自我概念、自尊、自信三个方面的辅导来展开和达成，帮助学生形成积极的自我意识品质。

（1）自我概念的形成和培养：能够感到自我是有能力的、有价值的，形成健康的自我概念。

（2）自尊的形成和培养：能够积极地评价自己，喜欢自己，接纳自己。

（3）自信的形成和培养：能够容忍和客观地看待别人对自己的批评和指责；喜欢挑战自己的极限，能正确地对待与别人竞争；能够正视自己的优点和缺点

单元核心问题及问题分解

研究乔哈里视窗等自我认识的工具，在自我认识的活动中，发现自己的特点，探索自我觉察的方法，正视自己的缺点与不足，从积极的角度对待自身的缺陷，形成积极、进取的生命故事，有勇气和能力调整追求，探索理想自我与现实自我的和谐统一。分解开后，为以下三个部分：

（1）认识自我：通过乔哈里视窗以及人际同心圆等工具，从生理自我、社会自我、心理自我的视角，以及"人以群分"的视角从他人身上发现自我的特征，从不同的角度增加对自我的认识。

（2）探索自我的优点与缺点，正视自身的不足，并积极对待这些不足。

（3）从性格的视角来探索自我与接纳自我：理解内向外向的人都有自己各自的烦恼，学会接纳真实的自我

	课时	课时名称	课时核心问题
课时划分	第一课时	认识你自己	制作乔哈里视窗，探索自我特点及自我认识的方法；画出自我的人际同心圆，通过思考自我与他人的相似特征，形成全面的自我认识
	第二课时	"缺点"的价值	在分析案例的活动中，通过外化"问题"，探索看待"缺点"的不同视角，积极应对
	第三课时	性格解忧杂货店	分享不同性格者各自的烦恼，厘清外向内向的内涵，探讨解决烦恼的方法

教学评价

一、对大概念的生成理解评价维度

在概念结论上，自我概念的形成及其影响因素，从而引导出自我认识的方法等，结合学生的反馈，进行学科专业知识的评价。

在思想方法上，学生在探索的过程中，通过案例和结合自身经验，从特殊到一般，从具体到抽象，通过自我反思与师生共同探索，强调多角度发现、完善应对方法等。

在价值观念上，通过自我概念、接纳自我，以及理想自我与现实自我的学习，关注自我需要与感受，理解生而为人的困境与应对方法，从而形成积极、乐观的个性品质。

二、对素养目标达成的评价

根据学生的自我认识作业、对缺点的积极诠释、小组讨论作业单进行评价

单元作业

作业设计意图：

帮助学生在课下练习全面探索自己的特点，并用具象化的方式描绘出来，从多个角度、正反面来认识自己；并且能够根据每个人自身的理解，思考缺点、不足的积极意义与消极意义，充分发挥自己的优势以及积极面对自身的不足，深化自我意识与自我概念。

作业要求：

（1）请在A4纸上画一棵树，来代表自己，画完以后，可以在空白处加上一些文字说明，并给这幅作品起一个名字。

（2）完成乔哈利视窗，拓展自我认识的"未知区"。

（3）列举一项自己的"缺点"，请好友帮忙重新看待这一"缺点"，更积极地接纳自己。

（4）完成绘画涂色"透明小瓶子"，以每个瓶子代表自己的特征与优点。

（5）完成积极心理学的24项优势能力测试，深度探索与了解自己的能力与优势

反馈调整

单元教学中，从核心问题教学的四个环节关注课堂学生的表现；单元教学后，从学生整体和个体的学科核心素养积淀，具体针对核心问题的教学文化评价表，大概念的核心问题教学素养目标点检测表的相关要素进行搜集并反馈调整

"性格解忧杂货店"学教案

林代春

一、教学分析设计

【内容分析】☞

根据教育部 2012 年印发的《中小学心理健康教育指导纲要》，心理健康教育的具体目标包括"使学生学会学习和生活，正确认识自我，提高自主自助和自我教育能力"。对于高中阶段的学生，需要帮助他们树立正确的自我意识，形成积极的自我意识，完善个性与品质。自我意识在一个人的个性结构中处于核心地位，一个人自我意识的发展过程其实就是认识自我、管理自我和完善自我的过程。

在本教学单元"自我意识"的教学内容中，自我接纳是第二课时的内容。自我接纳是指个体对自己的感觉、思想、行为以及整体身份的积极认同和接受。包括对自己的优点和缺点、过去的经历以及当前状态的接受。自我接纳与个体的自尊、自信和幸福感等因素密切相关。这堂课从性格出发，帮助学生认识到不同性格各自的特点与优势，并且发掘自身的多种优势，从而达到积极接纳自我的目的。

近年来，在高中生的日常生活中，很流行用 MBTI 人格测试的结果来将人进行分类。MBTI 是一种测量和描述个体人格偏好的心理测量工具，基于卡尔·荣格的心理类型理论，将人格分为四个维度。其中，外倾（Extraversion）和内倾（Introversion）是第一个维度。外倾的人格类型倾向于关注外部世界，通常喜欢社交，容易表达自己的思想和情感，喜欢在人群中活动，对外界的刺激有较高的敏感度。内倾的人格类型倾向于关注内部世界，更喜欢独处，对于思考和反思有较高的偏好，喜欢独立思考，对外界刺激有较高的筛选标准。在课堂中，需要和学生一起去澄清，不同的性格特征并无好坏之分，每种性格特征都有自己独特的优势，每一个独特的人都是可爱的。

【大概念】☞

课时大概念	简约化表达：自我接纳
	特征化表达：正确认识内向和外向的科学含义，理解内向外向并无好坏之分，辩证地看待不同性格的烦恼和优势，并接纳自我的性格与特征，形成积极乐观的个性品质

	简约化表达	特征化表达
概念结论类	外向内向的科学含义	内向和外向是人格测试 MBTI 将人格分类后的其中一个维度，分别表示内倾和外倾，差别在于一个人心理能量的来源是内部还是外部。外倾者的心理能量来源为外部、人际交往，内倾者的心理能量来源为内部、独处
思想方法类	辩证思维	通过课堂讨论不同人的烦恼和优势，理解到世界并不是非黑即白的，每个人都有自己的烦恼和优势，也在不断成长。要学会以动态发展的眼光来看待自我。
价值观念类	自我接纳与完善，形成积极的个性品质	理解和开发自我的优势和心理潜能，培养和提高积极乐观、健康向上的心理品质

【学生分析】 ☞

在发展心理学的理论中，高中阶段是自我同一性整合和个性形成的关键阶段，是自我意识发展的重要阶段。在这个时期，他们会更多地开始向自己的内部探索，探索的深度也不再满足于兴趣爱好，而是转向性格、气质等较为本质的心理特质。在这个时期，学生对自己的性格和气质产生更为深刻的认识。但在探索的过程中，他们可能面临一系列心理挑战和认知冲突。例如在同伴互动中，他们有可能会因同辈比较与竞争，对自己进行较低的评价，并且伴有低自尊与自我怀疑。因此在课堂中，可以通过探讨不同的性格类型和气质特点，引导学生接纳自己的个性差异，理解每个人都有独特之处，而这些都是构成个体的重要元素。

【资源条件】 ☞

资源名称	功能
黑板	板书核心问题，呈现学生发言要点
PPT	呈现教学内容；展示视频、图片等情境
学案	学生用来记录课堂讨论要点与感悟

【教学目标】 ☞

书写与分享不同性格者的烦恼，以及通过同伴互助解决性格带来的烦恼，同伴间产生情感共鸣，能够认识到不同性格的不同特征，理解外向内向的内涵，由此能够发现自我的优势，学会自我接纳，形成积极的个性品质。

【核心问题】 ☞

核心问题分析：本堂课的重点之一在于让学生看到不同性格的人都可能有自己的烦恼，通过这种彼此看见，既可以让学生将烦恼正常化，也可以通过群体的共鸣本身获得一种抚慰的力量，并且可以帮助学生彼此之间进行互相理解。重点之二在于怎么在课堂中解决这种性格烦恼，可以和学生一起厘清外向内向的含义，并且借助同伴的力量对彼此进行鼓励与肯定，帮助每位学生找到解决性格烦恼的办法，看到自己的优势，从而达到自我接纳的目的。

核心问题：分享不同性格者各自的烦恼，厘清外向内向的内涵，探讨解决烦恼的方法。

【评价预设】 ☞

（1）问题提出阶段：在问题提出阶段，鼓励学生打开自己的观察能力，识别 i 人和 e 人在言语、行为、神态等方面的不同特征，找出真正的 i 人，营造活跃的课堂气氛。

（2）解决问题阶段：引导学生写下因为自己的性格而产生的烦恼并鼓励学生分享，在学生分享的过程中，营造接纳的课堂氛围，并对学生的分享做出总结。并且鼓励学生回应同伴的烦恼，并通过同伴的力量来解决烦恼。

（3）反思提升阶段：用教师自己的故事进行分享，引导学生感受到自己烦恼的普遍性并获得力量。

（4）评价反馈阶段：引导学生写下给自己的"性格烦恼"的回信，在分享时，引导其他同学给予善意的回应。

二、教学实施设计

【教学环节】 ☞

教学环节	教师活动	学生活动	设计意图	技术融合
提出问题（5 min）	播放视频：提前请学生录制"i 人 e 人狼人杀"游戏，即一位 i 人混进一群 e 人中，请学生投票选出真正的 i 人	仔细观察视频中不同人的言语和行为，辨别 i 人与 e 人	引发学生兴趣，营造课堂气氛，引出课堂主题	播放视频 PPT 出示活动规则
解决问题（25 min）	提问：你是 i 人还是 e 人？呈现外向和内向在社交中的典型场景	思考和了解自己的内外倾向	帮助学生认识到自己外倾内倾的性格特征	PPT 呈现课堂主题与核心问题；投影设备展示学生的课堂书写与思考
	呈现事先采访的 i 人 e 人各自的烦恼	思考自己因为自己的内外倾性格而带来的烦恼	引发学生共鸣，初步开始思考自己的烦恼	
	引导学生在纸上写下自己因为性格而遇到的烦恼并分享	在纸上写下并分享曾因为自己的性格遇到过的烦恼，或者是偏见、误会	帮助学生澄清自己的性格烦恼。通过交流与看见其他人的烦恼，形成情感共鸣，获得抚慰的力量。并且通过来自同伴的视角看到自己的优势，收获来自同伴的鼓励，获得力量	
	总结烦恼的类型，并澄清外向与内向的真实内涵与差异	思考内向和外向的真实内涵与差异		
	引导学生小组交流，并且互换，写下对方的性格的优势以及自己的鼓励	小组交流，互换学案单，写下对其他的同学的优势与对 ta 的鼓励		
反思提升（7 min）	（1）总结内倾外倾者各自的优势。（2）展示来自"解忧杂货店"，老师对于性格烦恼者的回复	思考不同性格者各自的优势，感受自我接纳的力量	通过教师的总结与自我表露，引导学生接纳自己	投影展示学生的课堂书写
评价反馈（3 min）	引导学生成为自己的解忧杂货店店主，写下自己给自己的回信	写下对自己回应的一封回信，并分享	通过书写与分享，加强对于自我接纳的思考与感悟	PPT 展示教学内容

【板书设计】☞

性格解忧杂货店

核心问题：分享不同性格者各自的烦恼，厘清外向内向的内涵，探讨解决烦恼的方法。

烦恼部分根据学生课堂回应现场生成。

分成两类：

一类是由误解产生→外向、内向的真是区别仅在心理能量来源。

另一类是由性格本身特点产生→接纳自我

【作业布置】☞

课时作业的结构化设计：

作业序号	作业目标	作业情境		概念结论	思想方法	价值观念	整体评估
		内容	类型				
1	引导学生继续思考和发掘自身优势	发掘自己的优势	简单	发现自身优势	内省	积极接纳自我	基础性作业
2	帮助学生通过科学的测试进一步了解自身的优势	积极心理学24项优势测试	简单	探索自身优势	科学的心理测试	发挥自我潜能	综合性作业
3	借助来自他人的视角，深度探索自我，提升自我意识	乔哈里视窗	较复杂	认识自身的不同模式	整合	自我接纳与完善，自我意识提升	实践性作业

（具体的作业内容略）

【教学流程】☞

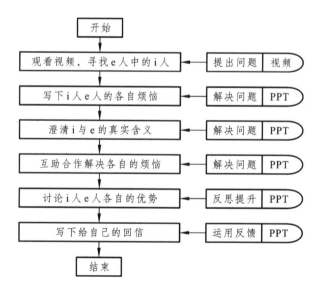

三、教学评价反馈

【信息搜集】☞

课后搜集了全班学生的运用反馈练习 50 份。对搜集到的学生练习基于素养目标达成情况评判标准进行了批阅和分类，在此基础上完成了大概念的核心问题教学素养目标点检测表。

【自我评价】☞

大概念的核心问题教学文化评价表

课时名称：性格解忧杂货店。

所属单元：自我认识。

单元大概念：自我概念、自尊、自信、自我觉察，积极的自我意识品质。

单元核心问题：研究乔哈里视窗等自我认识的工具，在自我认识的活动中，发现自己的特点，探索自我觉察的方法，正视自己的缺点与不足，探索从积极的角度看待自身的缺陷，形成积极、进取的生命故事，有勇气和能力调整追求，探索理想自我与现实自我的和谐统一。

课时核心问题：（本次课时属于单元课时"自我接纳"中的一个部分——接纳自我的性格）课时核心问题为：分享不同性格者各自的烦恼，厘清外向内向的内涵，探讨解决烦恼的方法。

评价目标	评价指标				评价方法结果
	一级指标	二级指标	三级指标		
实现活动体验中的学习与素养发展	具有大概念核心问题教学形态	核心问题利于活动体验	内含学科问题和学生活动方式	8	每项指标最高评8分（满分为96分）
			问题情境与真实生活密切相关	8	
			能引发大概念、新知新法生成	7	
		教学目标价值引导恰当	两类目标正确全面	7	
			关联体验目标恰当	8	
			目标价值引导显现	8	
		教学环节完整合理落实	教学环节清晰完整	8	
			环节内容合理充实	7	
			学生活动时间充分	7	
		教学要素相互匹配促进	问题目标环节两两匹配	7	
			技术促进活动形式内容	8	
			素养导向突出氛围浓郁	8	合计91分

评价目标	评价指标			评价 方法结果
	一级指标	二级指标	三级指标	
实现活动体验中的学习与素养发展	具有大概念核心问题教学特质	拓展学习视野	课堂与现实世界有恰当关联	选择一个表现突出的二级指标，在相应三级指标引导下，以现场学生表现为主要依据，以其余指标为背景，于本表的第二页写出150字以上的简要评价
			有基于缄默知识的问题解决	
			有缄默知识运用的追踪剖析	
			知识运用剖析导向素养发展	
		投入实践活动	有真实而且完整的实践活动	
			实践活动深度融入两类情境	
			能够全身心地浸渍于活动中	
			活动的内容结果均丰富深入	
		感受意义关联	有核心问题的深层意义感受	
			有以知识为中心的关联感受	
			有以个人为中心的关联感受	
			有对三类大概念的关联感受	
		自觉反思体验	有实质性反思活动的开展	
			有课堂新因素的追踪利用	
			有体验的交流与改善重构	
			有概念生成中的素养发展	
		乐于对话分享	乐于自我表达与认真倾听	
			乐于合作中成果与思路的分享	
			乐于成果交流中深层意义分享	
			有宽容的对话氛围和双向交流	
		认同素养评价	认可素养评价	
			参与素养评价	
			利用素养评价	

大概念核心问题教学特质的简要评价（包括发展性建议）：

我认为本节课在"感受意义关联"部分做得较好。本节课的核心问题是分享不同性格者各自的烦恼，厘清外向内向的内涵，探讨解决烦恼的方法。围绕着这个核心问题，教师首先通过"i 人 e 人狼人杀"的游戏将学生代入生活情境中，引导学生写下并分享自己因性格而产生的烦恼。这些烦恼一方面来自大家对内外向性格的误解，因此教师和学生一起去厘清内外向性格的含义与差别，只是在于内心能量来源的不同，那些因为性格特征本身而存在的烦恼怎样解决呢？则需通过学生互相之间的讨论与回复，一起发现解决的办法，并且去发现内外向性格的各自优势。通过这些环节，学生能够在知识层面领悟到，不同的性格区别仅在于内心能量来源不同，有以知识为中心的关联感受；同时，通过同伴的分享与鼓励互助，学生也能够在情感层面体验到自己的优势，既有以个人为中心的关联感受，也有对三类大概念的关联感受，通过这些环节与活动，学生能够将知识（内外向性格的含义）、方法（辩证思维）、价值观念（自我接纳）都内化，形成更加积极的心理品质

【反馈调整】☞

从对课堂中学生表现的观察，以及学生的反馈、听课老师的反馈与评价，基本达成了本次课预设的教学目标。但本堂课依然有可改进之处，例如在课堂的核心问题的设置上，可以将"小组合作互助解决烦恼，发现各自的优势"改为"探讨解忧的方法"，可以更好地将学生作为课堂的主体，更好地将学生卷入其中，由学生来讨论和发现更多的方法，而不是仅仅是教师给出的发现优势这一项办法。而内外向性格的差异的知识部分，太阳与月亮的比喻也不是特别恰当，学生仍然可以认为太阳比月亮更厉害，而不是同等重要，可以换成光谱的比喻，不同性格就像不同颜色的光，本质都相同，都是电磁波，区别仅仅只在于频率与颜色不同，分开是五彩斑斓，各有各的美好，合成后仍是白光，组成了这个美丽的世界。

大概念的核心问题教学素养目标点检测表

课时名称	性格解忧杂货店
所属单元	自我意识
单元大概念	自我概念、自尊、自信、自我觉察，积极的自我意识品质
单元核心问题	研究乔哈里视窗等自我认识的工具，在自我认识的活动中，发现自己的特点，探索自我觉察的方法，正视自己的缺点与不足，探索从积极的角度看待自身的缺陷，形成积极、进取的生命故事，有勇气和能力调整追求，探索理想自我与现实自我的和谐统一
课时大概念	简约化表达：自我接纳。 特征化表达：正确认识内向和外向的科学含义，理解内向外向并无好坏之分，辩证地看待不同性格的烦恼和优势，并接纳自我的性格与特征，形成积极乐观的个性品质
课时核心问题	（本次课时属于单元课时"自我接纳"中的一个部分——接纳自我的性格）课时核心问题为：分享不同性格者各自的烦恼，厘清外向内向的内涵，探讨解决烦恼的方法
课时素养目标	书写与分享不同性格者的烦恼，以及进行同伴互助解决性格带来的烦恼，产生同伴间的情感共鸣，能够认识到不同性格的不同特征，理解外向内向的内涵，由此能够发现自我的优势，学会自我接纳，形成积极的个性品质
检测点	对自己性格特征的自我接纳程度
检测工具（检测题）	成为自己的解忧杂货店店主，对自己写下的性格烦恼给予回复
分类标准	A. 能够积极地应对自己的性格烦恼，发现自己的优势，接纳自身的特征，喜欢自己
	B. 基本能够发现自己的优势，并且接纳自我
	C. 不能有效地应对自己的性格烦恼，自我接纳的程度较低

	分类等级	学生人数	百分比（总人数 50 人）
检测统计	A	25	50%
	B	23	46%
	C	2	4%
检测分析结果运用	基于分类标准对本节课设置的检测题回答情况的分析，具体情况如下：本次得 A 的同学共有 25 人，能够积极地应对自己的性格烦恼，发现自己的优势，接纳自身的特征，喜欢自己；得 B 的同学共有 23 人，基本能够发现自己的优势，并且接纳自我；得 C 的同学共 2 人，不能有效地应对自己的性格烦恼，自我接纳的程度较低。总体来说，从检测统计可以看出，课时素养目标中的"能够体验到不同性格的不同特征，发现自我的优势，学会自我接纳"，基本得到了完成		
素养目标达成典型实例			

PART2：来自解忧杂货店店主们的回复！

PART2：来自解忧杂货店店主们的回复！

素养目标达成典型实例	
检测反馈	从学生的检测反馈中可以看出，学生基本能够积极地应对自己的性格烦恼，接纳自身的特征。但大部分学生对于自己的接纳还停留在体验和感悟上，而没有落实到具体的生活与行动中。因此在后续的课堂改进上，可以引导学生去发掘自身切实的优势与优点，并且发挥自己的优势。同时，自我接纳并不意味着不思进取，接纳自己也不是说就不要改变。而这一点并未在课堂中得到澄清。因此，在后续的课堂中，可以和学生一起讨论，哪些先天的气质性格是我们需要接纳的，而哪些后天的能力或特征是我们可以去发展和成长的，这才是接纳自己、爱自己的更深层次含义

"情绪管理"单元教学

"情绪管理"
大概念的核心·问题教学单元规划纲要

学科　心理　　教师　黄立刚　林代春　吴林桦

年级	高一		单元名称	情绪管理	单元课时	3课时

单元内容	教材内容	根据教育部2012年印发的《中小学心理健康教育指导纲要》，帮助学生增强情绪调控、承受挫折、适应环境的能力是心理健康教育的具体目标，情绪调适与管理是中小学心理健康教育的重点内容。 从情绪管理的内容上看，识别自己的情绪，给它们打上准确的标记，是情绪管理的开始。因此，要帮助学生提升调节情绪的能力的第一步，就是帮助学生提高感受情绪、识别并区分情绪的能力，也就是提高情绪粒度。情绪粒度指的是一个人区分并识别自己具体感受的能力。情绪粒度分为两部分，一部分是感受，高情绪粒度的人，对情绪体验更丰富、更细致入微；一部分是表述，高情绪粒度的人在拥有某种感受的时候，能够用准确的词汇和良好的表达技巧来形容自己的情绪。 在提高对情绪的感受性与识别及区分能力之后，要想更好地管理情绪，就需要去理解情绪的意义。从进化的角度来看，人类的每种情绪都有着独特的目的和意义，可以帮助人类更好地生存。例如焦虑，可以帮助人们更好地解决当前的问题与危机，提高适应能力。 最后就是关于情绪调节的具体方法。包括在情绪出现的时候对情绪的接纳而非抗拒、伴随着情绪ABC理论而来的通过调整自己的认知来改变自己的情绪、冥想正念等多种方法
	课程标准	了解提高自己感受情绪，区分、识别情绪的能力的重要性，并学会怎样更好更具体地去感受情绪、区分情绪、识别情绪。同时能够了解每一种基本情绪产生的目的和意义，从进化的角度理解情绪的作用。能够理解情绪产生的直接原因，学会通过调整自己的认知来调节情绪
基础条件	资源基础	<table><tr><td>资源名称</td><td>功　能</td></tr><tr><td>黑板</td><td>板书核心问题，呈现学生发言要点</td></tr><tr><td>学案</td><td>提供学生在解决问题环节自主探索的空间</td></tr><tr><td>PPT</td><td>呈现教学内容；展示视频、图片等情境</td></tr></table>
	学生基础	（1）我国高中生情绪心理现状。 根据2021年中国科学院心理研究所发布的《心理健康蓝皮书》以及中国人民大学心理研究所所长俞国良在2022年对我国大中小学心理健康研究的元分析，我国高中生情绪问题检出率最高的是抑郁（28%），其次是焦虑（26%）。根据高中生的心理社会性发展特点，以及所处的学校、社会环境，他们常面临有关自我认同、角色冲突、同伴关

基础条件	学生基础	系、亲子关系等一系列的发展任务与挑战，并为此感到困惑与担忧，再加上其他例如考试与学业压力、生活环境封闭单一、体育活动少、难以找到适当的情绪宣泄渠道等因素，常会出现抑郁、焦虑情绪水平增高的情况
		
		（2）我校高中生情绪心理现状。
		
		    基于我校对高一新生心理普查的结果分析：抑郁因子得分超过筛查线的学生占比高达33.1%，焦虑因子的得分超过筛查线的为32.8%。约3成的学生有过结束自己生命的想法，约9%的学生结束自己生命想法的强度达中度及以上。平均每学期，心理中心处理心理信箱来信250余封，接待学生及家庭咨询200余人次，处理大大小小危机个案10余起。因此，我校高一学生的心理健康状况与情绪问题也需要得到我们的关注与重视。
		
		（3）青春期个体情绪发展特点。
		
		    处于青春期的高中阶段的学生，情绪体验跌宕起伏、剧烈波动，情感活动广泛且丰富多彩，特点包括爆发性与冲动性（情绪强烈，常因一点小事就欣喜若狂、手舞足蹈，或者垂头丧气、无精打采，像是疾风骤雨一般，表现出强烈的激情特征）、不稳定性与两极性（波动剧烈，情绪很容易从一个极端转向另一个极端，像钟摆一样在寻求平衡点的过程中摇晃在两极之间）。
		
		    并且，许多高中生对自我情绪的认知并不清晰，很多时候只能笼统地描述自己情绪好或者不好，而说不出更加具体的情绪，无法准确而清晰地感受与描述自己的情绪，因此对情绪的掌控感也较低。
		
		    因此，根据学生的心理健康现状以及情绪发展特点，为高中生开设的情绪课程应达到帮助学生管理调节情绪的目的，并且符合青春期个体的情绪心理发展水平

单元名称：情绪管理。

概念结论类：感知情绪、识别情绪、表达情绪；从积极与消极两个维度的意义来分析情绪。

思想方法类：自我觉察、将抽象的内心感受具象化；从进化的角度来看待与理解情绪意义；通过改变自己的认知与想法来调节情绪。

价值观念类：关注与理解自身感受，积极看待情绪；积极理解与接纳情绪

单元大概念及下层结构

课时名称	课时	课时大概念		课时概念梳理		
		简约化表达	特征化表达	概念结论（小概念）	思想方法	价值观念
情绪博物馆	1	情绪粒度	一个人准确感知、识别、表达自己具体感受的能力，影响着个人对自身情绪的认知和体验，影响情绪调节的能力	感知情绪、识别情绪、表达情绪	自我觉察、将抽象的内心感受具象化	关注与理解自身感受，积极看待情绪
理解情绪的意义	2	情绪的双面意义	任何情绪都有着积极意义与消极意义	从积极与消极两个维度的意义来分析情绪	从进化的角度来看待与理解情绪的意义	积极理解与接纳情绪
情绪的调节	3	情绪ABC理论	直接引发我们情绪结果的并非诱发事件，而是我们对这个事件的看法和信念	通过改变的认知与想法来调节情绪	我们是自己情绪产生的源头而非外界	积极看待情绪

单元教学目标

提高感受情绪与识别情绪的能力，能够用不同的具体方式来准确、清晰地描述自己的情绪；理解快乐、悲伤、愤怒、恐惧、孤独、焦虑等情绪的积极意义与消极意义；能够理解与接纳情绪的产生；理解情绪ABC理论，学会通过改变认知来改变情绪；由此从多方面增强对情绪的掌控感，提高情绪管理与调节的能力

单元核心问题及问题分解	提升情绪粒度，增强感受与辨别个人情绪的能力，理解各种情绪的双面意义，更好地接纳情绪，理解包括通过改变认知来改变情绪在内的多种情绪调节的方法		
课时划分	课时	课时名称	课时核心问题
	第一课时	情绪博物馆	绘制情绪坐标图，感受与辨别个人的情绪特征，并体验与探究情绪的不同表达方式
	第二课时	理解情绪的意义	讨论快乐、悲伤、恐惧、愤怒、孤独、焦虑几种情绪的双面意义，理解与接纳情绪的产生
	第三课时	情绪的调节	讨论与总结情绪调节的有效方法
教学评价	一、对大概念的生成理解评价维度 在概念结论上，应从学生的对自己具体情绪的辨别与表达上，以及对不同情绪意义的理解的回答上进行学科专业知识的评价。 在思想方法上，应从看待情绪的方式的角度来进行评价，例如是否能从进化的角度来理解一种情绪的意义。 在价值观念上，通过单元的情绪知识的学习，应学会开始关注与理解自己内心的感受，积极看待与接纳情绪的产生。 二、对素养目标达成的评价 从学生的情绪坐标图、情绪风景图、小组讨论完成的情绪的双面意义作业单中进行评价		
单元作业	作业设计意图： 1. 帮助学生在课下练习探索自己的内心感受，并用具象化的方式描绘出来，从感受与表达两个方面进行情绪粒度的练习与提升。 2. 根据每个人自身的理解，思考不同情绪的积极意义与消极意义。 作业要求： 1. 请用一幅风景图的形式将最近体验到的一种情绪描述出来。是绵延起伏的山峦？是波涛汹涌的海浪？是寸草不生的沙漠？还是苍绿茂盛的森林？……可以用任何形式的风景来描绘情绪。画完以后，可以在空白处加上一些文字说明，并给这幅情绪风景图起一个名字。 2. 小组讨论完成情绪的双面意义作业单		
反馈调整	单元教学中，从核心问题教学的四个环节关注课堂学生的表现；单元教学后，从学生整体和个体的学科核心素养积淀，具体针对核心问题的教学文化评价表，大概念的核心问题教学素养目标点检测表的相关要素进行搜集并反馈调整		

"如果孤独是件礼物" 学教案

吴林桦

一、教学分析设计

【教学内容】☞

根据《中小学心理健康教育指导纲要（2012 年修订）》，增强情绪调适能力是心理健康教育的目标之一。而情绪包含了诸多类型，其中孤独感是一种比较普遍，但是又常常不太明显被关注的一种情绪。

孤独感是一种封闭心理的反映，其概念最早由 Rpbert Weiss 于 1973 年提出，他认为孤独感是社交期望和现实社交水平之间存在落差，从而带来的负性主观情绪体验。这是比较狭义的孤独的概念，是人际情境中滋生的情感。而存在主义心理学，对孤独有更广义和丰富的理解与界定。存在主义心理学认为，孤独的本质其实是一种隔离。包含人际孤独、心理孤独、存在孤独三类，其中人际孤独就是狭义孤独的界定。

2018 年，相关机构的一项调查显示，孤独已经成为了未来需要面对的公共卫生问题之一。在参加调查的 46 054 个人中，1/3 的人感到孤独。而年轻人的孤独症状会更严重，16~24 岁的年轻人中有 40%会在日常感受到孤独。其中不乏所谓"社交技能 max"的人，哪怕他们情绪识别能力和应对能力都很强，但孤独依然是他们需要面对的感受。

孤独对个体的身体、心理、社会适应等方面均产生着重要的影响。

几十年来，研究人员一直在追踪孤独和孤立对我们身体健康的影响。一项以小鼠为研究对象的研究发现，隔离可能会增加癌性肿瘤的生长。另一项研究发现，孤独是与吸烟和肥胖一样的疾病风险因素。孤独往往会导致压力，而压力本身就是许多疾病的风险因素。世界卫生组织发布的《预防自杀——全球要务》中指出：当一个人与其最亲密的社交圈（伴侣、家人、同事、朋友和重要他人）不再联络的时候，被隔离感就会发生。被隔离感常常与抑郁、孤独感和绝望感连结在一起。当一个人有负性生活事件或其他心理压力，并且不能与亲近的人分享这些时，被隔离感就会时常出现。与其他因素混杂在一起，就可能导致自杀行为的危险性增加。

在互联网时代下，虽然社交的形式更多样，人与人的联系更便捷，但当代人的孤独感并不会因此减少。通过短视频、社交平台、网络游戏进行社交活动、网络交流，一定程度上会分散甚至替代真实世界中的人际交流，但是过度的网络社交反而会增加儿童青少年的孤独感。

2023 年 11 月 15 日，WHO 宣布成立一个新的社会联系委员会，旨在应对孤独这一紧迫的健康威胁，将促进社会联系作为优先事项，并加速在所有国家推广解决方案。

理解孤独，学会面对孤独，甚至将孤独转化为滋养我们生命的养料，是这个时代的人需要的能力。

【大概念】☞

课时大概念	简约化表达：孤独	
	特征化表达：觉察孤独、认识孤独、理解孤独的类别，辩证看待孤独对个体的影响，从而接纳孤独、转化孤独促进个人成长	
概念结论	简约化表达	特征化表达
概念结论类	人际孤独	人际孤独是最为普遍的一种孤独，就是通常人们感受到的寂寞，意指与他人的分离
	心理孤独	心理孤独来自自己内心的感受隔离。以"应该是""必须是"的逻辑思维为主导，而忽略自己的真实感受和体验，对自己情绪的评价、否认、压抑。使得自己无法与自己的感受建立起连接，从而感到孤独
	存在孤独	存在孤独是一种更基本的，因存在而存在的孤独。存在孤独指的由于个体的独特性，与任何其他生命之间存在着无法跨越的鸿沟而产生的孤独
思想方法类	意象隐喻	意象隐喻是一种类比，它允许我们用另一种具象化的画面来映射一种经验，从而获得对复杂、抽象的话题或新情况的理解
	自我觉察	觉，是人对事物的感受的辨别。 察，是调研，研究的意思。 自我觉察，是指个人知道、了解、反省、思考自己在情绪、行为、想法、人际关系及个人特质等方面的状况、变化及发生的原因
价值观念类	整合的思想	整合是心理动力学中的概念，是指个体能够接受和容忍对立的心理元素，使它们在心理上融合和协调。这意味着个体更能够看到、接纳事物的复杂性。拥有整合的思想 拥有整合思想的个体，对事物、情绪、自己、他人的心理容纳空间更大，是心理成熟的标志之一

【资源分析】☞

资源名称	功能
黑板	板书教学要点和学生回答问题的关键词
课程学案	学生用来记录课程中的思考、讨论要点等
多媒体	播放 PPT、音频、视频

【学生分析】☞

孤独对于青少年来说，是非常共同、普遍的感受。《2022 年青少年心理健康状况调查报告》中显示，我国四成左右的青少年有时或经常感到缺少伙伴、被冷落或与他人是隔绝的。

孤独在青少年群体中的普遍性，与其心理发展息息相关。青少年有孤独感是其必然的发展过程。由于青春期是个体由儿童向成人转变的过渡时期，一个青少年开始感受到孤独，才真正意味着他迈入了青春期。孤独的来源之一是他感受到了和父母的分离。这个时候，他们无法再像小时候一样依偎在父母身边，社会和自身对其提出了更高的要求。新身份的确立是一个相当复杂的过程，青少年在这个过程中，常常会感到痛苦和无助。

同时，这一发展阶段的孩子，其心理发展极具特殊性即封闭性与开放性的矛盾尤为显著，既不愿主动向他人倾诉，又渴望得到他人的理解与关怀，这样更易产生孤独感体验。德国著名心理学家斯普兰格在他的名著《青年心理》一书中，曾生动地写道："没有谁比青年从他们深沉的寂寞中，更加渴望接触和理解外界世界的了；没有谁比青年更加向远方世界大声呼唤的了。"这段话生动形象地描述了青少年的内在孤独，以及他们是如何渴望从孤独的状态中走向人群。

青少年在成长过程中，获取外界的支持和帮助是很有必要的，但内在的整合只有依靠自己才能完成。关于自己的情绪、想法、行为各个层面的发展，需要青少年朝向自身，朝向内部进行工作，而不是简单地向外进行模仿。在这个过程中，孤独的思考就是必要的，他们必须带着青春期独有的烦恼和困惑来找到解决办法。去理想化，建立真正的关系对于孤独的青少年来说是很有帮助的，然而这样的帮助却是需要在一个特定的时空，一个青少年可以充分信任的群体中，一个有着专业力量支持的环境中才有可能完成。

因此，面向青少年设计并开展孤独主题的心理健康课程，有助于帮助青少年认识、理解、接纳孤独这种心理感受，更重要的是，从孤独中获得自我的成长。

【教学目标】☞

借助量化的方式评估自身孤独的程度和频率，借助意象表达的方式描述孤独的感受。从而能够更准确、全面、细致地进行情绪觉察。在小组讨论中，归纳总结孤独的类别及其对个体的影响，产生同伴间的共鸣和与思维的碰撞，能够辩证、全面地认识孤独、理解孤独。提升对由孤独感引发的负面情绪的重视，以及接纳孤独感本身的存在，并将其转化为滋养自身生命的营养。

【核心问题】☞

核心问题分析：本堂课的难点在于对孤独这一抽象情绪的觉察、评估与描述，借助量化的方式评估自身孤独的程度和频率，借助意象表达的方式描述孤独的感受，从而更准确、全面、细致地进行情绪觉察。而本节课的重点在于对孤独全面、辩证地认识和理解，通过组织、引导学生进行小组讨论，让学生的思维得以活跃、激发、表达，从而实现教学目标。

核心问题：借用图像隐喻描绘孤独的感受，反思评估自身孤独的程度，分享归纳孤独的类别、思考提炼孤独对个体的影响。

【评价预设】☞

问题提出阶段：这个阶段是上课开始的阶段，需要学生从课间休息的状态切换到上课的状态，可能有些同学注意力不集中，可通过听音频猜声音的方式调动学生的积极性，将学生的注意力吸引到课程中来。

解决问题阶段：对孤独的三种类型的讲解部分，人际孤独是日常比较熟悉的，而心理孤独和存在孤独相对而言更为抽象，需结合学生日常生活中的体验，前期可以多多收集让他们感到孤独的情境作为素材，以便帮助学生更好理解。

反思提升阶段：这个部分学生完成得较好，高中生已经具备一定的辩证思考的能力。但是学生的回答可能同质化程度比较高。

评价反馈阶段：这个部分可以将学生的回答归类到教师总结的礼物类型。

二、教学实施设计

【教学环节】☞

教学环节	教师活动	学生活动	设计意图	技术融合
提出问题	1. 播放鲸鱼的音频	1. 听一段声音,猜想一下,这段声音来自哪里?	通过Alice的故事,唤起学生对这条鲸鱼的共情,引入本次课的主题——孤独	使用多媒体播放音频、视频、PPT
	2. 播放视频短片,介绍50 Hz的鲸鱼Alice的故事,引入本次课的主题——孤独	听课、观看视频。共情Alice的感受并进行表达,提出本次课的主题——孤独		
	3. 从鲸鱼的孤独,联系到学生自己的孤独感受,引导学生反思自己的孤独	听课,反思		
解决问题	第一部分:描绘孤独 呈现与孤独相关联的八张图片,让学生选择最符合自己认为的孤独意象的图片,并通过图像的隐喻来描述孤独	反思觉察自身的孤独感受。完成学案,回答分享	通过评分的方式量化评估孤独感,通过图像和文字,借助隐喻的方式,描绘孤独感	PPT播放图像、问题。 完成学案对应部分的内容
解决问题	第二部分:认识孤独 通过课上小调查,了解班上同学孤独的频率和程度。分享研究数据、新闻时事、文学表述,帮助同学们认识到孤独的普遍性,包括: (1)在人群中,孤独的普遍性。 (2)在个体的一生中,孤独的普遍性。 (3)在这个时代,孤独的普遍性	通过孤独的频率、程度评估自己的孤独	通过研究数据,包括我校学生孤独感的数据,让学生客观、直观理解孤独感的普遍性	PPT
	第三部分:理解孤独 (1)引导学生思考让自己感到孤独的情境、时刻。 (2)孤独的类型:讲解孤独的三种类别,帮助同学们深入理解孤独的本质其实是隔离	通过回想梳理孤独的情境来归纳孤独	通过理论的学习,进一步深入理解孤独	PPT
反思提升	3. 孤独的影响:引导学生思考孤独对个体的影响。引入孤独的影响具有两面性。 第四部分:转化孤独 引导学生完成活动——撰写学案中"孤独礼品卡"。 如果孤独是件礼物,那么拆开礼品包装,里面可能是什么呢? 撰写后引导学生进行讨论和分享,对学生的回答进行梳理	思考孤独对个体的影响,分享自己的观点。 思考孤独对个体的积极意义,撰写学案中"孤独礼品卡",并发言分享	通过讨论,培养学生辩证看待孤独对个体的影响,提升由孤独感引发的负面情绪的重视。引导学生积极重构孤独,思考孤独对个体生命的积极意义	完成学案对应的部分,小组讨论和分享

教学环节	教师活动	学生活动	设计意图	技术融合
评价反馈	分享老师总结的孤独的礼物,即孤独的积极意义,包括以下四个方面的内容: (1)独立:孤独是走向独立的副产品。 (2)深思:孤独是深度思考的土壤。 (3)自治:孤独是和自己待在一起。 (4)联结:孤独的存在是为了离开孤独	听课	帮助学生接纳孤独感本身的存在,并将其转化为滋养自身生命的营养	黑板、PPT
	分享 Alice 故事的后续,传递给学生们希望感和积极主动态度。 总结升华课程:孤独在我们的生命中,无法逃避也无须逃避。它有可能是我们生命的礼物,希望大家有勇气接受这份礼物,更有能力打开这份礼物	听课	故事积极、圆满的结局传递给学生希望感。 如果这头世界上最孤独的鲸鱼都能走出孤独,学生们也可以	PPT

【板书设计】 ☞

```
            如果孤独是件礼物

                              3.理解孤独
核心问题:                      1)人际孤独
    选择图片用隐喻的方式描绘孤独的感受,讨论   2)心理孤独
分析孤独的类别以及孤独对个体的影响。         3)存在孤独

1.描述孤独                      4.转化孤独
孤独的感受:(板书学生回答的关键词)        (板书学生回答的关键词)

2.认识孤独:
孤独的普遍性:1)在人群中
            2)在个体一生中
            3)在这个时代
```

【作业布置】 ☞

课时作业的结构化设计:

作业序号	作业目标	作业情境 内容	作业情境 类型	概念结论	思想方法	价值观念	整体评估
1	通过意象表达描述自身孤独的感受	选图片、写短诗	简单	情绪觉察	内省	真实、接纳、中立	基础性作业
2	通过量化的方式评估自身孤独的程度和频率	完成问卷	简单	情绪评估	内省	真实、接纳、中立	基础性作业
3	反思、讨论孤独的情境,归纳孤独的类别和影响	反思、讨论	较复杂	三类孤独:人际孤独、心理孤独、存在孤独	反思、顺应、同化	合作、尊重、倾听	实践性作业
4	接纳孤独、转化孤独	思考孤独对个体积极影响	较复杂	独立、深思、自治联结	反思	辩证	综合性作业

作业设计意图：

引导并提供思考的方向，帮助学生更好地描绘孤独、评估自身孤独程度、反思孤独情境、思考孤独对个体的积极意义。并且记录学生的思考结果。

作业要求：学案如下所示，每个部分的要求详见题干的描述。

《如果孤独是件礼物》学案

姓名：＿＿＿＿＿＿＿＿＿＿　　　　　　班级：＿＿＿＿＿＿＿＿

Part1：描绘孤独

在方框中写下你选择的最符合孤独意象的画面编号（或自己绘制简笔画）。并且写3~4句话、或者一首短诗来简单阐述一下孤独的感受。

Part2：认识孤独

1）你有多频繁地感受到孤独呢？
① 我几乎没有感受过孤独
② 我偶尔会感到孤独
③ 我时常会有孤独的感受
④ 我总是处于孤独当中

2）你感受到的孤独有多强烈呢？
① 微乎其微，几乎没有
② 一点点
③ 比较明显
④ 非常强烈，我被孤独暴击

Part3：理解孤独

你会在哪些时刻、哪些情境中感到孤独呢？

＿＿＿＿＿＿＿＿＿＿＿
＿＿＿＿＿＿＿＿＿＿＿
＿＿＿＿＿＿＿＿＿＿＿
＿＿＿＿＿＿＿＿＿＿＿
＿＿＿＿＿＿＿＿＿＿＿
＿＿＿＿＿＿＿＿＿＿＿
＿＿＿＿＿＿＿＿＿＿＿

Part4：转化孤独

如果孤独是件礼物，那么拆开礼品包装，里面可能是什么呢？

【教学流程图】☞

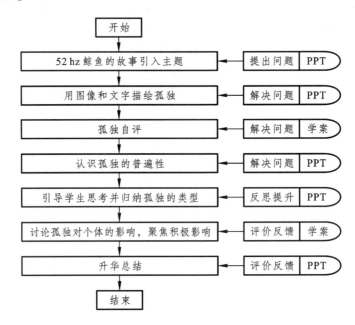

三、教学评价反馈

【教学评价】☞

大概念的核心问题教学文化评价表

课时名称：如果孤独是件礼物。

所属单元：情绪管理。

单元大概念：情绪觉察、情绪理解、情绪表达、情绪转化。

单元核心问题：提升情绪粒度，增强感受与辨别个人情绪的能力，理解各种情绪的双面意义，更好地接纳情绪，理解包括通过改变认知来改变情绪在内的多种情绪调节的方法。

课时核心问题：本次课时属于单元课时"情绪管理"中的孤独这类情绪部分，课时核心问题为：借用图像隐喻描绘孤独的感受，反思评估自身孤独程度，分享归纳孤独的类别、思考提炼孤独对个体的影响。

评价目标	评价指标			评价结果
	一级指标	二级指标	三级指标	
实现活动体验中的学习与发展	具有核心问题教学形态	核心问题利于活动体验	内含学科问题和学生活动方式	8	每项指标最高评 8 分
			问题情境与真实生活密切相关	7	
			能引发新知识、新方法的生成	8	
		教学目标价值引导恰当	两类目标正确全面	7	
			关联体验目标恰当	8	
			目标价值引导显现	7	合计 90 分

评价目标	评价指标				评价结果
	一级指标	二级指标	三级指标		
实现活动体验中的学习与发展	具有核心问题教学形态	教学环节完整合理落实	教学环节清晰完整	8	
			环节内容合理充实	8	
			学生活动时间充分	8	
		教学要素相互匹配促进	问题目标环节两两匹配	7	
			技术促进活动形式内容	6	
			学科特点突出氛围浓郁	8	
	具有核心问题教学实质	拓展学习视野	课堂与现实世界有恰当关联		选择一个表现突出的二级指标,在相应三级指标引导下,以现场学生表现为依据,于本表的第二页写出150字以上的简要评价
			有基于缄默知识的问题解决		
			有缄默知识运用的追踪剖析		
		投入实践活动	有真实而且完整的实践活动		
			能够全身心地浸渍于活动中		
			活动的内容结果均丰富深入		
		感受意义关联	有核心问题的深层意义感受		
			有以知识为中心的关联感受		
			有以个人为中心的关联感受		
		自觉反思体验	有实质性反思活动的开展		
			有课堂新因素的追踪利用		
			有体验的交流与改善重构		
		乐于对话分享	乐于自我表达与认真倾听		
			乐于合作中成果与思路的分享		
			有宽容的对话氛围和多向交流		
		认同体验评价	认可体验评价		
			参与体验评价		
			利用体验评价		

核心问题教学实质的简要评价(包括发展性建议):

我主要分析一下本课程在"感受意义关联"层面的体现:

在本课程的各个环节,都涉及学生实质性反思活动。在描绘孤独环节,学生需要反思自身体会到的孤独的感受,并将这种感受通过图像的形式进行呈现。将抽象、内在的感受有形化、具象化。在评估自身孤独程度的过程中,通过对孤独频率和孤独感程度的反思,将主观的感受用数字进行量化呈现。在理解孤独环节,需要反思自身体会过的孤独情境,并进行归纳总结。在转化孤独阶段,需要思考孤独给自己带来的影响和其存在的意义。

在课堂新因素的追踪利用方面。在讲解孤独的三种类型时,在人际孤独这个类别,作为空军班的同学,相较于其他班的同学,对此类孤独会更有体会:同学来自全省各地,而且接受几乎全封闭的管理,很多同学在进入这个班级后,面临着与家人的分离,这会产生人际孤独。追踪到这一因素后,能够更好地共情学生,并帮助学生理解这类孤独。此外,我分享了野外生存训练时,与空军航空大学孟教授的交流结果，孟教授说对于飞行员来说，需要面对和克服的一种心理就是孤独感。因为执行任务的过程中，往往是独自一人在广袤的高空中飞行。通过这个情境，让同学们领悟到，要成为一名合格的、优秀的飞行员，不仅是需要直面孤独，更需要提升对孤独的耐受程度。在心理孤独这个类别，结合全班都是男孩子这一特点，提出在我们文化背景下，男性很容易感受到的心理孤独，就是对自身脆弱、悲伤这类情绪的压抑，以及对哭泣的不接纳。在这个部分，同学们特别有共鸣，而且还有同学现场演绎起来在自己哭泣时，家长的表现。

在体验的交流与改善重构方面。同学们在课上交流了彼此对孤独的感受、程度、情境，通过交流和分享，让同学们体会到孤独不是自身独有的，而是普遍存在的。这也是心理咨询中"一般化"的技术，当个体体会到自身感受，尤其是负面的感受不是独一无二的时候，会有一种共鸣的慰藉，降低其对自我的消极评价。此外，在转化孤独部分，引导同学们思考孤独对于个体生命的积极意义，期间运用到了"积极重构"的认知方法。打破学生日常一想到孤独，就与负面影响关联起来的固定思维。转而以积极的思路去重构孤独的价值与意义

【反馈调整】☞

从上课的实际情况来看，一节课的时间比较紧张，给到学生分享交流的时间不够充分。可以考虑将课程分为 2 课时来上。保证师生之间、学生之间有充分的交流讨论时间。

从课程内容来看，本课的难点在于对孤独的三种类型的讲解。根据学生听课的情况，感觉比较好理解的是人际孤独，而心理孤独相对较难，最困难的是存在孤独。存在孤独因其自身定义的抽象性，本身就较难理解，加上可能对于高中阶段的学生来说，人生经历还比较少，可能很难或较少体会到存在孤独的感受，所以可以考虑删减掉这一部分的内容。

大概念的核心问题教学素养目标点检测表

课时名称	如果孤独是件礼物
所属单元	情绪管理
单元大概念	概念结论类：人际孤独、心理孤独、存在孤独； 思想方法类：意象隐喻、自我觉察； 价值观念：整合
单元核心问题	提升情绪粒度，增强感受与辨别个人情绪的能力，理解各种情绪的双面意义，更好地接纳情绪，理解包括通过改变认知来改变情绪在内的多种情绪调节的方法
课时大概念	人际孤独、心理孤独、存在孤独
课时核心问题	本次课时属于单元课时"情绪管理"中的孤独这类情绪部分，课时核心问题为：借用图像隐喻描绘孤独的感受，反思评估自身孤独程度，分享归纳孤独的类别、思考提炼孤独对个体的影响
课时素养目标	借助量化的方式评估自身孤独的程度和频率，借助意象表达的方式描述孤独的感受。从而能够更准确、全面、细致地进行情绪觉察。在小组讨论中，归纳总结孤独的类别及其对个体的影响，产生同伴间的共鸣和与思维的碰撞，能够辩证、全面地认识孤独，理解孤独。提升对由孤独感引发的负面情绪的重视，以及接纳孤独感本身的存在，并将其转化为滋养自身生命的营养
检测点	（1）对孤独感受的描述； （2）对孤独频率和程度的自评； （3）对孤独对生命积极意义的思考与描述

检测工具（检测题）	作业设计意图： 　　引导并提供思考的方向，帮助学生更好地描绘孤独、评估自身孤独程度、反思孤独情境、思考孤独对个体的积极意义。并且记录学生的思考结果。 　　作业要求： 　　1. 描绘孤独：在方框中写下你选择的最符合孤独意象的画面编号（或自己绘制简笔画）。并且写 3~4 句话或者一首短诗来简单阐述一下对孤独的感受。 　　2. 认识孤独： 　　1）你有多频繁地感受到孤独呢？ 　　① 我几乎没有感受过孤独 　　② 我偶尔会感到孤独 　　③ 我时常会有孤独的感受 　　④ 我总是处于孤独当中 　　2）你感受到的孤独有多强烈呢？ 　　① 微乎其微，几乎没有 　　② 一点点 　　③ 比较明显 　　④ 非常强烈，我被孤独暴击 　　3. 理解孤独：你会在哪些时刻、哪些情境中感到孤独呢？ 　　4. 转化孤独：如果孤独是件礼物，那么拆开礼品包装，里面可能是什么呢？
分类标准	A. 能够比较生动、形象、辩证地描绘孤独的感受 B. 基本能够表述出自身孤独的感受，但是更多偏向孤独的负面感受及意义 C. 在描述孤独感受方面存在困难，也较难思考孤独对个体双面的意义

检测统计	分类等级	学生人数	百分比（总人数 40 人）
	A	25	62.5%
	B	13	32.5%
	C	2	5%

检测分析结果运用	基于分类标准对本节课设置的检测题回答情况的分析，具体情况如下： 　　在孤独程度方面，有 33% 的同学时常或总是处于孤独中，有 50% 的同学孤独感的强度比较大。可见有孤独感在这个年龄段的确非常普遍。 　　本次得 A 的同学共有 25 人，能够比较生动、形象、辩证地描绘孤独的感受；得 B 的同学共有 13 人，基本能够表述出自身孤独的感受，但是更多偏向孤独的负面感受及意义；得 C 的同学共 2 人，在描述孤独感受方面存在困难，也较难思考孤独对个体双面的意义。总体来说，从检测统计可以看出，课时素养目标中的"提升学生描述、表达情绪的能力，培养学生辩证看待孤独对个体的影响"基本得到了完成
素养目标达成典型实例	Part4: 转化孤独 如果孤独是件礼物，那么拆开礼品包装，里面可能是什么呢？ 自我磨砺、成长、面对很难的事情 更广阔、灿烂的世界

素养目标达成典型实例	
检测反馈	从学生的检测反馈中可以看出，学生基本能够接纳孤独这种感受，并且尝试用积极的认知与态度去面对孤独，将孤独转化为自身成长的营养

普通高中新教材实施的大概念核心问题教学研究（二）

物理、历史

总主编 ◎ 米云林

主 编 ◎ 胡 隽 王 娜

西南交通大学出版社

·成 都·

图书在版编目（CIP）数据

普通高中新教材实施的大概念核心问题教学研究. 二
. 1，物理、历史 / 米云林总主编；胡隽，王娜主编.
成都：西南交通大学出版社，2025.2. -- ISBN 978-7-
5774-0320-5

Ⅰ. G633

中国国家版本馆 CIP 数据核字第 20248M6L86 号

Putong Gaozhong Xinjiaocai Shishi de Dagainian Hexin Wenti Jiaoxue Yanjiu（er）
普通高中新教材实施的大概念核心问题教学研究（二）

总主编／米云林

物理、历史	**主编**／胡 隽 王 娜	**策划编辑**／罗小红 余崇波
体育、信息	**主 编**／张红琼 宋德洪 易新颖 黄立刚	**责任编辑**／赵永铭 宋浩田
艺术、心理		**责任校对**／左凌涛
		封面设计／墨创文化

西南交通大学出版社出版发行

（四川省成都市金牛区二环路北一段 111 号西南交通大学创新大厦 21 楼　610031）
营销部电话：028-87600564　　028-87600533
网址：https://www.xnjdcbs.com
印刷：成都勤德印务有限公司

成品尺寸　185 mm×260 mm
总印张　34.75　　总字数　870 千
版　次　2025 年 2 月第 1 版　　印次　2025 年 2 月第 1 次

书　号　ISBN 978-7-5774-0320-5
套价（全 2 册）　178.00 元

序

　　《基础教育课程改革纲要（2001年）》《国家中长期教育发展纲要（2010—2020年）》《普通高中课程方案（2017年版2020年修订）》、《普通高中语文等各学科课程标准（2017年版2020年修订）》等文件一再提出深入推进课程改革，加之四川省普通高中新课程新教材的实施已于2022年9月在新高一平稳落地。作为四川仅有的三所教育部批准的普通高中新课程新教材实施国家级示范校之一，四川大学附属中学（简称为"川大附中"）以大概念赋能学校20余年的"核心问题教学"，开展"大概念核心问题教学"研究，即教学设计聚焦核心大概念与核心问题的双核组织与驱动，开展全员全程全学科的"破冰式"探索，以大概念实现课程内容结构化，以核心问题实现课程内容情境化，在实践研究中丰富而生动地诠释了《普通高中课程方案》"以大概念为核心，使课程内容结构化，以主题为引领，使课程内容情境化"相关要求。实践表明，大概念核心问题教学引导学生追求概念结论、思想方法、价值观念的深层意义和灵活迁移，有力促进了学生在学科育人情境中逐渐形成基于学科本质的正确价值观、必备品格和关键能力，进而发展成为适应个人终身发展和社会发展需要的核心素养，有力助推教师们在学科教学内容、教育技术的优化与整合中，深度理解课标、教材，不断提升学科育人水平。

　　基于大概念与核心问题双核组织与驱动教学，教师通过整合学科知识和学习经验，开展结构化的教学设计，将课程内容由学科逻辑向学习逻辑不断调整、优化，使得学科知识、方法、价值之间的逻辑联系，呈现动态的、再生的、主客观融合的、相互渗透的紧密关联，同时以核心问题引导学生经历概念生成、理解、迁移和运用等过程，产生对大概念的深度体验，形成结论认知、方法探索、观念养成等三种学习成果。在持续伴随的问题解决情境中，学生不断地将觉察到的以知识、个人为中心的关联体验提炼为个体经验；进而反思提升，表达为经由充分交流、达成共识性理解的集体经验，即能够表征出来的大概念；并在新的问题情境中将大概念转化为作用于实践运用的新的个体经验，使新问题得以解决，最后将这一完整过程以素养的形式刻入我们的行动、思维和观念之中。经由深度的体验、深刻的理解和深入的实践，就建立起情境—大概念—素养之间的关联。

　　本丛书是教师基于新教材开发实施的大概念核心问题教学成果集，涵盖了各学科所有教材核心单元的核心教学课时，包含了《川大附中大概念核心问题教学单元规划纲要》（见表1）、《川大附中大概念核心问题教学课时学教案》（见表2）等两项内容。《单元规划纲要》主要包含：基于课标和教材分析、学情分析、资源基础等确立的单元核心大概念及其蕴含的概念结论、思想方法、价值观念三类大概念的简约化表达和特征化表达，单元教学内容的课时大概念下层结构；明确学生单元学习时的经历境遇、达成行为标准和心智标准的单元素养目标表达；明确学生单元学习过程中研究性活动的单元核心问题和课时核心问题结构；涵盖基础性作业、综合性作业和实践性作业的单元作业系统规划。《课时学教案》主要包含：基于课标和教材分析、学情分析等确立的课时核心大概念及三类大概念的简约化表达和特征化表达；明确学生课时学习的素养目标表达；明确学生课时研究性活动的核心问题；核心问题教学四环节；体现三类大概念生成的板书结构化设计；涵盖三类作业的既有丰富情境又检测和发展三类大概念，还能体现学科核心素养的水平层次的课时作业系统规划表，以及课后《大概念核心问题教学文化评价表》《大概念核心问题教学素养目标点检测表》。教学设计突出大概念的特征：高阶性和中心性、中枢性和意义性、持久性和迁移性，突出核心问题教学彰显的学科课程的本质性、情境性、关联性和研究性。这样基于大概念与核心问题的课程教学设计，有利于将静态、孤立、客观的知识系统转化为学习者主动建构的对知识进行由此及彼、由表及里地探究、理解、迁移的学习经验系统，从而实现学生在深度体验中核心素养的积淀与发展。

本系列丛书既是学校课题研究成果的原始素材，又是课题研究成果的现实演绎；既是教师专业成长的阶梯，又是教师专业发展的实证。这些研究成果得到社会的广泛认可，许多案例已经在全国、四川省、成都市各级各类赛课中获奖，在各级各类研究课中获一致好评。

表 1 川大附中大概念核心问题教学单元规划纲要

学科_____ 年级_____ 教师_____

年级		单元名称		单元课时	
单元内容	教材内容				
	课程标准				
基础条件	资源基础				
	学生基础				
单元大概念及下层结构					
单元教学目标					
单元核心问题及问题分解					
课时划分	课时	课时名称		课时核心问题	
	第一课时				
	第二课时				
	第三课时				
	××××				
教学评价					
单元作业					
反馈调整					

表 2　川大附中大概念核心问题教学课时学教案

学科＿＿＿＿＿＿＿　　　　　　　教师＿＿＿＿＿＿＿

方面	项目	内容
教学分析设计	教材课标	
	大概念	
	资源条件	
	学生基础	
	教学目标	
	核心问题	
	评价预设	
教学实施设计	教学环节	
	板书设计	
	作业布置	
	教学流程	
教学评价设计	评价实施	
	信息搜集	
	反馈调整	

目 录

  物理篇

历史篇

物理篇

"描述运动的基本概念" 单元教学

"描述运动的基本概念"
大概念的核心·问题教学单元规划纲要

学科　**物　理**　教师　**谢朝植　何国军　熊文俊**

年级	高一	单元名称	描述运动的基本概念	单元课时	6

| 单元内容 | 教材内容 | "描述运动的基本概念"一章为高中物理的起始章节，也是运动学的基础，教材依次介绍了参考系、时间、质点，位置、位移，位置变化的快慢与方向——速度，速度变化的快慢与方向——加速度等描述运动的基本概念，其间安排了学生实验"用打点计时器测量小车的速度"。

与人教版教材"运动的描述"一章相比，教科版教材最明显的不同是单元名称不同，凸显了教科版教材对基本物理概念建立的关注与重视。为了使学生在学习前述描述运动的基本概念活动中，不断加深对经典物理中时空对应关系的认识把握与理解内化，拟将单元内容略作重组，形成如下本单元教学的6个课时。

第1课时：运动物体的定位（含质点、参考系（坐标系）、时刻、位置等描述运动的基本概念）；

第2课时：运动物体的位置变化（含时间、路程、位移等描述运动的基本概念及标量与矢量概念的初步感知）；

第3课时（两节课）：运动物体的速度（含平均速度、瞬时速度与速率、平均速率等描述运动的基本概念）；

第4课时：用打点计时器测量小车的速度（在速度测量的实践研究中进一步加深对时刻与位置、时间与位移、平均速度与瞬时速度等描述运动的基本概念的理解与内化）；

第5课时（两节课）：运动物体的加速度（含速度变化量、平均加速度与瞬时加速度等描述运动的基本概念）；

第6课时："描述运动的基本概念"单元总结反馈交流（对本单元描述运动的基本概念在有逻辑的理性思考中进行结构化梳理与系统化提升，形成关联深入、紧密的描述运动的基本概念结构） |
| | 课程标准 | 本章内容属于《普通高中物理课程标准（2017年版2020年修订）》中必修1模块"机械运动与物理模型"主题，课程标准中的内容要求和活动建议如下：

1.1.2 经历质点模型的建构过程，了解质点的含义。知道将物体抽象为质点的条件，能将特定实际情境中的物体抽象成质点。体会建构物理模型的思维方式，认识物理模型在探究自然规律中的作用。

例2 通过质点模型、太阳系行星模型等实例，体会物理模型在物理学研究中的意义。

1.1.3 理解位移、速度和加速度。……

例3 结合瞬时速度概念的建构，体会研究物理问题的极限方法。

例4 结合加速度概念的建构，体会物理学中的抽象思维 |

单元内容	课程标准	课程标准中要求运用公式、图像等方法描述匀变速直线运动，在这里包括：利用 $x\text{-}t$ 图像来理解瞬时速度概念；使用光电门或位移传感器等现代技术手段测量物体的运动速度。 从课程标准对本单元的内容要求和活动建议不难发现，本单元教学中须在关注和重视描述运动的基本概念基础上，特别关注和重视这些概念建立过程中的学科思想方法，以落实物理观念、科学思维、科学探究、科学态度与责任等物理学科核心素养的培育。 基于前述分析，将"从定位、位置变化、位置变化快慢、运动（速度）变化快慢等视角"描述"物体的运动"确定为本单元核心问题中客观的学科问题		

基础条件	资源基础	资源名称	功能	来源
		记录时空信息的各种实验器材与相关装置	用于课堂上的演示、观察、分析以及学生分组实验"用打点计时器测量小车的速度"	物理实验室
		PPT	出示核心问题；呈现日常生活生产中各种物体运动情境、运动数据等信息；提供用于课堂交流、评价反馈等的材料与信息	多媒体设备源自教室；PPT 内容源于针对各课时的学教案设计
		黑板	板书核心问题、学生解决问题时交流的要点、反思提升要点等	教室
		实物投影、投屏等多媒体软件及设备	用于课堂师生的实时互动	教室中的多媒体设备、手机

基础条件 · 学生基础

从学生的学习心理看，刚进入高中的学生，对于高中物理的学习因其新起点的特征而充满好奇、期待和兴趣，同时对于高中物理与初中物理相比因其知识与思维层次提升导致难度会有明显增大也有一定的心理准备和预期。教师应珍视、保护、利用学生这样积极的学习心理，运用大概念核心问题教学，从学生日常生活中常见的相关运动现象入手，多角度、多形式营造有助于学生在活动体验中学习与发展的生活实践情境与学习探索情境，引导学生适时反思、改进自己物理学习的策略，最大限度地保持、提升学生学习物理的兴趣和积极性。

从本单元学习的内容看，学生在初中已学习过根据选择参考系判断物体的运动情况、由路程与时间比值定义速度并加以运用等知识，具备了对运动描述不够全面的粗浅感知，需要在高中学习中深入研究生产生活中物体的运动，从更广视角、更深层次对运动加以描述，进而发展物理观念、科学思维、科学探究、科学态度与责任等物理学科核心素养。

基于上述分析，将"研究"生产生活实际情境中物体的运动，从定位、位置变化、位置变化快慢、运动（速度）变化快慢等视角加以"描述"确立为本单元核心问题中的学生活动

单元大概念及下层结构

为有效地以大概念使课程内容结构化，培育物理观念、科学思维、科学探究、科学态度与责任等物理学科核心素养，从概念结论、思想方法、价值观念等三个层次对本单元大概念进行了深入挖掘与梳理，首先形成下表所示单元大概念；在此基础上，挖掘起主干作用的单元大概念间的关联，形成右图所示的单元大概念结构图；基于单元大概念及其核心结构的挖掘与梳理，适当重组教材内容后，形成下表所示本单元大概念的下层结构

单元核心大概念：运动的描述。

特征化表达：研究生活中物体的运动，需要从定位、位置变化、位置变化快慢、运动（速度）变化快慢等视角加以描述，在定量描述的过程中体会模型化的思想、变化率与比值定义法、代数法与图像法的运用，进而形成初步的时空观、物质观、联系观、透过现象看本质的观念。

概念结论类：参考系，质点，时刻、时间，位置、位移，速度、加速度等概念，"运用打点计时器测量速度和加速度"实验；矢量与标量。

特征化表达：结合实际情境建立描述运动需要的相关物理概念，初步理解矢量与标量，认识并学会操作打点计时器，分析纸带求速度和加速度。

思想方法类：模型化思想；变化率与比值定义法；极限思想；代数法与图像法（数、形的关联分析）；测量型实验研究；抽象思维、演绎思维。

特征化表达：在描述物体的运动过程中，通过模型化思想分析问题，运用变化率的思想与比值定义法来引入物理量，体会由平均量到瞬时量的极限思想以及数形结合表达分析问题的方法。

价值观念类：时空观念；联系观点看问题；物质观；抓主忽次（解决问题要善于透过现象看本质，抓主要矛盾与矛盾的主要方面）；变与不变的辩证认识；实事求是、实践是认识的基础。

特征化表达：在由实际情境建立描述物体运动的概念的过程中体会时空观、物质观和联系观；在建立物理模型的过程中抓住主要因素忽略次要因素的抓主忽次观；在速度和加速度概念建立过程中体会变与不变的辩证关系。

单元大概念下的各课时大概念

课时	课时大概念		课时概念梳理		
	简约化表达	特征化表达	概念结论（小概念）	思想方法	价值观念
1	运动物体的定位	对运动物体的定位需观察该物体某时刻在所选择的参考系中的位置（坐标）	质点、参考系（坐标系）、时刻、位置	模型化思想；时刻与位置等状态量的对应关系	抓主忽次；时空观念
1	运动物体的位置变化	位移用于表示运动物体在某一段时间内位置变化的大小和方向；路程用于表示运动物体在某段时间内位置变化过程中路径的长度	时间、位移、路程；位置/位移-时间图像；矢量和标量	时间与位移等变化量、路程等过程量的对应关系；代数表达、图像表示与运动情境的关联分析	时空观念；数形结合；分类思想
2	速度	速度用于表示运动物体位置变化的快慢和方向	平均速度、瞬时速度；速率、平均速率；速度的测量原理；速度-时间图像	比值定义法、极限思想；代数表达、图像表示与运动情境的关联分析；模型化思想	变化率、变与不变的辩证认识；抽象思维；数形结合；时空观念；抓主忽次；演绎思维
1	用打点计时器测量速度	打点计时器能记录物体运动的时间和位置，进而可用其测算出运动物体的速度	打点计时器的基本构造和基本工作原理；打点计时器测速度的实验原理、装置、步骤、数据处理、结论及误差分析	测量型实验的基本要素及其关联	实践是认识的基础、实事求是；时空观念

（单元大概念及下层结构）

	课时	课时大概念		课时概念梳理		
		简约化表达	特征化表达	概念结论（小概念）	思想方法	价值观念
单元大概念及下层结构	2	加速度	加速度用于表示运动物体速度变化的快慢和方向	速度变化量；加速度；速度-时间图像与加速度	比值定义法、极限思想；代数法与图像法；模型化思想	变化率、变与不变的辩证认识；抽象思维；演绎思维；数形结合；抓主忽次
	1	"运动的描述"单元总结	从物理学视角描述物体运动须据问题解决所需，从问题情境中抽象出研究对象，以时刻、位置对其定位的基础上，描述一段时间内其位置的变化（位移）、位置变化的快慢（平均速度）、速度变化的快慢（平均加速度），进而描述各时刻的瞬时速度与瞬时加速度，寻找它们随时间变化的规律；"运动的描述"的单元总结以知识结构、思想方法、典型问题、学习感悟等视角对"运动的描述"从概念结论、思想方法、价值观念三个层次加以总结提升	本单元总结中包含的概念结论；思想方法；典型问题；学习感悟	模型化思想；变化率；比值定义法；极限思想；数形结合；抽象思维与逻辑思维	时空观念；抓主忽次；变与不变的辩证统一；实践是认识的基础；理性思维与系统观念

注：上表中加下划线部分为该类大概念中需要学生在本课时学习与研究中重点体验、理解的课时大概念

单元教学目标	（一）课程标准要求 教学中应根据本章所学运动学的基本概念及基本特点，联系生产生活实际，从多个角度创设情境，提出与物理学有关问题，引导学生讨论，让学生体会建构物理概念及模型的必要性及方法等；让学生经历建构速度、加速度重要概念及质点过程，了解测量这些物理量的方法及条件。打点计时器是一个重要的记录物体运动时空情况的工具，要让学生学会使用，为后续学习及实验打好基础。教学中要注意激发学生的学习兴趣，控制教学难度。 （二）单元核心素养目标 基于对单元内容、基础条件、单元大概念的挖掘，结合课程标准要求，确立如下本单元的核心素养目标。 参与研究生产生活实际情境中物体的运动，从定位、位置变化、位置变化快慢、运动（速度）变化快慢等视角加以描述的活动。 了解建立质点抽象方法和质点模型的适用条件，能在特定情况下将物体抽象为质点（达到科学思维水平3）；理解参考系概念，能建立恰当的坐标系来确定物体的空间位置，能用位移、速度、加速度等物理量描述物体的运动（达到物理观念水平2、科学思维水平3）；知道证据是物

单元教学目标	理研究的基础，会"用打点计时器测量小车的速度"，知道实验存在误差，能表达科学探究的过程和结果（达到科学思维水平3、科学探究水平3）。 由此认识到物理概念的建立对人类描述客观世界的意义与作用，激发出学习物理的兴趣（达到科学态度与责任水平2）；体会到物理模型建构中抓主忽次的思想和方法，体会到瞬时速度和加速度概念建构中的极限思维、抽象思维、比值定义等学科思想方法（达到科学思维水平3）；初步形成运动描述中的时空观念（达到物理观念水平2）

基于前述课标内容、教材内容、资源基础、学生基础等的分析，为使学生能融入生活实践情境与学习探索情境中获得体验，乃至深度体验，在体验基础上生成、理解、运用挖掘出的单元大概念，将本单元的核心问题确立为：研究日常生活中物体的运动，从定位、位置变化、位置变化快慢、运动（速度）变化快慢等视角加以描述。

在前述单元大概念及单元核心问题的统领下，为了学生能在生活实践情境与学习探索情境中生成、理解、运用前述课时大概念，初拟出下表所示各课时的课时核心问题

单元核心问题及问题分解	课时序号	课时大概念	初拟的课时核心问题
	1	运动物体的定位	观察、分析生活中物体的各种运动，从定位的视角加以描述
	2	运动物体的位置变化	观察、分析生活中物体的各种运动，从位置变化的视角加以描述
	3	速度	观察、分析生活中物体的运动，从位置变化快慢的视角加以描述（如：借助打点计时器测算手拉动纸带的速度）
	4	用打点计时器测量速度	探究打点计时器的工作原理，利用其测量小车的速度
	5	加速度	观察、分析生活中物体的运动，从速度变化快慢和方向的视角加以描述
	6	运动的描述；"运动的描述"的单元总结	从概念结构、思想方法、典型问题、学习感悟等视角交流课前完成的"描述运动的基本概念"单元总结

对上表的说明：

（1）初拟的课时核心问题是从单元大概念与课时大概念关联的视角形成的结构化明晰的表达，不同的教师可根据自己班级实情选择情境将其具体化（如表中所示"速度"的核心问题）。

（2）基于对核心问题结构的梳理，对第1、2课时的教材内容进行了重组，这样的重组有利于学生对时空关联的深度体验，有利于学生的时空观念（物体的运动一定伴随着时空变化）的形成与发展

课时划分	课时	课时名称	课时核心大概念	课时核心问题
	第一课时	参考系 时间 质点	运动物体的定位	观察、分析生活中物体的各种运动，从定位的视角加以描述
	第二课时	位置 位移	运动物体的位置变化	观察、分析生活中物体的各种运动，从位置变化的视角加以描述
	第三课时	位置变化的快慢与方向——速度	速度	观察、分析生活中物体的运动，从位置变化快慢的视角加以描述
	第四课时	实验：用打点计时器测量小车的速度	用打点计时器测量速度	探究打点计时器的工作原理，利用其测量小车的速度
	第五课时	速度变化的快慢与方向——加速度	加速度	观察、分析生活中物体的运动，从速度变化快慢和方向的视角加以描述
	第六课时	"描述运动的基本概念"单元总结反馈交流	运动的描述反思总结	从概念结构、思想方法、典型问题、学习感悟等视角交流课前完成的"描述运动的基本概念"单元总结

教学评价	**（一）大概念的生成与理解维度评价** 针对学生从定位、位置变化、位置变化快慢、运动变化快慢等视角对生产生活实际情境中物体运动进行描述的活动投入情况，以行为观察和互动交流为主的方式适时作出评价、激励与引导，促进学生积极融入与运动描述相关的生活实践情境与学习探索情境，获得时间、位移、速度、加速度等概念生成、理解的亲历体验。 针对学生对参考系、质点、时刻、时间，位置、位移、速度、加速度、运用打点计时器测量速度等概念结论类大概念的生成、理解和运用情况，展开师生、学生间课堂观察互动、日常作业交流、单元阶段测试等多主体、多渠道相结合的评价与指导，促进学生达成单元教学目标中对物理观念、科学思维、科学探究等核心素养的水平要求。 针对学生对前述单元内各概念的生成、理解和运用中，时空观、物质观、运动与相互作用观等物理观念的形成，模型建构、科学思维、科学论证等科学思维的发展，物理学习兴趣的提升等情况进行师生、学生间课堂观察互动、素养目标点检测、日常调查访谈、单元总结交流等多主体、多渠道相结合的评价方式，促进学生达成单元教学目标中对物理观念、科学思维、科学态度与责任等核心素养水平要求。 **（二）素养目标的达成维度评价** 教学评价以促进学生物理学科核心素养的提升和学习能力的提高为目的，主要针对前面确立的单元教学目标中以"描述运动的基本概念"为载体，对物理观念、科学思维、科学探究、科学态度与责任等物理学科核心素养水平要求的达成情况展开主体多元、方式多样的激励引导与提升指导评价。 聚焦单元核心素养目标，以本单元需掌握的参考系、质点、时刻、时间，位置、位移、速度、加速度概念，需实践操作的"运用打点计时器测量速度"实验，需初步了解的矢量与标量等为依托，创设有利于学生从定位、位置变化、位置变化快慢、运动变化快慢等视角探究"运动描述"的生活实践情境与学习探索情境，评价学生在真实学习情境中物理学科核心素养的表现水平

单元作业	依据《普通高中物理课程标准（2017年版2020年修订）》中确立的五级核心素养水平，根据单元教学中新课、习题课、复习课、单元总结课等不同阶段对学业水平的不同层次要求，搭配问题情境的复杂程度、知识和技能的结构化程度、思维方式或价值观念的综合程度等维度进行选题和命题，将作业划分为不同水平的基础性作业、综合性作业、实践性作业等三大类别，通过学生在不同复杂程度情境中运用重要概念结论、思想方法和价值观念等大概念解决问题的关键特征表现，展开针对性评价，在作业评价交流中促进学生物理观念、科学思维、科学探究、科学态度与责任等物理学科核心素养获得相应水平的提升和发展

作业类型	作业目标	作业内容	作业情境	概念结论	思想方法	价值观念
基础性作业	能建立质点模型研究物体的机械运动，对典型问题情境能建立时空观描述物体的运动。对应学业质量水平2（达成物理观念2、科学思维水平2、科学探究水平1、科学态度与责任水平1）	能较准确理解描述运动相关的物理量并用于简单、模型化程度较高的情境中描述物体的运动	在较简单的情境中建立物体运动的模型或是分析模型化程度较高的情境	质点、时间和时刻、位置/位移-时间图像、速度（平均速度、瞬时速度；速率、平均速率）、速度变化量、速度-时间图像、加速度、矢量和标量等概念的理解	模型化思想、较简单的情境中运用代数与图像结合的方法描述物体的运动	建立初步的时空观，运用抓主忽次的观念、数形结合描述物体的运动

作业类型		作业目标	作业内容	作业情境	概念结论	思想方法	价值观念
单元作业	综合性作业	能在较复杂的情境中建立物体运动的模型，能运用相关概念较准确地描述物体的运动。对应学业质量水平3-4要求的核心素养水平（达成物理观念3、科学思维水平2、科学探究水平3、科学态度与责任水平3）	对描述物体运动的物理量的准确理解与运用；实验情境中描述运动的物理量的测量与分析	模型化程度较低的真实运动情境；打点计时器测量速度、加速度的学习探索情境	描述运动的物理量以及这些状态量之间的对应关系、代数与图像方法综合运用来表达分析物体运动	模型化思想、比值定义法、数形结合等方法综合运用于准确描述物体的运动	建立较准确客观的时空观，基于较复杂运动情境抽象描述物体的运动
	实践性作业	能根据问题研究的需要在真实的情境中发现、提出、解决问题。主要对应学业质量水平4-5要求的核心素养水平。（达成物理观念4、科学思维水平5、科学探究水平4、科学态度与责任水平4）	真实情境中准确运用相关概念抽象描述物体的运动，并用于分析、解决实际问题	真实的运动情境；创新实验情境中物理量的测量与分析	对真实运动情境的抽象模型化表述，综合、准确运用时空相关概念、速度、加速度等概念描述物体的运动	模型化思想、比值定义法、数形结合等方法综合运用，物理量直接测量与间接测量的要素及其关联；变化率与极限思想	抽象思维；抓主忽次；归纳演绎；变化率、变与不变的辩证认识更普遍的运用

1. 基础性作业示例：右图所示是做直线运动的 A、B 两物体的位移-时间图像，由图像可知（　　）。

A. B 开始运动时，两物体相距 20 m

B. 在 $0 \sim 10$ s 这段时间内，物体间的距离逐渐增大

C. 在 $10 \sim 25$ s 这段时间内，物体间的距离逐渐变小

D. 两物体在 10 s 时相隔最远，在 25 s 时两物体相遇

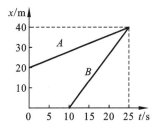

从问题情境的复杂程度看，该作业题模型清晰简明，但涉及两个物体的运动且问题情境通过位移-时间图像呈现，复杂程度达到了学业质量水平 2 的层次；从知识和技能的结构化程度看，该作业题需要正确关联位移-时间图像与 A、B 两物体实际的运动情况，并正确分析出两物体在题述时刻、时间内的位置、位移情况，就能得出正确判断，结构化程度达到了学业质量水平 2 的层次；从思想方法和价值观念的综合程度看，需要在熟悉的两物体在同一直线上运动的问题情境中，建立位移-时间图像与物体实际运动情境的关联，应用熟悉的质点模型和时空对应观念加以分析判断，综合程度达到了学业质量水平 2 的层次。因此该作业题是一道层次较高的基础性作业，可作为新课教学中的高档题出现，也可作为复习课中的中档题出现，还可作为单元总结、检测时的低档题出现。

单元作业	2. 综合性作业示例：为了测量光滑直导轨上小车的速度，小车安装了宽度为 3.0 cm 的遮光板（右图所示）。小车在牵引力的作用下先后经过两个光电门，配套的数字毫秒计记录了遮光板通过第一个光电门的时间为 $\Delta t_1=0.29$ s，通过第二个光电门的时间为 $\Delta t_2=0.11$ s，遮光板从开始遮住第一个光电门到开始遮住第二个光电门的时间为 $\Delta t=3.57$ s，求小车的加速度大小。 从问题情境的复杂程度看，该作业题选用的情境是学生不太熟悉的带遮光板物体运动通过光电门，借助相应时间、位移信息求解加速度的问题，复杂程度达到了学业质量水平 3 的层次；从知识和技能的结构化程度看，该作业题需先根据遮光板宽度及遮光时间求出小车通过两个光电门的瞬时速度，再根据小车运动速度变化量及所用时间求得 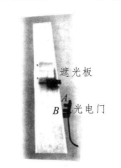 遮光板 A B 光电门 小车的加速度，知识和技能的结构化程度达到了学业质量水平 3 的层次；从思想方法和价值观念的综合程度看，需要学生具有将小车视为质点、将小车运动过程视为匀变速直线运动等模型化思维，准确分析出研究对象遮光板、小车与它们运动过程中的三段时空对应关系，将遮光板通过光电门过程中的平均速度视为瞬时速度的极限思维等物理观念，综合程度达到了学业质量水平 3 的层次。因此该作业题归为综合性作业，可作为新课、复习课中的高档题出现，也可作为单元总结、检测时的中档题出现。 3. 实践性作业示例：你能否在乘车出行时，通过观察（如观察汽车上的仪表盘），借助易于获得的测量工具（如手机），测量汽车行驶中的加速度？请写出你能想到的各种测量方案。 从问题情境的复杂程度看，该作业题选用的情境是完全未经模型化的实际生活情境，开放程度大，复杂程度达到了学业质量水平 5 的层次；从知识和技能的结构化程度看，该作业题需要学生将较复杂的实际问题中的过程转换成物理过程模型，在新的情境中对涉及时间、位移、速度、加速度等物理量的观测与运用等综合性物理问题进行分析和推理，获得正确结论并作出解释，知识和技能的结构化程度达到了学业质量水平 5 的层次；从思想方法和价值观念的综合程度看，本作业题需学生清晰、系统地理解位移、速度、加速度概念及遵循的相应规律，综合应用所学的物理知识、思想方法灵活解决实际问题，综合程度达到了学业质量水平 5 的层次。因此该作业题是一道典型的实践性作业，可作为新课、复习课、单元总结、检测题中的高档题出现
反馈调整	评价反馈的目的：促进学生时空观、物质观、运动观等物理观念的形成，模型建构、科学推理、科学论证等科学思维的发展，问题、证据、解释、交流等科学探究能力的提高，物理学习兴趣的提升。 评价反馈的内容：针对承载前述物理学科核心素养发展的概念结论、思想方法、价值观念等大概念理解、掌握情况，适时作出评价反馈、调整改进，以促进学生更好地在体验中学习与发展。 评价反馈的方式：课堂上多以行为观察与对话交流的方式进行；课后以素养目标点检测分析，书面或实践作业布置与书面批改、统计分析、针对性反馈讲评、访谈交流、当面批改等方式进行。 评价反馈的时机：对于概念结论类大概念的生成、理解与运用，主要采用及时性评价，以促进学生对描述运动的基本概念生成中科学的深度体验，以及理解、运用中科学的正确把握；对于思想方法类大概念的生成、理解与运用，针对不同情况综合采用及时性评价与延迟性评价，以促进学生模型建构、极限思维、科学推理、科学论证等科学思维在具体情境中获得深度体验的基础上生成、理解、运用与发展；对于价值观念类大概念的生成、理解与运用，主要采用延迟性评价为主、辅以及时性评价，以促进学生的物质观、时空观、运动观、抓主忽次、实事求是等物理观念在深度的缄默体验基础上，获得显性反馈进入更深层的缄默状态，进而使物理观念在缄默与显性的相互转化中得以激活、生长、理解、运用，在不同情境的反复强化中不断发展

"'描述运动的基本概念'单元总结反馈交流"学教案

熊文俊

一、教学分析设计

【教材课标】☞

本章内容属于《普通高中物理课程标准（2017 年版 2020 年修订）》中必修 1 模块"机械运动与物理模型"主题。课程标准中的内容要求和活动建议如下：

经历质点模型的建构过程，了解质点的含义。知道将物体抽象为质点的条件，能将特定实际情境中的物体抽象成质点。体会建构物理模型的思维方式，认识物理模型在探索自然规律中的作用。理解位移、速度和加速度。

通过质点模型、太阳系行星模型等实例，体会物理模型在物理学研究中的意义。结合瞬时速度概念的建构，体会研究物理问题的极限方法。结合加速度概念的建构，体会物理学中的抽象思维。

本章为高中物理的起始章节，也是运动学的基础，为有效通过大概念核心问题教学培育学生核心素养，充分发挥学科育人功能，特将单元总结作为重要的学习探索情境，请学生对本单元先进行自主总结，在此基础上通过本节课的反馈交流从概念结论、思想方法、价值观念等视角加以提升，以核心问题营造情境让学生主动融入其中，获得对本单元及单元总结大概念生成、理解与运用的深度体验，既强化学生对本章概念的理解与应用，又提升学生的反思、概括与总结能力，进而在"描述运动的基本概念"总结交流这一学习探索情境的深度体验中，发展物理观念、科学思维、科学探究、科学态度等物理学科核心素养，并迁移用于后续各单元自主总结之中。因此，将从概念结构、思想方法、典型问题、学习感悟等视角交流的"'描述运动的基本概念'单元总结"拟定为本节课核心问题中客观的学科问题。

【大概念】☞

为将《普通高中课程方案（2017 年版 2020 年修订）》中"以大概念为核心，使课程内容结构化"落到实处，更好发挥学科育人功能，在认真钻研课标和教材基础上，针对单元总结交流课，从概念结论、思想方法、价值观念三个视角挖掘了本课时的大概念以及课时核心大概念。

课时核心大概念："描述运动的基本概念"的单元总结。其特征化表达为：在抓主忽次、变与不变、理论与实践、要素与系统等辩证统一观念指导下，梳理、总结、运用模型化思想、比值定义法、变化率、极限思想、数形结合等抽象思维与逻辑思维等思想方法，从知识结构、思想方法、典型问题、学习感悟等视角对"描述运动的基本概念"进行概念结论、思想方法、价值观念等三个层次的总结提升，形成初步的运动观念。该核心大概念蕴含的概念结论、思想方法、价值观念等三类大概念如下。

1. 概念结论类大概念

"描述运动的基本概念"的单元总结：从物理学视角描述物体的运动须据问题解决所需，从问题情境中抽象出研究对象，选择参考系，在以时刻、位置对其定位的基础上，描述一段时间内其位置的变化（位移）、位置变化的快慢（平均速度）、速度变化的快慢（平均加速度），进而描述各时刻的瞬时速度与瞬时加速度，寻找它们随时间变化的规律。"运动描述"的单元总结可从知识结构、思想方法、典型问题、学习感悟等视角对"运动的描述"进行概念结论、思想方法、价值观念等三个层次的总结提升。

2. 思想方法类大概念

模型建构与科学推理：模型化思想在以物理学视角描述物体运动、确立研究对象时，将实际物体按研究所需抽象为质点。比值定义法可用于定义描述运动特征的速度、速率、加速度等物理量；变化率用于描述运动物体位置变化、速度变化的快慢；极限思想用于理解与定义与时刻对应的瞬时速度、瞬时加速度等物理量。数形结合可用于位移、速度、加速度等概念的生成、理解及对相关问题的分析与解决；抽象思维与逻辑思维用于质点、位移、速度、加速度等概念的生成、理解及对相关问题的分析与解决，用于单元知识、方法等的结构化总结。

3. 价值观念类大概念

运动观念与辩证统一观：从物理学视角，以空间与时间相对应的基本观念引导对运动物体进行定位、位置变化及变化快慢、速度变化及变化快慢等的描述。在将运动物体模型化为质点时，凸显影响物体运动描述的主要矛盾，忽略不影响运动描述的次要矛盾；描述物体运动时，当时间极短（趋于零）时，可将变化的速度/加速度视为不变，因而可将极短时间内的平均速度、平均加速度视为该时刻的瞬时速度、瞬时加速度；利用打点计时器、光电门、位移传感器等实测运动物体的速度，是认识时空对应关系、变与不变辩证关系，初步的时空观念等抽象概念与辩证思维的基础；单元总结中，对各个概念结论、思想方法、价值观念的深入理解与发掘是形成系统结构的基础。

【资源条件】☞

资源名称	功能	来源
黑板	板书核心问题；板书学生解决问题时交流构要点；板书反思提升要点等	录播教室
PPT	出示核心问题；提供学生课前完成单元总结的总体情况反馈；提供用于课堂交流、师生课前完成的单元总结案例	多媒体设备源自录播教室；PPT内容源于对学生课前完成单元总结的分析与教学设计

【学生基础】☞

本单元学习结束后，请学生对本单元学习内容进行总结，并建议可从知识结构、典型问题、难点剖析、思想方法、学习感悟等方面思考完成。收集学生完成的单元总结加以统计分析发现，总体来看，绝大多数学生感觉进入高中物理学习的思维难度明显提升，颇具挑战性，一方面兴趣较浓，另一方面对后续学习有所担忧。

统计学生总结中的学习感悟，情况如下图所示，对学习反思后提出策略的具体情况如下表所示，可以显见，学生对进入高中后物理学习策略的关注度与水平均不足且存在明显差异。

总计 51 人
- 无学习感悟 31 人
- 有学习感悟 20 人
  - 仅对知识点掌握情况加以总结 7 人
  - 反思后提出了学习策略 13 人

提出的策略归类	学生人数
多记多巩固积累	2
多思考、询问	1
理解记忆	3
数形结合	5
多记忆，运用于生活中	1
抓牢基础，多想现象背后原因及物理本源，做好总结归纳，培养理科思维	1

统计、分析学生总结中对本单元知识的总结，情况如下图所示，可以发现，在课前有单元总结建议提示的情况下，多数学生能够对本单元知识进行有结构的梳理，但对概念的深度剖析、概念间关联的体现明显不足，呈现出对单元知识的梳理、总结的深入程度总体不足的现象。

总计 51 人
- 无知识梳理 6 人
- 有知识梳理 45 人
  - 仅有知识罗列 9 人
  - 有知识结构 36 人
    - 仅有知识结构 15 人
    - 有知识结构且有重点难点分析 16 人
    - 有知识结构且粗略体现知识间关联 5 人

作为刚由初中升入高中的学生，前述单元总结现状是完全正常的，但随着学习内容的增加，前述这些包括对知识梳理总结深入程度不足在内的学习策略不足，会导致学生头脑中的概念是零散、孤立的，会因无结构而理解不深、内化不足、运用不畅，觉得物理越学越繁杂，难度越来越大，现存的学习兴趣便会因此逐渐减弱、熄灭，乃至惧学、厌学。

针对这一可能的不良趋势，本节课运用大概念核心问题教学，对学生完成的总结作出激励性交流反馈基础上，与学生共同发掘概念间的关联，以使本单元概念结构更加科学、关联更加紧密，更便于深刻理解基础上的运用与迁移。为此，将"从概念结构、思想方法、典型问题、学习感悟等视角交流课前完成的'描述运动的基本概念'单元总结"拟定为本节课核心问题中的学生活动。

【目标分析】☞

基于前述教材课标、大概念及学生基础分析，为更好培育学生模型建构、科学推理、质疑创新等科学思维与科学态度，从物理学视角建立初步的时空观念，为本课时确立了如下核心素养目标：

（1）参与"描述运动的基本概念"单元总结的反馈交流活动；

（2）能够从概念结构、思想方法、典型问题、学习感悟等视角完善单元学习总结（达到物理观念水平2、科学思维水平3、科学态度与责任水平2）；

（3）能对质点运动的描述有较为系统的认识，体会到建模、极限、比值定义、数形结合等思想方法对于质点运动概念形成、理解与运用对于解决相关实际问题的关键性作用，进一步感受空间与时间的对应关系（达到物理观念水平3、科学思维水平3、科学态度与责任水平2），意识到概念结论、思想方法与价值观念的梳理与反思是深入理解物理概念、规律的有效途径（达到物理观念水平3、科学思维水平3）。

【核心问题】☞

基于前述教材课标、学生基础及目标分析，为了学生能在学习中融入情境，尤其融入学习探索情境，从概念结论、思想方法、价值观念三层视角结构化加深对本单元概念的理解与内化，进而能在新的问题情境中运用来解决新问题，积淀物理观念、科学思维、科学态度与责任等学科核心素养，本节课的核心问题确立为：从概念结构、思想方法、典型问题、学习感悟等视角交流课前完成的"描述运动的基本概念"单元总结。

【评价预设】☞

1. 针对课堂教学中的评价预设

提出问题环节：对学生课前完成的"描述运动的基本概念"单元总结给予激励性的整体评价，提出可努力的方向和空间，以带动全班所有学生在跃跃欲试的学习与研究状态中明晰核心问题，产生强烈的交流提升愿望。

解决问题环节：以激励性与发展性相结合的评价基调，借助PPT从概念结论、思想方法、典型问题、学习感悟等视角分类评价、反馈、交流学生完成的单元总结，在对总结的总体反馈基础上，重点从对知识的结构化梳理情况、对高中物理学习感悟情况及其可能对后续学习、发展的影响进行评价、反馈与交流，发挥好该环节评价的激励与引导功能。

反思提升环节：与学生共同对解决问题过程进行反思。在对学习中进行阶段性反思总结重要性、有效性认识与实践提升的基础上，重点针对课前总结中相对薄弱的概念间关联及对概念的深层理解加以提升，努力促进学生在深度体验基础上获得对大概念的高阶性、迁移性、网络性等特征的理解与内化，发挥好此环节评价的体验积淀功能。

评价反馈环节：为了学生能将本节课学习中体验到的阶段反思总结基本思想方法迁移到后续学习之中，特意将本节课安排在第二单元学习结束之时，请学生课后完成"第二单元 匀变速直线运动的规律"的学习总结，以此检测学生对阶段性总结思路和方法体验的深入程度。

在总体评价基础上，重点对"概念间关联及学科思想方法的挖掘"深入程度作出评价，促进学生进一步深刻体验到"对概念规律间关联及学科思想方法的挖掘是物理概念、规律深入理解的有效途径"，凸显该环节评价的体验强化功能。

2. 针对课堂教学后的评价设计

课后反思整个教学过程，从教学形态与教学特质两个维度作出自我评价，完成"大概念核心问题教学文化评价表"；搜集学生在课后的评价反馈环节完成的"梳理'第二章 匀变速直线运动的规律'知识，形成单元知识结构"，确立"对'概念结论、思想方法与价值观念的梳理与反思是深入理解物理概念、规律的有效途径'的意识程度"检测点进行统计、分析，完成"大概念核心问题教学素养目标点检测表"，并反馈给学生。

二、教学实施设计

【教学环节】☞

教学环节（时间）		学生活动	教师活动	设计意图	技术融合
提出问题（约 3 min）		在了解全班单元总结的总体情况中明确核心问题，快速进入准备交流的学习探索情境	对全班学生提交的"描述运动的物理量"单元总结进行激励性的概评基础上提出核心问题：从概念结构、思想方法、典型问题、学习感悟等视角交流课前完成的"描述运动的基本概念"单元总结	将学生带入单元总结交流的情境之中，明晰核心问题，进入跃跃欲试的学习状态；初步感受到进行阶段性单元总结的常见视角	PPT 出示核心问题
解决问题（约35 min）	活动一：从四个视角反馈交流单元总结（约15 min）	以关联的眼光从知识结构、典型问题、思想方法、学习感悟等视角学习班上同学完成的"描述运动的基本概念"单元总结。在知道自己在阶段性总结中的薄弱点的基础上，反思自己单元总结中需努力的方向	以数据统计与个例展示的方式，从四个视角归类反馈交流全班学生课前完成的单元总结。基于反馈交流，与学生共同得出相对薄弱的知识关联、学习感悟、思想方法等视角，进而提出后续总结改进的着力方向	为学生营造积极向上的学习交流境遇，一方面，学生可进一步感受到知识结构、思想方法、典型问题、学习感悟是进行阶段性总结的重要内容；另一方面，学生既感受到在阶段性总结中存在的差距，又逐渐明晰需努力的方向是总结中的关联度的提升和学科思想方法，还感受到自己通过努力是可以取得长足进步的，产生希望明晰提升方法的强烈愿望	PPT 出示学生单元总结的分析统计情况及不同视角下的总结个例

教学环节（时间）	学生活动	教师活动	设计意图	技术融合
解决问题（约35 min）	活动二：针对努力方向的深入交流（约20 min） 在与老师的深入交流中理解、明晰提升总结中关联度及发掘学科思想方法的有效途径的同时，对本单元概念结论、思想方法、典型问题等形成更为结构化的认知	与学生进行本单元主要概念、思想方法、典型问题的深化交流；针对学生特别陌生的学科思想方法作出具体分析	学生通过与教师针对努力方向的深化交流中形成对学科思想方法、概念间关联的具体认知，强化模型化思想、物理量对时间的变化率、比值定义法、极限思想等思想方法类大概念，以及时空观念、抓主忽次、变与不变辩证统一等价值观念类大概念，初步感受到物理学习与反思总结中的理性思维和系统观念	PPT出示教师课前完成的知识结构、思想方法总结
反思提升（约10 min）	师生共同反思核心问题解决过程，提升形成本节课包含价值观念类大概念在内的认识。 （一）关于单元总结 单元总结的核心——结构化。 从形上看，是将知识聚在一起。 从质上看，是对知识间逻辑关系的梳理（如：概念生成的脉络、数形间的对应……）——逻辑思维； 是对知识深层本质的挖掘——思想方法； 是对思想方法的统摄思考——价值观念。 （二）关于总结的价值意义 有逻辑地分析问题、解决问题——理性思维——明晰事理； 层层深入地提升站位高度——系统观念——提升格局		通过对解决问题过程的反思与结构化提升，加深对本单元各层级大概念、学科思想方法、价值观念及其关联的认识和体验，积淀物理观念、科学思维、科学态度等物理学科核心素养	
评价反馈（约2 min）	课后完成评价反馈任务并交流	出示评价反馈任务：请梳理"第二章 匀变速直线运动的规律"知识，形成单元知识结构	学生基于对第一单元总结的反馈交流，将习得的阶段性总结基本视角、思路和方法用于第二单元的知识总结，再次经历将理性思维与系统观念运用于单元概念、规律总结中的深度体验，进一步强化物理观念、科学思维、科学态度等物理学科核心素养	PPT出示评价反馈任务

【板书设计】☞

```
┌─────────────────────────────────────────────────────────────────────────────┐
│ ┌─────────────┐  努力方向：   C    │ 2.典型问题    D │ （二）关于总          │
│ │一、核心问题：A│  ……             │（1）概念辨析   │ 结的价值意义   E      │
│ └─────────────┘                  │（2）图像分析   │                       │
│  从概念结构、思  度  提升总结中的关联│（3）数形结合   │                       │
│  想方法、典型问题、   发掘深层的思想方│（4）测量型实验 │                       │
│  学习感悟等视角交  法                │三、反思提升    │                       │
│  流课前完成的"描述    （二）针对努力方│  （一）关于单元总│                     │
│  运动的基本概念"单  向的深入交流     │ 结的形和质     │                       │
│  元总结。           1.知识结构（借助  │               │                       │
│ ┌─────────────┐PPT交流）          │               │                       │
│ │二、解决问题  B│                  │               │                       │
│ └─────────────┘                  │               │                       │
│  （一）从四个视                     │               │                       │
│  角反馈交流                         │               │                       │
│  （借助PPT上                       │               │                       │
│  反馈学生单元总结                   │               │                       │
│  进行交流）                         │               │ ┌─────────────────┐  │
│  ……                              │               │ │四、评价反馈   F  │  │
│  （二）合理猜测                     │               │ └─────────────────┘  │
│  ……                              │               │                       │
└─────────────────────────────────────────────────────────────────────────────┘
```

说明：板书依"A～F"的逻辑顺序生成，其中的具体内容依课堂教学推进情况现场生成。

【作业设计】☞

为了学生能将本节课学习中体验到的阶段反思总结基本思想方法迁移到后续学习与总结之中，特意将本节课安排在第二单元学习结束之时，布置"梳理'第二章 匀变速直线运动的规律'知识，形成单元知识结构。"课后作业，以此检测学生对阶段性总结思路和方法体验的深入程度。具体规划如下表所示。

作业序号	作业目标	作业情境		概念结论		思想方法		价值观念		整体评估	
		内容	水平	内容	水平	内容	水平	内容	水平	类型	水平
1	形成第二章"匀变速直线运动的规律"的知识结构	梳理、概括第二章"匀变速直线运动的规律"的知识结构的学习探索情境	较复杂	匀变速直线运动规律的总结	物理观念水平2 科学思维水平2	归纳概括	科学思维水平3	透过现象看本质	物理观念水平3	综合性作业	学业质量水平3
2	形成第二章"匀变速直线运动的规律"思想方法结构	提炼、梳理、概括第二章"匀变速直线运动的规律"思想方法结构的学习探索情境	复杂	第二章"匀变速直线运动的规律"中的思想方法	物理观念水平3 科学思维水平3	分析与概括	科学思维水平4	辩证统一	科学思维水平4 物理观念水平4	综合性作业	学业质量水平4

作业序号	作业目标	作业情境		概念结论		思想方法		价值观念		整体评估	
		内容	水平	内容	水平	内容	水平	内容	水平	类型	水平
3	明晰第二章"匀变速直线运动的规律"的典型问题	梳理、概括第二章"匀变速直线运动的规律"的典型问题的学习探索情境	较复杂	第二章"匀变速直线运动的规律"的典型问题	物理观念水平3	分析综合与概括提炼	科学思维水平3	抓主惚次的矛盾观	物理观念水平3 科学思维水平3	综合性作业	学业质量水平4
4	能够多视角反思、表达第二章"匀变速直线运动的规律"的学习感悟	反思、表达第二章"匀变速直线运动的规律"学习感悟的学习探索情境	较复杂	第二章"匀变速直线运动的规律"的学习感悟	物理观念水平3 科学思维水平3	反思提炼	科学思维水平4	乐于反思提升的学习观	科学态度与责任水平2	实践性作业	学业质量水平3

【教学流程图】☞

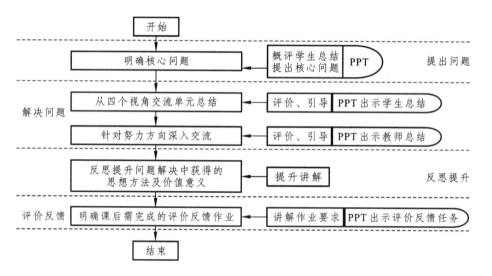

三、教学评价设计

【信息搜集】☞

课后听取、搜集了听课教师的反馈意见，搜集了全班学生的评价反馈练习53份。

【评价实施】☞

1. 课堂教学评价

在搜集到的教师反馈意见基础上认真自我反思，针对大概念核心问题教学的课堂教学加以评价，完成了下列"大概念核心问题教学文化评价表"。

大概念核心问题教学文化评价表

课时名称：<u>"描述运动的基本概念"单元总结反馈交流。</u>

所属单元：<u>描述运动的基本概念。</u>

单元大概念：<u>运动的描述。</u>

单元核心问题：<u>研究日常生活中物体的运动，从定位、位置变化、位置变化快慢、运动（速度）变化快慢等视角加以描述。</u>

课时大概念：<u>"描述运动的基本概念"的单元总结。</u>

课时核心问题：<u>从概念结构、思想方法、典型问题、学习感悟等视角交流课前完成的"描述运动的基本概念"单元总结。</u>

评价目标	评价指标				评价 方法结果
	一级指标	二级指标	三级指标		
实现活动体验中的学习与素养发展	具有大概念核心问题教学形态	核心问题利于活动体验	内含学科问题和学生活动方式	8	每项指标最高评8分（满分为96分）
			问题情境与真实生活密切相关	6	
			促进课时大概念生成理解运用	8	
		教学目标价值引导恰当	素养目标结构完整	8	
			体验目标关联具体	8	
			目标价值引导显现	8	
		教学环节完整合理落实	教学环节清晰完整	8	
			环节内容合理充实	5	
			学生活动时间充分	5	
		教学要素相互匹配促进	问题目标环节两两匹配	8	
			技术促进概念生成理解	7	
			课程性质突出氛围浓郁	5	合计84分
	具有大概念核心问题教学特质	拓展学习视野	课堂与现实世界有恰当关联		选择一个表现突出的二级指标，在相应三级指标引导下，以现场学生表现为主要依据，以其余指标为背景，于本表的第二页写出150字以上的简要评价
			有缄默知识运用及追踪剖析		
			概念生成理解导向素养发展		
		投入实践活动	有真实而且完整的实践活动		
			实践活动深度融入两类情境		
			活动的内容结果均丰富深入		

评价目标	评价指标			评价
	一级指标	二级指标	三级指标	方法结果
实现活动体验中的学习与素养发展	具有大概念核心问题教学特质	感受意义关联	有核心问题的深层价值意义感受	
			有以知识个人为中心的关联感受	
			有对三类大概念的深层关联感受	
		自觉反思体验	有实质性反思活动的开展	
			有体验的交流与改善重构	
			有概念生成中的素养积淀	
		乐于对话分享	乐于自我的表达与认真的倾听	
			乐于合作中成果与思路的分享	
			有宽容的对话氛围和双向交流	
		认同素养评价	认可素养评价	
			参与素养评价	
			利用素养评价	

大概念核心问题教学特质的简要评价（包括发展性建议）：

本课的"感受意义关联"这一二级指标凸显充分。

本课的核心问题"从概念结构、思想方法、典型问题、学习感悟等视角交流课前完成的'描述运动的基本概念'单元总结。"既具引导学生整节课活动体验的表层含义，又有指导学生进行阶段性单元总结时反思提炼的常用视角，还可深入挖掘这些视角间的相互关联，体现出"运动描述的'单元总结'"这一课时大概念的持久性和迁移性特征；

解决问题环节中，师生以知识结构为中心，关联思想方法、价值观念、典型问题进行单元总结的反馈交流，学生获得了以知识为中心深刻的关联感受；

反思提升环节中，教师引导学生对单元总结的形与质进行提升，充分体现了概念结论类、思想方法类、价值观念类大概念间的紧密关联。

综上，学生在本课的学习中有核心问题的深层价值意义感受、有以知识个人为中心的关联感受、有对三类大概念的深层关联感受，"感受意义关联"这一二级指标凸显充分

2. 课后素养目标达成点检测

对搜集到的 53 份学生评价反馈练习根据素养目标，尤其是其中心智标准达成情况进行了归类分析，完成了下面的"大概念核心教学素养目标点检测表"。

大概念核心问题教学素养目标点检测表

课时名称	"描述运动的基本概念"单元总结反馈交流
所属单元	描述运动的基本概念
单元大概念	运动的描述
单元核心问题	研究日常生活中物体的运动，从定位、位置变化、位置变化快慢、运动（速度）变化快慢等视角加以描述
课时大概念	"运动描述"的单元总结

课时核心问题	从概念结构、思想方法、典型问题、学习感悟等视角交流课前完成的"描述运动的基本概念"单元总结
课时素养目标	1. 参与"描述运动的基本概念"单元总结的反馈交流活动。 2. 能够从概念结构、思想方法、典型问题、学习感悟等视角完善单元学习总结（达到物理观念水平2、科学思维水平3、科学态度与责任水平2）。 3. 能对质点运动的描述有较为系统的认识，体会到建模、极限、比值定义、数形结合等思想方法对于质点运动概念形成、理解与运用对于解决相关实际问题的关键性作用，进一步感受空间与时间的对应关系（达到物理观念水平3、科学思维水平3、科学态度与责任水平2），意识到概念结论、思想方法与价值观念的梳理与反思是深入理解物理概念、规律的有效途径（达到物理观念水平3、科学思维水平3）
检测点	对"概念结论、思想方法与价值观念的梳理与反思是深入理解物理概念、规律的有效途径"的意识程度
检测工具（检测题）	请梳理"第二章 匀变速直线运动的规律"知识，形成单元知识结构
分类标准	A. "匀变速直线运动的规律"单元知识结构梳理中，呈现了概念结论、思想方法与价值观念中两个或两个以上的方面且关联体现好 B. "匀变速直线运动的规律"单元知识结构梳理中，呈现了概念结论、思想方法与价值观念中两个方面或一个方面且关联体现好 C. "匀变速直线运动的规律"单元知识结构梳理中，呈现了概念、规律（公式）等知识结构 D. "匀变速直线运动的规律"单元知识结构梳理中，仅罗列了概念、规律（公式）

检测统计	分类等级	学生人数（总人数51人）	百分比
	A	17	33.33%
	B	21	41.18%
	C	11	21.59%
	D	2	3.92%

检测分析结果运用	直接从检测结果看，全班绝大多数学生（A17+B21+C11=49人，96.08%）能对本单元概念、规律（公式）等知识形成结构；四分之三的学生（A17+B21=38人，74.51%）在形成知识结构的基础上，还能不同程度体现概念、规律（公式）等知识间的内在关联；三分之一的学生（A17人，33.33%）不仅梳理了概念、规律等的内在关联，还梳理了本单元学习中体验到的学科思想方法、学科思想方法与概念结论间的关联、乃至到达了价值观念的层次。可见，学生对"概念结论、思想方法与价值观念的梳理与反思是深入理解物理概念、规律的有效途径"的意识较强，且能落实到新的问题情境中指导自己的阶段反思与总结。 将检测结果与学生课前完成的单元总结情况进行对比，可以发现：一方面，课前学生对"第一章 描述运动的基本概念"进行单元总结时仅有5人在知识结构总结中有较为粗略的概念间关联的呈现，课后完成的"第二章 匀变速直线运动的规律"单元知识结构中明显呈现了规律间关联的学生大幅增加到38人（A17+B21）；另一方面，课前学生对"第一章 描述运动的基本概念"进行单元总结时无知识梳理或仅罗列知识的学生有15人，课后完成的"第二章 匀变速直线运动的规律"单元知识结构中仅罗列知识结构的学生大幅减至2人。可见，学生通过本节课的学习，大力提升了阶段反思总结的意识、水平与能力。

检测分析 结果运用	综上，一方面，进入高一的学生对学习方法与策略的关注与提升明显不足；另一方面，以学科教学内容为载体，运用大概念核心问题教学进行的这类学习方法与策略指导课确能使学生从学科知识与能力、学科思想方法、学科价值观念多维度、深层次的学习体验，在深度体验中获得学科学习经验，积淀物理观念、科学思维、科学态度等物理学科核心素养。因此，在后续的教学中，应着力加强学生学习方法与策略的培育，观察发现学生学习方法与策略中存在的不足，进行强针对性的指导与交流

素养目标达成 典型实例		该学生对单元知识结构的总结中，既呈现了自己心中的单元结构，体现了自己对匀变速直线运动规律间关联的认识；还从代数与图像两个视角对自己感受最深的极限思想进行了总结；更为难能可贵的是体会到了： "本章学习的内容知识框架宏大、内容众多，但每个知识点间逻辑思维超强，一环扣一环，知识层层深入、层层递进，从概念的理解到公式（规律）的推导，再到在生活中的实际应用，为我们很好地展现了什么是理性思维、理科思维的特点和妙用。（我们可以从这章的学习中加强对理科学习的逻辑和深度）。 学习本章应该清楚其内在逻辑，对众多公式进行理解记忆（关键在于懂得公式的推导过程、来源），并在实操中多画图来帮助理解题中不同的情景，达到举一反三的效果。" 这些体会已经深入到了物理学科及其学习的价值观念的层面，说明对"概念结论、思想方法与价值观念的梳理与反思是深入理解物理概念、规律的有效途径"的体验深刻，并能用于指导自己的阶段反思与总结，评为 A 等
		该学生对单元知识结构的总结中，有知识结构与思想方法，概念、规律间的关联也有体现，但还可进一步加强，说明其对"概念结论、思想方法与价值观念的梳理与反思是深入理解物理概念、规律的有效途径"的体验较深刻，评为 B 等

素养目标达成典型实例	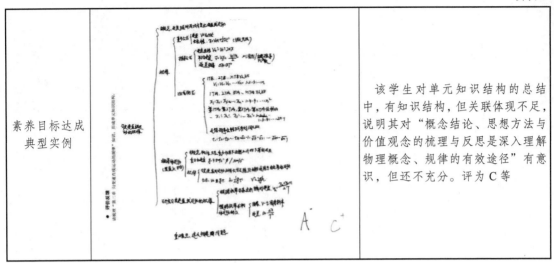	该学生对单元知识结构的总结中，有知识结构，但关联体现不足，说明其对"概念结论、思想方法与价值观念的梳理与反思是深入理解物理概念、规律的有效途径"有意识，但还不充分。评为 C 等

【反馈调整】☞

1. 针对学生

对学生完成的评价反馈作业进行认真的归类分析后，从课堂学习及课后作业两个方面向学生进行反馈交流：针对课堂上学生坐姿端正、严守纪律，但交流互动的积极程度欠缺这一情况，激励学生在今后的课堂学习中应更加大胆地表达自己的观点与见解，这样更有助于自己与同学对所学知识的理解与内化；对于课后作业，如前面分析所述，情况良好，因此在基于数据对全班进行肯定性评价的基础上，通过对学生优秀案例的剖析强化"概念结论、思想方法与价值观念的梳理与反思是深入理解物理概念、规律的有效途径"，以期在今后的学习中能更好地迁移、运用。

2. 针对教师

认真对课前教学设计、课堂教育教学及课后作业情况进行思考，从课堂教学与课后作业两个方面对自己提出反馈调整意见：课堂上师生的交流互动不够充分，很重要的原因在于教师教学设计时对学生了解不够充分、定位不够准确，加上学生上课与完成总结的时间间隔较长，课前未让学生充分回顾，课堂上为了完成既定任务，没有给学生的全班交流提供充足的时间，这些都是在今后的教育教学中需要大力改进的地方；课后作业完成质量超出预想，说明学生在本节课及课后对"第二章 匀变速直线运动的规律"进行总结时对"概念结论、思想方法与价值观念的梳理与反思是深入理解物理概念、规律的有效途径"的体验深刻，这进一步增强了自己对大概念核心问题教学及学习方法与策略教学的信心与动力。

"相互作用"单元教学

"相互作用"
大概念的核心·问题教学单元规划纲要

学科 __物 理__ 教师 __刘红娟　陈小军　凌欣怡__

年级	高一		单元名称	相互作用	单元课时	6课时
单元内容	教材内容	一、必修一模块内容 　高中物理必修1（教科版）这本书主要是运动学和动力学基础，同时也是整个高中学习内容的基础，更是整个高中物理学习思想方法、价值观念形成的基础；本模块的大概念为"运动与相互作用"。 　　本模块分为四个单元，第一、二章均为运动学，其中第一章核心是建构运动的基本概念，单元核心大概念为"运动的描述"。 　　第二章的核心是将第一章建构的各个概念关联在一起，研究常见的几种运动模型的规律特征，单元核心大概念"匀变速直线运动及其规律"，此章公式规律较多，解答也往往一题多解，让学生学会将运动模型化，并学会绘制运动草图或者用运动学图像反映运动过程，进行运动分析和求解。 　　第三章"相互作用"的内容在高中物理占重要地位，是整个高中物理的基础，也是学习电学、磁学的前提；从必修1来看，本章的学习和前面两章学习的内容在第四章交融，为研究力与运动的关系奠定重要基础。本单元核心大概念为"力学范畴中的相互作用及其加减运算"。 　　第四章"牛顿运动定律"的单元核心大概念为"运动与相互作用"，本章包含了牛顿三大定律、超重与失重，牛顿运动定律实际就是处理动力学问题的基本方法。 　　整本必修1教材按照下图的逻辑编排： 　　从教材内容的编写来看，教材按照先从学生认知较为直观的运动学入手，先介绍运动学概念，再介绍运动学中最常见的规律，其中融入相应的极限思想、建模思想、数形结合思想等，层层递进让学生能迅速熟悉高中物理，之后再介绍较为抽象的相互作用，掌握静力学分析方法，最后再将相互作用和运动结合，在学生已经有所掌握的基础上再提升认知。这版新教材从编排来看更符合学生的认知规律，从每节的课后习题可以看出，这版教材更加注重学生解决问题的能力培养，很多习题都是和实际生活情境相结合，注重培养学生的建模能力				

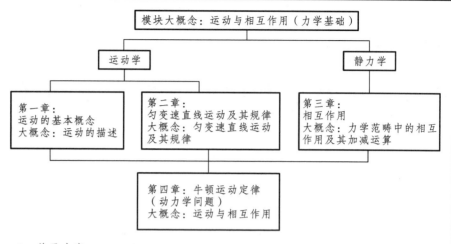

二、单元内容

本教学单元"相互作用"是本模块的第三章,属于静力学内容,这章的特点即内容较为抽象,没有过多的计算公式,重在概括和理解,分析。本单元共分为6节内容,包含力,重力,弹力,摩擦力,力的合成,力的分解,共点力作用下物体的平衡,这6节内容涵盖了力学范畴的几种基本性质力及其运算规律和在平衡问题的应用,本章大概念"力学范畴中的相互作用及其加减运算"。核心介绍了力学范畴的几种基本相互作用及他们之间的运算方法,这也是高中阶段处理力学问题乃至所有矢量运算的基本方法,为后面解决电学磁学中的矢量运算打下了深厚的基础。高中阶段学生需要学会受力与运动分析、做功与能量变化分析、冲量与动量变化分析等,本章是学生第一次学习受力分析,在学习了几种基本性质力后,对于不在同一直线上的共点力提出了等效替代的思想,先介绍了利用平行四边形定则解决力的合成,力的分解是力的合成的逆运算,也是处理实际问题模型的重要方法,再次强化了等效替代的思想及平行四边形定则,本章主要体现了分类思想,类比思想,等效思想,实验探究,标量、矢量运算法则,实际问题解决中的模型化思想。

本单元新教材将内容划分为了三个主题,第一个主题为"常见的力"为大家介绍三种性质力:"重力、弹力、摩擦力",再介绍力的运算规律"平行四边形定则",最后是基本应用"力的平衡",由基本相互作用力到力与力之间如何联系再到如何将这些力联系起来解决问题,按照这样的顺序排布,与学生认知与接受相符合。考虑到学生在初中已经具备了力的基本知识,知道力是物体间的相互作用,能比较熟稔的画出力的示意图,对于重力的基本特点也较为熟悉,只是缺乏对重心的认知,因此新教材将力和重力放在了一起作为本章的第一节,需要一个课时,这是和旧教材相比一个较大的变化。紧接着第二节弹力,重点研究弹力的产生原因和方向以及模型分类,实验探究弹簧弹力的大小规律,需要分两个课时。第三节摩擦力,虽然将滑动摩擦力和静摩擦力放在了一节,但是又各自有其相区别的特征,所以需要分别讲解,安排两课时,而滑动摩擦力由于更易直接观察,因此与教材顺序一致,应放在第一课时,在第二课时学习静摩擦力时,可以类比滑动摩擦力的研究方法进行探究;主题二为力的合成与分解,是本章的重要桥梁,是力学的重要方法,是解决力的平衡,牛顿运动定律,能量动量问题等一切问题的基础工具;主题三"共点力的平衡"为本章的应用部分,是第一次将三种基本相互作用力通过力的加减运算法则联系在一起的应用体现,也是重要力学模型形成的一部分

单元内容	课标内容	《普通高中物理课程标准（2017 年版 2020 年修订）》中对本单元及各课时教学的要求： （1）认识重力、弹力与摩擦力。通过实验，了解胡克定律。知道滑动摩擦力与静摩擦现象，能用动摩擦因数计算滑动摩擦力的大小。 （2）通过实验。了解力的合成与分解，知道矢量和标量。能用共点力的平衡条件分析生产生活中的问题。 例 1 调查生产生活中所用弹簧的形状及使用目的。 例 2 制作一个简易的弹簧测力计，用胡克定律解释其原理。 活动建议：调查生产生活中利用或尽量避免摩擦的实例。 课标中提到的物理学科素养包含物理观念、科学思维、科学探究、科学态度与责任。这四点在课标的具体要求中均有体现，如等效替代、模型化、分类、抽象概括等思想，采用物理实验的科学探究，课标中要求的实例与活动建议，均能体现想让教师在教学中尽量培养学生解决实际问题的能力。 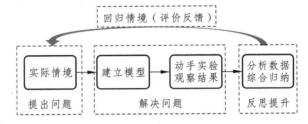 所以根据以上课标要求，教师应当通过各类实际情境，建立物理模型，借助物理实验，引导学生经历"提出问题—解决问题—反思提升—评价反馈"的过程，培养学生的建模能力，学会分析静力学问题，过程中融入各类思想观念，逐步建立起基本的相互作用观
基础条件	资源基础	黑板：板书核心问题；板书学生解决问题时交流、分析、建构概念过程的要点；板书反思提升要点等。 教材及学案：提供核心问题教学各环节中自主探究与生成的环节与思维空间。 **PPT**：展示视频、图片等情境；出示核心问题；提供全班交流时所需的资料；出示评价反馈练习等内容。 实验及模型：利用弹簧的形变实验、插入管的墨水瓶能让学生直观了解放大法、弹力与形变的定量关系；利用斜面模型呈现力的分解的效果；测量滑动摩擦力、静摩擦力大小的实验，探究滑动摩擦力、最大静摩擦力的影响因素以及静摩擦力的大小特征。 各种图片、视频：力在实际生活中有很多的应用实例图片，教材上的图片实例在网上也有很多的视频资源。 信息技术融合：将课堂中各种学生的情况及时反馈，如学生的完成情况可以拍照上传，学生的回答正确错误情况可以及时汇总，调整教学方式；学生探究的过程也可以通过希沃直播在大屏幕上
	学生基础	本单元大概念是"力学范畴中的相互作用及其加减运算"。 从概念结论来看：学生在初中阶段对"力"已经有了一些基本认识，知道力是物体间的相互作用，知道力的三要素，也初步认识了重力、弹力、摩擦力，但是对于弹力的大小还没有具体认识，对于摩擦力也没有很具体地进行分类掌握，没有研究静摩擦力，更没有很好地认识摩擦力的具体产生原因、产生条件以及摩擦力的方向和摩擦力大小；初中阶段能够进行一些基本的在同一直线上的力的合成，但仅限于两个力且在同一直线，但是对于具体的各种不同性质力的概念及三要素不是很清楚，对于多个力

		不共线的合成与分解也无法解决，运算法则还停留在代数加减的认识范畴，还没有在力学范畴内接触到矢量运算法则。 从思想方法来看：学生初步具有了研究相互作用的思维路径，即将研究物体视为质点，进行受力分析，画出力的示意图；在直线运动的学习中，初步认识到矢量和标量的不同，遵循不同的运算法则；缺乏模型建构的思想，遇到实际情境，还不能很好的抓住本质，建立起力学模型。 从价值观念来看：知道力是物体间的相互作用，一个物体是不会产生力的，初步具有相互作用观念；在直线运动中经历了科学探究得到结果从而得出实验结论的过程，知道真理需要实践来检验。 综上，学生在以前的学习和生活经验中对一些相关的小概念有了比较正确的认识，初步具有了相互作用观念，知道实践是检验真理的重要途径；在本章的学习中需要认识新的思想方法和巩固已有思想方法，如分类、等效替代、模型建构、科学探究
	学生基础	

基础条件

单元核心大概念：力学范畴中的相互作用及其加减运算。

特征化表达：力学范畴涉及重力、弹力、滑动摩擦力、静摩擦力几种基本性质力，了解这几种力的产生原因、大小和方向上的特征，并掌握力的合成与分解的方法，通过解决力的平衡的问题，为后面建立牛顿运动定律知识体系做好基本概念和思想方法的准备，并认识到透过现象看本质和实践检验真理的重要性。

概念结论类：重力、弹力、滑动摩擦力、静摩擦力；力的合成与分解；平行四边形定则；共点力作用下物体的平衡；矢量与标量。

特征化表达：通过生活情境认识重力、弹力、滑动摩擦力、静摩擦力几种性质，了解其大小和方向的特征；通过实验探究和理论演绎得出力的合成与分解的方法：平行四边形定则，并进一步深入理解矢量与标量的区别；运用力的合成与分解的方法解决生活实际中的平衡问题。

思想方法类：分类思想；等效思想；类比思想；抽象概括；实验探究；标量、矢量运算法则；实际问题解决中的模型化思想。

特征化表达：在认识不同性质的力的过程中可以类比已经学过的力的认知方法，进行抽象概括，归纳力的特征，并对力进行分类；实验探究中根据作用效果相同的思想研究分力与合力的关系，总结出矢量运算的法则并与标量运算法则进行比较；从实际事物中抽象出物理问题，建构物理中力的合成与分解的模型，解决相应问题。

价值观念类：问题解决中分类意识与观念；抓主忽次（抓主要矛盾与矛盾的主要方面）；解决问题要善于透过现象看本质；归纳与演绎；实事求是、实践是认识的基础。

特征化表达：在认识弹力、摩擦力的过程中懂得可以将不同性质特征的力和力学模型进行归类认识；当研究的问题有多方面因素时，懂得抓住主要矛盾忽略次要矛盾，通过理想化方法建立理想模型；在日常生活中，关注现象的同时要多思考现象背后的力学方面的本质原因，如引桥为什么要修得很长；探寻事物的本质原因要从事实出发，进行科学实践，但不仅限于实验探究，更要借助于归纳演绎。

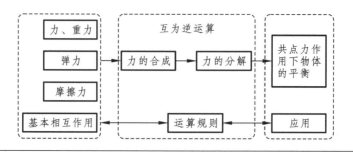

	课时	课时大概念		课时概念梳理		
		简约化表达	特征化表达	概念结论（小概念）	思想方法	价值观念
基础条件	1	力、重力	基本相互作用的定义及由于地球吸引而引起的相互作用	效果力及性质力；力的图示；力的示意图；重力的方向和大小；重心	模型化思想（将研究的物体看作是重力集中在重心的质点）；分类思想（根据力的产生原因和作用效果进行分类）	问题解决中分类意识与观念；抓主忽次（抓主要矛盾与矛盾的主要方面）
	2	弹力	由于物体发生弹性形变而引起的相互作用	受力分析；弹性形变；弹力的方向；弹性限度；胡克定律	实验探究；分类思想；模型建构（轻杆、轻弹簧、轻绳）；放大法思想（变不明显为明显使清晰可见）	实践检验真理
	3	摩擦力	由于物体间挤压并存在相对运动（运动趋势）而产生的相互作用	动摩擦因素；静摩擦力；滑动摩擦力	实验探究（定量实验，控制变量）；模型建构（板块模型、自行车或传送带模型）；分类思想（区分静与滑）；理论与实践相结合；逻辑推理	问题解决中分类意识与观念；实践与理论相结合；运动与相互作用观
	4	力的合成	两个及以上的力的叠加的基本运算法则及使用方法	共点力；合力与分力；平行四边形定则；三角形法则；力的作用效果	等效替代（是物理学研究问题的重要思想方法）；实验探究	归纳与演绎；抓主忽次（抓主要矛盾与矛盾的主要方面）
	5	力的分解	将一个力按实际问题解决要求分解为多个力	按效果分解；正交分解	等效替代的思想；实验探究；标量、矢量运算法则；化矢为代（先将力正交分解使能够进行一条直线上的代数加减）；欲合先分	归纳与演绎
	6	共点力作用下物体的平衡	分析处于平衡状态的物体的受力，并根据平衡条件计算各力大小、判断方向	平衡状态；平衡条件；动态平衡	实际问题解决中的模型化思想；分类思想	归纳与演绎；解决问题要善于透过现象看本质；实事求是、实践是认识的基础

	参与对生活中相互作用现象的观察、分析、分类探究、归纳特点、尝试定义并用于分析物体受力的活动，通过实验探究和归纳演绎，总结力的运算法则并用于解决基本的物体平衡问题。
单元教学目标	理解重力、弹力、摩擦力的产生原因和条件（达到物理观念水平2），能在实际情境中对物体进行受力分析（达到物理观念水平2，科学思维水平2，科学探究水平3）；理解力的合成与分解，能解决共点力作用下物体的平衡问题（达到物理观念水平2，科学思维水平3，科学探究水平3）；了解生产生活中与各种力有关的现象，如何利用和克服各种力的影响（达到物理观念水平2，科学思维水平3，科学态度与责任水平2）。
	由此懂得相互作用有各种形式、各自特点，体会到抽象概括、等效思想、实验探究在形成力、力的合成与分解概念中的关键性作用，以及模型化思想、归纳演绎在解决受力分析、共点力作用下物体平衡等问题中的重要作用；感受到分类是解决复杂实际问题常用的重要思想方法，实践是检验真理的唯一标准的思想方法（达到物理观念水平3，科学思维水平3）

	单元核心问题：观察、分析生活中的相互作用现象，分类探究、归纳作用特点并尝试抽象概括，用于分析物体的受力；实验探究和归纳演绎力的运算法则，用于解决基本的物体平衡问题。
单元核心问题及问题分解	本章教学内容在生活中无处不在，在设计教学核心问题时既要考虑结合生活实际，但同时也要具有代表性、针对性，让学生在初次接触时更加容易建模。
	按照学生的认知习惯，将教材的内容分成三部分，前三节为三种基础性质力介绍，对相互作用的基本理解；这一部分的核心问题是：结合生活实际，观察图片、视频，参与实践活动，归纳力的产生条件、力的三要素。
	中间两节为力的合成与分解，即力的两种基本运算方法；这一部分的核心问题是：参与并观察实验，提炼出力的合成与分解的方法。
	最后一节更加落实在学生对实际问题的建模，这是相互作用及其加减运算的一种应用，属于层层递进的认知结构。其核心问题是：尝试对实际问题建模，结合平衡条件分析物体的受力

	课时名称	课时大概念	课时核心问题
	力 重力	重力、重心、力的示意图	观察图片、视频，结合生活实际感知，根据力的三要素归纳出重力的特点
	弹力	弹力、弹性形变、胡克定律	观察不同情况下物体受到弹力的情况，分析其产生原因和方向的特征，并结合实验得出其大小的计算方法
课时划分	摩擦力	最大静摩擦力、静摩擦力、滑动摩擦力	实验探究摩擦力的方向和大小特点
	力的合成	合力、分力、力的合成	参与物理实验，总结实验规律，得出由分力求合力的方法
	力的分解	合力、分力、力的分解	从安全角度出发，设计方案为两岸搭建桥梁，画出桥梁草图，运用力的等效替代思想展开交流，归纳力的分解方法
	共点力作用下物体的平衡	力的平衡、正交分解、动态平衡	尝试对实际问题建模，结合平衡条件分析并求解物体的受力

	一、关于大概念生成理解的评价预设
	1. 概念结论类大概念
教学评价	（1）就力学范畴内的相互作用及其加减运算这一单元大概念本身及其统摄下的重力、弹力、滑动摩擦力、静摩擦力；力的合成与分解；平行四边形定则；共点力作用下物体的平衡；矢量与标量等课时大概念在准确理解和相互关联综合应用上的实际效果进行综合评价。
	（2）在认识各种相互作用力及其加减运算的法则的课堂实践活动中，就其参与各类大概念建构的表现予以评价

2. 思想方法类大概念

在学生认识相互作用和加减运算法则的过程中,就学生的类比抽象概括和分类思想、等效思想、实验探究、标量与矢量运算法则、实际问题解决中的模型化思想进行检测评价。

3. 价值观念类大概念

在认识和建构相互作用及其加减运算的过程中,就学生对实事求是,实践是检验真理的唯一标准等价值观念类大概念进行评价。

二、关于单元素养目标达成的评价预设

聚焦单元核心素养目标,以本单元需要掌握的相互作用概念,绳、杆、弹簧模型、板块模型、动态平衡、静态平衡的模型,以及需要实践操作的三个学生课堂实践活动:"探究滑动摩擦力大小的影响因素""探究静摩擦力的大小特征""探究两个互成角度的力的合成规律"。以深入实验探究的实践思想为依托,创设有利于学生根据力的三要素去探究各种相互作用力的特征的情境,评价学生在真实学习情境中物理学科核心素养的表现水平。

针对学生对认识相互作用力活动投入的情况,以行为观察和互动交流为主要方式适时做出评价、激励与引导,促进学生积极融入与相互作用相关的生活实践情境与学习探索情境,构建弹力、摩擦力、力的平衡中的几类典型的力学模型。

对于三种基本的相互作用,是否能够用语言、图示和示意图等不同形式对其进行表达;能否发掘出实际情境中的几种相互作用,并对有多个力作用下物体进行力的合成与分解的运算;能否综合运用力的平衡条件、力的合成分解进行力的有无、方向的判断,以及大小的计算。应从概念的生成、符合语言逻辑的精准表达进行学科专业知识的评价,展开师生、学生间课堂观察互动、日常作业交流、单元阶段测试等多主体、多渠道相结合的评价与指导,促进学生达成单元教学目标中对物理观念、科学思维、科学探究等核心素养的水平要求。

三、关于三类单元作业完成的评价预设

将单元基础性作业、综合性作业和实践性作业在各课时中命制成具体的相互作用力及其加减运算的题目并赋分,就学生对每一类题目的完成情况进行赋分评价

	作业类型	作业目标	作业内容	作业情境	概念结论	思想方法	价值观念
单元作业	基础性作业	能解决模型化的典型问题情境中基本的力学问题,形成初步的相互作用观。(达成物理观念水平2、科学思维水平2、科学探究水平1、科学态度与责任水平1)	对生产生活中一些重要现象和典型的力学模型中的基本概念结论、思想方法的辨识、初步理解与基本运用	辨识概念结论、思想方法的学习探索情境;模型化程度较高的轻绳轻杆轻弹簧模型、活动杆与固定杆、死结活结、重叠体斜面模型、传送带自行车、人走路等的生活实践情境	重力、弹力、胡克定律、滑动摩擦力、静摩擦力;力的合成与分解;平行四边形定则;共点力作用下物体的平衡;矢量与标量	分类思想;等效思想;类比思想;抽象概括;实验探究;标量、矢量运算法则	初步的相互作用观,实践是认识的基础

	作业类型	作业目标	作业内容	作业情境	概念结论	思想方法	价值观念
单元作业	综合性作业	能在较为复杂的情境中，运用相互作用观念解决较综合的力学问题，基本形成正确的相互作用观。（物理观念水平2、科学思维水平4、科学探究水平3、科学态度与责任水平2）	对相互作用规律灵活的综合应用	模型化程度低的真实生活实践情境；需灵活、综合运用力的合成与分解、正交分解等解决斜面上的静态平衡与临界问题、重叠体连接体等多体问题中的静态平衡、动态平衡问题；实验设计与探究等较复杂的学习探索情境	力的加减运算的综合运用	实际问题解决中的模型化思想	相互作用观念
	实践性作业	能在较为陌生的情境中，运用相互作用观念创造性地解决相关实际问题，形成正确的相互作用观（物理观念水平3、科学思维水平4、科学探究水平4、科学态度与责任水平3）	在实际情境中主动调用、创造性地综合运用相互作用规律及相关知识发现并解决问题	各种相互作用力相互关联的真实生活实践情境及创造性解决问题的学习探索情境	相互作用规律	实验探究与抽象概括、归纳演绎、直觉逻辑等科学创新思维	实践观，相互作用观
反馈调整		评价反馈的目的：促进学生相互作用观念的形成，模型建构、科学推理、科学探究等科学思维的发展，问题、证据、解释、交流等科学探究能力的提高，物理学习兴趣的提升。 评价反馈的内容：针对承载前述物理学科核心素养发展的概念结论、思想方法、价值观念等大概念理解、掌握情况，适时做出评价反馈、调整改进，以促进学生更好地在体验中学习与发展。 评价反馈的方式：课堂上多以行为观察与对话交流的方式进行；课后以素养目标点检测分析，书面或实践作业布置与书面批改、量化统计分析、针对性反馈评价，访谈交流、当面批改等方式进行。 评价反馈的时机：对于概念结论类大概念的生成、理解与运用，主要采用及时性评价，以促进学生对相互作用的基本概念的生成中科学的深度体验，以及理解、运用中科学的正确把握；对于思想方法类的概念的生成、理解与运用，针对不同情况综合采用及时性评价与延迟性评价，以促进学生模型建构、分类思想、科学探究、科学推理、科学论证等科学思维在具体情境中获得深度体验的基础上生成、理解与运用，主要采用延时性评价为主、辅以及时性评价，以促进学生的相互作用观、抓主忽次、实事求是等物理观念在深度的缄默体验基础上，获得显性反馈进入更深层的缄默状态，进而使物理观念在缄默与显性的相互转化中得以激活、生长、理解、运用，在不同情境的反复强化中不断发展					

"静摩擦力"学教案

刘红娟

一、教学分析设计

【教材课标】☞

从课标来看,本节课内容属于《普通高中物理课程标准(2017 年版 2020 年修订)》中必修 1 第二章主题一"常见的力"中的第二节。课程标准中的内容要求是"认识摩擦力,知道滑动摩擦和静摩擦现象,能用动摩擦因数计算滑动摩擦力的大小"。具体而言,就是要从相互作用的角度进一步丰富对不同种类的力的认识,在已经认识到重力、弹力等不同产生原因的性质力的基础上,认识和理解摩擦力,并对两种不同的摩擦力的本质特征进行区别和联系,从而培养学生在问题解决中的分类思想。课标的活动建议是"调查生产生活中利用或尽量避免摩擦的实例",这意味着物理规律藏于生活之中,学习和研究摩擦力的知识必须走到生活中去,通过实践得到真理,也让学生体会到实践出真知的价值观念。

从教材安排来看,第一章、第二章学习了常见的机械运动,学生的物质观念,运动观念得到了丰富,学生初步具有了一定的模型建构、抽象概括、比值定义的能力;本章作为第三章,学生将丰富相互作用的观念,通过相互作用观认识物理现象,解决更多生活实际中的力学平衡问题;第四章学生在前面学习的基础上将物质观、运动观、相互作用观结合起来,研究力与运动的关系。因此第三章对第四章的学习至关重要,而摩擦力是几种性质力中认识较为困难的一种,涉及的生活情境比较复杂,并且其有滑动摩擦和静摩擦两种不同的种类以及各自方向和大小上复杂的本质特征,这就使得学生的认知容易出现障碍。

因此,结合课标要求,内容基础,育人要求几个方面,本节教学中必须致力于为学生呈现让学生能有实际参与感的生活实际情境,让学生深度投入到实践活动中去,抽象概括出静摩擦力的概念、归纳总结出静摩擦力的方向以及探究得到静摩擦力的大小的特征。

【大概念】☞

为将《普通高中课程方案(2017 年版 2020 年修订)》中"以大概念为核心,使课程内容结构化"落实到实处,更好发挥学科育人功能,在认真钻研课标和教材基础上,从概念结论、思想方法、价值观念三个视角挖掘出如下的课时大概念。

课时核心大概念:静摩擦力。

特征化表达:在联系观、运动与相互作用观、实践与理论相结合、透过现象看本质等价值观念的引领下,通过实验探究与逻辑推理相结合的思想方法,探究由于具有相对运动趋势而在彼此接触面上产生的相互作用力的大小、方向的特征。

1. 概念结论类大概念

大概念	特征化表达
静摩擦力的定义、条件、方向、大小、作用面	通过拉书和提书的活动探究，结合理论分析概括静摩擦力的方向和大小特点

2. 思想方法类大概念

大概念	特征化表达
类比迁移 实验探究 逻辑推理	类比滑动摩擦力的研究，迁移用于对静摩擦力的抽象、概括与实验探究，生成静摩擦力的定义、条件、方向、大小特征

3. 价值观念类大概念

大概念	特征化表达
联系观 运动与相互作用观 透过现象看本质 理论与实践相结合	关联相关生产生活实际及滑动摩擦力的研究，透过生产生活及实验现象，结合理论分析，探究静摩擦力这种相互作用的本质

【资源条件】☞

资源名称	功能	来源
多媒体课件	出示核心问题；提供静摩擦力实例的图片、视频等；活动提示；出示评价反馈问题	图片、视频源自生活或网络
书本	解决问题环节用于学生实际操作、观察，探究得到静摩擦力的方向；学生获得全面、深入的探究体验	学生教材或课外资料
白纸接触面	解决问题环节，用于学生分组探究静摩擦力大小的特征，学生获得全面、深入的探究体验	文印室
弹簧测力计	解决问题环节，用于学生分组探究静摩擦力大小的特征，学生获得全面、深入的探究体验	实验室

【学生基础】☞

从概念结论来看：学生在初中已经初步学习过摩擦力，了解了摩擦力包括滑动摩擦力和静摩擦力，知道滑动摩擦力与压力和接触面的粗糙程度有关，但是未曾研究过静摩擦力；在本学期高一课程中，摩擦力的第一课时中，学生也已经学习了滑动摩擦力的知识，知道滑动摩擦力产生的条件包括接触面粗糙和有弹力，理解了相对运动的含义、滑动摩擦力的方向是与相对运动方向相反的原理；还掌握了滑动摩擦力大小的定量计算公式，但是静摩擦力发生在两个并没有相对运动的物体之间，相较于滑动摩擦力的理解有更大的难度。

从思想方法来看：学生在本章前面的学习中已经知道了相互作用可以根据产生原理不同或者作用效果不同进行分类，在本节中将继续体会滑动摩擦力与静摩擦力的不同之处，并对其本质特征进行分类；探究滑动摩擦力的大小时，体会了通过实验探究发现真理的乐趣和成就感，本节课将继续开展实验探究，寻找静摩擦力的方向和大小随外力变化的规律，以及通过实践活动，解决生活中的静摩擦力的方向问题。

从价值观念看：学生虽然初步具有分类思想，但面对新的类型时容易受前一个类型的影响，不能很好地迁移，还需要通过具体的实践活动去感知认识，进一步体会到实践出真知的价值观。

综上，学生在以前的学习和生活经验中对摩擦力的类型和大小以及产生条件有了初步的认识，但在不同类型的摩擦力的具体特征上还不能很好地区分；由于静摩擦力没有相对运动这一不直观的实际情况使得在实际生活中不能很好地分析静摩擦力的方向和大小。

为使学生能在体验、深度体验中突破难点，丰富相互作用力的观念，将"'观察'和'体验'生活中静摩擦现象，化抽象为直观，探究静摩擦力的大小和方向"拟定为本节课核心问题中的学生活动。

【目标分析】☞

基于前述教材课标、课时大概念以及学生基础分析，为更好地发展学生的分类观念和实践出真知的观念，培养学生科学探究的能力，以学生熟悉的日常生活为学习探索情境，为本课时确立了了如下核心素养目标：

参与观察生活中的静摩擦力现象，实验探究静摩擦力大小变化规律和方向特征的活动；

能够概括静摩擦力的产生条件、方向及定义，会分析日常生产生活中静摩擦力的方向，知道静摩擦力大小变化特点（达到物理观念水平2，科学思维水平2，科学探究水平3）；

由此，进一步体会到透过现象看本质是抽象概括形成概念的重要前提，丰富运动与相互作用观（达到物理观念水平2，科学态度与责任水平3）。

【核心问题】☞

借助水平抽书与竖直提书活动，探究静摩擦力的方向和大小特点，并用于解决生活中有关静摩擦力的实际问题。

【评价预设】☞

1. 针对课堂教学中的评价预设

提出问题环节：针对学生对情境引入提出问题的回答，给予激励性的肯定评价

解决问题环节：以激励性和肯定性相结合的评价基调，引导学生以较为专业的学科语言概括静摩擦力的含义，引导学生在实验探究中静摩擦力的大小和静摩擦力的方向，发挥好本环节的体验引导功能。

反思提升环节：与学生共同对解决问题过程中形成的概念结论、思想方法、价值观念进行反思交流并达到结构化提升。重点针对问题解决过程中生成的知识和方法通过引导性评价加以提升，努力促进学生在深度体验基础上获得对相对运动趋势这一抽象概念的理解，并感受阻碍相对运动，从而体会摩擦力的方向，通过实验探究的思想方法掌握静摩擦力大小随外力的变化规律，最后能够结合滑动摩擦力感知问题解决中的分类思想在物理中的重要作用。从而积淀物理观念、科学思维、科学态度与责任等物理学科核心素养，发挥好此环节评价的体验积淀功能。

评价反馈环节：请学生完成评价反馈作业，以对生活中常见的静摩擦力相关的现象进行

摩擦力大小和方向的分析的正确性和深入程度做出评价，促进学生进一步深刻体验到静摩擦力的与生活的息息相关，以及力的种类的丰富性，不同性质的力具有不同的产生原因和方向特征，去强化学生相互作用力观念，凸显该环节评价的体验强化功能。

2. 针对课堂教学后的评价设计

课后反思整个教学过程，从教学形态与教学特质两个维度做出自我评价，完成"大概念核心问题教学文化评价表"；搜集学生在课后的评价反馈环节完成的评价与反馈的作业，确立"不同情境中静摩擦力大小和方向的准确判定"监测点（评价反馈问题）进行统计、分析，完成"大概念核心问题教学素养目标点检测表"，并反馈给学生。

二、教学实施设计

【教学环节】☞

教学环节（时间）		学生活动	教师活动	设计意图	技术融合
提出问题（约5 min）		根据初中基础提出静摩擦力的定义和条件，基于生活实践情境，发现静摩擦力产生的接触面的不同，明确本节课的核心问题，迅速进入解决问题的状态	展示情境视频与图片，引导学生类比地感知静摩擦力的存在，提出核心问题；借助水平抽书与竖直提书活动，探究静摩擦力的方向和大小特点	将学生带入有关静摩擦力的生活情境之中，明确核心问题，进入跃跃欲试的状态	PPT出示静摩擦力相关情境及核心问题
解决问题（约20 min）	活动一：实验探究静摩擦力的方向特点（约10 min）	借助抽书与提书情境分析书的运动方向、相对运动趋势方向，完成任务表格，观察分析表格信息，归纳静摩擦力的方向特点	引导学生通过情境感知相对运动趋势、借助"假设光滑法"分析相对运动趋势的方向；引导根据二力平衡寻找静摩擦力的方向	为学生提供探究时空，营造积极向上的学习情境，使学生在概念和条件的提炼总结中体验类比的思想方法	PPT呈现课堂环节
	活动二：实验探究静摩擦力的大小特点（约10 min）	根据任务单的提示，分小组结合实验器材，探究静摩擦力大小的特征，并由小组发言陈述小组通过实验探究所得现象和结论	全班巡视，适时点拨，指导学生根据任务单逐一探究；对学生的实验结果进行点评；引导学生根据实验结果进行观察和分析，归纳静摩擦力的大小特征	在任务单的引导下进行实验探究，使复杂的问题能够逐一得到探究，并化抽象为直观，使沉浸式地获取知识和方法	PPT呈现课堂环节。希沃拍照上传学生活动过程
反思提升（约5 min）		师生共同反思核心问题解决过程，提升形成本节课包含概念规律、思想方法、价值观念的认识		通过对解决问题过程的反思与结构化提升，加深对静摩擦力的认识和体验，发展运动观，积淀物理观念、科学思维等物理学科核心素养	PPT呈现课堂环节

教学环节（时间）	学生活动	教师活动	设计意图	技术融合
评价反馈（约 10 min）	可借助工具，先独立思考，再相互交流	出示评价反馈问题： 1.请对以下情境中的人进行受力分析，判断摩擦力的有无，若有请确定其方向，并说明使用的方法。 2. 质量为 m 的物体靠在粗糙竖直的墙壁上，且受到水平力 F 的作用，物块保持静止状态，请回答以下问题： （1）若物体沿墙壁向下运动，求物体受到的滑动摩擦力。 （2）若物体静止，分析当 F 增大时，物体受到的静摩擦力如何变化。 （3）若物体与墙壁间的动摩擦因数为 μ，重力加速度为 g，则撤去 F 后，物体受到的摩擦力是多大？ （4）若 F 保持不变，在物块上再放一个沙桶，为了保持物块静止，F 应如何变化？	检测学生对静摩擦力的基本概念、产生条件、大小和方向特征的掌握，并迁移到其他的生活情境中。 在深度理解的基础上，将规律特征应用于解决实际问题，促进学生对规律的理解和掌握，勇于将物理知识用来解决生活问题的科学态度与责任感	PPT 出示评价反馈任务

【板书设计】☞

一、核心问题：
借助水平抽书与竖直提书活动，探究静摩擦力的方向和大小特点

二、解决问题：
活动 1. 实验探究静摩擦例的方向特点
活动 2. 实验探究静摩擦力的大小

三、反思提升：

概念结论

1. 定义：
2. 条件：} 概念

3. 方向：
4. 大小：} 三要素
5. 作用面：

思想方法与价值观念

理论与实践相结合

运动与相互作用观

【作业设计】 ☞

作业序号	作业目标	作业情景		概念结论		思想方法		价值观念		整体评估	
		内容	水平	内容	水平	内容	水平	内容	水平	类型	水平
1	懂得应用静摩擦力的产生条件和大小以及方向的特征解决生活问题	典型的对静摩擦力的产生条件和大小、方向特征理解的学习探索问题情境	简单	静摩擦力产生条件、大小、方向、最大静摩擦力	物理观念水平2	类比思想、分类思想	科学思维水平2	问题解决中的分类意识和观念	物理观念水平3	基础性作业	学业质量水平2
2	懂得应用静摩擦力的产生条件和大小以及方向的特征解决生活问题	"传送带"的学习探索情景	较复杂	静摩擦力的方向	物理观念水平3	科学探究	科学思维水平3	相互作用观	物理观念水平3	基础性作业	学业质量水平3
3	懂得应用静摩擦力的产生条件和大小以及方向的特征解决生活问题	"吸盘挂钩"的生活实践情境及学习探索情境	复杂	最大静摩擦力、静摩擦力的大小范围	物理观念水平4	科学探究	科学思维水平4	相互作用观	物理观念水平4	综合性作业	学业质量水平4
4	懂得应用静摩擦力的产生条件和大小以及方向的特征解决生活问题	"拔河比赛"的生活实践情境	复杂	静摩擦力的大小和方向、最大静摩擦力	物理观念水平4	科学探究	科学思维水平5	相互作用观	物理观念水平5	实践性作业	学业质量水平4
课时作业整体评估	本节课的四个作业题均来自学习探索情境和生活情境，并设置了不同的复杂程度，分别为：基础性作业、综合性作业和实践性作业；学生在作业过程中回顾并加深本节课的在概念结论、思想方法、价值观念三个方面的领会，从而使学生以阶梯式的进阶维度，发展物理观念水平、科学思维水平、科学态度与责任，落实核心素养的发展										

（具体的作业内容略）

【教学流程】 ☞

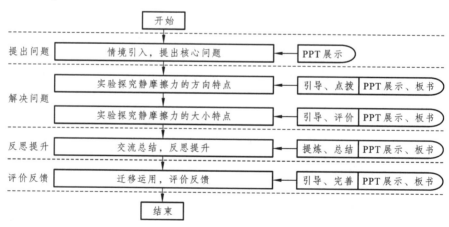

-038-

三、教学评价设计

【信息搜集】 ☞

课后搜集了全班学生的运用反馈练习 59 份。对搜集到的 59 份学生运用反馈练习基于正确率及大概念的核心问题教学的素养目标达成情况两种评判标准进行了批阅和分类。

【自我评价】 ☞

大概念核心问题教学文化评价表

课时名称：静摩擦力。

所属单元：相互作用力。

单元大概念：力学范畴中的相互作用及其加减运算。

单元核心问题：观察、分析生活中的相互作用现象，分类探究、归纳作用特点并尝试抽象概括，用于分析物体的受力；实验探究和归纳演绎力的运算法则，用于解决基本的物体平衡问题。

课时大概念：静摩擦力。

课时核心问题：借助水平抽书与竖直提书活动，探究静摩擦力的方向和大小特点。

评价目标	评价指标				评价方法结果
	一级指标	二级指标	三级指标		
实现活动体验中的学习与素养发展	具有大概念核心问题教学形态	核心问题利于活动体验	内含学科问题和学生活动方式	8	每项指标最高评8分（满分为96分）
			问题情境与真实生活密切相关	8	
			能引发大概念、新知新法生成	8	
		教学目标价值引导恰当	两类目标正确全面	7	
			关联体验目标恰当	7	
			目标价值引导显现	8	
		教学环节完整合理落实	教学环节清晰完整	8	
			环节内容合理充实	8	
			学生活动时间充分	7	
		教学要素相互匹配促进	问题目标环节两两匹配	7	
			技术促进活动形式内容	7	合计91分
			素养导向突出氛围浓郁	8	
	具有大概念核心问题教学特质	拓展学习视野	课堂与现实世界有恰当关联		选择一个表现突出的二级指标，在相应三级指标引导下，以现场学生表现为主要依据，以其余指标为背景，于本表的第二页写出150字以上的简要评价
			有基于缄默知识的问题解决		
			有缄默知识运用的追踪剖析		
			知识运用剖析导向素养发展		
		投入实践活动	有真实而且完整的实践活动		
			实践活动深度融入两类情境		
			能够全身心地浸渍于活动中		
			活动的内容结果均丰富深入		

评价目标	评价指标			评价
	一级指标	二级指标	三级指标	方法结果
实现活动体验中的学习与素养发展	具有大概念核心问题教学特质	感受意义关联	有核心问题的深层意义感受	
			有以知识为中心的关联感受	
			有以个人为中心的关联感受	
			有对三类大概念的关联感受	
		自觉反思体验	有实质性反思活动的开展	
			有课堂新因素的追踪利用	
			有体验的交流与改善重构	
			有概念生成中的素养发展	
		乐于对话分享	乐于自我的表达与认真的倾听	
			乐于合作中成果与思路的分享	
			乐于成果交流中深层意义分享	
			有宽容的对话氛围和双向交流	
		认同素养评价	认可素养评价	
			参与素养评价	
			利用素养评价	

大概念核心问题教学特质的简要评价（包括发展性建议）：

本节课凸显了核心问题教学中"投入实践活动"与"自觉反思体验"这两个二级指标。首先在引入环节，从回忆初中了解的摩擦力的概念与列举生活中熟悉的静摩擦现象进入课堂，让学生思考根据分类的思想，按接触面将静摩擦现象分为水平、竖直、倾斜三种类型，又引导学生明白问题的研究往往从简单到复杂，从特殊到一般，因此本节课就先从水平和竖直两个方面来研究静摩擦现象，而水平抽书与竖直提书是同学们每天都要经历的活动，借助此活动来研究静摩擦力的大小和方向特点很具有情境性和活动性，从而明确本节课的核心任务。在解决问题环节，学生能独立地完成活动一，有真实而完整的实践活动，能够一边实践操作感受，一边分析运动方向、相对运动方向、静摩擦力的方向，最后再根据自己填写的表格进行汇总分析比较，发现静摩擦力的方向特点。而在活动二中学生自主探究、深度体验、合作交流，实验探究与理论探究相结合，总结出静摩擦力的大小特征，再通过小组发言陈述自己小组的发现，组间互评，积极发言，与同学们分享探究过程中遇到的问题以及寻求的解决手段。总之，在解决问题环节中学生充分活动的基础上，学生能自觉进行反思，所以反思提升环节能有较好的表现，也愿意主动与大家交流分享，并在表达中提高规范性

【反馈调整】☞

大概念的核心问题教学素养目标点检测表

课时名称	静摩擦力
所属单元	相互作用力
单元大概念	力学范畴中的相互作用及其加减运算
单元核心问题	观察、分析生活中的相互作用现象，分类探究、归纳作用特点并尝试抽象概括，用于分析物体的受力；实验探究和归纳演绎力的运算法则，用于解决基本的物体平衡问题

课时大概念	静摩擦力
课时核心问题	借助水平抽书与竖直提书活动，探究静摩擦力的方向和大小特点
课时素养目标	1. 参与观察生活中的静摩擦力现象，实践探究静摩擦力大小变化规律和方向特征的活动； 2. 能够概括静摩擦力的产生条件、方向及定义，会分析日常生产生活中静摩擦力的方向，知道静摩擦力大小变化特点（达到物理观念水平 2，科学思维水平 2，科学探究水平 3）； 3. 由此，进一步体会到透过现象看本质是抽象概括形成概念的重要前提，丰富运动与相互作用观（达到物理观念水平 2，科学态度与责任水平 3）
检测点	运用静摩擦力的大小和方向特点解决实际情境中的问题
检测工具 （检测题）	质量为 m 的物体靠在粗糙竖直的墙壁上，且受到水平力 F 的作用，物块保持静止状态，请回答以下问题： （1）若物体沿墙壁向下运动，求物体受到的滑动摩擦力。 （2）若物体静止，分析当 F 增大时，物体受到的静摩擦力如何变化。 （3）若物体与墙壁间的动摩擦因数为 μ，重力加速度为 g，则撤去 F 后，物体受到的摩擦力是多大。 （4）若 F 保持不变，在物块上再放一个沙桶，为了保持物块静止，F 应如何变化
分类标准	A. 能认识到物体相对墙面滑动时受到的是滑动摩擦力，根据相对运动确定滑动摩擦力的方向，进而画出物体的受力示意图，能根据水平方向的受力关系，找到物体对墙面的压力等于 F，与重力大小无关，若没有压力，则也没有滑动摩擦力；能够认识到物体保持静止状态时所受的是静摩擦力，能根据平衡状态或者相对运动趋势分析出静摩擦力的方向是竖直向上，又根据二力平衡分析出静摩擦力的大小始终等于重力，与 F 无关，从而判断出本选项是正确的，还能额外认识到，随着 F 增大会导致最大静摩擦力增大，物体更加不容易下滑，这一点是与 F 有关的；能够根据最大静摩擦力的相关因素分析出增大 F 可以增大最大静摩擦力，同时知道当外力大于最大静摩擦力时物体会相对接触面滑动起来。具体分析中，知道在未加沙桶时，最大静摩擦力大于等于物块的重力 mg，当在物块上加了沙桶时，总重力可能仍然小于最大静摩擦力，则不需要增大 F，而如果增加沙桶后，总重力超过最大静摩擦力，则说明需要增大 F 来增大最大静摩擦力，故不一定需要增大 F，最终结果正确
	B. 能认识到物体相对墙面滑动时受到的是滑动摩擦力，根据相对运动确定滑动摩擦力的方向，进而画出物体的受力示意图，能根据水平方向的受力关系，找到物体对墙面的压力等于 F，与重力大小无关，若没有压力，则也没有滑动摩擦力；能够认识到物体保持静止状态时所受的是静摩擦力，能根据平衡状态或者相对运动趋势分析出静摩擦力的方向是竖直向上，又根据二力平衡分析出静摩擦力的大小始终等于重力，与 F 无关，从而判断出本选项是正确的；还未能认识到随着 F 增大会导致最大静摩擦力增大，物体更加不容易下滑，这一点是与 F 有关的；能够根据最大静摩擦力的相关因素分析出增大 F 可以增大最大静摩擦力，同时知道当外力大于最大静摩擦力时物体会相对接触面滑动起来。具体分析中，只能抓住一种情况举范例，不能全面地分析，如知道在未加沙桶时，最大静摩擦力大于等于物块的重力 mg，当在物块上加了沙桶时，总重力可能仍然小于最大静摩擦力，则不需要增大 F，最终结果正确

分类标准	C. 能根据滑动摩擦力产生条件分析出撤去力 F 后没有滑动摩擦力；能巧用排除法根据定性分析的技巧排除部分答案
	D. 能巧用排除法根据定性分析的技巧排除部分答案

检测统计	分类等级	学生人数（总人数 59 人）	百分比
	A	15	25.42%
	B	21	35.59%
	C	14	23.73%
	D	9	15.25%

检测分析结果运用	从检测统计情况看，有三分之二的学生能够得到完全正确的答案，但是其中只有不到一半的学生是能够将选项之外的隐含意义进行挖掘的，得 B 等级的学生可能只是根据平衡状态知道静摩擦力与重力始终相等，而没有思考最大静摩擦力的变化也没有延伸地思考发生相对滑动的条件是什么。得 C 等级的学生仅仅抓住了摩擦力产生的条件这种简单的概念结论类的知识，还不能很综合的将摩擦力的大小特点结合起来分析解决问题。 得 D 等级的有 9 位学生，他们所判断的依据有可能是凭借直觉，或者生活经验，并不是很清楚地应用了静摩擦力与滑动摩擦力的大小方向特点的分析方法，所以想要检测到这一点，在题目设计上还应该增加一些定量分析计算的选项，所以点检测题目还应该再下些功夫，进行精心设计

素养目标达成典型实例	

检测反馈	通过此题的结果分析，可以发现学生们对于简单的与生活经验有关的选项可以联系生活经验加以分析，但是对于需要应用摩擦力的大小和方向特征进行同一大情境不同小情境下的变式分析时，还不能很灵活地找到对应的分析思路，特别是对于滑动与静止的判断还不能很好地联系外力与最大静摩擦力的关系来进行判断，在后续的作业中需加强对于由静止到滑动的分析判断的练习

"力的分解"学教案

王斯柯

一、教学分析设计

【教材分析】☞

力学是高中物理的基础，也是高中生开始物理学习的重要入口，力学问题的三大基本功是受力分析、运动过程分析和矢量运算，而本节课所学的"力的分解"就是矢量运算的重要组成部分，其中的正交分解法是处理力学问题的一种重要方法，同时也是高考中重点考查的部分。

《普通高中物理课程标准（2017年版2020年修订）》中对本节的要求：通过实验，了解力的合成与分解，知道矢量和标量。能用共点力的平衡条件分析生产生活中的问题。由此可见，本节内容应该基于实验，通过学习力的运算法则，着力于处理生活实际问题。

本节课是在"力的合成"一节之后，其中包含了两个内容：按效果分解和正交分解，重点在于强化学生所学的矢量相加的法则——力的平行四边形定则，再次体现了等效替代的思想，这种思想方法在高中物理中有广泛的应用，为牛顿运动定律的学习起到了知识与方法的铺垫，本节课只研究按效果分解，对于正交分解的学习在第二课时。

【学生分析】☞

对于这一节"力的分解"，学生在初中已经有了三角函数的基础，能够进行一些基本的解直角三角形。学生在上一节中学习了"力的合成"，知道力的合成遵守平行四边形定则，也容易理解分解是合成的逆运算，但是对于力的分解具体该怎么做还不清楚，所以学生在将知识应用到实际中会出现很多问题，需要进一步地学习来加强学生对于"力的分解"的理解。

这节课的学习是学生进入高中阶段后对方法的一次深度学习，不仅要知道有"按效果分解"的方法，还要清楚怎样寻找力的效果、在什么情况下使用、有什么实用价值等问题，最基本的是"等效替代"的思想，本节对于学生在建立模型、方法融合、学科交叉等方面都有一定要求。

【课时大概念】☞

课时核心大概念：力的分解

特征化表达：通过作图猜想、实验探究与逻辑推理，结合相互作用观和等效替代思想，探究在实际情境中将一个力分解成几个力的方法及思路。

	课时大概念	思想方法	价值观
简略化表达	力的分解	等效替代思想	抓主忽次及实事求是
特征化表达	将一个力按实际问题要求分解为多个力	将一个力分解为多个力时，几个力共同作用效果应与一个力的作用效果相同	按实际问题解决之需抓住问题解决关键加以凸显，忽略影响不大的因素，抽象出理想化模型便于问题的分析与解决

【目标分析】☞

基于前述教材分析和学生分析，针对知识点本身的难度和学生思维的不足，本节课设计上主要让学生体验知识、方法与问题解决之间的关联，让学生通过在具体情境下进行力的分解，明确"力的分解"的重要性。

参与搭建桥梁绘制草图，交流设计意图的活动。

理解力的分解是合成的逆运算，能在实际情境中建模，针对不同情境将力按效果分解，从而解决问题。

由此懂得等效替代思想在形成、理解、运用力的分解概念中的关键性作用，以及模型化思想、实事求是在解决力学问题中的重要作用（达到物理观念水平2，科学思维水平2，科学探究水平3，科学态度与责任水平3）。

【媒体分析】☞

媒体名称	功能
PPT	投影例题，图片、视频、教学辅助
黑板	板书核心问题；全班交流时板画、板书；板书反思提升要点等
投影设备	希沃白板，投影学生的成果，视频投影实验，便于全班观察

【核心问题分析】☞

为了达成上述学习目标，本节课设计了两个学生活动。活动一是"从安全角度为两岸搭建桥梁，并绘制草图"；活动二是"从安全角度交流设计意图，分析引桥设计和斜拉桥钢索的效果，体验将力按照效果分解的方法"，并反思归纳分解力的方法，按效果分解力的思路，以及体会其中的思想。因此本节课确定的核心问题为：从安全角度为两岸搭建桥梁，画出桥梁草图，运用力的等效替代思想交流设计意图。

【评价预设】☞

1. 提出问题环节：明确核心问题，通过教师的言语引导使学生快速进入学习状态。

2. 解决问题环节：点评时要首先对学生的积极思考进行表扬，对于有创意的设计要及时展示，但对于还需提升的部分进行指导性的点拨。

3. 反思提升环节：教师在评价时要提醒学生注意活动中思想方法的体现，要尝试使知识点与实际情境的关联更深入。

4. 评价反馈环节：选用的是桥梁塔柱问题，建模并找准研究对象，将检测点确定为在实际情境下的"受力分析"与"按效果分解"的关联体验。

二、教学实施设计

【教学环节】 ☞

教学环节（时间）		学生活动	教师活动	设计意图	技术融合
提出问题 （约 3 min）		结合之前的学习过程，迅速认识到力的分解是力的合成的逆运算，仍采用平行四边形定则。 用平行四边形定则分解力，结合老师给出的实际情境，明确本节课的学习任务，迅速进入解决问题的状态	提出能否用两个力代替一个力的效果，并思考在实际情境中该如何分解？ 在没有限定条件下让学生分解一个力。 提出核心问题：从安全角度为两岸搭建桥梁，画出桥梁草图，运用力的等效替代思想交流设计意图	再次强调等效替代思想，迅速得出力的分解采用平行四边形定则，让学生明确该节课的重点在于利用已有知识，学习在实际情况下如何分解力，为问题解决做出积极的心理准备状态	PPT 模拟没有限定条件的力的分解、桥的图片及核心问题
解决问题（约 25 min）	活动一 （约 5 min）	完成任务单上的活动一，独立思考，利用直尺、铅笔绘制桥梁草图	组织活动一："从安全角度为两岸搭建桥梁，并绘制草图"。巡视，投影展示学生作品	学生绘制的草图是在缄默知识的引导下完成的，可以在交流中进一步提炼	希沃拍照上传学生完成草图，结合PPT 展示实际桥的情况
	活动二 （约 20 min）	1. 结合自己绘制的桥梁，从安全角度交流设计意图。 2. 作静止在引桥上车辆的受力分析图，分析并观察实验，思考重力的效果，尝试按效果分解重力。体验引桥包含的力的分解问题。 3. 分析斜拉桥钢索的力的效果，并尝试按效果分解拉力	1. 演示实验，通过模型展示（引桥中车辆的重力、斜拉桥钢索的拉力）两种情况下力的效果。 2. 引导学生按照假设法寻找力的效果，再找到分力的方向，最后画出分力。 3. 提醒学生在方法和思想上进行归纳	学生结合自己已有的知识及等效的思想能大致得出按效果分解的方法。关键在于找到力的效果，进而找到分力的方向	希沃投影实验情况，PPT 呈现课堂讨论问题及环节
反思提升 （约 5 min）		1. 力的分解：把一个力分解成多个力的过程。 2. 分解方法：平行四边形定则。 3. 分解思路： （1）按力的作用效果分解； （2）找分力方向； （3）假设法。 4. 思想：等效替代的思想、模型化思想	学生反思活动一、二的关联，并将活动中涉及的分解方法、思路、思想进行归纳提炼	PPT 呈现课堂环节
评价反馈 （约 5 min）		在活动一、二的基础上，尝试在实际情境中解决问题，分析钢索对塔柱的力的效果、分解力、并求合力	1. 展示塔柱的图片，进一步建立模型，提出点检测问题。 2. 展示学生的完成情况	紧扣教材，建模，在实际情境中体会力的作用效果。紧扣桥梁的安全问题分析桥的塔柱	PPT 呈现环节，展示评价反馈任务

【板书设计】☞

力的分解

一、核心问题：	二、解决问题：	三、反思提升：
从安全角度为两岸搭建桥梁，画出桥梁草图，运用力的等效替代思想交流设计意图。	活动一：画桥梁草图 　　…… 　　活动二：引桥 图　学生解题 　　…… 　　斜拉桥 图　学生解题 　　……	1. 力的分解：把一个力分解成多个力的过程。 　　2. 分解方法：平行四边形定则 　　3. 分解思路： 按力的作用效果分解→找分力方向→假设法 　　4. 思想：等效替代的思想、模型化思想 **四、评价反馈** 　　……

　　注：板书设计中"……"部分为学生板画及依课堂教学推进情况现场生成的内容。

【作业布置】☞

作业序号	作业目标	作业情景		概念结论		思想方法		价值观念		整体评估	
		内容	水平	内容	水平	内容	水平	内容	水平	类型	水平
1	能利用平行四边形定则作图分解力	用作图法画出未知的分力	简单	已知合力及两个分力方向用作图法作分力	物理观念水平2	等效思想	科学思维水平2	相互作用观	物理观念水平2	基础性作业	学业质量水平2
2	能在模型化程度较高的实际情境中按照重力的作用效果分解力	斜面上放置静止的物体	简单	在斜面上对重力按效果的分解	物理观念水平3	等效思想	科学思维水平2	相互作用观	物理观念水平2	基础性作业	学业质量水平2
3	懂得按照效果分解力处理生活中的实际问题	"人字形架推动家里的衣橱"	一般	按效果分解力	物理观念水平3	类比思想，科学探究	科学思维水平3	相互作用观	物理观念水平3	综合性作业	学业质量水平3
4	懂得按照效果分解力处理生活中的实际问题	"四块相同的坚固石块垒成圆弧形的石拱"	一般	对象的确定、按效果分解力	物理观念水平4	科学探究，等效思想，模型化思想	科学思维水平4	相互作用观	物理观念水平3	综合性作业	学业质量水平4

作业序号	作业目标	作业情景		概念结论		思想方法		价值观念		整体评估	
		内容	水平	内容	水平	内容	水平	内容	水平	类型	水平
5	懂得按照效果分解力处理生活中的实际问题	石拱桥及悬索桥问题	复杂	对实际问题建模，研究对象确定，按效果分解	物理观念水平4	科学探究，综合分析，模型化思想	科学思维水平5	物质观、相互作用观	物理观念水平4	实践性作业	学业质量水平4
课时作业整体评估	本课时的5个作业题均涉及学科情境探索及实际生活情境探索，并设置了不同的复杂程度，难度逐步提升，题目均和本节课的核心问题相对应，重点在于对按照力的作用效果并通过作图的方式进行力的分解。让学生在作业过程中在概念结论、思想方法、价值观念三个方面有深入的体会，并且能够达到训练学生对实际情境建立模型，分析问题，发展物理核心素养的目的										

（具体的作业内容略）

【教学流程】☞

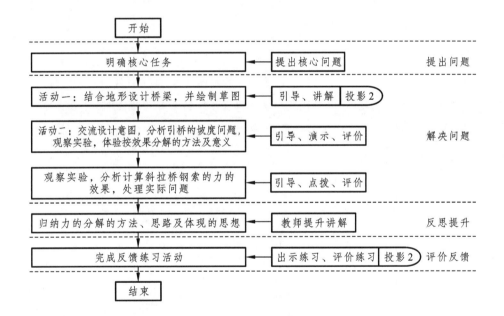

三、教学评价设计

【信息搜集】☞

　　课后搜集了全班学生的运用反馈练习59份。对搜集到的59份学生运用反馈练习基于正确率及关联体验目标达成情况两种评判标准进行了批阅和分类。

大概念的核心问题教学文化评价表

课时名称：<u>力的分解。</u>

所属单元：<u>相互作用。</u>

单元大概念：<u>力学范畴中的相互作用及其加减运算。</u>

单元核心问题：<u>观察、分析生活中的相互作用现象，分类探究、归纳作用特点并尝试抽象概括，用于分析物体的受力；实验探究和归纳演绎力的运算法则，用于解决基本的物体平衡问题。</u>

课时大概念：<u>力的分解。</u>

课时核心问题：<u>从安全角度为两岸搭建桥梁，画出桥梁草图，运用力的等效替代思想交流设计意图。</u>

评价目标	评价指标			评价方法结果
	一级指标	二级指标	三级指标	
实现活动体验中的学习与素养发展	具有大概念核心问题教学形态	核心问题利于活动体验	内含学科问题和学生活动方式　8	每项指标最高评 8 分（满分为 96 分）
			问题情境与真实生活密切相关　6	
			能引发大概念、新知新法生成　7	
		教学目标价值引导恰当	两类目标正确全面　8	
			关联体验目标恰当　8	
			目标价值引导显现　7	
		教学环节完整合理落实	教学环节清晰完整　7	
			环节内容合理充实　6	
			学生活动时间充分　7	
		教学要素相互匹配促进	问题目标环节两两匹配　7	
			技术促进活动形式内容　6	
			素养导向突出氛围浓郁　7	合计 84 分
	具有大概念核心问题教学特质	拓展学习视野	课堂与现实世界有恰当关联	选择一个表现突出的二级指标，在相应三级指标引导下，以现场学生表现为主要依据，以其余指标为背景，于本表的第二页写出 150 字以上的简要评价
			有基于缄默知识的问题解决	
			有缄默知识运用的追踪剖析	
			知识运用剖析导向素养发展	
		投入实践活动	有真实而且完整的实践活动	
			实践活动深度融入两类情境	
			能够全身心地浸渍于活动中	
			活动的内容结果均丰富深入	

评价目标	评价指标			评价方法结果
	一级指标	二级指标	三级指标	
实现活动体验中的学习与素养发展	具有大概念核心问题教学特质	感受意义关联	有核心问题的深层意义感受	
			有以知识为中心的关联感受	
			有以个人为中心的关联感受	
			有对三类大概念的关联感受	
		自觉反思体验	有实质性反思活动的开展	
			有课堂新因素的追踪利用	
			有体验的交流与改善重构	
			有概念生成中的素养发展	
		乐于对话分享	乐于自我的表达与认真的倾听	
			乐于合作中成果与思路的分享	
			乐于成果交流中深层意义分享	
			有宽容的对话氛围和双向交流	
		认同素养评价	认可素养评价	
			参与素养评价	
			利用素养评价	

大概念核心问题教学特质的简要评价（包括发展性建议）：

　　本节课体现了大概念核心问题的教学特点，四个环节完整且充分，其中的科学性、实践性、研究型、关联性在课堂教学中都有所体现，有利于学生学科素养的发展和学科能力的提升，本节课学生在感受意义关联这方面做得很好，课堂中的情境是桥的力学问题，从生活实例出发，最后又回到该情境解决问题，让学生充分体验到本课的学习知识和桥的力学问题的关联，学生在今后的生活中看桥不再是桥，而是用物理的观点看待问题，这对培养学生的学科素养有重大意义

【反馈调整】☞

　　课后对学生运用反馈题进行批改、整理和统计，进行检查分析，填写下列"大概念核心问题教学素养目标点检测表"。

大概念核心问题教学素养目标点检测表

课时名称	力的分解
所属单元	相互作用
单元大概念	单元核心大概念：力学范畴中的相互作用及其加减运算。 特征化表达：力学范畴涉及重力、弹力、滑动摩擦力、静摩擦力几种基本性质力，了解这几种力的产生原因、大小和方向上的特征，并掌握力的合成与分解的方法，通过解决力的平衡的问题，为后面建立牛顿运动定律知识体系做好基本概念和思想方法的准备，并认识到透过现象看本质和实践出真知的重要性

单元核心问题	观察、分析生活中的相互作用现象，分类探究、归纳作用特点并尝试定义，用于分析物体的受力；实验探究力的运算法则，用于解决基本的物体平衡问题
课时大概念	课时核心大概念：力的分解。 特征化表达：通过作图猜想、实验探究与逻辑推理，结合相互作用观和等效替代思想，探究在实际情境中将一个力分解成几个力的方法及思路
课时核心问题	从安全角度为两岸搭建桥梁，画出桥梁草图，运用力的等效替代思想交流设计意图
课时素养目标	基于前述教材分析和学生分析，针对知识点本身的难度和学生思维的不足，本节课设计上主要让学生体验知识、方法与问题解决之间的关联，让学生通过在具体情境下进行力的分解，明确"力的分解"的重要性。 　　参与搭建桥梁绘制草图，交流设计意图的活动。 　　理解力的分解是合成的逆运算，能在实际情境中建模，针对不同情境将力按效果分解或正交分解解决问题。 　　由此懂得等效思想在形成、理解、运用力的分解概念中的关键性作用，以及模型化思想、实事求是在解决力学问题中的重要作用（达到物理观念水平 2，科学思维水平 2，科学探究水平 3，科学态度与责任水平 3）
检测点	能否在现实情境中用按照效果的方法进行力的分解，能否运用严谨的理性思维和丰富的感性思维，解决新问题
检测题目	如图所示中央为斜拉桥的塔柱，OA 与 OB 是连接桥与塔柱的钢索请思考：（1）其中 OA 钢索对 O 点的力产生怎样的效果？ （2）若图中所示的 OA、OB 每根钢索现在提供的拉力为 18 000 N，钢索与水平方向成 53°，请按效果分解钢索的作用力？ （3）这两根钢索对塔柱 O 点的合力多大？
分类标准	A. 答案正确；有规范的受力分析图，能正确使用效果分解的方法与步骤；书写规范，有清晰的解析式 B. 答案正确；有受力分析图，但不完整；使用了力的效果分解法求解；书写较为规范，有较为清晰的解析式 C. 部分答案正确；有受力分析图，但图示不规范；书写较潦草，不列式直接用数字进行计算 D. 只有少部分正确或全部错误；无受力分析图示；书写不规范

检测统计	分类等级	学生人数（总人数 59 人）	所占百分比
	A	14	23.7%
	B	19	32.2%
	C	21	35.6%
	D	5	8.5%

检测分析及结果运用	从检测结果来看，大部分学生能够掌握本节课的按效果分解的方法，有对实际情境建模的意识，能判断出力的效果及分力方向，分解出分力并求出大小，主要的问题在于学生才接触静力学部分，对于规范作图和规范解题的意识还不够强，需要在后面的教学中进一步加强

素养目标达成典型实例	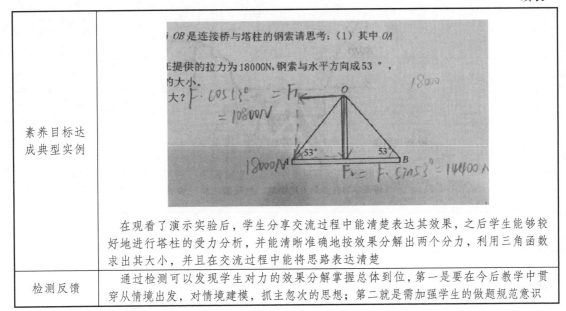在观看了演示实验后，学生分享交流过程中能清楚表达其效果，之后学生能够较好地进行塔柱的受力分析，并能清晰准确地按效果分解出两个分力，利用三角函数求出其大小，并且在交流过程中能将思路表达清楚
检测反馈	通过检测可以发现学生对力的效果分解掌握总体到位，第一是要在今后教学中贯穿从情境出发，对情境建模，抓主忽次的思想；第二就是需加强学生的做题规范意识

"牛顿运动定律"单元教学

"牛顿运动定律"
大概念的核心·问题教学单元规划纲要

学科　　物理　　教师　　胡　隽　　陈小军

年级		高一	单元名称	牛顿运动定律	单元课时	7课时
单元内容	教材内容	一、必修一模块内容 　　高中物理必修1主要内容是动力学基础，同时也是整个高中物理的基础；更是整个高中物理学习思想方法、价值观念形成的基础。由此提取本模块的大概念为："运动与相互作用"。 　　本模块分为四章，第一、二章均为运动学，其中第一章核心是建构运动的基本概念，单元核心大概念设定为"运动的描述"。第二章的核心是将第一章建构的各个概念关联在一起，研究常见运动模型的规律特征，单元核心大概念设定为"匀变速直线运动及其规律"。第三章相互作用（力）的内容在高中物理课程占重要地位，是建立运动与相互作用观的基础。本单元核心大概念设计为"力学范畴中的相互作用及其加减运算"。第四章研究力和运动的关系，牛顿第一定律和牛顿第二定律是动力学的核心内容。本单元的单元核心大概念为"运动与相互作用"。 （框图见下） 模块大概念：运动与相互作用 　运动学　　　　　静力学 第一章：运动的描述　大概念：运动的描述 第二章：匀变速直线运动的研究　大概念：匀变速直线运动及其规律 第三章：相互作用　大概念：力学范畴中的相互作用及其加减运算 第四章：运动和力的关系　大概念：运动与相互作用 　　从教材内容的编写来看，教材从学生认知较为直观的运动学入手，先介绍运动学概念，再介绍运动学中最常见的模型及其规律，其中融入极限思想、物理建模思想、数形结合思想等，学生通过学习熟悉物理学研究常用的思想方法，逐步建立运动观。之后再介绍较为抽象的相互作用，掌握静力学分析方法，最后再将运动和相互作用结合，提升对运动与相互作用关系的认知。新教材中各部分情境的选择，更加注重培养学生				

教材内容		从生活生产实际情景中观察发现问题，运用物理学科思想方法建构模型，分析解决问题。 二、单元内容分析 本单元"牛顿运动定律"为本模块的最后一章，在"描述运动的基本概念""匀变速直线运动规律"和"相互作用"三章之后，讲述牛顿第一、第二、第三定律，进一步揭示物体运动状态变化的原因，探究力和物体运动的关系，探究物体间相互作用的规律。牛顿运动定律是经典力学的基础，学好本单元知识，对于其余力学知识以及热学、电学乃至整个物理学都有至关重要的意义。 教科版教材在本单元的内容安排顺序是：1. 牛顿第一定律；2. 探究加速度与力、质量的关系；3. 牛顿第二定律；4. 力学单位制；5. 牛顿第三定律；6. 牛顿运动定律的应用；7. 超重与失重。前5节的内容是牛顿运动定律的建立过程及内涵特征等，后两节内容是牛顿运动定律在生产生活中的简单应用，包括根据物体的受力情况推理物体的运动情况，或根据物体的运动情况推理物体的受力情况等。整体内容编排突出了知识的系统性。本单元学习过程体现了运动与相互作用的物理观念；体现了科学探究中的证据、解释、交流，实验探究与理论探究相结合，基于事实和逻辑推理的理想化实验等科学方法、科学思维。牛顿运动定律解决生活中的问题可以推动学生科学态度与责任观念的形成
单元内容	课程标准	一、《普通高中物理课程标准（2017年版2020年修订）》中对本单元教学的要求： 1.2.3 通过实验，探究物体运动的加速度与物体受力、物体质量的关系。理解牛顿运动定律，能用牛顿运动定律解释生产生活中的有关现象、解决有关问题。通过实验，认识超重和失重现象。 1.2.4 知道国际单位制中的力学单位。了解单位制在物理学中的重要意义。 活动建议： 通过各种活动，例如乘坐电梯、到游乐场参与有关游乐活动等，体验失重与超重。 根据牛顿第二定律，设计一种能显示加速度大小的装置。 二、课标解读： （1）通过实验，探究物体运动的加速度与物体受力、物体质量的关系。 需要学生运用控制变量等研究方法，经历设计实验与制订方案，获取信息，分析和处理实验数据，基于证据得出结论并作出解释，以及对科学探究过程和结果进行交流、评估、反思等一系列的探究过程，学生通过探究，得出物体加速度与力和质量的关系，为得出牛顿第二定律做好铺垫。在实验与探究的过程中，学生体会科学探究方法，培养科学思维，树立科学态度。 （2）理解牛顿运动定律。 牛顿的三个运动定律是经典力学的核心，也是学生处理力和运动关系的重要方法，同时还是后续学习动能定理和动量定理等知识的基础。理解牛顿运动定律，既要理解三个定律本身的内容，理解规律的内涵和外延，也要认识三个定律之间的内在联系和逻辑关系，体会物理学中的科学逻辑与科学方法。 （3）能用牛顿运动定律解释生产生活中的有关现象、解决有关问题。 在理解牛顿运动定律的基础上，要求学生能应用牛顿运动定律解释生产生活中的有关现象和解决有关问题，既包括运用各个定律单独解释某些现象，如惯性现象、马拉车等，也包括综合运用牛顿运动定律解决实际问题，如汽车超载不安全等；既包括定性分析，也包括定量计算，其中以牛顿第二定律的应用为重中之重。这部分内容要求较高，除了要深刻理解牛顿运动定律本身之外，还要加强物理内容与生产生活的联系，培养学生学以致用的意识和能力。在实际情境中，能确定研究对象，提出研究问题，对研究对象进行受力分析和运动分析，解释或解决有关问题，体会在实践活动中分析现象、解决问题的科学方法，发展运动与相互作用观，提升科学思维水平

单元内容	课程标准	（4）通过实验，认识超重和失重现象。 本条目同样突出实验，强调学生的体验，注重知识获取和建构的过程。通过实验，知道超重和失重现象，知道产生超重和失重现象的条件，能运用牛顿运动定律解释超重和失重的原因，了解超重和失重的一些实际应用。通过实验或亲身体验，培养学生的观察能力和分析推理能力，开阔学生的眼界和思路，激发学生的学习热情，从现实生活经历与体验出发，激发学生的学习兴趣。 （5）知道国际单位制中的力学单位，了解单位制在物理学中的重要意义。 在国际单位制中，力学的三个基本物理量分别是质量、长度和时间，其单位分别是千克（kg）、米（m）、秒（s），能用力学基本单位表述其他力学量的单位，并能根据相关物理公式进行推导，了解量纲分析法。知道物理量的数值后面写物理单位的必要性，养成书写物理单位的习惯。 通过本单元的学习，学生经历实验探究和理论探究的科学探究过程，体验理想实验法、控制变量法、实验探究法、分析法、图像法、近似法、等效转化法、物理模型、抓主忽次、抽象概括、透过现象看本质等思想方法在探究过程的运用，提升物理学科素养，提升解决实际问题的能力。  所以根据以上课标要求，教师应当积极营造各类实际情境，引导学生经历"提出问题—解决问题—反思提升—评价反馈"的过程；学生在学习活动中通过建立物理模型，积极参与物理实验，体验相互作用与运动的关联，逐步建立起运动与相互作用的物理观
基础条件	资源基础	黑板：板书核心问题；板书学生解决问题时交流、分析、建构概念过程的要点；板书反思提升要点等。 教材及学案：提供核心问题教学各环节中自主探究与生成的环节与思维空间。 PPT：展示视频、图片等情境；出示核心问题；提供全班交流时所需的资料；出示评价反馈练习等内容。 实验及模型：学生实验：探究加速度与力、质量关系的实验；通过水平拉弹簧测力计探究作用力与反作用力的关系，通过"弹簧测力计提重物"、"电梯视频"等演示超失重现象等。 各种图片、视频：实际生活情境中与牛顿运动定律关联的实例图片、视频资源等。如：视频展示开车或乘车过程中不系安全带所带来的危害，联系牛顿运动定律分析问题，提高安全意识等。 信息技术融合：希沃投屏对不容易观察的演示实验进行投屏，便于全体学生对实验现象的观察；对学生的任务完成情况进行拍照上传、分享交流
	学生基础	本单元牛顿运动定律学生在初中已经有所接触了解，并已经具有单元概念、规律建构的基本思想方法，对其中的价值观有一定的缄默认知。 从概念结论来看：学生在初中学习中已经了解了惯性、作用力和反作用力，对运动和力的关系有一定认识。学生在理论层面接受这个观点，但"力是维持物体运动的原因"这一与众多生活经验相吻合的观念并没有纠正；学生虽然知道力会改变物体的运动状态，但同时仍存在"力与速度是一一对应关系"的朴素观念。许多学生认为"超重发生在物体上升过程，失重发生在物体下落过程"；在学生的认知结构中，变速运动与牛顿第二定律之间有很强的联系，而存在"牛顿第三定律适用于物体处于平衡状态时"这一迷糊概念，且印象极为深刻

基础条件	学生基础	从思想方法来看：学生已经具备了一定的从生活实际情境问题到物理问题的模型构建能力、实验探究及分析实验数据的能力、理论推导的能力，也有通过实验探究去发现真理的愿望。本单元将继续采用实验探究，模型构建和理论推导相结合的思想方法、数形结合的思想方法，帮助学生正确认识力与运动的关系。 从价值观念来看：学生在以前的学习和生活经验中对运动与相互作用观有一定的认知，但常常只关注到表象，对其成因和本质的认知还有一定障碍和误区。通过本单元的学习，让学生明白实事求是、实践是认识的基础，要透过现象看本质，形成正确的运动与相互作用观。 综上，学生在以前的学习和生活经验中对一些相关的小概念有了或浅显或错误的认识，初步具有了一定的运动与相互作用观念，知道实践是检验真理的重要途径；在本单元的学习中需要认识新的思想方法和巩固已有思想方法，如抓主忽次、控制变量、模型建构、科学探究、数形结合、归纳演绎等

单元大概念及下层结构	单元大概念：运动与相互作用。 特征化表达：深入思考运动与相互作用的关系过程中，实验探究、理论推导牛顿运动定律，并运用牛顿运动定律分析物体的运动情况和受力情况，形成初步的运动与相互作用观，认识到透过现象看本质和实践出真知的重要性。 概念结论类大概念：运动与相互作用规律（牛顿第一定律、惯性，牛顿第二定律，牛顿第三定律）；力学单位制；超重与失重。 特征化表达：通过生活情境认识牛顿第一定律、惯性，牛顿第三定律，了解其内容和关系；通过实验探究和理论演绎得出牛顿第二定律的内容：加速度与力成正比，与质量成反比；理解力学单位制的分类；运用牛顿第二定律解释超重失重现象的成因。 思想方法类大概念：实验探究与科学推理；控制变量法；量纲分析法；模型化思想（过程建模）；归纳与演绎（$a \propto F/m$）；图像法；近似法。 特征化表达：在认识牛顿三大定律的过程中，进行抽象概括，模型构建，科学推理，在实验探究中控制变量法、图像法、近似法、归纳与演绎，总结出（$a \propto F/m$），并利用单位制量纲分析法得出牛顿第二定律的表达式；从实际事物中抽象出物理问题，建构运动与相互作用的模型，解决相应问题。 价值观念类大概念：事物是普遍联系、相互影响的（运动与相互作用）；抓主忽次（理想实验，理想化抽象）；实事求是、实践是认识的基础（实验探究）；因果律（力是产生加速度的原因）；标准与规则意识（单位制），透过现象看本质。 特征化表达：在认识力与运动的关系的过程中懂得事物是普遍联系、相互影响的且具有因果关系；当研究的问题有多方面因素时，懂得抓住主要矛盾忽略次要矛盾，通过理想化方法建立理想模型；在日常生活中，关注现象的同时要多思考现象背后的力学方面的本质原因，如超重失重并不是重力发生了变化；探寻事物的本质原因要从事实出发，进行科学实践，但不仅限于实验探究，更要借助于归纳演绎、设定标准（单位制）。

单元大概念及下层结构	课时	课时大概念		课时概念梳理		
		简约化表达	特征化表达	概念结论（小概念）	思想方法	价值观念
	1	牛顿第一定律	一切物体总保持匀速直线运动状态或静止状态，直到有外力迫使它改变这种状态为止	牛顿第一定律；惯性	理想实验（基于一定实验事实进行合理外推的科学研究方法）	透过现象看本质（运动与力的关系）；由特殊到一般；实践观（实践是认识的基础）；抓主忽次（探寻规律与本质的过程中，抓住主要因素，忽略次要因素）

	课时	课时大概念		课时概念梳理		
		简约化表达	特征化表达	概念结论（小概念）	思想方法	价值观念
单元大概念及下层结构	2	实验探究	基于实验目的采用控制变量的方法合理设计实验、实验操作、收集数据、分析数据得出结论	实验探究、平衡摩擦力	转化法（不易测量的物理量转化为可测物理量）；近似法（测量过程中近似的方法）；控制变量法；图像分析法（变化坐标轴化曲为直）	联系观（物体的运动与受力相关联）；实事求是（尊重客观规律）
	3	牛顿第二定律	物体加速度的大小跟它受到的作用力成正比、跟它的质量成反比，加速度的方向跟作用力的方向相同	牛顿第二定律	归纳法（基于大量实验和观察事实总结出力与运动的关系）；正交分解法	运动与相互作用观（力与运动相互联系）；因果观（力是产生加速度的原因）
	4	力学单位制	基本单位和导出单位组成了单位制	国际单位制，基本单位，导出单位	量纲分析法	联系观（测量与标准量之间联系；物理公式与单位之间的联系），标准与规范观
	5	牛顿第三定律	两个物体之间的作用力与反作用力总是大小相等、方向相反、作用在同一条直线上	牛顿第三定律，作用力与反作用力	物理模型建构，实验探究	透过现象看本质（抓主忽次），联系观（相互作用观）
	6	牛顿运动定律	以加速度为桥梁解决动力学问题	动力学方法测质量，从受力确定运动情况，从运动情况确定受力	模型建构，科学推理	运动与相互作用观：理论联系实际
	7	超重与失重	物体对悬挂物的拉力（或对支持物的压力）大于物体所受重力的现象称为超重；物体对悬挂物的拉力（或对支持物的压力）小于物体所受重力的现象称为失重	超重和失重	实验探究，模型建构，理论推导	透过现象看本质，理论与实践相结合，运动与相互作用观
单元教学目标	参与研习人类对运动原因的探究历程、探究运动与相互作用关系并用于解决基本的动力学问题的活动； 由此理解牛顿运动定律，能用其解释生产生活中运动与力的基本现象，解决运动与力的基本问题（达到物理观念水平2，科学思维水平4）； 进而激发出追逐科学本质的科学态度与责任（达到科学态度与责任水平2），懂得理想实验是科学研究的重要方法（达到科学探究水平3），初步认识到单位制在物理学中的重要意义（达到物理观念水平2），形成正确的运动与相互作用观（达到物理观念水平4）					

	单元核心问题：研习人类对运动原因的探究历程，定性、半定量、定量探究物体运动的原因和规律；观察、探析一对相互作用力的关系；运用牛顿运动定律解决基本的动力学问题。
单元核心问题及问题分解	按照学生的认知习惯，将教材的内容分成两部分，核心问题中"研习人类对运动原因的探究历程，定性、半定量、定量探究物体运动的原因和规律；观察、探析一对相互作用力的关系"对应前5节的内容，期待达成"进而激发出追逐科学本质的科学态度与责任（达到科学态度与责任水平2），懂得理想实验是科学研究的重要方法（达到科学探究水平3），初步认识到单位制在物理学中的重要意义（达到物理观念水平2），形成正确的运动与相互作用观（达到物理观念水平3）"的教学目标。"运用牛顿运动定律解决基本的动力学问题"主要对应后两节的内容，期待达成"由此理解牛顿运动定律，能用其解释生产生活中运动与力的基本现象，解决运动与力的基本问题"的教学目标（达到科学思维水平4）

课时划分	课时	课时名称	课时大概念	课时核心问题
	第一课时	牛顿第一定律	牛顿第一定律	研习人类对物体运动原因的研究历程，经历伽利略理想实验，总结牛顿第一定律
	第二课时	实验：探究加速度与力、质量的关系	实验探究	设计实验定量探究加速度与力、质量的关系
	第三课时	牛顿第二定律	牛顿第二定律	基于探究结论，归纳总结出牛顿第二定律
	第四课时	力学单位制	国际单位制	研习单位制的发展过程，应用力学单位制分析问题
	第五课时	牛顿第三定律	牛顿第三定律	抽离两人对拉中的物理模型，实验探究其规律
	第六课时	牛顿运动定律的应用	牛顿运动定律	综合运用牛顿运动定律解决动力学问题，归纳解题策略
	第七课时	超重和失重	超重和失重	实验模拟电梯中"测重力"的活动，探究弹簧测力计示数与物体运动状态的关系

教学评价	一、评价方式： 　教学评价可以采取课堂问题互动、课堂练习反馈、实验操作及实验报告收集、单元综合检测等几种不同形式。指导学生完成分组实验"探究加速度与力和质量的关系"，并及时评价学生的完成情况。作业及单元检测可以根据情况书面批注，当面指导。课堂问题及练习反馈可以在课堂上以口语为主进行评价。 　二、对概念的生成理解评价维度： 　概念结论类：对于牛顿三大定律，是否能够用文字语言、数学符号等不同形式对其进行准确表达；对于力学单位制，是否知道什么是单位制以及力学中的基本单位，能否用基本单位和物理公式推导出单位；对于超重和失重，是否了解特点和能否解释其原因。应从概念的生成、符合语言逻辑的精准表达进行学科专业知识的评价。 　思想方法类：在研习理想斜面实验时，对学生实验探究与科学推理相结合的思想方法的体验深度进行评价；在研究加速度与力、质量关系时，对运用控制变量法设计实验，从相关物理量测量的科学性、准确性和可行性方面进行评价；在研习力学单位制时，对力学单位制的应用进行评价；在运用牛顿运动定律分析解决实际问题时，对建立物理模型的能力进行评价；在分析超重与失重现象时对学生运动与相互作用观念体验深度进行评价。 　价值观念类：通过建立牛顿三大定律的过程，知道实践是认识的基础，而且事物是普遍联系、相互影响的，在解决问题的过程中要学会抓住主要因素和忽略次要因素；形成初步的运动与相互作用观。

	作业类型	作业目标	作业内容	作业情境	概念结论	思想方法	价值观念
单元作业	基础性作业	能比较准确地理解牛顿运动定律，解决模型化的典型问题情境中基本的动力学问题，形成初步的运动与相互作用观。(达成物理观念水平2、科学思维水平2、科学探究水平1、科学态度与责任水平1)	对定律内容的准确理解，对生产生活中相关问题情境中的基本概念结论、思想方法的辨识、初步理解与基本运用	辨识概念结论、思想方法的学习探索情境；模型化程度较高的运动与相互作用相关的生活实践情境	牛顿第一定律，惯性，牛顿第二定律，牛顿第三定律，国际单位制，超重与失重	理想实验，实验探究，归纳分析，模型建构，科学推理	初步的运动与相互作用观，联系观，实践是认识的基础
	综合性作业	能在较为复杂的情境中，运用牛顿运动定律解决较综合的动力学问题，基本形成正确的运动与相互作用观。(物理观念水平2、科学思维水平4、科学探究水平3、科学态度与责任水平2)	对牛顿运动定律灵活地综合应用	模型化程度较低的真实生活实践情境；需灵活、综合运用牛顿运动定律解决的动力学问题、连接体问题、临界问题；实验设计与探究等较复杂的学习探索情境	牛顿第一定律，惯性，牛顿第二定律，牛顿第三定律，超重与失重	实际问题解决中的模型化思想，分析综合思维	联系观，运动与相互作用观
	实践性作业	能在较为陌生的情境中，运用牛顿运动定律解决相关实际问题，形成正确的运动与相互作用观（物理观念水平3、科学思维水平4、科学探究水平4、科学态度与责任水平3)	在实际情境中主动调用、创造性的综合运用牛顿运动定律及相关知识发现并解决问题	各种真实生活实践情境及创造性解决问题的学习探索情境	牛顿第一定律，惯性，牛顿第二定律，牛顿第三定律，超重与失重	实验探究与抽象概括、归纳演绎、直觉逻辑等科学创新思维	透过现象看本质，联系观，实践观，运动与相互作用观
反馈调整	一、评价反馈工具 1. 教师教学自我评价。 2. 对平时作业的情况进行统计，比如采用记"正"字的办法统计错误率，也可以采用学生访谈的方式调研学生的评讲需求；对错误较多的问题分类讲评。督促学生利用改错本进行自我反馈调整与整理记录。 二、反馈调整的时机 在教学进行过程中，针对四个环节，学生的课堂表现一旦不能达到预期或者超过预期目标，要及时在课堂上做出调整。 在教学的课后表现，结合作业、评价表和点检测表的情况分析，学生的情况如果和预期不一致，及时做出调整。						

"牛顿第三定律"学教案

胡隽

一、教学分析设计

【教材课标分析】

1. 课程标准分析

《普通高中物理课程标准(2017年版2020年修订)》中对本节内容的要求为"通过实验……理解牛顿运动定律,能用牛顿运动定律解释生产生活中的有关现象、解决有关问题……"。课程标准中的教学提示为:"本模块注重在机械运动情境下培养学生的运动与相互作用观念和模型建构等物理学科核心素养。教学中应根据本模块所学物理模型的特点,联系生产生活实际,从多个角度创设情境,提出与物理学有关的问题,引导学生讨论,让学生体会建构物理模型的必要性及方法等。"

牛顿第三定律是把受力物体与施力物体联系起来的桥梁,它是物体之间相互作用的基本规律,反映了物体之间存在普遍联系;是运动与相互作用观形成的重要基础。观察生活中相互作用的物理现象,分析探究现象背后的物理规律,是学生科学探究的体验素材,也是学生演绎推理、归纳推理等科学思维发展的重要载体。利用牛顿第三定律转换研究对象,能够更好地完成对研究对象的受力分析,是后续学习的重要基石。

2. 教材内容分析

本节之前是重力与弹力、摩擦力,在初中基础上对力学中三种基本性质的力有了更为深入的认识,本节将在此基础上通过对牛顿第三定律的探究,进一步完善物质间普遍存在相互作用的观念。

本节教材由大人与小孩掰手腕的问题情景引入课题。内容分为三部分:作用力和反作用力,牛顿第三定律,物体受力的初步分析。第一部分,作用力与反作用力,着重通过实际情景中的观察和实验建立物体之间的作用总是相互的观念。第二部分,牛顿第三定律,教材安排通过实验探究作用力与反作用力的关系,总结形成规律,并用于解释生活生产实践中的现象;在拓展学习中利用传感器实验探究。第三部分,物体受力的初步分析,旨在根据力的性质,从相互作用的角度来分析物体的受力;通过实例对一对相互作用力和一对平衡力进行辨析。由此可见教材编排注重联系实际,重视物理规律生成过程中由实际问题到物理抽象的转化,通过知识的建构过程,促进相互作用观念的深化。

【课时大概念】 ☞

　　基于对课程标准中相关内容要求、教学要求和学业要求研读，将"牛顿第三定律"确立为本课时的核心大概念，其特征化表达是：透过两人对拉现象发现其中的相互作用本质，将其模型化后通过实验探究得出两个物体之间的作用力与反作用力总是大小相等、方向相反、作用在同一条直线上，并将用于解释生活生产中的相互作用现象，完善相互作用观念。

　　其中包含的概念结论、思想方法、价值观念类大概念如下表所示。

	大概念	特征化表达
概念结论	牛顿第三定律	两个物体之间的作用力与反作用力总是大小相等、方向相反、作用在同一条直线上
思想方法	物理模型建构	抓住两人对拉活动中相互作用这一主要因素，忽略其他次要因素，建构相互作用模型；设计实验对模型中相互作用力的三要素关系进行探究
	实验探究	
价值观念	透过现象看本质（抓主忽次）	透过两人对拉现象发现并探究其相互作用本质，运用其解释相关现象需关注力的作用效果与受力物性质的关联；分析物体受力时，可关联施力物体的受力及运动情况加以分析
	联系观（相互作用观）	

【资源分析】 ☞

教材及学案	提供教学的学习探索情境
黑板	板书核心问题；板书学生解决问题时交流、建构的物理模型、分析的要点；板书反思提升要点等
实验器材	学生利用弹簧测力计实验探究相互作用的大小、方向、作用点的关系
多媒体（图片、音视频、PPT）	展示核心问题，创设问题情境；师生之间、学生之间交流分享平台；出示评价反馈练习等内容
信息技术	使用手机投屏及时反馈学生探究的过程；师生之间、学生之间共建学习探索的情境

【学生分析】 ☞

　　在本节教材之前是重力与弹力、摩擦力，通过对不同性质的力的学习，学生已经对相互作用有了较丰富的体验，对于从力的三要素研究相互作用已经积累了学习经验。学生经过初中和高中前期物理课程的学习，具备一定的实验探究能力，能正确使用弹簧测力计；学生能分析弹力的方向。

　　学生之前已经学过力是物体之间的相互作用，因此理解牛顿第三定律的内容并不困难。教学中应尽量通过情境的创设、问题的引导放手让学生自己发现、探索、总结、例证；进行深入思考，体验通过现象发现物理规律的过程中运用的思想方法。

【教学目标】 ☞

　　基于前述教材课标、课时大概念以及学生基础分析，确立如下核心素养目标：

参与两人对拉活动，并从中抽离物理模型，实验探究相互作用力三要素的关系。

能够总结归纳相互作用力大小、方向、作用点之间的关系（达到科学探究水平3），理解牛顿第三定律（达到物理观念水平2）；能运用其进行受力分析、解释生产生活中的相互作用现象，进而明晰一对相互作用力与一对平衡力的区别（达到科学思维水平3）。

由此，体会从实际问题建立物理模型，实验探究物理规律的方法（达到科学探究水平3），促进相互作用观的完善（达到物理观念水平2）。

【核心问题】☞

核心问题：抽离两人对拉中的物理模型，实验探究其规律。

1. 提出问题环节：鼓励全体学生认真观察两人对拉的活动；引导学生思考活动体验中的物理问题。

2. 解决问题环节：以两人对拉情境为载体，抽离其中的物理问题建立研究相互作用的物理模型；指导全体学生利用易于操作的弹簧测力计为实验仪器，从相互作用——力的三要素进行规律探究。

3. 反思提升环节：反思解决问题活动，归纳总结相互作用三要素之间的关系，生成牛顿第三定律；体会解决问题活动中联系实际问题物理建模、以力的三要素为基础研究相互作用、实验探究归纳总结规律并推演至牛顿第三定律这些物理思想方法的运用，提炼出透过现象看本质（抓主忽次）、联系观（相互作用观）的价值观念。

4. 评价反馈环节：尝试运用牛顿第三定律分析并画出作用力与反作用力的示意图；聚焦研究对象与周围物体间相互作用中研究对象所受的力，初步建立受力分析的方法；在受力分析的过程中体会相互作用力与平衡力的区别。

【评价预设】☞

课堂内以师生之间交流互动为主的方式实现及时反馈评价，适当组织学生之间进行互评。

1. 提出问题环节：以引导性评价提升学生活动参与的积极性，以鼓励性评价肯定学生主动的分享交流。通过评价激励学生发现两人对拉情境中相互作用的物理问题。

2. 解决问题环节：通过引导性评价促进学生积极思考，联系实际情境抽离其中的物理模型，引导学生规范地进行实验探究活动；以鼓励性评价激励学生分享探究结果，总结探究规律。

3. 反思提升环节：以鼓励性评价促进学生积极思考，大胆分享；表扬性评价肯定学生对问题研究过程中物理建模、实验探究等思想方法的运用，在分享表达过程中呈现出的相互作用观等物理观念。

4. 评价反馈环节：适当组织学生之间的互评，结合教师肯定性评价，强化对牛顿第三定律的准确把握及应用。

二、教学实施设计

【教学环节】

教学环节（时间）	学生活动	教师活动	设计意图	技术融合
提出问题（约5 min）	认真观察两人对拉的活动，体验活动过程中力的相互作用；进入解决问题的积极状态	营造问题情景，组织学生参与活动体验。核心问题：抽离两人对拉中的物理模型，实验探究其规律	这是日常生活中常见的情境，易于参与体验。通过活动体验和观察，建立物理学科问题与生活情境的关联	利用手机投屏展示活动体验的过程；制造联系实际的问题情境
解决问题（约10 min）	学生从两人对拉情境中抽离出相互作用的研究模型，形成实验探究的方案；参与实验，探究模型相关的规律	1. 引导学生分析实际问题，根据研究需要抽离物理研究模型；2. 引导学生设计探究，巡视指导学生参与实验探究，归纳总结规律	学生在解决问题的活动中亲历从生活情境出发建立物理模型，进而体会通过力的三要素实验研究相互作用的基本方法，总结归纳物理规律	利用手机投屏展示实验探究过程；分享学生探究结果
反思提升（约8 min）	师生共同回顾实验探究的过程，从概念结论、思想方法、价值观念三个层面反思提升以下内容：		师生共同回顾实验探究的过程，梳理知识结构；将探究过程中运用的物理思想方法显性化，并提升形成相应的价值观念	利用多媒体展示反思提升内容结构
评价反馈（约17 min）	学生完成评价反馈练习，教师及时评价，并适时组织学生互评。附评价反馈： 1. 运用牛顿第三定律，画出物体 A 和周围物体间的作用力与反作用力的示意图。 ![A 静止在水平地面上的物体A] 静止在水平地面上的物体A 2. 说出一对相互作用力与一对平衡力的区别。 3. 既然相互作用力总是等大反向，为什么拔河比赛会有输赢？		利用评价反馈，将相互作用规律运用于分析实际问题，并引导学生将分析相等力的作用效果时聚焦到作为受力物研究对象；并能运用相互作用的观点正确受力分析	利用多媒体展示评价反馈

【板书设计】☞

§3 牛顿第三定律

一、核心问题：抽离两人对拉中的物理模型，实验探究其规律。

二、解决问题

　1. 建立物理模型；

　2. 实验探究

　（依据课堂活动内容生成）

三、反思提升

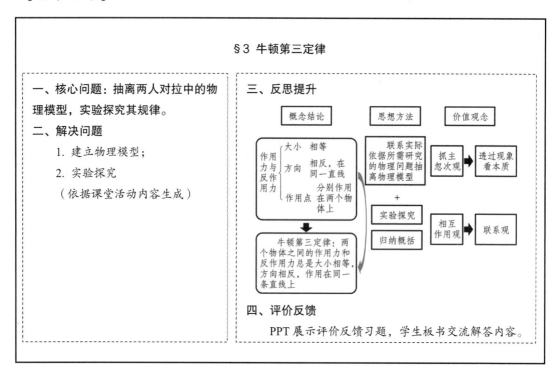

四、评价反馈

　PPT展示评价反馈习题，学生板书交流解答内容。

【教学流程】☞

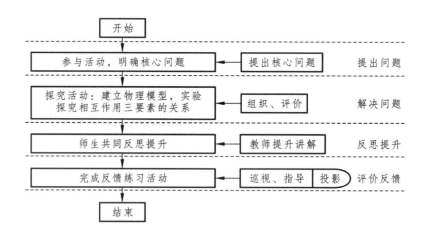

【作业设计】☞

　　为使学生通过课堂与课外作业对本课时生成的牛顿第三定律、运动与相互作用观念、联系观等大概念在各种新情境的运用中加深理解，对本课时课内外作业进行了如下表所示的结构化设计，其中评价反馈练习是课堂上完成的作业，其余4道题是课后作业。

作业序号	作业目标	作业情景		概念结论		思想方法		价值观念		整体评估	
		内容	水平	内容	水平	内容	水平	内容	水平	内容	水平
评价反馈1	能运用牛顿第三定律分析物体的受力情况	水平面上的物体受力的学习探索情境	简单	作用力与反作用力	物理观念水平3	受力分析	科学思维水平2	运动与相互作用观、联系观	物理观念水平3	基础性作业	学业质量水平3
评价反馈2	能区别一对相互作用力与一对平衡力	物理概念深度理解的学习探索情境	较复杂	作用力与反作用力、平衡力	物理观念水平4	归纳概括、推理演绎	科学思维水平3	运动与相互作用观、联系观	物理观念水平4	基础性作业	学业质量水平4
评价反馈3	能运用运动与相互作用的观点分析生活中常见的现象	拔河的生活实践情境与运动与相互作用的关联	较复杂	牛顿第三定律、平衡条件、力与运动的关系	物理观念水平3	模型化、分析综合	科学思维水平3	运动与相互作用观、联系观	物理观念水平4	综合性作业	学业质量水平3
课后作业1	能从作用力与反作用力一定是相同性质的力深入理解牛顿第三定律	相互作用的学习探索情境	简单	作用力与反作用力、力的性质	物理观念水平1	区别与联系的分析方法	科学思维水平1	相互作用观	物理观念水平1	基础性作业	学业质量水平1
课后作业2	能运用牛顿第三定律分析相互作用力的大小关系	跳高、吊起货物、鸡蛋碰石头、汽车等生活实践情境	简单	牛顿第三定律	物理观念水平2	模型化	科学思维水平2	相互作用观	物理观念水平2	基础性作业	学业质量水平2
课后作业3	能运用牛顿第三定律和平衡力的特点分析运动爱好者的受力情况	攀岩运动的生活实践情境	较简单	作用力与反作用力、平衡力	物理观念水平3	动力学分析	科学思维水平3	运动与相互作用观	物理观念水平3	综合性作业	学业质量水平3
课后作业4	能在动力学分析中运用牛顿第三定律转换研究对象	定滑轮提升物体的学习探索情境	复杂	牛顿第三定律、牛顿第二定律	物理观念水平4	动力学分析、模型化	科学思维水平4	运动与相互作用观	物理观念水平4	综合性作业	学业质量水平4
课时作业总体评估	作业设计依据课时素养目标，可有效检测学生对牛顿第三定律内容和内涵的理解、检测学生模型化、动力学分析、综合分析等的科学思维水平，以及运动与相互作用观为基础的学科价值观念和事物普遍联系的哲学价值观念。 　　受课题内容限制，作业类别只覆盖了基础性作业和综合性作业。从学业水平要求来看覆盖了学业质量水平1～4各层次的作业内容，由浅入深地检测学生的学业水平质量，引导学生素养积淀，提升学生物理学习的兴趣与信心。 　　课时作业从单元视角、多角度结构化地检测和加深学生对牛顿第三定律的理解，有助于学生素养目标的达成										

（具体的作业内容略）

三、教学评价设计

【信息搜集】 ☞

课后搜集了全班学生的运用反馈练习36份。对搜集到的36份学生运用反馈练习基于正确率及关联体验目标达成情况两种评判标准进行了批阅和分类。

【自我评价】 ☞

大概念核心问题教学文化评价表

课时名称：牛顿第三定律。

所属单元：相互作用。

单元大概念：力学范畴涉及到重力、弹力、滑动摩擦力、静摩擦力几种基本性质力，了解这几种力的产生原因、大小和方向上的特征，从相互作用角度进行受力分析，掌握力的合成与分解的方法，通过解决力的平衡的问题，为后面建立力与运动关系的知识体系做好基本概念和思想方法的准备，并认识到透过现象看本质和实践出真知的重要性。

单元核心问题：观察、分析生活中的相互作用现象，分类探究、归纳作用特点并尝试抽象概括，用于分析物体的受力；实验探究和归纳演绎力的运算法则，用于解决基本的物体平衡问题。

课时大概念：透过两人对拉现象发现其中的相互作用本质，将其模型化后通过实验探究得出两个物体之间的作用力与反作用力总是大小相等、方向相反、作用在同一条直线上，并将用于解释生活生产中的相互作用现象，完善相互作用观念。

课时核心问题：抽离两人对拉中的物理模型，实验探究其规律。

评价目标	评价指标				评价方法结果
	一级指标	二级指标	三级指标		
实现活动体验中的学习与素养发展	具有大概念核心问题教学形态	核心问题利于活动体验	内含学科问题和学生活动方式	8	每项指标最高评8分（满分为96分）
			问题情境与真实生活密切相关	8	
			能引发大概念、新知新法生成	8	
		教学目标价值引导恰当	两类目标正确全面	7	
			关联体验目标恰当	7	
			目标价值引导显现	8	
		教学环节完整合理落实	教学环节清晰完整	8	
			环节内容合理充实	8	
			学生活动时间充分	6	
		教学要素相互匹配促进	问题目标环节两两匹配	7	
			技术促进活动形式内容	7	
			素养导向突出氛围浓郁	8	合计90分

评价目标	评价指标			评价方法结果
	一级指标	二级指标	三级指标	
实现活动体验中的学习与素养发展	具有大概念核心问题教学特质	拓展学习视野	课堂与现实世界有恰当关联	选择一个表现突出的二级指标，在相应三级指标引导下，以现场学生表现为主要依据，以其余指标为背景，于本表的第二页写出 150 字以上的简要评价
			有基于缄默知识的问题解决	
			有缄默知识运用的追踪剖析	
			知识运用剖析导向素养发展	
		投入实践活动	有真实而且完整的实践活动	
			实践活动深度融入两类情境	
			能够全身心地浸渍于活动中	
			活动的内容结果均丰富深入	
		感受意义关联	有核心问题的深层意义感受	
			有以知识为中心的关联感受	
			有以个人为中心的关联感受	
			有对三类大概念的关联感受	
		自觉反思体验	有实质性反思活动的开展	
			有课堂新因素的追踪利用	
			有体验的交流与改善重构	
			有概念生成中的素养发展	
		乐于对话分享	乐于自我的表达与认真的倾听	
			乐于合作中成果与思路的分享	
			乐于成果交流中深层意义分享	
			有宽容的对话氛围和双向交流	
		认同素养评价	认可素养评价	
			参与素养评价	
			利用素养评价	

大概念核心问题教学特质的简要评价（包括发展性建议）：

本节课在"自觉反思体验"这个二级指标下"有体验的交流与改善重构"和"有概念生成中的素养发展"两个三级指标表现较好。学生参与课堂中的活动体验：对实际生活中常见的现象，能从物理角度思考并提出问题，运用物理研究问题的基本思路建构模型、设计实验、记录分析数据、得出结论并归纳概括物理规律。这种完整的发现问题、解决问题、交流反思的活动体验能较好地建构本堂课的核心大概念"牛顿第三定律"：透过两人对拉现象发现其中的相互作用本质，将其模型化后通过实验探究得出两个物体之间的作用力与反作用力总是大小相等、方向相反、作用在同一条直线上，并将用于解释生活生产中的相互作用现象，完善相互作用观念。

学生在两人对拉的问题情境中，通过建立物理模型探究其背后本质规律，物理核心素养的"科学探究"和"科学思维"得以发展；而学生素养的发展，能更好地在其他情境中运用课时设定的"物理模型建构""实验探究"、"透过现象看本质（抓主忽次）""联系观"这些思想方法和价值观念大概念，也体现了这些大概念的高阶性和迁移性。

【反馈调整】☞

对搜集到的 36 份学生评价反馈练习根据素养目标，尤其是其中心智标准达成情况进行了归类分析，完成了下面的"大概念核心教学素养目标点检测表"。

大概念核心问题教学素养目标点检测表

课时名称	牛顿第三定律		
所属单元	相互作用		
单元大概念	力学范畴中的相互作用及其加减运算		
单元核心问题	观察、分析生活中的相互作用现象，分类探究、归纳作用特点并尝试抽象概括，用于分析物体的受力；实验探究和归纳演绎力的运算法则，用于解决基本的物体平衡问题		
课时大概念	牛顿第三定律		
课时核心问题	抽离两人对拉中的物理模型，实验探究其规律		
课时素养目标	参与两人对拉活动，并从中抽离物理模型，实验探究相互作用力三要素的关系；能够总结归纳相互作用力大小、方向、作用点之间的关系（达到科学探究水平3），理解牛顿第三定律（达到物理观念水平2）；能运用其进行受力分析、解释生产生活中的相互作用现象，进而明晰一对相互作用力与一对平衡力的区别（达到科学思维水平3）； 由此，体会从实际问题建立物理模型，实验探究物理规律的方法（达到科学探究水平3），促进相互作用观的完善（达到物理观念水平2）		
检测点	能运用联系与相互作用的观念分析物体的受力		
检测工具（检测题）	运用牛顿第三定律，画出物体 A 和周围物体间的作用力与反作用力的示意图。 静止在水平地面上的物体A		
分类标准	A. 能运用牛顿第三定律从相互作用观分析物体的受力，把某一物体的受力与其他物体联系起来；分析完整准确，使用力的示意图表达规范 B. 能运用牛顿第三定律从相互作用观分析物体的受力，有意识地把某一物体的受力与其他物体联系起来分析，能用力的示意图表达，表达基本规范 C. 能运用牛顿第三定律从相互作用观分析物体的受力，能用力的示意图表达，表达基本规范；但是分析不完整 D. 能分析受力，但是对物体间相互作用的观念不强，不能较好的联系其他物体分析物体的受力		
检测统计	分类等级	学生人数（总人数36人）	百分比
	A	0	0%
	B	17	47.22%
	C	17	47.22%
	D	2	5.56%

检测分析 结果运用	课后共回收检测卷 36 份，其中 A 等 0 人，B 等 17 人，C 等 17 人，D 等 2 人。其中 B 等中有 10 位同学能运用牛顿第三定律从相互作用观分析物体的受力，把某一物体的受力与其他物体联系起来，并且分析完整准确，但由于力的示意图表达不够规范评定为 B 等，另外 B 等中的 7 人能运用牛顿第三定律从相互作用观分析物体的受力，有意识的把某一物体的受力与其他物体联系起来分析，但分析不够完整准确。全班有 2 位同学的相互作用观不够强，反映出对物体的受力分析在某些细节上存在错误观念
素养目标达成 典型实例	下面两位同学都能较好地运用牛顿第三定律从相互作用的观点分析物体受力，但在表达不够规范，评定 B 等。 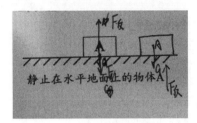 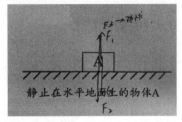 下面这位同学能运用牛顿第三定律分析物体的受力，表达较为规范；但是对物体与周围物体的联系观不够强，存在漏力的情况，评定为 C 等。 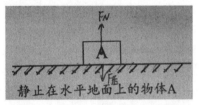 下面这位同学对物体的受力分析和物体与物体之间的相互作用存在概念上的混淆，评定为 D 等。 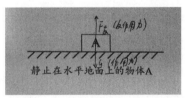
检测反馈	通过检测反映出学生从初中形成的受力分析的固化思维在一定程度上影响了相互作用观念的形成与深度理解；后续课堂中将继续在具体情境中渗透和强化单个物体受力与周围物体之间相互作用的关联。此外，学生运用直尺作图规范地表达物体受力的意识不够强烈，后续课内外将加强要求，并且教师做好示范。

"超重与失重"学教案

陈小军

一、教学分析设计

【教材课标】☞

从课标来看，本节课内容属于教材必修1第四章的第七节。针对本节课程标准的内容要求是"通过实验，认识超重和失重现象"，课标的活动建议是"通过各种活动，例如乘坐电梯、到游乐场参与有关游乐活动等，体验超重和失重"。超重和失重是日常生活中常见的现象，无论超重还是失重，都会对人产生与平时环境状态下不一样的感觉。学生要深刻认识超重和失重现象，必须有亲身体验。课标明确指出：亲身体验的方式可以是实验，实验可以在课堂或实验室进行；也可以是活动，活动可以在课堂进行，也可以走出课堂，延伸至课堂外，比如去乘坐电梯(垂直)、去游乐场参与有关游乐活动等。具体而言，就是要通过实验或其他活动，认识超重和失重现象，在实验探究过程中培育学生的科学探究能力；在利用牛顿运动定律分析解释超重和失重的成因的过程中培养学生科学思维的能力，使学生形成正确的运动与相互作用的物理观念，也让学生体会到透过现象看本质的价值观念。

从教材安排来看，第一章、二章学习了常见的机械运动，学生的物质观念、运动观念得到了丰富，学生初步具有了一定的实验探究、模型建构、抽象概括的能力；第三章，学生已丰富了相互作用的观念，通过相互作用观认识物理现象，解决更多生活实际中的力学平衡问题；本章(第四章)学生在前面学习的基础上将物质观、运动观、相互作用观结合起来，研究力与运动的关系。本节内容是在学习了牛顿三大定律之后的应用，但是学生在辨识和解释一些实际生产、生活及科学研究中的超重、失重、完全失重等现象时，对这些现象的本质容易出现错误的认知。

因此，结合课标要求、内容基础、育人要求几个方面，本节教学中必须致力于为学生呈现让学生能有实际参与感的生活实际情境，设计真实的实验活动让学生亲身体验超重和失重现象，并概括出超重和失重的概念，归纳总结出超重和失重的产生条件。

【大概念】☞

为将《普通高中课程方案（2017年版2020年修订）》中"以大概念为核心，使课程内容结构化"落实到实处，更好发挥学科育人功能，在认真钻研课标和教材基础上，从概念结论、思想方法、价值观念三个视角挖掘出如下的课时大概念。

课时核心大概念：超重和失重。

特征化表达：在运动与相互作用观、实践与理论相结合、透过现象看本质等价值观念的引领下，通过实验探究、建构模型与理论推导相结合的思想方法，探究弹簧测力计的示数与物体的运动状态之间的定性、定量关系，得出超重和失重的本质，形成正确的运动与相互作用观。

1. 概念结论类大概念

简略化表达	特征化表达
超重和失重	物体对悬挂物的拉力（或对支持物的压力）大于物体所受重力的现象称为超重；物体对悬挂物的拉力（或对支持物的压力）小于物体所受重力的现象称为失重

2. 思想方法类大概念

简略化表达	特征化表达
实验探究 构建模型 理论推导	模拟电梯中测重力的实验并探究弹簧测力计的示数与物体的运动状态之间的定性关系，建构物理模型，运用牛顿第二定律对弹簧测力计的示数与物体的运动状态间的定量关系进行理论推导，生成超重和失重（完全失重）的定义、产生条件

3. 价值观念类大概念

简略化表达	特征化表达
透过现象看本质 理论与实践相结合 运动与相互作用观	透过生产生活及实验现象，结合理论分析，探究超重和失重的本质，形成正确的运动与相互作用观

【资源条件】☞

资源名称	功能	来源
多媒体课件	出示核心问题；播放超重和失重的图片和视频等；活动提示；出示评价反馈问题	图片源自生活或网络，视频源自课前学生活动小组录制
希沃白板	解决问题环节用于展示学生实验活动数据，方便师生一起讨论交流，提炼探究结果	多媒体教室
弹簧测力计、钩码	解决问题环节，用于学生进行分组实验，让学生获得全面、深入的探究体验	物理实验室

【学生基础】☞

从概念结论来看：学生已经学习了牛顿的三条定律，对运动与相互作用的物理观念已经有较深刻的认识，对牛顿运动定律的各种应用也具备了一定的分析能力。而超重和失重是日常生活中常见的现象，学生乘坐电梯，到游乐场中参与有关游乐活动时都能体验到超重和失重的感觉，但很大部分同学对超重和失重现象的成因和本质的认识存在误区，以为超、失重就是重力发生了变化，还不能正确理解超重和失重现象中的"视重"和"实重"。

从思想方法来看：学生在本节前面的学习中，已经具备了一定的从生活实际情境问题到物理问题的模型建构能力、实验探究及分析实验数据的能力、理论推导的能力，也有通过实验探究去发现真理的愿望。本节课将继续采用实验探究，模型建构和理论推导相结合的思想方法，帮助学生深刻体验超重和失重现象的定义，产生条件及其本质。

从价值观念看：学生虽然对运动与相互作用观有一定认识，对日常生活中的超重和失重现象也有一定的感觉，但对其成因和本质的认知还有一定障碍和误区，通过本节课的学习，让学生进一步体会透过现象看本质，明白超重和失重是人类进行太空开发中面临的一个重要问题，培育学生形成科学态度和责任等。

【目标分析】☞

基于前述教材课标、课时大概念以及学生基础分析，为更好地发展学生的运动与相互作用观和透过现象看本质的价值观念，培养学生科学探究和科学思维的能力，以学生熟悉的日常生活中"称体重"为学习探索情境，为本课时确立了如下核心素养目标：

参与实验模拟电梯中"测重力"的活动，探究弹簧测力计示数与物体运动状态的关系的活动。

能够分析实验数据，得出弹簧测力计示数与运动状态间的定性关系；能够利用牛顿第二定律推导弹簧测力计的示数与物体运动状态之间的关系，概括超重和失重的定义、产生条件（达到物理观念水平3，科学思维水平3，科学探究水平3）。

由此，进一步体会到透过现象看本质是抽象概括形成概念的重要前提，丰富运动与相互作用观（达到物理观念水平4，科学态度与责任水平4）。

【核心问题】☞

基于前述教材课标、课时大概念、学生基础及目标分析，为了学生能在学习中融入情境，进而能在新的问题情境中运用来解决新问题，积淀物理观念、科学思维等物理核心素养，本节课的核心问题确立为：

实验模拟电梯中"测重力"的活动，探究弹簧测力计示数与物体运动状态的关系。

【评价预设】☞

1. 针对课堂教学中的评价预设

提出问题环节：针对学生对情境引入提出问题的回答，给予激励性的肯定评价。

解决问题环节：以激励性和肯定性相结合的评价基调，引导学生在实验中提炼弹簧测力计的示数与物体运动状态间的定性关系，在理论推导中得出弹簧测力计的示数与物体运动状态间的定量关系，发挥好本环节的体验引导功能。

反思提升环节：与学生共同对解决问题过程中形成的概念结论、思想方法、价值观念进行反思交流并达到结构化提升。重点针对问题解决过程中生成的知识和方法通过引导性评价加以提升，努力促进学生在深度体验基础上以较为专业的学科语言概括超重和失重（完全失重）的定义、产生条件，从而积淀物理观念、科学思维、科学态度与责任等物理学科核心素养，发挥好此环节评价的体验积淀功能。

评价反馈环节：请学生完成评价反馈作业，观察并分析人站在台秤上"下蹲"和"站起"过程中的超重和失重情况，对学生分析的正确性和深入程度做出评价，促进学生进一步深刻体验到超重和失重现象与生活的息息相关;对火箭在发射升空、在轨、着陆返回时存在的超、失重现象进行评价,以及我国在宇宙航天方面取得的成就作出评价,有助于弘扬民族自信和凝聚民族精神,培养学生的科学态度与责任,强化运动与相互作用的物理观念,凸显该环节评价的体验强化功能。

2. 针对课堂教学后的评价设计

课后反思整个教学过程,从教学形态与教学特质两个维度做出自我评价,完成"大概念核心问题教学文化评价表";搜集学生在课后的评价反馈环节完成的评价反馈的作业,确立"分析站在体重计上的人'下蹲'和'站起'过程中的超重和失重情况"为监测点(评价反馈问题)进行统计、分析,完成"大概念核心问题教学素养目标点检测表",并反馈给学生。

二、教学实施设计

【教学环节】☞

教学环节(时间)	学生活动	教师活动	设计意图	技术融合
提出问题(约5 min)	回顾测重力的方法,并观看电梯在启动、上行和下行过程中同学称体重的活动视频,感受生活中的超重失重现象,明确本节课的核心问题,迅速进入解决问题的状态	展示情境视频与图片,引导学生将生活问题转化为物理问题,提出核心问题:实验模拟电梯中"测重力"的活动,探究弹簧测力计示数与物体运动状态的关系	将学生带入有关超重和失重的生活情境之中,将生活问题转化为物理问题,并明确核心问题,进入跃跃欲试的状态	PPT出示超重失重现象的相关生活情境及核心问题
解决问题(约20 min)	活动一:对电梯实验进行模拟和分析,探究弹簧测力计示数与运动状态的定性关系(约10 min)	借助弹簧测力计提着钩码在静止、竖直向上、竖直向下的运动情境,分析弹簧测力计的示数与重力的大小关系及其过程中对应的加速度方向特点,完成任务表格(一),观察分析表格信息,归纳弹簧测力计示数与运动状态的定性关系	全班巡视,适时点拨,指导学生根据任务单逐一进行试验操作,引导学生通过分组实验亲身体会弹簧测力计的示数变化与运动状态变化之间的关联;引导学生对任务表格信息进行分析与归纳	为学生提供探究时空,营造亲自参与、积极向上的学习情境,为学生在反思提升过程中提炼总结超重失重的概念和条件提供实验事实依据	PPT呈现课堂环节;投影仪展示学生的实验探究结果
解决问题(约20 min)	活动二:理论探究弹簧测力计的示数与运动状态之间的定量关系(约10 min)	根据任务单的提示,构建物理模型,利用牛顿第二定律探究弹簧测力计的示数与运动状态的定量关系,完成任务表格(二),并发言陈述理论探究结果	全班巡视,适时点拨,指导学生根据任务单要求构建物理模型、进行理论探究;引导学生对探究结果进行思考,并对学生的探究过程及结果进行点评	在任务单的引导下进行理论探究,学会将实际的情境问题转化为物理模型,并利用对应物理规律解决这个问题,培养学生的科学探究、科学思维等物理学科核心素养	PPT呈现课堂环节;投影仪展示学生的理论探究结果

教学环节（时间）	学生活动	教师活动	设计意图	技术融合
反思提升（约 8 min）	师生共同反思核心问题解决过程，提升形成本节课包含概念规律、思想方法、价值观念的认识		通过对解决问题过程的反思与结构化提升，加深对超重和失重（完全失重）的认识和体验，发展运动与相互作用观，积淀物理观念、科学思维等物理学科核心素养	PPT 呈现课堂环节
评价反馈（约 7 min）	可借助实验，先独立思考，再相互交流	出示评价反馈问题： 1. 分析下蹲-起立过程中的超重失重现象，并分别解释两个过程中产生超重、失重现象的原因。（借助实验观察现象） 2. 在火箭竖直升空的加速阶段，当加速度达到 70 m/s² 时，宇航员对座椅的压力大小等于自身重力的多少倍？此刻宇航员处于超重状态还是失重状态？	检测学生对超重失重的基本概念、产生条件的掌握，并迁移到其他的生活情境中。在深度理解的基础上，将规律特征应用于解决实际问题，促进学生对规律的理解和掌握，勇于将物理知识用来解决生活问题的科学态度与责任感	PPT 出示评价反馈任务

【板书设计】☞

一、核心问题：
　　实验模拟电梯中"测重力"的活动，探究弹簧测力计示数与物体运动状态的关系。

二、解决问题：
　　活动1. 实验探究弹簧测力计示数与运动状态的定性关系；
　　活动2. 建模并理论探究弹簧测力计示数与运动状态的定量关系

三、反思提升：
　　概念结论　思想方法　价值观念
　　1. 超重：　科学探究　透过现象
　　2. 失重：　构建模型　看本质
　　3. 完全失重：　　运动与相
　　4. 视重与实重　　互作用观
四、评价反馈：

【作业设计】☞

作业序号	作业目标	作业情景		概念结论		思想方法		价值观念		整体评估	
		内容	水平	内容	水平	内容	水平	内容	水平	类型	水平
1	懂得应用超重与失重（完全失重）的定义及产生条件解决生产生活实际情景问题	"电梯运动问题"的生活情境及学习探索情境	简单	超重与失重现象的定义及产生条件	物理观念水平2	科学探究	科学思维水平2	透过现象看本质	物理观念水平3	基础性作业	学业质量水平2

作业序号	作业目标	作业情景		概念结论		思想方法		价值观念		整体评估	
		内容	水平	内容	水平	内容	水平	内容	水平	类型	水平
2	懂得应用超重与失重（完全失重）的定义及产生条件解决生产生活实际情景问题	"火箭发射、在轨、返回"的生活实践情境及学习探索情境	简单	超重与失重（完全失重）现象的定义及产生条件	物理观念水平3	科学探究	科学思维水平3	透过现象看本质，运动与相互作用观	物理观念水平3	基础性作业	学业质量水平3
3	懂得应用超重与失重（完全失重）的定义及产生条件解决生产生活实际情景问题	"游乐园跳楼机"的学习探索情景	较复杂	超重失重（完全失重）现象的定义及产生条件，与牛顿第二定律相结合	物理观念水平4	科学探究	科学思维水平4	透过现象看本质，运动与相互作用观，科学态度与责任	物理观念水平4	综合性作业	学业质量水平4
4	懂得应用超重与失重（完全失重）的定义及产生条件解决生产生活实际情景问题	"制作竖直加速度测量仪并用其测量电梯运行的加速度"的生活实践探索情境	复杂	胡克定律，超重失重与牛顿第二定律相结合	物理观念水平4	科学探究	科学思维水平5	透过现象看本质，运动与相互作用观	物理观念水平5	实践性作业	学业质量水平4
课时作业整体评估	本节课的四个作业题均来自学习探索情境和生活情境，并设置了不同的复杂程度，分别为：基础性作业、综合性作业和实践性作业；学生在作业过程中回顾并加深对本节课在概念结论、思想方法、价值观念三个方面的领会，从而使学生以阶梯式的进阶维度，发展物理观念水平、科学思维水平、科学态度与责任，落实核心素养的发展。										

（具体的作业内容略）

【教学流程图】 ☞

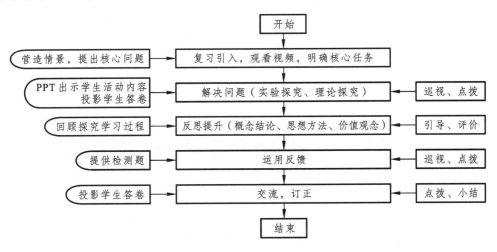

-075-

三、教学评价设计

【信息搜集】☞

课后搜集了全班学生的运用反馈练习 59 份。对搜集到的 59 份学生运用反馈练习基于正确率及大概念的核心问题教学的素养目标达成情况两种评判标准进行了批阅和分类。

【自我评价】☞

大概念核心问题教学文化评价表

课时名称：<u>超重和失重。</u>

所属单元：<u>牛顿运动定律。</u>

单元大概念：<u>运动与相互作用的关系涉及三大牛顿运动定律，并利用牛顿运动定律处理单过程、多过程，单对象、多对象的匀变速直线运动问题，建立牛顿运动定律知识体系，并认识到透过现象看本质和实践出真知的重要性。</u>

单元核心问题：<u>研习人类对运动原因的探究历程，定性、半定量、定量探究物体运动的原因和规律，并观察、探析相互作用力的关系，用于解决基本的动力学问题。</u>

课时大概念：<u>物体对悬挂物的拉力（或对支持物的压力）大于物体所受重力的现象称为超重；物体对悬挂物的拉力（或对支持物的压力）小于物体所受重力的现象称为失重。</u>

课时核心问题：<u>实验模拟电梯中"测重力"的活动，探究弹簧测力计示数与物体运动状态的关系。</u>

评价目标	评价指标				评价方法结果
	一级指标	二级指标	三级指标		
实现活动体验中的学习与素养发展	具有大概念核心问题教学形态	核心问题利于活动体验	内含学科问题和学生活动方式	8	每项指标最高评8分（满分为96分）
			问题情境与真实生活密切相关	7	
			能引发大概念、新知新法生成	8	
		教学目标价值引导恰当	两类目标正确全面	8	
			关联体验目标恰当	7	
			目标价值引导显现	8	
		教学环节完整合理落实	教学环节清晰完整	8	
			环节内容合理充实	8	
			学生活动时间充分	7	
		教学要素相互匹配促进	问题目标环节两两匹配	8	
			技术促进活动形式内容	7	
			素养导向突出氛围浓郁	8	合计92分

评价目标	评价指标			评价方法结果
	一级指标	二级指标	三级指标	
实现活动体验中的学习与素养发展	具有大概念核心问题教学特质	拓展学习视野	课堂与现实世界有恰当关联	选择一个表现突出的二级指标,在相应三级指标引导下,以现场学生表现为主要依据,以其余指标为背景,于本表的第二页写出150字以上的简要评价
			有基于缄默知识的问题解决	
			有缄默知识运用的追踪剖析	
			知识运用剖析导向素养发展	
		投入实践活动	有真实而且完整的实践活动	
			实践活动深度融入两类情境	
			能够全身心地浸渍于活动中	
			活动的内容结果均丰富深入	
		感受意义关联	有核心问题的深层意义感受	
			有以知识为中心的关联感受	
			有以个人为中心的关联感受	
			有对三类大概念的关联感受	
		自觉反思体验	有实质性反思活动的开展	
			有课堂新因素的追踪利用	
			有体验的交流与改善重构	
			有概念生成中的素养发展	
		乐于对话分享	乐于自我的表达与认真的倾听	
			乐于合作中成果与思路的分享	
			乐于成果交流中深层意义分享	
			有宽容的对话氛围和双向交流	
		认同素养评价	认可素养评价	
			参与素养评价	
			利用素养评价	

大概念核心问题教学特质的简要评价(包括发展性建议):

　　本节课凸显了大概念核心问题教学中"投入实践活动"这个二级指标。本节课首先从回顾测重力的几种方法进入课题,然后让学生观看电梯运动过程中在电梯中称体重的实验视频,观察体重计示数的变化特点,并进一步让学生明确本节课的核心任务。在解决问题环节,学生能较为独立地完成活动一:对电梯实验进行模拟和分析,探究弹簧测力计示数与运动状态的定性关系,全体学生有真实且完整的实践活动,情境真实地分析问题,解决问题,深刻体验到了物理观念中的运动与相互作用观,将生活中的实际问题转化成了物理问题,让学生体会到用物理的眼光去看待生活中经历的一些感受和现象;而在活动二中,同学们在任务单的引导下进行理论探究,学会将实际的情境问题转化为物理模型,并利用对应物理规律解决该问题,培养了学生的科学探究、科学思维等物理学科核心素养。且同学们踊跃发言,交流分享自己分析实际情境问题的思路方法、对探究结果的理解认识,物理模型的建构与从运动与力的角度解决实际问题的关联等,学生能够全身心地浸渍于活动中。在解决问题环节中学生充分活动的基础上,学生能自觉进行反思,所以反思提升环节能有较好的表现,也愿意主动与大家交流分享,活动的内容和结果均丰富深入,物理核心素养的培养也在投入实践活动中得到有效落实

大概念核心问题教学素养目标点检测表

课时名称	超重与失重
所属单元	牛顿运动定律
单元大概念	运动与相互作用的关系涉及三大牛顿运动定律，并利用牛顿运动定律处理单过程、多过程，单对象、多对象的匀变速直线运动问题，建立牛顿运动定律知识体系，并认识到透过现象看本质和实践出真理的重要性
单元核心问题	研习人类对运动原因的探究历程，定性、半定量、定量探究物体运动的原因和规律，并观察、探析相互作用力的关系，用于解决基本的动力学问题
课时大概念	物体对悬挂物的拉力（或对支持物的压力）大于物体所受重力的现象称为超重；物体对悬挂物的拉力（或对支持物的压力）小于物体所受重力的现象称为失重
课时核心问题	实验模拟电梯中"测重力"的活动，探究弹簧测力计示数与物体运动状态的关系
课时素养目标	参与并模拟电梯中称重的实验活动； 能够分析实验数据，得出弹簧测力计示数与运动状态间的定性关系；能够利用牛顿第二定律推导弹簧测力计的示数与物体运动状态之间的定理关系，概括超重和失重的定义、产生条件（达到物理观念水平 3，科学思维水平 3，科学探究水平 3）； 由此，进一步体会到透过现象看本质是抽象概括形成概念的重要前提，丰富运动与相互作用观（达到物理观念水平 4，科学态度与责任水平 4）
检测点	利用超重和失重现象定性、定量分析实际问题（达到科学思维水平 3），进一步体会到透过现象看本质是抽象概括形成概念的重要前提，明白超重和失重是人类进行太空开发中面临的重要问题，丰富运动与相互作用观（达到物理观念水平 4，科学态度与责任水平 4）
检测工具 （检测题）	1. 分析下蹲-起立过程中的超重失重现象，并分别解释两个过程中产生超重、失重现象的原因（借助实验观察现象）。 2. 在火箭竖直升空的加速阶段，当加速度达到 70 m/s² 时，宇航员对座椅的压力大小等于自身重力的多少倍？此刻宇航员处于超重状态还是失重状态？
分类标准	A. 能正确地定性分析下蹲-起立过程中的超重失重现象，能正确解释两个过程中分别产生超重和失重现象的原因，体会到透过现象看本质的重要性；能建构物理模型，正确利用牛顿运动定律分析火箭在匀加速上升阶段的力跟运动的关系，并能正确定量计算出该过程中宇航员对座椅的压力大小，明白宇航员在该过程中处于强烈的超重状态，由此更进一步体会到超重和失重是人类进行太空开发中要面临的一个重要问题 B. 能正确地定性分析下蹲-起立过程中的超重失重现象，能正确地定性分析下蹲起立过程中的超重失重现象，能正确解释两个过程中分别产生超重和失重现象的原因；能建构物理模型，正确利用牛顿运动定律分析火箭在匀加速上升阶段的力跟运动的关系，并能正确选用规律计算该过程中宇航员对座椅的压力大小，明白宇航员在该过程中处于强烈的超重状态，计算能力还有待提升 C. 对超重和失重的产生条件的理解和认识还存在一定误区，认为超重失重与速度方向有关，所以认为下蹲就出现失重，起立就出现超重，对透过现象看本质的理解深度不够；在定量分析的检测中，能建构物理模型，正确利用牛顿运动定律分析火箭在匀加速上升阶段的力跟运动的关系，并能正确定量计算出该过程中宇航员受到座椅给他的支持力大小，但对支持力和压力的关系未作出明确的解释，直接将支持力当作题目中的压力，这部分同学大方向的物理思维和解题思路都有，但细节处出问题，细节又决定成败

分类标准	D. 只知道运动过程中压力变化了，存在超重失重现象，但具体的超重失重的过程分析和产生原因还比较混乱，定量分析过程中，也能套用牛顿第二定律的公式进行计算，但对本质的理解还有待加强，能做到尽量不留空白，得到步骤分		
检测统计	分类等级	学生人数（总人数 59 人）	百分比
	A	39	66.1%
	B	10	16.9%
	C	6	10.2%
	D	4	6.8%
检测分析结果运用	从检测统计情况看，A 等级的同学有 39 人，所占百分比为 66.1%。这部分同学能正确地定性分析下蹲-起立过程中的超重失重现象，能正确解释两个过程中分别产生超重和失重现象的原因，体会到透过现象看本质的重要性；能建构物理模型，正确利用牛顿运动定律分析火箭在匀加速上升阶段的力跟运动的关系，并能正确定量计算出该过程中宇航员对座椅的压力大小，达成了物理学科核心素养中的物理观念的水平 4 及科学思维的水平 3；也明白宇航员在该过程中处于强烈的超重状态，由此更进一步体会到超重和失重是人类进行太空开发中要面临的一个重要问题，达成了科学态度与责任的水平 4。 B 等级的同学有 10 人，所占百分比为 16.9%。这部分同学物理思维和解题思路还不错，能正确地定性分析下蹲-起立过程中的超重失重现象，能正确解释两个过程中分别产生超重和失重现象的原因；能建构物理模型，正确利用牛顿运动定律分析火箭在匀加速上升阶段的力跟运动的关系，并能正确选用规律计算该过程中宇航员对座椅的压力大小，明白宇航员在该过程中处于强烈的超重状态，但计算结果数据出错，说明他们本节课的物理核心素养达成度较好，但在数学方面还要加强。 C 等级的同学有 6 人，所占百分比为 10.2%。这部分同学对超重和失重的产生条件的理解和认识还存在一定误区，认为超重失重与速度方向有关，所以认为下蹲就出现失重，起立就出现超重，对透过现象看本质的理解深度不够；在定量计算的检测中，能建构物理模型，正确利用牛顿运动定律分析火箭在匀加速上升阶段的力跟运动的关系，并能正确定量计算出该过程中宇航员受到座椅给他的支持力大小，但对支持力和压力的关系未作出明确的解释，直接将支持力当作题目中的压力，这部分同学大方向的物理思维和解题思路都有，但细节处出问题，细节又决定成败。这部分同学对基本规律要加强理解，要多用物理的眼光看待问题。 D 等级的同学有 4 人，所占百分比为 6.8%。这几位同学基础很薄弱，较多地方存在知识脱节的情况，他们只能找出个别特殊运动状态时的受力特点，对运动过程有一定的分析，对过程中超失重现象有一定认知，但对其本质的理解还有一定问题，且迁移能力较弱，解决问题的思路方法比较混乱，这部分同学需要多鼓励他们在基础知识上下功夫，尽量得步骤分不留空白。 因此，整体来看，学生本课时的核心素养目标达成度较好。通过本节课的学习，让学生进一步体会到透过现象看本质是抽象概括形成概念的重要前提，丰富了学生的运动与相互作用观，更让学生明白超重和失重是人类进行太空开发中面临的一个重要问题，培育了学生的科学态度和责任等。在今后教学中，应继续关注学生在研究活动中的大概念的建立，要基于学科核心素养来确定单元和课时的教学目标和内容，并在问题解决的过程中尽量促进每一位学生的物理学科核心素养的达成		

素养目标达成典型实例	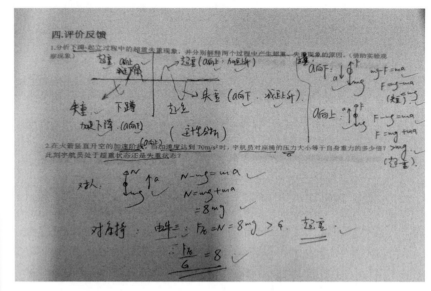 　　该学生在审题的过程中，对一些关键信息做了勾画，从题目信息上明确了解决此题的大方向，抓准了各个运动过程的特点及过程中受力特征，通过作图体现下蹲-起立过程中力随时间的变化，明确了超重失重现象的定义及产生条件并运用到了生活情境中。第二个题中，该学生对研究对象的选择，模型的构建和物理规律的应用，都简洁直观地呈现了思维活动过程。 　　从该学生提交的检测题目的分析过程中，我们可以看出该学生对超重和失重这个大概念的理解是比较深刻的，对实际问题的分析、物理模型的建构，利用力与相互作用观念解决实际问题的科学思维，以及数学计算能力等都是很棒的。由此也可以看出，该学生学科核心素养目标的达成度也是比较高的
检测反馈	在评讲这道题目时，经过学生们的展示交流，绝大部分学生对超重失重问题的处理方法都有一定的理解，对建模、受力分析、画位置草图、选取物理规律列式这些分析方法都有较好的认识，也知道物理问题的分析离不开力与运动的分析，抓住超重失重的本质，利用牛顿运动定律解决问题。但是一些情境比较复杂，运动过程较多，对学生们的能力要求较高，需要他们具有全局观，且会灵活运用，学生们还需要加强巩固练习

"曲线运动"单元教学

"曲线运动"
大概念的核心·问题教学单元规划纲要

学科　物理　教师　王瑞华　夏韫　何国军　熊文俊

年级	高一		单元名称		曲线运动	单元课时	8课时
单元内容	教材内容	一、必修2模块内容　　必修2模块由"机械能及其守恒定律""曲线运动与万有引力定律""牛顿力学的局限性与相对论初步"三个主题组成。"机械能及其守恒定律"主题中，通过实验及理论推导等方法，让学生理解重力势能与重力做功的关系，理解动能定理以及机械能守恒定律，学会从机械能转化和守恒的视角分析物理问题，形成初步的能量观念。在应用机械能守恒定律解决问题的过程中，体会守恒的思想，领悟从守恒的角度分析问题的方法，增强分析和解决问题的能力。"曲线运动与万有引力定律"主题中，让学生通过研究平抛运动、匀速圆周运动等运动形式，体会物理学中化繁为简的研究方法，拓展对运动多样性的认识，深化对位移、速度、加速度等重要概念的理解，进一步提高关于力与运动关系的认识。引导学生关注经典物理学定律与航天技术等现代科技的联系，了解人类对宇宙天体的探索历程，从万有引力定律的普适性认识自然界的统一性。"牛顿力学的局限性与相对论初步"主题中，通过对相对论的初步介绍，引导学生认识牛顿力学的局限性，体会人类对自然界的探索是不断深入的。　　为了学生能在更加聚焦的学习中获得深度体验，将主题"曲线运动与万有引力"分解为"曲线运动"与"万有引力定律"两个单元，本单元为"曲线运动"。　　二、单元内容　　本单元包含本模块的第一章"抛体运动"与第二章"匀速圆周运动"。平抛运动和匀速圆周运动是两类典型的曲线运动模型。平抛运动是在恒力作用下的曲线运动，匀速圆周运动是在大小恒定但方向均匀变化的力作用下的曲线运动，"匀速圆周运动"这一章，先从运动学进一步丰富描述运动的物理量，突出力和运动的关系，体现运动学模型规律及方法的广泛存在性和适应性。在必修第二册前两章的学习中，要求学生基于必修第一册学习的力学知识和方法，通过观察力学实验，了解曲线运动的特征、条件及研究平面曲线运动的一般方法，为后续在电学中继续学习带电粒子在电场、磁场中的偏转打好基础，并主要通过理论和实验相结合的方式探究学习了两种典型的曲线运动——平抛运动和圆周运动。　　所使用教材为教科版高中物理必修第二册。教科版教材在这两章的内容安排顺序是：1.1认识曲线运动；1.2运动的合成与分解；1.3探究平抛运动的特点；1.4研究平抛运动的规律；1.5斜抛运动（选学）；2.1圆周运动；2.2匀速圆周运动的向心力和向心加速度；2.3圆周运动的实例分析；2.4圆周运动与人类文明（选学）。第一章前两节的主题是曲线运动，主要阐述曲线运动的方向、物体做曲线运动的条件和分析曲线运动的方法——运动的合成与分解，本部分是所有曲线运动的基础知识和基本方法；

	教材内容	第一章后三节的主题为抛体运动，通过对平抛运动和斜抛运动（选学）的分析，使学生初步掌握用运动的合成与分解的方法处理二维运动，参照人教版和山东科学技术版的教材编排内容，为了使学生对实验探究与理论分析有更加结构化的深度体验，拟将1.3和1.4的内容做重整分配，整合分配后的1.3主要内容为建构平抛运动模型并从实验角度探究平抛运动的特点，1.4主要内容为从理论分析的角度分析平抛规律并用于解决实际问题。第二章前2节的主题为圆周运动及其基本特性，这一部分介绍描述并体现圆周运动特殊性的物理量：线速度、角速度、周期和向心加速度，这些物理量中线速度、加速度与以前所学内容有关，从这个角度看来，本部分具有承前启后的作用。参照人教版的教材编排内容，考虑到课程内容的难度和抽象性，拟将2.2的内容分为两个课时，第一课时主要内容为向心力，第二课时的主要内容为向心加速度。第二章后2节的主题为圆周运动与现实生活，第3节着重于用圆周运动的规律分析实际生活中的问题，实践性很强；第4节为选学部分，主要介绍了圆周运动在社会发展中发挥的作用，展现了物理规律的社会价值，本节作为选学内容，难度很小，可以考虑将其整合到第二章第一节认识圆周运动中，作为实例展示，既能丰富学生的认知环境，也能达到这节课的教学目标。本单元丰富了学生对机械运动形式和运动快慢描述视野的认识，是直线运动的进阶，也是运动与相互作用观念的进阶
单元内容	课标内容	一、课标要求 《普通高中物理课程标准（2017年版2020年修订）》中对本单元及各课时教学的要求： 2.2.1 通过实验，了解曲线运动，知道物体做曲线运动的条件。 例1 观察生活中的曲线运动，如投篮时篮球的运动轨迹。 2.2.2 通过实验，探究并认识平抛运动的规律。会用运动合成与分解的方法分析平抛运动。体会将复杂运动分解为简单运动的物理思想。能分析生产生活中的抛体运动。 2.2.3 会用线速度、角速度、周期描述匀速圆周运动。知道匀速圆周运动向心加速度的大小和方向。通过实验，探究并了解匀速圆周运动向心力大小与半径、角速度、质量的关系。能用牛顿第二定律分析匀速圆周运动的向心力。了解生产生活中的离心现象及其产生的原因。 例2 了解铁路和高速公路拐弯处路面有一定倾斜度的原因。 活动建议： （1）查阅资料，比较炮弹的实际弹道与理想抛物线的差异，尝试作出解释。 （2）收集资料，探讨自行车拐弯时受到的向心力。 二、课标解读 1. 通过实验，了解曲线运动，知道物体做曲线运动的条件 曲线运动是生产生活中常见的运动形式，广泛存在于力学、电学、热学、光学、近现代物理等各个领域，是必修部分中直线运动和力与运动关系的拓展，也是后续学习平抛运动和圆周运动的基础。要求学生能对常见的机械运动现象进行分类。通过观察实验，了解曲线运动，拓展对运动多样性的认识，运用必修1中形成的运动与相互作用观念，归纳出当物体所受合外力与其速度方向不共线时，物体将做曲线运动。对于这部分内容，要特别注意与学生已有认知基础（包括生活经验）相结合，注意学生在必修1中已经形成的物理观念，尤其是运动与相互作用观念。 2. 运用运动的合成与分解的方法研究复杂运动 （1）通过实验，探究并认识平抛运动的规律。 实验是物理学的基础，这部分内容要求通过观察力学中的典型平抛运动，从受力和运动初始条件的角度得到平抛运动的定义。学生通过实验探究认识到平抛运动可以分解为水平方向上的匀速直线运动和竖直方向上的匀变速直线运动，并结合在必修1所学的相互作用和牛顿运动定律，从力和运动关系的角度进行理论思考，达到理论与实验相结合的效果

		（2）会用运动合成与分解的方法分析平抛运动。
单元内容	课标内容	平抛运动中运动合成与分解的方法是力的矢量合成与分解的进一步丰富，后续电学中电场强度、磁感应强度等矢量合成与分解也遵循这样的方法，教师要充分利用多种教学资源，努力创设学生感兴趣、能激发探究欲望的问题情境，引导学生将复杂运动分解为简单运动，运用已有的概念和规律分析现象、建构模型、解决问题。 （3）体会将复杂运动分解为简单运动的物理思想。能分析生产生活中的抛体运动。 从对平抛运动规律的探究中掌握研究方法之后，进一步体会将复杂运动分解为简单运动的物理思想，是对平面抛体运动的进一步深化和拓展，符合《标准》要求的"运用已有的概念和规律分析现象、建构模型、解决问题"的精神。《标准》建议"查阅资料，比较炮弹的实际弹道与理想抛物线的差异，尝试作出解释"，目的在于引导学生对运动模型的理想化条件有更加深刻的认识。 3. 圆周运动 （1）会用线速度、角速度、周期描述匀速圆周运动。 对于圆周运动，先从运动学角度进一步丰富描述机械运动的物理量，在位移、速度等重要概念的基础上，出现了线速度、角速度等概念。通过同轴转动物体的角速度关系、齿轮传动中两轮边缘各点线速度大小关系，进一步体会在圆周运动中引入线速度、角速度概念的必要性，并能准确掌握线速度的方向。周期的概念普遍运用于有重复性的物理过程的描述中，为机械振动、机械波中的周期概念做适当的铺垫。对于这部分内容，还应掌握描述圆周运动的各物理量间的关系。 （2）知道匀速圆周运动向心加速度的大小和方向。 向心加速度是描述圆周运动的一个重要概念。对于匀速圆周运动的加速度，主要从运动学角度，采用加速度的定义 $a = \dfrac{\Delta v}{\Delta t}$ 推导，了解简单的矢量减法运算和极限思想，是对必修 1 运动与相互作用观念的进一步深化。向心加速度的大小可以用不同的物理量表示。在匀速圆周运动中，向心加速度一定指向轨迹圆心。 （3）通过实验，探究并了解匀速圆周运动向心力大小与半径、角速度、质量的关系。 《标准》要求探究并了解匀速圆周运动向心力大小与半径、角速度、质量的关系。首先应明确向心力的概念并理解向心力是效果力，在此基础上利用控制变量的方法，探究向心力与质量、角速度、半径等因素之间的关系。要注意探究过程的要素，把握好要突出的要素。 （4）能用牛顿第二定律分析匀速圆周运动的向心力。 要求学生会用向心力与向心加速度的关系公式对具体问题进行分析与计算，能用牛顿第二定律分析匀速圆周运动的向心力。《标准》建议学生探究铁路和公路拐弯处路面有一定倾斜度的原因，建议学生收集资料并探讨自行车拐弯时受到的向心力等，就是要求学生能够初步分析生活实际问题中的向心力来源。对于学有余力的学生，可以酌情拓展到变速圆周运动中物体在特殊点上的向心力和向心加速度。 （5）了解生产生活中的离心现象及其产生的原因。 知道什么是离心现象，结合所学知识分析生产生活中的离心现象，例如洗衣机脱水、汽车拐弯时人倾斜等都属于离心现象，进一步了解人们是如何利用离心现象或避免离心现象的

基础条件	**资源基础**	黑板：板书核心问题；板书学生解决问题时交流、分析、建构概念过程的要点；板书反思提升要点等。 教材及学案：提供核心问题教学各环节中自主探究与生成的环节与思维空间。 PPT：展示视频、图片等情境；出示核心问题；提供全班交流时所需的资料；出示评价反馈练习等内容。 实验及模型：学生实验：探究平抛运动的特点。演示实验：探究向心力 F 的大小与质量 m、角速度 ω 和半径 r 之间的关系。 各种图片、视频：曲线运动的实例图片。演示曲线运动的速度方向的实验视频，演示曲线运动条件的实验视频。"跑步机-小车"实验视频。获取平抛运动轨迹的实验装置图片。圆周运动的实例图片。 信息技术融合：希沃投屏功能，可以对不容易观察的实验进行投屏，便于全部学生对实验现象的观察，还可以对学生的任务完成情况进行拍照上传呈现等。手机摄像慢放功能，将瞬间的状态延长，便于观察
	学生基础	从概念结论来看：学生已经掌握了描述直线运动的概念，对位移、速度、加速度有了一定认识，比如速度是描述运动状态的物理量，速度变化包括大小、方向的改变等，掌握了直线运动规律；能根据动力学和运动学规律解决实际的直线运动问题（具体表现为：学生具备观察运动现象、从运动学或动力学角度提出问题的能力，具备设计简单实验研究运动学问题的能力，具备根据数据计算匀变速直线运动的加速度、计算力和加速度关系的能力，具备初步的理论推导和实验探究能力等）。 从思想方法来看：学生初步建立了研究直线运动的思维路径，建立运动学模型→通过分析和推理，获得各物理量的关系→结合实际情境修正答案；初步具有等效替代的思想，知道矢量可以合成和分解；初步具有模型建构的思想，能在认识新的事物时尝试抓住本质，建立起相关模型。 从价值观念来看：学生知道速度变化一定是受到了力的作用，能从运动与相互作用角度对直线运动问题进行因果解释，初步形成了运动与相互作用观念；知道科学探究有实验和理论两条路径，两者相辅相成，具有实践观和联系观。 综上，学生在以前的学习和生活经验中对一些相关的小概念有了比较正确的认识，在必修 1 的学习中初步形成了正确的运动与相互作用观念，初步掌握了一些典型的思想方法，如极限思想、等效替代、模型建构等。在本章的学习中，还需进一步巩固和深化相关的思想方法和价值观念，并形成一些本章教学中能够突出的思想方法与价值观念等，比如化繁为简的价值观念等
单元大概念及下层结构		单元核心大概念 运动与相互作用：宏观状态下，质点的运动状态由初始运动状态和受力共同决定，遵循运动学与动力学规律。常常在化繁为简、透过现象看本质、变与不变对立统一的矛盾观指导下，运用化曲为直、多视角分析以及实验探究与理论探析相结合的思想方法研究该运动。 一、概念结论类 1. 曲线运动：当所受合外力（加速度）与速度方向不共线时，物体便会做轨迹为曲线的运动。最为典型、基本的曲线运动包括恒力作用下的平抛运动与变力作用下的匀速圆周运动。 二、思想方法 1. 化曲为直（含等效替代、运动的合成与分解）：研究平抛运动时，运用等效替代思想，将平抛这种曲线运动分解为水平方向的匀速直线运动和竖直方向的自由落体运动加以研究。 2. 多视角分析：研究匀速圆周运动时，可从曲线运动、转动、周期性运动等视角，运用线速度、角速度、转速、周期/频率等物理量描述其快慢

| 单元大概念及下层结构 | |

3. 实验探究与理论探析相结合（含实验观察法、控制变量法、极限思想、动力学分析法）：曲线运动的方向、平抛运动特点和规律、圆周运动的向心力与向心加速度等大概念的生成与理解中，把通过实验观察、控制变量等方法进行实验探究与运用极限思想、动力学分析法进行理论探析相结合。

4. 运动与受力关联分析（模型化思想）：解决物体做曲线运动的实际问题时，需对实际问题情境中的对象、过程模型化，并结合物体的运动与受力情况，运用牛顿运动定律，对问题加以分析与解决。

三、价值观念

1. 化繁为简：研究平抛运动时，通过运动的合成与分解，实现将不便直接研究的曲线运动转化为方便研究的直线运动，使繁杂问题得以简化、解决。

2. 透过现象看本质：研究匀速圆周运动时，需透过圆周运动轨迹为圆的现象发现其曲线运动、转动、周期性运动等运动本质，运用线速度、角速度、转速、周期/频率等物理量描述其快慢。

3. 变与不变对立统一的矛盾观：运用极限思想建立曲线运动瞬时速度、圆周运动加速度等概念时，当时间趋近于零时，可将不断改变的物理量（速度、加速度）视为不变，通过时间趋近于零时物理量的平均值（平均速度、平均加速度）建立其瞬时值（瞬时速度、瞬时加速度）的概念。

4. 运动与相互作用观：自然界中的运动形式多种多样，曲线运动是其中的一类，曲线运动也有多种多样的形式，如抛体运动、圆周运动等；这些曲线运动与物体的初状态与受力情况有关，遵循运动学与动力学规律

课时	课时大概念		课时概念梳理		
	简约化表达	特征化表达	概念结论（小概念）	思想方法	价值观念
1	曲线运动	曲线运动是轨迹为曲线的机械运动。当物体所受合外力与其速度方向不共线时，物体将做曲线运动	曲线运动的概念、曲线运动的瞬时速度方向、曲线运动的条件	类比思想（类比直线运动的描述方法，掌握曲线运动的描述方法）；极限思想（足够短过程的曲线运动可以视为直线运动，确定曲线运动速度方向）	运动与相互作用观：当物体所受合外力与其速度方向不共线时，物体将做曲线运动。变与不变的辩证观（极限思想的指导观念）
2	运动的合成与分解	运动分解与合成是研究复杂运动的基本方法，它可以将复杂运动等效分解为几个简单的分运动，对简单运动加以分析后，再将其等效合成为复杂运动的特征和规律	合运动：物体的实际运动；分运动：组成合运动的两个或几个运动叫作分运动；运动的合成；运动的分解	等效替代是物理学研究问题的重要思想方法	化繁为简的价值观念：在解决复杂问题时，可以先等效分解为几个简单问题进行解决，再将其等效合成为对复杂问题的解决答案

课时	课时大概念		课时概念梳理		
	简约化表达	特征化表达	概念结论（小概念）	思想方法	价值观念
单元大概念及下层结构	3	探究平抛运动的特点	建构平抛运动模型，并从实验角度探究平抛运动的特点（水平分运动是一个匀速直线运动，竖直分运动是一个自由落体运动）	平抛运动：物体以一定的初速度沿水平方向抛出，只在重力作用下（希望强调空气阻力一直存在但可以忽略不计）所做的运动	模型建构（平抛运动），实验探究（突出：合理猜想和描迹法）	实践观念：有了合理猜想还需进行验证，即实践是检验真理的唯一标准。 运动与相互作用观念：物体在合外力为0的方向上做匀速直线运动，在合外力不为0的方向上做匀变速直线运动（合理猜想的依据）
	4	研究平抛运动的规律	将平抛运动分解为水平方向上的匀速直线运动和竖直方向上的匀变速直线运动。基于分运动的速度、位移的变化规律，将其合成为平抛运动的速度、位移变化规律	平抛运动的速度、位移随时间变化的规律	运动的合成与分解	化繁为简的思想观念。 运动与相互作用观
	5	斜抛运动（选学）	将斜抛运动分解为水平方向上的匀变速直线运动和竖直方向上的匀变速直线运动。基于分运动的速度、位移的变化规律，将其合成为斜抛运动的速度、位移变化规律	斜抛运动模型的概念及规律	运动的合成与分解	化繁为简的价值观念。 运动与相互作用观：物体在合外力为0的方向上做匀速直线运动，在合外力不为0的方向上做匀变速直线运动
	6	圆周运动	轨迹为圆的运动叫作圆周运动。与一般形式的运动相比，匀速圆周运动具有转动与周期性特征，因此可以用线速度、角速度、周期、频率、转速等物理量描述匀速圆周运动的快慢	线速度、角速度、周期、频率、转速等概念及其关联	模型建构（匀速圆周运动），抽象概括（描述匀速圆周运动快慢的概念），比值定义法	透过现象看本质：匀速圆周运动具有的不同特征。 运动观念：物体的运动具有多样性，而且不同的运动具有不同的特征和表征相应特征的物理量

单元	课时	课时大概念		课时概念梳理		
		简约化表达	特征化表达	概念结论（小概念）	思想方法	价值观念
单元大概念及下层结构	7	匀速圆周运动的向心力和向心加速度—课时1：匀速圆周运动的向心力	向心力是一种效果力，指向圆心，使物体速度方向不断改变，而做圆周运动	向心力的来源、大小和方向	控制变量法（探究向心力与质量、角速度、半径等因素之间的关系）	运动与相互作用观。实践观：实践是认识的基础
	8	匀速圆周运动的向心力和向心加速度—课时2：匀速圆周运动的向心加速度	向心加速度来源于向心力，总是指向圆心，反映了圆周运动速度方向改变的快慢	向心加速度的来源、大小和方向	动力学分析方法（由牛顿第二定律分析得到向心加速度的表达式）。极限思想（从运学的角度采用加速度的定义推导匀速圆周运动的加速度表达式）	变与不变的辩证观（极限思想的指导观念）
	9	圆周运动的实例分析	分析实际圆周运动时，需要寻找向心力的来源，结合运动情况，运用牛顿运动定律加以解决	在做圆周运动时，由于合外力提供的向心力消失或不足，以致物体沿圆周运动的切线方向飞出或远离圆心而去的运动叫作离心运动	运动与受力关联分析的思想方法	运动与相互作用观
单元教学目标		参与探究曲线运动的方向与条件，探析实际曲线运动与参与的分运动之间的关系及满足的运算法则，建构抛体运动和匀速圆周运动模型并探究其运动特点与规律、用于解决相关实际问题的活动。 了解曲线运动，知道物体做曲线运动的条件（达到物理观念水平2）；认识平抛运动规律，会用运动合成与分解的方法分析生活中的抛体运动（达到物理观念水平2，科学思维水平2，科学探究水平3）；会用线速度、角速度、周期描述匀速圆周运动，会分析匀速圆周运动向心力与向心加速度的大小和方向（达到物理观念水平2，科学思维水平3，科学探究水平2）；了解生产生活中离心现象及其成因、圆周运动与人类文明的关联（达到物理观念水平2，科学思维水平3，科学态度与责任水平2）。 由此体会到极限思想、等效替代、抽象概括等思想方法在曲线运动、线速度、角速度、周期等概念建立中的重要作用；感受到化繁为简、运动与相互作用观、实践观等价值观念在研究曲线运动时的推动作用（达到物理观念水平4，科学思维水平4）				

单元核心问题及问题分解	核心问题：观察生活中的曲线运动，实验探究、理论探析曲线运动的方向与条件，实际曲线运动与参与的分运动之间的关系及满足的运算法则，抛体运动和匀速圆周运动的运动特点与规律，用于解决相关实际问题。 分解：其中"观察"为第一、二、三、五课时需要完成的任务、"实验探究、理论探析"则是第一至第七课时中都要完成的任务，"解决相关实际问题"则为第八课时需要完成的任务。		

	课时	课时大概念	课时核心问题
课时划分	第一课时 认识曲线运动	曲线运动	观察生活中的曲线运动，实验探究、理论探析曲线运动的方向与条件
	第二课时 运动的合成与分解	运动的合成与分解	观察、分析"跑步机—小车实验"中小车参与的运动与实际运动，探究参与运动与实际运动间的关系
	第三课时 探究平抛运动的特点	探究平抛运动的特点	观察、分析生活中的平抛运动，实验探究做平抛运动时物体的分运动的特点
	第四课时 研究平抛运动的规律	研究平抛运动的规律	运用运动的合成与分解方法研究平抛运动的规律：速度、位移等随时间变化的规律
	第五课时 圆周运动	圆周运动	观察自行车上 A、B 两点的运动现象，比较其快慢，并据此定义描述圆周运动快慢的物理量；推导其间的定量关系
	第六课时 匀速圆周运动的向心力和向心加速度—课时1：匀速圆周运动的向心力	匀速圆周运动的向心力	分析做（匀速）圆周运动物体的受力情况，归纳其特点；实验定量探究向心力大小的影响因素。（两部分先后出示）
	第七课时 匀速圆周运动的向心力和向心加速度—课时2：匀速圆周运动的向心加速度	匀速圆周运动的向心加速度	从动力学和加速度定义的视角理论探析做匀速圆周运动物体的向心加速度（大小和方向）
	第八课时 圆周运动实例分析	圆周运动实例分析	运用运动与相互作用观分析典型的做圆周运动物体的动力学特征/运动与受力情况

教学评价	（一）评价的目标指向 　　教学评价以促进学生物理学科核心素养的提升和学习能力的提高为目的，对物理观念、科学思维、科学探究、科学态度与责任等物理学科核心素养水平要求的达成情况展开主体多元、方式多样的激励引导与提升指导评价。 （二）评价的内容方式 　　聚焦单元核心素养目标，以本单元需掌握的曲线运动概念，平抛运动、圆周运动模型，以及圆周运动快慢的描述概念，需实践操作的"探究平抛运动的特点"实验，需初步理解的化繁为简思想等为依托，创设有利于学生运用运动合成与分解的方法探究抛体运动和圆周运动的规律的情境，评价学生在真实学习情境中物理学科核心素养的表现水平。 　　1. 对经历境遇的评价 　　针对学生对认识曲线运动，建构的活动投入情况，以行为观察和互动交流为主的方式适时作出评价、激励与引导，促进学生积极融入与曲线运动相关的生活实践情境与学习探索情境，建构两类典型的曲线运动模型

教学评价	2. 对结果性目标达成的评价
	针对学生对曲线运动的概念、曲线运动的速度方向与曲线运动的条件、运动的合成与分解、平抛运动的规律、线速度、角速度、周期、频率、转速、向心力、向心加速度、离心运动等概念结论类大概念的生成、理解和运用情况，展开师生、学生间课堂观察互动、日常作业交流、单元阶段测试等多主体、多渠道相结合的评价与指导，促进学生达成单元教学目标中对物理观念、科学思维、科学探究等核心素养的水平要求。 3. 对体验性目标达成的评价 针对学生对前述单元内各概念的生成、理解和运用中，时空观、运动与相互作用观等物理观念的形成，模型建构、科学思维、科学论证等科学思维的发展，物理学习兴趣的提升等情况进行师生、学生间课堂观察互动、素养目标点检测、日常调查访谈、单元总结交流等多主体、多渠道相结合的评价方式，促进学生达成单元教学目标中对物理观念、科学思维、科学态度与责任等核心素养水平要求。

	作业类型	作业目标	作业内容	作业情境	概念结论	思想方法	价值观念
单元作业	基础性作业	能解决模型化的典型曲线运动问题情境中基本的运动学问题，完善运动与相互作用观(达成物理观念水平2、科学思维水平2、科学探究水平1、科学态度与责任水平1)	对曲线运动及典型模型中的基本概念结论、思想方法的辨识、初步理解与基本运用	辨识概念结论、思想方法的学习探索情境；模型化程度较高的小船渡河、关联速度分解、平抛运动、水平面内的匀速圆周运动、典型竖直平面内圆周运动(如汽车过拱桥、旋转秋千、火车转弯)等的生活实践情境	曲线运动，平抛运动及其规律，描述圆周运动的基本概念，匀速圆周运动及其规律	简单的控制变量、等效替代、图像分析等实验探究与科学推理方法；概念、规律基本运用中的演绎思维；矢量的合成与分解思想方法	初步的运动与相互作用观，实践是认识的基础
	综合性作业	能在较为复杂的曲线运动情境中，运用运动与相互作用观念解决较综合的动力学问题，基本形成正确的运动与相互作用观(物理观念水平2、科学思维水平4、科学探究水平3、科学态度与责任水平2)	对运动与相互作用规律在曲线运动中灵活地综合应用	模型化程度低的曲线运动真实生活实践情境；需灵活、综合运用牛顿运动定律解决抛体与类抛体运动、圆周运动的临界与极值问题、实验设计与探究等较复杂的学习探索情境	牛顿运动定律在曲线运动中的综合运用	模型化思想、动力学分析法、图像分析法、量纲分析法	运动与相互作用观念

	作业类型	作业目标	作业内容	作业情境	概念结论	思想方法	价值观念
单元作业	实践性作业	能在较为陌生的情境中，运用运动与相互作用观念创造性地解决曲线运动相关实际问题，形成正确的运动与相互作用观（物理观念水平3、科学思维水平4、科学探究水平4、科学态度与责任水平3）	在实际情境中主动调用、创造性地综合运用运动与相互作用规律及曲线运动相关知识发现并解决问题	运动与力关系的真实生活实践情境及创造性解决问题的学习探索情境	运动与相互作用规律	模型化思想、实验探究与抽象概括、归纳演绎、直觉逻辑等科学创新思维	实践观，抓主忽次的矛盾观、运动与相互作用观
反馈调整	评价反馈的目的：促进学生时空观、运动观等物理观念的形成，模型建构、科学推理、科学论证等科学思维的发展，问题、证据、解释、交流等科学探究能力的提高，物理学习兴趣的提升。 　　评价反馈的内容：针对承载前述物理学科核心素养发展的概念结论、思想方法、价值观念等大概念理解、掌握情况，适时作出评价反馈、调整改进，以促进学生更好地在体验中学习与发展。 　　评价反馈的方式：课堂上多以行为观察与对话交流的方式进行；课后以素养目标点检测分析，书面或实践作业布置与书面批改、统计分析、针对性反馈讲评，访谈交流、当面批改等方式进行。 　　评价反馈的时机：对于概念结论类大概念的生成、理解与运用，主要采用及时性评价，以促进学生对描述运动的基本概念生成中科学的深度体验，以及理解、运用中科学的正确把握；对于思想方法类大概念的生成、理解与运用，针对不同情况综合采用及时性评价与延迟性评价，以促进学生模型建构、极限思维、科学推理、科学论证等科学思维在具体情境中获得深度体验的基础上生成、理解、运用与发展；对于价值观念类大概念的生成、理解与运用，主要采用延迟性评价为主、辅以及时性评价，以促进学生的物质观、时空观、运动观、抓主忽次、实事求是等物理观念在深度的缄默体验基础上，获得显性反馈进入更深层的缄默状态，进而使物理观念在缄默与显性的相互转化中得以激活、生长、理解、运用，在不同情境的反复强化中不断发展						

"圆周运动"学教案

王瑞华

一、教学分析设计

【教材课标】☞

本节内容属于《普通高中物理课程标准（2017 年版 2020 年修订）》中必修 2 模块"曲线运动与万有引力定律"主题。课程标准中的内容要求是"会用线速度、角速度、周期描述匀速圆周运动。"具体而言，就是要先从运动学角度进一步丰富描述机械运动的物理量，在速度等重要概念的基础上，提出线速度、角速度、周期、转速等概念（周期的概念普遍运用于有重复性的物理过程的描述中，为机械振动、机械波中的周期概念做适当的铺垫；事实上，转动的物体上除轴外的任一质点都在绕轴做圆周运动，技术中常用转速来描述做匀速圆周运动的物体绕轴转动的快慢），然后还应掌握描述圆周运动的各物理量间的关系。

从学习内容上看，在"圆周运动"一节的学习中，要理解圆周运动相较于一般运动的特殊性，它是一种典型的曲线运动形式，运动观念要进一步丰富；还要理解描述匀速圆周运动快慢的物理量及相互关系，能用其解释生活、生产中的圆周运动实例。

从学科育人看，"圆周运动"一节是进一步培育学生模型建构、抽象概括、比值定义等思想方法的重要载体，也是丰富学生运动观念的关键载体。从教材编排看，必修 1 第一章"运动的描述"以及在必修 2 第一章第一节"认识曲线运动"中，已知：速度、平均速率、曲线运动的速度方向等概念，但未涉及到周期和角速度，这些是"圆周运动"一节中的重要内容。

基于前述课标要求、内容基础、育人地位等的认识，本节教学中须努力为学生理解和应用描述圆周运动快慢的物理量及相互关系营造情境，获得深度体验。为此，将"描述匀速圆周运动快慢的物理量及其关系"拟定为本节课核心问题中的学科问题。

【大概念】☞

为将《普通高中课程方案（2017 年版 2020 年修订）》中"以大概念为核心，使课程内容结构化"落到实处，更好发挥学科育人功能，在认真钻研课标和教材基础上，本节课的课时核心大概念是圆周运动，其特征化表达如下：

课时核心大概念	特征化表达
圆周运动	轨迹为圆的运动叫作圆周运动。与一般形式运动相比，匀速圆周运动具有转动与周期性特征，因此可以用线速度、角速度、周期、频率、转速等物理量描述匀速圆周运动的快慢

再从概念结论、思想方法、价值观念三个视角挖掘出如下的课时大概念。

1. 概念结论类大概念

大概念	特征化表达
线速度	线速度用于描述运动快慢和方向，是瞬时速度在曲线运动中的具体表达
角速度	角速度用于描述质点绕轴转动的快慢
周期 频率	周期是描述做匀速圆周运动的物体，运动一周所用的时间。 频率是描述在一段时间内，物体做匀速圆周运动重复的次数与这段时间之比
转速	转速是生产生活中用来描述物体绕轴转动的快慢。转速是物体一段时间内转过的圈数与这段时间之比
线速度、角速度、周期（频率）、转速的关联	

图中公式：
$$v=r\omega \quad v=2\pi rn \quad \omega=2\pi n \quad v=\frac{2\pi r}{T} \quad \omega=\frac{2\pi}{T} \quad n=f$$
当 n 的单位取转每秒（r/s）时

2. 思想方法类大概念

大概念	特征化表达
模型建构	忽略生活中的沿圆形轨迹运动情境中的次要因素，抓住主要因素，抽象出圆周运动、匀速圆周运动模型。像这种在认识客观事物时的抓主忽次，抽象出理想化的研究对象的过程叫作模型建构
抽象概括	在比较生活实践情境里的圆周运动快慢时进行抽象，概括出了线速度、角速度、周期/频率、转速等物理量。像这种在解决实际问题中舍去非本质属性，抽象概括出本质属性，进而认识事物的思维叫作抽象概括思维
比值定义法	用比值法定义的线速度、角速度、周期、频率等，从不同视角描述了匀速圆周运动的特征；像这种用比值定义的物理量可以反映物质的本质属性或物体的运动特征

3. 价值观念类大概念

大概念	特征化表达
透过现象看本质	透过匀速圆周运动现象发现其曲线运动、转动及周期性运动的本质
运动观念	物体运动快慢的描述，除了单位时间内发生的位移视角外，在不同运动中，还有表征其相应特征的其他视角，即不同形式运动具有不同的特征与表征相应特征的物理量

【资源条件】 ☞

资源名称	功能	来源
山地自行车	作为提出问题环节的情境，助力学生在实际情境中形成问题，体会到物理来源于生活；解决问题与评价反馈中用于依学生活动之需实时演示，助力学生获得全面、深入的探究体验	生活

资源名称	功能	来源
自行车模具	解决问题环节学生可以去摆弄，助力学生在近距离自由观察、深度体验的过程中掌握描述圆周运动快慢物理量及其联系	网上购买
黑板	板书核心问题；板书学生解决问题的要点；板书反思提升要点等	教室
PPT	出示核心问题；提供圆周运动实例的图片信息；活动提示；出示评价反馈问题等	图片源于图书、网络等

【学生基础】☞

从概念结论来看：学生已经掌握了描述直线运动的概念，对位移、速度、加速度有了一定认识，比如速度是描述运动状态的物理量，速度变化包括大小、方向的改变等；也知道曲线运动的速度方向沿着其切线方向。

从思想方法来看：学生初步具有模型建构的思想，能在认识新的事物时尝试透过现象抓住本质，建立起相关模型；知道了用比值定义描述物质本质属性及运动特征物理量的方法。

从价值观念来看：学生初步具有透过现象看本质的意识，知道物体运动具有多样性，但对运动快慢进行描述的视角还较少。

综上，学生在以前的学习和生活经验中对一些相关的小概念有了比较正确的认识，初步掌握了模型建构等典型的思想方法，初步形成了正确的运动观念等；但是学生在概念形成中抽象概括能力不足，所以在抽象概括出描述匀速圆周运动快慢的物理量时可能仍然存在较大的困难。

为使学生能在体验、深度体验中突破难点，丰富运动观念，将"观察"圆周运动现象，"比较"圆周运动不同位置质点运动的快慢并"定义"描述匀速圆周运动快慢的物理量，"推导"其间的定量关系，拟定为本节课核心问题中的学生活动。

【目标分析】☞

基于前述教材课标、课时大概念及学生基础分析，为更好地发展学生的运动观念和透过现象看本质的观念，培育学生抽象概括、模型建构的能力，以学生生活中熟悉的自行车为学习探索情境，为本课时确立了如下核心素养目标：

参与观察自行车上 A、B 两点的运动现象，比较它们的运动快慢，并据此定义描述圆周运动快慢的物理量，推导其间的定量关系。

能透过匀速圆周运动现象，发现其曲线运动、转动和周期性运动的特征，会用线速度、角速度、周期描述、分析匀速圆周运动的快慢（达到物理观念水平 2，科学思维水平 3，科学探究水平 1）。

由此，体会到抽象概括等思想方法在线速度、角速度、周期等概念建立、关系探究中的重要作用（达到物理观念水平 2，科学思维水平 3）；懂得物体的运动形式具有多样性，不同形式运动具有不同的特征与表征相应特征的物理量（达到物理观念水平 3、科学态度与责任水平 3）。

【核心问题】☞

基于前述教材课标、课时大概念、学生基础及目标分析，为了学生能在学习中融入情境，进而能在新的问题情境中运用来解决新问题，积淀物理观念、科学思维等物理核心素养，本节课的核心问题确立为：观察自行车上 A、B 两点的运动现象，比较它们的运动快慢，并定义描述圆周运动快慢的物理量；推导其间的定量关系。

【评价预设】 ☞

1. 针对课堂教学中的评价预设

提出问题环节：针对学生对情境引入提出问题的回答，给予激励性的肯定评价。

解决问题环节：以激励性与肯定性相结合的评价基调，引导学生以较为专业化的学科语言定义描述圆周运动快慢的物理量，引导学生对相关物理量间关系的推导，发挥好本环节评价的体验引导功能。

反思提升环节：重点针对问题解决过程中生成的知识和方法通过引导性评价加以提升，努力促进学生在深度体验基础上获得对建构圆周运动模型，抽象概括、比值定义描述匀速圆周运动快慢的物理量，理论推导其关联的思想方法，以及运动观念、透过现象看本质的价值观念等课时大概念的理解与内化，积淀物理观念、科学思维、科学态度与责任等物理学科核心素养，发挥好此环节评价的体验积淀功能。

评价反馈环节：请学生完成评价反馈作业，以对描述匀速圆周运动快慢的物理量及其关联的正确和深入程度作出评价，促进学生进一步深刻体验到物体的运动具有多样性，不同形式运动具有不同的特征与表征相应特征的物理量，强化学生的运动观念，凸显该环节评价的体验强化功能。

2. 针对课堂教学后的评价设计

课后反思整个教学过程，从教学形态与教学特质两个维度作出自我评价，完成"大概念核心问题教学文化评价表"；搜集学生在课后的评价反馈环节完成的评价反馈的作业，确立"不同形式运动具有不同的特征与表征相应特征的物理量"检测点（评价反馈问题）进行统计、分析，完成"大概念核心问题教学素养目标点检测表"，并反馈给学生。

二、教学实施设计

【教学环节】 ☞

教学环节（时间）	学生活动	教师活动	设计意图	技术融合
提出问题（约 5 min）	基于生活实践情景，建构圆周运动模型，明确本节课的核心问题	展示情境图片，引入圆周运动模型，提出核心问题：观察自行车上 A、B 两点的运动现象，比较它们的运动快慢，并定义描述圆周运动快慢的物理量；推导其间的定量关系	将学生带入有关自行车上的圆周运动的学习情境之中，明晰核心问题后，进入跃跃欲试的学习状态	PPT 出示圆周运动情境及核心问题

教学环节（时间）		学生活动	教师活动	设计意图	技术融合
解决问题（约22 min）	活动一：提出并定义描述圆周运动快慢的物理量（约10 min）	利用自行车模具，观察自行车上 A、B 两点的运动现象，比较它们的运动快慢，并据此定义描述圆周运动快慢的物理量	全班巡视，适时点拨，引导学生提出并初步定义相关物理量，并板书要点	为学生提供探究时空，营造积极向上的学习境遇，使学生在概念的提炼中体验抽象概括的方法	PPT呈现课堂环节
	活动二：推导描述圆周运动快慢的物理量间的定量关系（约7 min）	结合定义或数学关系推导相关物理量间的关系，并交流展示	全班巡视，适时点拨，引导学生推导关系	以寻找其关系加深对概念的理解	PPT呈现课堂环节。希沃拍照上传任务单
反思提升（约10 min）		师生共同反思核心问题解决过程，提升形成本节课包含概念规律、思想方法、价值观念的认识		通过对解决问题过程的反思与结构化提升，加深对圆周运动的认识和体验，发展运动观，积淀物理观念、科学思维等物理学科核心素养	PPT呈现课堂环节
评价反馈（约8 min）		先独立完成，再交流展示	出示评价反馈问题： 1. 已知自行车模具大齿轮半径为 r_1，小齿轮半径为 r_2，后轮半径为 R，请分析脚踏板转一圈，自行车前进的距离。 小齿轮　大齿轮 链条 2. 根据如图所示时钟，回答下列问题。 （1）在图中标出秒针的尖端经过"3""6""9""12"时刻时的线速度方向。 （2）秒针、分针和时针的转动周期分别是多少？角速度又是多少？ （3）分针与时针由转动轴到针尖的长度之比是 1.4∶1，分针针尖与时针针尖的线速度之比	检测学生对圆周运动具有的特征与表征相应特征的物理量的深入理解和迁移到其他运动的体验深度。 在学习和深度理解的基础上，将规律应用于解决实际问题，促进学生对规律的理解和掌握，勇于将物理知识用来解决生活问题的科学态度与责任感。 并认识和理解同轴共转和皮带传动等重要问题模型	PPT出示评价反馈任务

【板书设计】☞

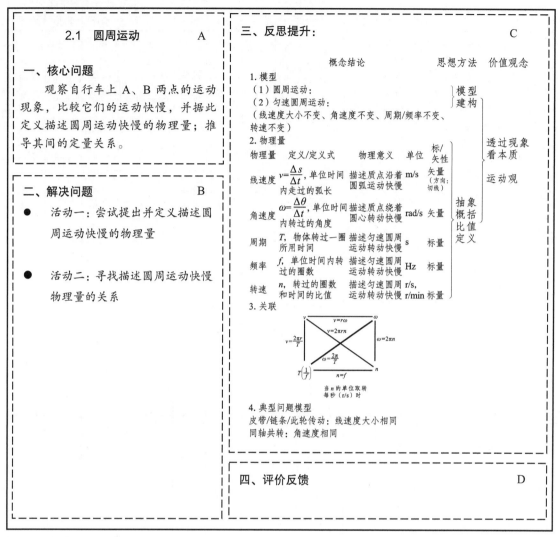

2.1　圆周运动　　A

一、核心问题

　　观察自行车上 A、B 两点的运动现象，比较它们的运动快慢，并据此定义描述圆周运动快慢的物理量；推导其间的定量关系。

二、解决问题　　B

● 活动一：尝试提出并定义描述圆周运动快慢的物理量

● 活动二：寻找描述圆周运动快慢物理量的关系

三、反思提升：　　　　　　　　　　C

	概念结论	思想方法	价值观念

1. 模型
（1）圆周运动：
（2）匀速圆周运动：
（线速度大小不变、角速度不变、周期/频率不变、转速不变）

2. 物理量

物理量	定义/定义式	物理意义	单位	标/矢性
线速度	$v=\dfrac{\Delta s}{\Delta t}$，单位时间内走过的弧长	描述质点沿着圆弧运动快慢	m/s	矢量（方向：切线）
角速度	$\omega=\dfrac{\Delta \theta}{\Delta t}$，单位时间内转过的角度	描述质点绕着圆心转动快慢	rad/s	矢量
周期	T，物体转过一圈所用时间	描述匀速圆周运动转动快慢	s	标量
频率	f，单位时间内转过的圈数	描述匀速圆周运动转动快慢	Hz	标量
转速	n，转过的圈数和时间的比值	描述匀速圆周运动转动快慢	r/s，r/min	标量

模型建构
透过现象看本质
运动观
抽象概括比值定义

3. 关联

$v=r\omega$　　　ω
$v=2\pi rn$
$v=\dfrac{2\pi r}{T}$　　$\omega=2\pi n$
$\omega=\dfrac{2\pi}{T}$
$T\left(\dfrac{1}{f}\right)$　　$n=f$　　n

当 n 的单位取转每秒（r/s）时

4. 典型问题模型
皮带/链条/齿轮传动：线速度大小相同
同轴共转：角速度相同

四、评价反馈　　　　　　　　　　D

说明：板书依"A～D"的逻辑顺序生成，其中的具体内容依课堂教学推进情况现场生成。

【作业设计】☞

作业序号	作业目标	作业情境		概念结论		思想方法		价值观念		整体评估	
		内容	水平	内容	水平	内容	水平	内容	水平	类型	水平
评价反馈1	能透过自行车前行时的运转现象，发现其中共轴转动、链齿传动等本质，进而定量分析各圆周运动线速度、角速度的关系	自行车前行的生活实践情境与前行中各圆周运动间关联分析的学习探索情境	复杂	共轴转运与链齿传动中线速度、角速度的关联分析	物理观念水平4	模型建构	科学思维水平4	透过现象看本质、运动观念	物理观念水平4	综合性作业	学业质量水平4

作业序号	作业目标	作业情境		概念结论		思想方法		价值观念		整体评估	
		内容	水平	内容	水平	内容	水平	内容	水平	类型	水平
评价反馈2	能定量分析与计算时钟表针圆周运动的周期、线速度、角速度等物理量	机械钟表正常运转的生活实践情境与表针圆周运动快慢定量分析与计算的学习探索情境	较复杂	匀速圆周运动周期、线速度、角速度的分析与计算	物理观念水平2	模型建构	科学思维水平1	运动观念	物理观念水平2	基础性作业	学业质量水平2
课后作业1	能用周期、线速度与角速度正确描述匀速圆周运动	典型的对匀速圆周运动模型理解的学习探索问题情境	简单	匀速圆周运动的线速度、角速度、周期	物理观念水平2	模型建构	科学思维水平2	透过现象看本质	物理观念水平3	基础性作业	学业质量水平2
课后作业2	能透过地球自转现象,发现其中匀速圆周运动的本质与特征,进而定量分析与计算自转的线速度与角速度	"地球自转"的生活实践情境与自转线速度与角速度计算的学习探索情境	较复杂	匀速圆周运动的线速度与角速度的分析与计算	物理观念水平3	模型建构	科学思维水平3	运动观	物理观念水平3	综合性作业	学业质量水平3
课后作业3	能透过自行车前行时的运转现象,发现其中共轴转动、链条传动等本质,进而定量分析各圆周运动线速度、角速度的关系	自行车前行的生活实践情境与前行中各圆周运动间关联分析的学习探索情境	复杂	共轴转运与链齿传动中线速度、角速度的关联分析	物理观念水平4	模型建构	科学思维水平4	运动观	物理观念水平4	综合性作业	学业质量水平4
课后作业4	能通过实验测量获取数据,比较分析自行车脚踏板转动一周前进距离的实测值与测算值	自行车前行的生活实践情境与实验探究前行距离的学习探索情境	复杂	自行车前行距离测算与比较分析的方案设计与实践探究	物理观念水平4	模型建构	科学思维水平5	运动观、透过现象看本质	物理观念水平5	实践性作业	学业质量水平5

(具体的作业内容略)

【教学流程图】 ☞

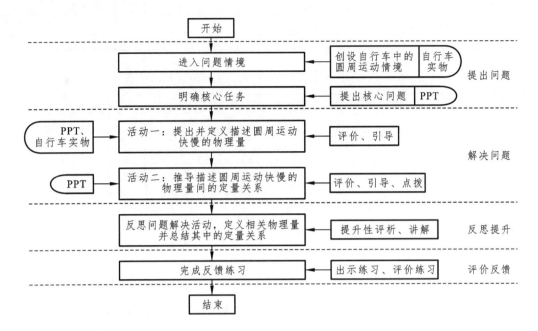

三、教学评价设计

【信息搜集】 ☞

为了检测学生课堂上对本节课的素养目标的达成情况，收集了高一（15）班学生运用反馈练习，共 55 份，基于课时素养目标达成情况评判标准，进行了批阅和分类。

【自我评价】 ☞

大概念核心问题教学文化评价表

课时名称：圆周运动。

所属单元：曲线运动。

单元大概念：运动与相互作用（宏观状态下，质点的运动状态由初始运动状态和受力共同决定，遵循运动学与动力学规律。常常在化繁为简、透过现象看本质、变与不变对立统一的矛盾观指导下，运用化曲为直、多视角分析以及实验探究与理论探析相结合的思想方法研究该运动）。

单元核心问题：观察生活中的曲线运动，实验探究、理论探析曲线运动的方向与条件，实际曲线运动与参与的分运动之间的关系及满足的运算法则，抛体运动和匀速圆周运动的运动特点与规律，用于解决相关实际问题。

课时大概念：圆周运动（轨迹为圆的运动叫作圆周运动。与一般形式运动相比，匀速圆周运动具有转动与周期性特征，因此可以用线速度、角速度、周期、频率、转速等物理量描述匀速圆周运动的快慢）。

课时核心问题：观察自行车上 A、B 两点的运动现象，比较它们的运动快慢，并定义描述圆周运动快慢的物理量；推导其间的定量关系。

评价目标	评价指标				评价方法结果
	一级指标	二级指标	三级指标		
实现活动体验中的学习与素养发展	具有大概念核心问题教学形态	核心问题利于活动体验	内含学科问题和学生活动方式	8	每项指标最高评8分（满分为96分）
			问题情境与真实生活密切相关	7	
			能引发大概念、新知新法生成	8	
		教学目标价值引导恰当	两类目标正确全面	8	
			关联体验目标恰当	7	
			目标价值引导显现	8	
		教学环节完整合理落实	教学环节清晰完整	8	
			环节内容合理充实	8	
			学生活动时间充分	7	
		教学要素相互匹配促进	问题目标环节两两匹配	8	
			技术促进活动形式内容	7	
			素养导向突出氛围浓郁	8	合计92分
	具有大概念核心问题教学特质	拓展学习视野	课堂与现实世界有恰当关联		选择一个表现突出的二级指标，在相应三级指标引导下，以现场学生表现为主要依据，以其余指标为背景，于本表的第二页写出150字以上的简要评价
			有基于缄默知识的问题解决		
			有缄默知识运用的追踪剖析		
			知识运用剖析导向素养发展		
		投入实践活动	有真实而且完整的实践活动		
			实践活动深度融入两类情境		
			能够全身心地浸渍于活动中		
			活动的内容结果均丰富深入		
		感受意义关联	有核心问题的深层意义感受		
			有以知识为中心的关联感受		
			有以个人为中心的关联感受		
			有对三类大概念的关联感受		
		自觉反思体验	有实质性反思活动的开展		
			有课堂新因素的追踪利用		
			有体验的交流与改善重构		
			有概念生成中的素养发展		
		乐于对话分享	乐于自我的表达与认真的倾听		
			乐于合作中成果与思路的分享		
			乐于成果交流中深层意义分享		
			有宽容的对话氛围和双向交流		

评价目标	评价指标			评价方法结果
	一级指标	二级指标	三级指标	
实现活动体验中的学习与素养发展	具有大概念核心问题教学特质	认同素养评价	认可素养评价	
			参与素养评价	
			利用素养评价	

大概念核心问题教学特质的简要评价（包括发展性建议）：

本课程在"投入实践活动"下"实践活动深度融入两类情境"中的表现最为突出。在本节课中，以自行车为资源背景，教师先将学生带入有关自行车上的圆周运动的学习情境之中；然后学生利用自行车模具，观察自行车上A、B两点的运动现象，比较它们的运动快慢，并据此定义描述圆周运动快慢的物理量；最后在评价反馈中学生利用自行车模具，分析脚踏板转一圈，自行车前进的距离，各个环节中充分发挥了自行车及自行车模具的相关生活实践情境和学习探索情境。学生在两类情境的环境中学习，知识方法与观念都得到较好的发展

【反馈调整】☞

大概念核心问题教学素养目标点检测表

课时名称	圆周运动
课时大概念	概念结论类：线速度、角速度、周期、频率、转速及其间的关联； 思想方法类：模型建构、抽象概括、比值定义法； 价值观念类：透过现象看本质，运动观念
核心问题	观察自行车上A、B两点的运动现象，比较它们的运动快慢，并定义描述圆周运动快慢的物理量；推导其间的定量关系
课时素养目标	参与观察自行车上A、B两点的运动现象，比较它们的运动快慢，并据此定义描述圆周运动快慢的物理量，推导其间的定量关系。 能透过匀速圆周运动现象，发现其曲线运动、转动和周期性运动的特征，会用线速度、角速度、周期描述、分析匀速圆周运动的快慢（达到物理观念水平2，科学思维水平3，科学探究水平1）。 由此，体会到抽象概括等思想方法在线速度、角速度、周期等概念建立、关系探究中的重要作用（达到物理观念水平2，科学思维水平3）；懂得物体的运动形式具有多样性，不同形式运动具有不同的特征与表征相应特征的物理量（达到物理观念水平3、科学态度与责任水平3）
检测点	不同形式运动具有不同的特征与表征相应特征的物理量
检测任务	已知自行车模具大齿轮半径为r_1，小齿轮半径为r_2，后轮半径为R，请分析脚踏板转一圈，自行车前进的距离。 小齿轮　大齿轮　链条

分类标准	A. 准确找到大齿轮和小齿轮边缘线速度的关系，小齿轮和后轮角速度的关系，自行车前进速度和后轮边缘线速度的关系		
	B. 只能准确找到其中两种关系		
	C. 只能准确找到其中一种关系		
	D. 未能正确找到任何一种关系		
检测统计	分类等级	学生人数（总人数 55 人）	百分比
	A	43	78.2%
	B	3	5.5%
	C	1	1.8%
	D	8	14.5%
检测分析及结果运用	由检测结果可以知道，大多数学生（78.2%）能够准确找到大齿轮和小齿轮边缘线速度的关系，小齿轮和后轮角速度的关系，自行车前进速度和后轮边缘线速度的关系；少部分学生（14.5%）完全找不出其中各物理量间的关系；极少数同学（5.5%+1.8%）只能够找到其中部分关系。并且在检测中发现，许多同学基本形成了建立物理模型的良好习惯，值得肯定和发扬		
素养目标达成典型实例			
检测反馈	对检测中体现的长处和短处进行表扬和指导，并设计一道完全相似的习题进行再检测		

"机械能及其守恒定律"单元教学

"机械能及其守恒定律"
大概念的核心问题教学单元规划纲要

学科：物　理　教师：胡　隽　陈小军　凌欣怡

年级	高一	单元名称	机械能及其守恒定律	单元课时	6课时
单元内容	教材内容	一、必修2模块内容 高中物理必修2模块由"机械能及其守恒定律""曲线运动与万有引力定律""牛顿力学的局限性与相对论初步"三个主题组成。 高中物理必修2教材（教科版）编写为五个单元。第一章"抛体运动"，第二章"匀速圆周运动"，第三章"万有引力定律"，第四章"机械能及其守恒定律"，第五章"经典力学的局限性与相对论初步"。教材先从学生较为熟悉的抛体运动和匀速圆周运动入手，丰富学生对运动多样性的认识；结合实例建模，运用牛顿运动定律分析抛体运动与匀速圆周运动等曲线运动，深化对牛顿运动定律的理解。针对天体运动建立匀速圆周运动模型进而建立万有引力定律。其中融入相应的建模思想、数形结合思想等，层层递进。这部分都可以看作对运动与相互作用观的深入理解。第二部分介绍较为抽象的功、能及其关系，让学生明白解决力学问题除了牛顿运动定律外还可以从功能关系角度分析问题，其中融入守恒的思想、能量的观念，在学生已经有所掌握的基础上再提升认知。 教材编排符合学生的认知规律，教材内容、课后习题编排注重结合生活实践情境和学习探索情境，注重学生发现问题、解决问题、建模分析能力的培养。 第一章"抛体运动"和第二章"匀速圆周运动"基于研究问题特点整合为一个大单元，单元大概念为"运动与相互作用"，在更为丰富的运动形式中深化对牛顿运动定律的认识。第三章"万有引力定律"单元大概念为"万有引力定律"，从天体运动的研究，对运动与相互作用的进一步深入认识。第四章"机械能及其守恒定律"，单元大概念为"功能关系"，通过在初中基础上进一步深化功和能的认识，体验守恒思想在分析解决物理问题中的应用。 整本必修2教材编排逻辑如下图。 二、单元内容 本教学单元"机械能及其守恒定律"是本模块的第四章，本章内容是牛顿运动定律的延伸和拓展，在学生较容易理解的牛顿运动定律的基础上，通过引入较抽象的功和能的概念，引导学生初步体验研究机械运动以及运动与相互作用关系问题的能量视角。

单元内容	教材内容	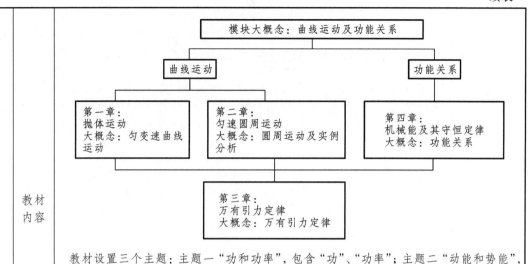 教材设置三个主题：主题一"功和功率"，包含"功"、"功率"；主题二"动能和势能"，包含"动能 动能定理"、"势能"；主题三"机械能守恒定律"，包含"机械能守恒定律"、"实验：验证机械能守恒定律"。这 6 节内容涵盖了能量分析中所必须掌握的基本概念和基本规律，基于"功能关系"建构动能、重力势能和弹性势能的概念，以及彼此之间转化的定量关系，加深学生对"功是能量转化的量度"的理解，进而掌握高中阶段运用能量观点处理力学问题的重要方法。机械能之间的转化在一定的条件下是"守恒"的，在物理学中寻求"守恒量"已经成为物理学研究的一种重要思想方法。机械能守恒定律是学生第一次接触"守恒"，通过学习学生将体会守恒定律适用的范围很广，是客观世界更本质的规律，具有更深刻的意义
	课程标准	一、课标要求 《普通高中物理课程标准（2017 年版 2020 年修订）》中对本单元及各课时教学的要求： 2.1.1 理解功和功率。了解生产生活中常见机械的功率大小及其意义。 例 1 分析物体移动的方向与所受力的方向不在一条直线上时，该力所做的功。 例 2 分析汽车发动机的功率一定时，牵引力与速度的关系。 2.1.2 理解动能和动能定理。能用动能定理解释生产生活中的现象。 例 3 根据牛顿第二定律推导出动能定理。 2.1.3 理解重力势能，知道重力势能的变化与重力做功的关系。定性了解弹性势能。 2.1.4 通过实验，验证机械能守恒定律。理解机械能守恒定律，体会守恒观念对认识物理规律的重要性。能用机械能守恒定律分析生产生活中的有关问题。 活动建议 通过查阅资料、访问有关部门，收集汽车刹车距离与车速关系的数据，用动能定理进行解释。 二、课标解读 1. 理解功和功率。了解生产生活中常见机械的功率大小及其意义 功与功率在本章中起着承上启下的作用，是学生学好后续课程内容的重要基础。 从"功的概念的起源"出发，激发学生的学习兴趣，培养学生的科技创新意识；在初中"知道机械功""结合实例，认识功的概念。知道做功的过程就是能量转化或转移的过程"的基础上，进一步理解"功的计算"、"功的正负"，知道正功和负功的含义，认识到功是力在移动物体的过程中的积累效果，明确做功的两个必要因素，掌握总功的计算方法。 进一步深化，循序渐进理解"功率的含义"、"额定功率"、"输出功率、作用力和速度之间的关系"，并能共同解决有关功率的实际问题

单元内容	课程标准	2. 理解动能和动能定理。能用动能定理解释生产生活中的现象 联系生活实际，回顾动能的概念，"从生活走向物理"，引导学生科学探究合力做功与动能变化之间的关系，充分调动学生的主动性，提升探究意识和技能，同时，借助必修一中所学的牛顿第二定律以及匀变速直线运动中有关公式推导动能定义式，体会用动能定理解决问题的思路——一个过程（功）引起物体状态（动能）的变化；感受运用动能定理相比于运用牛顿运动定律解决问题的不同特点，能够运用动能定理解释和解决生产生活中的实际问题，"从物理走向社会"，体会物理学的应用价值。 3. 势能 （1）理解重力势能，知道重力势能的变化与重力做功的关系。 根据初中所学"做功过程就是能量转化的过程"结合生活中实例，得出"重力做功的特点"，推理得到重力势能的表达式，明确重力所做的功与重力势能变化的关系。在科学探究曲线运动中重力所做的功的过程中，体会微元法如何将曲线运动转化为直线运动，领悟化曲为直的思想。 （2）定性了解弹性势能。 势能包括重力势能和弹性势能。通过具体实例感受分析弹性势能跟其他形式能量之间的相互转化，领悟到物体的弹性形变越大，其弹性势能越大，了解其大小影响因素。虽然课标要求无需掌握其表达式，但在实际教学中可以根据学生情况利用功能关系推导其表达形式，进一步强化学生对功能关系的理解和发展学生应用功能关系分析问题的思维能力。在此过程中，引导学生认识到各概念之间的内在联系，帮助形成普遍联系的科学本质观，渗透"功是能量变化的量度"的物理观念，并进一步强化"势能是系统所共有的"这一思想。 4. 机械能守恒定律 （1）理解机械能守恒定律，体会守恒观念对认识物理规律的重要性。能用机械能守恒定律分析生产生活中的有关问题。 引导学生认识常见的动能和势能的相互转化过程，从能量的角度，明确重力（弹力）做功与重力（弹性）势能变化之间的定性关系，从功与能的角度进行理论证明，结合实验观察，归纳机械能守恒的条件，知道机械能守恒是针对系统而言，渗透能量守恒的观点，培养逻辑推理能力，在对能量守恒这一观念有初步的了解后，提升对科学本质的认识，能够应用到生活实际问题的解决中，体会到用机械能守恒定律解决问题的思路——建立两个状态的联系，感受守恒定律对研究和解决物理问题的重要意义。 （2）通过实验，验证机械能守恒定律。 此实验属于验证性实验，也是课程标准所规定的学生必做的实验，在学习了基本内容之后，通过科学探究过程，自主设计、观察、记录、处理、分析，加深对机械能守恒定律及其条件的认识，培养逻辑推理能力，了解其实验原理和实验方法，对实验中出现的问题能进行处理，培养严谨求学的科学态度。 综上，本章知识内容及其建构的过程承载了相应的物理观念的建立，在建构过程中科学思维、科学探究的运用，进一步促进学生科学态度与责任观的形成，对于学生物理学科素养的积淀具有重要意义
基础条件	资源基础	黑板：板书核心问题；板书学生解决问题时交流、分析、建构概念过程的要点；板书反思提升要点等。 教材及学案：提供核心问题教学各环节中自主探究与生成的思维引导。 PPT：展示视频、图片等情境；出示核心问题；提供全班交流时所需的资料；出示评价反馈练习等内容。 实验及模型：斜面小车模型用于探究动能定理，"自由下落法"验证机械能守恒定律实验装置、光电门、气垫导轨等可能用于探究的实验装置

基础条件	资源基础	各种图片、视频:教材上、实际生活中用于情境营造的图片,营造生活实践情境和实验探究情境的视频资源。
		信息技术融合:可以将课堂中各种学生的情况及时反馈,如学生的完成情况可以拍照上传,学生的回答正确错误情况可以及时汇总,以及时调整教学方式
	学生基础	从概念结论来看:通过初中的学习,对功、功率有了一定的认识,比如知道做功的过程就是能量转化或转移的过程,对于力与位移方向相同的情况能对功进行简单计算;掌握了牛顿定律,能够熟练运用牛顿定律进行推导解决实际问题。
		从思想方法来看:学生初步建立了"实验探究与理论探究相结合"的方式,在科学论证时更加全面,能够从多个方面来进行探究;初步具有建构物理模型的思想,在面对实际情境的问题时,能够将其与所学的物理模型联系起来;初步具有微元法和化曲为直的思想。
		从价值观念来看:学生知道做功的过程就是能量转化或转移的过程,初步形成了能量观念;初步具有能够将实际复杂情境,化繁为简的价值观念;知道科学探究有理论和实践两个方面,具有实践观和联系观
单元大概念及下层结构		基于本单元学科教学内容梳理知识之间的关联(如下图),挖掘出本单元的核心大概念及概念结论、思想方法、价值观念三个层次的大概念。 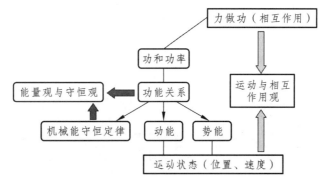 单元核心大概念:功能关系 特征化表达:通过研究合外力、重力、弹簧弹力做功的多少,定量地研究能量及其相互转化。 概念结论类:功、功率、动能、动能定理、势能(重力势能、弹性势能)、机械能守恒定律。 特征化表达:联系初中知识,由拉行李情境建立物理模型,定量分析力与物体运动方向有夹角时做的功;结合实际情境描述做功的快慢;物体由于运动而具有的能叫作动能;通过功能关系结合牛顿运动定律和运动学推导合力做功与物体动能变化量的定量关系;物体由于位于高处而具有的能量叫作重力势能,其大小与物体的质量和所处的高度有关,$E_P=mgh$;物体由于发生弹性形变而具有的能量叫作弹性势能,物体的形变量越大,弹性势能越大;在能量守恒观念、实践与理论相结合、透过现象看本质等价值观念的引领下,通过实验观察、建构模型与理论推导相结合的思想方法,寻找守恒量,探究系统内只有重力和弹力做功时动能与势能的相互转化以及总机械能的守恒情况;设计实验验证机械能守恒定律。 思想方法类:实际问题解决中的模型化思想、类比思想、等效思想、数形结合、演绎推理、功能关系、化曲为直的思想、理论探究与实验验证相结合的方法。 特征化表达:建立物理模型研究生活情境中的问题,体会功、功率概念建立过程中模型化思想、类比思想、等效思想的运用;在运用功能关系结合牛顿运动定律和运动学研究外力做功与物体动能变化量关系过程中,体会从特殊到一般、从低级到高级的演绎推理思想;体会微元法在探究重力做功特点中的应用,功能关系在定量推导重力势能、弹性势能、机械能守恒的表达式过程中的运用;体会理论推导结合实验验证寻找物理规律的方法

价值观念类：能量观、运动与相互作用观、守恒观（物理研究重要的观念）、科学本质观、实事求是和严谨细致的科学态度。

特征化表达：在研究机械能的过程中，逐步形成能量观，提升运动与相互作用观；功与能等概念间的关联反映了普遍联系的科学本质观；经历问题情境，体验科学知识对生活的影响，认识到科学的社会意义和责任；通过实验操作、数据处理及误差分析，形成实事求是和严谨细致的科学态度

	课时大概念		课时概念梳理		
课时	简约化表达	特征化表达	概念结论	思想方法	价值观念
1	功	联系初中知识，由拉行李情境建立物理模型，定量分析力与物体运动方向有夹角时做的功	功、正功、负功、合力的功	模型化思想，分类思想，等效思想，数形结合思想	科学态度与责任观（研习功概念建立的历史过程，体验科学知识对生活的影响）
2	功率	结合实际情境描述做功的快慢	平均功率，瞬时功率，实际功率，额定功率，输入功率，输出功率	类比的思想，逻辑推理	理论联系实际，变与不变的辩证观
3	动能、动能定理	物体由于运动而具有的能叫作动能；通过功能关系结合牛顿运动定律和运动学推导合力做功与物体动能变化量的定量关系	动能，状态量与过程量，变化量，合力的功	从特殊到一般、从低级到高级的演绎推理	运动与相互作用观，能量观，归纳与演绎
4	势能	物体由于位于高处而具有的能量叫作重力势能，其大小与物体的质量和所处的高度有关，$E_P=mgh$；物体由于发生弹性形变而具有的能量叫作弹性势能，物体的形变量越大，弹性势能越大	重力势能，弹性势能	功能关系	能量观念，普遍联系观
5	机械能守恒定律	在能量守恒观念、实践与理论相结合、透过现象看本质等价值观念的引领下，通过实验观察、构建模型与理论推导相结合的思想方法，寻找守恒量，探究系统内只有重力和弹力做功时动能与势能的相互转化以及总机械能的守恒情况	机械能守恒定律	实验观察，建构模型，理论推导	透过现象看本质，理论与实践相结合，能量守恒观
6	实验：验证机械能守恒定律	设计实验、测量并处理实验数据、分析误差	实验原理，数据处理，误差分析	理论与实验相结合认识客观世界	实践是检验真理的标准；实事求是和严谨细致的科学态度

（左侧合并单元格）单元大概念及下层结构

单元 教学 目标	参与对生活中做功与能量转化现象的观察、分析、分类探究、归纳特点相关活动，尝试定量表达能量相关的物理量；经历寻找机械能转化过程中的"守恒量"的探究活动；设计并实施实验验证机械能守恒定律。 理解功和功率，能基于功能关系建立动能、势能（重力势能、弹性势能）的概念（达到物理观念水平3）；能在实际情境中分析机械能的转化与守恒（达到物理观念水平3，科学思维水平4，科学探究水平3）；能设计实验、测量并处理实验数据、分析误差，进而加深对机械能守恒定律的理解（达到科学探究水平5）。 由此进一步体会功是能量转化的量度，初步建立能量观（达到物理观念水平3）、守恒观（达到物理观念水平4）、运动与相互作用观（达到物理观念水平5）；以及科学探究、科学思维在认识客观世界、解决问题中的关键性作用（达到科学探究水平4，科学思维水平5）
单元 核心 问题 及问 题分 解	单元核心问题：观察、分析生活中做功与能量转化现象，运用功能关系研究外力、重力、弹簧弹力做功，推导动能、重力势能、弹簧弹性势能的定量表达式；通过研究只有重力做功的情境运用功能关系推导机械能守恒的表达式；设计实验定量研究外力做功与动能变化以及机械能相互转化的定量关系。 本章所涉及的概念和规律与生活联系紧密，在设计核心问题时充分结合实际生活，选择的问题情境有代表性、针对性，利用核心问题引导学生建立物理模型，强化学生对生活实践情境与学习探索情境的关联性和统一性。 针对单元教学核心素养目标的达成，核心问题的设计要体现联系学生已有缄默认知，引导学生参与活动体验；核心问题中的活动设计体现与物理学科核心素养的关联。 前两节为功和功率的概念，概念来源于生活实践的需要，这一部分的核心问题设计应充分联系生活情境，引导学生建立物理模型分析力做功的一般情况；类比速度、加速度的概念，描述做功快慢的情况，联系生产生活中常见机械，理解功率的意义。 中间两节是机械能的基本概念（动能、重力势能、弹性势能）及动能定理的学习，核心问题的设计注重调动学生利用功能关系在初中定性认识的基础上尝试定量地分析，在此过程中体会科学探究（理论探究和实验验证）和科学思维在研究物理问题中的运用。 最后两节将机械能之间的相互转化进行定量研究，再在实验验证中加强对规律的理解与认识，属于螺旋递进的认知结构。核心问题的设计注重引导学生体验物理规律的建立是不断的理论探究与实验验证相结合的过程

课时划分	课时	课时名称	课时大概念	课时核心问题
	第一课时	功	功	分析斜向上拉行李箱问题，推导拉力做功的计算式及不同情况功的含义
	第二课时	功率	功率	联系生产生活中常见机械，比较做功的快慢，分析其意义
	第三课时	动能、动能定理	功能关系	运用功能关系结合牛顿运动定律和运动学研究外力做功，寻找物体动能的定量表达式
	第四课时	势能	功能关系	自选生活中重力势能发生变化的情境，定量分析该情境中重力做功的情况，据此推演重力势能的表达式
	第五课时	机械能守恒定律	机械能守恒	观察实验，建立模型，结合功能关系理论推导机械能转化过程中的数量变化
	第六课时	实验：验证机械能守恒定律	实验验证	设计并完成实验，定量研究机械能的相互转化，分析实验误差

教学 评价	（一）评价的目标指向 教学评价是为了展示学生在真实学习情境中物理学科核心素养的表现水平，在教学过程中通过多角度、多主体、多渠道相结合的评价与指导，促进学生达成单元教学目标中对物理观念、科学思维、科学探究等核心素养的水平要求

<table>
<tr><td rowspan="3">教学评价</td><td colspan="7">（二）评价的内容方式
1. 评价方式：
　　教学评价可以采取课堂问题互动、课堂练习反馈、实验操作及实验报告收集、单元综合检测等几种不同形式。其中实验包含一个课标要求学生必做实验：验证机械能守恒定律。指导并评价学生的完成情况。作业及单元检测可以根据情况书面批注，当面指导。课堂问题及练习反馈可以在课堂上以口语为主进行评价。
　　2. 对概念的生成理解评价维度：
　　概念结论类：能否对力对物体做功的情况进行准确判断和分析，并对实际生活中功率的问题进行分析；对于动能、重力势能和弹簧弹性势能，是否能够用功能关系推导其定量表达式；能否发掘出实际情境中的几种不同机械能，并对有几种能量相互转化的情境进行准确分析。应从概念的生成、规律的理解与精准表达进行学科专业知识的评价。
　　思想方法类：在对实际情境建模时，对模型化的思想进行评价；在研究动能、势能、机械能守恒时，对演绎推理的思想方法进行评价；在设计并完成验证动能定理、验证机械能守恒定律实验时，对实验探究的方法进行评价。
　　价值观念类：在学习众多不同实际情境建立模型的过程中，对抓住事物主要方面，由表及里认识事物，透过现象看本质的观念进行评价；在研究机械能（动能和势能）的过程中，对抓问题的共同点，理论与实践相结合认识世界的观念进行评价；对学习过程中运动与相互作用观念的提升适时进行评价，通过评价促进学生能量观的初步形成</td></tr>
</table>

<table>
<tr><td rowspan="3">单元作业</td><td>作业类型</td><td>作业目标</td><td>作业内容</td><td>作业情境</td><td>概念结论</td><td>思想方法</td><td>价值观念</td></tr>
<tr><td>基础性作业</td><td>能解决模型化的典型问题情境中基本的机械能及其守恒定律相关问题，形成初步的能量守恒观念（达成物理观念水平2、科学思维水平2、科学探究水平1、科学态度与责任水平1）</td><td>对基本概念的理解，对基本规律的初步理解与基本运用</td><td>辨识概念结论、思想方法的学习探索情境：机车的两种启动方式（以恒定功率启动、以恒定的加速度启动）、摩擦力做功问题、变力做功问题等的生活实践情境</td><td>功、功率、动能、重力势能、弹性势能等基本概念，动能定理、机械能守恒定律、功能关系等基本规律</td><td>微元法、化曲为直思想；图像分析的基本方法</td><td>初步的能量观念、守恒观念，理论与实践相结合的观念</td></tr>
<tr><td>综合性作业</td><td>能在较为复杂的生活实践情境中，运用能量守恒观念解决较为综合的问题，基本形成正确的能量守恒观（物理观念水平2、科学思维水平4、科学探究水平3、科学态度与责任水平2）</td><td>对机械能及其守恒定律相关知识的综合应用</td><td>模型化程度低的真实生活实践情境；综合性、实践性、灵活性更强的问题：应用动能定理求变力做功、图像问题、应用动能定理解决多过程问题、多物体组成的系统机械能守恒问题、实验设计与探究等较为复杂的学习探索情境</td><td>变化量、过程量与状态量的关联，变力做功、动能定理、机械能守恒定律的综合运用</td><td>转化研究对象法、图像分析法、模型化思想</td><td>能量观念、守恒观念，变与不变的辩证观</td></tr>
</table>

	作业类型	作业目标	作业内容	作业情境	概念结论	思想方法	价值观念
单元作业	实践性作业	能在较为陌生或者创新型的情境中,运用能量观和守恒观创造性地解决相关问题,形成较强的能量观念(物理观念水平3、科学思维水平4、科学探究水平4、科学态度与责任水平3)	在实际情境中,能够准确抓出其中蕴含的物理模型,灵活地、创造性地运用能量观念和守恒观念解决实际问题	能量相关的真实生活实践情境及创新性学习探索情境	动能定理、机械能守恒定律、能量守恒定律;能量的转化与守恒	实验探究、归纳演绎等思想方法	能量观念、守恒观念,变与不变的辩证观,理论与实践相结合的观念
反馈调整	评价反馈的目的:激发学生学习积极性,促进学生能量观等物理观念的形成,科学探究、理论推导、模型建构等科学思维的发展,提出问题、猜想与假设、设计实验、制定计划、进行实验、收集数据、分析论证、评估、交流与合作等科学探究能力的提高。 评价反馈的内容:针对本单元所涉及的概念结论、思想方法、价值观念等的理解掌握情况,并及时做出评价反馈、调整改进,以促进学生更好地学习和发展。 评价反馈的方式: 1. 核心问题点检测表、教学评价表。 2. 可以对平时作业的情况进行统计,采用记"正"字的办法统计错误率。对错误较多的问题分类讲评。也可以采用智学网布置作业,学生提交后迅速可以统计错误率,高效准确。也可督促学生进行自我反馈调整,改错本是一个较为不错的记录工具。错误的出现往往是由于思维定式,难以改变脑中固有的认知图示,改错本有利于学生对知识加深印象。 反馈调整的时机:在教学进行过程中,针对四个环节,学生的课堂表现一旦不能达到预期或者超过预期目标,要及时在课堂上做出调整。在教学的课后表现,结合作业、评价表和检测表的情况分析,针对学生的情况如果和预期不一致,及时做出调整						

"机械能守恒定律"学教案

凌欣怡

一、教学分析设计

【教材课标】☞

从课标来看，本节课内容属于教材必修 2 第四章"机械能及其守恒定律"中的第五节。针对本节课程标准的内容要求是"通过实验，验证机械能守恒定律。理解机械能守恒定律，体会守恒观念对认识物理规律的重要性。能用机械能守恒定律分析生产生活中的有关问题"。关于机械能守恒定律，对于学生而言并不陌生，在实际生产生活中随处可见，不论是小朋友荡秋千，还是网球运动员奋力击球，又或是勇敢者挑战蹦极运动，都蕴含着动能和势能的相互转化，涉及机械能守恒定律的相关知识。学生要联系生活实例，了解动能和势能的相互转化，深刻理解机械能守恒定律，并能够运用机械能守恒定律解释分析生活中的相关问题。"从生活走向物理，从物理走向社会"，物理的学习应该贴近学生生活，以具体事实、鲜活案例、生活经验和基本概念等引导学生进行思考，同时注重时代性，凸显我国科技成就，引导学生坚定文化自信，树立科技强国的远大理想；"实践出真知"，要想深入理解体会机械能守恒定律，必须要从观察生活中相关现象入手，通过实验活动亲身体验。课标明确指出：亲身体验的方式可以是实验，实验可以在课堂或实验室进行；也可以是活动，活动可以在课堂进行，也可以走出课堂，延伸至课堂外，比如去荡一下秋千、去尝试一下蹦床等。具体而言，就是要通过实验或其他活动，感受动能和势能的相互转化，理解机械能守恒定律，通过实验观察和理论探究培养善于观察、勇于表达的习惯和用科学语言进行严谨表达的能力；领略机械能守恒定律的奇妙和和谐，培养对科学的好奇心和求知欲；使学生形成正确的能量守恒的物理观念，也让学生体会到透过现象看本质的价值观念。

从教材安排来看，经过必修 1 和必修 2 前面内容的学习，学生的物理思想、物质观念、运动观念、能量观念得到了丰富，实验观察、逻辑推理、模型建构、抽象概括的能力已经有了较大的提升；同时，也逐渐习惯通过生活中的具体事例来认识物理现象，初步做到"从生活走向物理，从物理走向社会"，能够解决更多生活实际中的物理问题；但必修 1 和必修 2 的前半部分中所涉及的知识都是机械运动的相关内容。本章内容才步入了机械能的学习，本节内容是在学习了功、功率、动能和势能之后，对机械能进一步学习，帮助学生初步了解能量守恒观念，提升对科学本质的认识，但是学生在判断一些实际生产、生活及科学研究中的机械能守恒定律的适用条件以及推导过程上，对这些现象的本质容易出现错误的认知。

因此，结合课标要求，内容基础，育人要求几个方面，本节教学中必须致力于为学生呈现让学生能有实际参与感的生活实际情境，设计真实的实验活动让学生亲身体验机械能守恒定律，并通过理论推导得到机械能守恒定律的内容及其表达式，感受机械能守恒定律在研究和解决实际物理问题上的重要性。

【大概念】 ☞

为将《普通高中课程方案（2017 年版 2020 年修订）》中"以大概念为核心，使课程内容结构化"落实到实处，更好发挥学科育人功能，在认真钻研课标和教材基础上，从概念结论、思想方法、价值观念三个视角挖掘出如下的课时大概念。

课时核心大概念：机械能守恒定律。

特征化表达：在能量守恒观念、实践与理论相结合、透过现象看本质等价值观念的引领下，通过实验观察、建构模型与理论推导相结合的思想方法，寻找守恒量，探究系统内只有重力和弹力做功时动能与势能的相互转化以及总机械能的守恒情况。

1. 概念结论类大概念

大概念	特征化表达
机械能守恒定律	探究荡秋千过程中，机械能的变化情况

2. 思想方法类大概念

大概念	特征化表达
实验观察 建构模型 理论推导	模拟荡秋千的实验观察，寻找守恒量，理解机械能守恒定律，并通过理论探究机械能守恒定律的适用条件，忽略空气阻力等次要因素，建构物理模型，运用数学方法，对机械能守恒定律的适用条件进行理论推导，生成机械能守恒定律的内容、表达式，以及适用条件

3. 价值观念类大概念

大概念	特征化表达
透过现象看本质 理论与实践相结合 能量守恒观	透过生产生活及实验现象，结合理论分析，探究机械能守恒定律的本质，形成正确的能量守恒观

【资源条件】 ☞

资源名称	功能	来源
多媒体课件	出示核心问题；播放荡秋千的图片和视频等；活动提示；出示评价反馈问题	图片、视频源自生活或网络
希沃白板	解决问题环节用于展示学生实验活动数据，方便师生一起讨论交流，提炼探究结果	多媒体教室
系绳的小球、铁架台	解决问题环节，用于学生进行分组实验，让学生获得全面、深入的探究体验	物理实验室

【学生基础】 ☞

从概念结论来看：学生已经学习了机械能的基本概念，知道功是在力的方向上发生位移，知道物体由于运动而具有的能量叫作动能，知道动能定理的表达式 $W_{合} = \Delta E_k = E_{k2} - E_{k1} =$

$1/2\ mv_2{}^2-1/2\ mv_1{}^2$，也学习了势能，知道重力势能是由物体位置决定的，$E_\mathrm{p}=mgh$，了解了弹性势能，并清楚势能是系统所共有的，已经逐渐从仅讨论机械运动，过渡到对机械能的讨论，对简单的应用已经有了基础的分析能力。而关于机械能守恒定律，日常生活中常见的现象，学生跳高，荡秋千时都有涉及，但很大部分同学对动能和势能的相互转化，机械能守恒定律的内容、表达式以及适用条件的认识存在误区，对实际情景中机械能是否守恒无法正确判断，还不能正确应用机械能守恒定律的适用条件。

从思想方法来看：学生在必修一以及必修二前半部分的学习中，已经具备了一定的从生活实际情境问题到物理问题的模型建构能力，能够从生活走进物理；实验观察的能力，能够对实验现象进行猜想假设；理论推导的能力，能够借助学过的数学物理知识进行理论推导。也有通过实验探究去发现真理的愿望，本节课将继续采用实验观察，模型建构和理论推导相结合的思想方法，帮助学生深刻理解机械能守恒定律的内容、表达式以及机械能守恒定律的适用条件。

从价值观念看：学生之前的学习仅停留在对运动与相互作用观有一定认识上，在日常生活中很少注意与机械能守恒定律相关现象，对机械能守恒定律的相关概念、表达式以及适用条件上还有一定障碍和误区，通过本节课的学习，让学生进一步体会透过现象看本质，初步了解能量守恒观念，培育学生形成科学态度和责任等。

【目标分析】☞

基于前述教材课标、课时大概念以及学生基础分析，为更好地发展学生的能量守恒观以及透过现象看本质的价值观念，培养学生科学探究和科学思维的能力，以"荡秋千"为学习探索情境，为本课时确立了如下核心素养目标：

参与模拟荡秋千的实验活动。

能够通过实验观察和理论探究，分析、归纳、总结得出机械能守恒定律，在理解的基础上，知道其内容和表达式；能够通过实验探究得出机械能守恒定律的适用条件，并通过定量运算，感受守恒定律对研究和解决物理问题的重要意义（达到物理观念水平 3，科学思维水平 2，科学探究水平 3）。

由此，进一步体会到透过现象看本质是抽象概括形成体系的重要前提，丰富能量守恒观（达到物理观念水平 4，科学态度与责任水平 4）。

【核心问题】☞

基于前述教材课标、课时大概念、学生基础及目标分析，为了使学生能在学习中融入情境，进而能在新的问题情境中运用来解决新问题，积淀物理观念、科学思维等物理核心素养，本节课的核心问题确立为：

探究荡秋千过程中，机械能的变化情况。

【评价预设】☞

1. 针对课堂教学中的评价预设

提出问题环节：在新课引入阶段，通过问题帮助学生尽快融入新课，针对学生对相关生活实际情境提出问题的回答，给予激励性的肯定评价并对有偏差的回答进行引导。

解决问题环节：把握评价的特性——诊断性、激励性、导向性和肯定性的评价基调，引导学生完成实验，并激励学生通过实验观察进行猜想假设，通过之后的理论推导得出在忽略空气阻力时，总机械能保持不变，同时，在阻力不可忽略时，进行推导得出机械能的变化量与阻力做功的关系，发挥好本环节的体验引导功能。

反思提升环节：一个延伸实验，得出机械能守恒定律的适用条件，通过引导性的问题及评价，与学生共同对解决问题过程中形成的概念结论、思想方法、价值观念进行反思交流并达到结构化提升。重点针对问题解决过程中生成的知识和方法通过引导性评价加以提升，努力促进学生在深度体验基础上以较为专业的学科语言概括机械能守恒定律的概念以及适用条件，从而积淀物理观念、科学思维、科学态度与责任等物理学科核心素养，发挥好此环节评价的体验积淀功能。

评价反馈环节：预留充足的时间让学生完成评价反馈作业，对学生分析的正确性和深入程度做出评价，促进学生进一步深刻体验到机械能守恒定律与生活的息息相关，使学生形成正确的物理观念，能理解机械能守恒定律的内容；深化学生对机械能守恒定律的适用条件的理解和掌握，并能根据实际条件判断物体机械能是否守恒；理解机械能守恒的思想，能灵活运用、综合处理实际问题，在应用中掌握知识，能够融会贯通，为关键能力的发展奠定基础，培养学生的科学态度与责任，强化能量守恒的物理观念，凸显该环节评价的体验强化功能。

2. 针对课堂教学后的评价设计

课后反思整个教学过程，从教学形态与教学特质两个维度做出自我评价，完成"大概念核心问题教学文化评价表"；搜集学生在课后的评价反馈环节完成的评价反馈的作业，确立"在'蹦极'的实际情境中能否聚焦正确的研究对象，是否具备能量守恒观念"为监测点（评价反馈问题）进行统计、分析，完成"大概念核心问题教学素养目标点检测表"，并反馈给学生。

二、教学实施设计

【教学环节】☞

教学环节（时间）	学生活动	教师活动	设计意图	技术融合
提出问题（约 2 min）	借由 PPT 中呈现荡秋千的相关图片，结合已学内容，感受生活中的机械能守恒定律现象，同时明确本节课的核心问题，迅速进入解决问题的状态	展示情境图片和视频，感受荡秋千过程中动能和势能都在变，那机械能又会怎么改变？将生活问题转化为物理问题，提出核心问题：探究荡秋千过程中，机械能的变化情况	从生活走向物理，从具体的生活情境入手，将学生带入有关机械能守恒定律的生活情境之中，将生活问题提炼转化为物理问题，并明确核心问题，使学生进入跃跃欲试的状态	PPT 出示机械能守恒定律现象的相关生活情境及核心问题

教学环节（时间）	学生活动	教师活动	设计意图	技术融合
解决问题（约20 min）	活动一：模拟"荡秋千"实验并进行分析，寻找守恒量，感受机械能守恒定律（约5 min）	分组实验，借助已有器材，利用摆球，完成实验，观察摆动后能否回到原高度，思考并回答相关问题，对能量的转化特点进行猜测。 	给出明确指令，提出问题： 摆球能否每次都回到原高度？并猜测原因。 [学生能够简单提出空气阻力影响，进一步引导，由于阻力做功，导致能量发生变化（功能关系）：第一次摆动近似回到原来高度，猜测理想情况下机械能守恒；随着摆动次数增多，阻力影响更大，机械能发生明显变化] 引导问题：功能关系——全程涉及哪些力（完成受力分析）？哪些力在做功？涉及哪些能量？ 全班巡视，适时点拨，提醒注意事项，指导学生进行实验操作，引导学生通过分组实验亲身体会，追寻守恒量，感受机械能守恒观念	为学生提供探究时间，营造亲自参与、积极向上的学习情境，为学生在反思提升过程中提炼总结机械能守恒定律的内容提供实验事实依据	PPT呈现课堂环节； 展示学生的实验探究结果
	活动二：理论探究1，忽略阻力的情况下，由定性到定量，进一步感受过程中的守恒量，得到机械能守恒定律的表达式（约5 min）	根据PPT上的提示，研究阻力可忽略的情况下，从最高点荡到最低点的实际情境，建构物理模型，利用之前学的重力做功与重力势能变化的关系，以及合力做功与物体动能变化的关系进行理论推导，并体会逻辑推理的物理思想	在PPT上呈现出相应的简图，并给出已知条件，全班巡视，适时点拨，指导学生根据PPT要求建构物理模型、进行理论探究；引导学生对探究结果进行思考，并对学生的探究过程及结果进行点评	在PPT以及老师的引导下进行理论探究，学会将实际的情境问题转化为物理模型，并利用对应物理规律解决该问题，培养学生的科学探究、科学思维等物理学科核心素养	PPT呈现课堂环节； 展示学生的理论探究结果

教学环节（时间）		学生活动	教师活动	设计意图	技术融合
解决问题（约 20 min）	活动三：理论探究 2，阻力不可忽略的情况下，机械能的变化情况关系式（约 10 min）	根据 PPT 上的提示，研究阻力不可忽略的情况下，从最高点荡到最低点的实际情境，建构物理模型，利用之前学的重力做功与重力势能变化的关系，以及合力做功与物体动能变化的关系进行理论推导，并体会逻辑推理的物理思想	全班巡视，适时点拨，指导学生根据 PPT 要求建构物理模型、进行理论探究；引导学生对探究结果进行思考，并对学生的探究过程及结果进行点评	给学生足够的思维发散空间，同时提高学生的理论推导能力，在理论探究过程中发展物理学科核心素养	PPT 呈现课堂环节
反思提升（约 13 min）		师生共同回顾反思核心问题解决过程，从生活走向物理，通过实验观察明确核心问题，建构"荡秋千"的物理模型，通过理论推导，将理论与实践相结合，深刻感受能量守恒观，总结得到机械能守恒定律的内容、表达式及其适用条件		通过对解决问题过程的反思与结构化提升，加深对机械能守恒定律内容、表达式以及适用条件的认识和体验，发展能量守恒观，积淀物理观念、科学思维等物理学科核心素养	PPT 呈现课堂环节
评价反馈（约 5 min）		可借助题目，先独立思考，再相互交流	借助 PPT 展示评价反馈问题，并利用视频展示具体操作，给出相应数据： 有一种能伸缩的圆珠笔，其内装有一根小弹簧，尾部有一个小帽，压一下小帽，笔尖就伸出。使笔的尾部朝下，如图所示，将笔向下按压，使小帽缩进。然后放手，可见笔尖将向上弹起至一定的高度。请根据视频所测数据，粗测压笔尾部的小帽时其内部弹簧弹性势能的增加量	检测学生对机械能守恒定律的内容、表达式以及适用条件的掌握情况，并迁移到其他生活情境中。在深度理解的基础上，将规律特征应用于解决实际问题，促进学生对规律的理解和掌握，勇于将物理知识用来解决生活问题的科学态度与责任感	PPT 出示评价反馈任务

【板书设计】☞

<table>
<tr><td>

一、核心问题：

　　探究荡秋千过程中，机械能的变化情况。

</td><td>

二、解决问题：

　　活动一：模拟"荡秋千"实验并进行分析，寻找守恒量，感受机械能守恒定律；

　　活动二：理论探究1，忽略阻力的情况下，由定性到定量，进一步感受过程中的守恒量，得到机械能守恒定律的表达式；

　　活动三：理论探究2，阻力不可忽略的情况下，机械能的变化情况关系式。

</td></tr>
</table>

三、反思提升：

概念结论	思想方法	价值观念
1. 机械能守恒定律的内容：	实验探究	透过现象看本质
2. 机械能守恒定律的表达式：	理论探究	理论与实践相结合
3. 机械能守恒定律的适用条件	模型建构	能量守恒观

【作业设计】☞

作业序号	作业目标	作业情景		概念结论		思想方法		价值观念		整体评估	
		内容	水平	内容	水平	内容	水平	内容	水平	类型	水平
1	懂得应用机械能守恒定律的内容及其适用条件解决生产生活实际问题	"沿粗糙的斜面向下做匀加速运动的木块"、"在空中向上做匀速运动的氢气球"、"做平抛运动的铁球"、"被起重机拉着向上做匀速运动的货物"的生活实际情境及学习探索情境	简单	机械能守恒定律的内容及其适用条件	物理观念水平2	科学探究	科学思维水平2	透过现象看本质，能量守恒观	物理观念水平2	基础性作业	学业质量水平2
2	懂得应用机械能守恒定律的内容、表达式及其适用条件解决生产生活实际问题	"做平抛运动的小球"的学习探索情境	一般	机械能守恒定律的内容、表达式及其适用条件	物理观念水平3	科学探究	科学思维水平2	透过现象看本质，能量守恒观	物理观念水平3	基础性作业	学业质量水平3

作业序号	作业目标	作业情景		概念结论		思想方法		价值观念		整体评估	
		内容	水平	内容	水平	内容	水平	内容	水平	类型	水平
3	懂得应用机械能守恒定律的内容、表达式及其适用条件解决生产生活实际问题	"蹦极"的生活实际情境和学习探索情境	复杂	机械能守恒定律的内容、表达式及其适用条件	物理观念水平4	科学探究	科学思维水平3	透过现象看本质，能量守恒观	物理观念水平4	综合性作业	学业质量水平4
4	懂得应用机械能守恒定律的内容、表达式及其适用条件等相关知识动手制作相关物品并进行解释	机械能守恒的生活实践情境	复杂	机械能守恒定律的内容、表达式及其适用条件	物理观念水平4	科学探究	科学思维水平4	透过现象看本质，能量守恒观	物理观念水平5	实践性作业	学业质量水平4
课时作业整体评估	本节课的四个作业题均来自学习探索情境和生活情境，并设置了不同的复杂程度，分别为：基础性作业、综合性作业和实践性作业；学生在作业过程中回顾并加深对本节课在概念结论、思想方法、价值观念三个方面的领会，从而使学生以阶梯式的进阶维度，发展物理观念水平、科学思维水平、科学态度与责任，落实核心素养的发展。										

（具体的作业内容略）

三、教学评价设计

【信息搜集】☞

课后搜集了全班学生的运用反馈练习40份。对搜集到的40份学生运用反馈练习基于正确率及关联体验目标达成情况两种评判标准进行了批阅和分类。

【自我评价】☞

大概念核心问题教学文化评价表

课时名称：机械能守恒定律。

所属单元：机械能及其守恒定律。

单元大概念：功能关系。

单元核心问题：观察、分析生活中做功与能量转化现象，运用功能关系研究外力、重力、弹簧弹力做功，推导动能、重力势能、弹簧弹性势能的定量表达式；通过研究只有重力做功的情境运用功能关系推导机械能守恒的表达式；设计实验定量研究外力做功与动能变化以及机械能相互转化的数量关系。

课时大概念：机械能守恒定律。

课时核心问题：探究荡秋千过程中，机械能的变化情况。

评价目标	评价指标				评价
	一级指标	二级指标	三级指标		方法结果
实现活动体验中的学习与素养发展	具有大概念核心问题教学形态	核心问题利于活动体验	内含客观问题和学生活动方式	8	每项指标最高评8分（满分为96分）
			问题情境与真实生活密切相关	8	
			能引发大概念、新知新法生成	7	
		教学目标价值引导恰当	目标构成全面准确	8	
			内含关联体验目标	8	
			目标价值引导显现	8	
		教学环节完整合理落实	课程教学环节完整	7	
			环节内容合理充实	8	
			学生活动时间充分	7	
		教学要素相互匹配促进	问题目标环节两两匹配	7	
			技术促进活动形式内容	7	
			课程特色突出氛围浓郁	7	合计90分
	具有大概念核心问题教学特质	拓展学习视野	课堂与现实世界有恰当关联		选择一个表现突出的二级指标，在相应三级指标引导下，以现场学生表现为主要依据，以其余指标为背景，于本表的第二页写出150字以上的简要评价
			有基于缄默知识的问题解决		
			有缄默知识运用的追踪剖析		
			知识运用剖析导向素养发展		
		投入实践活动	有真实而且完整的实践活动		
			实践活动深度融入两类情境		
			能够全身心地浸渍于活动中		
			活动的内容结果均丰富深入		
		感受意义关联	有核心问题的深层意义感受		
			有以知识为中心的关联感受		
			有以个人为中心的关联感受		
			有对三类大概念的关联感受		
		自觉反思体验	有实质性反思活动的开展		
			有课堂新因素的追踪利用		
			有体验的交流与改善重构		
			有概念生成中的素养发展		
		乐于对话分享	乐于自我的表达与认真的倾听		
			乐于合作中成果与思路的分享		
			乐于成果交流中深层意义分享		
			有宽容的对话氛围和双向交流		
		认同素养评价	认可素养评价		
			参与素养评价		
			利用素养评价		

大概念核心问题教学特质的简要评价（包括发展性建议）：

本节课凸显了核心问题教学中"投入实践活动"与"乐于对话分享"这两个二级指标。首先在引入环节，先通过生活中常见的小朋友们荡秋千、运动员奋力击球以及蹦极运动这三个例子，引导学生回顾总结之前学习的能量相关知识并分析在这三个实际情景中能量发生了怎样的变化，接着借由"能量转化有什么特点"这个问题，引导学生"从生活走向物理"，因此本节课就从贴近生活的"荡秋千"的模拟实验入手，创设物理情境，让学生将平时"荡秋千"的感受融入物理的学习中，通过实验观察并进行理论推导，探究机械能守恒定律的内容、表达式及其适用条件，从而明确本节课的核心问题。在解决问题环节，学生能够通过小组活动来完成活动一，在活动中有自己的感受体会和观察结果，勇于在组内进行分享，并且在其他同学出现不当操作时，及时指出，提出自己的见解，在其他同学发表自己的意见时，认真倾听，针对如何更好地完成活动进行探讨，最终分析出机械能守恒定律的内容。在后续活动二的理论推导过程中，学生合作交流，实验探究与理论探究相结合，在小组集思广益后，能够派出代表将小组的思考、分析过程有逻辑地分享给大家。在活动三的过程中，首先让学生自己通过相互讨论找到思路，设计实验，然后让学生在全班进行分享，集体讨论实验是否可行，在此过程中，学生自主探究、深度体验、总结出机械能守恒定律的适用条件，再通过小组发言陈述自己小组的发现，组间互评，积极发言，与同学们分享探究过程中遇到的问题并寻求的解决手段，同时，能够从整个过程中总结出思想方法和价值观念。总之，在解决问题环节中学生充分活动的基础上，学生乐于对话分享，所以相应的问答环节能有较好的表现，愿意主动与大家交流分享，并在表达中提高规范性

【反馈调整】☞

大概念核心问题教学素养目标点检测表

课时名称	机械能守恒定律
所属单元	机械能及其守恒定律
单元大概念	功能关系
单元核心问题	观察、分析生活中做功与能量转化现象，运用功能关系研究外力、重力、弹簧弹力做功，推导动能、重力势能、弹簧弹性势能的定量表达式；通过研究只有重力做功的情境运用功能关系推导机械能守恒的表达式；设计实验定量研究外力做功与动能变化以及机械能相互转化的数量关系
课时大概念	机械能守恒定律
课时核心问题	探究荡秋千过程中，机械能的变化情况
课时素养目标	1. 参与模拟荡秋千的实验活动。 2. 能够通过实验观察和理论探究，分析、归纳、总结得出机械能守恒定律，在理解的基础上，知道其概念和表达式；能够通过实验探究得出机械能守恒定律的适用条件，并通过定量运算，感受守恒定律对研究和解决物理问题的重要意义（达到物理观念水平3，科学思维水平2，科学探究水平3）。 3. 由此，进一步体会到透过现象看本质是抽象概括形成概念的重要前提，丰富能量守恒观（达到物理观念水平4，科学态度与责任水平4）
检测点	在"蹦极"的实际情境中能否聚焦正确的研究对象，是否具备能量守恒观念
检测任务	高空"蹦极"是勇敢者的游戏。蹦极运动员将弹性长绳（质量忽略不计）的一端系在双脚上，另一端固定在高处的跳台上，运动员无初速度地从跳台上落下。若不计空气阻力，判断下列说法是否正确，并说明原因。

检测任务	（1）弹性绳刚伸直时，运动员开始减速； （2）整个下落过程中，运动员的机械能一直在减小； （3）整个下落过程中，重力对运动员所做的功大于运动员克服弹性绳弹力所做的功； （4）弹性绳从伸直到最低点的过程中，运动员的重力势能与弹性绳的弹性势能之和先减小后增大
分类标准	A. 在读题过程中能牢牢抓住题干中的重要信息，"弹性长绳"、"无初速度"、"不计空气阻力"，对解题有明确清晰的思路，能熟练灵活运用之前学过的受力分析相关知识点，能熟练分析出运动员在弹性绳各个状态的受力情况，能够立马回想受力分析的几个关键步骤，能通过受力分析确定运动员在弹性绳松弛状态下，由于不计空气阻力，所以只受重力；在弹性绳绷直后，由于不计空气阻力，所以受到重力和弹性绳的弹力，进而画出物体的受力示意图；能够意识到在松弛和绷直之间存在临界条件，得到临界条件即在弹性绳刚伸直时，运动员只受重力；能够通过所受合外力，想到牛顿第二定律 $F=ma$，判断出运动员在弹性绳刚伸直时，其加速度方向与重力方向相同，并能回忆起加速和减速的判断方法——加速度方向与初速度方向相同为加速，相反为减速，从而判断出此时运动员向下做加速运动，速度增大；能够熟练掌握机械能守恒定律，知道在整个下落过程中，运动员和弹性长绳整体的机械能守恒，但是运动员的机械能不守恒；能够回忆起动能定理，借由下落过程中初末速度都为 0，得出总功为 0，得到重力对运动员所做的功等于运动员克服弹性绳弹力所做的功；能够通过对整个过程的受力分析，得出加速度方向，进而得到加减速情况，可知整个过程中动能的改变情况，借由整体机械能守恒，得出弹性势能和重力势能的变化情况
	B. 在读题过程中能牢牢抓住题干中的重要信息，"弹性长绳"、"无初速度"、"不计空气阻力"，对接触过的选项有明确清晰的思路，能熟练灵活运用之前学过的相关知识点，能熟练分析出运动员在弹性绳各个状态的受力情况，得到运动员的运动状态，但是对于新学的机械能守恒定律的相关内容，表达式特别是适用条件存在混淆
	C. 在读题过程中能牢牢抓住题干中的重要信息，"弹性长绳"、"无初速度"、"不计空气阻力"，对接触过的选项有一定的思路，能较为熟练灵活运用之前学过的相关知识点，分析出运动员在弹性绳各个状态的受力情况，得到运动员的运动状态，但是对于新学的机械能守恒定律的相关知识掌握不足，在对满足机械能守恒定律的对象进行判断时，忽略"系统"，在重力势能和弹性势能的学习中存在遗留问题，未理解掌握"与重力势能一样，弹性势能也是弹力装置与受弹力作用的物体组成的系统所共有的"这句话，盲目判断
	D. 在读题过程中能牢牢抓住题干中的重要信息，"弹性长绳""无初速度""不计空气阻力"，但是在做题过程中无法回忆出相关知识点，对选项感觉熟悉却又无从下手
检测统计	<table><tr><th>分类等级</th><th>学生人数（总人数40人）</th><th>百分比</th></tr><tr><td>A</td><td>9</td><td>22.5%</td></tr><tr><td>B</td><td>20</td><td>50.0%</td></tr><tr><td>C</td><td>6</td><td>15.0%</td></tr><tr><td>D</td><td>5</td><td>12.5%</td></tr></table>
检测分析及结果运用	从检测统计情况看，有四分之一的学生能够得到 A 等级，这些学生对于所学的知识能够完全掌握，并能灵活运用；对于得 B 等级的学生，其中一半的学生能够得出正确答案，但是并未将所有问题涉及的所有知识点以及隐含意义进行挖掘，对于一些可能只是根据自己的直觉从而直接判断正误，而没有思考为什么是对的，甚至有的学

检测分析及结果运用	生从直觉出发，认为所有问题都是错的，只是从做题的角度而言，觉得不可能全是错误的，所以随机选了一个，判断为正确，另一半的学生，能将练得较多的问题精准判断，但是对于练得较少的、新学的内容不熟练，将简单概念混淆了，并未仔细思考，针对每个问题，根据自己印象中错误的概念，判断其正确；对于得 C 等级的学生在做题时花费更多的时间，但能对部分问题完成判断，对于学过的知识点存在遗漏，导致在新课的学习中，这个遗漏再次暴露出来，并影响了现在，对于本节课的知识点没有领会到位，只抓住了概念结论类的知识，更多停留在文字表面。 对于得 D 等级的 5 位学生，他们遇到这一类问题，只能完成读题抓关键信息的行为，在实际的解题中，无法将涉及知识点从脑海中找出来，所以他们的切入点、判断的依据有可能是凭借直觉，或者生活经验，喜欢凭借感觉来做题，一旦碰到没经历过的就难以入手，并且针对一些情境，凭借感受无法与相关问题联系起来。 而对于一些无法正确判断正误的学生而言，在平时的作业中他们也能凭借一时的运气选对答案，单选题增加了运气成分，所以想要尽可能地规避这种情况，在题目的设计上可以选择适当出一些多选题或者不定项选择题
素养目标达成典型实例	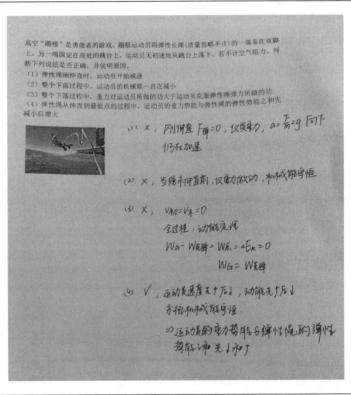
检测反馈	通过此题的结果分析，可以发现学生们已经具备认真读题、仔细审题、勾画关键信息的能力，对于已经学过并经过大量练习的选项已经能有一个较为清晰的分析思路，并能准确判断，但部分学生在熟练程度上有所欠缺。对于才学不久的知识点，有的学生掌握并不牢靠，出现了概念混淆、模糊不清的情况，导致在综合运用时，似是而非，甚至审题出现错误，自认为题目很简单，但是却做错了。一些学生对于学过的知识点不能很好地在头脑中形成体系，学到后面就把前面的知识点忘记了，没有及时回顾，还不能在实际问题中熟练运用，无法联系起来进行判断，在后续的作业中需加强联系所学知识点进行分析判断的练习并不定时地对前面知识点进行巩固练习

"静电场"单元教学

"静电场"
大概念的核心·问题教学单元规划纲要

学科　**物　理**　教师　**周　玲　朱世艳　李曰安**

年级	高二	单元名称		静电场	单元课时	9课时
单元内容	教材内容	一、模块内容 　　高中物理必修 3（教科版）这本书主要是电学和磁学，是在运动学和动力学的基础上的进一步学习物理规律，是高中阶段物理思想方法、价值观念的进一步深化。本模块的大概念为：电场与磁场。 　　本模块分为四个单元，第一章"静电场"，单元核心大概念为"静电场的基本性质"，其核心是在力学的基础上，学习如何描述电场以及电场中力的性质和能的性质。 　　第二章"电路及其应用"。单元大概念为"电路中的电学量"。本章通过对电路中各电学量之间的关系的梳理，掌握电路结构，会分析电路中的能量转化问题。在生活中树立安全用电和节约用电的意识。本章的重点是电路实验问题，能选择实验器材进行实验，获取数据并处理数据，分析实验结论，让学生进一步形成科学探究素养。 　　第三章"电磁场与电磁波初步"。单元大概念为"磁场的基本性质"。磁场的描述与电场的描述有相似之处，学习磁场的性质所涉及的方法技能可以通过第一章电场迁移而来。本章电磁波的相关内容涉及电场和磁场的相互关系，进一步深化学生对物质的本质属性、内在规律及相互关系的认识。 　　第四章"能源与可持续发展"。单元大概念为"能量"。本章与生产生活、社会发展、环境保护密切相关，主要让学生认识能源开发与利用对人类生活和社会发展的影响，关注科学、技术、社会、环境的关系，培养学生的科学态度与责任。 　　本模块在必修 1 和必修 2 力学基础上，拓宽到对电场和磁场的认识。以物质观念、运动与相互作用观念、能量观念为主线，构建物理模型；用比值定义法定义新的物理量；从力、运动、能量的角度分析解决电场和磁场问题；通过实验探究物理规律；认识物理现象在生产生活和社会发展中的影响。教材内容编排层层递进，符合高中生的认知规律。 　　二、单元内容 　　"静电场"是高中物理必修 3（教科版）第一章的教学内容。本单元的大概念为"静电场的基本性质"。本单元一共有 9 节内容，可以划分为 4 个主题。一是"电场力的性质"，二是"电场能的性质"，三是"电容器和电容"，四是"带电粒子在电场中的运动"。通过对比人教版教材、沪科版教材，发现三种教材在章节安排、教学内容的顺序上大致相同。教材安排在对电场的相关概念的介绍中，融入对运动与相互作用、能量的学习

单元内容	教材内容	本单元的内容有：电荷及电荷守恒定律；库仑定律；静电场、电场强度和电场线；电场力的功、电势能；电势、电势差；电势差与电场强度的关系；静电的利用和防护；电容器、电容；带电粒子在电场中的运动。本单元是在力学的基础上，对物质观、运动与相互作用、能量观认识的进一步深化，又是学习电路、磁现象的铺垫，对学生物理观念、科学思维、科学探究、科学态度与责任的培养有承上启下的意义
	课程标准	一、《普通高中物理课程标准（2017年版2020年修订）》中对本单元及各课时教学的要求： 1. 通过实验，了解静电现象。能用原子结构模型和电荷守恒的知识分析静电现象。 例1 通过多种方式使物体带电，观察静电现象。 例2 演示并分析静电感应现象。 2. 知道点电荷模型。知道两个点电荷间相互作用的规律。体会探究库仑定律过程中的科学思想和方法。 例3 与质点模型类比，体会在什么情境下可将带电体抽象为点电荷。 例4 体会库仑扭秤实验设计的巧妙之处。 3. 知道电场是一种物质。了解电场强度，体会用物理量之比定义新物理量的方法。会用电场线描述电场。 例5 用电场线描绘两个等量异种电荷周围的电场。 4. 了解生产生活中关于静电的利用与防护。 例6 分析讨论静电在激光打印、静电喷雾和静电除尘等技术中的应用。知道在有可燃气体、粉尘的环境中如何防止静电事故。 5. 知道静电场中的电荷具有电势能。了解电势能、电势和电势差的含义。知道匀强电场中电势差与电场强度的关系。能分析带电粒子在电场中的运动情况，能解释相关的物理现象。 6. 观察常见的电容器，了解电容器的电容，观察电容器的充、放电现象。能举例说明电容器的应用。 二、课程标准对本单元的教学提示 引导学生学会建立点电荷、电场线等物理模型，体会物理模型在研究具体问题中的重要作用。让学生了解应用物理量之比定义新物理量的方法。了解电场强度、电势等物理量的含义并体会其定义方法。重视发挥物理学史的教育功能，让学生了解库仑定律的探索历程，体会库仑扭秤实验设计的实验思想与方法。 三、课程标准对本单元的学业要求 能用电场强度、电势、磁感应强度等物理量描述电场的性质。会用库仑定律分析点电荷之间的相互作用。形成初步的物质观、运动与相互作用观和能量观，并能以此观察和解释简单的自然现象，解决简单的实际问题。 能用点电荷模型研究电荷间的相互作用，能用物理量之比定义电场强度、电势等物理量。进一步了解物理量之比定义新物理量的方法。能用电场线模型分析电场中比较简单的问题，并得出结论。在分析和论证过程中，能使用证据说明自己的观点。 课标中提到的物理学科素养包含物理观念、科学思维、科学探究、科学态度与责任。这四点在课标的具体要求中均有体现，如等效替代、模型化、分类、抽象概括等思想，采用物理实验的科学探究，课标中要求的实例与活动建议，均能体现想让大家在教学中尽量培养学生解决实际问题的能力。 根据以上课标要求，教师应当通过各类实际情境，建立物理模型，借助物理实验，引导学生经历"提出问题—解决问题—反思提升—评价反馈"的过程，培养学生的建模能力，学会分析静力学问题，过程中融入各类思想观念，逐步建立起基本的相互作用观

<table>
<tr><td rowspan="9">基础条件</td><td rowspan="7">资源基础</td><td>资源</td><td>用途</td></tr>
<tr><td>多媒体课件</td><td>营造情景，展示课堂教学环节</td></tr>
<tr><td>投影仪</td><td>展示学生活动成果，以便学生共同交流、分享与分析</td></tr>
<tr><td>黑板</td><td>板书学生解决问题的主要内容、反思提升要点</td></tr>
<tr><td>学案</td><td>呈现学生学习任务和作为学习的反馈性材料</td></tr>
<tr><td>实验室</td><td>相关的实验器材资源，可供观察静电现象，如摩擦起电、感应起电、接触起电、电荷之间的相互作用力、电场线的分布、示波管、阴极射线管、带电粒子在电场中的运动、电容器的充电放电等。提供实验场地和器材，供学生进行自主探究，合作交流</td></tr>
<tr><td>演示教具</td><td>直观的呈现静电现象，让学生直观的感受和体会</td></tr>
<tr><td>电脑</td><td>供学生查阅资料，了解静电的应用及危害。挖掘更多相关学习资源</td></tr>
<tr><td>学生基础</td><td colspan="2">学生经过必修 1 和必修 2 的学习，对"机械运动与物理模型""相互作用与运动定律""机械能及其守恒定律"有了基本的了解，对物理现象有一定的认知，具备一定的对物理观念的认识，对物质观、运动与相互作用、能量观有初步的体验，具备一定的科学的研究方法，能在生活实践情景中发现问题，能将简单的问题模型化、设计研究方案、通过科学推理、搜集和整理数据等解决问题</td></tr>
<tr><td>单元大概念及下层结构</td><td colspan="3">

单元核心大概念：静电场中的力和能的性质。

特征化表达：在物质观、相互作用观、实践与理论相结合、透过现象看本质等价值观念的引导下，通过实验探究与逻辑推理相结合的思想方法，定义电场强度这一物理量，能表达放入静电场中的带电粒子受力的大小和方向的特性；定义电势这一物理量，能表达放入静电场中的带电粒子的能量的特性。从动力学、能量、动量三大观点分析静电场中的性质。

概念结论类：静电场，电荷、电荷守恒定律，库仑定律，电场、电场强度、电场线，电势能、电势、电势差、等势面，电容器、电容。

特征化表达：通过生活情景，认识静电场、自然界中的电荷有正电荷和负电荷，了解电荷守恒定律；通过实验认识电荷之间的相互作用力的规律即库仑定律；认识电场强度，知道正电荷和负电荷在电场中受力的大小和方向的特点；了解用电场线描述电场的方法，并知道常见的几种电场线分布特点；了解电势、电势差、等势面的概念，知道正电荷和负电荷在电场中的电势能的大小规律；了解储存电荷的元件即电容器，知道电容的大小与电荷量、电势差的关系。

思想方法类：模型化思想；放大法；比值定义法；类比思想；抽象思维、演绎思维。

特征化表达：将研究的电荷定义为点电荷这一物理模型；研究库仑定律时，通过扭秤实验观察微小的库仑力的特点；通过比值定义法定义电场强度、电势这两个分别表达力和能的新的物理量；比值定义的方法与熟悉的速度、密度等概念类比更便于理解；电场线将抽象的物理概念形象化地表达，方便分析解决问题。

价值观念类：物质观、运动与相互作用；能量观；抓主忽次（解决问题要善于透过现象看本质，抓主要矛盾与矛盾的主要方面）。

特征化表达：在认识电场的过程中，知道电场是看不见摸不着但实际存在的物质，进一步树立了正确的物质观念；认识带点粒子在电场中的受力、运动、做功与能量转化；在研究电场问题情景中，抓住主要矛盾忽略次要矛盾，通过理想化方法建立理想模型

</td></tr>
</table>

	课时	课时大概念		课时概念梳理		
		简约化表达	特征化表达	概念结论（小概念）	思想方法	价值观念
单元大概念及下层结构	1	电荷、电荷守恒定律	自然界中存在两种电荷。电荷既不能被创造，也不能被消灭，它们只能从一个物体转移到另一个物体，或者从物体的一部分转移到另一部分；在转移的过程中，电荷的总量保持不变	电荷量；元电荷；接触起电；摩擦起电；静电感应，感应起电	模型法，量子化思想	物质观；守恒观
	2	库仑定律	真空中两个静止的点电荷之间的相互作用力，与它们的电荷量的乘积成正比，与它们的距离的二次方成反比，作用力的方向沿着这两个点电荷的连线	点电荷；库仑定律	理想化物理模型；控制变量法；放大法；类比思想；极限思想	抽象思维；演绎思维
	3	静电场、电场强度和电场线	电荷周围存在电场。用电场强度表征电场力的性质。用电场线形象化地描述电荷周围的电场	电场、电场力、静电场；检验电荷、场源电荷；电场强度、电场线	理想化物理模型；比值定义法	物质观；运动与相互作用；抓主忽次（解决问题要善于透过现象看本质，抓住主要矛盾与矛盾的主要方面）；形象思维和抽象思维结合
	4	电场力的功、电势能	电场力做功只与移动电荷的电荷量以及起点和终点的位置有关，而与路径无关。电荷在静电场中具有电势能	电场力做功；电势能；电势能的变化	建立物理模型的思想；做功与能量变化的对应关系；数学与物理结合的方法；类比思想	透过现象看本质；抽象思维；演绎思维；解决问题方法的多样性；问题解决中分类意识和观念
	5	电势、电势差	把检验电荷在电场中某点的电势能与检验电荷量的比值定义为电势。两点间电势之差为电势差。电场中电势值相等的各点构成的曲面叫等势面	电场线判断电势高低；等分法分析电势	推理论证；等效法	抽象思维；演绎思维；解决问题方法的多样性

续表

<table>
<tr><td rowspan="6">单元大概念及下层结构</td><td rowspan="2">课时</td><td colspan="2">课时大概念</td><td colspan="3">课时概念梳理</td></tr>
<tr><td>简约化表达</td><td>特征化表达</td><td>概念结论（小概念）</td><td>思想方法</td><td>价值观念</td></tr>
<tr><td>6</td><td>电势差与电场强度的关系</td><td>在匀强电场中，两点间的电势差等于场强与这两点间沿电场线方向的距离的乘积；场强的大小等于沿场强方向每单位距离上的电势差；沿电场线的方向电势越来越低</td><td>电场线疏密判断电势差的大小、等分法分析电势</td><td>定性分析；作图分析</td><td>抽象思维；演绎思维；解决问题方法的多样性</td></tr>
<tr><td>7</td><td>静电的利用和防护</td><td>静电、静电的利用、静电的危害和防治</td><td>静电、绝缘体、静电除尘、激光打印</td><td>科学论证、解释交流</td><td>实践是认识的基础、实事求是</td></tr>
<tr><td>8</td><td>电容器、电容</td><td>电容器是储存电荷和电能的元件。描述电容器储存电荷能力的物理量叫电容器的电容量，简称电容</td><td>电容器，充电、放电；电容；电容的影响</td><td>验证型实验的基本方法及误差处理</td><td>实践是认识的基础、实事求是；守恒观念；抓主忽次</td></tr>
<tr><td>9</td><td>带电粒子在电场中的运动</td><td>带电粒子的加速、带电粒子在匀强电场中的偏转</td><td>电场力、运动规律</td><td>模型建构、推理演绎</td><td>运动与相互作用观念、能量观念</td></tr>
<tr><td>单元教学目标</td><td colspan="6">观察生活中常见的静电现象，参与对静电现象中的受力、运动、做功和能量转化的分析，总结静电场中的力学特点。
理解电荷之间的相互作用，认识电场这一特殊的物质（达到物理观念水平 2）；理解电荷在电场中的力和能量的性质（达到科学思维水平 3，科学探究水平 3）；了解生活中与静电有关的现象并分析如何利用和防止静电（达到物理观念水平 2，科学思维水平 3，科学态度与责任水平 2）。
由此懂得物质有各种存在的形式，建立科学的物质观；体会到模型化思想、类比思想、归纳演绎在分析静电场问题的重要作用，感受到分类是解决复杂实际问题常用的重要思想方法，实践是检验真理的唯一标准的思想方法（达到物理观念水平 3，科学思维水平 3）</td></tr>
<tr><td>单元核心问题及问题分解</td><td colspan="6">基于大概念的建构，分析与明确了本单元的核心素养目标后，紧接着需要规划与设计对应的单元教学活动与详细的操作流程，这直接指向了学科核心素养的培养和落实。建构概念、探究规律、解决实际问题等单元教学活动设计需要重视单元核心问题的创设，包括创设能够体现概念本质特征的核心问题，有助于学生解决问题，开展深入的研究。总之，恰当的核心问题是引导学生开展学习活动的前提，也能体现学生本单元大概念建构以及思维发展的效果。基于以上分析，本单元核心问题设计如下。
单元核心问题：观察生活中的静电现象，从力、运动、能量的角度分析静电场问题。
问题分解：
1. 分析电场中的受力和运动特点，能从力和运动的观点出发分析静电场问题。
2. 分析电场中的做功和能量转化关系，能从能量观点出发分析静电场问题</td></tr>
</table>

	课时	课时名称	课时大概念	课时核心问题
课时划分	第1课时	电荷和电荷守恒定律	自然界中存在两种电荷。电荷既不能被创造，也不能被消灭，它们只能从一个物体转移到另一个物体，或者从物体的一部分转移到另一部分；在转移的过程中，电荷的总量保持不变	观察自然界中的两种电荷的实验，分析电荷守恒定律的意义
	第2课时	库仑定律	真空中两个静止的点电荷之间的相互作用力，与它们的电荷量的乘积成正比，与它们的距离的二次方成反比，作用力的方向沿着这两个点电荷的连线	观察点电荷之间的相互作用力的实验，尝试分析电荷间作用力与这两个电荷所带电荷量、它们之间距离的关系
	第3课时	静电场、电场强度和电场线	电荷周围存在电场。用电场强度表征电场力的性质。用电场线形象化地描述电荷周围的电场	分析点电荷形成的电场中检验电荷受力和电荷量的关系，尝试定义表征电场力性质的物理量
	第4课时	电场力的功、电势能	电场力做功只与移动电荷的电荷量以及起点和终点的位置有关，而与路径无关。电荷在静电场中具有电势能	类比重力做功与重力势能变化的关系，分析电场中的能量及电场力做功的特点
	第5课时	电势、电势差	把检验电荷在电场中某点的势能与检验电荷量的比值定义为电势。两点间电势之差为电势差。电场中电势值相等的各点构成的曲面叫等势面	类比重力场中高度与重力势能的关系，尝试定义表征电场能性质的物理量
	第6课时	电势差与电场强度的关系	在匀强电场中，两点间的电势差等于场强与这两点间沿电场线方向的距离的乘积；场强的大小等于沿场强方向每单位距离上的电势差；沿电场线的方向电势越来越低	推导公式，分析电势差与电场强度的关系
	第7课时	静电的利用和防护	静电、静电的利用、静电的危害和防治	查阅资料并观察实验，静电的利用和防护
	第8课时	电容器、电容	电容器是储存电荷和电能的元件。描述电容器储存电荷能力的物理量叫电容器的电容量，简称电容	查阅资料并观察实验，分析电容器和电容
	第9课时	带电粒子在电场中的运动	带电粒子的加速、带电粒子在匀强电场中的偏转	在实际问题情景中，综合运用运动与相互作用的观点、能量的观点处理带电粒子在电场中的运动，归纳解题策略
教学评价	评价是日常教学活动的重要组成部分，适时、准确地评价才能了解学生核心素养的发展情况，从而指导进一步的教学活动。评价的角度和方式均是多样的，包括教师评价、自我评价、同伴评价以及过程性评价、阶段性评价等。通过评价诊断与检测学生素养培养的效果，获得真实表现的反馈性信息，以及激励学生进一步的学习活动			

| 教学评价 | 比如，教学内容"类比重力做功与重力势能变化的关系，认识电场中的能量及电场力做功的特点"即作为了课堂上的一种过程性的诊断性评价，通过学生在类比重力做功与路径无关，认识电场力做功与路径无关的特点；类比重力做功与重力势能变化的关系，认识电场力做功与电势能变化的关系诊断是否能够迁移与类比探究思路，是否能够迁移分析电场力做功的微元法与极限思想，从而对学生思维能力的表现进行及时诊断。此外，关于电场强度、电势等概念的提出，对比值定义法有更深入的理解，通过物理量定义新的物理量的方法，是物理学中的常用方法。诊断学生是否能将之前学习的研究方法迁移应用，即在教学过程中诊断学生的思维与探究能力。

除了课堂上师生互动中的评价，课后作业也是一种很好地诊断学生学习效果的评价方式，通过作业题来检测学生关于相关规律、方法的掌握情况以及学生学科核心素养的达成情况 |

	作业类型	作业目标	作业内容	作业情境	概念结论	思想方法	价值观念
单元作业	基础性作业	能解决电场情景中基本的受力和能量问题，形成初步的物质观和相互作用观、能量观（达成物理观念水平2、科学思维水平2、科学探究水平1、科学态度与责任水平1）	学习探索情景中，分析典型的电场模型涉及的基本概念、思想方法，能初步理解应用	点电荷的电场、匀强电场为基本的电场情景；以电场线为主的描绘基本电场情景；辨识概念结论、思想方法的学习探索情境；匀强电场中的受力和能量转化情景	电荷、元电荷、电场、电场强度、电场线、电势能、电势、电势差、等势面、电容器和电容	理想化物理模型；比值定义法；等效思想；类比思想；抽象概括	初步的物质观、相互作用观，实践是认识的基础
	综合性作业	能在较为复杂的电场情境中，运用相互作用观念解决较综合的电场问题，基本形成正确的相互作用观、能量观（物理观念水平2、科学思维水平4、科学探究水平3、科学态度与责任水平2）	对相互作用和能量规律灵活的综合应用	多个电荷形成的复杂电场情景，通过电场强度的叠加分析电场；电场情景中综合弹簧模型、斜面模型等探索力和能量综合问题；抽象的图像描绘电场性质的学习探索情境；电场、重力场的叠加和组合情景	电场力和能量的性质	解决实际问题的模型化思想	相互作用观念、能量观念

	作业类型	作业目标	作业内容	作业情境	概念结论	思想方法	价值观念
单元作业	实践性作业	能在较为陌生的情境中，运用相互作用观念和能量观念创造性地解决相关实际问题，形成正确的相互作用观和能量观（物理观念水平3、科学思维水平4、科学探究水平4、科学态度与责任水平3）	在实际情境中主动调用、创造性地综合运用相互作用和能量规律分析解决问题	静电相关现象在生活中的应用和防止，如摩擦起电、感应电、接触起电、静电屏蔽、尖端放电等	静电基本规律	实验探究与抽象概括、归纳演绎、直觉逻辑等科学创新思维	实践观，相互作用观、能量观
反馈调整	在单元教学的过程中或结束后，引导学生对自己学习的内容、方式和结果等进行反思和检测，促进学生理清知识内在的逻辑关系，理解知识背后蕴藏的意义和价值，实现对学科大概念的进一步理解，然后迁移其到新情境中解决实际问题，在这个环节中，教师要根据学生在课堂上的表现以及课后检测作业中对能量守恒这个大概念的理解和应用的实际情况，对教学内容和计划作出调整，以期最大程度地促进各层次的学生达成学科核心素养的养成。期间，可借助实验器材让学生观察物理现象，引导学生对物理现象深入思考；可借助多媒体课件向学生展示模型构建，分析解决问题的详细过程；可借助智学网平台给不同层次的学生布置适合其水平的巩固练习，便于统计学生反馈的信息，方便检测学生本单元素养目标的达成度；利用黑板板书重要知识点和利用物理规律的解题思路要点，有助于学生对物理能量观念和规律的理解，有助于提高学生解决问题和解释现象的能力						

"静电场 电场强度和电场线"学教案

周玲

一、教学分析设计

【教材分析】☞

本节课是教科版必修 3 第一章第 3 节的教学内容。本节内容涉及"静电场、电场强度和电场线",需要 2 课时完成教学。本节课为第 1 课时,认识电场和电场强度。电场线部分的教学内容放到第 2 课时学习。电场强度这一概念贯穿整个电场一章的学习。考纲对本节内容是 Ⅱ 级要求,即对所列知识要理解其确切定义及其他知识的联系,能够进行叙述和解释,并能在实际问题的分析、综合、推理和判断过程中运用。

【学生分析】☞

学生通过对电荷、库仑定律知识的学习,对静电现象、静电力有了初步的认识。本节课用到了比值定义法来定义电场强度,这是用已有的物理量定义新的物理量的方法,学生对此方法并不陌生,在此前学习速度、加速度等物理概念时已经接触过。在分析电场强度叠加时,用到平行四边形定则,学生对矢量合成的方法比较熟悉。本节课所涉及到的物理思想方法,学生都有相应的认识。

【大概念】☞

为将《普通高中课程方案（2017 年版 2020 年修订）》中"以大概念为核心,使课程内容结构化"落实到实处,更好发挥学科育人功能,认真钻研课标和教材基础上,从概念结论、思想方法、价值观念三个视角挖掘出如下的课时大概念。

课时核心大概念:电场强度。

特征化表达:在物质观、相互作用观、实践与理论相结合、透过现象看本质等价值观念的引导下,通过实验探究与逻辑推理相结合的思想方法,用比值定义法将试探电荷在电场中某点受力与试探电荷的电荷量的比值定义该点的电场强度,其方向同正试探电荷在该点受力的方向,引入电场线形象化地描述电场。

1. 概念结论类大概念

大概念	特征化表达
静电场、试探电荷、电场强度、电场线	通过正试探电荷在电场中受力大小和方向的特点,结合库仑定律,理论分析从而定义电场强度这一物理量

2. 思想方法类大概念

大概念	特征化表达
类比迁移 逻辑推理	类比通过比值定义法定义速度这一熟悉的物理量，迁移用于电场强度的定义，以表达电场中的受力大小和方向的特点

3. 价值观念类大概念

大概念	特征化表达
物质观 运动与相互作用观	电场是一种特殊存在的物质，可以通过电荷的相互作用显现电场中力的性质

【目标分析】☞

基于前述教材课标、课时大概念以及学生基础分析，为更好地发展学生的物质观念和相互作用的观念，培养学生科学探究的能力，以学生熟悉的学习探索情景为基础，为本课时确立了如下核心素养目标：

观察带电物体之间的相互作用，通过推理演绎，定义出电场强度大小和方向的物理量，能够推理分析放入电场中的任意点电荷的受力特点（达到物理观念水平 2，科学思维水平 2，科学探究水平 3），由此懂得表达电场力性质的物理量，类比和抽象概括是形成概念的重要方法，丰富物质观和相互作用观（达到物理观念水平 2，科学态度与责任水平 3）。

【媒体分析】☞

媒体名称	功能
PPT	投影例题，图片、视频、教学辅助
黑板	板书核心问题；全班交流时板画、板书；板书反思提升要点等

【核心问题分析】☞

通过对教材及学生的分析，本节课采用核心问题教学模式。本节教学重点是电场强度概念及其定义式，难点是场强叠加原理。

本节课的核心问题是：分析电场中的力，表达电场的大小和方向。首先，认识电场中的力，了解电场力的作用是通过电场发生的。其次，分析电场中某点的受力与检验电荷量的关系，定义电场强度的大小和方向。再次，通过库仑定律和电场强度的定义理解点电荷的场强公式。最后，通过电场强度公式和平行四边形定则分析场强叠加问题。

【评价预设】☞

1. 提出问题环节：明确核心问题，通过教师的言语引导使学生快速进入学习状态。

2. 解决问题环节：点评时要首先对学生的积极思考进行表扬，对于有创意的设计要及时展示，但对于还需提升的部分进行指导性的点拨。

3. 反思提升环节：教师在评价时要提醒学生注意活动中思想方法的体现，要尝试使知识点与实际情境的关联更深入。

4. 评价反馈环节：引导学生体验分场强与合场强的关联。

二、教学实施设计

教学环节	教师活动	学生活动	设计意图	技术融合
提出问题	观察电荷之间的力的作用。这种相互作用力可以发生在不接触的物体之间	观察思考电荷之间的相互作用力是如何发生的	从学生熟悉的接触力到非接触力的认识，引导学生建立"场"的概念	PPT 展示电荷之间相互作用力的相关情景，并展示核心问题
解决问题	活动一： 引导学生观察思考： （1）电场的基本性质是什么？如何去探究电场的这种性质？ （2）在空间中有一电场，把一电荷量为 q 的检验电荷放在电场中的 A 点，该电荷受到的静电力为 F. ①若把电荷量为 $2q$ 的点电荷放在 A 点，则它受到的静电力为多少？ ②若把电荷量为 nq 的点电荷放在该点，它受到的静电力为多少？ ③能否用电荷受到的静电力来描述电场的强弱？ ④电荷受到的静电力 F 与电荷量 q 有何关系？ 活动二： （1）如图所示，在正点电荷 Q 的电场中有一检验电荷 q 放于 P 点，已知 P 点到 Q 的距离为 r，Q 对 q 的作用力是多大？Q 在 P 点产生电场的电场强度是多大？方向如何？ $\underset{Q}{\bullet}\!\!\underset{r}{-\!-\!-}\!\!\underset{P}{\bullet}$ （2）如果再有一正点电荷 $Q'=Q$，放在如图所示的位置，P 点的电场强度多大？ $Q\bullet\!-\!-\!-\!-\!\bullet P$ $\quad\quad r$ $\quad\quad\quad\quad\vdots\ r$ $\quad\quad\quad\quad\bullet Q'$	活动一： 以问题为载体，通过抽象思维，建立电场的概念以及表达电场强度大小和方向的方法。 活动二： 利用库仑定律和电场强度的定义，推导点电荷的电场公式。并应用平行四边形定则分析电场叠加问题	通过比值定义法定义电场强度。再结合库仑定律分析点电荷场强公式。利用平行四边形定则分析电场叠加问题	PPT 展示活动一和活动二所涉及的探究情景。投影展示学生探究过程

教学环节	教师活动	学生活动	设计意图	技术融合
反思提升	师生共同总结： 1. 电场强度大小、方向、单位； 2. 点电荷场强公式； 3. 电场叠加方法		帮助学生建立"场"的概念，梳理相关概念、公式	PPT 呈现课堂环节
评价反馈	1. 出示反馈练习题。 2. 引导学生应用电场叠加原理解决问题	完成反馈练习	巩固知识的理解和应用	PPT 出示评价反馈任务

【板书设计】☞

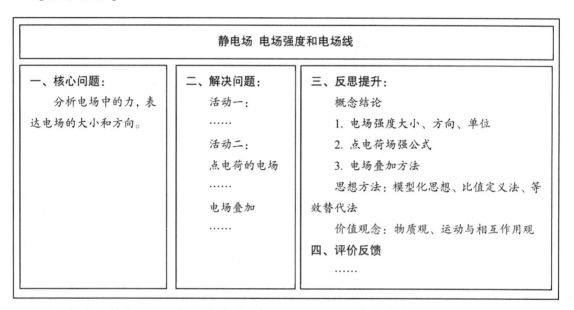

静电场 电场强度和电场线

一、核心问题：
　　分析电场中的力，表达电场的大小和方向。

二、解决问题：
　　活动一：
　　……
　　活动二：
　　点电荷的电场
　　……
　　电场叠加
　　……

三、反思提升：
　　概念结论
　　1. 电场强度大小、方向、单位
　　2. 点电荷场强公式
　　3. 电场叠加方法
　　思想方法：模型化思想、比值定义法、等效替代法
　　价值观念：物质观、运动与相互作用观

四、评价反馈
　　……

注：板书设计中"……"部分为学生板画及依课堂教学推进情况现场生成的内容。

【教学流程】☞

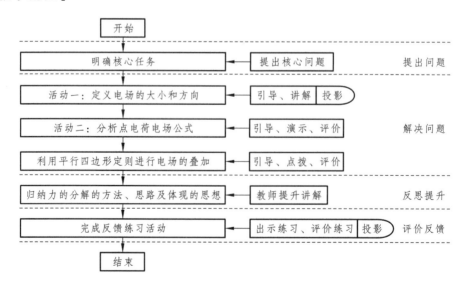

【作业设计】 ☞

作业序号	作业目标	作业情景		概念结论		思想方法		价值观念		整体评估	
		内容	水平	内容	水平	内容	水平	内容	水平	类型	水平
1	理解电场强度由场源电荷决定，与是否有试探电荷无关	概念辨析。改变试探电荷的电荷量大小、电性、无试探电荷与电场强度的关系	简单	电场强度、场源电荷、试探电荷	物理观念水平2	比值定义法，类比思想	科学思维水平2	物质观、相互作用观	物理观念水平3	基础性作业	学业质量水平2
2	会依据电场线的特征，分析电荷在电场中的受力和运动规律	通过电荷的加速运动特点，分析电场分布情况	一般	电场中运动与受力的关系	物理观念水平3	科学探究	科学思维水平3	相互作用观	物理观念水平3	基础性作业	学业质量水平3
3	会根据点电荷和匀强电场的场强分布特点，利用平行四边形定则分析空间中的场强及电荷在其中受力特点	点电荷和匀强电场叠加情景	复杂	电场强度的叠加	物理观念水平4	科学探究	科学思维水平4	相互作用观	物理观念水平4	综合性作业	学业质量水平4
4	通过实验描绘电场线的分布	实验探究点电荷的电场线分布	复杂	静摩擦力的大小和方向、最大静摩擦力	物理观念水平4	科学探究	科学思维水平5	相互作用观	物理观念水平5	实践性作业	学业质量水平4
课时作业整体评估	本节课的四个作业题均来自学习探索情境和生活情境，并设置了不同的复杂程度，分别为：基础性作业、综合性作业和实践性作业；学生在作业过程中回顾并加深本节课的在概念结论、思想方法、价值观念三个方面的领会，从而使学生以阶梯式的进阶维度，发展物理观念水平、科学思维水平、科学态度与责任，落实核心素养的发展。										

（具体的作业内容略）

三、教学评价设计

【信息搜集】 ☞

　　课后搜集了全班学生的运用反馈练习 58 份。对搜集到的 58 份学生运用反馈练习基于正确率及关联体验目标达成情况两种评判标准进行了批阅和分类。

大概念核心问题教学文化评价表

课时名称：<u>静电场 电场强度和电场线。</u>

所属单元：<u>静电场。</u>

单元大概念：<u>在物质观、相互作用观、实践与理论相结合、透过现象看本质等价值观念的引导下，通过实验探究与逻辑推理相结合的思想方法，定义电场强度这一物理量，能表达放入静电场中的带电粒子受力的大小和方向的特性；定义电势这一物理量，能表达放入静电场中的带电粒子的能量的特性。从动力学、能量、动量三大观点分析静电场中的性质。</u>

单元核心问题：<u>观察生活中的静电现象，从力、运动、能量的角度分析静电场问题。</u>

课时大概念：<u>物质观、相互作用观、实践与理论相结合、透过现象看本质等价值观念的引导下，通过实验探究与逻辑推理相结合的思想方法，用比值定义法将试探电荷在电场中某点受力与试探电荷的电荷量的比值定义该点的电场强度，其方向同正试探电荷在该点受力的方向，引入电场线形象化地描述电场。</u>

课时核心问题：<u>分析点电荷形成的电场中检验电荷受力和电荷量的关系，认识表征电场力性质的物理量。</u>

评价目标	评价指标				评价结果
	一级指标	二级指标	三级指标		
实现活动体验中的学习与素养发展	具有大概念核心问题教学形态	核心问题利于活动体验	内含学科问题和学生活动方式	8	每项指标最高评8分
			问题情境与真实生活密切相关	6	
			能引发大概念、新知、新法的生成	7	
		教学目标价值引导恰当	两类目标正确全面	8	
			关联体验目标恰当	8	
			目标价值引导显现	7	
		教学环节完整合理落实	教学环节清晰完整	7	
			环节内容合理充实	6	
			学生活动时间充分	7	
		教学要素相互匹配促进	问题目标环节两两匹配	7	
			技术促进活动形式内容	6	
			学科特点素养导向突出氛围浓郁	7	合计84分
	具有大概念核心问题教学实质	拓展学习视野	课堂与现实世界有恰当关联		选择一个表现突出的二级指标，在相应三级指标引导下，以现场学生表现为依据，于本表的第二页写出150字以上的简要评价
			有基于缄默知识的问题解决		
			有缄默知识运用的追踪剖析		
			知识运用剖析导向素养发展		

评价目标	评价指标			评价结果
	一级指标	二级指标	三级指标	
实现活动体验中的学习与素养发展	具有大概念核心问题教学实质	投入实践活动	有真实而且完整的实践活动	
			实践活动深度融入两类情境	
			能够全身心地浸渍于活动中	
			活动的内容结果均丰富深入	
		感受意义关联	有核心问题的深层意义感受	
			有以知识为中心的关联感受	
			有以个人为中心的关联感受	
			有对三类大概念的关联感受	
		自觉反思体验	有实质性反思活动的开展	
			有课堂新因素的追踪利用	
			有体验的交流与改善重构	
			有概念生成中的素养发展	
		乐于对话分享	乐于自我的表达与认真的倾听	
			乐于合作中成果与思路的分享	
			有宽容的对话氛围和双向交流	
			乐于成果交流中深层意义分享	
		认同素养评价	认可体验素养评价	
			参与体验素养评价	
			利用体验素养评价	

大概念核心问题教学实质的简要评价（包括发展性建议）：

本节课体现了大概念核心问题的教学的特点，四个环节完整且充分，其中的科学性、实践性、研究型、关联性在课堂教学中都有所体现，有利于学生学科素养的发展和学科能力的提升，我觉得本节课学生在感受意义关联这方面做得很好，课堂中的情境是电场中受力问题，通过电场力的分析，定义电场强度，进一步结合库仑定律分析点电荷的电场，再利用平行四边形定则分析电场叠加问题。让学生充分体验到生活中的静电现象与抽象思维分析电场力的关联，这对培养学生的学科素养有重大意义。

【反馈调整】☞

大概念核心问题教学素养目标点检测表

课时名称	静电场　电场强度和电场线
所属单元	静电场
单元大概念	在物质观、相互作用观、实践与理论相结合、透过现象看本质等价值观念的引导下，通过实验探究与逻辑推理相结合的思想方法，定义电场强度这一物理量，能表达放入静电场中的带电粒子受力的大小和方向的特性；定义电势这一物理量，能表达放入静电场中的带电粒子的能量的特性。从动力学、能量、动量三大观点分析静电场中的性质

单元核心问题	观察生活中的静电现象，从力、运动、能量的角度分析静电场问题
课时大概念	物质观、相互作用观、实践与理论相结合、透过现象看本质等价值观念的引导下，通过实验探究与逻辑推理相结合的思想方法，用比值定义法将试探电荷在电场中某点受力与试探电荷的电荷量的比值定义该点的电场强度，其方向同正试探电荷在该点受力的方向，引入电场线形象化地描述电场
课时核心问题	分析点电荷形成的电场中检验电荷受力和电荷量的关系，认识表征电场力性质的物理量
课时素养目标	1. 观察带电物体之间的相互作用，认识电场是客观存在的物质。 2. 通过推理演绎，掌握电场大小、方向的定义方法。会分析放入电场中的任意点电荷的受力特点（达到物理观念水平2，科学思维水平2，科学探究水平3）。 3. 体验类比和抽象概括是形成概念的重要方法，丰富物质观和相互作用观（达到物理观念水平2，科学态度与责任水平3）
检测点	由此懂得表达电场力性质的物理量，类比和抽象概括是形成概念的重要方法，丰富物质观和相互作用观
检测工具（检测题）	如图所示，真空中，带电荷量分别为 $+Q$ 和 $-Q$ 的点电荷 A、B 相距 r，则： （1）两点电荷连线的中点 O 处的电场强度如何？ （2）在两点电荷连线的中垂线上，距 A、B 两点都为 r 的 O' 点的电场强度如何？
分类标准	A. 答案正确；有规范的平行四边形定则的示意图，公式清晰 B. 答案正确；有示意图，但不完整；有较为清晰的公式 C. 部分答案正确；有示意图，但不规范；公式不清晰 D. 只有少部分正确或全部错误；无示意图，书写不规范

检测统计	分类等级	学生人数（总人数58人）	所占百分比
	A	13	23.7%
	B	19	32.2%
	C	21	35.6%
	D	5	8.5%

检测分析及结果运用	从检测结果来看，大部分学生能够掌握本节课的点电荷的场强大小和方向的分析，并能利用平行四边形定则解决电场强度叠加问题。主要问题在于作图习惯不规范，公式表达不清晰，需要在后面的教学中进一步加强
素养目标达成典型实例	此实例中，能在实际的学习探索情景中，用电场强度的定义的方法来描述电场，并依据电场叠加原理利用平行四边形定则确定空间中某点的电场的大小和方向，懂得电场是一种特殊的物质，通过抽象概括表达电场力的性质，达成素养目标

素养目标达成 典型实例	...其实是电场强度的合成，则先就是此方向，进而把矢量运算转化成代数运算. 如图 4 所示，真空中，带电荷量分别为 $+Q$ 和 $-Q$ 的点电荷 A、B 相距 r，则： (1)两点电荷连线的中点 O 处的电场强度如何？ (2)在两点电荷连线的中垂线上，距 A、B 两点都为 r 的 O' 点的电场强度如何？ 图 4 (1) $E_A = k\dfrac{Q}{(\frac{r}{2})^2} = \dfrac{4kQ}{r^2}$ (向右) $E_B = k\dfrac{Q}{(\frac{r}{2})^2} = \dfrac{4kQ}{r^2}$ (向右) $\therefore E = E_A + E_B = \dfrac{8kQ}{r^2}$ (向右) (2) $E_A' = k\dfrac{Q}{r^2}$ $E_B' = k\dfrac{Q}{r^2}$ $E' = k\dfrac{Q}{r^2}$ (向右) 13
检测反馈	通过检测可以发现学生对电场强度大小和方向掌握总体到位，第一是要在今后教学中贯穿从情境出发、对情境建模、抓主忽次的思想；第二就是需加强学生的做题规范意识

"电路及其应用"单元教学

"电路及其应用" 大概念的核心问题教学单元规划纲要

学科 __物理__ 教师 __邹雨浩　卿小林　王斯柯__

年级	高二	单元名称		电路及其应用	单元课时	9课时

单元内容	教材内容	本教学单元"电路及其应用"是必修3模块第二章，属于电磁学部分，是静电场知识和电路知识的综合应用。"电路及其应用"这一章，先介绍电路的主要物理量及其测量方法，再解决电路中的能量转化与守恒问题，最后将理论知识联系实际，提升学生安全用电、节约用电的意识。 　　所使用的教材为教科版高中物理必修3。教材对本章的内容安排顺序是：2.1 电流 电压 电阻；2.2 实验：练习使用多用电表；2.3 电阻定律 电阻率；2.4 实验：测量金属的电阻率；2.5 实验：描绘I-U特性曲线；2.6 电源的电动势和内阻 闭合电路欧姆定律；2.7 实验：测量电池的电动势和内阻；2.8 焦耳定律 电路中的能量转化；2.9 家庭电路。本章前五节的主题电路的主要物理量及其测量，主要描述电路的主要物理量和这些物理量的基本测量方法，本部分强调对电路中物理量概念的学习，重点在掌握仪器的使用方法和主要物理量的测量方法。本章六至八节的主题为电路中的能量转化与守恒，主要从能的观点研究电路，重点在闭合电路欧姆定律和电路中的能量转化关系。最后一节的主题为家庭电路及其安全用电，主要将理论结合实际，重点在于培养学生安全用电、节约用电的意识。本单元丰富了学生对电路的认识，将静电场知识应用到电路中微观本质的研究，是物质与能量观念的进阶
	课程标准	一、课标要求 《普通高中物理课程标准（2017年版2020年修订）》中对本单元及各课时教学的要求： 　1. 观察并能识别常见的电路元器件，了解它们在电路中的作用。会使用多用电表。 　2. 通过实验，探究并了解金属导体的电阻与材料、长度和横截面积的定量关系。会测量金属丝的电阻率。 　例1 知道滑动变阻器的工作原理。 　例2 通过I-U图像了解材料的电阻特性。 　3. 了解串、并联电路电阻的特点。 　4. 理解闭合电路欧姆定律。会测量电源的电动势和内阻。 　例3 通过探究电源两端电压与电流的关系，体会图像法在研究物理问题中的作用。 　5. 理解电功、电功率及焦耳定律，能用焦耳定律解释生产生活中的电热现象。 　6. 能分析和解决家庭电路中的简单问题，能将安全用电和节约用电的知识应用于生活实际

| 课程标准 | 课程标准 | 例4 根据某家庭的电器设施，估算该家庭电路中所需导线的规格。

活动建议：
（1）分别描绘电炉丝、小灯泡、半导体二极管的 I-U 特性曲线，对比它们导电性能的特点。
（2）收集新型电热器的资料，了解其发热原理。
（3）观察家庭用电器的工作状况，检查是否存在安全隐患，知道安全用电的基本方法。
（4）调查近年来家庭用电的情况，讨论节约用电如何从自己做起，养成节约用电的习惯。

二、课标解读
1. 观察并能识别常见的电路元器件，了解它们在电路中的作用。会使用多用电表。
完整的电路是由几部分元器件组成的，要求学生能在电路图和实物中辨识不同的元器件，掌握不同元器件在电路中的作用，熟练掌握多用电表测量电流、电压、电阻的方法。对于这部分内容，要特别注意帮助学生准确理解电路中主要物理量从微观本质到宏观表现的清晰概念，培养学生养成良好的实验操作习惯。
2. 通过实验，探究并了解金属导体的电阻与材料、长度和横截面积的定量关系。会测量金属丝的电阻率。
要求通过实验的方法，探究金属导体的电阻与材料、长度、横截面积的定量关系；自主设计电路，测量出金属丝的电阻率。对于这部分内容，要特别注意培养学生良好的实验习惯和实事求是的科学态度与责任的价值观。
3. 了解串、并联电路电阻的特点。
要求学生掌握串、并联电路中电阻的变化规律，重点在于帮助学生理解限流、分压电路的区别和作用。
4. 理解闭合电路欧姆定律。会测量电源的电动势和内阻。
要求学生区分两种闭合电路中欧姆定律的异同，能设计电路测量电源的电动势和内阻。对于这部分内容，注意帮助学生区分在两种不同的用电器构成的电路中欧姆定律的使用方法，重点在于培养学生根据要求选择合适的电路形式和元器件设计电路完成实验和数据处理的方法，还要注意培养学生良好的实验习惯和实事求是的科学态度与责任的价值观。
5. 理解电功、电功率及焦耳定律，能用焦耳定律解释生产生活中的电热现象。
电路中也有能量的转化关系，要求学生理解电功和电功率的物理意义，会用焦耳定律计算电路中产生的焦耳热，还要用理论解释生产生活中的电热现象。对于这部分内容，重点在于培养学生从能量的观点分析电路，进一步提升学生的能量观。
6. 能分析和解决家庭电路中的简单问题，能将安全用电和节约用电的知识应用于生活实际。
要求理论联系实际，将学习的理论知识用于分析和解决家庭电路中的问题。本部分内容注意帮助学生将理论运用到解决实际问题中去，还要重点培养学生的安全用电、节约用电的意识和责任感 |
| 基础条件 | 资源基础 | 黑板：板书核心问题；板书学生解决问题时交流、分析、建构概念过程的要点；板书反思提升要点等。
教材及学案：提供核心问题教学各环节中自主探究与生成的环节与思维空间。
PPT：展示视频、图片等情境；出示核心问题；提供全班交流时所需的资料；出示评价反馈练习等内容 |

基础条件	资源基础	实验及模型：学生实验：练习使用多用电表、测量金属的电阻率、描绘 $I\text{-}U$ 特性曲线、测量电池的电动势和内阻实验。演示实验：闭合电路欧姆定律。模型：电子定向移动微观模型、串、并联电路模型、限流、分压电路模型。 各种图片、视频：电路、电路元器件的图片。电子定向移动动画视频。 信息技术融合：希沃投屏将课堂中各种学生的情况可以及时反馈，如学生的完成情况可以拍照上传，学生的回答正确错误情况可以及时汇总，调整教学方式
	学生基础	从概念结论来看：学生初中已经掌握了描述电路的主要物理量的概念，对电流、电压、电阻、焦耳热有了一定的认识，比如电流是单位时间内通过导体横截面积的电荷量，电流既有大小又有方向；掌握了串联、并联电路的规律，能根据串、并联电路计算电路中的电流大小或元件两端的电压大小。 从思想方法来看：初步具有模型建构的思想，能在认识新的事物时尝试抓住本质，建立起相关模型；初步具有等效替代的思想，能在问题解决过程中，保证效果不变的前提下，用简单的过程或模型来代替复杂过程或事物。学生已经建立了研究复杂电路的思维路径，将各支路电路依次等效替代，最后简化为最简单的串联电路。 从价值观念来看：学生知道电场也是一种物质，对放入其中的电荷有力的作用，初步形成了物质与相互作用观念；学生经历一年的高中物理学习，初步形成了抓主忽次，透过现象看本质的观念

单元大概念及下层结构

单元核心大概念：电路及其应用。

特征化表达：在物质观、能量观、实践观的指引下，运用科学探究与科学思维的物理思想方法，研习电路及其应用。

概念结论：

简约化表达：电路的描述、应用和能量转化关系

特征化表达：电流、电压、电阻是描述电路的主要物理量，通过控制电路和测量电路能测量金属电阻率、电源电动势和内阻、描绘 $I\text{-}U$ 特性曲线，电源能将其他形式的能量转化为电能供用电器将其转化为其他形式能量。

思想方法：

简约化表达：科学探究与科学思维

特征化表达：运用建模分析电流、电压、电阻的微观本质，理论分析电路中能量转化的关系，实验探究导体电阻大小与长度、横截面积的定量关系，实验测量金属电阻率、电源电动势和内阻、描绘 $I\text{-}U$ 特性曲线。

价值观念：

简约化表达：物质观、能量观、实践观

特征化表达：研习电路的描述、应用和能量转化关系时，实事求是、理论联系实际、抓主忽次的科学建模，明晰其中涉及的物质形式和能量形式及其转化

课时	课时大概念		课时概念梳理		
	简约化表达	特征化表达	概念结论（小概念）	思想方法	价值观念
1	描述电路的主要物理量	电流、电压、电阻是描述电路的主要物理量	电流、电压、电阻的宏观表现、微观本质、测量仪器	模型建构、科学推理	透过现象看本质、普遍联系观、物质观、能量观
2	多用电表	多用电表是具有测量电流、电压、电阻等多种功能的仪器	多用电表、二极管、电表的改装	等效替代	透过现象看本质、实事求是

课时	课时大概念		课时概念梳理		
	简约化表达	特征化表达	概念结论（小概念）	思想方法	价值观念
3	电阻定律	导体的电阻跟它的长度 *l* 成正比，与它的横截面积 S 成反比	电阻率、电阻定律、限流电路、分压电路	实验探究、等效替代	透过现象看本质、实事求是
4	测量金属的电阻率	设计控制和测量电路测量金属的电阻率	螺旋测微器、游标卡尺、电流表内外接	实验探究	透过现象看本质、实事求是
5	描绘 *I-U* 特性曲线	设计控制和测量电路，测量小灯泡的 *I-U* 特性曲线	定值电阻	实验探究	透过现象看本质、实事求是
6	闭合电路欧姆定律	外电路的电压等于电源的电动势减电流及电池内阻之积	电动势、内阻、闭合电路欧姆定律、路端电压	实验探究	透过现象看本质、实事求是
7	测量电池的电动势和内阻	设计控制和测量电路，测量电池的电动势和内阻	电动势、内阻	实验探究	透过现象看本质、实事求是
8	电路中的能量转化关系	电路中消耗的电能转化为其他形式的能量	电功、电功率、焦耳定律、热功率、焦耳热	实验探究	透过现象看本质、实事求是、能量观
9	家庭电路	学习家庭电路的知识，养成安全用电、节约用电的意识	安全电压、断路器	科学推理	理论联系实际、社会责任感

单元教学目标

建构金属导体中自由电荷定向移动的微观模型，推导电流微观表达式，探索电流、电压、电阻的微观本质及其关联性；研究闭合电路，探索电路中电流、电压关系以及电路中的能量转化关系。

通过实验，掌握多用电表、螺旋测微器、游标卡尺的使用方法（达到物理观念水平3，科学探究水平3）；会根据要求选择适宜的器材设计相应电路（达到物理观念水平2，科学思维水平4，科学探究水平4）；会选择合适的方法处理实验数据（达到科学思维水平4）。

由此体会到模型建构、科学推理、等效替代、实验探究等思想方法在电路问题分析中的重要作用；感受到物质观、能量观、实事求是的实践观、透过现象看本质、理论联系实际和社会责任感等价值观念在研究电路问题时的推动作用（达到科学思维水平3，科学态度与责任水平3）

单元核心问题及问题分解

单元核心问题：微观角度分析电路内部恒电荷的运动建立描述电路的概念，探究多用电表等实验仪器的使用方法，根据要求设计合适的电路完成实验并进行数据分析和误差分析，理清电路中的能量转化关系，尝试解决家庭电路中的简单问题。

本章教学内容在生活中无处不在，在设计教学核心问题时既要考虑结合生活实际，但同时也要具体有代表性、针对性，让学生在初次接触时更加容易理解。

按照学生对电路的认知程度，将教材的内容分为三部分，前五节为电路的主要物理量及其测量方法，这一部分的核心问题是：运用静电场知识从微观角度分析电路内部恒定电场中电荷运动的问题建立描述电路的概念，掌握多用电表等实验仪器的使用方法。

中间三节为电路中能量转化关系，这一部分的核心问题是：根据要求设计合适的电路完成实验并进行数据分析和误差分析，理清电路中的能量转化关系。

最后一节更加落实在学生将理论知识应用于实际生活的能力，这是电路知识的应用，属于层层递进的认知结构。所以核心问题是：尝试解决家庭电路中的简单问题

	课时名称	课时	课时大概念	课时核心问题
课时划分	电流 电压 电阻	1	描述电路的主要物理量	基于对电流、电压、电阻的温习，探寻金属导体通电时电流、电压、电阻的微观本质
	实验：练习使用多用电表	1	多用电表	观察多用电表各档位电路，推导测量原理，并动手操作测量电流、电压、电阻
	电阻定律 电阻率	1	电阻定律	实验探究影响导体电阻的因素，分析限流、分压电路的区别和作用
	实验：测量金属的电阻率	1	测量金属的电阻率	选择合适的器材，设计电路完成测量金属的电阻率实验，并对数据进行处理及分析误差
	实验：描绘 I-U 特性曲线	1	描绘 I-U 特性曲线	选择合适的器材，设计电路完成测量小灯泡的 I-U 曲线实验，并对数据进行处理及分析误差
	电源的电动势和内阻 闭合电路欧姆定律	1	闭合电路欧姆定律	通过实验建立电动势的概念，分析在不同电路中欧姆定律的具体表现形式
	实验：测量电池的电动势和内阻	1	测量电池的电动势和内阻	选择合适的器材，设计电路完成测量电池的电动势和内阻实验，选择合适的方法处理数据并进行误差分析
	焦耳定律电路中的能量转化	1	电路中的能量转化关系	从微观视角探究焦耳热产生的原因，从能量观点研究电路中的能量转化关系
	家庭电路	1	家庭电路	运用电路知识解决家庭电路中的简单问题

教学评价	一、评价的目标表向： 　教学评价可以采取课堂问题互动、课堂练习反馈、单元综合检测等几种不同形式。作业及单元检测可以根据情况书面批注，当面指导。课堂问题及练习反馈可以在课堂上以口语为主评价。 　二、评价的内容方式： 　概念结论类：通过单元教学，学生能否理清电流、电压、电阻三者的关联和微观本质；能否画出多用电表不同挡位的电路图；能否用文字和符号描述电阻定律、闭合电路欧姆定律、焦耳定律；能否设计出测量金属电阻率、电池电动势和内阻、测量灯泡 I 和 U 的电路图；能否理解电阻率、电动势的概念；能否理解电路中能量转化关系。 　思想方法类：在推导电流微观表达式时对模型化思想进行评价；在推理电子定向移动速率与电流传导速率相差悬殊的原因时，对科学推理的思想进行评价；在讲解电表的改装时，对等效替代的思想方法进行评价。 　价值观念类：通过设计电路做实验的过程，学会实事求是的实践观；通过建模推导电流微观表达式，学会物质观和透过现象看本质的观念；通过分析电路中的能量转化关系，学会能量观念；通过了解家庭电路，渗透对理论联系实际和社会责任感的培养

	作业类型	作业目标	作业内容	作业情境	概念结论	思想方法	价值观念
单元作业	基础性作业	能解决模型化的典型问题情境中基本的电路和电学实验问题，形成初步的物质和能量观（达成物理观念水平2、科学思维水平2、科学探究水平2、科学态度与责任水平1）	对纯电阻电路、简单电学实验的基本概念结论、思想方法的辨识、初步理解与基本运用	辨识概念结论、思想方法的学习探索情境；模型化程度较高的纯电阻电路生活实践情境	电流、电压、电阻、电阻率、电阻定律、中值电阻、I-U曲线、电动势、内阻、闭合电路欧姆定律	等效思想、控制变量法、实验探究、实际问题解决中的模型化思想	抓主忽次（抓主要矛盾与矛盾的主要方面）；解决问题要善于透过现象看本质；实事求是、实践是认识的基础、物质观、能量观
单元作业	综合性作业	能在较为复杂的情境中，运用物质和能量观念解决较综合的电路问题和电学实验题，基本形成正确的物质与能量观（物理观念水平2、科学思维水平4、科学探究水平3、科学态度与责任水平2）	闭合电路欧姆定律和能量守恒定律在非纯电阻电路中的应用，复杂创新电学实验问题	模型化程度低的非纯电阻电路生活实践情境，实验测量电路中物理量的学习探索情景	电流、电压、电阻、电阻率、电阻定律、中值电阻、I-U曲线、电动势、内阻、闭合电路欧姆定律	等效思想、控制变量法、实验探究、实际问题解决中的模型化思想	抓主忽次（抓主要矛盾与矛盾的主要方面）；实践是认识的基础、能量观
单元作业	实践性作业	能在较为陌生的情境中，运用物质、能量观念创造性地解决复杂电路和电学实验相关问题，形成正确的物质、能量观（物理观念水平3、科学思维水平4、科学探究水平4、科学态度与责任水平3）	在实际情境中主动调用、创造性地综合运用电路和电学实验知识发现并解决问题	电路结构复杂的真实生活实践情景及创造性解决问题的学习探索情景	电流、电压、电阻、电阻率、电阻定律、中值电阻、I-U曲线、电动势、内阻、闭合电路欧姆定律	等效思想、控制变量法、实验探究、实际问题解决中的模型化思想	抓主忽次（抓主要矛盾与矛盾的主要方面）；解决问题要善于透过现象看本质；能量观
反馈调整	教学评价具有激发学生学习兴趣、指导引领学生发现问题以及课后反思纠正等多种作用，对于学生学习具有重要的影响，同时也是教师掌握学生实际学习情况的主要途径之一。主要由以下4个评价角度评价本堂课程。 1. 课堂教学评价 课堂始终是开展教学活动的主阵地，在课堂上传授知识有利于提升学生的核心素养。而合理的教学评价内容对于展示教学设计有重要的作用。因此，教师应当加强对课堂教学评价环节的重视，对课堂教学活动的优劣展开评价。在教学内容中，需要改进的重点部分有：容量适中、重点突出、难度合适、与实际联系紧密；拓展适度、调整及时；健康科学、符合人格培养要求等。课堂评价不局限于教师，家长、专家和学生也要参与其中						

反馈调整	**2. 平时学习评价** 　　学生在平时学习的情况要得到教师的及时反馈，教师也应当依据智能理论，对学生日常学习的表现给出评价的标准。以物理课为例，对于学生而言，其具备多项技能，包含对模型的建构、优化和应用等，并将以上几种能力将以组合的方式在同一人身上呈现，但组合方式以及所占的比重却存在差异。面对这一差异性，教师要给予充分的尊重。同时，在学习评价中，教师也要关注这一要素，结合新课程改革理念，提升评价标准的合理性和可行性。 　　**3. 探究活动评价** 　　物理是一门以实验为基础的学科。在新课程改革理念的指导下，教师要提升对探究活动的重视程度，将学习活动范围拓展到课堂外，使学生能够与社会、与自然相距更近，提升亲密度。因此，对于探究活动的评价，教师要从多元化、主体性和发展性的角度展开。其中，多元化体现在评价方式、内容的多元。在多元化评价中，教师要把学生自评、互评和教师的评价相结合，将口头报告、成果展示和试验报告单相结合，定量与定性相结合，从而给出具备鼓励性和管理性的反馈意见。 　　**4. 考试成绩评价** 　　传统的教学模式对学生知识掌握程度以及教师教学能力的评价均依赖于学生考试成绩的高低。这就使评价过程较为僵化。部分学生在日常的学习中仅仅靠背诵大量的知识点和解题办法和练习大量的题目来进行题型识记。但此种学习方式不利于提升个人能力。在新课程改革的背景下，学生个人发展的可持续性应当是在教学后达成的目标，学生要具备逻辑分析、抽象理解、理论建构和应用的能力。但若继续沿用以期末考试成绩定论的方式，将难以达成教学目标。因此，教师要对考试成绩的评价方式进行改良。教师可以通过设置平时分，将日常学习的评价结果与探究活动的评价加入最终的成绩考评中。其中，日常和探究活动占比分别为30%、10%，考试成绩（包含平时测试、期中考试和期末考试）占60%。这可使学生从主观层面更为注重日常学习，正确看待物理学习，从而激活潜能

"电流 电压 电阻"学教案

邹雨浩

一、教学分析设计

【教材课标】☞

本节内容属于《普通高中物理课程标准（2017年版2020年修订）》中必修3模块"电路及其应用"主题。课程标准中的内容要求是"观察并能识别常见的电路元器件，了解它们在电路中的作用。会使用多用电表。"

从学习内容看，由于学生在初中物理学习中对电流、电压、电阻已经有了宏观的认识，因此这一节的学习中，要在初中学习的基础上进一步深化学生对这些物理量的认识，因此第一课时重点应放在对微观本质的探究及微观本质与宏观表现的关联性上；第二课时重点在多用电表的使用及其原理探究上。

从学科育人看，"电流 电压 电阻"一节是进一步培养学生模型建构、科学推理等思想方法，丰富学生透过现象看本质、普遍联系观等价值观念的重要载体。

从教材编排看，必修3第一章"静电场"中，已经学习了电场强度、电场线、电势、电势差等概念，本节内容将用静电场的相关知识从微观角度来理解电路内部恒定电场中电荷运动的问题。本节内容属于第二章的第一个主题，描述电路的主要物理量及其测量，同时也是第二章的开始，为帮助学生建立清晰的电路知识框架，基于大概念单元教学要求，将第一节"电流 电压 电阻"和第二节"实验：练习使用多用电表"两节内容整合于一体教学，在第一课时中对第一节第三部分"认识多用电表"内容进行弱化处理，将其主要内容放到第二课时处理，本课时重点突出电流、电压、电阻的微观本质及其宏、微观的关联性。

基于前述课标要求、内容基础、育人地位等的认识，本节教学中需努力为学生营造学习探索情境，引导学生建构电子定向移动微观物理模型，推导电流微观表达式，深度体验探究描述电路的主要物理量的微观本质及其相互关系。为此，将探究"电流 电压 电阻"的微观本质及其相互关系拟定为本节课核心问题中的学科问题。

【大概念】☞

课时核心大概念：描述电路的主要物理量。

特征化表达：在透过现象看本质及普遍联系观的指导下，运用模型建构和科学推理的方法探究电流、电压、电阻的宏观表现、微观本质及测量方法。

其中包含如下课时大概念：

1. 概念结论类大概念

概念类别	大概念	特征化表达
概念结论类	电流、电压、电阻的宏观表现、微观本质及测量方法	电流（强度）是用于描述电流强弱的物理量，微观上是由电荷定向移动产生的，可以用电流表测量；电压是电路中两点间的电势差，是形成电流的必要条件，可以用电压表测量；电阻是用于描述导体对电流阻碍作用的物理量，微观上是导体中不可自由移动的电荷与定向移动的电荷相互碰撞产生的阻碍作用，可以用多用电表欧姆挡测量
思想方法类	模型建构、科学推理	忽略自由电子在金属导体中定向移动情境的热运动等次要因素，抓住导体通电时，电荷定向移动等主导因素，建立导体通电时的微观模型，在解释电子定向移动平均速率与电流传导速率时，类比水流理解两个速率的差异
价值观念类	透过现象看本质、普遍联系观	宏观上看，通过导体的电流 I 跟它两端的电压 U 成正比，跟它的电阻 R 成反比；微观上看电压形成恒定电场，使自由电子在电场力的作用下定向移动形成电流，定向移动的自由电子与不可移动的金属阳离子碰撞的阻碍作用产生电阻；宏、微观上电压变大使恒定电场增大，从而使电子定向移动速度变大进而导致电流增大

【资源条件】☞

资源名称	功能	来源
电子运动微观模型动画	直观展示电子在导体中的运动情况，帮助学生简化问题，建立定向移动微观模型	Geogebra 自制
黑板	板书核心问题；板书学生解决问题的要点；板书反思提升要点等	教室
PPT	出示核心问题；活动提示；出示评价反馈问题等	图片源于图书、网络等
电路	解决问题活动中实时演示，与电子定向移动速率形成鲜明对比，助力学生获得全面、深入的探究体验	自制

【学生基础】☞

从概念结论来看：学生在初中已经掌握了描述电路的三个物理量（电流、电压与电阻）的宏观表现特征，但初中对电路的学习停留在宏观层面，并未对这些物理量在微观上的本质进行深入探究。

从思想方法来看：学生初步具有模型建构的思想，能在认识新的事物时尝试抓主忽次，建立起相关模型。

从价值观念来看：学生初步具有透过现象看本质的意识，知道事物之间是普遍相互联系的，知道世界是由物质组成的，一切物质都具有能量。

综上，学生在以前的学习和生活经验中对一些相关的小概念有了比较正确的认识，初步掌握了模型建构等典型的思想方法，初步形成了正确的物质、能量观念等；但是学生还未形成利用静电场的知识来理解电路问题的意识，所以在微观层面上运用静电场知识理解电流、电压、电阻的本质和关联时可能存在较大的困难。

为使学生能在体验中突破难点，将"推导"电流强度的微观表达式，"辨析"电子定向移动速率与电流传导速率的区别，探究两种视角下电子定向移动速率相互矛盾的原因，拟定为本节课核心问题中的学生活动。

【目标分析】☞

基于前述教材课标、课时大概念及学生基础分析，为更好发展学生的物质、能量观念和透过现象看本质的观念，培育学生模型建构、科学推理的能力，以金属导体中自由电子定向移动微观图景为学习探索情境，为本课时确立了如下核心素养目标：

参与建立金属导体中自由电子定向移动的微观模型，探寻电流、电压、电阻的微观本质。能从微观和宏观层面描述电流、电压、电阻的本质与关联（达到物理观念水平 2，科学思维水平 2）。由此，体会到模型建构、科学推理等思想方法在电流、电压、电阻等微观本质及其关系探究中的重要作用（达到物理观念水平 2，科学思维水平 3）；进而发展透过现象看本质的价值观、事物之间是普遍联系的联系观的认识（达到物理观念水平 3、科学态度与责任水平 3）。

【核心问题】☞

基于前述教材课标、课时大概念、学生基础及目标分析，为了学生能在学习中融入情境，进而能在新的问题情境中运用来解决新问题，积淀物理观念、科学思维等物理核心素养，本节课的核心问题确立为：基于对电流、电压、电阻的温习，探寻金属导体通电时电流、电压、电阻的微观本质。

【评价预设】☞

1. 针对课堂教学中的评价预设

提出问题环节：针对学生课前作业的作答情况，给予激励性的肯定评价。

解决问题环节：以激励性与肯定性相结合的评价基调，引导学生构建电子定向移动微观模型，引导学生对电流微观表达式的推导，引导学生讨论推理电子定向移动速率和电流传导速率相差悬殊的原因，发挥好本环节评价的体验引导功能。

反思提升环节：与学生共同对解决问题过程进行反思交流，对概念结论、思想方法、价值观念进行结构化提升。重点针对问题解决过程中生成的知识和方法通过引导性评价加以提升，努力促进学生在深度体验基础上获得对建构电子定向移动微观模型，科学推理电子定向移动速率与电流传导速率相差悬殊及两种视角计算电子定向移动速率相互矛盾原因的思想方法，以及透过现象看本质、普遍联系观等价值观念等课时大概念的理解与内化，积淀物理观念、科学思维、科学态度与责任等物理学科核心素养，发挥好此环节评价的体验积淀功能。

评价反馈环节：请学生完成评价反馈作业，以对描述电路的主要物理量的微观本质及其关联性的深入程度作出评价，促进学生进一步深刻体验到静电场知识在电路问题中的应用，强化学生的物质观念，凸显该环节评价的体验强化功能。

2. 针对课堂教学后的评价设计

课后反思整个教学过程，从教学形态与教学特质两个维度作出自我评价，完成"大概念核心问题教学文化评价表"；搜集学生在课后的评价反馈环节完成的评价反馈的作业，确立"描述电路的主要物理量的宏观表现及微观本质"检测点（评价反馈问题）进行统计、分析，完成"大概念核心问题教学素养目标点检测表"，并反馈给学生。

二、教学实施设计

【教学环节】☞

教学环节（时间）	学生活动		教师活动	设计意图	技术融合
提出问题（约 3 min）	评讲课前布置的初中水平电流、电压、电阻的相关作业		评讲课前作业，提出核心问题：基于对电流、电压、电阻的温习，探寻金属导体通电时电流、电压、电阻的微观本质	将学生带入到有关电路的学习情境之中，明晰核心问题后，进入跃跃欲试的学习状态	PPT 出示课前作业答案及核心问题
解决问题（约 22 min）	活动：电流、电压、电阻形成的微观解析（约 22 min）	构建自由电子定向移动微观模型，根据电流的定义推导电流强度的微观表达式；从两种视角计算导体中电子定向移动速率，小组交流讨论计算结果与实验结果产生认知冲突的原因	全班巡视，适时点拨，引导学生建立模型，推导表达式	为学生提供探究时空，营造积极向上的学习境遇，使学生在表达式的推导中体验模型建构的方法。 以寻找描述电场的物理量的微观本质及联系加深对概念的理解	PPT 呈现课堂环节，希沃白板拍照上传任务单
反思提升（约 10 min）	师生共同反思核心问题解决过程，提升形成本节课包含概念规律、思想方法、价值观念的认识			通过对解决问题过程的反思与结构化提升，加深对电流、电压、电阻的认识和体验，发展物质和能量观，积淀物理观念、科学思维等物理学科核心素养	PPT 呈现课堂环节
评价反馈（约 5 min）	先独立完成，再交流展示		出示评价，反馈问题	检测学生对描述电路的主要物理量的宏观表现和微观本质的深入理解和迁移的体验深度。 在学习和深度理解的基础上，将规律应用于解决实际问题，促进学生对规律的理解和掌握，勇于将物理知识用来解决生活问题的科学态度与责任感	PPT 出示评价反馈任务

【板书设计】☞

<table>
<tr><td colspan="3" align="center">电流　电压　电阻</td></tr>
<tr>
<td>一、核心问题：

　　基于对电流、电压、电阻的温习，探寻金属导体通电时电流、电压、电阻的微观本质

二、解决问题：

　　活动一：电流、电压、电阻形成的微观解析

　　……</td>
<td>三、反思提升：
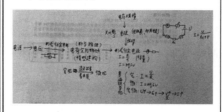</td>
<td>四、评价反馈

……</td>
</tr>
</table>

注：板书设计中"……"部分为学生板画及依课堂教学推进情况现场生成的内容。

【作业设计】☞

作业序号	作业目标	作业情境		概念结论		思想方法		价值观念		整体评估	
		内容	水平	内容	水平	内容	水平	内容	水平	类型	水平
1	懂得描述电路的主要物理量的宏观表现及微观本质	典型的对电流概念理解的学习探索问题情境	简单	电流是电子定向移动产生的	物理观念水平2	模型建构	科学思维水平2	透过现象看本质	物理观念水平3	基础性作业	学业质量水平2
2	懂得描述电路的主要物理量的宏观表现及微观本质	"电解质溶液"的学习探索情境	一般	电流是电荷定向移动产生的	物理观念水平3	模型建构	科学思维水平3	透过现象看本质	物理观念水平3	基础性作业	学业质量水平3
3	懂得描述电路的主要物理量的宏观表现及微观本质	"电流宏观"的学习探索情境	复杂	电流微观表达式、导体电阻与长度成正比、与横截面积成反比	物理观念水平3	模型建构	科学思维水平4	运动观、透过现象看本质	物理观念水平4	综合性作业	学业质量水平4

（具体的作业内容略）

三、教学评价设计

【信息搜集】☞

　　课后搜集了全班学生的运用反馈练习 56 份。对搜集到的 56 份学生运用反馈练习基于正确率及关联体验目标达成情况两种评判标准进行了批阅和分类。

【自我评价】☞

大概念核心问题教学文化评价表

　　课时名称：<u>电流 电压 电阻。</u>
　　所属单元：<u>必修 3 第二章　电路及其应用。</u>
　　单元大概念：<u>电路及其应用。</u>
　　单元核心问题：<u>微观角度分析电路内部恒电荷的运动建立描述电路的概念，探究多用电表等实验仪器的使用方法，根据要求设计合适的电路完成实验并进行数据分析和误差分析，理清电路中的能量转化关系，尝试解决家庭电路中的简单问题。</u>
　　课时大概念：<u>描述电路的主要物理量。</u>
　　课时核心问题：<u>基于对电流、电压、电阻的温习，探寻金属导体通电时电流、电压、电阻的微观本质。</u>

评价目标	评价指标				评价方法结果
	一级指标	二级指标	三级指标		
实现活动体验中的学习与素养发展	具有大概念核心问题教学形态	核心问题利于活动体验	内含学科问题和学生活动方式	8	每项指标最高评 8 分（满分为 96 分）
			问题情境与真实生活密切相关	6	
			能引发大概念、新知新法生成	8	
		教学目标价值引导恰当	两类目标正确全面	8	
			关联体验目标恰当	8	
			目标价值引导显现	7	
		教学环节完整合理落实	教学环节清晰完整	8	
			环节内容合理充实	8	
			学生活动时间充分	8	
		教学要素相互匹配促进	问题目标环节两两匹配	7	
			技术促进活动形式内容	6	合计 <u>90</u> 分
			素养导向突出氛围浓郁	8	

评价目标	评价指标			评价
	一级指标	二级指标	三级指标	方法结果
实现活动体验中的学习与素养发展	具有大概念核心问题教学特质	拓展学习视野	课堂与现实世界有恰当关联	选择一个表现突出的二级指标，在相应三级指标引导下，以现场学生表现为主要依据，以其余指标为背景，于本表的第二页写出150字以上的简要评价
			有基于缄默知识的问题解决	
			有缄默知识运用的追踪剖析	
			知识运用剖析导向素养发展	
		投入实践活动	有真实而且完整的实践活动	
			实践活动深度融入两类情境	
			能够全身心地浸渍于活动中	
			活动的内容结果均丰富深入	
		感受意义关联	有核心问题的深层意义感受	
			有以知识为中心的关联感受	
			有以个人为中心的关联感受	
			有对三类大概念的关联感受	
		自觉反思体验	有实质性反思活动的开展	
			有课堂新因素的追踪利用	
			有体验的交流与改善重构	
			有概念生成中的素养发展	
		乐于对话分享	乐于自我的表达与认真的倾听	
			乐于合作中成果与思路的分享	
			乐于成果交流中深层意义分享	
			有宽容的对话氛围和双向交流	
		认同素养评价	认可素养评价	
			参与素养评价	
			利用素养评价	

大概念核心问题教学特质的简要评价（包括发展性建议）：

本节课体现了大概念核心问题教学的特点，四个环节完整且充分，其中的科学性、实践性、研究型、关联性在课堂教学中都有所体现，有利于学生学科素养的发展和学科能力的提升，我认为本节课学生在实践活动这方面做得很好，学生联系力学知识和必修三第一章静电场的知识，构建了电荷定向移动微观模型，再联系初中电流的定义，在微观层面推导出了电流的微观表达式，还通过小组讨论区分了电子三速率，充分体验到了科学推理与论证对科学探究的重要性，这对培养学生的学科素养有重大意义

大概念核心问题教学素养目标点检测表

课时名称	电流 电压 电阻		
所属单元	电路及其应用		
单元大概念	在物质观、能量观、实践观的指引下，运用科学探究与科学思维的物理思想方法，研习电路及其应用		
单元核心问题	微观角度分析电路内部恒电荷的运动建立描述电路的概念，掌握多用电表等实验仪器的使用方法，根据要求设计合适的电路完成实验并进行数据分析和误差分析，理清电路中的能量转化关系，尝试解决家庭电路中的简单问题		
课时大概念	在透过现象看本质及普遍联系观的指导下，运用模型建构和科学推理的方法探究电流、电压、电阻的宏观表现、微观本质及测量方法		
课时核心问题	基于对电流、电压、电阻的温习，探寻金属导体通电时电流、电压、电阻的微观本质		
课时素养目标	基于前述教材课标、课时大概念及学生基础分析，为更好发展学生的物质、能量观念和透过现象看本质的观念，培育学生模型建构、科学推理的能力，以金属导体中自由电子定向移动微观图景为学习探索情境，为本课时确立了如下核心素养目标： 参与建立金属导体中自由电子定向移动的微观模型，探寻电流、电压、电阻的微观本质。能从微观和宏观层面描述电流、电压、电阻的本质与关联（达到物理观念水平 2，科学思维水平 2）。由此，体会到模型建构、科学推理等思想方法在电流、电压、电阻等微观本质及其关系探究中的重要作用（达到物理观念水平 2，科学思维水平 3）；进而发展透过现象看本质的价值观、事物之间是普遍联系的联系观的认识（达到物理观念水平 3、科学态度与责任水平 3）		
检测点	体会模型建构、科学推理等思想方法在电流、电压、电阻等微观本质及其关系探究中的重要作用		
检测题目	A、B 两根材料相同的导线，长度相同，A 的横截面积是 B 的横截面积的 2 倍。 （1）把它们串联在电路中，通过它们的电流大小分别是 I_A 和 I_B，它们内部自由电子移动的平均速率分别是 v_A 和 v_B，则 $I_A : I_B$ 及 $v_A : v_B$ 各是多少？ （2）把它们并联在电路中，通过它们的电压大小分别是 U_A 和 U_B，它们内部恒定电场的场强分别是 E_A 和 E_B，则 $U_A : U_B$ 及 $E_A : E_B$ 各是多少？		
分类标准	A. 使用规范的公式计算不同电学量比例的大小；有电路图，有必要的文字解释		
	B. 使用规范的公式计算不同电学量比例的大小；有电路图，没有必要的文字解释		
	C. 使用规范的公式计算不同电学量比例的大小；没有电路图，没有必要的文字解释		
	D. 未使用规范的公式计算不同电学量比例的大小；没有电路图，没有必要的文字解释		
检测统计	分类等级	学生人数（总人数 56 人）	所占百分比
	A	44	78.5%
	B	5	9%
	C	7	12.5%
	D	0	0%

检测分析及 结果运用	从检测结果来看，大部分学生能够掌握本节课所学的电流、电压、电阻之间宏、微观的联系，有画电路图的意识，能利用电路串、并联规律、欧姆定律、电流微观表达式、匀强电场中电势差与场强的关系式等来计算不同电学量的比例大小，主要的问题在于有些学生没有画出电路图，表述不够清晰准确
素养目标达成 典型实例	 反思提升后，分享交流过程中学生能通过电路串、并联规律、欧姆定律、电流微观表达式、匀强电场中电势差与场强的关系式等来计算不同电学量的比例大小，并且在交流过程中能将思路表达清楚
检测反馈	通过检测可以发现学生对利用电路串、并联规律、欧姆定律、电流微观表达式、匀强电场中电势差与场强的关系式掌握总体比较到位，在今后的教学中第一要加强学生答题的规范意识和作图的意识，第二要用必要的文字进行描述

历史篇

"中华民族的抗日战争和人民解放战争"单元教学

"中华民族的抗日战争和人民解放战争"大概念的核心·问题教学单元规划纲要

学科　__历　史__　教师　__马方林　任菲菲　唐小涵__

年级	高一	单元名称	中华民族的抗日战争和人民解放战争	单元课时	3 课时
单元内容	教材内容	本单元是高一《中外历史纲要（上）》第八单元的内容，讲述了从 1931 年至 1949 年之间的历史，主要由抗日战争和人民解放战争两部分组成。抗日战争是一场全方位、全民族的抗战，充分体现了中华民族英勇不屈的精神。中国人民解放战争的胜利，从根本上改变了中国社会的发展方向。中国共产党领导中国人民反对外来侵略和国民政府专制统治的斗争，是本单元的主要线索。 从单元内部看，这一时期（1931—1949 年）分成三个阶段，第一阶段是 1931—1937 年，第二阶段是 1937—1945 年，第三个阶段是 1946—1949 年，分别对应三个课时，即第 22 课"从局部抗战到全国抗战"，第 23 课"全民族浴血奋战与抗日战争的胜利"，第 24 课"人民解放战争"。 随着日军侵华的加剧，中国的民族危机逐渐加深。伴随着民族意识的不断觉醒，社会各阶级在中国共产党的领导下联合起来，开展全民族抗日救亡斗争，最终赢得了抗日战争的伟大胜利。抗日战争结束后，国民党坚持独裁，挑起内战，中国共产党领导人民赢得了解放战争的胜利，最终推翻了三座大山，建立新中国，取得了新民主主义革命的最终胜利。 从考查内容看，政治方面重在考查日军侵华、局部抗战到全民族的抗日救亡运动，以及解放战争。经济方面主要考查民族工业的发展。思想文化方面则主要考查马克思主义中国化和毛泽东思想的形成			
	课程标准	课程标准： 一、了解日本军国主义的侵华罪行，揭露日军侵华的本质。 二、通过了解正面战场和敌后战场的抗战，感悟中华民族英勇不屈的精神，认识中国共产党是全民族团结抗战的中流砥柱。认识中国战场是世界反法西斯战争的东方主战场，理解十四年抗战胜利在中华民族伟大复兴中的历史意义。 三、通过了解全面内战的爆发及人民解放战争的进程，分析国民党政权在大陆统治灭亡的原因，探讨中国共产党领导人民取得中国革命胜利的原因和意义。 课标解读： 依据课标要求，本单元有七个学习要点和重点：一是深刻揭露日军侵略中国的种种暴行；二是了解正面战场和敌后战场的抗战，感悟中华民族英勇不屈的精神；三是知道中国共产党在抗战中坚持全面抗战路线和巩固抗日民族统一战线总方针对取得抗战最后胜利的深远影响，加深对中国共产党在抗战中中流砥柱作用的理解。四是理解			

单元内容	**课程标准**	抗日战争作为世界反法西斯战争的东方主战场的地位和作用。中国的抗日战争是世界反法西斯战争的重要组成部分，是世界反法西斯战争的东方主战场，对夺取反法西斯战争的胜利，维护世界和平产生了巨大影响。五是了解抗日战争胜利后中国面临着两种命运、两个前途的决战的严峻局面，知道解放战争的基本过程。六是知道土地改革、中国共产党与民主党派的团结合作对于解放战争胜利的意义。七是了解筹备与召开人民政协会议的史实和意义。抗战胜利后，争取和平民主的斗争失败，全面内战爆发，依靠人民和压迫人民两条道路分别注定了中国共产党和国民党的命运。中国共产党在代表人民利益、依靠人民的总方针指引下，最终赢得了战争的胜利、赢得了革命的胜利、同时也迎来了新中国的诞生，成为20世纪中国社会发展方向的转折点。 基于本单元的课程标准，课堂中应着眼于学生历史核心素养的培养与发展，注重梳理这一时期历史发展的基本线索，引导学生运用唯物史观的基本立场、观点和方法，在时空框架下把握抗日战争和解放战争时期的时序脉络。同时，学生还需通过对比国共两党不同时期的不同措施，认识中国共产党在抗日战争中的中流砥柱作用，分析中国共产党领导人民取得中国革命胜利的原因和意义，认识中国共产党领导中国人民反对外来侵略和国民政府专制统治的斗争是新中国成立的前提条件，涵养家国情怀	

		资源名称	功能
基础条件	**资源基础**	黑板	板书课时核心问题；板书学生在解决问题过程中的内容；归纳提升学生解决问题的过程，形成结构化的概念结论、思想方法和价值观念
		教材、学案	提供核心问题教学四个环节中学生需要的图文史料
		PPT	出示课时核心问题和四个环节必需的资料

	学生基础	1. 必备知识：学生在初中历史教材"抗日战争"和"解放战争"中对本单元所学习的内容有所涉及，但更多地停留在对史实本身的了解，缺乏对知识之间的关联的理解。 2. 关键能力：高一学生具备一定的理性分析的能力，但历史高阶思维能力还需进一步培养和提升。 3. 学科素养：经过初中和高一上半学期的学习，学生唯物史观、时空观念和家国情怀等方面的学科素养有所发展，但史料实证、历史解释等素养还需要进一步培育。 4. 认知水平：通过教材和大量的纪录片、影视作品、文学作品等，学生对本单元内容有较为全面的了解。学生可充分利用已有的知识和教师提供的材料，开展自主探究与合作学习，形成对历史的理解与解释

单元大概念及下层结构	单元核心大概念：反侵略与求民主 特征化表达：中国共产党领导中国人民反抗日本侵略和国民政府专制统治的斗争。 概念结论：日本军国主义的侵华罪行、正面战场和敌后战场的抗战、抗日战争的胜利、抗战胜利后中国共产党争取和平民主的斗争、全面内战的爆发、新民主主义革命的胜利。 思想方法：史料实证、论从史出、史论结合 特征化表达：利用时间轴、大事件年表、形势图、示意图、表格等了解抗日战争和解放战争的进程；通过史料分析，认识中国共产党是全民族团结抗战的中流砥柱，探究中国共产党领导人民取得中国革命胜利的原因和意义。 价值观念：家国情怀　辩证思维 特征化表达：从中国共产党领导中国人民反抗日本侵略和国民政府专制统治的斗争中，增强对国家民族的认同感和责任感。通过对比国共两党不同时期的不同措施，分析国民党反动统治覆灭和中国共产党领导人民取得中国革命胜利的原因，涵养学生辩证思维，引导学生全面地分析并解决问题。认识在全民族团结抗战中，中国共产党发挥了中流砥柱的作用，中国共产党领导中国人民反对外来侵略和国民政府专制统治的斗争是新中国成立的前提条件，感受中共领导的革命的艰难性和光明性，感悟新中国的成立来之不易，涵养学生的家国情怀。

本单元在大概念"反侵略与求民主"的统领下，依据教材内容顺序、内在逻辑关系和学生实际，分配与本单元大概念相对应的具体课时教学内容和学科核心素养内容，形成如下单元大概念的下层结构。

课时	课时大概念		课时概念梳理		
	简略化表达	特征化表达	概念结论	思想方法	价值观念
单元大概念及下层结构					
1	日本侵华与局部抗争	1931 年日本侵略者发动九一八事变，侵占东北三省，中国局部抗战由此开始。为挽救民族危机，中国共产党号召"停止内战，一致抗日"，极力促成建立抗日民族统一战线，1936 年张学良、杨虎城在中共抗日民族统一战线政策的感召下，发动西安事变，逼蒋抗日。西安事变和平解决后，全国团结抗战局面初步形成	日本军国主义的侵华罪行、局部抗争、抗日民族统一战线初步形成	唯物史观、时空观念、史料实证、论从史出、史论结合	家国情怀普遍联系
2	全民族抗战与抗日战争的胜利	1937 年卢沟桥事变爆发，中国全民族抗战，国民党正面战场和共产党敌后战场战略配合，有效打击了日本侵略者，最终赢得了抗日战争的伟大胜利。在全民族团结抗战中，中国共产党始终坚持抗日民族统一战线，发挥了中流砥柱作用	正面战场和敌后战场的抗战、东方主战场、抗日战争的胜利	唯物史观、时空观念、史料实证、论从史出、史论结合	家国情怀普遍联系辩证思维
3	解放战争	抗战胜利后，国民党坚持独裁统治，发动全面内战。中国共产党领导人民解放战争，在解放区进行土地改革，在国统区形成第二条战线。最终推翻了国民党的反动统治，赢得了新民主主义革命的伟大胜利。随着人民解放战争的胜利，中国共产党提出了建立新中国的政策和主张	抗战胜利后中国共产党争取和平民主的斗争、全面内战的爆发、新民主主义革命的胜利	唯物史观、时空观念、史料实证、论从史出、史论结合	家国情怀全面分析对比分析辩证思维

单元教学目标

1. 利用时间轴、大事件年表、形势图、示意图、表格等能够从整体上把握抗日战争、解放战争的时间和空间联系（时空观念水平 2）。

2. 通过了解中华民族奋起反抗日军侵略的事迹和中国共产党在推动抗日民族统一战线的建立、巩固和发展中的作用，认识中国共产党在抗日战争中的中流砥柱作用（史料实证水平 2，历史解释水平 2）。

3. 在探究日军侵华罪行时，能够比较、分析不同来源、不同观点的史料，能够在辨别史料作者意图的基础上利用史料（史料实证水平 1，历史解释水平 2）

4. 通过对比国共两党不同时期的不同措施，分析国民党反动统治覆灭和中国共产党领导人民取得中国革命胜利的原因（唯物史观水平 2，历史解释水平 2）。

5. 能够将抗日战争置于中国近代发展进程、中华民族发展史当中进行理解，立志为中华民族伟大复兴作出自己的贡献（家国情怀水平 3）

单元核心问题及问题分解	核心问题：利用多种类型的史料，梳理抗日战争、解放战争的史实，对比国共两党不同时期的施政措施，探究中国共产党领导中国人民赢得抗日战争和解放战争伟大胜利的原因及意义。 问题解析： 在初中，学生已经对本单元的基础史实有所涉及。但是，本单元时间和空间跨度较大，利用时间轴、大事件年表、形势图、示意图、表格等既有利于学生梳理抗日战争、解放战争的史实，也有利于发展学生的时空观念素养。中国共产党在推动抗日民族统一战线的建立、巩固和发展中发挥了中流砥柱作用；国民党在抗战进入相持阶段后，消极抗日，积极反共，抗战结束后坚持独裁和内战的方针。通过对比国共两党不同时期的政策，认识依靠人民和压迫人民两条道路注定了中国共产党和国民党的不同命运。中国共产党在代表人民利益、依靠人民的总方针指引下，最终赢得了战争的胜利，赢得了革命的胜利，同时也迎来了新中国的诞生，成为20世纪中国社会发展方向的转折点。在解决这一问题的过程中，发展学生的唯物史观、史料实证、历史解释、家国情怀等素养。本单元内容，学生通过教材、大量的纪录片、影视作品、文学作品等有全面的了解，学生可充分利用已有的知识和教师提供的材料，开展自主探究与合作学习，形成对历史的理解与解释		

	课时	课时大概念	课时核心问题
课时划分	第一课时	日本侵华与局部抗争	利用多种类型的史料，梳理日本侵华和中国各阶级局部抗战的史实，探究中国共产党极力促成建立抗日民族统一战线的原因
	第二课时	全民族抗战与抗日战争的胜利	利用多种类型的史料，梳理正面战场和敌后战场的抗战史实，分析国共在抗战时期的不同作用，探究抗日战争胜利的原因及影响
	第三课时	解放战争	利用多种类型的史料，对比国共两党不同时期的施政措施，探究国民党反动统治覆灭和中国共产党领导人民取得解放战争胜利的原因

教学评价	一、关于大概念生成理解的评价预设 1. 概念结论类大概念 （1）通过时间轴、大事件年表、形势图、示意图、表格等不同形式对抗日战争和解放战争史实的梳理，对学生掌握的必备知识进行综合评价。 （2）在对比国共两党不同时期的不同措施，探究中国共产党领导中国人民赢得抗日战争和解放战争伟大胜利的原因和意义的活动中，对学生的多角度认知进行激励性和导向性评价。 2. 思想方法类大概念 在学生利用时间轴、大事件年表、形势图、示意图、表格等梳理抗日战争和解放战争的进程时对时空观念素养进行评价；在学生利用史料分析中国共产党在推动抗日民族统一战线的建立、巩固和发展中的作用，探究中国共产党领导人民取得抗日战争和解放战争胜利的原因和意义的活动中，对学生是否运用唯物史观分析历史问题以及运用史料对历史事物进行理性分析和客观评判的态度、能力与方法进行评价。 3. 价值观念类大概念 在通过了解中华民族奋起反抗日军侵略的事迹和中国共产党在推动抗日民族统一战线的建立、巩固和发展中的作用，认识中华民族的不屈和奋斗精神以及中国共产党在抗日战争中的中流砥柱作用的活动过程中对学生对国家的认同感、责任感等家国情怀素养进行评价。 二、关于单元素养目标达成的评价预设 1. 就学生参与梳理抗日战争和解放战争基础史实、结合史料探究中国共产党领导人民取得抗日战争和解放战争胜利的原因和意义过程中的具体表现进行激励和导向性评价。 2. 评价内容多维化：既要就学生对基础史实的掌握情况、分析原因和意义的广度和深度进行结果性评价，也要对学生解决问题的过程进行评价，同时也要对情感态度价值观进行评价。 三、关于三类单元作业完成的评价预设 将单元基础性作业、综合性作业和实践性作业在各课时中命制成具体的题目并赋分，就学生对每一类题目的完成情况进行赋分评价

	作业类型	作业目标	作业内容	作业情境	概念结论	思想方法	价值观念
单元作业	基础性作业	能够了解日本的侵华罪行，正面战场和敌后战场的抗战，全面内战的爆发及人民解放战争的进程，分析国民党政权在大陆统治灭亡和中国共产党带领人民取得胜利的原因	抗日战争和解放战争时期的政治、经济、思想文化状况	学习探索情境	抗战时期国共两党的外交、抗日根据地的政治建设与经济建设、中国军民的抗日斗争、日本在沦陷区的统治、中共的思想主张、争取民主共和的斗争、解放战争过程、解放战争时期国共两党的外交、国民党的经济建设、国民党统治后期的经济危机	唯物史观、时空观念、史料实证、历史解释	家国情怀
	综合性作业	能够在抗日战争和解放战争的时代背景下感悟中华民族英勇不屈和追求和平的精神，认识中国共产党领导的新民主主义革命的主要史实和革命胜利的伟大意义	抗战胜利前夕中共的政治主张、抗战时期毛泽东思想的发展、国民党统治后期国统区的经济、解放战争时期中共的经济、军事举措	学习探索情境	国共第二次合作、抗日民族统一战线、国民党的反动统治、中共制胜的三大法宝	唯物史观、时空观念、史料实证、历史解释	家国情怀
	实践性作业	能够理解十四年抗战胜利在中华民族伟大复兴中的历史意义、中国共产党领导人民取得中国革命胜利的原因和意义，将所学运用到现实生活中，进而为中华民族伟大复兴而努力	访谈抗日战争或者解放战争的经历者，制作访谈视频	生活情境和学习探索情境	了解抗日战争和解放战争的重要内容	唯物史观、时空观念、史料实证、历史解释	家国情怀
反馈调整	单元教学中，从核心问题教学的四个环节中关注学生课堂表现并进行激励性、导向性、多元性评价； 单元教学后，关注学生素养目标的达成，具体根据"大概念核心问题教学文化评价表""大概念核心问题教学素养目标点检测表"的相关要素进行搜集并反馈调整						

"第22课 从局部抗战到全国抗战"学教案

马方林

一、教学分析设计

【教材课标分析】 ☞

单元主题：近代以来，随着西方列强侵略的不断加深，中国人民奋起反抗，挽救民族危亡，实现民族复兴成为时代的主题。本单元是高一《中外历史纲要（上）》第八单元内容，讲述了从1931—1949年之间的历史，主要由抗日战争和人民解放战争组成。抗日战争是一场全方位、全民族的抗战，充分体现了中华民族英勇不屈的精神。中国人民解放战争的胜利，从根本上改变了中国社会的发展方向。中国共产党领导中国人民反对外来侵略和国民政府专制统治的斗争，是本单元的主要线索。

课标内容：了解日本军国主义的侵华罪行，揭露日军侵华的本质；通过了解正面战场和敌后战场的抗战，感悟中华民族英勇不屈的精神，认识中国共产党是全民族团结抗战的中流砥柱。认识中国战场是世界反法西斯战争的东方主战场，理解十四年抗战胜利在中华民族伟大复兴中的历史意义。通过了解全面内战的爆发及人民解放战争的进程，分析国民党政权在大陆统治灭亡的原因，探讨中国共产党领导人民取得中国革命胜利的原因和意义。依据课标要求来看，本单元有两个学习重点：抗日战争和解放战争。关于抗日战争，教材叙述了随着日军侵华的加剧，中国的民族危机逐渐加深，伴随着民族意识的不断觉醒，在中国共产党的领导下社会各阶级联合起来，开展全民族抗日救亡斗争，最终赢得了抗日战争的伟大胜利。关于解放战争，教材讲述了抗日战争胜利后，和平建国是中国人民的共同愿望，国民党坚持独裁，挑起内战，中国共产党代表人民、依靠人民，最终带领人民取得解放战争的伟大胜利，从根本上改变了中国社会的发展方向。

本课地位："从局部抗战到全国抗战"为第八单元第1课，九一八事变的爆发，标志着日军局部侵华的开始，紧接着华北事变、卢沟桥事变爆发，由局部侵华变为全面侵华。日军在中国制造了惨绝人寰的大屠杀、施行"三光"政策、"以华制华""以战养战"等一系列犯罪行为。在中华民族民族危机不断加深的情况下，抗日救亡运动兴起，中国共产党号召"停止内战，一致抗日"，努力促成建立抗日民族统一战线。在中国共产党的推动下，西安事变和平解决，1937年9月，国共第二次合作实现，抗日民族统一战线正式形成。本课既是新民主主义革命的重要组成部分，是中华民族民族意识觉醒的重要阶段，又上接"南京国民政府的统治和中国共产党开辟革命新道路"，下启"全民族浴血奋战与抗日战争的胜利"，具有重要地位。

　　教材逻辑：本课分为三个子目，第一部分"局部抗战"，介绍面对民族危机，中华民族采取的一系列抗争。第二部分"全面抗战的开始"，讲述七七事变后，中国共产党如何发挥中流砥柱作用，促使抗日民族统一战线的最终形成。第三部分"日军的侵华暴行"，讲述日本侵略者在中华大地上犯下的种种罪行。按照教材逻辑，可以整合成日本侵华和中国抗战两条线索，中国抗战又分局部抗争和全民族抗战，九一八事变后中国军民就在进行救亡图存的抗争，但没能阻止日本的侵略，究其原因主要是局部抗战，各阶层分散抗日，没有形成抗战的合力，只有全民族抗战才是出路。在中国共产党的努力促成之下，最终建立了抗日民族统一战线，实现了全民族抗战。

　　教材关联：应该同本单元其他部分、中外历史纲要（上）其他单元、同中外历史纲要（下）、同义务教育历史教科书结合起来处理教材内容。比如：分析日军侵华的原因时，可以与中外历史纲要（上）中的甲午中日战争，国民政府全力"围剿"红军，以及中外历史纲要（下）的1929—1933年经济危机等内容关联起来；义务教育历史教科书"九一八事变与西安事变""七七事变与全民族抗战"两课中对于本课内容也多有涉及。

【大概念】☞

课时核心大概念	简约化表达：日本侵华与局部抗战
	特征化表达：1931年日本侵略者发动九一八事变，侵占东北三省，中国局部抗战由此开始。为挽救民族危机，中国共产党号召"停止内战，一致抗日"，极力促成建立抗日民族统一战线，1936年张学良、杨虎城在中共抗日民族统一战线政策的感召下，发动西安事变，逼蒋抗日。西安事变和平解决后，全国团结抗战局面初步形成

概念结论		思想方法		价值观念	
简约化表达	特征化表达	简约化表达	特征化表达	简约化表达	特征化表达
日本军国主义的侵华罪行、局部抗战、抗日民族统一战线形成	1931年日本侵略者发动九一八事变，侵占东北三省，中国局部抗战由此开始。为挽救民族危机，中国共产党号召"停止内战，一致抗日"，极力促成建立抗日民族统一战线，1936年张学良、杨虎城在中共抗日民族统一战线政策的感召下，发动西安事变，逼蒋抗日。西安事变和平解决后，全国团结抗战局面初步形成。1937年9月，国共第二次合作实现，抗日民族统一战线正式形成	唯物史观、时空观念、史料实证、论从史出、史论结合	利用时间轴、形势图、表格等梳理日本侵华和中国各阶级局部抗战史实，在特定时间、空间条件下分析日本侵华的原因和中国的局部抗战。在探究日军侵华罪行时，能够比较、分析不同来源、不同观点的史料，能够在辨别史料作者意图的基础上利用史料。在探究中国共产党在打击日军侵略中发挥的作用活动中能以史料为依据对历史事物进行理性分析和客观评判	家国情怀	通过梳理中国各阶层英勇抗战的史实，积淀中华民族不屈不挠的民族精神，增强爱国主义情怀和历史使命感。通过探究中国共产党在打击日军侵略中发挥的作用，认识中国共产党在抗日战争中的中流砥柱作用

【资源条件】☞

（1）黑板（板书课时核心问题；板书学生在解决问题过程中的内容；归纳提升学生解决问题的过程，形成结构化的概念结论、思想方法、价值观念）。

（2）PPT课件（出示大概念核心问题教学四个环节的情境和资料）。

（3）数字资源：利用网页、电子期刊等数字资源查阅关于抗日战争的相关资料。

【学生分析】☞

（1）必备知识：本课所学习的内容，学生通过初中教材"九一八事变与西安事变""七七事变与全民族抗战"，大量的纪录片、影视作品、文学作品等有全面的了解，但更多地停留在对史实本身的了解，缺乏对知识之间的关联的理解。

（2）关键能力：高一学生，具备一定的理性分析的能力，可充分利用已有的知识和教师提供的材料，开展自主探究与合作学习，形成对历史理性分析与客观评判。

（3）学科素养：经过初中和高一上半学期的学习，发展了学生唯物史观、时空观念，家国情怀等方面的学科素养，但史料实证、历史解释等素养还需要进一步培育。

【教学目标】☞

利用时间轴、形势图、表格等梳理日本侵华和中国各阶级局部抗战史实，能够在特定时间、空间条件下分析日本侵华的原因和中国的局部抗战。从而积淀中华民族不屈不挠的民族精神，增强爱国主义情怀和历史使命感。

在通过图文史料探究日军侵华罪行时，能够比较、分析不同来源、不同观点的史料，能够在辨别史料作者意图的基础上利用史料。

在探究中国共产党极力促成建立抗日民族统一战线原因的活动中，能够恰当地运用史料论证中国共产党在抗日战争中的中流砥柱作用。

【核心问题】☞

核心问题：利用多种类型的史料，梳理日本侵华和中国各阶级局部抗战的史实，探究中国共产党极力促成建立抗日民族统一战线的原因。

学生的历史学科核心素养不能凭空形成，也不能只靠灌输形成。只有通过以学生为主体的活动，在做中学，进行自主学习、合作学习、探究学习，在认识历史的过程中联系和运用知识，掌握探究历史的方法和技能，逐步学会全面、发展、辩证、客观地看待和论证历史问题，才能使学生的核心素养得以提升和发展。本课围绕两个学生活动展开，一是梳理日本侵华和中国各阶级局部抗战的史实，二是探究中国共产党极力促成建立抗日民族统一战线的原因。在梳理史实的活动中借助时间轴、日本侵华形势图、表格等形式进行，既有利于学生掌握基础知识，也有利于学生从整体上把握抗日战争的时间和空间联系。同时积淀中华民族不屈不挠的民族精神，增强爱国主义情怀和历史使命感。在探究中国共产党极力促成建立抗日民族统一战线的原因中，学生以史料为依据对历史事物进行理性分析和客观评判，中国共产党以民族利益为重，全力促成建立抗日民族统一战线，进而把握中国共产党在抗日战争中的中流砥柱作用。通过真正实现以学生学习活动作为整个教学活动中心的"学习中心课堂"，学生的唯物史观、时空观念、史料实证、历史解释、家国情怀等核心素养得到有效培育和发展。

【评价预设】☞

（1）提出问题环节：对学生表现出的学习兴趣给予激励性评价，以激发学生的探究愿望和热情。

（2）解决问题环节：根据学生在解决问题的活动过程中的表现给予引导性、鼓励性评价，重点从提取信息的能力、时空观念、史料实证、历史解释等学科素养进行评价，充分发挥该环节的评价的激励与引导功能。

（3）反思提升环节：与学生一起对解决问题的过程进行反思，在激励性的学科化评价基础之上进行结构化的提升，加深对本课的概念结论、思想方法、价值观念等认识，促进学生在深度体验基础上获得对大概念的高阶性、迁移性、网络性等特征的理解与内化，力求发挥此环节评价的体验积淀功能。

（4）评价反馈环节：对学生检测试题的完成情况进行点检测分析，形成体验性目标达成情况的评价并反馈给学生，重点是让学生能将本节课学习体验到的基本知识、思想方法迁移到后续学习之中，凸显该环节评价的体验强化功能。

二、教学实施设计

【教学环节】☞

教学环节	学生活动	教师活动	设计意图	技术融合
提出问题	观看图片，倾听老师讲述，进入情景，明确本节课的核心问题	1. 出示图片"川军死字旗" 右边写着："我不愿你在我近前尽孝；只愿你在民族分上尽忠。"左边写着："国难当头，日寇狰狞。国家兴亡，匹夫有分。本欲服役，奈过年龄。幸吾有子，自觉请缨。赐旗一面，时刻随身。伤时拭血，死后裹身。勇往直前，勿忘本分！" 2. 提出核心问题：利用多种类型的史料，梳理日本侵华和中国各阶级局部抗战的史实，探究中国共产党极力促成建立抗日民族统一战线的原因	以川军抗战创设情境，贴近学生生活，更有利于激发学生兴趣	PPT 展示图片，出示核心问题

教学环节	学生活动	教师活动	设计意图	技术融合
解决问题	活动一：梳理日本侵华和中国各阶级局部抗战的史实。 任务1：结合教材和日本侵华形势图，制作日本侵华大事记时间轴，梳理侵华日军的滔天罪行。 任务2：阅读教材完成表格：中国各阶级抗日救亡的表现。 任务3：探究日本侵华的原因和局部抗战阶段中国未能有效阻止日本侵略的原因。 交流研讨成果 活动二：探究中国共产党极力促成建立抗日民族统一战线的原因。 任务1：梳理中国共产党在打击日本侵略中做出的重大贡献。 任务2：探究中国共产党极力促成建立抗日民族统一战线的原因。 交流研讨成果	1. 出示相关材料。 2. 出示问题并组织学习讨论。 3. 组织学生分享探究结果，并给予有效的评价。 4. 学生发言的过程中记录要点	1. 问题驱动，引导学生主动参与学习过程。 2. 利用时间轴、形势图、表格等梳理日本侵华和中国各阶级局部抗战史实，既便于学生掌握基础知识又便于学生在特定时间、空间条件下分析日本侵华的原因和中国的局部抗战。 3. 通过运用教材和教师提供的史料自主分析与解决问题，有利于培养学生唯物史观、时空观念、历史解释、史料实证、家国情怀等学科素养	PPT 上显示探究问题和材料；板书学生发言
反思提升	形成概念结论； 学科思想方法和价值观念显性化	形成概念结论； 学科思想方法和价值观念显性化	形成知识和方法的网络结构；价值观念的显性化	黑板板书
评价反馈	思考作答	出示检测题目，说明作答要求	检测目标达成情况	PPT 出示检测题目

【评价反馈检测题目】☞

阅读材料，回答问题。

材料： 1938 年至 1943 年间，日机疯狂轰炸重庆，国民政府采取措施救济空袭难民。先后成立了重庆空袭紧急救济联合办事处等专门空袭救济机构，颁布《关于重庆被炸受伤难民抚济办法》等。重庆市商会等组织也加入空袭紧急救济联合办事处机构中，负责救济和医疗工作。政府组织人力、物力、财力救治空袭伤员，设立难民收容所或建立平民住宅，向难民发放急赈和举办空袭被炸难民小额贷款，免费提供或廉价出售生活用品，帮助解决生活困难。还专门成立服务总队保健院，救济空袭中被灾婴童产妇。僧侣也参加了空袭救济活动。"政府当局……能以最快速度……进行善后工作，使战时首都能在最短期内，恢复秩序，这是可喜的现象！……更可以促进政府与民众间的团结。"抗战期间，物价高涨，发放急赈或疏散费对广大难民来说是杯水车薪。政府缺少全盘统一的规定和安排，制约了救济效能的全面发挥。

——据谭刚《重庆大轰炸中的难民救济》（1938—1943）等

根据材料并结合所学知识,简析重庆大轰炸中难民救济措施的作用。

【答案】

作用:一定程度上维护了难民的生命安全和缓解了生活难题,安定了民心,一定程度上有利于维护社会稳定;有利于粉碎日本妄图以炸迫降的阴谋,支持了中国长期抗战;但由于主观和客观原因,难民救济存在诸多问题,导致政府的空袭救济效果有限。

【板书设计】☞

核心问题:利用多种类型的史料,梳理日本侵华和中国各阶级局部抗战的史实,探究中国共产党极力促成建立抗日民族统一战线的原因。

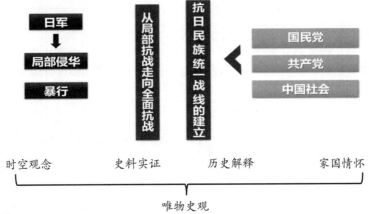

【作业设计】☞

课时作业的结构化设计:

作业序号	作业目标	作业情境		概念结论		思想方法		价值观念		整体评估	
		内容	类型	内容	水平	内容	水平	内容	水平	内容	水平
1-8	检测学生对日本侵华和中国共产党在打击日军侵略中发挥的作用基本史实的掌握情况	舍会山协议;卢沟桥事变后新辟航空线;30年代"中国文化出路"的争论逐渐向发展工业文明的现代化论倾斜;20世纪30年代台湾人均稻米消费量下降;1935年中华苏维埃共和国中央执行委员会关于改变对富农政策的命令;九一八事变后,中共中央发表抗日宣言;1934年,第十届远东运动会中日足球比赛受到前所未有的瞩目;1933—1936年,伪满重刊《清实录》,日本指派专人对《清实录》逐卷检查	简单、较复杂	日本军国主义的侵华罪行;局部抗战;抗日民族统一战线形成	时空观念水平3历史解释水平4	时空定位史料实证	时空观念水平3史料实证水平3	唯物史观和家国情怀	家国情怀水平3唯物史观水平4	基础性作业	学业质量水平3

作业序号	作业目标	作业情境		概念结论		思想方法		价值观念		整体评估	
		内容	类型	内容	水平	内容	水平	内容	水平	内容	水平
9	检测学生能够运用所学知识迁移运用,分析中国共产党在抗战中的中流砥柱作用。	东北抗日联军的历史作用和东北抗联精神的内涵	复杂	中国共产党在抗战中的中流砥柱作用	历史解释水平4	提取与概括、分析与综合	历史解释水平4	唯物史观	唯物史观水平4	综合性作业	学业质量水平4
10	检测学生是否能够搜集史料,并将所学知识融会贯通,创造性地进行实践	访谈抗日战争的经历者,制作访谈视频	复杂	日军的侵华暴行与中国军民的抗战	时空观念水平3、史料实证水平3	收集整理、归纳概括、实践制作	时空观念水平3、历史解释水平4	家国情怀	家国情怀水平4	实践性作业	学业质量水平4
课时作业总体评估	本课从高考考查内容上看,主要涉及日本侵华和抗日民族统一战线的建立。因此基础性作业主要通过创设简单和较复杂情境考查学生对日本军国主义的侵华罪行;局部抗战;抗日民族统一战线形成等内容的掌握。综合性作业以东北抗日联军的历史作用和东北抗联精神的内涵切入,学生需要在复杂情境中去解决新问题,重在对学生学科思维能力和核心素养的考查。实践性作业:访谈抗日战争的经历者,制作访谈视频,学生需要在特定的时空中对事物进行分析、对获取的史料进行辨析并运用可信的史料努力重现历史真实。同时要以史料为依据,对历史事物进行理性分析和客观评判,以此发展学生唯物史观、时空观念、史料实证、历史解释、家国情怀等历史学科核心素养										

（具体的作业内容略）

【教学流程】☞

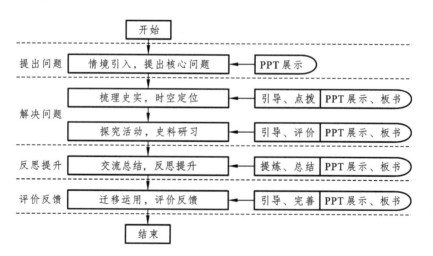

三、教学评价设计

【信息搜集】☞

本节课后，通过收取学生作业和听取了同组老师的听课意见和建议，觉得本课在核心问题引领下学生充分活动，以及学生学科核心素养的培育与发展方面做得较好，但大概念的生成与运用方面存在不足。

【自我评价】☞

大概念核心问题教学文化评价表

课时名称：从局部抗战到全国抗战。

所属单元：第八单元 中华民族的抗日战争和人民解放战争。

单元大概念：反侵略与求民主。

单元核心问题：利用多种类型的史料，梳理抗日战争、解放战争的史实，对比国共两党不同时期的施政措施，探究中国共产党领导中国人民赢得抗日战争和解放战争伟大胜利的原因及意义。

课时大概念：日本侵华与局部抗战。

课时核心问题：利用多种类型的史料，梳理日本侵华和中国各阶级局部抗战的史实，探究中国共产党极力促成建立抗日民族统一战线的原因。

评价目标	评价指标				评价方法结果
	一级指标	二级指标	三级指标		
实现活动体验中的学习与素养发展	具有大概念核心问题教学形态	核心问题利于活动体验	内含学科问题和学生活动方式	8	每项指标最高评8分（满分为96分）
			问题情境与真实生活密切相关	7	
			能引发大概念、新知新法生成	8	
		教学目标价值引导恰当	两类目标正确全面	8	
			关联体验目标恰当	8	
			目标价值引导显现	7	
		教学环节完整合理落实	教学环节清晰完整	8	
			环节内容合理充实	8	
			学生活动时间充分	7	
		教学要素相互匹配促进	问题目标环节两两匹配	8	
			技术促进活动形式内容	7	
			素养导向突出氛围浓郁	7	合计91分

评价目标	评价指标			评价
	一级指标	二级指标	三级指标	方法结果
实现活动体验中的学习与素养发展	具有大概念核心问题教学特质	拓展学习视野	课堂与现实世界有恰当关联	选择一个表现突出的二级指标,在相应三级指标引导下,以现场学生表现为主要依据,以其余指标为背景,于本表的第二页写出150字以上的简要评价
			有基于缄默知识的问题解决	
			有缄默知识运用的追踪剖析	
			知识运用剖析导向素养发展	
		投入实践活动	有真实而且完整的实践活动	
			实践活动深度融入两类情境	
			能够全身心地浸渍于活动中	
			活动的内容结果均丰富深入	
		感受意义关联	有核心问题的深层意义感受	
			有以知识为中心的关联感受	
			有以个人为中心的关联感受	
			有对三类大概念的关联感受	
		自觉反思体验	有实质性反思活动的开展	
			有课堂新因素的追踪利用	
			有体验的交流与改善重构	
			有概念生成中的素养发展	
		乐于对话分享	乐于自我的表达与认真的倾听	
			乐于合作中成果与思路的分享	
			乐于成果交流中深层意义分享	
			有宽容的对话氛围和双向交流	
		认同素养评价	认可素养评价	
			参与素养评价	
			利用素养评价	

大概念核心问题教学特质的简要评价(包括发展性建议):

本课着眼于大概念核心问题教学文化评价预设,课堂中围绕具有大概念核心问题教学的形态和特质开展教学,在大概念核心问题教学特质的"投入实践活动"和"感受意义关联"这两个方面体现较为突出。在核心问题"利用多种类型的史料,梳理日本侵华和中国各阶级局部抗战的史实,探究中国共产党极力促成建立抗日民族统一战线的原因"的引导下,学生全身心地浸渍于"结合教材和日本侵华形势图,制作日本侵华大事记时间轴,梳理侵华日军的滔天罪行";"阅读教材完成表格:中国各阶级抗日救亡的表现";"探究日本侵华的原因和局部抗战阶段中国未能有效阻止日本侵略的原因";"探究中国共产党极力促成建立抗日民族统一战线的原因"等一系列活动中,通过这些活动深度体验了侵华日军的罪行以及中国共产党在打击日军侵略中发挥着中流砥柱作用。同时,通过这些活动,学生也产生了以知识为中心的关联感受:九一八事变后中国军民就在进行救亡图存的抗争,但没能阻止日本的侵略,究其原因主要是局部抗战,各阶层分散抗日,没有形成抗战的合力,只有全民族抗战才是出路。所以中国共产党极力促成建立了抗日民族统一战线,实现全民族抗战,这是抗战最终取得胜利的保证概念结论、思想方法、价值观念三类大概念，均要在学生解决问题的活动中逐渐生成，并在反思提升环节，将其结构化和显性化，最后在利用大概念的迁移性运用到评价反馈的新情境中去解决问题。

大概念核心问题教学素养目标点检测表

课时名称	从局部抗战到全国抗战
所属单元	第八单元　中华民族的抗日战争和人民解放战争
单元大概念	反侵略与求民主
单元核心问题	利用多种类型的史料，梳理抗日战争、解放战争的史实，对比国共两党不同时期的施政措施，探究中国共产党领导中国人民赢得抗日战争和解放战争伟大胜利的原因及意义
课时大概念	日本侵华与局部抗战
课时核心问题	利用多种类型的史料，梳理日本侵华和中国各阶级局部抗战的史实，探究中国共产党极力促成建立抗日民族统一战线的原因
课时素养目标	利用时间轴、形势图、表格等梳理日本侵华和中国各阶级局部抗战史实，能够在特定时间、空间条件下分析日本侵华的原因和中国的局部抗战。从而积淀中华民族不屈不挠的民族精神，增强爱国主义情怀和历史使命感。 在通过图文史料探究日军侵华罪行时，能够比较、分析不同来源、不同观点的史料，能够在辨别史料作者意图的基础上利用史料。 在探究中国共产党极力促成建立抗日民族统一战线原因的活动中，能够恰当地运用史料论证中国共产党在抗日战争中的中流砥柱作用
检测点	30年代国民政府政策与日本侵华、抗日民族统一战线、国民党所代表的阶级利益的关联
检测工具（检测题）	阅读材料，回答问题。 材料　1938年至1943年间，日机疯狂轰炸重庆，国民政府采取措施救济空袭难民。先后成立了重庆空袭紧急救济联合办事处等专门空袭救济机构，颁布《关于重庆被炸受伤难民抚济办法》等。重庆市商会等组织也加入空袭紧急救济联合办事处机构中，负责救济和医疗工作。政府组织人力、物力、财力救治空袭伤员，设立难民收容所或建立平民住宅，向难民发放急赈和举办空袭被炸难民小额贷款，免费提供或廉价出售生活用品，帮助解决生活困难。还专门成立服务总队保健院，救济空袭中被灾婴童产妇。僧侣也参加了空袭救济活动。"政府当局……能以最快速度……进行善后工作，使战时首都能在最短期内，恢复秩序，这是可喜的现象！……更可以促进政府与民众间的团结。"抗战期间，物价高涨，发放急赈或疏散费对广大难民来说是杯水车薪。政府缺少全盘统一的规定和安排，制约了救济效能的全面发挥。 ——据谭刚《重庆大轰炸中的难民救济》（1938—1943）等 根据材料并结合所学知识，简析重庆大轰炸中难民救济措施的作用
分类标准	A. 能够从应对日本侵华，维护抗日民族统一战线、国民党代表的阶级利益等三个角度分析重庆大轰炸中难民救济措施的作用 B. 能够从应对日本侵华，维护抗日民族统一战线、国民党代表的阶级利益等任意两个角度分析重庆大轰炸中难民救济措施的作用

| 分类标准 | C. 能够从应对日本侵华，维护抗日民族统一战线、国民党代表的阶级利益等其中一个角度分析重庆大轰炸中难民救济措施的作用 |
| | D. 完全不能从应对日本侵华，维护抗日民族统一战线、国民党代表的阶级利益等角度分析重庆大轰炸中难民救济措施的作用 |

检测统计	分类等级	学生人数（总人数 57 人）	百分比
	A	24	42%
	B	26	46%
	C	5	9%
	D	2	3%

| 检测分析结果运用 | 从学生反馈的情况来看，除了两位学生完全不能从应对日本侵华，维护抗日民族统一战线、国民党代表的阶级利益等角度分析重庆大轰炸中难民救济措施的作用外，其余大部分学生均能从应对日本侵华，维护抗日民族统一战线、国民党代表的阶级利益等至少一个角度分析重庆大轰炸中难民救济措施的作用。因此大部分学生能够把握 30 年代国民政府政策与日本侵华、抗日民族统一战线、国民党所代表的阶级利益的关联。教学目标达成效果良好的原因在于：有比较恰当的核心问题；教学设计以学生活动为中心，促进了学生深度体验；教师的课堂点评发挥了较好的激励和引导作用 |

| 素养目标达成典型实例 | |

| 检测反馈 | 课后我分别给学生展示了一些 A、B、C、D 类同学的答案，并让大家一起来比较分析 A、B 两类好在哪里？C、D 两类的不足之处。通过对照，学生们更加明确了 30 年代国民政府政策与日本侵华、抗日民族统一战线、国民党所代表的阶级利益的关联。针对 D 类学生进行个别辅导让他们落实史实和注重学科思维方法 |

"第23课 全民族浴血奋战与抗日战争的胜利"学教案

任菲菲

一、教学分析设计

【教材课标分析】☞

单元主题：抗日战争是中国近代史中一次意义非凡的事件。它是近代中国反抗外来侵略第一次取得完全胜利的斗争，有效地支援了世界反法西斯战争。同时，在抗战中中国共产党与国民党两股势力的消长也影响了未来历史的走向，对局势的变化有深远的影响。

课标内容：了解正面战场和敌后战场的抗战，感悟中华民族英勇不屈的精神，认识中国共产党是全民族团结抗战的中流砥柱。认识中国战场是世界反法西斯战争的东方主战场，理解十四年抗战胜利在中华民族伟大复兴中的历史意义。

本课叙述了全民族的抗战和抗日战争的胜利。它们构成了本课的两个重点。全民族的抗战，教科书既讨论了国内战场（正面战场和敌后战场）的变化，也讨论了东方主战场的配合。抗战胜利的影响，教科书讨论了抗战胜利在不同层面的影响，如对中国国内的影响和对国际地位的提升等。通过第一部分的学习，充分认识到国内两个战场的作用，并理解中共在抗战中的中流砥柱作用，认识到中国是反法西斯的东方主战场。通过第二部分的学习，理解十四年抗战胜利在中华民族伟大复兴中的历史意义，培养学生的民族自豪感。

本课地位："全民族浴血奋战与抗日战争的胜利"是《中外历史纲要（上）》第八单元的第二课，继承上一课"从局部抗战到全国抗战"的内容，进一步阐述了全民族抗战的历史进程；同时通过阐述正面战场与敌后战场的力量消长，为下一课"人民解放战争"中全面内战有关内容奠定了基础。因此，本课在本单元中起到了承上启下的作用。

教材逻辑：本课的四个子目分别是"正面战场的抗战""敌后战场的抗战""东方主战场"以及"抗日战争的胜利"，遵循时间顺序，视野由小到大，从国内战场转向国际战场，最终指明抗战胜利对中国、世界乃至全人类的历史意义。

教材关联：本课内容与初中内容存在相似性，主要包括在初中课本第六单元的中华民族抗日战争中的四节课内容，第十九课七七事变，全民族抗战之淞沪会战的内容，以及第二十课正面战场的抗战、第二十一课敌后战场的抗战以及抗日战争的胜利。与初中教材相比，高中教材新增了东方主战场，此内容仅在初中课本的知识拓展中进行介绍。这就意味着学生在学习本课知识应该有一个提升，把中国抗日战争放在第二次世界大战的国际背景下来认识，增强学生的世界意识，凸显国际视野，更加突出中国抗日战争是世界反法西斯战争的重要组成部分，同时中国战场是世界反法西斯战争的东方主战场。此外论持久战和中国远征军入缅作战的内容在初中仅是知识拓展，而高中属于正文内容。在敌后战场的抗战部分高中教材新增了陕甘宁边区的内容，对敌后抗日根据地的介绍也更加地全面。

【大概念】☞

课时核心大概念	简约化表达：全民族抗战和抗日战争的胜利
	特征化表达：在唯物史观指导下，利用多类型史料梳理抗日战争时期的基本史实，分析多个战场的作用，探究抗战胜利的原因及影响。因此确立本课的课时大概念为："全民族抗战和抗日战争的胜利"。在本课的设计中特别注重运用历史学科思想方法去探究因果关联，培养论从史出、史料实证的能力，提升家国情怀的价值观，最终加深对抗战胜利的认识，以体现课时大概念

概念结论		思想方法		价值观念	
简约化表达	特征化表达	简约化表达	特征化表达	简约化表达	特征化表达
全民族抗战、抗日战争的胜利	全民族抗战的表现——国内战场和东方主战场。国内正面战场和敌后战场、以及反法西斯同盟的加入。 抗日战争胜利的影响——抗战是近代中国反对外来侵略者的第一次完全胜利，为中华民族的复兴提供了条件，同时也提高了中国的国际地位	时空可视化表达 历史解释 史料实证 论从史出	借助史料梳理全民族抗战的史实，在特定的时间、空间条件下分析抗战胜利的原因及影响，通过探究抗战胜利影响，辩证分析抗战胜利与中华民族复兴之间的互动关系	唯物史观 家国情怀	在特定时空框架下理解全民族抗战的史实，运用唯物史观分析抗战胜利与中华民族复兴的关系； 理解中国共产党在抗战中的中流砥柱作用；理解中国是世界反法西斯战争的东方主战场；理解抗战胜利，对国家命运有重大意义

【资源条件】☞

（1）传统教学媒体：黑板（展示课堂的推进过程）。

（2）现代教学媒体：PPT 课件（幻灯片主要用于展示情境素材、学生画地图路线、示意图等）；希沃白板 APP 实现实时投屏，将学生学习过程中的表现以照片等形式传输到电脑端。

（3）数字资源的利用：师生围绕本单元特定的历史主题，通过互联网利用数字资源（如网页、多媒体资料、电子期刊）方便地获取所需史料开展历史研究，拓展学生视野与加深对知识的理解。

（4）班级 QQ 群，进行学习过程中问题的及时交流和讨论。

【学生分析】☞

本课授课对象是高一学生。他们在初中通过"七七事变与全民族抗战""正面战场的抗战""敌后战场的抗战"以及"抗日战争的胜利"四课的学习，已经对七七事变、正面战场的一系列会战、敌后战场的抗战等史实有了初步了解，但知识点零碎，没有构建完整的知识体系。

高中课本对正面战场与敌后战场的关系、中国在世界反法西斯战争中的作用又作了更进一步的说明。因此，在教学设计上以整合课时内容为主，从而使学生更好地构建清晰的、逻辑严密的知识体系，从纵向民族独立视野及横向国际视野去体会战争背后的历史与现实价值。

【教学目标】☞

参与分享国民党正面战场、敌后战场抗战、东方主战场和抗战胜利的史实、研习图文史料等活动，能够辩证看待两个战场在抗日战争不同阶段的地位和关系（唯物史观水平2），能够理解中共在抗战中的中流砥柱作用（史料实证2和历史解释2），能够恰当地运用史料理解中国战场是世界反法西斯战争的东方主战场（时空观念2、史料实证2和历史解释2），能够理解抗日战争胜利的国内和国际的意义，形成对中华民族的认同感、归属感（家国情怀3），由此懂得抗日战争的国内和国际两个维度和正面战场与敌后战场两个战场的辩证关系（唯物史观2），把握抗战胜利是中华民族近代抗击外来侵略者的第一次完全胜利，是中华民族伟大复兴中的重要转折（家国情怀3）。

【核心问题】☞

核心问题：利用多种类型的史料，梳理抗日战争相关史实，分析国共在抗战时期的不同作用，探究抗日战争胜利的原因及影响。

课中以"国内和东方主战场"和"抗战的胜利"两大活动展开。"国内和东方主战场"，一是梳理抗战中重要的事件，落实学生的基础知识以及对重大历史事件的理解；二是结合时间轴分析不同战场在抗战中的重要影响，培养学生的时空观念。"抗战的胜利"，以小组探究活动引导学生聚焦抗战胜利的原因和意义。学生在第一个环节的学习中，明白了各个战场在抗战中所起的作用，为探讨抗战胜利的原因打下了基础。在分析影响的过程中引导学生对材料和教材内容进行挖掘，引导学生创造性地表达认识。作答时引导学生史论结合地表达观点、培养唯物史观，生成本课的课时核心大概念。

【评价预设】☞

作为学习指导者，老师应该在课程的生成过程中，担负着更重要的职责，即对从学生活动中收集到的信息予以高质量的评价反馈，用适当、明确、有针对性的语言，让学生明确思考方向。

（1）提出问题环节：对学生表现出的对照片的学习兴趣给予学生激励性评价，以带动全班学生在积极地探究准备状态中明晰核心问题，激发学生的学习兴趣，产生强烈的探究愿望和热情。

（2）解决问题环节：根据学生在分析解决问题的活动过程中给予引导性、提示性、鼓励性等评价，如学生以不同形式来梳理史实时，进行肯定性和引导性评价；如学生在划分阶段分析阶段特征时，进行引导性评价，深入认识；如探究影响时进行提示性评价，通过情境设置不断将学生的体验引向深入，充分发挥该环节的激励与引导功能。

（3）反思提升环节：与学生一起对解决问题的过程进行反思，在激励性的学科化评价基础之上进行结构化的提升，加深对本课的知识内容、思想方法、价值观念等认识，力求发挥此环节评价的体验积淀功能。

（4）评价反馈环节：设计题目"谜底寓意"来探索抗战胜利的原因，可以从学生对这一任务的完成情况进行点检测分析，形成体验性目标达成情况的评价并反馈给学生，凸显该环节评价的体验强化功能。

二、教学实施设计

【教学环节】☞

教学环节	学生活动	教师活动	设计意图	技术融合
提出问题	观看视频及图片，温故知新。 明确本节课的核心问题，进入解决问题的积极状态	1. 通过故宫文物视频及故宫文物播迁示意图引入新课。 2. 提出核心问题	激趣，引导学生温故知新，从旧知故宫文物南渡到西迁，自然过渡到全面抗战。 设置问题，激发学生探究图中信息，进而引入课题，提出核心问题	PPT 展示图片，出示核心问题
解决问题	活动一：全民族的抗战 任务1：分享交流全民族抗战中的事件。 任务2：结合补充材料了解以文物西迁为代表的国民党的战时建设代表事件，理解共产党在敌后抗日根据地的民主政治建设。 任务3：通过对比抗日战争时期的举措，分析国共两党的作用	组织学生阅读教材，指导学生勾画出重点，并分享交流梳理的全民族抗战的史实。 运用分类的思维，引导学生从正面战场、敌后战场和东方主战场三方面概括各战场发生的重大变迁，并理解其变化原因，懂得国共两党在抗战时期的作用。 学生发言的过程中记录要点	结合材料，联系课内外知识，学会提取材料信息，概括及分析问题。初步体会国共两党在不同时期的作用，更深刻地理解中国共产党在全民族抗战中的中流砥柱作用	PPT 上呈现材料； 板书学生发言
	活动二：抗日战争的胜利 任务1：探究抗日战争胜利的原因。交流研讨成果。 任务2：结合教材和材料探究中国抗日战争胜利的影响。交流研讨成果	教师组织学生探讨抗日战争胜利的原因（如正面战场、敌后战场和东方主战场），抗日战争对中国的影响（对抗击外来侵略者、对中华民族复兴以及对国际地位的影响）	1. 掌握必备基础知识，落实时空观念。 2. 培养学生归纳概括和辨析能力及家国情怀。 3. 培养学生提取信息和解读史料的能力、客观理性辩证分析问题的能力	PPT 上呈现材料
反思提升	形成概念结构； 学科思想方法显性化； 彰显家国情怀和唯物史观	形成概念结构图； 学科思想方法显性化； 彰显家国情怀和唯物史观	形成知识和方法的网络结构；价值观念的显性化	黑板板书
评价反馈	思考作答	引导学生完成题目	检测目标达成情况	PPT 出示反馈任务，展示相关阅读资料

阅读材料，完成下列要求。

材料的谜底寓意分别指什么？你认为抗日战争胜利的原因是什么？

材料： 1945 年重庆谈判期间，中苏友好协会举办一次酒会，邀请国共双方代表及各报社记者参加。席间，一位国民党方面的记者说："我出个谜语给大家猜。谜面是'日本投降的原因'，谜底是'我国古代一人名'。"结果出现了几个谜底："屈原""苏武""蒋干""毛遂""共工"。

提示：

屈原：美国的原子弹；

苏武：苏联的红军；

蒋干：蒋介石的战略和国民党在正面战场的对抗；

共工：中共的工人运动；

毛遂：毛泽东天遂人愿。

胜利的原因：

（1）国内：

① 抗日民族统一战线的形成，实行全民族抗战；

② 国共合作，正面战场和敌后战场相互配合。

③ 中国共产党领导敌后战场的中流砥柱作用；

④ 中国抗战的正义性。

（2）国际：

① 世界反法西斯同盟的有力配合和支持；

② 爱国华侨和国际进步力量的支持。

【**板书设计**】☞

核心问题：利用多种类型的史料，梳理抗日战争相关史实，分析国共在抗战时期的不同作用，探究抗日战争胜利的原因及影响。

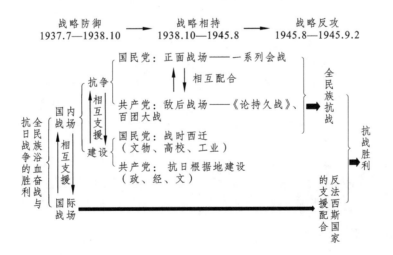

课时作业的结构化设计：

作业序号	作业目标	作业情境		概念结论		思想方法		价值观念		整体评估	
		内容	类型	内容	水平	内容	水平	内容	水平	内容	水平
1~5	检测学生对全民族抗战的基本史实	抗战时期正面战场、敌后战场和东方主战场对抗战的影响，各个部分对抗战的建设	简单、复杂	正面战场 敌后战场 政权建设	时空观念水平2 历史解释水平2	时空定位 史料实证	时空观念水平2 史料实证水平2	唯物史观和家国情怀	家国情怀水平3 唯物史观水平2	基础性作业	学业质量水平2
6	检测学生能够运用所学知识迁移运用，理解全面抗战和局部抗战之间的关联	学术观点：关于抗战起始点的认识	复杂	抗战是民族复兴的伟大转折	时空观念水平2、历史解释水平2	时空定位、分析与综合	历史解释水平2	唯物史观	唯物史观水平2	综合性作业	学业质量水平2
7	检测学生是否能够将所学知识融会贯通，创造性地进行实践	以走访抗日遗迹、博物馆或者采访抗战老兵才为例，搜集史料并整理，形成调研报告	复杂	抗日遗迹、博物馆、抗战老兵	历史解释水平2、史料实证水平2	收集整理、归纳概括、辩证思维	史料实证水平2、历史解释水平2	家国情怀 国际视野	家国情怀水平2	实践性作业	学业质量水平2
课时作业总体评估	本课主要难点在于学生对学习内容的阶段分析以及对影响的整体把握。学生对本课重大历史事件和重要历史人物都较为熟悉，但是需要整合各部分对全民族抗战以及抗战胜利的影响，重新架构以进行深度分析。高一的学生大多数都是达成学业水平的1和2，完成合格考即可。因此选择题涉及了合格考和高一期末考试的题目，能从简单的情境中直接运用所学得出答案。这集中体现了对时空定位、史料实证、唯物史观的考查。综合性作业，选用了教材中有关抗战的起始点的学术争论问题，属于生活学习探索情境。学生有相关知识储备，需要用历史思维去思考，调用所学知识去解读现象，在复杂情境中寻求解决问题的新方法，涵养了历史学科核心素养。最后的实践性作业，是希望学生能够以东京审判为例，搜集史料并整理，理解东京审判的意义和局限，学生搜集史料过程中会辨析史料、归纳概括史料的信息，并作出历史解释，并运用信息技术重组这些信息，综合培养学生的核心素养。以此达成唯物史观、时空观念、史料实证、历史解释、家国情怀等核心素养的落地										

（具体的作业内容略）

【教学流程】 ☞

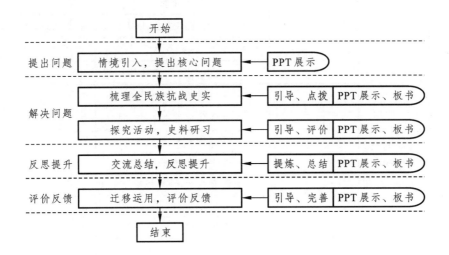

三、教学评价设计

【信息搜集】 ☞

为了检测学生核心素养目标的达成情况，我收集了高一（14）班学生的运用反馈练习，共 52 份，基于课时素养目标达成情况评判标准，进行了批阅和分类。

【自我评价】 ☞

大概念核心问题教学文化评价表

课时名称：第 23 课　全民族浴血奋战与抗日战争的胜利。

所属单元：第八单元　中华民族的抗日战争和人民解放战争。

单元大概念：反侵略求民主。

单元核心问题：利用多种类型的史料，梳理抗日战争、解放战争的史实，对比国共两党不同时期的施政措施，探究中国共产党领导中国人民赢得抗日战争和解放战争伟大胜利的原因及意义。

课时大概念：全民族抗战。

课时核心问题：利用多种类型的史料，梳理抗日战争相关史实，分析国共在抗战时期的不同作用，探究抗日战争胜利的原因及影响。

评价目标	评价指标			评价方法结果	
	一级指标	二级指标	三级指标		
实现活动体验中的学习与素养发展	具有大概念核心问题教学形态	核心问题利于活动体验	内含学科问题和学生活动方式	8	每项指标最高评8分（满分为96分）
			问题情境与真实生活密切相关	8	
			能引发大概念、新知新法生成	8	
		教学目标价值引导恰当	两类目标正确全面	7	
			关联体验目标恰当	7	
			目标价值引导显现	8	
		教学环节完整合理落实	教学环节清晰完整	8	
			环节内容合理充实	8	
			学生活动时间充分	6	
		教学要素相互匹配促进	问题目标环节两两匹配	8	
			技术促进活动形式内容	7	
			素养导向突出氛围浓郁	7	合计90分
	具有大概念核心问题教学特质	拓展学习视野	课堂与现实世界有恰当关联		
			有基于缄默知识的问题解决		
			有缄默知识运用的追踪剖析		
			知识运用剖析导向素养发展		
		投入实践活动	有真实而且完整的实践活动		
			实践活动深度融入两类情境		
			能够全身心地浸渍于活动中		
			活动的内容结果均丰富深入		
		感受意义关联	有核心问题的深层意义感受		选择一个表现突出的二级指标，在相应三级指标引导下，以现场学生表现为主要依据，以其余指标为背景，于本表的第二页写出150字以上的简要评价
			有以知识为中心的关联感受		
			有以个人为中心的关联感受		
			有对三类大概念的关联感受		
		自觉反思体验	有实质性反思活动的开展		
			有课堂新因素的追踪利用		
			有体验的交流与改善重构		
			有概念生成中的素养发展		
		乐于对话分享	乐于自我的表达与认真的倾听		
			乐于合作中成果与思路的分享		
			乐于成果交流中深层意义分享		
			有宽容的对话氛围和双向交流		
		认同素养评价	认可素养评价		
			参与素养评价		
			利用素养评价		

大概念核心问题教学特质的简要评价：	
本节课能够紧扣课标，突出教学重难点。教学立意清晰，围绕教学立意选择史料，设计问题链。内容层次分明，知识框架清晰，利于学生做笔记。史料、地图等资源运用丰富，培养学生唯物史观、史料实证、时空观念、历史解释、家国情怀的历史学科核心素养。 　　由于本课教材所涉及的内容较多，如何对教材内容取舍，如何把握教学的重难点是比较困难的。详略得当、提高课堂效率，避免内容过满造成课堂时间不够。在问题的设计方面还需要进行细致的斟酌，希望能够通过问题链引导学生深入思考，培养学生历史思维能力，涵养学生的历史学科素养。	

【反馈调整】☞

大概念核心问题教学素养目标点检测表

课时名称	第 23 课　全民族浴血奋战与抗日战争的胜利
所属单元	第八单元　中华民族的抗日战争和人民解放战争
单元大概念	反侵略求民主
单元核心问题	利用多种类型的史料，梳理抗日战争、解放战争的史实，对比国共两党不同时期的施政措施，探究中国共产党领导中国人民赢得抗日战争和解放战争伟大胜利的原因及意义
课时大概念	全民族抗战
课时核心问题	利用多种类型的史料，梳理抗日战争相关史实，分析国共在抗战时期的不同作用，探究抗日战争胜利的原因及影响
课时素养目标	参与分享国民党正面战场、敌后战场抗战、东方主战场和抗战胜利的史实、研习图文史料等活动，能够辩证看待两个战场在抗战不同阶段的地位和关系（唯物史观水平 2），能够理解中共在抗战中的中流砥柱作用（史料实证 2 和历史解释 2），能够恰当地运用史料理解中国战场是世界反法西斯战争的东方主战场（时空观念 2、史料实证 2 和历史解释 2），能够理解抗日战争胜利的国内和国际的意义，形成对中华民族的认同感、归属感（家国情怀 3），由此懂得抗日战争的国内和国际两个维度和正面战场与敌后战场两个战场的辩证关系（唯物史观 2），把握抗战胜利是中华民族近代抗击外来侵略者的第一次完全胜利，是中华民族伟大复兴中的重要转折（家国情怀 3）
检测点	懂得全民族抗战、世界反法西斯同盟与抗战取得胜利原因之间的因果关联
检测工具（检测题）	材料的谜底寓意分别指什么？你认为抗日战争胜利的原因是什么？ 　　材料　1945 年重庆谈判期间，中苏友好协会举办一次酒会，邀请国共双方代表及各报社记者参加。席间，一位国民党方面的记者说："我出个谜语给大家猜。谜面是'日本投降的原因'，谜底是'我国古代一人名'。"结果出现了几个谜底："屈原""苏武""蒋干""毛遂""共工"。 　　提示： 　　屈原：美国的原子弹； 　　苏武：苏联的红军； 　　蒋干：蒋介石的战略国民党在正面战场的对抗； 　　共工：中共的工人运动； 　　毛遂：毛泽东天遂人愿。

检测工具 （检测题）	3. 胜利的原因： （1）国内： ① 抗日民族统一战线的形成，实行全民族抗战； ② 国共合作，正面战场和敌后战场相互配合。 ③ 中国共产党领导敌后战场的中流砥柱作用； ④ 中国抗战的正义性。 （2）国际： ① 世界反法西斯同盟的有力配合和支持； ② 爱国华侨和国际进步力量的支持
分类标准	A. 学生能阅读材料并提取有效信息，结合全民族抗战的史实，运用唯物史观综合揭露材料中谜底的含义，进行全面充分的历史解释与阐述，逻辑清晰，史论结合，语言规范 B. 学生能阅读材料并提取有效信息，结合全民族抗战的史实，运用唯物史观综合揭露材料中谜底的含义，但阐述不够全面充分，角度不够完整，逻辑清晰有条理，语言较为规范 C. 学生能阅读材料并结合所学知识，结合全民族抗战的史实，运用唯物史观综合揭露材料中谜底的含义，但较少能建立起全民族各部分之间的关联，语言表达较规范 D. 学生能阅读材料并结合所学知识，但仅能对全民族抗战的背景或表现做简要分析，综合分析能力较弱，阐述较为单薄，语言表达不够专业

检测统计	分类等级	学生人数（总人数 52 人）	百分比
	A	8	15.4%
	B	26	50%
	C	12	23.1%
	D	6	11.5%

检测分析 结果运用	通过对高一 14 班学生课后检测结果的分析整理，发现了该班学生在本课历史学习中的一些问题。仅有 8 名学生（15.4%）能结合所学知识，运用唯物史观综合解释全民族抗战胜利的原因，史论结合、充分阐释的能力较强，逻辑清晰有条理。 26 名学生（50%）基本能学以致用，运用唯物史观综合分析历史问题，但阐释问题的角度和思路不够完整，历史解释能力有待提升。 12 名学生（23.1%）能分析国内战场的影响，但对国际反法西斯的同盟的认识不足，知识体系的建构和意义关联能力不强。 7 名学生（20.01%）仅能对中共的敌后抗战做简要分析，综合思维能力较弱，历史解释与语言表达能力不强，尚处于浅层次认知水平，有待进一步加强学习指导
素养目标达成 典型实例	

素养目标达成典型实例	以上这个学生作答情况可以作为 A 层级的典例。可以看出，该学生能够通过阅读材料，结合所学的内容、准确地提取信息，分析出材料中的信息与抗战胜利之间的因果关系，说明学生的迁移运用能力较好，能够透过历史现象看本质，学生的时空观念、历史解释等核心素养充分彰显。 这是另一个学生的，可以作为 B 层级的典例。该学生较全面地提取了有效信息，但是原因表述上语言不够专业化，说明学生对历史答题术语还不够熟悉，在作答时候，未将国内外因素分开作答，学生的高阶思维层面也还有待提高
检测反馈	作业检测完成后，老师根据参考答案打分标准进行评阅与分类，再由学生互相传阅互评，发现各自的问题，老师在作业总结中进行方法点拨和思维提升。整个检测设计、实施、反馈过程以学生为主体，紧密联系所学知识并紧扣素养目标，体现教学评一致性。总的来说，学生对基础知识的掌握较好，但是知识的迁移运用能力较弱，对同一时空下的历史事件综合分析能力不足，历史解释和史料实证的素养还有待提升，对国内和国际两个战场的意义关联理解不够深入，反映出唯物史观和历史解释素养目标达成情况不是很好。 通过本课的学习与检测可以看出，在单元大概念与课时大概念统领下的课堂教学，要更加关注学生的主体活动体验，更加强调学生高阶思维的养成和整合性、综合性能力的提升，在落实知识能力过程中兼顾学生思想方法、价值观念的养成，进而提升自己解决问题的能力

"第24课 人民解放战争"学教案

唐小涵

一、教学分析设计

【教材课标分析】☞

单元主题：近代以来，随着西方列强侵略的不断加深，中国人民奋起反抗，挽救民族危亡，实现民族复兴成为时代的主题。历经 14 年艰苦抗战，中国作出了巨大牺牲而取得的胜利，是近代以来抗击外敌入侵所取得的第一次完全胜利，开辟了中华民族伟大复兴的光明前景。历经 4 年解放战争的艰难斗争，中国共产党领导人民取得新民主主义革命的伟大胜利，从根本上改变了中国社会的发展方向。中华民族历经磨难，终于迎来浴火重生、凤凰涅槃的新征程。

课标内容：了解日本军国主义的侵华罪行；通过了解正面战场和敌后战场的抗战，感悟中华民族英勇不屈的精神，认识中国共产党是全民族团结抗战的中流砥柱；认识中国战场是世界反法西斯战争的东方主战场，理解十四年抗战胜利在中华民族伟大复兴中的历史意义；通过了解全面内战的爆发及人民解放战争的进程，分析国民党政权在大陆统治灭亡的原因，探讨中国共产党领导人民取得中国革命胜利的原因和意义。

本单元记述了抗日战争时期和解放战争时期的重大历史事件，以中共领导中国人民反对外来侵略和国民党反动派专制统治的斗争为主要线索。关于中华民族的抗日战争，教材主要揭露了日军侵略中国的种种暴行，肯定了抗日战争是中华民族团结一致、共同抗敌的伟大斗争，明确了中国战场是世界反法西斯战争的东方主战场。关于解放战争，教科书叙述了抗日战争胜利后在如何建立新中国问题上国共两党的冲突和斗争，解放战争的基本过程，阐明了土地改革运动对解放战争胜利的意义，并介绍中共与民主党派团结合作，筹备与召开中国人民政治协商会议的史实和意义。相较于初中历史课标要求，高中课程标准关于中华民族抗日战争的内容重在通过中华民族的抗日战争认识其在中华民族发展和复兴中的重要意义；关于人民解放战争的内容重在分析国民党在大陆统治灭亡的原因，中国共产党领导人民取得革命胜利的原因和意义，具体过程相对简略而认识意义要求较高。

本课地位："人民解放战争"一课为第八单元第 3 课，主要讲述了抗战胜利后到新民主主义革命胜利的史实，中国共产党顺应民心，领导全国人民翻身解放的历史。本课上承抗日战争，下承中华人民共和国的成立与社会主义建设，是新民主主义革命的重要组成部分，是中共领导人民反对帝国主义、封建主义、官僚资本主义，推翻三座大山的最后时期，是中共领导人民武装夺取全国政权，取得新民主主义革命胜利的最后阶段。

教材逻辑：本课教材以时序和逻辑排列，分为四个子目：一、争取和平民主的斗争；二、全面内战的爆发；三、国民党政权的统治危机；四、新民主主义革命的胜利。解放战争可分为两个阶段：一是国共两党围绕未来如何建设国家的问题进行较量，二是关系中国命运的战略决战——人民解放战争走向胜利。第一阶段对应第一子目，第二阶段对应第二、三、四子目。

教材关联：本单元各部分，应该同本册教科书其他单元和篇目、同义务教育历史教科书结合起来处理教材内容。比如：分析解放战争爆发原因的时候，要与国民党专制统治、抗日战争等前面的内容关联起来；掌握解放战争过程的时候需要结合初中所学知识；关于国民党失败和共产党成功的原因等，必须结合近代史以来的相关内容。本课内容还可以尝试跨学科学习，学生学习过程中可以运用地理学相关内容理解战争的路线选择和进程等，也可以运用政治学科唯物主义的内容，辅助理解基础知识，但应突出历史思维的学习。

【大概念】☞

课时核心大概念	简约化表达：人民解放战争				
	特征化表达：在唯物史观指导下，利用时间轴及地图梳理解放战争的史实，对比国共双方的不同措施，探究国民党反动统治覆灭和中国共产党取得解放战争胜利的原因，认识中国共产党在新民主主义革命中起到了中流砥柱的作用				
概念结论		思想方法		价值观念	
简约化表达	特征化表达	简约化表达	特征化表达	简约化表达	特征化表达
解放战争的背景、解放战争的进程、国民党反动统治的覆灭、新民主主义革命的胜利	解放战争的背景——抗日战争胜利后国民党坚持独裁和内战的方针，挑起内战。 解放战争的进程——随着双十协定的撕毁，国民党发动内战，1946年6月全面内战爆发，经历了防御、反攻、决战三个阶段，直到1949年4月23日结束。 新民主主义革命的胜利——中国共产党领导中国人民反抗国民党专制统治，最终取得了新民主主义革命的伟大胜利	时空可视化表达 史料实证 历史解释 比较分析	借助时间轴及地图梳理解放战争的史实，在特定的时空条件下，结合史料，对比国共双方的不同措施，探究国民党反动统治覆灭和中国共产党取得解放战争胜利的原因	唯物史观 家国情怀 政治认同	在特定时空框架下理解解放战争的史实，运用唯物史观探究国民党反动统治覆灭和中国共产党取得解放战争胜利的多重原因，着重分析二者与民心向背之间的关系，认识历史的发展是合力的作用，人民群众是历史的创造者； 中国共产党领导中国人民反对国民政府专制统治的斗争是新中国成立的前提条件

【资源条件】☞

（1）传统教学媒体：黑板（展示课堂的推进过程）。

（2）现代教学媒体：PPT课件（幻灯片主要用于展示情境素材、示意图等）；希沃白板APP实现实时投屏，将学生的学习过程中的表现以照片等形式传输到电脑端。

（3）数字资源的利用：师生围绕本单元特定的历史主题，利用互联网数字资源（如网页、多媒体资料、电子期刊等）获取所需史料开展历史研究，拓宽学生视野与加深对知识的理解。

（4）班级 QQ 群，进行学习过程中问题的及时交流和讨论。

【学生分析】☞

（1）必备知识层面：高一学生经过初中的学习，对人民解放战争的史实有基本了解，具有一定的学习历史的方法与技巧。但是存在对已学遗忘较多、知识碎片化等现象，需要重新建构知识框架并深入理解历史事件发展的原因。

（2）关键能力和学科核心素养层面：高一学生具备一定的理性分析能力和较强的理解能力，通过初中的学习对该时段各领域的基本史实有初步了解，涵养了历史素养，但需要着重注意训练学生进行抽象概括，学会从纷繁复杂的历史表象中去认识历史本质和发展原因的能力。

（3）核心价值层面：学生对解放战争有比较感性和大概的认识，但是还需进一步在唯物史观的指导下加强认识，涵养家国情怀。

【教学目标】☞

参与对比国共两党不同阶段的不同措施，梳理解放战争的进程，探究国民党反动统治覆灭和中国共产党取得解放战争胜利的原因等活动，能够利用历史年表和地图等方式对解放战争的进程加以描述（时空观念水平 2），能够恰当地运用史料对国民党反动统治覆灭和中共取得解放战争胜利的原因进行全面而准确的论述（史料实证水平 2、历史解释水平 2），由此懂得历史的发展是合力的作用，人民群众是历史的创造者（唯物史观水平 2），能够认同在解放战争时期中国共产党领导人民取得解放战争胜利的重要意义，自觉认同中国共产党的领导（家国情怀水平 2）。

【核心问题】☞

核心问题：对比国共两党不同阶段的不同措施，梳理解放战争的进程，探究国民党反动统治覆灭和中国共产党取得解放战争胜利的原因。

本课涉及的历史阶段较为集中，主要讲述解放战争这一事件。课前学生通过预习，简单梳理解放战争的进程。通过对比国共两党不同时期的政策，认识依靠人民和压迫人民两条道路注定了共产党和国民党的不同命运。中国共产党在代表人民利益、依靠人民的总方针指引下，最终赢得了战争的胜利、赢得了革命的胜利、同时也迎来了新中国的诞生，成为 20 世纪中国社会发展方向的转折点。在解决这一问题的过程中，发展学生的唯物史观、史料实证、历史解释、家国情怀等素养。

【评价预设】☞

作为学习指导者，老师应该在课程的生成过程中，担负着更重要的职责，即对从学生活动中收集到的信息予以高质量的评价反馈，用适当、明确、有针对性的语言，让学生明确思考方向。

（1）提出问题环节：对学生表现出的对史实的学习兴趣和猜想回答给予激励性评价，激发学生的学习兴趣，产生强烈的探究愿望和热情，借此明晰核心问题。

（2）解决问题环节：在学生分析解决问题的活动过程中给予引导性、提示性、鼓励性等评价，如学生以不同形式来梳理史实时，进行肯定性和引导性评价；如学生在对比认识国共两党不同时期的措施时，进行引导性评价；如探究原因时进行提示性评价，通过情境设置不断将学生的体验引向深入，充分发挥该环节的激励与引导功能。

（3）反思提升环节：与学生一起对解决问题的过程进行反思，在激励性的学科化评价基础之上进行结构化的提升，加深对本课的概念结论、思想方法、价值观念等认识，力求发挥此环节评价的体验积淀功能。

（4）评价反馈环节：设计题目"史学界对国民党政权迅速崩溃现象的不同解释"，可以从学生对这一任务的完成情况进行点检测分析，形成体验性目标达成情况的评价并反馈给学生，凸显该环节评价的体验强化功能。

二、教学实施设计

【教学环节】☞

教学环节	学生活动	教师活动	设计意图	技术融合
提出问题	对比国共双方的实力，猜想中共如何在实力悬殊相差如此之多的情况下赢得了解放战争的胜利。 明确本节课的核心问题，进入解决问题的积极状态	1. 展示解放战争前夕国共双方的军事、政治、经济等实力对比，引导学生通过对比得出结论。 2. 提出核心问题	设置具体情境自然激发学生探究原因的兴趣，进而引入课题提出核心问题	PPT 展示图片和文字，出示核心问题
解决问题	活动一：战与和的变奏 说明全面内战爆发的背景，对比国共双方的不同措施	出示重庆谈判时期的相关史料，组织学生思考讨论，并结合教材回答问题	培养学生的史料实证素养，训练学生信息提取、语言表达的能力和辩证对比的学科思维	PPT 呈现史料； 板书学生发言
	活动二：攻与守的异位 梳理全面内战爆发和解放战争的进程	组织学生绘制思维导图，引导学生从时间和空间两方面或其他合理形式梳理战争进程。 即时展示，学生发言的过程中记录要点	培养学生的时空观念；培养学生信息提取、语言表达的能力	学案； 希沃白板投屏； 学生思维导图
	活动三：胜与败的必然 对比国共双方的不同措施，探究国民党反动统治覆灭和中国共产党领导人民取得解放战争胜利的原因	组织学生结合史料，思考讨论国共双方不同结局的原因，回扣导入	训练史料实证、历史解释素养，让学生在特定时空条件下去分析、在较长时空中综合比较，培养时空观念；运用唯物史观思考问题	PPT 呈现史料和结论； 板书学生发言
反思提升	进行重点知识归纳，体验中共赢得解放战争的胜利与民心所向的关联，彰显家国情怀和唯物史观	引导学生进行知识归纳，形成逻辑链，提升学科素养	形成知识和方法的网络结构；价值观念的显性化	黑板板书
评价反馈	思考作答	引导学生完成题目	检测目标达成情况	PPT 出示反馈任务，展示相关阅读资料

【评价反馈题目】 ☞

史学界对国民党政权迅速崩溃现象持有各种观点。阅读材料，回答问题。

材料： 抗战胜利后不到四年的时间，国民党政权就覆亡了。学术界对国民党政权迅速崩溃的原因进行了长期探讨。一种观点强调，国民党的腐败是其迅速垮台的根本原因。有的专家强调，国民党在军事上指挥无能，上下脱节，军队内部派系林立，这成为国民党垮台的主要原因。还有的观点强调，国统区财政经济的崩溃是国民党在大陆败亡的重要原因。

——摘编自齐涛主编《中国通史教程教学参考·现代卷》

（1）试分析史学家对国民党政权迅速崩溃现象持有不同观点的原因。

（2）从材料中选择你赞成的一种观点并说明理由（也可以提出自己的观点并加以说明）。

参考答案

（1）历史事实是客观的，但历史解释具有主观性。研究者从不同的立场、角度出发对同一历史事件（现象）作出的解释可能不尽相同。材料中的三种观点代表了政治、军事和经济三个不同的研究角度。学者们分别从这三个角度观察，因而得出了三种不同的观点和结论。

（2）答案示例：认为国民党的经济政策是其迅速崩溃的主要原因。

理由：错误的金融政策，滥发纸币，导致通货膨胀，物价飞涨；官僚资本巧取豪夺，民不聊生；迟迟不进行土地改革，解决农民的土地问题，导致农民抛弃国民党，支持共产党；发动内战，加剧了财政危机等。

【板书设计】 ☞

人民解放战争

核心问题：对比国共两党不同阶段的不同措施，探究国民党反动统治覆灭和中国共产党领导人民取得解放战争胜利的原因。

概念结论	思想方法	价值观念
一、人民的期盼：和平民主	背景	时空
二、人民的力量：解放战争	进程	观念
三、人民的选择：中共胜利	原因　史料实证、对比分析	唯物史观、家国情怀

【作业设计】 ☞

课时作业的结构化设计：

作业序号	作业目标	作业情境		概念结论		思想方法		价值观念		整体评估	
		内容	类型	内容	水平	内容	水平	内容	水平	内容	水平
1-3	检测解放战争的基本史实	解放战争的进程、解放战争即将胜利的形势、国共双方的发展态势	简单	战争进程 内战局势 国共双方的经济制度	时空观念水平2、历史解释水平2	时空定位 史料实证	时空观念水平2、史料实证水平2	唯物史观、家国情怀	家国情怀水平2、唯物史观水平2	基础性作业	学业质量水平2

作业序号	作业目标	作业情境 内容	作业情境 类型	概念结论 内容	概念结论 水平	思想方法 内容	思想方法 水平	价值观念 内容	价值观念 水平	整体评估 内容	整体评估 水平
4	检测学生能否迁移运用所学知识，理解国民党政权在大陆统治灭亡的原因	史学界对国民党反动统治覆灭的不同观点	一般	国民党反动统治的覆灭	时空观念水平2、历史解释水平2	时空定位、分析与综合	历史解释水平2	唯物史观	唯物史观水平2	综合性作业	学业质量水平2
5	检测学生是否能够在生活中发现历史，并将所学知识融会贯通，创造性地进行实践	访谈解放战争的亲历者，拟定访谈提纲或搜集相关史料，撰写亲历者的人物传记	复杂	口述史、战争对人民的影响	时空观念水平2、史料实证水平2	收集整理、归纳概括、实践制作	时空观念水平2、历史解释水平2	家国情怀	家国情怀水平2	实践性作业	学业质量水平2
课时作业总体评估	本课主要难点在于学生虽对学习内容的阶段分析和原因有整体把握，较为熟悉本课重大历史事件和重要历史人物，但是应置于单元和模块主题中去重组这些史实，重新架构并进行深度分析。除却初中常考的基础知识，还着重从历史变化趋势和意义的层次进行考查。因此，基础性作业设置为选择题，设计了适合合格水平的模拟题，能从简单的情境中直接运用所学得出答案。这集中体现了对时空定位、史料实证、唯物史观的考查。综合性作业，选用了不同史学家对于国民党反动统治覆灭的看法，学生需要在复合情境中去解决问题，并结合史学方法进行考查，训练论述题的做题方法。这主要是对历史解释核心素养的培养。最后的实践性作业，是希望学生能够结合生活实际，从个体和微观的角度更深入地理解宏观的历史，尤其是解放战争对社会和个人的影响。如果身边有可供采访的长辈可以进行访谈并训练口述史的相关素养，制作访谈微视频；如果没有则可以上网选择相关亲历者，搜集史料并整理，撰写人物传记。学生在搜集史料的过程中会辨析史料、归纳概括史料的信息，并作出历史解释，再运用信息技术重组这些信息，综合培养学生的核心素养。										

（具体的作业内容略）

【教学流程】☞

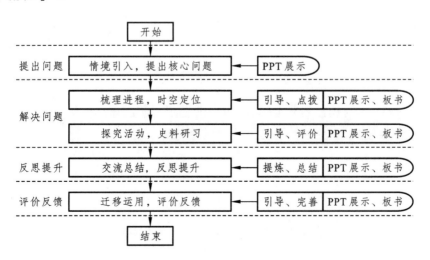

三、教学评价设计

【信息搜集】 ☞

（1）同行评价

本节课后，听取了同组老师的听课意见和建议，认为本课有以下优点：

较为完整地实践了核心问题教学模式；重难点强调比较到位；史料选取得当，学生生成难度较为合适；学生参与度较高。

同时本课也还存在几点需要改进：

① 对于活动设计可以更加凝练一些，将活动一、二有机结合。

② 在学生进行材料分析时，需要改进引导的方式，以更好达到学生自主生成结论的效果。

③ 教师的语言可以再打磨，更加精炼准确，过渡可以更加自然。

（2）自我评价

较为完整地完成了本堂课的教学任务，初步掌握核心问题教学模式。

学生课后完成的点检测表反映出以下亮点和不足：

① 学习能力较强的学生提取信息、迁移运用所学知识、分析历史问题、评价历史现象的能力较强；学习能力弱一些的学生，对所学知识的迁移运用较差，需要对所学知识更进一步的理解。

② 对学生论从史出、史论结合的思想方法，督促得不够落实。

【自我评价】 ☞

大概念核心问题教学文化评价表

课时名称：<u>人民解放战争。</u>

所属单元：<u>第八单元 中华民族的抗日战争和人民解放战争。</u>

单元大概念：<u>反侵略与求民主。</u>

单元核心问题：<u>利用多种类型的史料，梳理抗日战争、解放战争的史实，对比国共两党不同时期的施政措施，探究中国共产党领导中国人民赢得抗日战争和解放战争伟大胜利的原因及意义。</u>

课时大概念：<u>人民解放战争。</u>

课时核心问题：<u>对比国共两党不同阶段的不同措施，梳理解放战争的进程，探究国民党反动统治覆灭和中国共产党取得解放战争胜利的原因。</u>

评价目标	评价指标				评价方法结果
	一级指标	二级指标	三级指标		
实现活动体验中的学习与素养发展	具有大概念核心问题教学形态	核心问题利于活动体验	内含学科问题和学生活动方式	7	每项指标最高评8分（满分为96分）
			问题情境与真实生活密切相关	7	
			能引发大概念、新知新法生成	8	
		教学目标价值引导恰当	两类目标正确全面	7	
			关联体验目标恰当	7	
			目标价值引导显现	7	
		教学环节完整合理落实	教学环节清晰完整	8	
			环节内容合理充实	7	
			学生活动时间充分	7	
		教学要素相互匹配促进	问题目标环节两两匹配	7	
			技术促进活动形式内容	7	
			素养导向突出氛围浓郁	7	合计 86 分
	具有大概念核心问题教学特质	拓展学习视野	课堂与现实世界有恰当关联		选择一个表现突出的二级指标，在相应三级指标引导下，以现场学生表现为主要依据，以其余指标为背景，于本表的第二页写出150字以上的简要评价
			有基于缄默知识的问题解决		
			有缄默知识运用的追踪剖析		
			知识运用剖析导向素养发展		
		投入实践活动	有真实而且完整的实践活动		
			实践活动深度融入两类情境		
			能够全身心地浸渍于活动中		
			活动的内容结果均丰富深入		
		感受意义关联	有核心问题的深层意义感受		
			有以知识为中心的关联感受		
			有以个人为中心的关联感受		
			有对三类大概念的关联感受		
		自觉反思体验	有实质性反思活动的开展		
			有课堂新因素的追踪利用		
			有体验的交流与改善重构		
			有概念生成中的素养发展		
		乐于对话分享	乐于自我的表达与认真的倾听		
			乐于合作中成果与思路的分享		
			乐于成果交流中深层意义分享		
			有宽容的对话氛围和双向交流		
		认同素养评价	认可素养评价		
			参与素养评价		
			利用素养评价		

大概念核心问题教学特质的简要评价（包括发展性建议）：	

本节课着眼于核心问题教学文化评价预设，课堂展开中核心问题教学实质和样态呈现较好，运用时间轴和多重史料，引导学生体会中共领导人民取得解放战争胜利的伟大意义。在乐于分享对话和感受意义关联两个方面完成较好。乐于分享对话：课堂上老师充分利用多媒体的优势及时呈现出学生小组合作的学习成果，充分尊重学生小组合作的学习成果，通过小组学习成果展示与分享，保证学生乐于自我表达和认真倾听，形成一种宽松的对话氛围和多向交流，让其在活动中体验的成果显性化，实现知识与能力的内化，最终形成自身的知识体系和学科素养。感受意义关联：学生运用各种史料，通过探究活动和总结归纳，较为全面地了解人民解放战争的进程、胜利原因和伟大的历史意义，并以具体的知识为依据体验新民主主义革命的胜利与中共、与全民族智慧和努力的关联。

【反馈调整】☞

通过以上信息整理和分析，对本课做了以下调整：

（1）加强对学生史料实证、史论结合的方法指导。

（2）优化语言表述，注重提升整堂课的逻辑性和过渡的自然性。

（3）适当增加一些多样的史料类型，提升学生的学习兴趣和对材料的理解效果。

大概念核心问题教学素养目标点检测表

课时名称	人民解放战争
所属单元	第八单元 中华民族的抗日战争和人民解放战争
单元大概念	反侵略与求民主
单元核心问题	利用多种类型的史料，梳理抗日战争、解放战争的史实，对比国共两党不同时期的施政措施，探究中国共产党领导中国人民赢得抗日战争和解放战争伟大胜利的原因及意义
课时大概念	人民解放战争
课时核心问题	对比国共两党不同阶段的不同措施，梳理解放战争的进程，探究国民党反动统治覆灭和中国共产党取得解放战争胜利的原因
课时素养目标	参与对比国共两党不同阶段的不同措施，梳理解放战争的进程，探究国民党反动统治覆灭和中国共产党取得解放战争胜利的原因等活动，能够利用历史年表和地图等方式对解放战争的进程加以描述（时空观念水平2），能够恰当地运用史料对国民党反动统治覆灭和中共取得解放战争胜利的原因进行全面而准确的论述（史料实证水平2、历史解释水平2），由此懂得历史的发展是合力的作用，人民群众是历史的创造者（唯物史观水平2），能够认同在解放战争时期中国共产党领导人民取得解放战争胜利的重要意义，自觉认同中国共产党的领导（家国情怀水平2）。
检测点	国民党反动统治覆灭与其统治措施之间的关联

检测工具 （检测题）	阅读材料，完成下列要求。 史学界对国民党政权迅速崩溃现象持有各种观点。阅读材料，回答问题。（15分） 材料： 抗战胜利后不到四年的时间，国民党政权就覆亡了。学术界对国民党政权迅速崩溃的原因进行了长期探讨。一种观点强调，国民党的腐败是其迅速垮台的根本原因。有的专家强调，国民党在军事上指挥无能，上下脱节，军队内部派系林立，这成为国民党垮台的主要原因。还有的观点强调，国统区财政经济的崩溃是国民党在大陆败亡的重要原因。 ——摘编自齐涛主编《中国通史教程教学参考·现代卷》 （1）试分析史学家对国民党政权迅速崩溃现象持有不同观点的原因。（6分） （2）从材料中选择你赞成的一种观点并说明理由（也可以提出自己的观点并加以说明）。（9分）
分类标准	A. 能够准确、有效、完整地提取材料中的信息，准确解释历史现象，科学运用历史方法，能够选取特定角度详细论证，或辩证结合多重角度提出观点分析，运用全面的史料，史论结合，逻辑清晰，表达简洁明了 B. 能够较为准确、有效、完整地提取材料中的信息，认识历史现象较为准确，并且能够从一些角度，结合较为全面的史料，去分析历史现象，逻辑清晰，表达较为简洁明了 C. 能够提取材料中的信息，较能发现历史现象，有从某一角度分析的意识，结合一些史料，逻辑较为清晰，表达较为简洁明了 D. 仅能够提取材料中的信息，较能发现历史现象
检测统计	分类等级 / 学生人数（总人数57人）/ 百分比 见下表

分类等级	学生人数（总人数57人）	百分比
A	13	22.8%
B	28	49.2%
C	10	17.5%
D	6	10.5%

检测分析 结果运用	根据以上检测结果，近23%的学生能够准确、有效、完整地提取材料中的信息，准确解释历史现象，科学运用历史方法，能够选取特定角度详细论证，或辩证结合多重角度提出观点去分析，运用全面的史料，史论结合，逻辑清晰，表达简洁明了。49.2%的学生能够较为准确、有效、完整地提取材料中的信息，认识历史现象较为准确，并且能够从一些角度，结合较为全面的史料，去分析历史现象，逻辑清晰，表达较为简洁明了。17.5%的学生能够提取材料中的信息，较能发现历史现象，有从某一角度分析的意识，结合一些史料，逻辑较为清晰，表达较为简洁明了。10.5%的学生仅能够提取材料中的信息，较能发现历史现象

素养目标达成 典型实例	A B 　　A、B 两位学生的作答情况可以作为典例，可以看出学生能够通过阅读材料比较有效、准确地提取信息，并且能够将其与所学知识相结合，准确分析不同史学家对国民党政权迅速崩溃现象有不同的原因，说明学生对于史料实证和历史解释素养掌握较好，迁移运用能力较好。在此基础上，学生进一步准确定位时空，以经济为主要角度，结合政治因素去评价该历史现象，透过历史现象认识本质，历史解释、唯物史观、时空观念等核心素养充分彰显。只是在分析的时候，还可以将语言表述更加学科化、专业化，更准确地表述未推行土地改革无法赢得农民支持的影响。B 同学第一小问的答案体现出该生对于"历史解释受作者不同身份、立场的影响，具有主观性"的掌握还稍显欠缺。但第二问的回答则比较全面，并主动写了两版答案，从不同角度进行思考，史论结合较好。 　　此学生可以作为 D 层级的典例。该学生能够提取部分信息，得出史学家态度不一致的结论，未进一步分析原因；在分析国民党政权崩溃的原因时，语言表述不够规范，逻辑也还有所欠缺，不够完善，分析角度单一，史实不全面。说明学生对所学知识还不够熟悉，在迁移运用时有问题，在高阶思维层面也还有待提高
检测反馈	1. 对于历史的主客观性和治史方法还应更加强调。 2. 史论结合还应加强。学生在探究分析时，部分同学仍然不注意史论结合，把材料信息和所学知识充分结合起来。同时也体现出部分同学对于国民党政权覆灭这一知识点并未充分理解，需要再次强调

"世界殖民体系与亚非拉民族独立运动"单元教学

"世界殖民体系与亚非拉民族独立运动" 大概念的核心·问题教学单元规划纲要

学科　历　史　教师　王小娟　阙　庶　袁小琴

年级	高一	单元名称	世界殖民体系与亚非拉民族独立运动	单元课时	2课时
单元内容	教材内容				

本单元属于人民教育出版社《中外历史纲要（下）》第六单元，主要讲述了16—20世纪初，从新航路开辟到工业革命完成期间，西方列强在亚非拉地区进行的殖民扩张及世界殖民体系的建立，以及亚非拉地区人民争取民族独立和人民解放的斗争运动。

从单元地位看，16—20世纪初的世界是伴随新航路开辟从分散走向整体的，这种整体性在工业革命中不断加强，因西方列强对外扩张而影响到亚非拉地区，使这些地区被纳入资本主义世界体系。西方列强对亚非拉地区的殖民与奴役，一方面推动资本主义世界殖民体系的建立，另一方面也加剧了列强与殖民地半殖民地的矛盾，一定程度上促进亚非拉民族独立运动兴起发展。由少数资本主义国家奴役和控制世界绝大多数国家和地区的极不合理的状态，是世界不公正不合理的国际秩序的体现，是殖民主义和霸权主义形成发展的温床，然而这种状态从新航路开辟产生开始，一直持续到两次世界大战及战后秩序构建，在今天世界依然存在部分强权主义势力。面对西方列强的奴役与压迫，亚非拉地区人民坚决抵抗，争取民族独立和人民解放，争取建立独立的民族国家并构建民主政权，对资本主义殖民国家造成一定冲击，同时也加剧了殖民国家之间的矛盾。因此，本单元是教材第3—5单元资本主义国家的经济、政治和思想文化发展的结果，也是主要资本主义国家发展不平衡的一个伏笔，具有承上启下的作用。如果将本单元的视野延伸，还可以和第16课"亚非拉民族民主运动的高涨"和第21课"世界殖民体系的瓦解与新兴国家的发展"相关联，以体现出世界历史的延续性与发展性。

从单元内部看，教材按侵略与反抗的逻辑关系安排两课，两课内容之间呈现因果关系，线索清晰明了。第12课"资本主义世界殖民体系的形成"介绍西方列强的殖民侵略活动及其结果，重点阐述了资本主义世界殖民体系的建立及其影响，为第13课"亚非拉民族独立运动"的推进做背景准备。第13课"亚非拉民族独立运动"阐述了亚非拉人民为反抗殖民侵略、争取民族独立的斗争过程，以及不同地区民族独立运动的主要特点及影响，这是对第12课阐述的资本主义国家殖民扩张的回应与反抗，这种反对殖民主义的抗争精神是民族主义觉醒的体现，值得被历史铭记。

本单元教材内容陈述较多，时间跨度大、地区范围广，所以要将教材内容整合，以历史长时段视角展现历史发展的大脉络及时空特点，让学生把握历史发展的共性与个性，养成全面、综合、辩证地分析历史问题能力

单元内容	课程标准	本单元课标内容要求：通过了解西方列强对亚非拉的殖民扩张、世界殖民体系的建立以及亚非拉人民的抗争，理解世界殖民体系的建立及殖民地半殖民地民族独立运动对世界历史发展的影响。
		依据课标要求，可将本单元内容分解为三个学习要点：一是16—20世纪初，西方列强通过殖民扩张将亚非拉大部分地区变为自己的殖民地或半殖民地；二是亚非拉地区反抗殖民侵略的斗争和民族独立运动；三是世界殖民体系的建立以及民族独立运动的影响和意义。
		本单元的重点是世界殖民体系建立的过程和殖民地半殖民地争取民族独立的斗争。早期殖民扩张的地区及进程受到殖民主义国家实力消长的影响：15世纪末16世纪初，葡萄牙和西班牙率先开辟新航路，其势力也最早侵入亚非拉地区，此后荷兰、英国、法国等先后加入殖民扩张浪潮；工业革命时期资本主义迅速发展，西方列强加紧对外殖民扩张；19世纪末20世纪初因资本主义进入帝国主义阶段，列强掀起瓜分世界的狂潮。殖民地半殖民地人民的反抗，肩负着反侵略（反帝）反封建的双重使命，反映了资本主义世界殖民体系下，殖民地半殖民地人民渴望独立和自由的愿望。
		本单元的难点在于西方列强的殖民扩张和亚非拉地区民族独立运动的历史影响。要基于一定的时空背景，以唯物史观为指引，对殖民扩张给亚非拉地区带来的双重影响进行全面、辩证的评价；要用历史延续与发展的眼光，去看待亚非拉民族独立运动给世界历史发展带来的重要影响

基础条件	资源基础	资源名称	功能
		教材、地图册、学案、教辅、课外书籍	提供核心问题教学各环节中自主阅读、活动探究的知识载体和资源，搭建学生知识建构的支架和思维空间
		多媒体课件	展示课程标准与核心问题，呈现教学环节及内容，补充相关史料及资源，出示反思提升与反馈练习，增强课堂教学直观性
		黑板	板书核心问题，梳理教学流程及知识框架，记录学生解决问题、交流互动的要点，体现学习生成过程
	学生基础	知识基础：学生在初中历史学习中已经对拉丁美洲民族独立运动、印度民族解放运动等有了初步印象，对中国辛亥革命等内容比较熟悉，为本单元学习奠定了一定的知识基础。但所获知识相对浅显和分散，没有形成体系，所以本课要着重引导学生建构知识逻辑与线索，把握历史发展的整体性关联。	
		认知水平：经过高中一学期的历史学习，学生历史认知能力和思维能力有所积淀，基本掌握高中历史学习探究的思路。但其理性、客观、辩证地分析历史事件与历史现象的能力还有待提升，历史唯物主义和辩证唯物主义思维认知还不健全，本单元涉及对殖民体系双重影响的评价，要注意以唯物史观为指引，帮助学生提升认知水平，形成历史思维。	
		心理条件：高一学生的学习注意力、记忆力、想象力相对较高，对本单元涉及的亚非拉地区历史充满好奇。但历史学习的兴趣、动机、态度等也呈现出个体差异，加上本单元内容庞杂，所以要注意教学资源选择、教学问题设计上的吸引力和探究性，可结合地图与国际热点等形式，刺激学习兴趣，让学生愿意参与、积极思考，学会联系历史与现实问题	

单元大概念：世界殖民体系与亚非拉民族独立运动。

特征化表达：在唯物史观的指导下，结合历史地图、时间轴等梳理近代世界殖民体系的建立过程和亚非拉民族独立运动的概况，运用辩证思维、因果关联、比较分析等方法探究殖民体系建立的双重影响和亚非拉民族独立运动的个性与共性。

（1）概念结论类：殖民主义的扩张与民族主义的觉醒。

特征化表达：16—20世纪初西方列强殖民主义扩张，逐渐将亚非拉地区变为自己的殖民地或半殖民地，到19世纪末20世纪初建立起世界殖民体系。亚非拉在列强侵略下民族主义不断觉醒，掀起反殖民侵略的民族独立运动。

（2）思想方法类：辩证思维、因果关联、比较分析、时空定位。

特征化表达：运用辩证思维解释西方列强殖民扩张对亚非拉地区的双重影响；运用联系的观点认识世界殖民体系的建立是新航路开辟和工业革命的影响和结果，学会因果关联；同时要注意比较不同地区的殖民扩张与反抗斗争的共性与个性。

（3）价值观念类：唯物史观、时空观念、民族主义。

特征化表达：以辩证发展的眼光看待殖民体系的建立，树立唯物史观；亚非拉人民英勇反抗殖民侵略，体现了反殖民主义和爱国主义精神，这是民族意识觉醒的体现。

下层结构：

	课时	课时大概念		课时概念梳理					
		简约化表达	特征化表达	概念结论	特征化表达	思想方法	特征化表达	价值观念	特征化表达
单元大概念及下层结构	12课：资本主义世界殖民体系的形成	殖民主义的扩张	随着新航路的开辟和工业革命的完成，西方列强不断拓展殖民扩张之路，到19世纪末20世纪初建立起资本主义世界殖民体系，形成少数资本主义国家奴役和控制世界绝大多数国家和地区的极不合理状态	殖民地与半殖民地形成过程 资本主义世界殖民体系 资本主义世界体系	新航路开辟以来至两次工业革命时期，西方资本主义不断发展，加紧对亚非拉地区的侵略扩张，逐渐将亚非拉大部分地区变成自己的殖民地或半殖民地。到19世纪末20世纪初建立起资本主义世界殖民体系，该体系与资本主义制度、资本主义世界市场一起，构成了资本主义世界体系	辩证思维 因果分析法	以辩证的眼光看待西方列强的侵略行为，认识殖民扩张对亚非拉地区带来的双重影响。 结合新航路开辟和两次工业革命，理解殖民扩张与资本主义发展需求之间的内在关联，认识二者的因果关系	唯物史观	资本主义经济发展是西方列强对外扩张的经济根源，从中理解生产力与经济基础的决定作用。辩证统一地看待西方列强的侵略对亚非拉带来的双重影响

	课时	课时大概念		课时概念梳理					
		简约化表达	特征化表达	概念结论	特征化表达	思想方法	特征化表达	价值观念	特征化表达
单元大概念及下层结构	13课：亚非拉民族独立运动	民族主义的觉醒	亚非拉地区遭受殖民国家的侵略，遭受奴役与压迫，刺激了这些地区的民族意识觉醒，掀起了反侵略反封建的民族独立斗争	民族革命 民主革命	西方列强侵略扩张损害了亚非拉地区的领土与主权，促使亚非拉民主意识觉醒，展开了争取民族独立、人民解放的民族革命斗争。同时，这些斗争大多肩负着反侵略反封建的双重使命，所以也是一场民主革命运动	因果分析法 比较分析 时空定位	通过比较分析的方法研究亚非拉地区民族独立运动的共性与个性。 按照侵略与反抗的逻辑关系去理解亚非拉民族独立运动与西方列强的侵略行为，理解二者之间的因果关系	时空观念 民族意识	西方列强在亚非拉不同区域的殖民活动激起了当地人的民族主义情感，以维护本民族主权与利益的反殖民主义斗争轰轰烈烈展开，民族认同感强化
单元教学目标	参与研习图文史料，梳理并比较西方列强对亚非拉地区的侵略行为和亚非拉人民反殖民斗争的活动； 知道世界殖民体系建立的过程和亚非拉人民英勇抗争的史实（达成时空观念水平2），能归纳概括不同地区的殖民特点及民族独立运动特征（达成历史解释水平2），分析世界殖民体系建立和民族独立运动对世界历史发展的影响（达成唯物史观水平2、历史解释水平2）； 由此懂得用辩证的、发展的眼光看待历史现象（达成唯物史观水平3），认识到民族主义的觉醒深刻影响民族国家发展和世界历史进程（达成家国情怀水平3）								
单元核心问题及问题分解	核心问题：运用图文史料，梳理资本主义世界殖民体系形成的历程和亚非拉民族独立运动的相关史实，比较分析亚非拉地区被殖民化和反殖民斗争的过程与特点，探讨世界殖民体系建立和民族独立运动的重要影响。 问题分解：结合地图、时间轴、表格等方式梳理西方列强的侵略行为和亚非拉不同地区的反殖民斗争史实，归纳概括不同地区的殖民特点和反殖民特征；利用图文史料全面地、辩证地探究世界殖民体系建立对西方列强、对亚非拉地区、对世界整体的影响，从历史发展的长时段来看待亚非拉民族独立运动的历史意义								
课时划分	课时	课时名称		课时核心问题					
	第一课时	资本主义世界殖民体系的形成		运用图文史料，梳理资本主义殖民体系形成的历程，比较分析亚非拉殖民化的过程与特点，探讨世界殖民体系建立的影响					
	第二课时	亚非拉民族独立运动		阅读教材及相关史料，交流完善亚非拉民族独立运动的相关史实，探究亚非拉民族独立运动的个性与共性					
教学评价	一、对大概念的生成理解评价维度 1. 概念结论类：16—20世纪初是西方资本主义经历重商主义、自由主义、帝国主义的重要时期，其殖民扩张随着资本主义不同发展阶段而有所变化，亚非拉民族独立运动也因为各地历史条件、社会环境等不同而呈现不同特征，所以在评价殖民主义扩张和民族主义觉醒时应该注意个性与共性相结合，运用历史学科专业术语准确理解和表达相关概念的兴起与发展。								

教学评价	2. 思想方法类：世界殖民体系的建立对不同地区影响不同，对亚非拉地区会产生双重影响，所以应该从不同的历史情境中学会辩证地评价其影响；亚非拉民族独立运动各具特点且对本民族和国家发展意义不同，反抗殖民斗争不是一蹴而就的，因此评价其影响时应该用发展的、联系的眼光去看待。 3. 价值观念类：在梳理殖民主义扩张行为和评价殖民体系建立的影响时，应该正确使用唯物史观；在梳理民族独立斗争史实和评价民族独立运动影响时，要感知反殖民主义、爱国主义和民族精神，体会世界历史发展的复杂性与争取民族独立的艰难性。 二、对素养目标达成的评价 1. 基础要求（水平 1-2）：能够结合历史地图和时间轴，在特定的时空框架下描述世界殖民体系建立的过程和亚非拉不同地区人民的斗争活动； 能够利用唯物史观的基本理论去分析殖民体系建立的影响，进行合理的历史解释与说明；在梳理亚非拉民族独立运动中去感知反殖民主义、爱国主义精神。 2. 发展要求（水平 3-4）：能够结合新航路开辟、工业革命等相关史实分析殖民体系建立的原因及过程，能够联系两次世界大战的背景及战后秩序去理解亚非拉民族独立运动对世界的影响，将特定历史事件置于较长时间、较大范围加以说明；能够运用辩证发展的思维去理解殖民体系建立的双重影响，理解人民群众在民族国家发展中的重要作用；可以从世界历史发展中认识到民族独立对民族国家的重要性，学会全面客观认识历史与现实问题

单元作业	一、单元作业的结构化规划						
	作业类型	作业目标	作业内容	作业情境	概念结论	思想方法	价值观念
	基础性作业	考查殖民体系的建立和反殖民斗争的基础史实与基本结论，评价学生对单元大概念——殖民主义扩张和民族意识觉醒的理解（达成唯物史观水平 2，达成历史解释水平 1）	4 个选择题分别从世界殖民体系的建立、殖民国家的发展阶段、民族主义高涨和民主革命斗争来进行考查	学习探索情境：基于特定历史时期亚非拉国家遭受的殖民侵略和民族独立运动，强化对历史事件和历史现象的理解	殖民体系、帝国主义、民族革命、民主革命	因果关联	唯物史观、反殖民主义
	综合性作业	考查学生世界殖民体系建立过程及其影响，以学术情境为载体，进行历史解释与历史探究，培养唯物史观、时空观念等素养（达成时空观念水平 2，达成唯物史观水平 3，达成历史解释水平 2）	材料分析题： （1）根据材料概括三个阶段被纳入世界殖民体系的国家和区域，并结合所学知识分别指出不同阶段西方殖民的主要方式，并列举这些国家和地区反抗殖民侵略的重要史实。 （2）根据材料并结合所学知识，以亚洲的某国家为例论证马克思"双重使命论"的合理性	学习探索情境：以16—19 世纪末殖民主义发展的三次高潮，增强学生对殖民体系建立的历程梳理。通过马克思对殖民统治"双重使命论"的探讨，提升学生辩证思维能力。 生活实践情境：以亚洲某国为例举例说明，将历史问题与区域历史和现实问题相结合，增强历史意识	世界殖民体系建立过程及其影响	辩证思维	唯物史观、时空观念

	一、单元作业的结构化规划						
	作业类型	作业目标	作业内容	作业情境	概念结论	思想方法	价值观念
单元作业	实践性作业	深化对殖民扩张与民族独立斗争的理解与认识(达成历史解释水平3),提升学生实践探究能力,树立历史与现实相结合的意识,涵养国际视野与爱国情怀(达成家国情怀水平3)	结合材料信息,运用世界近现代史相关知识,阐述"棉花"在近现代世界历史发展中扮演着怎样的角色?基于"新疆棉"事件谈谈面对复杂的国际形势,我国应采取怎样的应对举措?	学习探索情境:棉花在世界近现代史上扮演的重要角色。 生活实践情景:以"新疆棉"事件作背景,提出构建公正合理的国际新秩序的建议与举措	公正合理的国际新秩序	综合探究、历史的、发展的眼光看问题	世界意识,国际视野,爱国主义
单元作业	二、单元作业设计目的: 以大概念核心问题为基础,体现单元教学的整体性,具体以问题情境为载体,以思想方法为依托,以关键能力为特征,突出单元大概念生成、理解、运用,综合体现历史学生核心素养的落实						
反馈调整	单元教学中,从核心问题教学的四个环节关注课堂学生的表现尤其是新因素的发掘; 单元教学后,从学生从整体和个体的学科核心素养积淀、具体针对核心问题教学文化评价表、大概念的核心问题教学素养目标点检测表的相关要素进行搜集并反馈调整						

"第13课 亚非拉民族独立运动"学教案

王小娟

一、教学分析设计

【教材课标】☞

课标要求：通过了解亚非拉人民的抗争，理解殖民地半殖民地民族独立运动对世界历史发展的影响。西方列强在亚非拉地区的殖民统治，包含残酷的政治压迫和经济剥削，引起亚非拉人民强烈不满，18世纪末至20世纪初，亚非拉地区民族独立运动展开。这些运动大多肩负着反侵略反封建的双重任务，所以要正确理解其民族民主革命的性质，从亚非拉人民不断抗争的史实中正确评价其重要作用。

教材分析：本课介绍了亚非拉民族独立运动的大致经过及主要特点，阐述其对世界历史发展的影响。从宏观来看，亚非拉民族独立运动是世界历史反殖民主义、争取民族独立运动的起点，在世界历史中占有重要地位。从中观来看，本课属于本单元第2课，与上一课《资本主义世界殖民体系的形成》呈现出因果逻辑关系，是对世界殖民体系建立的回应与反击；同时也要看到亚非拉民族独立运动并非一蹴而就，铲除殖民主义和封建主义，争取独立、自由、民主的进程并未停止于此，而是不断延续发展。从微观来看，本课三个子目按照历史时空关系，围绕不同地区的殖民地争取民族独立的事件予以讲解，突出各自的特点及意义。从初高中衔接来看，本课在人教版初中历史九年级下册第1课"殖民地人民的反抗斗争"中已经阐述过拉丁美洲独立运动和印度民族大起义，而未涉及非洲的抗争，故应注意初高衔接教学，突出高中历史学习的特点。

【大概念】☞

领域	课时	课时大概念		课时概念梳理					
		简约化表达	特征化表达	概念结论	特征化表达	思想方法	特征化表达	价值观念	特征化表达
殖民地半殖民地对不合理旧秩序的挑战	13课：亚非拉民族独立运动	民族主义的觉醒	在唯物史观指导下，梳理亚非拉地区民族独立运动的相关史实，探究亚非拉民族独立运动的个性与共性，感悟亚非拉民族意识的觉醒	民族革命民主革命	西方列强侵略扩张损害了亚非拉地区的领土与主权，促使亚非拉民族民主意识觉醒，展开了争取民族独立和人民解放的民族革命斗争；这些斗争大多肩负着反侵略反封建的双重使命，所以也是一场民主革命运动	因果分析法 比较分析法 时空定位	以世界殖民体系建立为背景，从侵略与反抗的逻辑关系去理解亚非拉民族独立运动与西方列强的侵略行为，理解二者之间的因果关系。通过比较分析的方法研究亚非拉地区民族独立运动的共性与个性，进行全面客观的历史解释	时空观念 民族意识	西方列强的殖民活动激起了亚非拉人民民族认同感，民族独立与解放意识不断觉醒，以维护本民族权益的反殖民主义斗争展开；以联系的发展的眼光看待殖民与反殖民间的关联性和民族民主运动的发展性，理解和解释民族独立运动的重要影响

【资源条件】☞

资源名称	功能
教材、教辅	整体把握教材内容，探究学习活动
课件	提供图文材料，感受历史情境；展示活动内容，出示练习反馈
黑板	板书本课线索，呈现思维过程
数字资源（互联网、历史网站等）	丰富课程资源，方便拓展视野

【学生基础】☞

　　学生在初中历史学习中已经对拉丁美洲民族独立运动、印度民族解放运动等有了初步印象，对中国辛亥革命等内容也比较熟悉，为本课学习奠定了一定的知识基础。在世界近代史的学习过程中，已经为本课新知做了背景铺垫，学生已具备一定的缄默知识，但还不能用联系的、整体的思维来迁移分析新的历史问题，较难理清复杂的历史情境，故本课着重对学生知识体系化建构和逻辑化关联，以唯物史观为指引，帮助学生提升认知水平，形成历史思维。

【教学目标】☞

　　参与梳理、比较、探究亚非拉民族独立运动相关史实的活动；概括理解亚非拉民族独立运动的共性与个性（达成历史解释水平2），掌握亚非拉民族独立运动的重要意义（达成唯物史观水平2、历史解释水平2）；由此懂得用联系的、发展的眼光看待历史现象（达成唯物史观水平3），认识到民族主义觉醒深刻影响民族国家发展和世界历史进程（达成家国情怀水平3）。

【核心问题】☞

核心问题：阅读教材及相关史料，交流完善亚非拉民族独立运动的相关史实，探究亚非拉民族独立运动的个性与共性。

基于侵略与反抗的逻辑关系，以世界殖民体系的建立为背景去理解亚非拉民族独立运动的相关内容，运用多种形式交流完善学生课前梳理的民族独立运动相关史实，从亚非拉民族独立斗争的背景、方式、水平、目标、影响等维度进行比较，以落实本课重难点。

【评价预设】☞

提出问题环节：针对学生对导入问题的回答情况，给予及时性评价，鼓励和激发其学习兴趣与信心，从已有知识中建构新知，启迪思维。

解决问题环节：根据学生对亚非拉人民反殖民斗争史实的梳理和评价情况，给予补充完善；根据学生对亚非拉民族运动的比较，引导学生学会对比分析方法；根据学生研读史料评价亚非拉民族独立运动，引导学生全面地、联系地、发展地看待历史问题。

反思提升环节：基于问题解决过程形成思维导图，帮助学生反思、总结、提升，引导学生将历史与现实关联，更好地理解社会现象与历史现象。

评价反馈环节：学生基于历史学习思维方法、价值观念，完成不同层次的作业，老师从中获得信息反馈，根据学生反馈适时调整教学。

二、教学实施设计

【教学环节】☞

教学环节	学生活动	教师活动	设计意图	技术融合
提出问题	回顾世界殖民体系建立过程，建立殖民体系与亚非拉民族独立运动之间的因果关联	展示"世界殖民体系的形成地图"和学术情境，搭建大单元学习支架和思维空间，提出核心问题	营造历史情境，以单元内部的结构化关联，引出本课核心问题，启发学生思考	PPT展示核心问题与地图、材料等学习资源
解决问题	活动一：阅读教材及材料，交流完善亚非拉争取民族独立运动的相关史实	点拨梳理史实的思路，呈现地图、表格等辅助性工具，补充重要材料和细节，辅助理解重要概念：民族革命、民主革命等	通过自主学习交流完善基础知识，养成学生主体意识，培养学生时空观念和归纳概括能力，实现教师主导学生主体的课堂转变	PPT展示表格、地图、材料等，以便学生分析、交流、评价
解决问题	活动二：结合材料及所学，探究亚非拉民族独立运动的个性与共性	提供学习材料，指导比较分析方法和历史解释思路，帮助学生突破重难点	通过比较分析方法，强化历史解释和时空观念素养，突破本课难点，涵养民族意识与家国情怀	PPT展示相关材料，辅助学生思考

教学环节	学生活动	教师活动	设计意图	技术融合
反思提升	通过单元内容总结，建构本课和本单元知识内容、思想方法、价值观念的结构化体系	师生共同完善本课知识体系，帮助学生建构知识体系	以思维导图形式建构知识体系，培养现实关怀和家国情怀，凸显本课立意	PPT补充提升材料,板书思维导图
评价反馈	根据材料并查阅相关资料，结合所学知识，议一议：为什么"东方正从酣睡中觉醒"？	以综合性作业为例，引导学生解题，检测学生素养目标的达成	检测学生素养目标达成情况，得到反馈以便调整教学	PPT或学案呈现试题

【板书设计】☞

核心问题：阅读教材及相关史料，交流完善亚非拉民族独立运动的相关史实，探究亚非拉民族独立运动的个性与共性。

主板书设计：　　　　　　　　　　　　　　　　　　副板书设计：

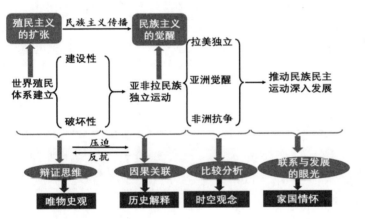

板书学生发言内容		
	个性	共性
拉美		
亚洲		
非洲		

【作业布置】☞

课时作业的结构化设计：

作业序号	作业目标	作业情境		概念结论		思想方法		价值观念		整体评估	
		内容	水平	内容	水平	内容	水平	内容	水平	类型	水平
1	学会知识迁移运用，结合殖民国家的资产阶级革命分析殖民地民族独立运动的背景	法国资产阶级革命影响下，拉丁美洲地区的民族革命运动的学习探索情境	简单	欧洲资产阶级革命，亚非拉民族革命	历史解释水平2	因果关联	历史解释水平2	民族意识	家国情怀水平2	基础性作业	学业质量水平2
2	以非洲为例掌握亚非拉民族独立运动的重要意义	非洲人民反殖民斗争延缓了非洲殖民地进程的学习探索情境	一般	反殖民斗争	历史解释水平2	因果关联	历史解释水平2	反殖民主义	家国情怀水平2	基础性作业	学业质量水平2

作业序号	作业目标	作业情境		概念结论		思想方法		价值观念		整体评估	
		内容	水平	内容	水平	内容	水平	内容	水平	类型	水平
3	运用唯物史观分析历史现象变化的表现及其原因	理解"东方正在酣睡中觉醒"的观点等学习探索情境	复杂	民族革命，民主革命	唯物史观水平3	因果关联	历史解释水平3	民族意识，时空观念	家国情怀水平3，时空观念水平2	综合性作业	学业质量水平3
4	学以致用，学会知识迁移运用，关注社会现实问题，涵养家国情怀与世界眼光	分析亚非拉民族主义对其现代化进程的影响，并对促进亚非拉民族国家的现代化提出几条建议的综合实践情境	复杂	民族主义，现代化进程	历史解释水平3	历史解释	历史解释水平4	唯物史观，家国情怀	唯物史观水平3，家国情怀水平3	实践性作业	学业质量水平4
课时作业总体评估	作业水平层次分明，由易到难设置题目，符合学生学习思维；作业目标明确可检测、易操作，利于得到客观反馈和检测素养目标，以便调整教学教法；作业情境设置多样，从简单情境到复杂情境，从学术情境到生活情境，兼顾习题生动性与深度性；实践探究作业立足于现实问题，着眼于民族发展与社会进步，具有实践探究性										

（具体的作业内容略）

【教学流程】 ☞

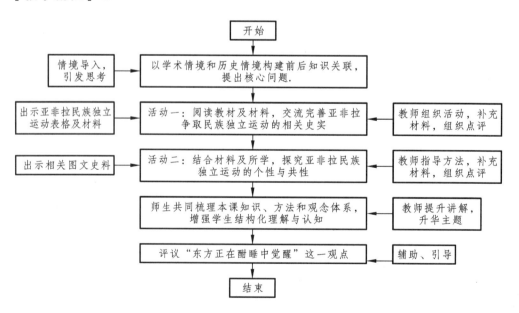

三、教学评价设计

【信息搜集】☞

为了检测学生核心素养目标的达成情况，我收集了高一（10）班学生的运用反馈练习，共 35 份，基于课时素养目标达成情况评判标准，进行了批阅和分类。

【自我评价】☞

大概念核心问题教学文化评价表

课时名称：<u>第 13 课：亚非拉民族独立运动。</u>
所属单元：<u>第六单元：世界殖民体系与亚非拉民族独立运动。</u>
单元大概念：<u>殖民主义的扩张与民族主义的觉醒。</u>
单元核心问题：<u>运用图文史料，梳理资本主义世界殖民体系形成的历程和亚非拉民族独立运动的相关史实，比较分析亚非拉地区被殖民化和反殖民斗争的过程与特点，探讨世界殖民体系建立和民族独立运动的重要影响。</u>
课时大概念：<u>民族主义的觉醒。</u>
课时核心问题：<u>阅读教材及相关史料，交流完善亚非拉民族独立运动的相关史实，探究亚非拉民族独立运动的个性与共性。</u>

评价目标	评价指标				评价方法结果
	一级指标	二级指标	三级指标		
实现活动体验中的学习与素养发展	具有大概念核心问题教学形态	核心问题利于活动体验	内含学科问题和学生活动方式	8	每项指标最高评 8 分（满分为 96 分）
			问题情境与真实生活密切相关	8	
			能引发大概念、新知新法生成	8	
		教学目标价值引导恰当	两类目标正确全面	7	
			关联体验目标恰当	7	
			目标价值引导显现	8	
		教学环节完整合理落实	教学环节清晰完整	8	
			环节内容合理充实	8	
			学生活动时间充分	6	
		教学要素相互匹配促进	问题目标环节两两匹配	8	
			技术促进活动形式内容	7	
			素养导向突出氛围浓郁	7	合计 <u>90</u> 分

评价目标	评价指标			评价方法结果
	一级指标	二级指标	三级指标	
实现活动体验中的学习与素养发展	具有大概念核心问题教学特质	拓展学习视野	课堂与现实世界有恰当关联	选择一个表现突出的二级指标，在相应三级指标引导下，以现场学生表现为主要依据，以其余指标为背景，于本表的第二页写出150字以上的简要评价
			有基于缄默知识的问题解决	
			有缄默知识运用的追踪剖析	
			知识运用剖析导向素养发展	
		投入实践活动	有真实而且完整的实践活动	
			实践活动深度融入两类情境	
			能够全身心地浸渍于活动中	
			活动的内容结果均丰富深入	
		感受意义关联	有核心问题的深层意义感受	
			有以知识为中心的关联感受	
			有以个人为中心的关联感受	
			有对三类大概念的关联感受	
		自觉反思体验	有实质性反思活动的开展	
			有课堂新因素的追踪利用	
			有体验的交流与改善重构	
			有概念生成中的素养发展	
		乐于对话分享	乐于自我的表达与认真的倾听	
			乐于合作中成果与思路的分享	
			乐于成果交流中深层意义分享	
			有宽容的对话氛围和双向交流	
		认同素养评价	认可素养评价	
			参与素养评价	
			利用素养评价	

大概念核心问题教学特质的简要评价（包括发展性建议）：

本课表现突出的是感受意义关联。首先，本课基于单元大概念"殖民主义的扩张和民族主义的觉醒"的单元统筹，从亚非拉民族独立运动彰显出来的"民族主义的觉醒"中提炼出本课时的核心问题，即阅读教材及相关史料，交流完善亚非拉民族独立运动的相关史实，探究亚非拉民族独立运动的个性与共性。在教学设计与实施过程中紧扣核心问题的深层意义，围绕亚非拉地区民族独立相关史实概括其特点，探究其个性与共性，深入理解民族主义觉醒的巨大精神力量和重要影响。

其次，本课注重概念结论类、思想方法类、价值观念类三类大概念的关联感受，同时强调以知识为中心和以学生个人为中心的关联感受。本课学生在教学活动中自主完成基础知识梳理，在合作学习中强化对亚非拉民族独立斗争的个性与共性的理解概括，在反思提升中感悟民族主义精神对民族国家发展的重要作用。本课注重单元结构化、活动结构化、情境结构化，强调内容、方法、价值的关联性解读，充分落实核心素养教学的目标和立德树人的根本任务。

但是本课也存在较多问题。一是学生活动的设计与实施不够深入，不敢放手让学生真正活动起来，应该增强学生"真实活动"而减少"形式活动"，形成生成性课堂。二是核心问题的解决过程被割裂为较为分散的几个部分，使得学生高阶思维养成受阻，应该整合教学内容，将学生活动与核心问题的解决关联起来。三是课堂节奏和重难点的把握不好，在反思提升部分学生没有真正参与和提升，过于为结构化而结构化，导致课堂僵化而效率较低。在之后的教学中要着力纠正错误，走出教学误区，有效解决以上问题

【反馈调整】 ☞

大概念核心问题教学素养目标点检测表

课时名称	第13课：亚非拉民族独立运动
所属单元	第六单元：世界殖民体系与亚非拉民族独立运动
单元大概念	殖民主义的扩张与民族主义的觉醒
单元核心问题	运用图文史料，梳理资本主义世界殖民体系形成的历程和亚非拉民族独立运动的相关史实，比较分析亚非拉地区被殖民化和反殖民斗争的过程与特点，探讨世界殖民体系建立和民族独立运动的重要影响
课时大概念	民族主义的觉醒
课时核心问题	阅读教材及相关史料，交流完善亚非拉民族独立运动的相关史实，探究亚非拉民族独立运动的个性与共性
课时素养目标	参与梳理、比较、探究亚非拉民族独立运动相关史实的活动；概括理解亚非拉民族独立运动的共性与个性（达成历史解释水平2），掌握亚非拉民族独立运动的重要意义（达成唯物史观水平2、历史解释水平2）；由此懂得用联系的、发展的眼光看待历史现象（达成唯物史观水平3），认识到民族主义觉醒深刻影响民族国家发展和世界历史进程（达成家国情怀水平3）
检测点	紧扣"民族主义觉醒"这一课时大概念，利用学习探索情境综合考查20世纪初亚洲民族独立运动的基础史实，检测学生关于唯物史观、历史解释等核心素养目标的综合达成情况
检测工具（检测题）	材料：1905年伊朗（时称"波斯"）发生立宪革命，一位目击者于1906年写道：我以为东方正从酣睡中觉醒。在中国，它表现为一种显著的反抗外族的态度，偏向"中国是中国人的中国"的理想；在波斯……觉醒似乎表现为偏向民主改革的形式……非常引人注目的是，这些不满的迹象同时出现，不能纯粹归于偶然。谁知道呢？或许东方真的正从其酣眠中觉醒，我们即将目睹一场数百万不满者反对寡廉鲜耻的西方剥削的起义。 ——编者摘译自［英］爱德华·G.布朗《1905—1909年波斯革命》英文版 要求：根据材料并查阅相关资料，结合所学知识，议一议：为什么"东方正从酣睡中觉醒"？（9分）
分类标准	A. 学生能阅读材料并提取有效信息，结合20世纪初亚洲民族独立运动的背景、表现（印度、伊朗、中国）及其意义，运用唯物史观综合分析材料中学者的观点，进行全面充分的历史解释与阐述，逻辑清晰，史论结合，语言规范
	B. 学生能阅读材料并提取有效信息，结合20世纪初亚洲民族独立运动的相关内容进行分析，运用唯物史观综合分析学者观点，但阐述不够全面充分，角度不够完整，逻辑清晰有条理，语言较为规范
	C. 学生能阅读材料并结合所学知识，运用唯物史观分析亚洲民族独立运动的背景，但较少能建立起民族独立运动的背景及意义间的关联，语言表达较规范
	D. 学生能阅读材料并结合所学知识，但仅能对亚洲民族独立运动的背景或表现做简要分析，综合分析能力较弱，阐述较为单薄，语言表达不够专业

	分类等级	学生人数（总人数35人）	百分比
检测统计	A	2	5.71%
	B	16	45.71%
	C	10	28.57%
	D	7	20.01%
检测分析 结果运用	通过对高一（10）班学生课后检测结果的分析整理，发现了该班学生在本课历史学习中的一些问题。仅有 2 名学生（5.71%）能结合所学知识，运用唯物史观综合分析 20 世纪初亚洲民族独立运动兴起发展的原因、表现及意义，史论结合、充分阐释的能力较强，逻辑清晰有条理。 16 名学生（45.71%）基本能学以致用，运用唯物史观综合分析历史问题，但阐释问题的角度和思路不够完整，历史解释能力有待提升。 10 名学生（28.57%）能分析亚洲民族资本主义经济发展促使亚洲资产阶级革命的爆发，但对民资资产阶级革命进一步推动民资资本主义经济发展的认识不足，知识体系的建构和意义关联能力不强。 7 名学生（20.01%）仅能从亚洲民族独立运动的背景或表现做简要分析，综合思维能力较弱，历史解释与语言表达能力不强，尚处于浅层次认知水平，有待进一步加强学习指导		
素养目标达成 典型实例	 该生能结合亚洲地区民族独立运动的背景，具体分析印度、伊朗、中国等地的民族独立运动的表现，最后基于唯物史观对亚洲民族独立运动的意义进行总结分析。但是分析的角度和内容的全面性不够，阐述认识的语言可以再规范和丰富完善。 该生仅从亚洲民族独立运动的背景做了简要分析，未能结合亚洲不同地区的民族独立斗争表现及其意义做整体思考，综合分析能力不足，阐述内容较为单薄，没有做到史论结合		

检测反馈	作业检测完成后，老师根据参考答案打分标准进行评阅与分类，再由学生互相传阅互评，发现各自的问题，老师在作业总结中进行方法点拨和思维提升。整个检测设计、实施、反馈过程以学生为主体，紧密联系所学知识并紧扣素养目标，体现教学评一致性。总的来说，学生对基础知识的掌握较好，但是知识的迁移运用能力较弱，对同一时空下的历史事件综合分析能力不足，对历史问题的解决能力和表能阐述能力还有待提升，对民族资本主义经济与资产阶级革命间的意义关联理解不够深入，反映出唯物史观和历史解释素养目标达成情况不是很好。 通过本课的学习与检测可以看出，在单元大概念与课时大概念统领下的课堂教学中，要更加关注学生的主体活动体验，更加强调学生高阶思维的养成和整合性综合性能力的提升，在落实知识能力过程中兼顾学生思想方法、价值观念的养成，进而提升学生问题解决能力

"交通与社会变迁"单元教学

"交通与社会变迁"
大概念的核心·问题教学单元规划纲要

学科　历史　教师　袁小琴　阚庶

年级	高二	单元名称		交通与社会变迁	单元课时	2
单元内容	教材内容					

<table>
<tr><td rowspan="1">年级</td><td>高二</td><td colspan="2">单元名称</td><td>交通与社会变迁</td><td>单元课时</td><td>2</td></tr>
</table>

年级	高二	单元名称	交通与社会变迁	单元课时	2
单元内容	**教材内容**	本单元是人教社部编本《普通高中教科书·历史选择性必修2·经济与社会生活》第五单元"交通与社会变迁"。选择性必修2从经济与社会生活的角度，揭示人类社会的发展，有助于学生充分认识生产方式的变革对人类社会发展所具有的革命性意义。教材分别从农、工、商、住、行、医等六个方面介绍了经济与社会生活。交通和交通工具是人类社会生活的重要组成部分。本专题选择交通作为内容主题，讨论交通本身的变化，以及交通对民众生活和社会变迁的影响。 　唯物史观认为，交通是社会生产的一部分，交通运输业是重要的物质生产部门。交通生产的不是产品，而是场所的变动。社会生产的发展以交通发达程度为必要条件。生产技术的革新、生产工具的发明及生产组织管理方式的进步，通过交通条件可以成千成万倍地扩大影响，从而推动整个社会的前进。因此，本专题的学习，应把交通的变迁还原到时代背景与社会发展中，以认识交通与社会变迁之间的关系。 　本单元从整体叙述了交通的发展变化，以及交通的影响，它们构成了本单元的两个重点。一是交通本身的变化，二是交通的影响。关于第一方面，教科书既讨论了交通路线（陆路、海路、空中）的变化，也讨论了交通工具（动物、轮车、船、火车、汽车、飞机等）的改进，同时论述科技进步如工业革命等对交通改进的作用。关于第二方面，教科书讨论了交通在不同层面的影响，如各地的沟通交流、国家与城市发展、日常生活观念、大众旅游潮流的出现等。通过交通的变化，引导学生认识到经济与社会生活是一个逐步发展、不断进步的过程，其中虽有各区域发展程度的差异，但都在共同推动着交通的进步和人类文明的发展；交通的发展所推动的经济全球化趋势，也影响着世界各地的生活；进一步让学生理解经济活动与社会、科技、生活之间的关系。 　本单元大致以20世纪为分界，按时间先后设置两课，即第12课"水陆交通的变迁"和第13课"现代交通运输的新变化"，但两课总体结构都是围绕交通变化和影响两个重点。 　本单元各部分，应该同本册教科书其他单元、同高中其他历史教科书、同义务教育历史教科书结合起来处理教材内容。例如，关于本单元两课内部，涉及交通影响时，有很强的互补性，两课虽各有侧重，但授课时亦可打通教学。又如，关于新航路开辟的影响，必须结合《中外历史纲要（下）》相关内容。

单元内容	课程标准	2.5交通与社会变迁 了解古代的水陆交通建设及主要交通工具；认识新航路开辟和工业革命对促进交通进步的作用；认识20世纪交通运输的新变化对民众生活及社会变迁的意义。 课标解读：本专题有三个学习要点：一是关于古代交通建设和交通工具的内容。这一要点有四个核心内容。第一是道路建设。交通离不开道路建设。古代的道路建设主要是陆路和水路建设，如秦朝的驰道建设和隋朝的大运河开掘都是著名的交通建设。第二是桥梁建设。道路建设离不开桥梁建设。桥梁在道路建设中十分重要。第三是交通工具。古代的交通工具是陆路的车和水路的船。在机器动力出现以前，古代的交通工具主要是借助人力、畜力和风力，如牛车、马车、骆驼、帆船等。第四是古代交通建设对社会发展的意义。在古代历史上，官方建设交通，主要是用于军事和通信，如中国的驿站。诚然，交通道路的修建为人们的出行提供了便利。二是关于近代史上新航路开辟和工业革命对交通的意义。新航路开辟与工业革命是世界历史上两件伟大的事件。新航路开辟把世界连成一个整体，使全球交通联系和人员来往变成现实；工业革命为交通工具解决了机械动力问题，火车、轮船、汽车等逐渐在全球流行，成为人们出行的主要交通工具。这里也要注意与必修课程相关内容的联系与区别。三是关于20世纪以来交通运输上的新变化及其社会意义。20世纪以来，随着科学技术的进步，世界范围内的交通运输进入快速发展阶段。发展的巨大变化主要体现在航空交通的发展、公路建设（如高速公路）和铁路建设（如高铁）三个方面。交通运输的这些变化正在加速推动社会的进步和人们日常生活的改变
基础条件	资源基础	**资源名称** 功能 黑板：板书课时核心问题；板书学生在解决问题过程中的表现、表达 教材、学案：提供核心问题教学四个环节中学生需要的图文史料 希沃白板：即时分享学生解决问题过程中的作品 PPT：出示课时核心问题和四个环节必需的资料
	学生基础	1. 必备知识：本课所涉及的一些道路交通的史实，在必修阶段学习中已有一些体现，如秦朝的道路建设在《中外历史纲要（上）》有提到，全球航路的确立在《中外历史纲要（下）》有详细的学习等。但是选择性必修课程中，以交通发展为专题，讲述古今中外的交通发展变迁，知识点较为分散，学生缺乏系统化的了解。 2. 关键能力：高二学生，已初步具备阅读理解的能力，对教材基础史实的理解较容易。但高阶思维能力还需提升，史料实证、历史解释的高层次素养还需加强培养。 3. 学科素养：高一学生的逻辑表达训练还不到位，还不够规范、精炼。语言表达能力还需增强。 4. 认知水平：本单元内容贴近生活，学生的学习兴趣比较大。学生充分利用已有的知识与生活经验，开展自主探究与合作学习，形成对历史的理解与解释
单元大概念及下层结构		单元核心大概念：交通与社会变迁。 特征化表达：在唯物史观指导下，利用时间轴梳理古今中外交通建设与交通工具发展的史实，画思维导图分析交通发展与社会变迁之间的关系，结合所学史论结合地阐述二者的因果关联。 概念结论类：古代水陆交通建设及交通工具、新航路开辟前后对海洋的探索、两次工业革命催生现代交通工具、20世纪海陆空交通发展到新高度、交通影响民众生活与社会变迁。 特征化表达：在古代、新航路开辟、两次工业革命、20世纪四个重要时期，中外经历了陆路、海路、航天事业的大发展，交通工具不断更新，交通建设各具特点。交通发展对人们社会生活、对城市和社会发展，对国家的政治、经济、文化各方面建设都产生了重大影响

续表

<table>
<tr><td rowspan="5">单元大概念及下层结构</td><td colspan="6">思想方法类：时空可视化表达、史料实证、关联分析、探究因果
特征化表达：利用示意图、时间轴等多种可视化方式理解和认识基础史实；搜集、整理史料，进行实证性研究，得出结论；对交通变迁的原因、特点、影响等进行多角度分析，充分利用已有的知识与生活经验，形成对历史的理解与解释。辩证分析交通与社会、交通与生活的互动关系。
价值观念类：时空观念、联系观、唯物史观、家国情怀
特征化表达：不同时期与不同空间的交通建设有相似也有不同；交通与社会、科技、生活之间密切关联；经济发展推动交通进步，交通进步推动人类文明发展，在辩证分析中培养唯物史观；在近现代中国交通进步中认识交通建设与国家命运紧密相连，增强家国情怀</td></tr>
<tr><td rowspan="2">课时</td><td colspan="2">课时大概念</td><td colspan="3">课时概念梳理</td></tr>
<tr><td>简略化表达</td><td>特征化表达</td><td>概念结论（小概念）</td><td>思想方法</td><td>价值观念</td></tr>
<tr><td>1</td><td>20 世纪之前的水陆交通变迁</td><td>变迁表现——中外经历了古代人工道路（陆）和运河（水）的交通建设、新航路开辟前后对海洋的探索、工业革命引发了交通变革，人类进入铁路时代，航运业快速发展。变迁影响——交通改进促进了政治、经济和文化发展，带动了城市格局和社会生活的变化</td><td>古代水陆交通建设、新航路开辟前后对海洋的探索、两次工业革命催生现代交通工具、交通与社会变迁</td><td>时空可视化表达、史料实证、历史解释、辩证分析</td><td>时空观念、联系观、唯物史观、家国情怀</td></tr>
<tr><td>2</td><td>现代交通运输的新变化</td><td>20 世纪传统陆海交通取得新发展；出现新事物——飞机与航空事业的发展；现代交通极大影响人类社会生活</td><td>汽车的广泛使用、高速公路与高铁的铺设、航运技术和造船技术发展；航空的发展；现代交通与社会生活</td><td>时空可视化表达、史料实证、历史解释、辩证分析</td><td>时空观念、联系观、唯物史观、家国情怀</td></tr>
<tr><td>单元教学目标</td><td colspan="6">参与利用时间轴、地理示意图、表格等多种方式可视化梳理交通发展史实的活动，能够了解古今中外的陆、海、空等交通建设及典型交通工具变迁（时空观念水平 2），在较长的时空框架下分析、比较，综合认识交通变迁的阶段性特点（时空观念水平 3、4），结合史料和生活经验理解交通发展对个人、社会、国家具有重要意义（史料实证水平 3、历史解释水平 4），由此懂得经济与社会、经济与生活的互动关系（唯物史观水平 4），运用科技改善生活进而为建设中国式现代化而努力（家国情怀 4）</td></tr>
<tr><td>单元核心问题及问题分解</td><td colspan="6">核心问题：利用时间轴、地理示意图、表格等多种方式可视化梳理历史上中外交通发展的史实，分析交通发展的原因，结合史料和生活经验全方位探究交通进步对个人、社会、国家的重要意义。
问题解析：
本单元的基础史实不难，但是时间和空间跨度较大，利用时间轴、地理示意图、表格等方式，学生能够可视化表达基础史实，培养时空观念，形成中外历史上交通变迁的系统认知；交通进步对个人社会生活、对社会发展、对城市发展、对国家的政治经济文化都有重要意义，通过两课各有侧重的探讨，形成交通对社会变迁影响的系统认知；本单元内容贴近学生生活，因此要结合史料和学生已有生活经验去展开探究活动</td></tr>
</table>

	课时	课时大概念	课时核心问题
课时划分	第一课时	20世纪之前的水陆交通变迁	利用时空轴、地理示意图等方式可视化梳理中外古代、近代交通变迁史实，结合史料和生活经验探究交通改进对社会变迁的影响
	第二课时	现代交通运输的新变化	利用时间轴、表格等方式可视化梳理20世纪以来交通运输新变化的史实，结合史料和生活经验探究现代交通对社会生活的影响

教学评价	一、关于大概念生成理解的评价预设 　1. 概念结论类大概念 　（1）通过时间轴、地理示意图等不同方式对基础史实的梳理，对学生掌握必备知识进行综合评价。 　（2）探究分析交通进步对社会变迁的重要意义活动中，对学生的多角度认知进行定向评价。 　2. 思想方法类大概念 　在梳理史实的活动中对学生的可视化表达时空进行评价；在分析影响时对学生是否运用唯物史观辩证分析经济与社会的辩证关系、是否运用联系的观点关联交通与科技、社会等之间的关联进行评价；学生是否能基于史料分析、能否尝试得出自己的见解，作出评价。 　3. 价值观念类大概念 　在活动过程中对学生的唯物史观、时空观念、家国情怀等进行评价。 　二、关于单元素养目标达成的评价预设 　1. 就学生参与可视化表达梳理基础史实、结合史料和生活经验进行影响探讨的具体表现进行激励、督促和指导性评价。 　2. 就学生对基础史实的掌握情况、影响分析的广度和深度进行优、良、中、一般的定性评价。 　3. 就学生对交通与社会生活的关系、学生对交通变迁给自己带来的认识等具体情况进行鼓励性评价。 　三、关于三类单元作业完成的评价预设 　将单元基础性作业、综合性作业和实践性作业在各课时中设计成具体的题目并赋分，就学生对每一类题目的完成情况进行赋分评价

	作业类型	作业目标	作业内容	作业情境	概念结论	思想方法	价值观念
单元作业	基础性作业	能够了解古今中外的陆、海、空等交通建设及典型交通工具变迁，分析交通变迁对社会发展的重要意义	古代中西交通的比较、交通工具的变迁、人们观念的变化	生活实践情境为主	交通工具的变迁、交通网络的建设、交通发展对社会变迁的影响	史料实证、历史解释	时空观念、家国情怀
	综合性作业	能够在特定时空条件下分析交通变迁对个人、社会、国家具有重要意义	四川古代交通、近代川汉铁路、成渝铁路的发展	学习探索情境为主	影响交通变迁的因素、交通变迁的史实、交通变迁的影响	历史解释	唯物史观、时空观念、家国情怀
	实践性作业	能够懂得经济与社会、经济与生活的互动关系，将所学运用到现实生活中，运用科技改善生活进而为建设中国式现代化而努力	搜集史料，了解桥梁的发展历史，制作桥梁简史微视频	生活情境和学习探索情境兼顾	了解交通道路的重要内容	史料实证、时空定位、历史解释	唯物史观、时空观念、家国情怀

反馈调整	教学过程中，单元统整较好

"第12课 水陆交通的变迁" 学教案

袁小琴

一、教学分析设计

【教材课标分析】☞

单元主题：选择性必修2从经济与社会生活的角度，揭示人类社会的发展，有助于学生充分认识生产方式的变革对人类社会发展所具有的革命性意义。教材分别从农、工、商、住、行、医等六个方面介绍了经济与社会生活。交通和交通工具是人类社会生活的重要组成部分。本专题选择交通作为内容主题，讨论交通本身的变化，以及交通对民众生活和社会变迁的影响。

课标内容：了解古代的水陆交通建设及主要交通工具；认识新航路开辟和工业革命对促进交通进步的作用，认识20世纪交通运输的新变化对民众生活及社会变迁的意义。本单元从整体叙述了交通的发展变化，以及交通的影响，它们构成了本单元的两个重点。一是交通本身的变化，二是交通的影响。关于第一方面，教科书既讨论了交通路线（陆路、海路、空中）的变化，也讨论了交通工具（动物、轮车、船、火车、汽车、飞机等）的改进，同时论述科技进步如工业革命等对交通改进的作用。关于第二方面，教科书讨论了交通在不同层面的影响，如各地的沟通交流、国家与城市发展、日常生活观念、大众旅游潮流的出现等。通过交通的变化，引导学生认识到经济与社会生活是一个逐步发展、不断进步的过程，其中虽有各区域发展程度的差异，但都在共同推动着交通的进步和人类文明的发展；交通的发展所推动的经济全球化趋势，也影响着世界各地的生活；进一步让学生理解经济活动与社会、科技、生活之间的关系。

本课地位："水陆交通的变迁"一课为第五单元第1课，涉及的主要历史时段是20世纪前（少量涉及20世纪后），对交通的变化作了一个概要性的交代，并讨论交通发展的作用。本课上承"近代以来城市化进程"，下启"现代交通运输的新变化"，将城市发展、技术进步和社会生活有机链接。

教材逻辑：本课分为四个子目，按照专题和时序排列。第一个子目反映的是交通中最早的信息，主要介绍道路建设和运河开凿。第二个子目的内容所涉及的海上航行尤其是远洋航行难度较大，时间则相对晚些。"工业革命与交通的发展"作为第三子目单列，主要考虑到工业革命对铁路、轮船、汽车等的重大推进作用。第四个子目则是在前三个子目的基础上，讨论交通发展的作用。

教材关联：本单元各部分，应该同本册教科书其他单元、同高中其他历史教科书、同义务教育历史教科书结合起来处理教材内容。比如：分析交通影响时，要与物种交流、商业贸易、城市化进程等前几个单元的内容关联起来；关于古代人工道路、运河修建、新航路开辟、工业革命后的蒸汽机车等，必须结合《中外历史纲要》（上）（下）相关内容。本课内容还可以尝试跨学科学习，学生学习过程中可以运用地理学科的交通运输章节内容，也可以运用政治学科唯物主义的内容，辅助理解基础知识，但应突出历史思维的学习。

【大概念】☞

课时核心大概念	简约化表达：20 世纪之前的交通与社会变迁				
	特征化表达：在唯物史观指导下，利用时间轴梳理 20 世纪之前中外交通建设与交通工具发展的史实，分析交通变迁，利用思维导图分析交通发展与社会变迁之间的因果关联				
概念结论		思想方法		价值观念	
简约化表达	特征化表达	简约化表达	特征化表达	简约化表达	特征化表达
古代的水陆交通的变迁、交通发展推动社会变迁	变迁表现——中外经历了古代人工道路（陆）和运河（水）的交通建设、新航路开辟前后对海洋的探索、工业革命引发了交通变革，人类进入铁路时代，航运业快速发展。变迁影响——交通改进促进了政治、经济和文化发展，带动了城市格局和社会生活的变化	时空可视化表达 历史解释 关联分析	借助时间轴梳理 20 世纪前水陆交通的变迁史实，在特定的时间、空间条件下分析交通的变迁，通过探究交通发展与社会变迁之间的关联，辩证分析交通与社会发展之间的互动关系	唯物史观 家国情怀	在特定时空框架下理解交通变迁的史实，运用唯物史观分析交通变迁与社会发展之间的关系；理解古代道路建设与运河开凿对统一多民族国家发展的重大意义；新航路开辟以来世界逐渐走向整体，世界意识和国际视野增强；工业革命以来铁路的发展，对国家命运有重大意义

【资源条件】☞

（1）传统教学媒体：黑板（展示课堂的推进过程）。

（2）现代教学媒体：PPT 课件（幻灯片主要用于展示情境素材、学生画地图路线、示意图等）；希沃白板 APP 实现实时投屏，将学生的学习过程中的表现以照片等形式传输到电脑端。

（3）数字资源的利用：师生围绕本单元特定的历史主题，通过互联网利用数字资源（如网页、多媒体资料、电子期刊）方便地获取所需史料开展历史研究，拓展学生视野与加深对知识的理解。

（4）班级 QQ 群，进行学习过程中问题的及时交流和讨论。

【学生分析】☞

（1）必备知识层面：高二的学生通过高一两本纲要的学习，对本课涉及的道路建设都有了解，但是存在对已学遗忘较多、知识碎片化等现象，对于专题学习需要重新建构知识框架。

我们班学生普遍地理常识薄弱，尤其基本的地名、地理方位不清。

（2）关键能力和学科核心素养层面，通过选择性必修 1 的学习，高二学生能够较好地进行抽象概括，逐渐学会从纷繁复杂的历史表象中去认识历史的本质，但还需加强。

（3）核心价值层面：学生对交通有比较感性的认识，但是交通发展与社会变迁之间的深层次关系，较陌生，还需进一步在唯物史观指导下加强认识。

（4）学习兴趣：交通是与学生生活经验密切相关的主题，学生学习兴趣较大，应将其转化为深入研究的动力。

【教学目标】☞

参与分享交流里程碑事件和变迁、研习图文史料探究交通发展与社会变迁关联等活动，能够利用历史年表等方式对 20 世纪之前的交通发展加以描述（时空观念水平 2），能够分析 20 世纪之前交通的变迁（时空观念水平 4），能够恰当地运用史料对 20 世纪之前交通发展的原因和影响进行论述并创造性地表达（史料实证水平 4、历史解释水平 4），由此懂得交通发展与社会变迁之间的因果关联（唯物史观水平 4），把握中华民族多元一体的发展趋势与世界历史从分散走向整体的历程（家国情怀水平 4）。

【核心问题】☞

核心问题：利用时间轴分享交流 20 世纪之前水陆交通发展的"里程碑"事件及其变迁，探究交通发展与社会变迁之间的关联。

本课内容时间跨度大，古今中外史实繁杂，集中讲述 20 世纪之前的水陆交通变迁。课前学生通过自制时间轴梳理基础史实，大部分是《中外历史纲要》上下两册学习过的内容。课中以"析里程碑"和"探究因果"两大活动展开。"析里程碑"，一是以分享交流 20 世纪之前水陆交通发展的里程碑事件，检测学生课前预习情况，以及对重大历史事件的理解；二是以结合时间轴分析交通发展的重要变迁，帮助学生从大的时空尺度去分析，并找出历史发展线索。"探因究果"，以小组探究活动，引导学生去聚焦古代交通网建设和工业革命时期的交通革新进行探讨，关于古代的探讨，让学生在"条条大路通罗马""条条大路通咸阳（长安、大都）"的古代道路网建设情境中去探究交通的影响因素和产生的影响。将对海洋的探索作为过渡，引出工业革命时期的交通革新。关于近代的探讨，让学生在动力革新、工具革新、道路革新等情境中，绘制思维导图探讨交通革新的原因和影响。在前一个活动基础上，加大难度，引导学生创造性地表达认识。过程中引导学生史论结合地表达观点、关联分析交通发展与社会变迁之前互为因果的关系，培养唯物史观，生成本课的课时核心大概念。

【评价预设】☞

作为学习指导者，老师应该在课程的生成过程中，担负着更重要的职责，即对从学生活动中收集到的信息予以高质量的评价反馈，用适当、明确、有针对性的语言，让学生明确思考方向。

（1）提出问题环节：对学生表现出的对照片的学习兴趣给予激励性评价，以带动全班学生积极地探究准备状态中明晰核心问题，激发学生的学习兴趣，产生强烈的探究愿望和热情。

（2）解决问题环节：根据学生在分析解决问题的活动过程中给予引导性、提示性、鼓励性等评价，如学生以不同形式来梳理史实时，进行肯定性和引导性评价；如学生在划分阶段分析阶段特征时，进行引导性评价，深入认识；如探究影响时进行提示性评价，通过情境设置不断将学生的体验引向深入，充分发挥该环节的激励与引导功能。

（3）反思提升环节：与学生一起对解决问题的过程进行反思，在激励性的学科化评价基础之上进行结构化的提升，加深对本课的知识内容、思想方法、价值观念等认识，力求发挥此环节评价的体验积淀功能。

（4）评价反馈环节：设计题目"铁路建设对近代中国的影响"，可以从学生对这一任务的完成情况进行点检测分析，形成体验性目标达成情况的评价并反馈给学生，凸显该环节评价的体验强化功能。

二、教学实施设计

【教学环节】☞

教学环节	学生活动	教师活动	设计意图	技术融合
提出问题	交流交通方式，思考与交通相关的信息：交通主要通过交通工具和交通道路，实现人和物包括信息的运输、传递。 明确本节课的核心问题，进入解决问题的积极状态	1. 以"同学们早上怎么来上学"做小调查，引入学生思考谈论交通时的主要要素：交通工具和交通道路，实现交通目的（人与物的运输）。 2. 提出核心问题	以一张生活中的照片导入，设置问题激发学生探究图中信息，进而引入课题提出核心问题	PPT 展示图片，出示核心问题
解决问题	活动一：析"里程碑" 任务1：分享交流20世纪之前水陆交通发展的"里程碑"事件。 任务2：利用时间轴并结合所学知识，分享交流20世纪之前水陆交通的变迁	组织学生展示课前预习画的时间轴，指导学生圈出并分享交流梳理的20世纪之前交通发展的里程碑事件。 组织学生根据时间轴，引导学生从道路和工具两方面分享交流20世纪之前水陆交通发生了哪些重大变迁。 学生发言的过程中记录要点	培养学生的时空观念； 培养学生信息提取的能力、语言表达的能力。 让学生在特定时空条件下去分析、在较长时空中综合比较，培养时空观念	PPT 上呈现学生成果； 板书学生发言
	活动二：探因究果 任务 1——探究古代道路网建设的原因和影响。交流研讨成果。 任务 2——绘制思维导图探究工业革命时期交通革新的原因和影响。以思维导图的形式呈现并交流研讨成果	教师组织学生探讨20世纪之前交通发展的影响因素（如古代受到政治因素影响较大，近代受到技术为代表的经济因素影响较大），交通发展对社会变迁的影响（对政治、经济、文化的影响）	引导学生史论结合探讨交通发展对社会变迁产生的重大影响，培养历史解释的核心素养。理解交通发展与社会变迁之间的互动关系，培养唯物史观	学案； 希沃白板投屏学生思维导图

教学环节	学生活动	教师活动	设计意图	技术融合
反思提升	形成概念结构；学科思想方法显性化；彰显家国情怀和唯物史观	形成概念结构图；学科思想方法显性化；彰显家国情怀和唯物史观	形成知识和方法的网络结构；价值观念的显性化	黑板板书
评价反馈	思考作答	引导学生完成题目	检测目标达成情况	PPT 出示反馈任务,展示相关阅读资料

阅读材料,完成下列要求。

近代中国铁路的拆与建

1876 年 6 月,英国商人未经允许建了一条从上海至吴淞的铁路,招致清政府的强烈反应。经过交涉,清政府以 28.5 万两白银赎回,在两江总督沈葆桢的主张下拆毁。英国《泰晤士报》载:中国阻止进益之党不作他事,止以禁止改变为务。沈葆桢认为:电线、铁路皆中国数年后不能自己之事。洋人所以不患亏本者,冀中国许其起卸进出口货物耳,不告而擅为之,于国体有损。

1895 年,张謇起草《代鄂督条陈立国自强疏》,认为"若地势阻隔,不能相通,故必铁路成,则万里之外,旦夕可至;小民生业,靡不流通;朝廷法旨,靡不洞达;山川之产,靡不尽出;风俗之陋,靡不尽除。"1898 年,在吴淞铁路原路基的基础上又重新筑成了铁路(淞沪铁路)。

詹天佑曾说,(京张铁路)此项路工实关塞北边防大局,我国地大物博,一路之工必须借重外人,引以为耻。1909 年,他主持修建的京张铁路竣工,是中国人自行设计和施工的第一条铁路干线。

——摘编自苏生文《中国早期的交通近代化研究》等

根据材料并结合所学知识,对近代中国铁路的拆与建进行评述。(要求:表述成文,立论正确,论证充分,逻辑清晰。)(12 分)

评述:19 世纪 70 年代,列强入侵,民族危机进一步加深,英国商人擅自修筑吴淞铁路,以便利其对中国的侵略,沈葆桢从维护主权出发拆除铁路的行为可以理解。

甲午战败后,张謇等有识之士认识到铁路修建将对中国社会产生巨大作用,如促进交通连接、发展经济、加强中央地方联系、改善风俗等。修建铁路所代表的近代化是世界发展大势,中国也应顺应时代潮流,发展铁路事业。

在半殖民地半封建社会的中国,铁路事业并不能完全掌握在中国手中。但是京张铁路克服技术难关,是中国人自行设计和施工的第一条铁路干线,是中国人民和中国工程技术界的光荣,也是中国近代史上中国人民反帝斗争的一个胜利。

【板书设计】☞

核心问题:利用时间轴分享交流 20 世纪之前水陆交通发展的"里程碑"事件及其变迁,探究交通发展与社会变迁之间的关联。

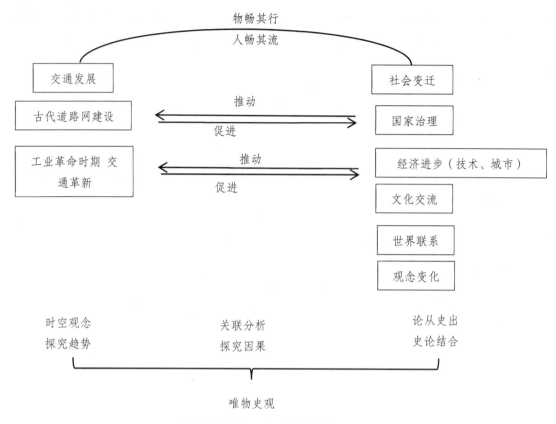

交通因时代而变，促社会变迁

【**作业设计**】☞

课时作业的结构化设计：

作业序号	作业目标	作业情境		概念结论		思想方法		价值观念		整体评估	
		内容	类型	内容	水平	内容	水平	内容	水平	内容	水平
1～6	检测学生对20世纪之前交通发展的基本史实	古代中国和罗马道路交通网的建设、古代中国大运河的发展、清代交通网络、甲午战争前后铁路铺设、20世纪初交通工具、19世纪末交通带来的社会观念改变	简单、较复杂	交通道路 交通工具 交通变迁的影响	时空观念水平3 历史解释水平3	时空定位 史料实证	时空观念水平3 史料实证水平3	唯物史观和家国情怀	家国情怀水平3 唯物史观水平4	基础性作业	学业质量水平3

作业序号	作业目标	作业情境		概念结论		思想方法		价值观念		整体评估	
		内容	类型	内容	水平	内容	水平	内容	水平	内容	水平
7	检测学生能够运用所学知识迁移运用，理解俄国铁路建设的特点，认识俄国农奴制改革与交通建设之间的关联	19世纪下半叶俄国铁路建设	较复杂	铁路建设的特征、社会发展与铁路建设之间的关联	时空观念水平4、历史解释水平3	时空定位、分析与综合	历史解释水平4	唯物史观	唯物史观水平4	综合性作业	学业质量水平4
8	检测学生是否能够搜集史料，并将所学知识融会贯通，创造性地进行实践	以桥梁为例，搜集史料并整理，制作桥梁史微视频	复杂	桥梁的发展与社会变迁	时空观念水平3、史料实证水平3	收集整理、归纳概括、实践制作	时空观念水平3、历史解释水平4	家国情怀国际视野	家国情怀水平4	实践性作业	学业质量水平4
课时作业总体评估	本课主要难点在于学生对学习内容的阶段分析以及对影响的整体把握，重大历史事件和重要历史人物，学生都较为熟悉，但是应置于交通与经济这样的单元和模块主题中去重组这些史实，重新架构进行深度分析。因此选择题设计了高考题和模拟题，能从简单的情境中直接运用所学得出答案。这集中体现了对时空定位、史料实证、唯物史观的考查。综合性作业，选用了教材中没有讲过，但又较为熟悉的俄国农奴制之后的铁路建设。学生较为熟悉情境，但要在新情境中用历史眼光去看待，并不容易，运用所学知识去解读现象，学生需要在复合情境中去解决新问题。这主要是对历史解释核心素养的培养。最后的实践性作业，是希望学生能够以桥梁为例，搜集史料并整理，制作桥梁史微视频，学生搜集史料过程中会辨析史料、归纳概括史料的信息，并作出历史解释，并运用信息技术重组这些信息，综合培养学生的核心素养。以此达成唯物史观、时空观念、史料实证、历史解释、家国情怀等核心素养的落地										

（具体的作业内容略）

【教学流程】☞

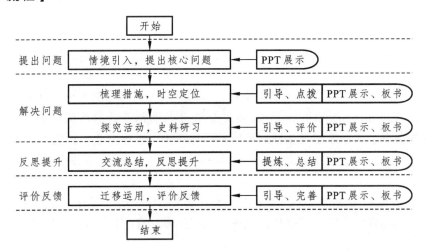

【信息搜集】☞

（1）同行评价

本节课后，听取了同组老师、校本教研领导小组的听课意见和建议，认为本课有以下设计亮点：

① 核心素养落地明显。教学过程中在不同的学习活动中将核心素养各有侧重地体现，如时间轴的利用和历史地图的分析，有助于学生形成基本的时空观念；交流里程碑事件，分析发展变迁趋势，有助于学生重视重大历史事件、重要历史发展线索。探究交通与社会变迁的关联，有利于学生分析出二者的因果关联，落实唯物史观。在古代中国道路交通网的分析、近代中国铁路的拆与建等情境中，把握中华民族多元一体的发展趋势与世界历史从分散走向整体的历程。

② 大概念的生成、理解和运用完成较好。关于本课的知识结论、思想方法、价值观念三类大概念，均在两个大的探究活动中逐渐生成，并在反思提升环节，师生一起将其结构化呈现，最后运用到评价反馈的新情境中去解决问题。

③ 学科课程的四性彰显。利用学生生活情境导入，借助图文史料创设历史情境探究交通发展与社会变迁之间的关联，将教材中国近代铁路发展的正文内容与课后探究等进行整合创设情境，充分体现了情境性；引导学生关注纲要上下教材的所学内容，在新情境中重新建构知识解决新问题，将交通与历史发展关联、交通与现实生活关联，彰显关联性；学生在分享交流里程碑活动中分析交通发展变迁趋势，在探究交通发展的原因、影响活动中不断发现其因果关联，三类大概念不断自主生成、理解，具有研究性；在此基础上，以历史的眼光去看待一个具有跨学科意义的主题，交通发展，彰显了学科本质性。

同时本课也还存在几点需要改进：

① 有些情境可以处理得更精致、巧妙一些。比如探究活动中，可以将古代道路交通网建设、工业革命时期的交通变迁的情境创设得更细致一些，引导学生去发现问题，解决问题。

② 教师对里程碑事件的处理，可以再花点时间突出强调一些内容。有些过渡环节，语言可以再打磨。

（2）自我评价

我自己对本课也进行了反思，认为在学校的大概念核心问题教学过程中，在以下方面做得较好：

① 大概念的特点突出：大概念的网络性，本课形成的板书可以看出，对本课的主要内容紧扣大概念中"20世纪之前的交通与社会变迁"，形成交通变迁的认识，并且关注横向联系与纵向发展的关联。大概念的迁移性，形成的概念结论、思想方法、价值观念等，可以迁移到其他课中，尤其是核心素养突出几个方面内容，如时空观念、史料实证、历史解释等，均可迁移。

② 学科必修课程的性质彰显：如前所述，以较大的学生活动展开探究分析。

学生在听完本课后，完成的点检测表中，反映出来，存在以下亮点和不足：

① 学习能力较强的学生对信息的提取、所学知识的迁移运用，以及分析历史问题、评价历史现象的能力较强；学习能力弱一些的学生，对所学知识的迁移运用较差，需要对所学知识更进一步的理解。

② 对学生论从史出、史论结合的思想方法，督促得不够落实。

【自我实施】

大概念核心问题教学文化评价表

课时名称：水陆交通的变迁。

所属单元：第五单元 交通与社会变迁。

单元大概念：交通与社会变迁。

单元核心问题：利用时间轴、地理示意图、表格等多种方式可视化梳理历史上中外交通发展的史实，分析交通发展的原因，结合史料和生活经验全方位探究交通进步对个人、社会、国家的重要意义。

课时大概念：20 世纪之前的交通与社会变迁。

课时核心问题：利用时间轴分享交流 20 世纪之前水陆交通发展的"里程碑"事件及其变迁，探究交通发展与社会变迁之间的关联。

评价目标	评价指标				评价方法结果
	一级指标	二级指标	三级指标		
实现活动体验中的学习与素养发展	具有大概念核心问题教学形态	核心问题利于活动体验	内含学科问题和学生活动方式	7	每项指标最高评 8 分（满分为 96 分）
			问题情境与真实生活密切相关	8	
			能引发大概念、新知新法生成	8	
		教学目标价值引导恰当	两类目标正确全面	8	
			关联体验目标恰当	8	
			目标价值引导显现	7	
		教学环节完整合理落实	教学环节清晰完整	8	
			环节内容合理充实	8	
			学生活动时间充分	7	
		教学要素相互匹配促进	问题目标环节两两匹配	7	
			技术促进活动形式内容	8	
			素养导向突出氛围浓郁	7	合计 91 分
	具有大概念核心问题教学特质	拓展学习视野	课堂与现实世界有恰当关联		选择一个表现突出的二级指标，在相应三级指标引导下，以现场学生表现为主要依据，以其余指标为背景，于本表的第二页写出 150 字以上的简要评价
			有基于缄默知识的问题解决		
			有缄默知识运用的追踪剖析		
			知识运用剖析导向素养发展		
		投入实践活动	有真实而且完整的实践活动		
			实践活动深度融入两类情境		
			能够全身心地浸渍于活动中		
			活动的内容结果均丰富深入		

评价目标	评价指标			评价
	一级指标	二级指标	三级指标	方法结果
实现活动体验中的学习与素养发展	具有大概念核心问题教学特质	感受意义关联	有核心问题的深层意义感受	
			有以知识为中心的关联感受	
			有以个人为中心的关联感受	
			有对三类大概念的关联感受	
		自觉反思体验	有实质性反思活动的开展	
			有课堂新因素的追踪利用	
			有体验的交流与改善重构	
			有概念生成中的素养发展	
		乐于对话分享	乐于自我的表达与认真的倾听	
			乐于合作中成果与思路的分享	
			乐于成果交流中深层意义分享	
			有宽容的对话氛围和双向交流	
		认同素养评价	认可素养评价	
			参与素养评价	
			利用素养评价	

大概念核心问题教学特质的简要评价（包括发展性建议）：

　　本节课运用时间轴梳理重大历史事件，寻找趋势发现历史发展线索，利用充分的图像和文献史料展开教学，在拓展学习视野和感受意义关联两个方面完成较好。拓展学习视野：课堂提出问题环节以问学生早上如何来上学设置情境导入，激发学生学习兴趣，从日常生活中的情境中关注交通的主要相关因素和目的，拓展学生思维，引出核心问题。在解决问题环节，有基于缄默知识的问题解决。学生在梳理时间轴的重大历史事件后，设置了寻找里程碑的活动，便于学生更好理解里程碑事件，培养时空观念，拓展学生学习方法的视野。在探究交通与社会变迁之间关联的活动中，老师引导学生从原因到结果，论从史出，史论结合地去分析。所选用的材料，多为纲要上下两册书中已出现过，但现在又要用全新的视角去理解，拓展学生对已有知识的学习视野，有对缄默知识的追踪运用。最后在评价反馈中，将本课生成的概念结论、思想方法和价值观念运用到中国铁路的拆与建的分析中，引导学生运用剖析，落实核心素养的培养。感受意义关联：本课以学生日常生活导入，引导学生关注所学与真实情境之间的关联。在教学活动中关注该组合班级学生的地理空间意识不足，而道路的发展具有较强的空间感，因此选用了一些地图作为材料。但是大多数为纲要上和纲要下中出现的地图。让学生感受到选择性必修教材与纲要教材的密切关联，知识点的重复，但是思考问题角度的不同，思维方式的变化等。学生在阐述里程碑事件时，感受交通的里程碑事件与中外历史重大节点之间的关联。在探究交通与社会变迁关联的活动中，学生在分析工业革命对交通变迁的作用和交通变迁后的影响时，能够逻辑清晰地找到二者之间的因果关联，相互促进。在反思提升环节，通过对学生的发言进行总结，引导学生找到知识之间的关联、三类大概念之间的关联。最后又将所学与新情境关联，解决中国近代铁路拆与建的因果的问题

【反馈调整】☞

　　通过以上信息整理和分析，我对本课做了以下调整：

（1）加强对地图、文献的细节解读，加强学生史论结合的方法指导。

（2）分享交流里程碑事件的过程中对学生发言进行点评。

（3）对学生讨论的结果，应有一张 PPT 呈现教师分析思路。以便于学生自我订正。

大概念核心问题教学素养目标点检测表

课时名称	水陆交通的变迁
所属单元	第五单元 交通与社会变迁
单元大概念	交通与社会变迁
单元核心问题	利用时间轴、地理示意图、表格等多种方式可视化梳理历史上中外交通发展的史实，分析交通发展的原因，结合史料和生活经验全方位探究交通进步对个人、社会、国家的重要意义
课时大概念	20世纪之前的交通与社会变迁
课时核心问题	利用时间轴分享交流20世纪之前水陆交通发展的"里程碑"事件及其变迁，探究交通发展与社会变迁之间的关联
课时素养目标	参与分享交流里程碑事件和变迁、研习图文史料探究交通发展与社会变迁关联等活动，能够利用历史年表等方式对20世纪之前的交通发展加以描述（时空观念水平2），能够分析20世纪之前交通的变迁（时空观念水平4），能够恰当地运用史料对20世纪之前交通发展的原因和影响进行论述并创造性地表达（史料实证水平4、历史解释水平4），由此懂得交通发展与社会变迁之间的因果关联（唯物史观水平4），把握中华民族多元一体的发展趋势与世界历史从分散走向整体的历程（家国情怀水平4）
检测点	懂得交通发展与社会变迁之间的因果关联
检测工具（检测题）	阅读材料，完成下列要求。 **近代中国铁路的拆与建** 1876年6月，英国商人未经允许建造了一条从上海至吴淞的铁路，招致清政府的强烈反应。经过交涉，清政府以28.5万两白银赎回，在两江总督沈葆桢的主张下拆毁。英国《泰晤士报》载：中国阻止进益之党不作他事，止以禁止改变为务。沈葆桢认为：电线、铁路皆中国数年后不能自已之事。洋人所以不患亏本者，冀中国许其起卸进出口货耳，不告而擅为之，于国体有损。 1895年，张謇起草《代鄂督条陈立国自强疏》，认为"若地势阻隔，不能相通，故必铁路成，则万里之外，旦夕可至；小民生业，靡不流通；朝廷法旨，靡不洞达；山川之产，靡不尽出；风俗之陋，靡不尽除。"1898年，在吴淞铁路原路基的基础上又重新筑成了铁路（淞沪铁路）。 詹天佑曾说，（京张铁路）此项路工实关塞北边防大局，我国地大物博，一路之工必须借重外人，引以为耻。1909年，他主持修建的京张铁路竣工，是中国人自行设计和施工的第一条铁路干线。 ——摘编自苏生文《中国早期的交通近代化研究》等 根据材料并结合所学知识，对近代中国铁路的拆与建进行评述。（要求：表述成文，立论正确，论证充分，逻辑清晰。）（12分）
分类标准	A. 能够准确、有效、完整地提取材料中的信息，准确历史历史现象，能够从背景和意义的角度去分析，史论结合，逻辑清晰，表达简洁明了
	B. 能够准确、有效、较为完整地提取材料中的信息，认识历史现象准确，并且能够从背景和意义的一些角度去分析历史现象，逻辑清晰，表达较为简洁明了
	C. 能够提取材料中的信息，较能发现历史现象，能够从背景或者意义的某一角度分析，逻辑较为清晰，表达较为简洁明了
	D. 仅能够提取材料中的信息，较能发现历史现象

	分类等级	学生人数（总人数 42 人）	百分比
检测统计	A	8	19%
	B	18	42.9%
	C	10	23.8%
	D	6	14.3%
检测分析结果运用	根据以上检测结果，19%的学生能够准确、有效、完整地提取材料中的信息，并且能够透过现象看本质，能够从背景和意义的角度去分析历史现象，史论结合，逻辑清晰，表达简洁明了。42.9%的学生能够较为完整地提取材料中的信息，认识历史现象准确，也能够从背景和意义的一些角度去分析历史现象。23.8%的学生能够提取材料中的信息，较能发现历史现象，能够从背景或者意义的某一角度分析，逻辑较为清晰，表达较为简洁明了。14.3%的学生仅能够提取材料中的信息，较能发现历史现象		
素养目标达成典型实例	 该学生作答情况可以作为 A 层级的典例，可以看出学生能够通过阅读材料比较有效、准确地提取信息，并且能够将其与所学知识相结合，分析近代中国铁路拆与建所反映的历史现象，说明学生的迁移运用能力较好。在此基础上，学生进一步从背景、影响等角度去评价该历史现象，透过历史现象认识本质，历史解释、唯物史观、时空观念等核心素养充分彰显。只是在分析的时候，还可以将语言表述更加精炼简洁。 该可以作为 D 层级的典例。他能够提取部分信息，但是在阐述和评价近代中国铁路的拆与建时，时间观念不强，没有分阶段来看，在分析影响时，逻辑也还有所欠缺。说明该学生对所学知识还不够熟悉，在迁移运用时有问题，在高阶思维层面也还有待提高		
检测反馈	1. 史论结合还应加强。在探究分析时，有一些学生仍然不注意史论结合，未把材料信息充分利用起来。 2. 里程碑事件处理时，还应突出一些重大历史事件，老师应充分强调		

"第13课 现代交通运输的新变化"学教案

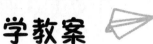

阙 庶

一、教学分析设计

【教材课标分析】☞

单元主题：选择性必修2从经济与社会生活的角度，揭示人类社会的发展，有助于学生充分认识生产方式的变革对人类社会发展所具有的革命性意义。教材分别从农、工、商、住、行、医等六个方面介绍了经济与社会生活。交通和交通工具是人类社会生活的重要组成部分。本专题选择交通作为内容主题，讨论交通本身的变化，以及交通对民众生活和社会变迁的影响。

课标内容：认识20世纪交通运输的新变化对民众生活及社会变迁的意义。本单元的核心内容是：不同时空下交通建设和交通工具的演进，及其对人类社会发展和日常生活产生的重大影响。基于此，本单元有两个重点：一是交通建设和交通工具的演进，二是交通的影响。关于第一方面，教科书既讨论了交通路线（陆路、海路、空中）的演进，也讨论了交通工具（动物、轮车、船、火车、汽车、飞机等）的演进，同时论述科技进步如工业革命等对交通改进的作用。关于第二方面，教科书讨论了交通在不同层面的影响，如各地的沟通交流、国家与城市发展、日常生活观念、大众旅游潮流的出现等。通过交通的变化，引导学生认识到经济与社会生活是一个逐步发展、不断进步的过程，其中虽有各区域发展程度的差异，但都在共同推动着交通的进步和人类文明的发展；交通的发展所推动的经济全球化趋势，也影响着世界各地的生活；进一步让学生理解经济活动与社会、科技、生活之间的关系。

本课地位："现代交通运输的新变化"上承第12课的内容，聚焦20世纪以来的海陆空交通发展的变化及其对社会生活的影响。本课针对20世纪以来交通变革，从陆海空三个领域整体描述百余年来的交通变革的新趋势，并讨论现代交通运输发展对社会生活的变化产生的多重影响。本课与第12课形成一个连贯的历史脉络，让学生进一步认识到交通的进步反映经济活动与社会生活的逐步发展，交通的发展所推动的经济全球化趋势，也影响着各地民众的生活。

教材逻辑：本课分为三个子目，第一、二子目专题之下突出时序线索，重在强调现代交通运输本身的发展，从交通工具和技术、道路建设等史实角度突出新变化，第三子目仍然谈交通的影响，为避免与第12课重复，侧重强调的是现代交通变革对社会生活方式和观念的影响。总之，本课的教学内容重点反映了20世纪交通运输的新变化，不仅加速推动了社会的进步，促进了新兴行业的发展，还改变了人们的日常生活。

教材关联：本课内容不仅要与选择性必修 2 其他单元、《中外历史纲要》（上）（下）的相关内容关联，又要与学生现实的生活经验关联。比如在理解 20 世纪以来的交通变革的新趋势，可与学生日常生活中的所见所闻关联，认识高速公路、高铁和现代航空事业发展情况；在分析现代交通的影响，要与第 11 课"近代以来的城市化进程"的内容关联起来，认识城市内公共交通发展对城市本身发展的影响；此外，本课内容还可以尝试跨学科学习，运用地理学科的交通运输、政治学科唯物主义的相关内容，进一步理解现代交通推进社会的发展，改变了人们的生活观念，并在具体的时空情境下进一步理解交通进步与民族复兴之间的关联，实现对学生家国情怀素养的培养。

【大概念】☞

课时核心大概念	简约化表达：现代交通运输的新变化
	特征化表达：在唯物史观的指导下，借助时间轴梳理 20 世纪以来现代交通运输的新变化的相关史实，并探究交通发展与社会变迁之间的关联，辩证分析交通与社会发展之间的互动关系

概念结论		思想方法		价值观念	
简约化表达	特征化表达	简约化表达	特征化表达	简约化表达	特征化表达
现代交通的新变化、现代交通引发社会生活的深刻变化	新变化——传统陆海交通取得的新发展（如：汽车的广泛使用、高速公路与高铁的铺设、航运技术和造船技术发展）；出现新事物——飞机与现代航空事业的发展；影响——现代交通缩短了时空距离、影响城市格局和催生大众旅游的潮流	时空可视化表达 历史解释 关联分析	借助时间轴梳理 20 世纪以来现代交通运输的新变化的相关史实，在特定的时间、空间条件下分析交通的变迁，通过探究交通发展与社会变迁之间的关联，辩证分析交通与社会发展之间的互动关系	唯物史观 家国情怀	在特定时空框架下理解交通变迁的史实，运用唯物史观分析交通变迁与社会发展之间的关系；理解 20 世纪交通运输的新变化与世界科技革命基本一致的历程，增强对"科技是第一生产力"的认识；通过中外现代交通运输的发展对比，认识到交通进步与民族复兴之间的关系

【资源条件】☞

资源名称	功能
黑板	板书学生解决问题、反思提升过程的要点。适时适当的板书有利于学生建立知识结构，归纳学科思想方法
教材	提供核心问题教学各环节中自主探究与生成的环节与思维空间
PPT、希沃白板 APP	展示图文等情境，出示核心问题；提供全班交流所需要的材料；利用希沃白板 APP 实现实时投屏，将学生的学习过程中的表现以照片等形式传输到电脑端
数字资源的利用	通过互联网利用数字资源（如网页、多媒体资料、电子期刊）方便地获取所需史料开展历史研究，拓展学生视野与加深对知识的理解

【学生分析】☞

（1）必备知识层面：高二的学生通过高一《中外历史纲要》（上）（下）两册的学习，对本课涉及的现代交通都有一定的了解，但是存在对已学遗忘较多、知识碎片化的现象，对于专题学习需要重新建构知识体系。

（2）关键能力和学科核心素养层面：通过高一的学习，高二学生能够较好地进行抽象概括，逐渐学会从纷繁复杂的历史现象中去认识历史的本质，但还需加强。

（3）核心价值层面：学生对现代交通有比较感性的认识，但是交通发展与社会变迁之间的深层次关系，较陌生，还需进一步在唯物史观指导下加强认识。

（4）学习兴趣：现代交通是与学生生活经验密切相关的主题，学生学习兴趣较大，应将其转化为深入研究的动力。

【教学目标】☞

参与梳理 20 世纪以来世界和中国交通运输的新成就、归纳其呈现的发展趋势并探究交通发展与社会变迁关联等活动，能够利用历史年表的方式对 20 世纪以来的交通发展加以描述（时空观念水平 2），能够分析 20 世纪以来现代交通的新趋势（时空观念水平 4），能够恰当地运用史料对 20 世纪以来现代交通发展的原因和影响进行论述并创造性地表达（史料实证水平 4、历史解释水平 4），由此懂得交通发展与社会变迁之间的因果关联（唯物史观水平 4），整体把握交通的变迁反映历史的进步和交通与民族复兴之间的联系（家国情怀水平 4）。

【核心问题】☞

核心问题：利用时间轴梳理 20 世纪以来现代交通发展的新成就及归纳呈现的发展趋势，探究交通发展与社会变迁之间的关联。

本课内容时间聚焦 20 世纪以来海陆空交通发展的相关新成就，相关的史实比较多。课堂上充分调动学生学习的自主性，通过自制时间轴以梳理出 20 世纪以来现代交通的新成就，从时代背景的尺度去认识历史，找出历史发展线索。同时利用自制的时间轴，进一步归纳出呈现的发展趋势。在探究活动中，以小组探究活动为主，通过提供相关图文史料，引导学生从不同角度举例说明现代交通发展对城市发展、日常生产生活的影响，从而认识到 20 世纪以来现代交通与社会变迁的多维影响。整个过程中，引导学生学会史论结合的表达观点，关联分析交通发展与社会变迁之间互为因果的关系，培养唯物史观，生成本课的课时核心大概念。

【评价预设】

本节课教师评价始终围绕核心问题，伴随教学四个环节展开而进行，评价时注意以激励性原则、导向性原则、多元性原则展开评价，评价时要注意从学生活动中收集到的信息予以评价反馈，用适当、明确、有针对性的语言，让学生明确思考方向。

（1）提出问题环节：对学生表现出的学习兴趣给予激励性评价，以带动全班学生积极的探究准备状态中明晰核心问题，激发学生的学习兴趣，产生强烈的探究愿望和热情。

（2）解决问题环节：根据学生在分析解决问题的活动过程中给予引导性、提示性、鼓励性等评价，如学生以不同形式来梳理史实时，进行肯定性和引导性评价；如学生要梳理 20 世纪以来现代交通的新变化并归纳呈现的新趋势时，进行引导性评价，深入认识；如探究对社会活动的影响时进行提示性评价，通过情境设置不断将学生的体验引向深入，充分发挥该环节的激励与引导功能。

（3）反思提升环节：与学生一起对解决问题的过程进行反思，在激励性的学科化评价基础之上形成结构化的提升，加深对本课的知识内容、思想方法、价值观念等认识，力求发挥此环节评价的体验积淀功能。

（4）评价反馈环节：通过对新中国成立以来北京城市公交发展的特点及影响这一任务的完成情况进行点检测分析，形成体验性目标达成情况的评价并反馈给学生，凸显该环节评价的体验强化功能。

二、教学实施设计

【教学环节】☞

教学环节	学生活动	教师活动	设计意图	技术融合
提出问题	阅读"本课导语"及图片《超级工程——港珠澳大桥》认识到有新的交通工具、设施及新的影响。明确本节课的核心问题，进入解决问题的积极状态。	1. 以观察《超级工程——港珠澳大桥》图片及"本课导语"，引入学生思考谈现代交通有哪些新变化。2. 提出核心问题	以"本课导语"及相关图片导入，让学生在熟知的案例中充分感知现代交通建设中蕴含的高科技，设置问题激发学生探究图文信息，进而引入课题提出核心问题	PPT展示图片，出示核心问题
解决问题	一、交通运输新变化 活动一：梳理新成就并归纳新趋势 任务1：以时间为序自主梳理20世纪以来现代交通发展的新成就并进行交流展示。 任务2：利用时间轴并结合所学知识，归纳呈现的发展趋势	组织学生自主阅读教材第一、二子目，指导学生利用时间轴的形式呈现出世界和中国两个方面梳理出现代交通运输业发展的新成就。组织学生根据时间轴，引导学生从交通工具、速度、科技含量等方面归纳20世纪以来现代交通发展的新趋势。学生发言的过程中记录要点	引导学生先以时序，后以类别，两种不同的方式进行梳理与归纳，从而培养学生的时空观念；培养学生信息提取的能力、语言表达的能力	PPT上呈现学生成果；板书学生发言
解决问题	二、社会生活新面貌 活动二：探究现代交通对社会变迁的多维影响 任务1——探究现代交通运输业的发展给社会生活带来的便利，并交流研讨成果。 任务2——探究现代交通业之负面效应，并交流研讨成果	教师提供相关图文史料，并组织学生探讨20世纪以来现代交通运输业的发展对社会生活带来的多维影响	引导学生以生活经验和已有知识为起点，通过小组交流、补充材料，史论结合探讨现代交通对社会变迁的多维影响，培养历史解释的核心素养。理解交通发展与社会变迁之间的互动关系，培养唯物史观	希沃白板投屏；学生交流要点
反思提升	形成概念结构；学科思想方法显性化；彰显家国情怀和唯物史观	形成概念结构图；学科思想方法显性化；彰显家国情怀和唯物史观	形成知识和方法的网络结构；价值观念的显性化	黑板板书
评价反馈	思考作答	引导学生完成题目	检测目标达成情况	PPT出示反馈任务，展示相关阅读资料

【**板书设计**】☞

核心问题：利用时间轴梳理 20 世纪以来现代交通发展的新成就及归纳呈现的发展趋势，探究交通发展与社会变迁之间的关联。

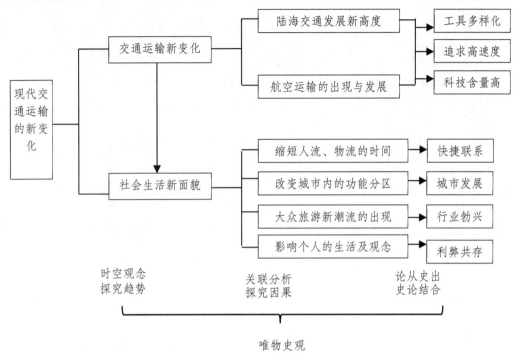

【**作业设计**】☞

课时作业的结构化设计：

作业序号	作业目标	作业情境		概念结论		思想方法		价值观念		整体评估	
		内容	类型	内容	水平	内容	水平	内容	水平	内容	水平
1	检测学生对 20 世纪以来现代交通运输的新变化	现代交通工具——飞机的发展；	简单	交通工具—飞机	时空观念水平2	时空定位	时空观念水平2	家国情怀	家国情怀水平2	基础性作业	学业质量水平2
2	检测学生对 20 世纪以来现代交通运输的新变化	现代交通工具——高速公路的发展；	简单	交通工具—高速公路	时空观念水平2	时空定位	时空观念水平2	唯物史观	唯物史观水平2	基础性作业	学业质量水平2
3～5	检测学生对 20 世纪以来现代交通工具对社会生活带来的影响	20 世纪以来现代交通地铁、高铁带来的社会观念改变	较复杂	交通变迁的影响	时空观念水平3 历史解释水平3	时空定位 史料实证	时空观念水平3 史料实证水平3	唯物史观和家国情怀	家国情怀水平3 唯物史观水平4	基础性作业	学业质量水平3

作业序号	作业目标	作业情境		概念结论		思想方法		价值观念		整体评估	
		内容	类型	内容	水平	内容	水平	内容	水平	内容	水平
6	检测学生能够运用所学知识迁移运用，理解新中国成立以来北京城市公交发展的特点，认识交通建设与城市发展之间的关联	20世纪以来北京城市公交发展情况	较复杂	北京城市公交发展的特征、交通建设与城市发展之间的关联。	时空观念水平4、历史解释水平3	时空定位、分析与综合	历史解释水平4	唯物史观	唯物史观水平4	综合性作业	学业质量水平4
7	检测学生是否能够搜集史料，并将所学知识融会贯通，创造性地进行实践	以现代交通工具智能化表现的案例（如智能汽车），搜集相关史料并整理，深度剖析对社会生活的影响	复杂	智能化交通工具的发展与社会变迁	时空观念水平3、史料实证水平3	搜集整理、概括分析	时空观念水平3、历史解释水平4	家国情怀国际视野	家国情怀水平4	实践性作业	学业质量水平4
课时作业总体评估	本课主要难点在于学生对学习内容的阶段分析以及对影响的整体把握，本课重大历史事件和重要历史人物，学生都较为熟悉，但是应置于交通与经济的单元和模块主题中去重组这些史实，重新架构进行深度分析。因此选择题侧重于情境的创设，能从简单的情境中直接运用所学得出答案。这集中体现了对时空定位、史料实证、唯物史观的考查。综合性作业，选用了教材中没有讲过，但与学生日常生活联系紧密的北京城市公共发展为切入口，运用所学迁移到新的情境中，运用所学知识去解读现象和分析解决新问题。这主要是对历史解释核心素养的培养。最后的实践性作业，是希望学生上网查阅相关资料，进一步了解现代交通智能化案例，在亲身搜集史料的过程中学会辨析史料、归纳概括史料的信息，并作出历史解释，并运用信息技术重组这些信息，综合培养学生的核心素养。以此达成唯物史观、时空观念、史料实证、历史解释、家国情怀等核心素养的落地。										

（具体的作业内容略）

【教学流程】☞

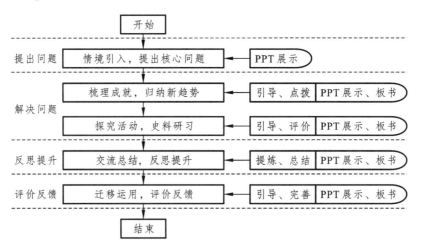

三、教学评价设计

【信息搜集】☞

为了检测学生核心素养目标的达成情况，我收集了高二（11）班学生的运用反馈练习（共50份）并在课后同学生进行交流，对本节课后进行自我反思与评价。个人认为本课有以下设计亮点：

① 课堂创设的情景比较好，能引导学生基于问题情景展开自主的学习，并能通过师生间的对话与交流，推动学生的探究活动走向深化，提升了学生综合运用所学知识解决历史问题的能力，从而实现学生对大概念的生成、理解和运用完成较好。

② 课堂上对大概念的核心问题教学中的情境性、关联性彰显充分。利用学生生活情境导入，借助图文史料创设历史情境探究交通发展与社会变迁之间的关联，将教材图片与学生的现实生活情境进行关联，充分体现了情境性；引导学生关注纲要上下教材的所学内容，在新情境中重新建构知识解决新问题，将交通与历史发展关联、交通与现实生活关联，彰显关联性；学生在梳理现代交通发展新成就并归纳其新趋势的活动中，注重与《中外历史纲要》内容进行关联，具有关联性。

但是，本课也存在一些问题，一是学生对课堂所给的史料解读存在时间把握不到位的问题，不能在较短时间内完成，这样造成课堂实施中教师对时间把握有一定的难度；二是不同学习能力的学生掌握基本历史知识信息的情况没有能够真正在课堂上清晰地反馈出来。我所上的班级学生在知识储备和学习能力方面不足，课堂上学生生成性知识受到一定的限制，在今后的教学中要着力解决好这些问题。

【自我评价】

大概念核心问题教学文化评价表

课时名称：现代交通运输的新变化。

所属单元：第五单元 交通与社会变迁。

单元大概念：交通与社会变迁。

单元核心问题：利用时间轴、地理示意图、表格等多种方式可视化梳理历史上中外交通发展的史实，分析交通发展的原因，结合史料和生活经验全方位探究交通进步对个人、社会、国家的重要意义。

课时大概念：现代交通运输的新变化。

课时核心问题：利用时间轴梳理 20 世纪以来现代交通发展的新成就及归纳呈现的发展趋势，探究交通发展与社会变迁之间的关联。

评价目标	评价指标			评价
	一级指标	二级指标	三级指标	方法结果
实现活动体验中的学习与素养发展	具有大概念核心问题教学形态	核心问题利于活动体验	内含学科问题和学生活动方式 7	每项指标最高评8分(满分为96分)
			问题情境与真实生活密切相关 8	
			能引发大概念、新知新法生成 8	
		教学目标价值引导恰当	两类目标正确全面 8	
			关联体验目标恰当 7	
			目标价值引导显现 7	
		教学环节完整合理落实	教学环节清晰完整 8	
			环节内容合理充实 8	
			学生活动时间充分 7	
		教学要素相互匹配促进	问题目标环节两两匹配 7	
			技术促进活动形式内容 8	
			素养导向突出氛围浓郁 7	合计90分
	具有大概念核心问题教学特质	拓展学习视野	课堂与现实世界有恰当关联	选择一个表现突出的二级指标,在相应三级指标引导下,以现场学生表现为主要依据,以其余指标为背景,于本表的第二页写出150字以上的简要评价
			有基于缄默知识的问题解决	
			有缄默知识运用的追踪剖析	
			知识运用剖析导向素养发展	
		投入实践活动	有真实而且完整的实践活动	
			实践活动深度融入两类情境	
			能够全身心地浸渍于活动中	
			活动的内容结果均丰富深入	
		感受意义关联	有核心问题的深层意义感受	
			有以知识为中心的关联感受	
			有以个人为中心的关联感受	
			有对三类大概念的关联感受	
		自觉反思体验	有实质性反思活动的开展	
			有课堂新因素的追踪利用	
			有体验的交流与改善重构	
			有概念生成中的素养发展	
		乐于对话分享	乐于自我的表达与认真的倾听	
			乐于合作中成果与思路的分享	
			乐于成果交流中深层意义分享	
			有宽容的对话氛围和双向交流	
		认同素养评价	认可素养评价	
			参与素养评价	
			利用素养评价	

大概念核心问题教学特质的简要评价（包括发展性建议）：

本节课以发展学生的学科能力与素养为出发点，基于课标的要求，通过设置恰当的核心问题及创设情境，引导学生从生活经验出发，充分利用相关的图文史料展开教学。整个课堂教学具有大概念核心问题教学的特质，其中在"投入实践活动"、"感受意义关联"这两个亚层文化的完成较为突出，主要表现在如下：

1. 投入实践活动：本课在大概念的统领下，通过学生利用教材自主梳理20世纪以来现代交通运输的新成就并归纳其呈现的新趋势的活动中，充分将学生课前基础知识预习与课中重点问题的探究有机结合的方式，以调动学生投入整个学习的实践活动中。学生的整个实践活动以层层递进的方式展开，首先从自主梳理新成就以时间轴的形式呈现，再引导学生利用自主设计的时间轴进一步思考其发展的新趋势，最后在教师提供的相关图文史料深入探究现代交通对社会生活的影响，整个活动过程让学生全身心地浸渍于活动中，且活动的内容较丰富深入，深度体验到本课所预定的素养目标。本次实践活动是基于课标的要求，通过创设学生学习探索情境，在学生对教材知识的梳理和归纳、道历史现象的基础上，通过对历史趋势进行成因分析，以实现学生理性思维能力的提升及构建历史知识体系的能力，并结合教师补充的相关图文史料，深度剖析现代交通对社会生活的影响，深化对历史影响的辩证认识，最终涵养历史学科素养。

2. 感受意义关联：本课注意与学生的生活经验关联，挖掘出学生日常生活相关的公共交通、城市化进程及大众旅游等社会生活中的细节，引导学生关注所学与真实情境之间的关联。在引导学生对交通变迁的影响的分析中，通过提供中国现代交通运输业的成就，合理关联中华民族的复兴之路，从而有助于激励学生树立对祖国的热爱之情，培养家国情怀素养。在反思提升环节，通过对学生的发言进行总结，引导学生找到知识之间的关联、三类大概念之间的关联。最后又将所学与新情境关联，解决北京城市公交发展对北京发展影响的分析。

但是，本课也存在一些问题，一是学生对课堂所给的史料解读存在时间把握不到位的问题，不能在较短时间内完成，这样造成课堂实施中教师对时间把握有一定的难度；二是不同学习能力的学生掌握基本历史知识信息的情况没有能够真正在课堂上清晰地反馈出来。我所上的班级学生在知识储备和学习能力方面不足，课堂上学生生成性知识受到一定的限制，在今后的教学中要着力解决好这些问题

【反馈调整】☞

通过以上信息整理和分析，我对本课做了以下调整：

（1）进一步制定层次分明的教学目标，进一步优化与整合问题，关注教材所给材料与图片的深度解读，加强学生史论结合的方法指导。

（2）课堂对学生的关注面要进一步扩大，兼顾好不同层次的学生学习情况，并利用课后练习的批阅，对后进生做好辅导工作。

大概念核心问题教学素养目标点检测表

课时名称	现代交通运输的新变化
所属单元	第五单元 交通与社会变迁
单元大概念	交通与社会变迁
单元核心问题	利用时间轴、地理示意图、表格等多种方式可视化梳理历史上中外交通发展的史实，分析交通发展的原因，结合史料和生活经验全方位探究交通进步对个人、社会、国家的重要意义
课时大概念	现代交通运输的新变化

课时核心问题	利用时间轴梳理20世纪以来现代交通发展的新成就及归纳呈现的发展趋势，探究交通发展与社会变迁之间的关联
课时素养目标	参与梳理20世纪以来世界和中国交通运输的新成就、归纳其呈现的发展趋势并探究交通发展与社会变迁关联等活动，能够利用历史年表等方式对20世纪以来的交通发展加以描述（时空观念水平2），能够分析20世纪以来现代交通的新趋势（时空观念水平4），能够恰当地运用史料对20世纪以来现代交通发展的原因和影响进行论述并创造性地表达（史料实证水平4、历史解释水平4），由此懂得交通发展与社会变迁之间的因果关联（唯物史观水平4），整体把握交通的变迁反映历史的进步和交通与民族复兴之间的联系（家国情怀水平4）
检测点	懂得现代交通发展与社会变迁之间的因果关联

检测工具（检测题）	阅读材料，完成下列要求。（16分） **材料** 北京城市公交发展一览表

时间	状况
1949年	北京共有能使用的公共电汽车157辆，包括日本丰田客车、美国道奇车，以及捷克的"布拉格""克罗沙"和"斯柯达"等
1957年	随着长春一汽的第一辆国产卡车顺利下线，北京街头的公交车开始有了"纯中国血统"，但这些客车多是由卡车改装成的
20世纪60—70年代	随着一汽、重汽不断开发新车型，城市客车BK651，642，611等车型不断开发，北京公交进入以国产汽车为主的时代；20世纪70年代末，北京拥有将近3000辆公交车
20世纪90年代以后	20世纪90年代以后，进入20世纪90年代，北京街头相继出现了双层公交车和空调公交车。2001年研制成功了京华巡洋舰，车身长18米，核定载客200人，尾气排放能够达到欧Ⅲ标准，是300路这样大流量线路的理想选择

——摘编自张蕊《北京城市公交发展历程》

阅读材料，概括北京城市公交发展的特点，并结合所学知识指出发展的影响。（16分）

分类标准	A. 能够准确、有效、完整地提取材料中的信息，准确认识北京城市公交发展的特点及影响，能够三到四个角度去分析，逻辑清晰，表达准确 B. 能够准确、有效、较为完整地提取材料中的信息，准确认识北京城市公交发展的特点及影响，能够二到三个角度去分析，逻辑清晰，表达较准确 C. 能够提取材料中的信息，能够部分认识北京城市公交发展的特点及影响，能够从一个角度分析，逻辑较为清晰，表达较准确 D. 仅能够提取材料中的信息，逻辑不清晰，表达不准确

检测统计	分类等级	学生人数（总人数50人）	百分比
	A	20	40%
	B	19	38%
	C	9	18%
	D	2	4%

检测分析 结果运用	根据以上检测结果，40%的学生能够准确、有效、完整地提取材料中的信息，准确认识北京城市公交发展的特点及影响，能够三到四个角度去分析，逻辑清晰，表达准确。38%的学生能够准确、有效、较为完整地提取材料中的信息，准确认识北京城市公交发展的特点及影响，能够二到三个角度去分析，逻辑清晰，表达较准确。18%的学生能够提取材料中的信息，能够部分认识北京城市公交发展的特点及影响，能够从一个角度分析，逻辑较为清晰，表达较准确。4%的学生仅能够提取材料中的信息，逻辑不清晰，表达不准确。
素养目标达成 典型实例	 以上两位学生作答情况可以作为典例，可以看出学生能够通过阅读材料比较有效、准确地提取信息，并且能够将其与所学知识相结合，其特点从公交车辆数量、类别、科技含量，影响从对市民的生活、城市建设、城市经济、科技水平等三到四个角度进行分析理解，对透过历史现象看本质，学生的时空观念、历史解释等核心素养充分彰显。 该可以作为 C 层级的典例。该学生能够提取部分信息，但是概括特点及分析影响的角度不够深入，说明学生对所学知识还不够熟悉，学生的高阶思维层面也还有待提高。
检测反馈	课后分别给学生展示了一些 A、B、C、D 四类同学的答案，并让大家进行比较分析 A、B 两类好在哪里，C、D 两类的不足之处。通过大家的分析，学生们更加明确自身存在的不足，然后教师结合此题进行对现代交通运输对社会生活的影响做进一步分析，进一拓展学生的认识维度。同时我将利用本专题小结，以思维导图的形式进一步帮助弥补学生完善相关的知识体系，同时引导学生关注《中外历史纲要》（上）（下）中的相关知识，进行查漏补缺。 此外通过本课的学习与检测可以看出，在单元大概念与课时大概念统领下的课堂教学，要更加关注学生的主体活动体验，更加强调学生高阶思维的养成和整合性综合性能力的提升，在落实知识能力过程中兼顾学生思想方法、价值观念的养成，进而提升自己解决问题能力

"三国两晋南北朝的民族交融与隋唐统一多民族封建国家的发展"单元教学

"三国两晋南北朝的民族交融与隋唐统一多民族封建国家的发展"大概念的核心·问题教学单元规划纲要

学科　历　史　教师　王　娜　江昊阳　梁　利

年级	高一	单元名称	三国两晋南北朝的民族交融与隋唐统一多民族封建国家的发展	单元课时	5
单元内容	教材内容				

本单元为人民教育出版社《中外历史纲要（上）》的第二单元，讲述的是继秦汉大一统后，中国进入了三国两晋南北朝分裂和隋唐大一统时期的历史。这段历史大体处于3—10世纪。教材的单元标题分为两个阶段表述，而未直接合起来表述为三国两晋南北朝与隋唐时期的民族交融和大一统的发展，主要还是为了突出历史发展的阶段性及其突出特征。在三国两晋南北朝时期，更强调其民族交融的历史特色，而在隋唐时期，更突出其大一统的时代特征。单元名称的设置也体现了历史发展由分裂走向统一的基本趋势，即统一始终是中国历史的主流。

教材基本按照从三国两晋南北朝到隋唐的朝代顺序来叙述，分制度变化与创新、民族交融、区域开发及思想文化等四个方面展开。从纵向来看，这段历史大体经历了从分裂走向统一的过程，三国两晋南北朝时期各政权的制度建设、民族交融、经济发展和思想文化成就均为隋唐时期大一统的盛世局面奠定了基础。从横向来看，制度变化与创新、民族交融、区域开发及思想文化新成就是这一时段的突出时代特色。

从单元地位看，本单元是中国古代史中的重要内容。三国两晋南北朝处于中国历史的承上启下阶段，隋唐时期则是中国历史发展的又一高峰。

从单元内部看，本单元分为4课。第5课"三国两晋南北朝的政权更迭与民族交融"、第6课"从隋唐盛世到五代十国"、第7课"隋唐制度的变化与创新"和第8课"三国至隋唐的文化"。4课朝代更迭的历史脉络清晰。教科书增补了五代十国这段历史，基本叙述了从三国两晋南北朝到隋唐五代十国这一历史阶段的内容，较课标内容要求更加系统完整。这4个小专题各有侧重，比如民族交融的叙述更多是体现在三国两晋南北朝时期，而制度的变化与创新，尽管正文从魏晋南北朝讲起，直到隋唐时期，但着墨更多的还是在隋唐时期的制度变化与创新上。文化部分不涉及五代，主要叙述了从三国至隋唐的儒学、道教与佛教、文学艺术、科技以及中外文化交流等方面的新发展新成就。这4个小专题的叙述注重三国两晋南北朝与隋唐两个时段的历史联系。隋唐时期盛世局面的出现无论是政治制度方面、经济繁荣程度，还是民族交融和文化兴盛，都是在前代的基础上发展而来的。三国两晋南北朝时期各方面的发展是隋唐盛世出现的基础和前提。在教学过程中，无论是对脉络发展的了解，还是对单元内容的掌握，都要有时间概念，按照历史发展的线索，前后联系起来进行长时段考察。这样，历史线索更加清晰，历史问题更加明确

单元内容	教材内容		关于本单元的教学，要注重梳理这段历史发展的基本线索，引导学生运用历史唯物主义的基本立场、观点和方法，在时空框架下把握西晋末年少数民族内迁、北方流民南迁、民族交融和制度变化创新等重要历史现象，北魏孝文帝、隋炀帝、唐太宗和唐玄宗等重要历史人物，以及北魏孝文帝改革、安史之乱、藩镇割据等重要历史事件，理解这段历史进程中的变化与延续、继承与发展、原因与结果，建构这段历史发展的前后联系，认识大一统是历史发展的基本趋势和规律，多民族共同缔造中华民族是我们的国情。 　本单元知识时间跨度较大，概念较多，所以要运用大概念的核心问题教学方式将教材内容整合，以进一步培养和提升学生的唯物史观、历史解释、史料实证和家国情怀等历史学科核心素养，使得历史课程育人价值得以充分体现
	课程标准		"三国两晋南北朝的民族交融与隋唐统一多民族封建国家的发展"的课程标准是：通过了解三国两晋南北朝政权更迭的历史脉络，隋唐时期封建社会的高度繁荣，认识三国两晋南北朝至隋唐时期的制度变化与创新、民族交融、区域开发和思想文化领域的新成就。 　课标解读：本专题基本按照从三国两晋南北朝到隋唐的朝代顺序来叙述，分制度变化与创新、民族交融、区域开发及思想文化等四个方面展开。课标关于这部分内容的设置，关注较长时段历史的发展与变化，从中易于把握朝代更迭的历史发展脉络，进而探寻其中的历史发展规律。从横向来看，制度变化与创新、民族交融、区域开发及思想文化新成就是这一时段突出的时代特色。课标集中反映了这些时代特征，利于全面而深入地认识三国两晋南北朝至隋唐时期的政治、经济、民族以及思想文化的发展变化，进而认识历史发展变化的深层原因和内在联系，从而对历史发展变化形成正确的认识，树立正确的历史观、民族观、国家观和文化观
基础条件	资源基础	资源名称	功能
		黑板	板书课时核心问题；板书学生在解决问题过程中的表现和表达
		教材、学案	提供核心问题教学四个环节中学生需要的图文史料
		数据库	支持学生搜集史料
		PPT	出示课时核心问题和四个环节必需的资料
	学生基础		知识基础：初中历史教材已有涉及三国两晋南北朝和隋唐时期的相关内容。学生对本块知识已有了一定的缄默知识，从而为本单元学习奠定了一定的知识基础。但初中历史中本单元的内容是零散地分布在几个单元，没有进行整合，所以本课着重引导学生建构知识逻辑与线索，把握历史发展的整体性关联。 　关键能力：高一学生已具备一定的阅读理解的能力，可以通过阅读教材来简单理解相关历史史实。但其高阶思维能力还处于形成之中，史料实证和历史解释的高层次素养还需加强培养。 　认知水平：在初中学习获得的缄默知识的基础上，引导学生利用相关的图文史料等教学资源，运用历史学科的相关思想方法解决问题，从而进一步提升学生的学科思维能力和方法。 　心理条件：高一学生具有一定的理性思考能力，但历史学习的兴趣、动机、态度等也呈现出个体差异。本单元部分内容理论性强，要注意教学资源选择、教学问题设计上的吸引力和探究性，更有效地刺激学习兴趣，让学生愿意参与，积极思考，学会联系历史与现实问题

	单元名称/核心大概念：三国两晋南北朝的民族交融与隋唐统一多民族封建国家的发展

单元大概念及下层结构

特征化表达：在唯物史观指导下，归纳三国两晋南北朝、隋唐和五代十国时期的时代特征，认识到中国传统制度的可资借鉴之处和中华优秀传统文化的优越性。

了解三国两晋南北朝政权更迭的历史脉络和隋唐王朝的盛世局面，认识这一时期制度演进、民族交融、区域开发和思想文化发展等新的成就。

概念结论类：三国两晋南北朝的政权更迭；民族交融；从隋唐盛世到五代十国；三国至隋唐的新成就。

特征化表达：三国两晋南北朝包括三国、西晋、东晋十六国和南北朝几个阶段，除西晋外都处于分裂状态。尽管政局动荡，但社会经济在曲折中仍有发展，有不少新成就。汉族与内迁边疆民族逐步走向交融，推动了统一多民族国家的发展。随后出现的隋唐统一王朝形成盛世，有诸多新成就。自唐朝中期爆发安史之乱起，中央对地方的控制严重削弱，最终演变为五代十国的分裂局面。

思想方法类：具体问题具体分析；放在特定时空条件下全面、多角度考察；比较的方法；联系的方法；从感性到理性；社会存在决定社会意识；史料实证；历史解释。

特征化表达：通过辨析、研读、分析和理解教科书中的史料以及教师补充的史料，归纳三国两晋南北朝、隋唐和五代十国时期的时代特征，运用比较和联系等方法，具体问题具体分析，在特定时空条件下全面、多角度地认识这一时期的新成就，探究这些新成就的特征、成因和影响。

价值观念类：唯物史观；时空观念；家国情怀；制度自信；文化自信。

特征化表达：在唯物史观的指导下认识三国至隋唐五代十国时期的重要史实，构建起三国两晋南北朝、隋唐和五代十国时期的时代特征，涵养时空观念；在探究隋唐的制度变化与创新、三国至隋唐的文化的基础上认识到中国传统制度的可资借鉴之处和中华优秀传统文化的优越性，形成制度自信和文化自信，树立起弘扬中华优秀传统文化的意识

课时	课时大概念		课时概念梳理		
	简略化表达	特征化表达	概念结论（小概念）	思想方法	价值观念
1- 三国两晋南北朝的政权更迭与民族交融	三国两晋南北朝的政权更迭与民族交融	在唯物史观的指导下，史料实证，全面、多角度考察三国两晋南北朝的政权更迭与民族交融表现，分析二者之间的关联	三国两晋南北朝的政权更迭；民族交融；南方经济开发	具体问题具体分析；放在特定时空条件下全面、多角度考察；史料实证；历史解释	唯物史观；时空观念；家国情怀
2- 从隋唐盛世到五代十国	从隋唐盛世到五代十国	在唯物史观的指导下，史料实证，全面、多角度考察隋唐盛世与五代十国的分裂局面，分析二者之间的关联	从隋唐盛世到五代十国	具体问题具体分析；放在特定时空条件下全面、多角度考察；比较的方法；联系的方法；史料实证	唯物史观；时空观念；家国情怀
3- 隋唐制度的变化与创新	隋唐制度的变化与创新	唯物史观引领下，将隋唐制度置于特定的时空框架下，去分析隋唐制度的创新和发展，并探究其变化的原因及作用	九品中正制；科举制；三省六部制；租庸调制；两税法	时空框架下分析问题；史料实证；发展眼光看问题	唯物史观；家国情怀（制度自信）

	课时	课时大概念		课时概念梳理		
		简略化表达	特征化表达	概念结论（小概念）	思想方法	价值观念
单元大概念及下层结构	4-三国至隋唐的思想与文学艺术	三国至隋唐的思想与文艺成就	运用社会存在决定社会意识等原理，赏析和探析三国至隋唐思想与文学艺术领域出现的新成就，体会其艺术魅力	兼收并蓄；活跃多元；高度繁荣	从感性到理性；社会存在决定社会意识；史料实证；历史解释	时空观念；文化自信；家国情怀
	5-三国至隋唐的科技与中外文化交流	三国至隋唐的科技成就与中外文化交流	运用社会存在决定社会意识等原理，赏析和探析三国至隋唐思想与科技领域出现的新成就，梳理这一时期中外文化交流不断发展的表现	兼收并蓄；世界领先；高度繁荣	从感性到理性；社会存在决定社会意识；史料实证；历史解释	时空观念；文化自信；家国情怀

单元教学目标	参与研习图文史料，梳理三国两晋南北朝的政权更迭、民族交融与隋唐统一多民族封建国家的发展情况的活动； 能够在特定时空条件下全面、多角度考察三国两晋南北朝政权更迭的历史脉络和隋唐时期封建社会的高度繁荣情况（达成时空观念的水平2、史料实证的水平2），探究三国两晋南北朝至隋唐时期的制度变化与创新、民族交融、区域开发和思想文化领域的新成就的特征及其成因（达成历史解释的水平2），认识中国传统制度的可资借鉴之处和中华优秀传统文化的优越性（达成家国情怀的水平2）； 由此懂得在唯物史观的指导下认识三国两晋南北朝至隋唐时期的成就，学会运用联系和比较的方法来学习历史（达成唯物史观的水平2）

单元核心问题及问题分解	核心问题： 利用相关图文史料，归纳三国两晋南北朝和隋唐时期的时代特征，探究三国两晋南北朝至隋唐时期新成就的特征及其成因。 问题解析： 本单元的时间跨度较大，涉及方面较多，需要突出历史发展的阶段性及其突出特征，引导学生从整体上把握时代特征，再对这一时期各个方面的成就进行深入和细致的探讨

课时划分	课时	课时大概念	课时核心问题
	第一课时	三国两晋南北朝的政权更迭与民族交融	运用时间轴和图示等办法，梳理三国两晋南北朝的政权更迭情况，探究这一时期民族交融与南方经济开发的特点、成因及影响
	第二课时	从隋唐盛世到五代十国	运用相关图文史料，归纳隋唐时期和五代十国时期的时代特征，探究三国两晋南北朝时期、隋唐时期和五代十国三个时期之间的关系
	第三课时	隋唐制度的变化与创新	运用相关图文史料，概括隋唐制度的新变化，探究变化所带来的影响
	第四课时	三国至隋唐的思想与文艺成就	运用与《霓裳羽衣曲》相关的图文史料，鉴赏三国至隋唐的思想与文学艺术成就，探究其特征及成因
	第五课时	三国至隋唐的科技成就与中外文化交流	运用相关图文史料，梳理三国至隋唐的科技成就与中外文化交流的情况，探究其特征及成因

教学评价						

（一）关于大概念生成理解的评价预设

　　1. 概念结论类大概念

　　三国两晋南北朝至隋唐时期是中国古代史的重要转折期。两个时期时代特征有差异，也有联系。因此，在对本课的概念结论类大概念进行评价时应注意引导学生运用历史学科专业术语准确理解和表达相关概念，注意各时期间的联系。

　　2. 思想方法类大概念

　　本单元涉及两个有差异也有联系的时期。因此，应该运用史料，论从史出，运用联系和比较的方法认识三国两晋南北朝至隋唐时期的新成就。

　　3. 价值观念类大概念

　　在活动过程中对学生的唯物史观和时空观念等进行评价。在探究核心问题的过程中，应该正确使用唯物史观；在学生活动时，要将相关问题放在特定时空条件下全面、多角度考察。

（二）关于单元素养目标达成的评价预设

　　1. 就学生参与研习图文史料，梳理三国两晋南北朝的政权更迭、民族交融与隋唐统一多民族封建国家的发展情况的活动的具体表现进行激励、督促和指导性评价。

　　2. 就学生对史实的掌握情况、分析的广度和深度进行分等级的定性评价。

　　3. 就学生对学习本单元给自己带来的认识等具体情况进行鼓励性评价。

（三）关于单元作业完成的评价预设

　　将单元基础性作业、综合性作业和实践性作业在各课时中命制成具体的题目并赋分，就学生对每一类题目的完成情况进行赋分评价。

	作业类型	作业目标	作业内容	作业情境	概念结论	思想方法	价值观念
单元作业	基础性作业	能够了解三国两晋南北朝政权更迭的相关史实，隋唐时期社会高度繁荣表现的相关史实（制度创新、民族交融、区域开发、思想文化领域）	三国两晋南北朝政权更迭顺序、隋唐时期时代特征及其成就罗列	生活实践情境为主	三国两晋南北朝的政权更迭；民族交融；从隋唐盛世到五代十国	史料实证、历史解释、具体问题具体分析；放在特定时空条件下全面、多角度考察	时空观念、家国情怀
	综合性作业	能够在特定时空条件下分析三国两晋南北朝至隋唐时期社会发展的新成就带来的影响	隋唐乐舞发展情况	学习探索情境为主	三国至隋唐的新成就	历史解释、比较的方法、联系的方法	唯物史观、时空观念、家国情怀
	实践性作业	理解该段历史进程中的变化与延续、继承与发展、原因与结果之间的关联，认识大一统是历史发展的基本趋势和规律，多民族共同缔造中华民族是我们的国情。能够将所学运用到现实生活中，运用历史经验弘扬中华民族传统文化	搜集史料，了解三国至隋唐时期大一统观念的发展情况	生活情境和学习探索情境兼顾	三国两晋南北朝的政权更迭；民族交融；从隋唐盛世到五代十国	史料实证、时空定位、历史解释、从感性到理性、社会存在决定社会意识	唯物史观、时空观念、家国情怀
反馈调整							

单元教学中，从大概念核心问题教学的四个环节关注课堂学生的表现；

　　单元教学后，针对教学整体情况，按照核心问题教学文化评价表和大概念的核心问题教学素养目标点检测表的相关要素进行搜集并反馈调整

"第7课 隋唐制度的变化与创新" 学教案

王娜

一、教学分析设计

【教材课标分析】☞

单元主题：本单元主要讲述三国两晋南北朝大分裂时期和隋唐大一统时期的历史。该时期上承秦汉大一统时期，下启辽宋夏金元时期，是中国古代史上的重要时期。本单元标题分为两个阶段表述，而未直接合起来表述为三国两晋南北朝与隋唐时期的民族交融和大一统的发展，主要还是为了突出历史发展的阶段性及其突出的特征。在三国两晋南北朝时期，更强调其民族交融的历史特色；而在隋唐时期，更突出其大一统的时代特征。

课标内容：本单元的课标要求是"了解三国两晋南北朝政权更迭的历史脉络，隋唐时期封建社会的高度繁荣，认识三国两晋南北朝至隋唐时期的制度变化与创新、民族交融、区域开发和思想文化领域的新成就。"课标的设置，关注较长时段历史的发展与变化，进而探寻其中的历史发展规律。从横向来看，制度变化与创新、民族交融、区域开发及思想文化新成就是这一时期突出的时代特色。课标集中反映了这些时代特征，利于全面而深刻地认识从三国两晋南北朝到隋唐时期的政治、经济、民族以及思想文化的发展变化，进而认识历史发展变化的深层原因和内在联系，从而对历史发展变化形成正确的认识，树立正确的历史观、民族观、国家观和文化观。

本课内容：本课对应的历史时空是三国两晋南北朝至隋唐时期，着重讲述了隋唐时期制度的变化与创新。本课从选官制度、三省六部制和赋税制度三个方面说明汉唐间制度发生的重要变化、隋唐制度的创新之处以及在历史上的作用，建构历史发展的前后联系，探寻历史发展变化的原因及规律。

教材逻辑：本课设置了三个子目：选官制度、三省六部制和赋税制度。三个子目都属于制度范畴，是政治经济制度的具体表现，呈并列关系。但教科书将选官制度置于第一个子目，可以理解为官吏是统治的基础，先讲如何选官，再讲国家政权的官僚机构是如何组织的，最后一子目讲述国家经济方面的管理手段，即赋税制度是如何发展演变的。

【大概念】☞

课时核心大概念	简约化表达：隋唐制度的变化与创新
	特征化表达：在唯物史观的指导下，将隋唐时期的制度置于特定的时空框架下去分析变化的原因及其作用，分析其创新与发展，是本课的重要内容。因此确立本课的课时大概念为："隋唐制度的变化与创新"。在本课的设计中特别注重运用历史学科思想方法去突破重要概念，提升价值观，最终加深对制度变化与创新的认识，以体现课时大概念

概念结论		思想方法		价值观念	
简约化表达	特征化表达	简约化表达	特征化表达	简约化表达	特征化表达
隋唐制度的变化与创新	在唯物史观的指导下，将隋唐时期的制度置于特定的时空框架下去分析变化的缘由及其作用，分析其创新与发展	时空定位；历史解释；关联分析	借助时间轴梳理三国至隋唐制度变迁的史实，在特定的时间和空间条件下分析隋唐制度创新的原因和影响，辩证分析制度创新与社会发展之间的互动关系	唯物史观；家国情怀	在特定时空框架下理解隋唐制度创新的史实，运用唯物史观分析制度创新与社会发展之间的关联；理解隋唐制度对专制主义中央集权、统一多民族国家发展的重大意义

【资源条件】☞

资源	功能（选用意图）	来源
PPT、投影	提供图文史料，感受历史情境；展示活动内容，出示练习反馈	教室多媒体设备、课程实践中所得的文字资料和图片等
数据库	支持学生搜集史料	国家哲学社会科学文献中心和中国知网等网站
黑板	板书本堂课学习活动和关键信息，呈现教学活动中学生的观点以及反思提升要点等	教学内容中师生的讲述
教材、学案	为学生解决问题提供资源	学生学习资源、教师提供

【学生分析】☞

本专题的授课对象是高一年级上期学生。

从必备知识来看，学生经过初中历史课程学习，对隋唐科举制和两税法等已经有了一定的认识，但仅知道"是什么"，对"为什么"和"怎么样"的认识不够深入，史料理解和论证的能力还不强。因此，教师需在课堂上展示材料，引导分析。同时，教师应适当将知识面拓展，并以灵活多变的教学形式将相关知识深入浅出地传授给学生。

从关键能力和学科素养来讲，经过初中的历史学习，高一学生已经具备一定的理性分析问题和理解事物的能力。在初中学习获得的缄默知识的基础上，引导学生利用相关的图文史料等教学资源，运用历史学科的相关思想方法解决问题，从而进一步提升学生的学科思维能力和方法。

从心理条件来说，高一学生具有一定的理性思考能力，但历史学习的兴趣、动机、态度等也呈现出个体差异。本单元部分内容理论性强，要注意教学资源选择、教学问题设计上的吸引力和探究性，从而更有效地刺激学习兴趣，让学生愿意参与、积极思考，学会联系历史与现实问题。

【教学目标】☞

参与利用文献和实物史料，研习隋唐时期选官制度、三省六部制、赋税制度的相关史实的活动；能够利用史料对制度的演变历程加以描述（达成时空观念水平2），能够探究其制度创新的表现、原因及影响（达成唯物史观水平2、历史解释水平2）。

由此懂得史料在问题探究中的重要作用（达成史料实证的水平3），认识制度创新是推动社会发展的动力（达成历史解释的水平4）。

【核心问题】☞

核心问题：运用相关图文史料，概括隋唐制度的新变化，探究其变化的原因和影响。

《普通高中历史课程标准（2017年版2020年修订）》要求教师更新教学理念，转变教学方式，从而推动学生学习方式的转变，倡导学生主动学习，在多样化、开放式的学习环境中，充分发挥学生的主体性、积极性与创新性，培养探究历史问题的能力和实事求是的科学态度，提高创新意识和实践能力。本课基于课标、教材、学情以及教学重难点的分析，设置"运用相关图文史料，概括隋唐制度的新变化，探究其变化的原因和影响"这一核心问题来推进教与学，达成教学目标，并在过程中涵养史料实证、历史解释、家国情怀等历史学科核心素养，进一步提升、内化历史学科思想方法。

【评价预设】☞

在新课程改革中，学生是学习的主体，而教师是学生学习的引导者。因此，在学生学习活动实施的过程中，教师应对学生的活动过程给予鼓励，并有针对性、引导性的评价，让学生明确思考方向，提高其学习的积极性。

提出问题环节：对学生思考"金榜题名"的相关问题给予激励性评价，以激发他们继续探究、思考问题的兴趣和信心，在探究准备中明确核心问题，并为解决核心问题做好必要的心理建设。

解决问题环节：在学生解决核心问题的活动中，给予肯定性、引导性、鼓励性的评价。如学生在根据材料归纳出隋唐制度创新表现时，可以肯定学生掌握了"史论结合，论从史出"的历史学习方法；如学生在根据材料，探究隋唐制度新变化的原因时，引导学生不断深入思考，体验思想的变化和时代特征之间的关联，并且引导学生进行相互评价，在互评中让学生进一步内化知识体系，涵养学科核心素养，激发浓厚的思考和解决问题的兴趣。

反思提升环节：引导学生对解决问题的活动进行反思，在激励性的学科化评价基础之上完善本课知识结构，并在知识结构化的基础上，引导学生进一步升华对课时大概念的理解，形成正确的价值观念，涵养学科素养，以发挥评价的体验积淀功能，从而升华本课。

评价反馈环节：以素养目标"全面的、辩证的、史论结合的"思维方式和学科方法用于解决新的情境中的实际问题。通过问题讨论，并对学生完成情况进行点检测分析，形成素养目标达成情况的评价并反馈给学生，凸显该环节评价的体验强化功能。

二、教学实施设计

【教学环节】

教学环节	学生活动	教师活动	设计意图	技术融合
提出问题	读诗并思考，进入情境，了解本课核心任务	展示《神童诗》节选，引入"金榜题名"的人生理想，从而创设历史情境，提出核心问题	以学生熟悉的历史现象创设历史情境，激发学生兴趣，引出教学主题	PPT展示核心问题与视频历史情境
解决问题	探究任务一：运用图文史料，梳理中国古代选官制度的历程，概括隋唐选官制度的特点，并探究隋唐选官制度变化的原因和影响。自主学习、独立思考	教师提供图文史料，创设历史情境，引导学生运用图文史料，梳理中国古代选官制度的历程，概括隋唐选官制度的特点，并探究隋唐选官制度变化的原因和影响	创设历史情境，激发学生兴趣，引出探究任务一。引导学生对比分析科举制创新之处，探究其原因和意义；引导学生辩证地、客观地看待历史问题，达成时空观念的素养水平2	PPT展示时间轴和材料等，以便学生分析、交流和评价
	探究任务二：运用图文史料，探究三省六部制的运行方式及其效果。学生小组合作探究	教师提供图文史料，创设历史情境，引导学生运用图文史料，探究三省六部制的运行方式及其效果。提供实物史料，搭建学习支架	创设历史情境，引入探究任务二。丰富史料类型，增强课堂活力，落实史料实证与历史解释水平2	
	探究任务三：运用相关图文史料，探究隋唐赋税制度流变的原因及运行效果。学生小组合作探究	教师运用相关图文史料，创设历史情境，引导学生运用相关图文史料，探究隋唐赋税制度流变的原因及运行效果。精心设计问题，提供实证路径	创设历史情境，从以诗证史的角度设问，引出探究任务三。引发学生质疑，形成认知反差，学会文史互证，达成史料实证素养水平3	
反思提升	师生共同完成课堂总结与反思提升	师生共同完成课堂总结与反思提升	升华对课时大概念的认识与理解，凸显单元大概念。引导学生关联古今，汲取政治智慧，增强制度自信，以落实历史解释水平4	PPT补充提升材料，板书思维导图
运用反馈	呈现拓展学习问题，补充相关材料（附后）	运用知识方法与学习经验，实现知识方法能力的迁移	检测学生素养目标的达成情况	PPT或学案呈现试题

（附检测题及答案）阅读材料，完成下列要求。（12分）

有学者认为，与其他国家相比，中国最独特之处在于，我们是唯一保持了两千年专制主义中央集权制度的国家。中国历史上的众多制度创新支撑起了专制主义中央集权的"大厦"，历经上千年的打磨和探索，日渐趋于精致完善，在明清时期达到顶峰。

结合隋唐制度创新的相关史实，对材料中的观点进行论证。（要求：史实充分，史论结合，表述清晰）

答案示例：

观点：中国古代制度创新推动专制主义中央集权制不断走向完善。（3分）

论证：在中央官制方面，隋唐时期三省六部制的确立和完善，是中国古代政治制度的重大变革，三省职权分工明确，又彼此制约，既提高了工作效率，又避免了权臣独揽大权，削弱了相权，有利于加强君主专制。在选官制度方面，隋唐科举制以学识和考试成绩作为选拔官吏的标准，打破世家大族垄断仕途的局面，为平民庶族入仕提供途径，扩大了统治基础，加强了中央集权。在赋税制度方面，唐初推行以庸代役的租庸调制，保证农民有充分的生产时间。唐后期，两税法的实施，取消租庸调和一切杂税，征税的主要标准从"人丁"改为"财产"，扩大了收税对象，有利于增加政府财政收入，为中央集权的加强奠定了物质基础。隋唐时期思想上"三教合归儒""儒学复兴"有利于统一思想，从而为专制集权奠定了思想理论基础。（9分）

【板书设计】☞

核心问题：运用相关图文史料，概括隋唐制度的新变化，探究其变化的原因和影响。

选官制度：九品中正制——→科举制　　人才选拔更加公平┐　　促进统一的　　制度创新是
中央官制：三省六部制的确立与完善　行政体系更加完备├→多民族国家→推动社会发
赋税制度：租庸调制——→两税法　　　人身控制逐渐放松┘　　的发展。　　展的动力。

时空定位　　　　　　历史解释　　　　　关联分析

【作业设计】☞

课时作业的结构化设计：

作业序号	作业目标	作业情境		概念结论		思想方法		价值观念		整体评估	
		内容	水平	内容	水平	内容	水平	内容	水平	类型	水平
1	检测学生对九品中正制与科举制的基本概念认知，理解科举制对于扩大统治基础的重要作用	以魏晋至隋唐的选官制度变化为学习探索情境	简单	九品中正制、科举制	历史解释水平2	比较研究、史料实证	历史解释水平2	历史进程中的变化与创新，大一统的历史趋势	历史解释水平2、家国情怀水平2	基础性作业	学业质量水平2
2	检测学生对三省六部制的特点及其意义的理解	以唐中后期门下省官员封驳皇帝制书为学习探索情境	简单	三省六部制、权力制约	历史解释水平3	史料实证、历史解释	历史解释水平2	大一统封建国家发展趋势	历史解释水平3	基础性作业	学业质量水平3

作业序号	作业目标	作业情境		概念结论		思想方法		价值观念		整体评估	
		内容	水平	内容	水平	内容	水平	内容	水平	类型	水平
3	检测学生对两税法与社会发展之间的关联的认识	以反映两税法颁行后的历史效果的史料为学习探索情境	简单	两税法	历史解释水平2	史料实证、历史解释	唯物史观水平2	唯物史观	历史解释水平2	基础性作业	学业质量水平2
4	检测学生对中国古代选官制度与社会发展之间的关联的认识	以反映隋唐重要制度变化的史料为学习探索情境	较复杂	科举制、隋唐社会发展	历史解释水平3	史料实证、归纳概括	历史解释水平3	历史进程的变化与创新、大一统的历史趋势	唯物史观水平2、历史解释水平2	综合性作业	学业质量水平3
5	运用本课学到的思维方法，分析唐朝法律制度的变化与创新	以《唐律疏议》为学习探索情境，结合当今的法制建设的生活实践情境	复杂	法律制度、《唐律疏议》	历史解释水平3	举一反三、比较研究	历史解释水平3	依法治国、唯物史观	时空观念水平2、唯物史观水平3	实践性作业	学业质量水平3
课时作业总体评估	作业水平层次分明，由易到难设置题目，符合学生学习思维； 作业目标明确可检测、易操作，利于得到客观反馈和检测素养目标，以便调整教法； 作业情境设置多样，从简单情境到复杂情境，从学习情境到生活情境，兼顾习题生动性与深度性； 有古今关联的联动，有历史与现实的跨时空融合，具有实践探究性										

（具体的作业内容略）

【教学流程】☞

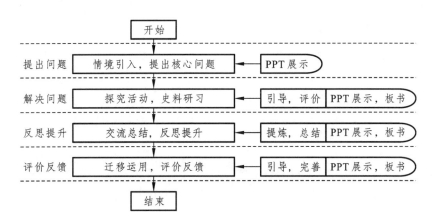

三、教学评价设计

【信息搜集】☞

为了检测学生核心素养目标的达成情况，我收集了学生的运用反馈练习（共51份）并在课后同学生进行交流，对本节课进行自我反思与评价。

【自我评价】☞

大概念核心问题教学文化评价表

课时名称：隋唐制度的变化与创新。

所属单元：第二单元 三国两晋南北朝的民族交融与隋唐统一多民族封建国家的发展。

单元大概念：三国两晋南北朝的民族交融与隋唐统一多民族封建国家的发展。

单元核心问题：利用相关图文史料，归纳三国两晋南北朝和隋唐时期的新成就，探究三国两晋南北朝至隋唐时期新成就的成因及影响。

课时大概念：隋唐制度的变化与创新。

课时核心问题：运用相关图文史料，概括隋唐制度的新变化，探究其变化的原因和影响。

评价目标	评价指标				评价方法结果
	一级指标	二级指标	三级指标		
实现活动体验中的学习与素养发展	具有大概念核心问题教学形态	核心问题利于活动体验	内含学科问题和学生活动方式	8	每项指标最高评8分（满分为96分）
			问题情境与真实生活密切相关	8	
			能引发大概念、新知新法生成	7	
		教学目标价值引导恰当	两类目标正确全面	8	
			关联体验目标恰当	8	
			目标价值引导显现	8	
		教学环节完整合理落实	教学环节清晰完整	8	
			环节内容合理充实	8	
			学生活动时间充分	7	
		教学要素相互匹配促进	问题目标环节两两匹配	7	
			技术促进活动形式内容	8	
			素养导向突出氛围浓郁	8	合计93分
	具有大概念核心问题教学特质	拓展学习视野	课堂与现实世界有恰当关联		选择一个表现突出的二级指标，在相应三级指标引导下，以现场学生表现为主要依据，以其余指标为背景，于本表的第二页写出150字以上的简要评价
			有基于缄默知识的问题解决		
			有缄默知识运用的追踪剖析		
			知识运用剖析导向素养发展		
		投入实践活动	有真实而且完整的实践活动		
			实践活动深度融入两类情境		
			能够全身心地浸渍于活动中		
			活动的内容结果均丰富深入		

评价目标	评价指标			评价方法结果
	一级指标	二级指标	三级指标	
实现活动体验中的学习与素养发展	具有大概念核心问题教学特质	感受意义关联	有核心问题的深层意义感受	
			有以知识为中心的关联感受	
			有以个人为中心的关联感受	
			有对三类大概念的关联感受	
		自觉反思体验	有实质性反思活动的开展	
			有课堂新因素的追踪利用	
			有体验的交流与改善重构	
			有概念生成中的素养发展	
		乐于对话分享	乐于自我的表达与认真的倾听	
			乐于合作中成果与思路的分享	
			乐于成果交流中深层意义分享	
			有宽容的对话氛围和双向交流	
		认同素养评价	认可素养评价	
			参与素养评价	
			利用素养评价	

大概念核心问题教学特质的简要评价（包括发展性建议）：

本人执教的"隋唐制度的变化与创新"从设计到试讲、修正，再到正式施行，着眼于大概念核心问题教学模式，课堂展开中核心问题教学实质和样态呈现好。其中，我认为课堂中大概念核心问题教学实质在三个方面表现尤为突出，即"乐于对话分享""感受意义关联"和"认同素养评价"。

1. 乐于对话分享：课堂上老师充分利用多媒体的优势及时呈现出学生小组合作的学习成果，充分尊重学生小组合作的学习成果，通过小组间的学习成果的展示与分享，保证学生乐于自我表达与认真倾听，形成一种宽松的对话氛围和多向交流，让他们把在活动中体验的成果显性化，实现知识与能力的内化，最终形成自身的知识体系，落实学科大概念，提升学科方法，涵养学科核心素养。

2. 感受意义关联：本课设计了几处能够让学生感受体会的意义关联。一是解决问题的活动三，学生在探究隋唐赋税制度的流变原因和效果时，能够感受到赋税制度的新变化与该时代社会经济、政治、思想文化发展之间的关联；二是在解决问题的整个过程中，学生是通过阅读、分析、归纳图文史料的基础上得出结论的，这个过程中学生便感受到史料实证与历史解释的关联。这几处关联，有以知识为中心的关联感受，又有核心问题的深层意义关联。作为大概念引领之下的核心问题教学，本课课时概念"隋唐制度的变化与创新"是单元大概念"三国两晋南北朝的民族交融与隋唐统一多民族封建国家的发展"的子概念，推动了统一的多民族国家的发展。因此，本课教学设计充分体现课时概念与单元大概念的关联，构建起课时与单元间结构化关联。

3. 认同素养评价：本课在课程实施的不同环节，侧重于涵养学生不同的学科核心素养。如在解决问题的环节，设置三大活动，学生都"利用相关图文史料"得出历史结论，从而培养学生史料实证、历史解释和唯物史观等核心素养。

【反馈调整】 ☞

学校的大概念核心问题教学过程中，提出问题环节，利用历史人物、古诗创设情境，营造学习氛围，提起兴趣；解决问题环节，引导学生，运用相关图文史料去解决问题，涵养学科核心素养；运用反馈环节，检验大概念的迁移以及分析历史问题、评价历史现象的能力。不过，课中要注意对课时大概念进行分解，注意突破小概念，从而实现学科知识真正落地。

大概念核心问题教学素养目标点检测表

课时名称	隋唐制度的变化与创新
所属单元	第二单元　三国两晋南北朝的民族交融与隋唐统一多民族封建国家的发展
单元大概念	三国两晋南北朝的民族交融与隋唐统一多民族封建国家的发展
单元核心问题	利用相关图文史料，归纳三国两晋南北朝和隋唐时期的新成就，探究三国两晋南北朝至隋唐时期新成就的成因及影响
课时大概念	隋唐制度的变化与创新
课时核心问题	运用相关图文史料，概括隋唐制度的新变化，探究其变化的原因和影响
课时素养目标	参与利用文献和实物史料，研习隋唐时期选官制度、三省六部制、赋税制度的相关史实的活动；能够利用史料对制度的演变历程加以描述（达成时空观念水平2），能够探究其制度创新的表现、原因及影响（达成唯物史观水平2、历史解释水平2）；由此懂得史料在问题探究中的重要作用（达成史料实证的水平3），认识制度创新是推动社会发展的动力（达成历史解释的水平4）
检测点	懂得隋唐制度创新与社会变迁之间的因果关联
检测工具（检测题）	有学者认为，与其他国家相比，中国最独特之处在于，我们是唯一保持了两千年专制主义中央集权制度的国家。中国历史上的众多制度创新支撑起了专制主义中央集权的"大厦"，历经上千年的打磨和探索，日渐趋于精致完善，在明清时期达到顶峰。 结合隋唐制度创新的相关史实，对材料中的观点进行论证。（要求：史实充分，史论结合，表述清晰）
分类标准	A. 学生能深刻体验到唯物史观中的"全面、辩证、史论结合"的方法的关联，能从选官制度、中央官职、赋税制度、思想流变四个方面来回答问题，条理清晰，逻辑分明，史料翔实，语言规范
	B. 学生能较深刻体验唯物史观中的"全面、辩证、史论结合"的方法的关联，仅能从三个角度来思考问题，条理较为清晰，逻辑较为分明
	C. 学生对唯物史观中的"全面、辩证、史论结合"的方法关联有一定的体验，仅能从某两个或一个角度来思考问题，但体验不完整，条理较为清晰，逻辑不太分明，语言不太规范
	D. 学生对唯物史观中的"全面、辩证、史论结合"的方法关联体验不足，不能结合历史史实说明分析问题，史实混乱，逻辑不清

检测统计	分类等级	学生人数（总人数51人）	百分比
	A	21	41%
	B	15	29%
	C	10	20%
	D	5	10%

检测分析 结果运用	在课后作业检测中发现，全班 41%的学生能深刻体验到唯物史观中的"全面、辩证、史论结合"的方法的关联，能从选官制度、中央官职、赋税制度、思想流变四个方面来回答问题，条理清晰，逻辑分明，史料翔实，语言规范。 29%的学生能较深刻体验唯物史观中的"全面、辩证、史论结合"的方法的关联，能从三个方面来说明分析问题，但大多数以发展思维来理解。这说明学生全面看问题的思维不到位。 20%的学生对唯物史观中的"全面、辩证、史论结合"的方法关联有一定的体验，但体验不完整。这部分学生不能联系之前所学的知识和方法，课后还需加强知识基础的落实和学科方法的涵养。 8%的学生对唯物史观中的"全面、辩证、史论结合"的方法关联体验不足，需要进一步加强学习，落实最基础性的要求
素养目标达成 典型实例	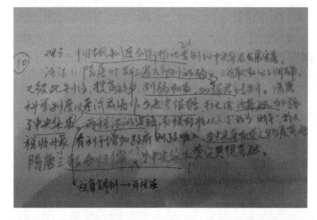 该作答情况可以作为 A 层级的典例。可以看出，该学生能够通过阅读材料，比较有效、准确地提取信息，提出历史观点，并且能够将其与所学知识相结合，分析出制度创新有利于推动专制主义中央集权制度的发展的结论，说明学生的迁移运用能力较好。但注意在分析问题的时候，要关注史实的完善度，抓住关键点。 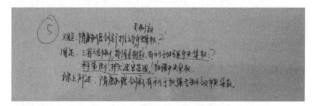 该可以作为 C 层级的典例。该学生能够提取材料信息，基本形成正确的历史观点，但是在运用史实论述观点方面还比较欠缺，只能抓住表面信息，不能深入内核，且概念理解不准确，说明学生对所学知识还不够熟悉，在迁移运用时有问题，在高阶思维层面也还有待提高
检测反馈	课后分别给学生展示了一些 A、B、C、D 四类学生的答案，并让大家进行比较，分析 A、B 两类的优势和 C、D 两类的不足。通过大家的分析，学生更加明确自己存在的基础知识和学科核心素养的不足。教师结合学生的分析，从隋唐制度创新着手，帮助学生进一步理解升华本课，并在课后对不同学生布置有针对性地选择训练题，加强训练，从而进一步巩固和落实知识，强化学科素养和思维方法

"第8课 三国至隋唐的文化 第1课时 从《霓裳羽衣曲》看三国至隋唐的思想与文艺"学教案

江昊阳

一、教学分析设计

【教材课标分析】☞

课程标准分析：

本单元的课程标准为：通过了解三国两晋南北朝政权更迭的历史脉络，隋唐时期封建社会的高度繁荣，认识三国两晋南北朝至隋唐时期的制度变化与创新、民族交融、区域开发和思想文化领域的新成就。从中可以抽离出本课的课程标准——认识三国两晋南北朝至隋唐时期的思想文化领域的新成就。但是，从课标的语言表述来看，对三国两晋南北朝至隋唐时期的思想文化领域的新成就的认识需要建立在了解三国两晋南北朝政权更迭的历史脉络和隋唐时期封建社会的高度繁荣的基础上。在唯物史观的指导下对本课进行深入分析，还应认识到：对三国两晋南北朝至隋唐时期的思想文化领域的新成就的认识也离不开对三国两晋南北朝至隋唐时期的制度变化与创新、民族交融、区域开发的认识。换言之，本课的学习需要建立在对第5—7课认真学习的基础上。

本课的课标关注较长时段历史的发展与变化。因此，在落实课标要求时应注意引导学生全面而深入地认识三国两晋南北朝至隋唐时期的思想文化的发展变化，认识这一发展变化的深层原因，从而对历史发展变化形成正确的认识，从而树立正确的历史观和文化观。

教材内容分析：

第8课"三国至隋唐的文化"是部编版《中外历史纲要（上）》第二单元"三国两晋南北朝的民族交融与隋唐统一多民族封建国家的发展"的最后一课。本课四个子目分别叙述了从三国至隋唐的儒学、道教与佛教、文学艺术、科技以及中外文化交流等方面的新发展新成就。教材在叙述过程中，注重三国两晋南北朝到隋唐两个时段的历史联系。因此，教师在讲述中也应注意纵向联系的体现。为此，在课时划分时，将本课横向划分为思想与文学艺术、科技与中外文化交流两课时。本课时选取与前两个子目均有关联的艺术成果《霓裳羽衣曲》来创设教学情境，整合教材内容。

【大概念】☞

领域	课时	课时大概念		课时概念梳理					
		简约化表达	特征化表达	概念结论	特征化表达	思想方法	特征化表达	价值观念	特征化表达
第8课 三国至隋唐的文化	第1课时：从《霓裳羽衣曲》看三国至隋唐的思想与文艺	三国至隋唐的思想与文艺成就	运用社会存在决定社会意识等原理，赏析和探析三国至隋唐思想与文学艺术领域出现的新成就,体会其艺术魅力	兼收并蓄；活跃多元；高度繁荣	三国至隋唐的思想与文学艺术呈现出兼收并蓄、活跃多元的特征，出现诸多新成就,整体上高度繁荣	从感性到理性；社会存在决定社会意识的方法论；史料实证；历史解释	运用二重证据法，辨析《霓裳羽衣曲》；在赏析和探析《霓裳羽衣曲》乃至三国至隋唐的思想与文学艺术成就的过程中，合理运用相关史料论证历史，作出历史解释，逐渐从感性认知上升到理性认识。在这一过程中，体会社会存在决定社会意识的原理	时空观念；文化自信；家国情怀	在感受以《霓裳羽衣曲》为代表的三国至隋唐思想与文学艺术成就的魅力的过程中增强文化自信和弘扬中华优秀传统文化的责任感

【资源条件】☞

资源名称	功能
教材、图书馆	查找三国至隋唐的思想与文学艺术成就的相关文献史料
课件	提供图文材料，感受历史情境；展示活动内容，出示评价反馈
黑板板书	板书本堂课学习活动和关键信息，呈现教学活动中学生的观点以及反思提升要点等
数据库（超星、学习通和知网等）	支持史料搜集，丰富课程资源，方便拓展视野

【学生基础】☞

本课教授对象是高一新生。

知识基础：学生在初一学习过三国至隋唐的艺术以及唐代的文学艺术和中外文化交流。学生对本块知识已有了一定的缄默知识，从而为本课学习奠定了一定知识基础。但是学生对三国至隋唐的思想、三国两晋南北朝的文学等知识则比较陌生。再加上时间间隔和认知水平限制，学生存在遗忘和知识碎片化等问题。而且，初一所学内容散布在"三国两晋南北朝时期的科技与文化"和"隋唐时期的科技与文化"，对本课相关知识的内容要求相对浅显和分散，没有进行整合。所以本课要着重引导学生建构知识逻辑与线索，把握历史发展的整体性关联。

认知水平：高一学生已具备一定的阅读理解和分析探究等自主学习和独立思考的能力，也有一定的团队协作能力，思维比较活跃。但是，他们对历史事件的综合分析能力仍处于形成期。他们更注重感性认识，缺乏足够的理性思考，历史学科的核心素养有待提升。教师应在学生初中学习获得的缄默知识的基础上，引导学生利用相关图文史料等教学资源，运用历史学科的思想方法解决问题，从而进一步提升学生的历史学科思维能力和方法。

心理条件：高一上学期的学生具有一定的理性分析问题和理解事物的能力，但历史学习的兴趣、动机和态度等也呈现出个体差异。受初中学习思维影响，学生对历史课不太重视。但学生对历史比较感兴趣，不单纯满足于历史结论。本课丰富的图文史料和历史细节能在一定程度上激发学生的学习热情，让学生愿意参与、积极思考，学会联系历史与现实问题。

【教学目标】☞

参与鉴赏三国至隋唐的思想与文学艺术成就，探究其特征及成因的活动。

能够了解三国两晋南北朝至隋唐的思想与文学艺术成就（达成时空观念的水平1），探究其特征及成因达成（史料实证的水平2、历史解释的水平2）。

由此懂得在唯物史观的指导下认识三国至隋唐的思想与文学艺术成就（达成唯物史观的水平2），并在感受中华优秀传统文化魅力的过程中增强文化自信和弘扬中华优秀传统文化的责任感（达成家国情怀的水平2）。

【核心问题】☞

核心问题：运用与《霓裳羽衣曲》相关的图文史料，鉴赏三国至隋唐的思想与文学艺术成就，探究其特征及成因。

从历史看：三国至隋唐的思想与文学艺术在兼收并蓄的过程中不断发展并走向高度繁荣。从现实看：伴随着交通、通信和互联网技术的发展，世界各国文化不断碰撞冲突、交流融汇；正在迈向伟大复兴的中华民族需要增强文化认同与文化自信。从课标看：课程标准要求历史课程要坚持正确的思想导向和价值判断，增强学生的历史使命感，不断增强学生对中华民族和中华文化的认同，增强学生的世界意识，拓宽国际视野。基于以上三个方面的考虑，本课确定了如下的教学立意：守住本来，吸收外来，面向未来，坚定文化自信。

《普通高中历史课程标准（2017年版2020年修订）》指出："历史是过去的事情，学生要了解和认识历史，需要了解、感受、体会历史的真实境况和当时人们所面临的实际问题，进而才能去理解历史和解释历史。"因此，本课设计利用《霓裳羽衣曲》创设历史情境，以核心问题为引领，引导学生在课堂中鉴赏三国至隋唐的思想与文学艺术成就，认识这一时期的思想与文学艺术成就特征及其与时代变迁之间的关系，感受中华文化的魅力。

【评价预设】☞

提出问题环节：针对学生回答问题的情况，给予及时性评价，激发其学习兴趣，增强其学习信心，促进其思维发展，帮助其在已有知识的基础上建构新知。

解决问题环节：根据学生解决问题的情况，给予补充完善，引导学生全面地、联系地、发展地看待历史问题。

反思提升环节：基于问题解决过程形成板书，帮助学生总结、反思、提升，引导学生将历史与现实关联，更好地理解社会现象与历史现象。

评价反馈环节：学生迁移本课生成的大概念，完成不同层次的作业，老师从中获得信息反馈，对学生反馈进行评价，根据学生反馈适时调整教学。

二、教学实施设计

【教学环节】☞

教学环节	学生活动	教师活动	设计意图	技术融合
提出问题	倾听，阅读，思考，进入情境，明确本课时学习任务	展示与《霓裳羽衣曲》相关的史料，创设情境，导入新课，引导学生明确学习任务	借助《霓裳羽衣曲》创设问题情境，激发学生的求知欲，调动学生学习的积极性，拉近学生与本课内容的距离。以问题调动学生活动，引导学生思考	课件展示情境。网络下载音乐学习资源
解决问题	活动一：在研读相关史料的基础上辨析《霓裳羽衣曲》是否真实存在过并说明理由	活动一：展示相关史料，引导学生辨析《霓裳羽衣曲》是否真实存在过并说明理由。适时关注学生活动，即时板书，反馈，点评学生发言	借助《霓裳羽衣曲》的相关史料，拓展和深化课本内容，引导学生鉴赏三国至隋唐时期思想与文学艺术成就，探究其特征及成因。增强学生的分析、理解、归纳和合作探究的学习能力。涵养学生唯物史观、时空观念、史料实证和历史解释等方面的学科核心素养	课件展示材料，以便学生思考、分析、交流和评价
解决问题	活动二：在研读相关史料的基础上赏析《霓裳羽衣曲》美在何处，体验这一时期思想与文学艺术成就与《霓裳羽衣曲》的美之间的关联，进而在教师的引导下深入赏析三国至隋唐的思想与文学艺术成就	活动二：展示相关史料，引导学生赏析《霓裳羽衣曲》美在何处。以此为基础，引导学生延伸到学习三国至隋唐时期文学艺术、思想发展历程的活动中。在此过程中板书学生发言要点，对学生发言进行点评		课件展示材料，以便学生思考、分析、交流和评价
解决问题	活动三：根据活动二的成果，结合本单元所学知识，探析三国至隋唐的思想与文学艺术成就的特征及成因	活动三：引导学生根据活动二的成果，结合本单元所学知识，探析三国至隋唐的思想与文学艺术成就的特征及成因。在此过程中板书学生发言要点，对学生发言进行点评		
反思提升	在教师的引导下，回顾、反思本课内容，归纳建构知识体系并提升出学科思想方法。 阅读材料，观看他人文化传承成果并思考："今天，处于新时代的我们，又应当怎样传承和弘扬包括《霓裳羽衣曲》在内的中华优秀传统文化？"	引导学生反思解决问题的过程，归纳构建知识体系，提升学科思想方法。 展示《霓裳羽衣曲》在唐以后流传的相关材料，引导学生思考问题。在此过程中对学生回答进行点评和提升	引导学生在反思提升中完善知识体系，内化历史学科思想方法，思考如何传承和弘扬中华优秀传统文化，增强学生的文化认同与文化自信，涵养学生的家国情怀等学科核心素养	课件展示材料并板书

教学环节	学生活动	教师活动	设计意图	技术融合
评价反馈	完成评价反馈：根据材料，结合所学知识，概括《苏莫遮》的变化并说明其原因；谈谈《苏莫遮》的变化带来的启示	点评学生答案	检测学生迁移运用本课生成的大概念情况和素养目标达成情况，得到反馈以便调整教学。题目涉及三国至隋唐中外文化交流的情况，为下一课时作铺垫	课件呈现题目

【板书设计】☞

第 8 课 三国至隋唐的文化
第 1 课时 从《霓裳羽衣曲》看三国至隋唐的思想与文艺

核心问题：运用与《霓裳羽衣曲》相关的图文史料，鉴赏三国至隋唐的思想与文学艺术成就，探究其特征及成因。

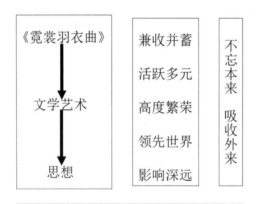

【作业设计】☞

课时作业的结构化设计：

作业序号	作业目标	作业情境		概念结论		思想方法		价值观念		整体评估	
		内容	水平	内容	水平	内容	水平	内容	水平	类型	水平
1	学会知识迁移运用，理解三国至隋唐佛教艺术作品特征的成因	三国至隋唐佛教艺术作品特征	简单	活跃多元	历史解释水平1	社会存在决定社会意识	唯物史观水平1	时空观念	时空观念水平1	基础性作业	学业质量水平1

作业序号	作业目标	作业情境		概念结论		思想方法		价值观念		整体评估	
		内容	水平	内容	水平	内容	水平	内容	水平	类型	水平
2	学会知识迁移运用，从感性到理性，运用社会存在决定社会意识的原理解决问题	描绘唐代妇女劳动情景的《捣练图》	简单	高度繁荣	历史解释水平1	从感性到理性；社会存在决定社会意识	唯物史观水平1	时空观念	时空观念水平1	基础性作业	学业质量水平1
3	探讨三国至隋唐思想文化发展的特点	悬空寺三教殿和韩愈思想	较复杂	兼收并蓄；活跃多元	历史解释水平2	史料实证	史料实证水平2	时空观念	时空观念水平2	综合性作业	学业质量水平2
4	学以致用，学会知识迁移运用，关注社会现实问题	四川体现儒、道、佛文化的著名景区	复杂	兼收并蓄；活跃多元；高度繁荣	历史解释水平3	史料实证；历史解释	史料实证水平2；历史解释水平2	文化自信；家国情怀	家国情怀水平2	实践性作业	学业质量水平2
课时作业总体评估	作业由易到难设置题目，水平层次分明，符合学生学习思维；作业目标明确、可检测、易操作，利于得到客观反馈和检测大概念迁移运用能力与素养目标，以便调整教学教法；实践性作业立足于现实问题，具有实践探究性										

（具体的作业内容略）

【教学流程】 ☞

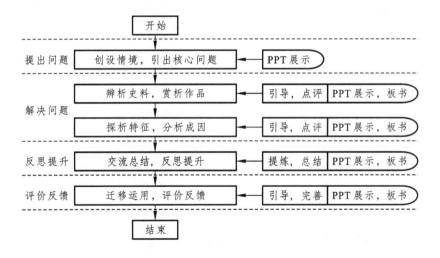

三、教学评价设计

【信息搜集】☞

（1）同行评价

本节课后，听取了同组老师、指导教师和校本教研领导小组的听课意见和建议，认为本课有以下设计亮点：

具有历史学科特色，落实历史学科核心素养。教学过程中能彰显历史学科特色，涵养学生唯物史观、时空观念、史料实证、历史解释和家国情怀等学科核心素养。

课堂评价精当，具有专业引导意识。教师注意对学生的语言、思维和知识等进行恰当而准确的评价，彰显专业素养。

具有较强的跨学科教学能力。本课融入语文、音乐和美术等学科的相关知识，充分彰显教师本人的文化底蕴。

同时本课也还存在几点需要改进：

① 课时安排。课时安排上可以考虑从广度和深度两个维度来划分，而非现在的横向切割。

② 课程内容取舍。时间安排不够合理，可以在对重难点进行更细致的分析后，对课程活动时长进行调整，以保证在有限课时内完成教学活动。

③ 板书书写。板书书写方面需要再做调整。

（2）自我评价

我自己对本课也进行了反思，认为自己在以下方面做得较好：

① 情境创设到位。利用《霓裳羽衣曲》创设良好的学习情境，激起学生学习兴趣。

② 有利于培养学生对史学方法的认识。本课谈到王国维和李泽厚等大家，有助于学生从他们身上学到良好的研究方法。

【自我评价】☞

大概念核心问题教学文化评价表

课时名称：从《霓裳羽衣曲》看三国至隋唐的思想与文艺。

所属单元：第二单元 三国两晋南北朝的民族交融与隋唐统一多民族封建国家的发展。

单元大概念：三国两晋南北朝的民族交融与隋唐统一多民族封建国家的发展。

单元核心问题：利用相关图文史料，归纳三国两晋南北朝和隋唐时期的时代特征，探究三国两晋南北朝至隋唐时期新成就的特征及其成因。

课时大概念：三国至隋唐的思想与文艺成就。

课时核心问题：运用与《霓裳羽衣曲》相关的图文史料，鉴赏三国至隋唐的思想与文学艺术成就，探究其特征及成因。

评价目标	评价指标				评价 方法结果
	一级指标	二级指标	三级指标		
实现活动体验中的学习与素养发展	具有大概念核心问题教学形态	核心问题利于活动体验	内含学科问题和学生活动方式	6	每项指标最高评8分（满分为96分）
			问题情境与真实生活密切相关	7	
			能引发大概念、新知新法生成	7	
		教学目标价值引导恰当	两类目标正确全面	8	
			关联体验目标恰当	7	
			目标价值引导显现	7	
		教学环节完整合理落实	教学环节清晰完整	8	
			环节内容合理充实	7	
			学生活动时间充分	8	
		教学要素相互匹配促进	问题目标环节两两匹配	8	
			技术促进活动形式内容	8	
			素养导向突出氛围浓郁	7	合计 <u>88</u> 分
	具有大概念核心问题教学特质	拓展学习视野	课堂与现实世界有恰当关联		选择一个表现突出的二级指标，在相应三级指标引导下，以现场学生表现为主要依据，以其余指标为背景，于本表的第二页写出150字以上的简要评价
			有基于缄默知识的问题解决		
			有缄默知识运用的追踪剖析		
			知识运用剖析导向素养发展		
		投入实践活动	有真实而且完整的实践活动		
			实践活动深度融入两类情境		
			能够全身心地浸渍于活动中		
			活动的内容结果均丰富深入		
		感受意义关联	有核心问题的深层意义感受		
			有以知识为中心的关联感受		
			有以个人为中心的关联感受		
			有对三类大概念的关联感受		
		自觉反思体验	有实质性反思活动的开展		
			有课堂新因素的追踪利用		
			有体验的交流与改善重构		
			有概念生成中的素养发展		
		乐于对话分享	乐于自我的表达与认真的倾听		
			乐于合作中成果与思路的分享		
			乐于成果交流中深层意义分享		
			有宽容的对话氛围和双向交流		
		认同素养评价	认可素养评价		
			参与素养评价		
			利用素养评价		

	大概念核心问题教学特质的简要评价（包括发展性建议）：

　　1. 乐于自我的表达与认真的倾听：所有学生在展示与汇报赏析结果时都能做到非常积极地进行自我表达。学生能结合语文、音乐和美术等学科赏析《霓裳羽衣曲》，也能非常认真地倾听其他同学赏析后的汇报；

　　2. 乐于合作中成果与思路的分享：每个学生都愿意将自己小组的研究成果与研究方法分享给大家；大家在不同方法与思路的交流过程中深化了对历史方法的认识；学生能够认识到运用社会存在决定社会意识原理来分析历史问题的好处；

　　3. 有宽容的对话氛围和双向交流：学生在分享自己的辨析、赏析和探析成果时，老师不过多干预，为学生提供较为开放的空间，形成了宽松的对话氛围

【反馈调整】☞

　　通过以上信息整理和分析，我对本课做了以下调整：

　　（1）下次对课时安排再行调整，可从广度和深度两个方面进行课时分配；

　　（2）注意板书书写的训练。

大概念核心问题教学素养目标点检测表

课时名称	从《霓裳羽衣曲》看三国至隋唐的思想与文艺
所属单元	第二单元　三国两晋南北朝的民族交融与隋唐统一多民族封建国家的发展
单元大概念	三国两晋南北朝的民族交融与隋唐统一多民族封建国家的发展
单元核心问题	利用相关图文史料，归纳三国两晋南北朝和隋唐时期的时代特征，探究三国两晋南北朝至隋唐时期新成就的特征及其成因
课时大概念	三国至隋唐的思想与文艺成就
课时核心问题	运用与《霓裳羽衣曲》相关的图文史料，鉴赏三国至隋唐的思想与文学艺术成就，探究其特征及成因
课时素养目标	参与鉴赏三国至隋唐的思想与文学艺术成就，探究其特征及成因的活动； 能够了解三国两晋南北朝至隋唐的思想与文学艺术成就（达成时空观念的水平1），探究其特征及成因达成（史料实证的水平2、历史解释的水平2）； 由此懂得在唯物史观的指导下认识三国至隋唐的思想与文学艺术成就（达成唯物史观的水平2），并在感受中华优秀传统文化魅力的过程中增强文化自信和弘扬中华优秀传统文化的责任感（达成家国情怀的水平2）
检测点	懂得三国至隋唐的思想文艺的特征与其成因的关联
检测工具（检测题）	材料　中国古代的文学，必溯源于诗经三百首……是有政府收集而流行在贵族社会的……魏晋南朝的诗人，多半出身于门第新贵族中……唐代诗人之多、诗学之盛，可以说超前绝后。全唐诗九百卷，凡诗四万八千九百余首，作者二千二百余人。以平民的作家，而歌唱着平民生活下至种种情调与境界。 中国艺术中最独特的而最重要的，厥为"书法"……（南北朝）南方擅长"帖书"，大体以行草为主，用毛笔写在纸或绢上，更普通的是当时人往来的书信；北方则擅长"碑帖"，是把字刻在石头上的，是一种较老的传统……多用于名山胜地、

检测工具 （检测题）	佛道大寺，或名臣贵族死后的墓志铭所用。……一到唐代，南帖北碑渐渐合流，但南方的风格，到底占了优势。 秦汉时期的绘画大体还以壁画和刻石为主，应用在宫殿庙宇坟墓……一到唐代，仙、释、人物画逐渐转为山水、花鸟，壁画和石刻渐转为纸幅尺素，在人们日常起居的堂屋与书房中悬挂起来。 ——钱穆《中国古代文化史导论》 要求：根据材料，结合时代背景，归纳推动唐朝文学艺术走向繁荣的因素
分类标准	A. 学生能深刻懂得从感性到理性，透过现象看本质，探究出三国至隋唐的思想文艺的特征与其成因的关联，能全面地分析上述问题，条理清晰，逻辑分明，语言规范 B. 学生能较为深刻地懂得从感性到理性，透过现象看本质，探究出三国至隋唐的思想文艺的特征与其成因的关联，能比较全面地分析上述问题，条理较为清晰，逻辑较为分明 C. 学生基本懂得从感性到理性，透过现象看本质，探究出三国至隋唐的思想文艺的特征与其成因的关联，能从一些方面分析上述问题，条理较为清晰，语言较为规范 D. 学生不能懂得从感性到理性，透过现象看本质，探究出思想文艺的特征与其成因的关联，能简单分析上述问题，逻辑混乱，语言不规范

	分类等级	学生人数（总人数 57 人）	百分比
检测统计	A	8	14%
	B	40	70.2%
	C	5	8.8%
	D	4	7%

检测分析 结果运用	从学生素养目标的达成程度看，学生基本上能够将在解决问题环节中掌握的知识上的关联，即从感性到理性，透过现象看本质，探究出三国至隋唐思想文艺的特征与其成因，以及反思提升环节归纳出的历史学科的基本素养，运用和内化到解决新问题中。这说明大部分学生对于知识的掌握和灵活运用已经做得比较好。 14%的学生能深刻懂得从感性到理性，透过现象看本质，探究出三国至隋唐思想文艺的特征与其成因，能全面地分析上述问题，条理清晰，逻辑分明，语言规范。从数据来看，这些学生对本课的素养目标掌握得很到位。 70.2%的学生能较为深刻地懂得从感性到理性，透过现象看本质，探究出三国至隋唐思想文艺的特征与其成因，能从一些方面分析上述问题，条理较为清晰，语言较为规范。从检测结果来看，这部分学生对本课的素养目标掌握得比较到位，但还不够全面。 8.8%的学生基本懂得从感性到理性，通过现象看本质，探究出三国至隋唐思想文艺的特征与其成因，能从一些方面分析上述问题，条理较为清晰，语言较为规范。从检测结果来看，这部分学生基础知识的掌握熟练程度较低。 7%的学生不能懂得从感性到理性，透过现象看本质，探究出三国至隋唐思想文艺的特征与其成因，能简单分析上述问题，逻辑混乱，语言不规范，还有待提高

素养目标达成典型实例	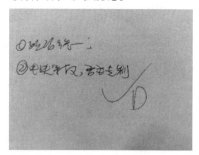 该学生作答情况可以作为 A 层级的典例，可以看出学生能够通过阅读材料比较有效、准确地提取信息，并且能够将其与所学知识相结合，深刻懂得从感性到理性，透过现象看本质，探究出三国至隋唐思想文艺的特征与其成因，能全面地分析上述问题，条理清晰，逻辑分明，语言规范。 该学生可以作为 D 层级的典例。该学生能够提取部分信息，但是在阐述时角度单一。说明学生对所学知识还不够熟悉，在迁移运用时有问题，在高阶思维层面也还有待提高
检测反馈	① 该点检测表中反映出来师生存在以下亮点和不足： 学习能力较强的学生对信息的提取和所学知识的迁移运用以及分析历史问题的能力较强；学习能力弱一些的学生，对所学知识的迁移运用较差，需要对所学知识有更进一步的理解。 ② 对学生论从史出、史论结合的思想方法，督促得不够。 课后分别给学生展示了一些 A、B、C、D 四类同学的答案，并让大家比较分析 A、B 两类的优势，C、D 两类的不足。通过大家的分析，学生更加明确自己在基础知识和思考问题的方式等方面的不足。教师结合学生的分析，帮助学生进一步理解，加强训练，从而进一步巩固、落实知识，强化学科素养和思维方法